孙文全集

黄彦 主编

著述年表

第十九册

SPM
南方出版传媒
广东人民出版社
·广州·

篇名	著述时间	册数	页码
解剖学测验答卷	1887 年 12 月 9 日	第四册	3
兴利除害以为天下倡　致香山县籍清退休官员郑藻如书	1889 年	第二册	241
在香港与关景良之母黎氏谈话	1889 年	第十一册	3
教友少年会纪事	1891 年 6 月	第四册	6
在香港西医书院首届毕业晚宴的答谢词	1892 年 7 月 23 日	第十册	3
揭本生息赠药单	1892 年 12 月 18 日	第四册	7
医生救人只几命革命救人无量数　在香港西医书院与江英华等谈话	1887 年至 1892 年间	第十一册	3
为翠亨新居题联	约 1892 年	第十八册	3
店伴借银赊货须经本医生亲笔签名启事	1893 年 7 月 25 日	第四册	8
中西药局制售良药启事	1893 年 8 月 1 日	第四册	10
中西药局事务由陈孔屏代理启事	1893 年 9 月 25 日	第四册	11
东西药局聘请尹文楷医生启事	1893 年 12 月 25 日	第四册	12
农功	1892 年至 1893 年间	第二册	243
为兴利蚕子公司题联	约 1893 年	第十八册	4
由澳回省开诊启事	1894 年 2 月 27 日	第四册	13
国家富强之大计　上清文华殿大学士李鸿章书	1894 年春	第二册	247
檀香山兴中会章程	1894 年 11 月	第五册	3
檀香山兴中会誓词	1894 年 11 月	第五册	4
中国商务公会股券	1895 年 1 月 22 日	第四册	14
在横滨与陈清谈话	1895 年 1 月下旬	第十一册	4
兴中会章程	1895 年 2 月 21 日	第五册	5
商请日本援助反清武器　在香港与中川恒次郎谈话	1895 年 3 月 1 日	第十一册	4
拟使两广独立而为共和国　在香港与中川恒次郎再次会谈	1895 年 3 至 4 月间	第十一册	5
在广州与程璧光谈话	1895 年上半年	第十一册	6

续表

篇名	著述时间	册数	页码
创立农学会倡言	1895 年 10 月 6 日	第二册	256
复杨衢云告货不要来以待命电	1895 年 10 月 26 日	第九册	3
在广州与区凤墀谈话	1895 年 10 月 26 日	第十一册	6
关于《三国演义》并嘱其加入兴中会　在横滨与冯自由谈话	1895 年 11 月下旬	第十一册	7
中国新政府计划的制订以檀香山为蓝本与《夏威夷星报》访员谈话	1896 年春夏间	第十一册	8
广州起义情况　在伦敦清使馆与邓廷铿谈话	1896 年 10 月 14 日	第十一册	9
伦敦被幽禁致康德黎祈尽快营救短简	1896 年 10 月 17 日	第七册	3
致康德黎询能否以其为英国公民办法脱险短简	1896 年 10 月 19 日	第七册	3
被清使馆拘禁的经过　与伦敦各报记者谈话	1896 年 10 月 23 日	第十一册	12
向乔佛斯陈述被清使馆拘禁的经过	1896 年 10 月 23 日	第十一册	14
致伦敦各报主笔申谢英国政府和报界助其获释函	1896 年 10 月 24 日	第七册	4
伦敦蒙难经过　与伦敦《每日新闻报》记者谈话	1896 年 10 月 24 日	第十一册	16
我的政治主张　与伦敦《每日新闻报》记者谈话	1896 年 10 月 26 日	第十一册	19
被清使馆拘禁的经过　与伦敦记者谈话	1896 年 10 月下旬	第十一册	21
向卡夫陈述伦敦被难经过	1896 年 11 月 4 日	第十一册	24
自传　为英国汉学家翟理思编纂《中国人名辞典》而作	1896 年 11 月	第二册	258
致区凤墀告伦敦被囚及释放情形函	1896 年 11 月	第七册	5
柯尔转孙文谈话　与伦敦《回声报》记者谈话	1896 年 10 月下旬至 12 月上旬	第十一册	22
危险与忧虑　与伦敦《每日新闻报》记者谈话	1896 年 10 月下旬至 12 月下旬	第十一册	22
伦敦被难记	1897 年 1 月 21 日	第二册	261

续表

篇名	著述时间	册数	页码
在伦敦与李提摩太谈话	1897 年 2 月中旬	第十一册	31
中国的现在和未来　革新党呼吁英国保持善意的中立	1897 年 3 月 1 日	第二册	331
在伦敦圣马丁镇厅的演说	1897 年 3 月 11 日	第十册	3
复伏尔霍夫斯基告同意论述法国和俄国在中国文章函	1897 年 3 月 15 日	第七册	6
目前中国的制度以及现今的政府只能加以推翻　与《伦敦被难记》俄译者等谈话	1897 年 3 月 15 日	第十一册	31
中国人的养育方式	1897 年 4 月 17 日刊载	第十一册	32
在伦敦与南方熊楠谈话	1897 年春	第十一册	34
为南方熊楠题词（一）	1897 年 6 月 27 日	第十八册	5
为南方熊楠题词（二）	1897 年 6 月 27 日	第十八册	6
致伦敦《地球报》及读者辞行函	1897 年 6 月 29 日	第七册	7
红十字会救伤第一法	1897 年 6 月	第四册	183
致邝华汰告已到满地可并询能否助力函	1897 年 7 月 12 日	第七册	7
致赵君告已到满地可并询能否助力函	1897 年 7 月 12 日	第七册	8
中国司法改革	1897 年 7 月	第二册	348
访问横滨警察署长谈话	1897 年 8 月 17 日	第十一册	34
欲举革命推翻清朝而建立共和政体　与宫崎寅藏谈话	1897 年 8 月下旬至 9 月下旬间	第十一册	35
致洛克哈特询居留香港权是否遭剥夺函	1897 年 8 至 9 月间	第七册	9
在横滨与陈少白谈话	1898 年 3 月下旬	第十一册	54
中日联盟以对抗俄国　与内田良平宫崎寅藏谈话	1898 年 7 月	第十一册	54
在横滨与内田良平谈话	1898 年 7 月	第十一册	56
与宫崎寅藏等笔谈	1897 年 9 月至 1898 年 8 月间	第十一册	39

续表

篇名	著述时间	册数	页码
在横滨与毕永年等谈话	1898 年 10 月	第十一册	57
在东京与宫崎寅藏谈话	1898 年 11 月	第十一册	57
复宫崎寅藏约所介绍之人来见短简	1899 年 3 月 2 日	第七册	10
援助菲律宾抗美战争　与宫崎寅藏平山周谈话	1899 年 2 至 3 月间	第十一册	60
复宫崎寅藏告毋庸再见某君函	1899 年 4 月 1 日	第七册	10
复犬养毅告已命杨衢云改正报道函	1899 年 8 月 15 日	第七册	11
致犬养毅告刘学询约期往访等事函	1899 年 8 月 28 日	第七册	11
在横滨与梁启超谈话	1899 年秋	第十一册	62
为宫崎寅藏题词	1899 年 11 月 9 日至 13 日间	第十八册	7
欲举事　与宫崎寅藏谈话	1899 年秋冬间	第十一册	63
在横滨与冯自由谈话	1899 年冬	第十一册	64
土地国有后授田于耕者而农民不受地主剥削　与梁启超谈话	1899 年	第十一册	65
三派联合将起兵广东　与内田良平谈话	1900 年 1 月下旬	第十一册	66
在东京与内田良平等谈话	1900 年 1 月	第十一册	65
请日本朋友帮助中国实现关税自主　在东京与内田良平等谈话	1900 年 2 月中下旬	第十一册	67
建立义军实现凤愿　与宫崎寅藏谈话	1900 年春	第十一册	67
乘义和团之乱举事　与内田良平等谈话	1900 年 5 月	第十一册	68
推翻清王朝建立新的社会秩序　与哈马德谈话	1900 年 6 月 6 日	第十一册	69
离横滨前的谈话	1900 年 6 月上旬	第十一册	70
今后应行的方略　与宫崎寅藏等谈话	1900 年 6 月 11 日至 16 日间	第十一册	72
谈未来计划　在香港舟中与诸同志谈话	1900 年 6 月中旬	第十一册	71
致日本友人告抵西贡后情形函	1900 年 6 月 22 日	第七册	12

续表

篇名	著述时间	册数	页码
复平山周告往新加坡会晤宫崎寅藏电	1900 年 6 月 25 日	第九册	3
致平山周询北方实情并告赴新加坡日期电	1900 年 6 月 28 日	第九册	4
来新加坡的目的　与斯韦顿汉等谈话	1900 年 7 月 10 日	第十一册	73
讥笑康有为以保皇为名却匿迹潜踪　在新加坡惟基利公墅会宴的讲话	1900 年 7 月 11 日	第十册	5
实现三民主义的革命目标　在新加坡的演说	1900 年 7 月 9 日至 12 日间	第十册	4
《支那现势地图》文字说明	1900 年 7 月 14 日	第三册	3
平治章程　与兴中会骨干联名上香港总督卜力书	1900 年 7 月 17 日	第四册	265
商议起义方略　在"佐渡丸"上与同志谈话	1900 年 7 月 17 日	第十一册	75
举事方略之部署　在香港海面"佐渡丸"上与日本同志聚议	1900 年 7 月 17 日	第十一册	76
与宫崎寅藏商量会晤李鸿章事	1900 年 7 月 18 日	第十一册	79
卜力策划两广独立　与宫崎寅藏谈话	1900 年 7 月 18 日	第十一册	80
在香港舟中部署举事方针	1900 年 7 月 20 日	第十一册	82
致平山周告不可中止行程函	1900 年 7 月 24 日	第七册	14
英国欲在两广立国之图谋　在神户与日本记者谈话	1900 年 7 月 24 日	第十一册	83
两广独立事　与神户某访客谈话	1900 年 7 月 24 日	第十一册	85
致平山周望与福本等人妥策善法函	1900 年 6 至 7 月间	第七册	13
联合各派力量促成政治改变　与横滨某君谈话	1900 年 8 月上旬	第十一册	85
归国前与岛田经一谈话	1900 年 8 月中旬	第十一册	86
归国前与横滨某君谈话	1900 年 8 月中旬至 21 日间	第十一册	86
致平山周请代到某人家取信函	1900 年 8 月 31 日	第七册	15
与长崎某君谈话	1900 年 9 月 17 日	第十一册	88
致犬养毅请代勉某人出资函	1900 年 9 月 19 日	第七册	15

续表

篇名	著述时间	册数	页码
复内田良平告决心归国并望能在门司晤面电	1900 年 9 月 20 日	第九册	4
恶分割之言　在神户与某日人谈话	1900 年 9 月 20 日	第十一册	88
与内田良平等谈话	1900 年 9 月中旬	第十一册	89
与平冈浩太郎等谈话	1900 年 9 月 25 日	第十一册	90
反对内田良平等暗杀李鸿章刘坤一的谈话	1900 年 8 至 9 月间	第十一册	87
致宫崎寅藏嘱将菲人存械取出运粤电	1900 年 10 月上旬	第九册	4
传谕三洲田义军暂行解散以避敌锋令	1900 年 10 月上旬	第十三册	3
传谕三洲田义军如能突围即往厦门令	1900 年 10 月上旬	第十三册	4
致陈少白嘱提防杨衢云电	1900 年 10 月中旬	第九册	5
致犬养毅请游说日本政府助广东革命军枪械函	1900 年 10 月 21 日	第七册	16
传令惠州起义军解散	1900 年 10 月 22 日	第十一册	90
传知郑士良外援难期着自决进止令	1900 年 10 月 22 日	第十三册	4
致菅原传请代求日本政府援助起义函	1900 年 10 月 23 日	第七册	17
致刘学询告以广州举义方略并望代筹资金函	1900 年 10 月下旬	第七册	18
我的事业依赖于日本　与门司某君谈话	1900 年 11 月 14 日	第十一册	92
致平山周告将前信寄来横滨函	1900 年 11 月 16 日	第七册	20
举事的时机和方法　与横滨某君谈话	1900 年 11 月 19 日至 27 日间	第十一册	92
复南方熊楠告拟于离日前造访函	1900 年 12 月 11 日	第七册	20
自述革命思想起源及初期经历　在日本与宫崎寅藏谈话	1897 年至 1900 年间	第十一册	49
致南方熊楠询居处往访函	1901 年 2 月 6 日	第七册	21
致南方熊楠再询居处往访函	1901 年 2 月 10 日	第七册	21
致谢缵泰告在横滨为杨衢云举哀募捐函	1901 年 2 月 13 日	第七册	22
致南方熊楠告付书介绍于犬养毅函	1901 年 2 月 16 日	第七册	23
致犬养毅介绍南方熊楠拜谒函	1901 年 2 月 16 日	第七册	23

续表

篇名	著述时间	册数	页码
复南方熊楠告已致书佐藤虎次郎函	1901 年 3 月 18 日	第七册	24
惠州起义经过与中国革命前景　在横滨与林奇谈话	1901 年 3 月 23 日刊载	第十一册	93
我们的计划与目标　在东京递交法国驻日公使阿尔芒的意见书	1901 年 3 月 25 日	第四册	15
复南方熊楠告已晤佐藤虎次郎并将往布哇函	1901 年 4 月 3 日	第七册	24
只有革命党才真正拥有改革力量和进步因素　与《夏威夷星报》记者谈话	1901 年 4 月 19 日刊载	第十一册	96
对革命成功充满信心　在"亚美利加"上与檀香山某西报记者谈话	1901 年 6 月 6 日	第十一册	98
致南方熊楠告已自布哇归并赠石茵函	1901 年 6 月 20 日	第七册	25
改革须扫除清王朝与采用西欧方式来实现　在横滨与《日本公报》记者谈话	1901 年 6 月 22 日刊载	第十一册	100
在横滨接见某西报记者答问	1901 年 6 月中下旬	第十一册	98
在横滨接见日本记者答问	1901 年 6 月中下旬	第十一册	99
复南方熊楠告采摘石茵情形函	1901 年 7 月 1 日	第七册	25
在最民主的基础上建立共和国　在广州与林奇谈话	1901 年 8 月 20 日刊载	第十一册	101
支那保全分割合论	1901 年 12 月 20 日	第三册	9
在日本与罗斯基等谈话	1898 年至 1901 年间	第十一册	58
革命者必须战胜眼泪　与宫崎槌子等谈话	1902 年 1 月	第十一册	103
与程家柽刘成禺谈话	1902 年 2 月	第十一册	104
论均田之法　与章炳麟讨论中国土地问题	1902 年 3 月	第三册	15
论定都　与章炳麟讨论中国建都问题	1902 年 3 月	第三册	17
土地问题与革命程序论　与秦力山谈话	1902 年春	第十一册	104
致平山周询有何良法筹集旅费函	1902 年 7 月 30 日	第七册	26
宫崎寅藏君乃今之侠客　宫崎寅藏著《三十三年之梦》序	1902 年 8 月	第四册	16

续表

篇名	著述时间	册数	页码
复犬养毅约时往访函	1902 年 10 月 18 日	第七册	27
与哈德安谈话	1902 年 12 月	第十一册	106
以约法缩合军法与地方自治法　在日本与革命党人谈话	1898 年至 1902 年间	第十一册	59
嘱撰太平天国革命史以宣传排满　与刘成禺等谈话	1902 年	第十一册	107
士贵为人民立志　在横滨与刘成禺等谈话	1902 年	第十一册	108
读书人赞成则中国革命可成　在东京中国留学生宴会上发言	1902 年	第十一册	109
二十年内得见中国革命大成功　与罗斯基等谈话	1902 年	第十一册	110
致銮诎帕吉比差告拟登门拜访函	1903 年 6 月 6 日	第七册	27
致宫崎寅藏告已到横滨将往布哇函	1903 年 8 月 1 日	第七册	28
东京军事训练班誓词	1903 年秋	第五册	7
复平山周告已到布哇并询东亚时局函	1903 年 11 月 6 日	第七册	29
在希炉日本戏院华侨大会的演说	1903 年 11 月	第十册	6
致麦格雷戈夫人请为唤醒中国民众工作函	1903 年 12 月 9 日	第七册	30
今日之中国何以必须革命　在檀香山正埠荷梯厘街戏院的演说	1903 年 12 月 13 日	第十册	6
实行革命建立共和国家　在檀香山正埠利利霞街戏院的演说	1903 年 12 月 13 日	第十册	9
复某君述平均地权主张并告在檀香山肃清保皇流毒情形函	1903 年 12 月 17 日	第七册	31
敬告同乡书	1903 年 12 月	第三册	21
复黄宗仰望在沪同志遥作扫除保皇毒焰声援函	1903 年 12 月	第七册	33
中华革命军军需债券	1904 年 1 月 28 日	第四册	18
驳保皇报书	1904 年 1 月	第三册	23

续表

篇名	著述时间	册数	页码
扫除满清方足以救中国　在檀香山正埠华人戏院的演说	1904 年 1 月	第十册	10
签收兑现谭惠金捐款之支票	1904 年 2 月 19 日	第十三册	6
出生于檀香山的证词	1904 年 3 月 9 日	第四册	18
递交美国移民归化局专员署的证词	1904 年 4 月 14 日	第四册	20
上诉有权入美境理由书	1904 年 4 月 21 日	第四册	21
致伍盘照即来木屋相见短简	1904 年 4 月中下旬	第七册	34
汉家谋恢复者不可谓无人　汉公编著《太平天国战史》序	1904 年春	第四册	22
致公堂重订新章	1904 年 5 月	第五册	8
中国的斗争必将获得最后胜利　在旧金山对美国人士的演说	1904 年 5 月	第十册	11
在旧金山召开救国会议的发言	1904 年 5 月	第十一册	111
在旧金山与喜嘉理谈话	1904 年 5 月	第十一册	111
复黄宗仰告在美扫灭保皇毒焰情形函	1904 年 6 月 10 日	第七册	34
致麦克威廉斯告已抵纽约拟往访函	1904 年 7 月 22 日	第七册	36
致麦克威廉斯告寄上文稿望订正函	1904 年 8 月 31 日	第七册	37
致麦克威廉斯商讨文稿刊印事宜函	1904 年 9 月 6 日	第七册	38
致宫崎寅藏告将赴布哇并望会面函	1904 年 9 月 12 日	第七册	38
致麦克威廉斯询单行本是否印出函	1904 年 9 月 15 日	第七册	39
复麦克威廉斯告单行本封面题"革命潮"函	1904 年 9 月 26 日	第七册	39
为《革命潮》题签	1904 年 9 月 26 日	第十八册	8
支那问题真解	1904 年 10 月	第三册	28
在士人中创设革命组织之必要　与刘成禺谈话	1904 年	第十一册	112
在布鲁塞尔与朱和中谈话	1905 年 1 月上旬	第十一册	113
在巴黎与旅法中国留学生谈话	1905 年 1 月下旬	第十一册	113

续表

篇名	著述时间	册数	页码
在巴黎与胡秉柯谈话	1905 年 2 月初	第十一册	114
旅欧中国留学生盟书及联络暗号	1905 年 2 月	第五册	18
改良会党并使学生加入领导　在布鲁塞尔与贺之才等谈话	1905 年 2 月	第十一册	115
复庄文亚谈向其友康德黎借屋函	1905 年 3 月 11 日	第七册	40
革命学生应立盟据日后为我臂助　在巴黎与刘光谦等谈话	1905 年 5 月上旬	第十一册	116
中国将从中世纪行会制度直接过渡到社会主义　在布鲁塞尔访问社会党国际执行局谈话	1905 年 5 月 15 日至 17 日间	第十一册	117
在布鲁塞尔访问王德威尔得等谈话	1905 年 5 月中旬	第十一册	119
致犬养毅告将自法东归函	1905 年 6 月 3 日	第七册	41
复宫崎寅藏告将乘船到日本函	1905 年 6 月 4 日	第七册	42
致陈楚楠告准备早日发动起义函	1905 年 7 月 7 日	第七册	42
在新加坡与陈楚楠等谈话	1905 年 7 月初	第十一册	120
联络各地革命力量及会党之重要　在东京与陈天华宋教仁谈话	1905 年 7 月 28 日	第十一册	121
中国同盟会盟书及联络暗号	1905 年 7 月 30 日	第五册	20
决定中国同盟会名称及宗旨等事项　在东京同盟会筹备会的讨论和演说	1905 年 7 月 30 日	第十册	12
在东京与杨度谈话	1905 年 7 月下旬	第十一册	122
救中国应改革旧制实行共和　在东京中国留学生欢迎大会的演说	1905 年 8 月 13 日	第十册	13
在东京与熊克武但懋辛谈话	1905 年 8 月 19 日	第十一册	122
中国同盟会总章	1905 年 8 月 20 日	第五册	21

续表

篇名	著述时间	册数	页码
今后应多向留学生鼓吹革命　在东京与中国留学生谈话	1905 年 8 月中旬	第十一册	124
在横滨与来访日人谈话	1905 年 8 月下旬	第十一册	125
勉留学生专心力学留意时务以使中国进步　在东京中国留学生集会的演说	1905 年 8 月	第十册	20
平均地权及民生主义为未来革命所必需　在东京与胡汉民廖仲恺等谈话	1905 年 9 月 1 日	第十一册	127
委冯自由李自重为港穗澳等地中国同盟会主盟人通知书	1905 年 9 月 8 日	第十六册	3
复陈楚楠告在东京成立同盟会情形并嘱筹款函	1905 年 9 月 30 日	第七册	43
选择革命基地须视该处条件成熟与否而定　与程潜仇亮谈话	1905 年 8 至 9 月间	第十一册	125
与胡毅生谈话	1905 年 10 月 11 日	第十一册	131
民族民权民生三大主义　东京《民报》发刊词	1905 年 10 月 20 日	第三册	40
与陈少白等谈话	1905 年 10 月中旬	第十一册	132
在横滨与潘佩珠谈话	1905 年秋	第十一册	128
释平均地权　在东京与阎锡山谈话	1905 年秋	第十一册	128
革命之始当以约法协调兵权与民权关系　在横滨与汪精卫谈话	1905 年秋	第十一册	130
讨论《民报》发刊词	1905 年 11 月	第十一册	132
中华民务兴利公司债券	1905 年 12 月 11 日	第四册	24
自励联	1905 年秋冬	第十八册	9
为革命而求学　与日本的中国留学生谈话	1901 年至 1905 年间	第十一册	102
中华革命军义饷凭单	1905 年	第四册	25
与胡汉民谈话	1905 年	第十一册	133

续表

篇名	著述时间	册数	页码
中国革命政府债券	1906 年 1 月 1 日	第四册	25
同盟会责任是牺牲　在新加坡主持同盟会入会宣誓仪式的讲话	1906 年 4 月 6 日	第十册	21
依靠会党在华南发动反清起义及争取外国支持　与布加卑谈话	1906 年 4 月中下旬	第十一册	134
革命的目的是保国存种　与胡汉民谈话	1906 年 4 月下旬	第十一册	141
在东京与吕志伊等谈话	1906 年 4 月	第十一册	141
致菅原传告拟往访函	1906 年 5 月 9 日	第七册	45
革命与维新的分别　与芙蓉华侨谈话	1906 年 7 月 17 日	第十一册	142
与吉隆坡华侨谈话	1906 年 8 月 7 日	第十一册	143
致苏汉忠请唤起爪哇华侨爱国心函	1906 年 9 月 26 日	第七册	46
为秋山定辅题词	1906 年 10 月 6 日	第十八册	10
烟草传入中国的经过　在东京与宋教仁谈话	1906 年 10 月 13 日	第十一册	143
为《云南杂志》题词	1906 年 10 月 15 日刊载	第十八册	11
致张永福促集款印《革命军》鼓吹革命函	1906 年 10 月 16 日	第七册	47
致拉锡尔告阅读《中国之谜》后感想函	1906 年 11 月 8 日	第七册	48
中国宜实施五权分立的共和政治　在东京与格鲁舍尼等谈话	1906 年 11 月 15 日	第十一册	144
复张永福林义顺询南洋近况函	1906 年 11 月 22 日	第七册	49
复拉锡尔论欧美资本主义世界反对中国进步独立函	1906 年 11 月 26 日	第七册	50
三民主义与五权分立　在东京《民报》创刊周年庆祝大会的演说	1906 年 12 月 2 日	第三册	54
中国必须由中国人来统治　在东京与香港《德臣西报》记者谈话	1906 年 12 月 21 日刊载	第十一册	146
再版《红十字会救伤第一法》一书事　在东京与章炳麟谈话	1906 年 12 月	第十一册	147

续表

篇名	著述时间	册数	页码
中国同盟会革命方略	1906 年秋冬间	第五册	23
在东京与黄兴谈话	1906 年冬	第十一册	147
邀赴华见证反清举事并将亲身见闻笔之于书　在东京与池亨吉谈话	1907 年 1 月 5 日	第十一册	148
毁誉无足轻重　与东京同盟会员谈话	1907 年 1 月	第十一册	151
挽刘道一诗	1907 年 2 月 3 日	第四册	26
在东京与黄兴谈话	1907 年 2 月	第十一册	152
《赤十字会救伤第一法》的意义　与胡汉民等谈话	1907 年 2 月 17 日至 3 月 4 日间	第十一册	152
在河内与胡汉民谈话	1907 年 3 月下旬	第十一册	153
为三上丰夷题词	1907 年 2 至 3 月间	第十八册	12
日本是亚洲的警卫员　在南洋某地与萱野长知谈话	1907 年 3 至 4 月间	第十一册	154
致陈楚楠张永福转嘱李水龙往港相助函	1907 年 5 月 1 日	第七册	53
致张永福陈楚楠告其行踪守密函	1907 年 4 至 5 月间	第七册	52
复张永福告粤事机局并对居处保密函	1907 年 6 月 5 日	第七册	53
致平山周告两广义师已起盼资助饷械并示汇款运械办法电	1907 年 6 月 7 日	第九册	5
在河内与罗德谈话	1907 年 6 月 8 日	第十一册	155
希望在三年内建立中华民国　与美国《奥克兰论坛报》记者谈话	1907 年 6 月 9 日	第十一册	156
致平山周嘱订购械弹电	1907 年 6 月 14 日	第九册	6
致某君告革命党已在各处起事电	1907 年 6 月 18 日刊载	第九册	6
复张永福陈楚楠望为许雪秋再图大举筹款并告黄燕南林干廷行迹等事函	1907 年 8 月 23 日	第七册	55
致张永福陈楚楠述梁兰泉劣迹函	1907 年 8 月 29 日	第七册	56

续表

篇名	著述时间	册数	页码
在河内与黄兴谈话	1907 年 3 月下旬至 8 月间	第十一册	155
致宫崎寅藏告防城起义情形并再嘱全权办理在日本运动函	1907 年 9 月 13 日	第七册	58
委任宫崎寅藏在日本全权办理筹资购械状	1907 年 9 月 13 日	第十六册	3
致何佩琼告派汪精卫等赴西贡堤岸筹款请洽函	1907 年 10 月 1 日	第七册	60
致邓泽如等告两广革命军战况并嘱筹饷函	1907 年 10 月 8 日	第七册	61
复张永福等告未能往法京并望鼓励南洋各埠助饷任事函	1907 年 10 月 15 日	第七册	63
发给公记捐助军需银收据	1907 年 10 月 28 日	第十三册	6
致张永福陈楚楠告派汪精卫等赴星加坡商议函	1907 年 10 月	第七册	64
致萱野长知托以广东革命军顾问之任函	1907 年夏秋间	第七册	54
致张永福请代购英文政治年鉴函	1907 年 11 月 5 日	第七册	65
致汪精卫等望尽力维持《民报》电	1907 年 11 月 12 日	第九册	7
致张永福嘱转要信交汪精卫函	1907 年 11 月 29 日	第七册	65
复汪精卫告可再商回东事及德事略滞待款急电	1907 年 11 月下旬	第九册	7
奋勇举旗起义　在镇南关对起义士兵的讲话	1907 年 12 月 4 日	第十册	21
在镇南关与胡汉民谈话	1907 年 12 月 4 日	第十一册	157
授权池亨吉为中国革命筹款且曾并肩作战证明书	1907 年 12 月 12 日	第十三册	7
致后藤新平介绍池亨吉申请援助函	1907 年 12 月 14 日	第七册	66
致邓泽如告派邓子瑜汪精卫至庇能等地筹款函	1907 年 12 月 16 日	第七册	67
致张永福告镇南关起义情形并请筹饷函	1907 年 12 月 23 日	第七册	68
致萱野长知解释运械与潮州起义失败责任函	1907 年 12 月 26 日	第七册	69
胜利仍属于我们　在河内对镇南关起义首领的讲话	1907 年 12 月中下旬	第十册	22
致汪精卫告遄款及万当邀萱野长知邓子瑜同来电	1907 年 11 月下旬至 12 月间	第九册	8

续表

篇名	著述时间	册数	页码
为邓荫南题词	1907 年	第十八册	13
挽徐锡麟联	1907 年	第十八册	14
为潘祥初题词	1907 年前后	第十八册	15
致三上丰夷请转信萱野长知商购军械函	1908 年 1 月 3 日	第七册	71
致萱野长知望速卖械还债函	1908 年 1 月 3 日	第七册	72
与胡汉民谈话	1908 年 1 月中旬	第十一册	158
与在河内的同志们谈话	1908 年 1 月下旬	第十一册	159
复池亨吉告离安南情形函（节略）	1908 年 2 月 8 日	第七册	73
复内田良平询日本财团能否出资电	1908 年 2 月	第九册	8
致流石埠同志告捐款收妥并予嘉许函	1908 年 3 月 4 日	第七册	74
致邓泽如述镇南关起义后情形并告来星加坡筹款函	1908 年 3 月 7 日	第七册	75
约苏汉忠晤面函	1908 年 3 月 17 日	第七册	77
复邓泽如请劝说陆祐助饷并派汪精卫面筹函	1908 年 4 月 1 日	第七册	77
致邓泽如请筹款发动广西边防营勇响应起义函	1908 年 4 月 17 日	第七册	78
致林义顺促筹广西义军花红及饷函	1908 年 4 月上中旬	第七册	79
致庇胜同盟会员勘筹款助钦廉革命军函	1908 年 4 月 22 日	第七册	79
捐助中华革命军军需银凭据	1908 年 4 月 23 日	第四册	27
发给掛罗庇胜同志捐助军需银凭据	1908 年 4 月 23 日	第十三册	8
致池亨吉告云南起义军已攻占河口电	1908 年 5 月 1 日	第九册	9
致池亨吉告我军按预定计划顺利进行电	1908 年 5 月 9 日	第九册	9
复邓泽如告与黄心持力劝陆祐助款函	1908 年 5 月 12 日	第七册	81
致邓泽如黄心持再请力劝陆祐助饷函	1908 年 5 月 20 日	第七册	81
致池亨吉转胡汉民有关河口之役报告函	1908 年 5 月	第七册	83
在新加坡与邓慕韩等谈话	1908 年 5 月	第十一册	160
致邓泽如告云南军事已收束并需款善后函	1908 年 6 月 9 日	第七册	88
复邓泽如告款收到已寄凭据函	1908 年 6 月 13 日	第七册	88

续表

篇名	著述时间	册数	页码
历观前事足以气壮 池亨吉著《支那革命实见记》序	1908 年 6 月	第四册	28
在新加坡与杨振鸿等谈话	1908 年 6 月	第十一册	160
复黄甲元请设法安置起义同志并核对捐款数额函	1908 年 7 月 6 日	第七册	89
请张永福代租屋函	1908 年 7 月 13 日	第七册	90
在新加坡与张永福等谈话	1908 年夏	第十一册	161
在新加坡与张永福谈话	1908 年夏	第十一册	161
在新加坡与张永福等谈话	1908 年夏	第十一册	162
复邓泽如请挪借二千元济急函	1908 年 8 月 1 日	第七册	91
致林义顺请速起诉《总汇报》函	1908 年 8 月 13 日	第七册	91
致曾壬龙请推销革命军安民局护照函	1908 年 8 月	第七册	92
致蓝瑞元请推销革命军安民局护照函	1908 年 8 月收到	第七册	93
复邓泽如告款已收到备发凭单函	1908 年 9 月 7 日	第七册	94
平实开口便错	1908 年 9 月 11 日	第三册	120
论惧革命召瓜分者乃不识时务者也	1908 年 9 月 12 日	第三册	123
复蓝瑞元告暂停推销革命军安民局护照函	1908 年 9 月 13 日	第七册	94
平实尚不肯认错	1908 年 9 月 15 日	第三册	126
复邓泽如告西书中无满洲入关脓血史等事函	1908 年 9 月 22 日	第七册	95
发给潘受之捐助军需银凭据	1908 年 10 月 6 日	第十三册	8
复邓泽如告《中兴报》新旧股东权利平等函	1908 年 10 月 10 日	第七册	96
致林义顺请速开石山安置革命军人函	1908 年 10 月 11 日	第七册	96
致张永福嘱派木工指点盖棚等事函	1908 年 10 月 13 日	第七册	97
致吴悟叟嘱安排《中兴报》寄寓等事函	1908 年 10 月 20 日	第七册	98
设立同盟会南洋支部并制定通信办法通告	1908 年秋	第四册	268
手批《中国同盟会分会总章》	1908 年秋	第五册	43
致林义顺请代买电灯函	1908 年秋	第七册	98

续表

篇名	著述时间	册数	页码
在新加坡与胡汉民谈话	1908 年秋	第十一册	162
复邓泽如等告所行各埠情形函	1908 年 11 月 3 日	第七册	99
致邓泽如告在巴罗情形函	1908 年 11 月 4 日	第七册	100
致邓泽如等告在庇能情形函	1908 年 11 月 10 日	第七册	101
欲救中国必先推倒满清　在槟城平章会馆对侨胞的演说	1908 年 11 月上旬	第十册	23
驱逐鞑虏才可救中国　在槟城小兰亭俱乐部对侨胞的演说	1908 年 11 月上旬	第十册	25
复邓泽如等告将往暹罗并告星加坡近况函	1908 年 11 月 20 日	第七册	101
在暹罗警署的谈话	1908 年 12 月 4 日	第十一册	163
致符树兰等望速汇款俾赴欧美函	1908 年 12 月 15 日	第七册	103
致邓泽如告已返星加坡并《中兴报》近况函	1908 年 12 月 19 日	第七册	104
复庄银安告未悉情况殊难代为解决问题并将远行函	1908 年	第七册	105
致西贡法国总督望对被羁的同志应邀为第三国优待	1908 年	第九册	10
致河内法国总督电	1908 年	第九册	10
在新加坡与日本某君谈话	1908 年	第十一册	163
为巴达维亚华侨书报社题词（一）	1908 年	第十八册	16
为巴达维亚华侨书报社题词（二）	1908 年	第十八册	17
复庄银安告款已收到函	1909 年 1 月 5 日	第七册	105
致沈文光介绍参加潮州之役人选函	1909 年 1 月 9 日	第七册	106
复黄甲元告寄上《中兴报》扩股认股册函	1909 年 1 月 12 日	第七册	106
复王斧请促暹罗同志践约交款函	1909 年 3 月 2 日	第七册	107
致宫崎寅藏预告将至欧洲筹款函	1909 年 3 月 2 日	第七册	108
致庄银安介绍岛让次请收之入盟函	1909 年 3 月 5 日	第七册	109
复庄银安述振天声戏班演出盛况函	1909 年 3 月 8 日	第七册	109
致何香凝催速汇款济急函	1909 年 3 月 9 日	第七册	110

续表

篇名	著述时间	册数	页码
致邓泽如等告将往欧洲函	1909 年 3 月 17 日	第七册	111
致张永福陈楚楠嘱全权办理《中兴报》注册事函	1909 年 3 月 25 日	第七册	112
致张永福告将离星加坡约即日来晤谈函	1909 年 4 月 6 日	第七册	112
致邓泽如请设法维持《中兴报》并速汇款济急函	1909 年 4 月 6 日	第七册	113
致暹罗同志告慎防关仁甫等函	1909 年 4 月 7 日	第七册	114
复邓泽如告收到盟书和汇票函	1909 年 4 月 12 日	第七册	115
致庄银安等催捐款交胡汉民带来以得赴欧函	1909 年 4 月 20 日	第七册	116
致曾壬龙为《中兴报》扩股事函	1909 年 4 月上中旬	第七册	117
致黄甲元请筹借五千元应急函	1909 年 4 月上中旬	第七册	117
致曾壬龙商汇款办法函	1909 年 4 月 27 日	第七册	118
致邓泽如告将启程赴欧望维持南洋大局函	1909 年 5 月 12 日	第七册	119
复邓泽如望赞助《中兴报》函	1909 年 5 月 18 日	第七册	119
在新加坡与胡汉民谈话	1908 年 1 月 27 日至 1909 年 5 月 19 日间	第十一册	159
革命胜利的时机即将到来　在新加坡的演说	1908 年 11 月至 1909 年 5 月间	第十册	27
复吴稚晖告将到伦敦面谈一切函	1909 年 6 月 24 日	第七册	120
复王鸿猷告改期至比利时函	1909 年 7 月 17 日	第七册	121
复王鸿猷告将往访函	1909 年 7 月上中旬	第七册	121
致吴稚晖告已到比京将至伦敦函	1909 年 8 月 2 日	第七册	122
致吴稚晖告即到伦敦往访请留寓等待函	1909 年 8 月 6 日	第七册	122
向英国政府提出进入香港的申请	1909 年 8 月 13 日	第四册	269
致英国殖民地事务副大臣申请进入香港函	1909 年 8 月 13 日	第七册	123
希望回到日本居住　与山座圆次郎谈话	1909 年 9 月 9 日	第十一册	164
致王鸿猷谈在欧办《学报》事并推荐张翼枢函	1909 年 10 月 8 日	第七册	124
致王鸿猷述陶成章攻击事并请为张翼枢代筹学费函	1909 年 10 月 22 日	第七册	126

续表

篇名	著述时间	册数	页码
致比京同志告明日往美并纽约通信处函	1909 年 10 月 29 日	第七册	127
致南洋同志告在欧所谋未有眉目前借款请宽限函	1909 年 10 月 29 日	第七册	128
致吴稚晖述历来革命经费收支实情以辩诬函	1909 年 10 月 29 日	第七册	129
介绍自身革命经历及政治主张　在伦敦某俱乐部与英国金融界某君等谈话	1909 年秋	第十一册	166
致吴稚晖请以《新世纪》名义在美等华人报中发驳陶之论函	1909 年 11 月 12 日	第七册	133
复张继论辞同盟会总理职函	1909 年 11 月 12 日前后	第七册	134
复吴稚晖告拟在美重新组织团体函	1909 年 11 月 25 日	第七册	135
致留比同志告抵美情形函	1909 年 11 月 26 日	第七册	135
致孙昌望告知地址及近况函	1909 年 11 月 30 日	第七册	136
致纽约某银行职员请运动资本家商借债款函	1909 年 11 月	第七册	137
复吴稚晖请于《新世纪》发论评章太炎《检举状》函	1909 年 12 月 4 日	第七册	139
致吴稚晖再请于《新世纪》发论评章太炎函	1909 年 12 月 13 日	第七册	140
在纽约哥伦比亚大学演说中国革命之必要	1909 年 11 月 8 日至 12 月 16 日间	第十册	28
致吴稚晖望将刘光汉揭露章太炎笔迹照片寄用函	1909 年 12 月 16 日	第七册	140
致吴稚晖告知寄信准确地址函	1909 年 12 月 16 日	第七册	141
复王鸿猷告在美联络情形及国内抵制美货情况函	1909 年 12 月 25 日	第七册	142
致伦敦某君商谈贷款函	1909 年 11、12 月间	第七册	138
复纽约某财团告革命党实力函	1909 年 12 月	第七册	143
为石井晓云题词	1909 年	第十八册	19
复吴稚晖嘱驳章之论登报后寄送函	1910 年 1 月 3 日	第七册	144
复王鸿猷告未获抵制美货小册并将往美西部函	1910 年 1 月 4 日	第七册	145
复萧雨滋告行程并将往芝加哥相会函	1910 年 1 月 10 日	第七册	146

续表

篇名	著述时间	册数	页码
复伦敦某君谈当前中国局势及贷款担保人名单函	1910 年 1 月中旬	第七册	147
在纽约与顾维钧谈话	1910 年 1 月中旬	第十一册	170
与芝加哥同盟会员谈话	1910 年 1 月下旬至 2 月上旬间	第十一册	170
国内形势变化与改进党务　与李是男黄伯耀谈话	1910 年 2 月上旬	第十一册	171
致孙昌告已到旧金山往晤其家人函	1910 年 2 月 11 日	第七册	150
致纽约同志请速募捐接济广州新军起义函	1910 年 2 月 16 日	第七册	150
复赵士觐请接济广州新军起义函	1910 年 2 月 16 日	第七册	151
在旧金山与伍澄宇谈话	1910 年 2 月 16 日	第十一册	173
五权宪法独有于中国	1910 年 2 月中旬	第三册	128
中华革命党盟书	1910 年 2 月中旬	第五册	45
监察考试两权为中国历史所独有　在旧金山与刘成禹谈话	1910 年 2 月中旬	第十一册	174
复赵士觐告广州新军起义失败并拟久留美国筹巨款函	1910 年 2 月 22 日	第七册	152
复咸马里告将往访函	1910 年 2 月 24 日	第七册	152
立志革命则中国可救　在旧金山丽蝉戏院的演说	1910 年 2 月 28 日	第十册	28
商谈为广东新军起义筹款　在旧金山与黄伯耀李是男等谈话	1910 年 2 月中下旬	第十一册	176
复赵士觐望推广已成之团体函	1910 年 3 月 1 日	第七册	153
致邓泽如等询能否统收华人产锡运销美国函	1910 年 3 月 1 日	第七册	154
准备反清起义的长滩计划	1910 年 3 月 10 日至 14 日	第四册	29
任命查尔斯·布思为中国同盟会驻国外唯一财务代表并委托全权状	1910 年 3 月 14 日	第十六册	4

续表

篇名	著述时间	册数	页码
长堤会谈纪要	1910 年 3 月上中旬	第五册	47
致暹罗同志为马兴顺被释喜慰函	1910 年 3 月中旬	第七册	155
复布思告行程及通讯处函	1910 年 3 月 21 日	第七册	156
致康德黎夫妇告行程及火奴鲁鲁通讯处函	1910 年 3 月 22 日	第七册	157
致邓泽如告在美行程函	1910 年 3 月 24 日	第七册	157
致咸马里告某国一些重要文件目录并代询另一国国防部是否想得到函	1910 年 3 月 24 日	第七册	158
复庄文亚告已察看友人房屋可用函	1910 年 3 月 30 日	第七册	159
革命军筹饷约章	1910 年 2 至 3 月间	第五册	46
排满成功后所忧患在帝王思想　与刘成禺谈话	1910 年 2 至 3 月间	第十一册	178
运用练习演说之法　与旅美留学生谈话	1910 年 2 至 3 月间	第十一册	179
复布思与容闳晤谈情形函	1910 年 4 月 5 日	第七册	160
致孙昌告暂无法汇款函	1910 年 4 月 8 日	第七册	161
致纽约同盟会员告在檀改革盟书填写方法函	1910 年 4 月 8 日	第七册	161
中国革命即将爆发　与檀香山《晚间公报》记者谈话	1910 年 4 月 8 日刊载	第十一册	180
致咸马里述广州新军起义经过函	1910 年 4 月 10 日	第七册	162
数年内将推翻清政府建立共和政体　与檀香山《太平洋商业广告报》记者谈话	1910 年 4 月 20 日	第十一册	182
致孙昌促速回国探祖母函	1910 年 4 月 25 日	第七册	164
致侄媳嘱促全家回国函	1910 年 4 月 25 日	第七册	165
致孙昌嘱收款后与家人回香港函	1910 年 4 月 26 日	第七册	165
复梅培告汪精卫被捕函	1910 年 5 月 4 日	第七册	166
复纽约同志告汪精卫被清廷监禁函	1910 年 5 月 5 日	第七册	166
致咸马里告广东起义情形及汪精卫被捕函	1910 年 5 月 9 日	第七册	167
致布思告离檀赴日函	1910 年 5 月 24 日	第七册	168

续表

篇名	著述时间	册数	页码
致咸马里商讨购买军火事宜函	1910 年 5 月 24 日	第七册	169
致纽约同盟会员告即赴日本函	1910 年 5 月 25 日	第七册	170
中国将要发生另一次义和团起义　与檀香山《太平洋商业广告报》记者谈话	1910 年 5 月 26 日刊载	第十一册	185
致黄伯耀请提防崔通约函	1910 年 3 至 5 月间	第七册	171
致池亨吉请偕宫崎寅藏至船上晤面电	1910 年 6 月 9 日	第九册	11
革命主义者必须具有宗教上宽容的德　与宫崎寅藏谈话	1910 年 6 月 11 日	第十一册	186
致檀香山同盟会员告来日本交涉情形并请捐款济急函	1910 年 6 月中旬	第七册	172
关于中国同盟会　与谭人凤宋教仁谈话	1910 年 6 月中旬	第十一册	186
复布思告抵日后情形及停止举事决定函	1910 年 6 月 22 日	第七册	175
致纽约同志告到日本近况函	1910 年 6 月 22 日	第七册	176
题赠下田歌子	1910 年 6 月 11 日至 24 日	第十八册	18
赠别唐群英诗	1910 年 6 月中下旬	第四册	31
致南洋同志告已抵星加坡并述在美洲情形函	1910 年 7 月 14 日	第七册	176
致布思询近况并请介绍在马尼拉友人函	1910 年 7 月 15 日	第七册	177
致宫崎寅藏萱野长知告已到星加坡并请告知日本近况函	1910 年 7 月 15 日	第七册	178
致大埔希炉两埠同志告已到星加坡请接济经费函	1910 年 7 月 19 日	第七册	179
致吴稚晖托谋救汪精卫办法函	1910 年 7 月 20 日	第七册	180
复孙昌告暂无法汇款函	1910 年 7 月 21 日	第七册	181
致黄甲元嘱筹款维持《中兴报》函	1910 年 7 月 24 日	第七册	182
致符树兰等请赞助林格兰返琼函	1910 年 8 月 2 日	第七册	183

续表

篇名	著述时间	册数	页码
复咸马里告各地起义情形函	1910 年 8 月 11 日	第七册	184
复邓泽如告新章一概不收入会费函	1910 年 8 月 11 日	第七册	185
致张永福嘱将铁箱交邓子瑜带来函	1910 年 8 月 13 日	第七册	186
致邓泽如询寄来英文信者身份函	1910 年 8 月 16 日	第七册	186
复邓泽如告改良盟书及免收入会费等事函	1910 年 8 月 24 日	第七册	187
致黎协等请筹香港机关用长年经费及营救汪精卫费用函	1910 年 8 月 29 日	第七册	188
复布思请筹款准备起义函	1910 年 9 月 4 日	第七册	189
致咸马里谈攻取广州计划并请在美筹款函	1910 年 9 月 5 日	第七册	191
致萱野长知询近况函	1910 年 9 月 7 日	第七册	193
致三藩市同盟会指示筹款十万办法函	1910 年 9 月 12 日	第七册	193
复吴稚晖告所谋之事未有头绪有好消息请示知函	1910 年 9 月 27 日	第七册	194
复咸马里请速筹款并敦促布思汇款函	1910 年 9 月 29 日	第七册	195
致邓泽如询如何筹款十万举义函	1910 年 10 月 14 日	第七册	196
致黎协等告以运动新军成效并望筹集军费函	1910 年 10 月 16 日	第七册	197
复邓泽如请亲来商助函	1910 年 10 月 28 日	第七册	198
复邓泽如再询分任筹款十万事函	1910 年 10 月中下旬	第七册	199
复李梦生邓泽如告等待惠临函	1910 年 11 月 3 日	第七册	200
革命才能赢得中国人的尊严　在槟城清芳阁的演说	1910 年 11 月 6 日	第十册	31
复咸马里盼为起义筹款并论战争侦察手段函	1910 年 11 月 7 日	第七册	201
复布思望限期筹款协助函	1910 年 11 月 8 日	第七册	202
复王月洲告以新盟书格式并请协力筹款函	1910 年 11 月 10 日	第七册	203
重谋大举克复广州　在槟榔屿中国同盟会骨干会议的讲话	1910 年 11 月 13 日	第十册	33
在槟榔屿与胡汉民等谈话	1910 年 11 月 13 日	第十一册	187
致温庆武黄甲元请为起义筹款函	1910 年 11 月 14 日	第七册	204

续表

篇名	著述时间	册数	页码
海外同志捐钱国内同志捐命　在槟城阅书报社筹款会议的演说	1910 年 11 月 15 日	第十册	34
致李源水勉筹巨款以图大举函	1910 年 11 月 20 日	第七册	206
复邓泽如李梦生询杨锡五是否加盟等事函	1910 年 11 月 20 日	第七册	207
复康德黎夫人告近况函	1910 年 11 月 20 日	第七册	208
致康德黎夫人告即将赴英函	1910 年 11 月 24 日	第七册	209
致李源水郑螺生告即往欧美并勉力筹款函	1910 年 11 月 26 日	第七册	209
致邓泽如李梦生告将赴欧美并嘱勉力筹款函	1910 年 11 月 26 日	第七册	210
复宫崎寅藏萱野长知告再赴欧美并询日本近况函	1910 年 11 月 27 日	第七册	211
复邓泽如介绍与各地同志亲友联络函	1910 年 11 月 28 日	第七册	211
致美洲各埠同志望速汇款以应急需函	1910 年 11 月中下旬	第四册	270
复钟华雄告孙眉已回内地有事可与商函	1910 年 12 月 1 日	第七册	214
致邓泽如等人告赴欧美一行目的函	1910 年 12 月 10 日	第七册	214
致星加坡同志嘱竭力筹款以备大举函	1910 年 11 月底 12 月初	第七册	212
致暹罗同志望鼎力筹款相助函	1910 年 11 月底 12 月初	第七册	213
复布思询能否援助并告将赴美函	1910 年 12 月 16 日	第七册	215
致孙娫孙婉告行程并请照相寄来函	1910 年 12 月 20 日	第七册	216
对犬养毅谈生平爱好	1897 年至 1910 年间	第十一册	53
致温庆武望遇事与同志协商函	1910 年	第七册	216
为梅培题词	1911 年前	第十八册	20
仍以旧历除夕为商业结账之期通告	1911 年 1 月 3 日	第四册	298
推翻列强建立共和国的宣言	1911 年 1 月 5 日	第四册	271
委任钟华雄为深水埗主盟人状	1911 年 1 月 14 日	第十六册	4
致吴稚晖告已抵纽约将往西部函	1911 年 1 月 20 日	第七册	217

续表

篇名	著述时间	册数	页码
致张继请发展欧洲留学界入盟函	1911 年 1 月 21 日	第七册	217
致黄兴告抵美电	1911 年 1 月 23 日	第九册	11
与卢宝贤谈话	1911 年 1 月	第十一册	187
致宫崎寅藏请运动陆军大臣同意在日本居留权函	1911 年 2 月 3 日	第七册	218
致孙昌询近况并告以通讯地址函	1911 年 2 月 4 日	第七册	219
致旧金山致公总堂职员告演说行程函	1911 年 2 月 10 日	第七册	220
致吴稚晖代邀任《少年中国报》主笔函	1911 年 2 月 12 日	第七册	220
虚伪政治必当去其根柢　在加拿大中国剧场华侨欢迎会的演说	1911 年 2 月 13 日	第十册	35
复宫崎寅藏请与政府交涉居留权函	1911 年 2 月 15 日	第七册	221
致布思告如筹款失败请退回委托文件函	1911 年 3 月 6 日	第七册	222
复吴稚晖告在加行程及汪精卫在狱情形函	1911 年 3 月 20 日	第七册	223
亚洲各国联合起来　在温哥华与日本记者谈话	1911 年 3 月上中旬	第十一册	188
致宫崎寅藏告奉寄日银并询日本近事函	1911 年 4 月 1 日	第七册	224
致加拿大某埠同志告即将前往函	1911 年 4 月 6 日	第七册	225
复萧汉卫告在美卖债票券筹款事函	1911 年 4 月 15 日	第七册	225
致何利告今晚赴纽约电	1911 年 4 月 18 日	第九册	11
致 Mr. Allen Tong 告今晚往纽约电	1911 年 4 月 18 日	第九册	12
复芝加古同志告抵纽约情况及行程函	1911 年 4 月 19 日	第七册	226
致 Wory San – ark 告刚抵芝加哥电	1911 年 4 月 28 日	第九册	12
致胡汉民询广州起义善后情形电	1911 年 4 月 28 日	第九册	13
中华民国金币票	1911 年春	第四册	32
致布思告已见希尔但无结果询能否设法筹款电	1911 年 4 月 28 日至 5 月 1 日间	第九册	13
致咸马里请和布思协商筹款事宜电	1911 年 4 月 28 日至 5 月 1 日间	第九册	14

续表

篇名	著述时间	册数	页码
致 Sing Lee Co 望尽力筹款送至旧金山电	1911 年 5 月 1 日	第九册	14
致 Wing Wo Chong 请将款项送至多伦多电	1911 年 5 月 1 日至 3 日间	第九册	14
致容闳询能否协助筹款电	1911 年 5 月 1 日至 3 日间	第九册	15
致费城致公堂告改期拜访电	1911 年 5 月 4 日	第九册	15
在芝加哥与梅乔林等谈话	1911 年 5 月 5 日	第十一册	189
复谢秋述广州三·二九起义并嘱为中华实业公司筹款鼓吹函	1911 年 5 月 7 日	第七册	227
复萱野长知告曾访大塚太郎并询何时可以办妥至日等问题函	1911 年 5 月 20 日	第七册	228
致宫崎寅藏询日本国内局势函	1911 年 5 月 20 日	第七册	229
致旧金山致公堂请勿登报反对同盟会电	1911 年 5 月 20 日	第九册	16
革命的目标是推翻清王朝并建立共和政府　与美国《每周画报》杂志谈话	1911 年 5 月 26 日刊载	第十一册	190
复李绮庵论飞船敢死团及革命公司函	1911 年 5 月 31 日	第七册	230
致咸马里告下周前往晤面电	1911 年 5 月 31 日	第九册	16
与伍澄宇谈话	1911 年 5 月	第十一册	191
致旧金山致公堂职员告即将前往函	1911 年 6 月 9 日	第七册	231
三藩市同盟会与致公总堂联合之布告	1911 年 6 月 18 日	第四册	271
致沙加免度致公堂告明天下午乘船抵达电	1911 年 5 月 31 日至 6 月 24 日间	第九册	17
与黄芸苏联名致旧金山致公堂告明天中午赴博伊西电	1911 年 6 月 24 日后	第九册	17
致梅培告等候答复电	1911 年 6 月 24 日后	第九册	18

续表

篇名	著述时间	册数	页码
救国须不顾私事而为国出力　在中国同盟会葛仑分会成立大会的演说	1911 年 6 月 25 日	第十册	36
复江英华指示起义计策函	1911 年 7 月 5 日	第七册	232
洪门筹饷局缘起	1911 年 7 月 10 日	第四册	273
复宗方小太郎望启导日本舆论和政府同情中国革命函	1911 年 7 月 16 日	第七册	233
复邓泽如告广州起义影响美国情形并请筹给家人费用函	1911 年 7 月 18 日	第七册	234
致李是男请即开办新筹饷局函	1911 年 7 月 22 日	第七册	236
致刘易初介绍胡汉民往洽筹饷函	1911 年 7 月 28 日	第七册	237
与孙科等谈读书与学问	1911 年 7 月	第十一册	192
与伍澄宇谈话	1911 年 7 月	第十一册	192
为谭葵开父子题词	1911 年夏	第十八册	21
致孙昌再询其母愿否回国函	1911 年 8 月 1 日	第七册	238
复咸马里告国内革命情势及对英日续订同盟看法函	1911 年 8 月 10 日	第七册	238
复梁泽生论述广州近两次起义并嘱为新举事助资函	1911 年 8 月 11 日	第七册	240
致家嫂询是否愿回国函	1911 年 8 月 19 日	第七册	242
复郑占南告将往东部函	1911 年 8 月 28 日	第七册	242
复林喜智告通讯方法并指点生意门道函	1911 年 8 月 29 日	第七册	243
复吴稚晖悼杨笃生投海并请为黄兴筹款函	1911 年 8 月 31 日	第七册	243
三藩市同盟会革除崔通约布告	1911 年 8 月	第四册	277
致宫崎寅藏告拟往日本请代设法函	1911 年 9 月 12 日	第七册	245
复希炉同志告行程未定函	1911 年 9 月 14 日	第七册	246
复萧汉卫论飞机事及应付崔通约办法函	1911 年 9 月 14 日	第七册	247
致希炉同志告以回国缓急须视局势而定函	1911 年 9 月 14 日	第七册	248
复咸马里告四川风潮并请尽速筹款函	1911 年 9 月 25 日	第七册	249

续表

篇名	著述时间	册数	页码
洪门宜保护同群抵抗外侮　在士得顿洪门萃胜堂周月纪念暨欢迎大会的演说	1911 年 9 月	第十册	37
革命不惧流血　在葛仑会宴楼欢迎会的演说	1911 年 9 月	第十册	37
倘中国革命当胜于美国　在砵仑亚伦可跳舞堂的演说	1911 年 9 月	第十册	38
致李是男告筹饷收汇办法函	1911 年 10 月 9 日	第七册	250
在美国丹佛洪门致公总堂欢迎会的演说	1911 年 10 月 11 日	第十册	38
芝加古同盟会预祝中华民国成立大会布告	1911 年 10 月 13 日	第四册	277
武昌起义后载于《纽约时报》的声明	1911 年 10 月 14 日	第四册	278
庆祝中国革命军成功的集会公告	1911 年 10 月 14 日	第四册	281
武昌起义后在美国之声明	1911 年 10 月 15 日	第四册	281
致 Mr. T. P. Ma 电	1911 年 10 月 15 日	第九册	18
致诺克斯希望秘密会晤函	1911 年 10 月 18 日	第七册	251
致 Mr. T. P. Ma 请到华盛顿中区大陆旅馆晤面电	1911 年 10 月 18 日	第九册	18
致芝加哥太和号告在华盛顿地址电	1911 年 10 月 18 日	第九册	19
致 Dr R A Parker 询能否尽快设法筹款电	1911 年 10 月 19 日	第九册	19
致 Mr Frederic Poole 告到纽约见面地址电	1911 年 10 月 20 日	第九册	20
致芝加哥太和号告现在赴纽约电	1911 年 10 月 20 日	第九册	20
复容闳告今晚离开华盛顿无暇晤面电	1911 年 10 月 20 日	第九册	20
致芝加哥太和行告按原计划进行电	1911 年 10 月 20 日	第九册	21
致芝加哥太和行请速派黄芸苏赴纽约电	1911 年 10 月 20 日	第九册	21
致张鸣岐敦促其反正电	1911 年 10 月 20 日	第九册	21
与纽约华侨同志谈话	1911 年 10 月 20 日	第十一册	193
复大塚太郎告已收到萱野电报函	1911 年 10 月 22 日	第七册	251
中国革命军将击败清军攻占北京　在费城与费普谈话	1911 年 10 月 23 日刊载	第十一册	193

续表

篇名	著述时间	册数	页码
致林礼斌等询能否筹助四万美金电	1911 年 10 月 25 日	第九册	22
回国行程计划 在纽约与鹤冈永太郎谈话	1911 年 10 月 26 日	第十一册	195
致旧金山同盟会转述代拟之致法国和比利时政府呼吁书电	1911 年 10 月 30 日	第九册	22
致咸马里托在英接洽贷款电	1911 年 10 月 31 日	第九册	23
武昌起义后通告各国驻华公使馆书	1911 年 10 月中下旬	第四册	282
余足迹所到之处即革命军粮仓所在之地 在芝加哥与华侨谈话	1911 年 10 月中下旬	第十一册	196
在纽约草拟当前进行方略	1911 年 10 月下旬	第四册	33
致 Mr. F. Poole 告将离开纽约毋须前来电	1911 年 10 月下旬	第九册	23
致 Dr. R. A. Parker 告将离开纽约电	1911 年 10 月下旬	第九册	23
致 Dr. R. A. Parker 告将离开纽约无暇商议电	1911 年 10 月下旬	第九册	24
致何利告交寄捐款地址电	1911 年 10 月下旬	第九册	24
中国革命形势及前途 与法国《朝日新闻》驻美访员谈话	1911 年 10 月	第十一册	197
致咸马里告明日乘船赴英电	1911 年 11 月 1 日	第九册	24
共和制是最适合中国的政体 在英国与《伦敦与中国电讯》记者谈话	1911 年 11 月 6 日刊载	第十一册	198
致吴稚晖告明晚再来访请留寓等候函	1911 年 11 月 11 日	第七册	252
致民国军政府表明对民国总统人选态度电	1911 年 11 月 16 日	第九册	25
共和的目标是建立一个以自由民意为本的省自治联邦 在纽约与《马丁报》记者谈话	1911 年 11 月 20 日刊载	第十一册	204
我的回忆 对伦敦《河滨杂志》记者叙述革命经历	1911 年 11 月中旬	第三册	130
告世界书	1911 年 11 月中旬	第四册	283
尽速建立中央政府维持中国前途 在伦敦与康德黎谈话	1911 年 11 月中旬	第十一册	199

续表

篇名	著述时间	册数	页码
中国人民须有善良之中央政府　在伦敦与康德黎谈话	1911 年 11 月中旬	第十一册	200
谈清廷腐败　与英国记者谈话	1911 年 11 月中旬	第十一册	202
联合各省组织中央政府　与英国记者谈话	1911 年 11 月中旬	第十一册	203
新政府当废除与外人种种不便之障碍物重订海关税则　与巴黎《政治星期报》记者谈话	1911 年 11 月 21 日至 23 日间	第十一册	205
美国共和联邦政体甚合中国之用　与巴黎《日报》记者谈话	1911 年 11 月 21 日至 23 日间	第十一册	206
关于中华民国的计划　在巴黎与《欧洲信使报》记者谈话	1911 年 11 月 23 日	第十一册	208
谋求贷款并望法国政府遏制俄国对华野心　在巴黎与西蒙会谈	1911 年 11 月 23 日	第十一册	209
在皮西爱宴会的谈话	1911 年 11 月 21 日至 24 日间	第十一册	207
孙逸仙的中华民国计划	1911 年 11 月 25 日	第四册	283
致宫崎寅藏告将抵香港电	1911 年 11 月 28 日	第九册	26
致上海《民立报》告归国行程电	1911 年 11 月 29 日	第九册	26
中国革命后之内外政策　在欧洲的演说	1911 年 11 月中下旬	第十册	39
一八九五年广州起义的缘由与经过	1911 年 12 月 8 日刊载	第三册	140
与《铁笔氏报》记者谈话	1911 年 12 月 13 日刊载	第十一册	212
致邓泽如嘱到新加坡面商电	1911 年 12 月 14 日	第九册	27
借外债以谋新政府之建设　与邓泽如等谈话	1911 年 12 月 16 日	第十一册	213
致邓泽如请预备回国帮忙函	1911 年 12 月 20 日	第七册	252
致陈炯明等告胡汉民一同赴沪短简	1911 年 12 月 21 日	第七册	253
致龙济光劝率师北伐函	1911 年 12 月 21 日	第七册	253

续表

篇名	著述时间	册数	页码
致横滨华侨感谢同情革命并告国内议和情形电	1911 年 12 月 21 日	第九册	27
新政府借外债与招罗民军入伍诸问题　在香港兰室公司对省港欢迎代表的讲话	1911 年 12 月 21 日	第十册	40
与胡汉民廖仲恺谈话	1911 年 12 月 21 日	第十一册	214
委托山田纯三郎向三井会社借款的谈话	1911 年 12 月 21 日	第十一册	215
为绪方南溟题词	1911 年 12 月 22 日	第十八册	22
为宫崎寅藏题字	1911 年 12 月 24 日	第十八册	23
为山田纯三郎题词	1911 年 12 月 24 日	第十八册	24
以真精神真力量与困难战　与上海《民立报》记者谈话	1911 年 12 月 25 日	第十一册	216
革命之成败不在金钱而在热心　与上海《大陆报》主笔谈话	1911 年 12 月 25 日至26 日间	第十一册	216
复沈定一告当派代表与会函	1911 年 12 月 26 日	第七册	254
不宜取内阁制　在上海召集同盟会最高干部会议的发言	1911 年 12 月 26 日	第十册	44
个人利益必须服从共同利益　在上海与莫耐斯梯埃谈话	1911 年 12 月 26 日	第十一册	219
致中华民国学生军团告已派代表赴会简	1911 年 12 月 27 日	第七册	255
在上海与姚雨平谈话	1911 年 12 月 27 日	第十一册	220
在上海与马君武等谈话	1911 年 12 月 27 日	第十一册	220
当选临时大总统后对美承诺维护国内和平的声明	1911 年 12 月 29 日	第四册	286
致力于实现国内和平	1911 年 12 月 29 日	第四册	287
复南京各省代表告即赴宁勉任临时大总统电	1911 年 12 月 29 日	第九册	28
致袁世凯告暂时承乏临时大总统电	1911 年 12 月 29 日	第九册	28
致黎元洪告勉任临时大总统电	1911 年 12 月 29 日	第九册	29

续表

篇名	著述时间	册数	页码
致各省都督军司令长告即赴宁勉任临时大总统电	1911 年 12 月 29 日	第九册	29
今后首须在民生主义处着手　在上海中国同盟会本部欢迎大会的演说	1911 年 12 月 29 日	第十册	45
同盟会本部意见书	1911 年 12 月 30 日	第四册	289
孙博士预言中国将空前繁荣	1911 年 12 月 30 日	第四册	292
致旧金山中华会馆为组织中央政府委向当地华侨筹款电	1911 年 12 月 30 日刊载	第九册	30
致邓泽如等为组织中央政府委向南洋侨商筹款电	1911 年 12 月 30 日对方收到	第九册	30
在招待来沪日本友人宴会的讲话	1911 年 12 月 30 日	第十册	45
应在中国广为鼓吹社会主义　在上海与江亢虎谈话	1911 年 12 月 30 日	第十一册	221
组织新政府等问题　与上海《大陆报》记者谈话	1911 年 12 月 30 日	第十一册	222
呼吁国际承认新民国	1911 年 12 月 31 日	第四册	292
关于民国新政府计划的声明	1911 年 12 月 31 日	第四册	293
腐败的满洲政府　与《芝加哥星期日观察家报》记者谈话	1911 年 12 月 31 日刊载	第十一册	223
在上海与宫崎寅藏谈话	1911 年 12 月 31 日	第十一册	224
为上海《民立报》题词	1911 年 12 月 31 日刊载	第十八册	25
赠《民立报》英文手翰	1911 年 12 月 31 日刊载	第十八册	26
废除厘金及取消领事裁判权　与驻沪外国记者谈话	1911 年 12 月下旬	第十一册	225
中国革命爆发始料未及　与美国《基督教科学箴言报》记者谈话	1911 年 12 月底	第十一册	226
与冯自由谈话	1905 年 8 月至 1911 年 12 月间	第十一册	126
在新加坡与张永福谈话	1906 年 6 月至 1911 年 12 月间	第十一册	142

续表

篇名	著述时间	册数	页码
中国可以有两个敌人日本与俄罗斯　在法国与米尔毕恭谈话	1909 年至 1911 年间	第十一册	167
中华革命军义饷凭单	1911 年	第四册	35
致旅美同志望助阮伦设飞船队函	1911 年	第七册	255
关于被中国使馆侦探监视　在纽约与《华盛顿邮报》记者谈话	1911 年	第十一册	227
中华民国临时大总统就职誓词	1912 年 1 月 1 日	第四册	294
中华民国临时大总统孙文宣言书	1912 年 1 月 1 日	第四册	294
告海陆军士文	1912 年 1 月 1 日	第四册	296
复陈席儒等告勉任临时大总统电	1912 年 1 月 1 日刊载	第九册	30
催促山田纯三郎联系三井会社借款的谈话	1912 年 1 月 1 日	第十一册	228
预见和平将至　在南京与某报记者谈话	1912 年 1 月 1 日	第十一册	228
为四万万同胞感谢诸君光复之功　与镇江欢迎者谈话	1912 年 1 月 1 日	第十一册	229
决意献身中国革命　与查尔斯·埃尔默·邦德谈话	1912 年 1 月 1 日后	第十一册	230
颁布中华民国改历建元致各省都督通电	1912 年 1 月 2 日	第四册	297
为犒赏义师致各省都督通电	1912 年 1 月 2 日	第四册	298
复旅港团体暨亲友告勉任临时大总统电	1912 年 1 月 2 日	第九册	31
致伍廷芳等嘱每日将议和事详告电	1912 年 1 月 2 日	第九册	31
致吴稚晖石瑛告有要事奉商电	1912 年 1 月 2 日	第九册	32
在南京与宫崎寅藏等谈话	1912 年 1 月 2 日	第十一册	231
致黎元洪贺当选副总统电	1912 年 1 月 3 日对方收到	第九册	32
委任蓝天蔚为关外都督兼北伐第二军总司令状	1912 年 1 月 3 日	第十六册	5
致秦毓鎏祈同意受聘总统府秘书函	1912 年 1 月 4 日	第七册	256
复袁世凯重申对议和及让位态度电	1912 年 1 月 4 日	第九册	32

续表

篇名	著述时间	册数	页码
致伍廷芳询国民会议情况及退兵办法并嘱将会议情形逐日电告电	1912 年 1 月 4 日	第九册	33
致陈炯明促速出兵北伐电	1912 年 1 月 4 日	第九册	33
中华民国临时大总统对外宣言书	1912 年 1 月 5 日	第四册	298
劝告北军将士宣言书	1912 年 1 月 5 日	第四册	301
致张謇请参加各部长委任典礼函	1912 年 1 月 5 日	第七册	256
复上海广肇公所潮州会馆告伍廷芳温宗尧仍为议和全权代表电	1912 年 1 月 5 日	第九册	33
致王云华喑王锡均电	1912 年 1 月 5 日	第九册	34
女子将有完全参政权　与林宗素谈话	1912 年 1 月 5 日	第十一册	231
委任伍廷芳为议和全权大使状	1912 年 1 月 5 日	第十六册	5
委任王宠惠为外交部总长状	1912 年 1 月 5 日	第十六册	6
致伍廷芳转达孙毓筠报告倪嗣冲并未遵约退出颍州电	1912 年 1 月 6 日	第九册	34
临时政府内阁人选与对外关系等问题　在南京与上海《大陆报》记者谈话	1912 年 1 月 6 日	第十一册	232
关于新政权的运作问题　与上海《大陆报》记者谈话	1912 年 1 月 6 日	第十一册	234
复黎元洪指示北伐方略电	1912 年 1 月 7 日对方收到	第九册	34
复广东省临时议会望倡劝粤省协力负担饷源电	1912 年 1 月 7 日	第九册	35
对日本的态度　与古川岩太郎等谈话	1912 年 1 月 7 日	第十一册	237
谕各军按新历划一发饷通令	1912 年 1 月 8 日	第四册	302
批张翼枢来函	1912 年 1 月 8 日对方来函	第十三册	9

续表

篇名	著述时间	册数	页码
致袁世凯告暂时承乏而虚位以待电	1912 年 1 月 9 日	第九册	35
饬汪缦卿等速移交川路股款筹办蜀军令	1912 年 1 月 9 日	第十三册	9
致阪谷芳郎告以中央银行设立之件相托函	1912 年 1 月 10 日	第七册	257
致庄蕴宽望协力接济江北电	1912 年 1 月 10 日	第九册	36
致陈其美李平书望协力接济江北电	1912 年 1 月 10 日	第九册	36
致张謇望协力接济江北电	1912 年 1 月 10 日	第九册	36
致坂谷芳郎请代筹建民国中央银行并邀其访华电	1912 年 1 月 10 日	第九册	37
设法接济江北　与陶芷泉等谈话	1912 年 1 月 10 日	第十一册	237
当前时局的方针	1912 年 1 月初	第四册	36
咨临时参议院核议《法制局职制草案》	1912 年 1 月上旬	第五册	50
复中华民国联合会论民选参议院函	1912 年 1 月上旬	第七册	257
再复中华民国联合会论联邦制度及女子参政函	1912 年 1 月上旬	第七册	258
委任徐绍桢为南京卫戍总督状	1912 年 1 月 11 日	第十六册	6
照会法国政府任命张翼枢为临时政府驻法全权代表电	1912 年 1 月 11 日	第十六册	7
复蔡元培论内阁用人方针函	1912 年 1 月 12 日	第七册	259
致广东军政府着速使参加北伐之民军进发电	1912 年 1 月 12 日刊载	第九册	37
致广东军政府着速行编练民军以归划一电	1912 年 1 月 12 日刊载	第九册	38
致李平书嘱速将前攻金陵机关稍损之大炮修理解宁安置电	1912 年 1 月 12 日	第九册	38
在南京与冯又微等谈话	1912 年 1 月 12 日	第十一册	238
咨复临时参议会论国旗文	1912 年 1 月 12 日	第十三册	10
致蓝天蔚委任其节制北伐沪军暨海容等三舰电	1912 年 1 月 12 日	第十六册	7
尚非谈议会之时　对中华民国联合会的回应	1912 年 1 月 14 日	第四册	37
致各省都督等着毋滥逮曾仕清廷之人通电	1912 年 1 月 14 日	第四册	303
复丁义华保证新政府将尽力清除鸦片毒害函	1912 年 1 月 14 日	第七册	259

续表

篇名	著述时间	册数	页码
与黄兴联名致伍廷芳请便宜行事并规定议和以十四日为期电	1912 年 1 月 14 日对方收到	第九册	38
致黎元洪告对购运飞船意见电	1912 年 1 月 14 日对方收到	第九册	39
复直豫谘议局答复其提出之请帝退位之三条件电	1912 年 1 月 14 日	第九册	39
致孙毓筠请转饬皖北各军严守纪律电	1912 年 1 月 14 日	第九册	40
复扬州淮南运商劝勿因盐政改革而停运食盐电	1912 年 1 月 14 日	第九册	40
派员向徐绍桢赍送南京卫戍总督印信令	1912 年 1 月 14 日	第十六册	8
南京卫戍总督府条例	1912 年 1 月 15 日	第五册	50
致松方正义望鼎助成立中央银行函	1912 年 1 月 15 日	第七册	260
复张振武告川款已由中央政府承借碍难改作别用电	1912 年 1 月 15 日刊载	第九册	41
复伍廷芳告如清帝退位可推袁世凯为总统电	1912 年 1 月 15 日	第九册	41
致陈其美令严缉刺杀陶成章凶手电	1912 年 1 月 15 日	第九册	41
汉冶萍借款问题　在南京与陈荫明谈话	1912 年 1 月 15 日	第十一册	239
委任内田良平为外交顾问状	1912 年 1 月 15 日	第十六册	8
复黎元洪告已派员洽购飞船及其他军需物品电	1912 年 1 月 16 日对方收到	第九册	42
致浙江都督府令优恤陶成章家属并具报其生平行谊电	1912 年 1 月 16 日	第九册	42
准颁布陆军编制表令	1912 年 1 月 16 日	第十三册	11
饬各军一体加意约束以靖闾阎而肃军纪令	1912 年 1 月 16 日	第十三册	12
委任吴振南为海军部参事官状	1912 年 1 月 17 日	第十六册	9
复伍廷芳嘱邀唐绍仪同来南京面商大计电	1912 年 1 月 18 日对方收到	第九册	43
致伍廷芳转告唐绍仪以清帝退位五项条件电	1912 年 1 月 18 日	第九册	43

续表

篇名	著述时间	册数	页码
致伍廷芳转告唐绍仪优待清室条件电	1912 年 1 月 18 日	第九册	44
复陈作霖等告陈其美督苏应经省议会公举电	1912 年 1 月 18 日	第九册	44
委任秦毓鎏为总统府秘书员状	1912 年 1 月 18 日	第十六册	9
誓在中国建立民主共和国的声明	1912 年 1 月 19 日	第四册	303
致伍廷芳转告唐绍仪修改清帝退位五项条件电	1912 年 1 月 19 日	第九册	45
复伍廷芳转告唐绍仪优待清室条件不交海牙存案理由电	1912 年 1 月 19 日	第九册	45
询问尚侠女学堂反满情况　与张馥桢辛素贞谈话	1912 年 1 月 19 日刊载	第十一册	240
致伍廷芳转告唐绍仪申明清帝退位五项条件之意电	1912 年 1 月 20 日对方收到	第九册	46
复袁世凯不允将议定优待清室条件交海牙和平会立案电	1912 年 1 月 20 日刊载	第九册	46
致陈炯明着促邓子瑜会同北伐电	1912 年 1 月 20 日刊载	第九册	46
复伍廷芳再转告唐绍仪同意修改优待清室条件及不交海牙存案电	1912 年 1 月 20 日	第九册	47
复伍廷芳转告唐绍议申明袁世凯不得于民国未举之先接受清廷统治权以自重电	1912 年 1 月 20 日	第九册	47
致黎元洪告南北议和近情并嘱照前备战电	1912 年 1 月 20 日	第九册	48
饬陆军部速颁军令责成各军严守纪律令	1912 年 1 月 20 日	第十三册	12
关于时局的谈话	1912 年 1 月中旬	第十一册	241
关于首都问题　与弗雷德里克・哈斯金谈话	1912 年 1 月中旬	第十一册	241
致康德黎夫妇告就任临时大总统函	1912 年 1 月 21 日	第七册	261
致伍廷芳嘱转告北方议和应从速解决电	1912 年 1 月 21 日	第九册	48
致伍廷芳告袁世凯须先将优待清室条件切实答复电	1912 年 1 月 21 日	第九册	49
致邓泽如请即来南京商理要事电	1912 年 1 月 21 日	第九册	49

续表

篇名	著述时间	册数	页码
复伍廷芳暨各报馆转告袁世凯议和最后解决办法电	1912 年 1 月 22 日	第九册	49
致伍廷芳着速电袁世凯交涉制止山东清军叶长盛违约进攻登州黄县电	1912 年 1 月 22 日	第九册	50
致伍廷芳汪精卫转告唐绍仪参议院已同意五项条件电	1912 年 1 月 22 日	第九册	51
关于中国时局　与美联社记者谈话	1912 年 1 月 22 日	第十一册	242
饬陆军部赏恤石凤鸣令	1912 年 1 月 22 日	第十三册	14
复伍廷芳命将五项条件正式通告袁世凯并申述让位条件理由电	1912 年 1 月 23 日	第九册	51
致伍廷芳命电清内阁派员赴晋陕战地宣令停战电	1912 年 1 月 23 日	第九册	52
饬江南造币厂应归财政部管理令	1912 年 1 月 23 日	第十三册	14
复国民协会论组织国民参事院函	1912 年 1 月 24 日	第七册	261
复南京市民为整顿军纪等事函	1912 年 1 月 24 日	第七册	262
致庄蕴宽嘱补选江北参议员一名电	1912 年 1 月 24 日	第九册	53
须得切实保证方可让位于袁世凯　与上海《大陆报》记者谈话	1912 年 1 月 24 日	第十一册	243
望袁世凯归从民军实行共和政体　在南京与上海《大陆报》记者谈话	1912 年 1 月 24 日	第十一册	246
发交财政部核办公文令	1912 年 1 月 24 日收到	第十三册	15
袁世凯承认民国即举其充大总统　致上海《字林西报》等书面谈话	1912 年 1 月 25 日刊载	第十一册	247
布告各军团应设军医令	1912 年 1 月 25 日	第十三册	15
致朱执信言如不愿任粤督当劝汪精卫就任电	1912 年 1 月 25 日	第十六册	9
致广东军政府暨省临时议会告任陈炯明为粤督电	1912 年 1 月 25 日	第十六册	10

续表

篇名	著述时间	册数	页码
复黎元洪请制订湖北作战计划并告国军行动应由中央规定电	1912 年 1 月 26 日对方收到	第九册	53
致陈炯明等望赞同粤议铁路借款电	1912 年 1 月 26 日	第九册	53
致伍廷芳等答谢广东同乡捐助军饷电	1912 年 1 月 26 日	第九册	54
复杜潜并烟台各界告即派胡瑛来烟电	1912 年 1 月 26 日	第九册	54
致蓝天蔚告已令胡瑛赴烟并嘱协同筹应一切电	1912 年 1 月 26 日	第九册	55
致陈其美嘱即省释赵珊林电	1912 年 1 月 26 日	第九册	55
复四川资州军政分府希派人护送刘光汉来宁电	1912 年 1 月 26 日	第九册	55
复招商局告以局产抵借日债已有押主并有相当之报酬电	1912 年 1 月 26 日	第九册	56
致伍廷芳嘱发表清室无诚意议和之真相电	1912 年 1 月 27 日	第九册	56
致各国驻华公使揭露袁世凯独揽大权之诡计通电	1912 年 1 月 27 日	第九册	57
致各国公使告袁世凯欲并行解散北京政府与民国政府的照会	1912 年 1 月 27 日	第十三册	15
委任陈兆丰充步队十六团团长状	1912 年 1 月 27 日	第十六册	10
建设之难自今日始　临时参议院成立祝辞	1912 年 1 月 28 日	第四册	38
致各省都督禁止仇杀保皇党人通电	1912 年 1 月 28 日	第四册	304
批准施行《公文程式》	1912 年 1 月 28 日	第五册	53
致黎元洪转告伍廷芳议和意见电	1912 年 1 月 28 日对方收到	第九册	57
致伍廷芳指责袁世凯一再阻挠和谈为民国之贼电	1912 年 1 月 28 日收到	第九册	58
致伍廷芳宣布袁世凯破坏和议之罪状电	1912 年 1 月 28 日	第九册	59
致陈炯明及中国同盟会嘱调和同盟会与光复会关系电	1912 年 1 月 28 日	第九册	59

续表

篇名	著述时间	册数	页码
复陆荣廷嘱遣精队北伐电	1912 年 1 月 28 日	第九册	60
致姚雨平林震嘉许固镇之捷电	1912 年 1 月 28 日	第九册	60
致贡桑诺尔布等蒙古各王公望维持西北秩序并速举代表来宁电	1912 年 1 月 28 日	第九册	61
与顾复生谈话	1912 年 1 月 28 日	第十一册	247
致黎元洪嘱派人与段祺瑞接洽促成共和电	1912 年 1 月 29 日对方收到	第九册	61
致王占元等盼一致赞助共和电	1912 年 1 月 29 日	第九册	62
致马毓宝暨江西省各界务当化除畛域合谋统一电	1912 年 1 月 29 日	第九册	62
令内务部通饬保护人民财产	1912 年 1 月 30 日刊载	第五册	55
中华民国临时政府中央行政各部及其权限	1912 年 1 月 30 日刊载	第五册	56
中华民国发行公债票章程	1912 年 1 月 30 日刊载	第五册	58
咨复临时参议院陈述用兵方略并命财政陆军两部筹划饷源	1912 年 1 月 30 日	第十三册	16
批张静江等来函	1912 年 1 月 30 日	第十三册	17
咨临时参议院《南京府官制草案》并《中华民国临时组织法草案》	1912 年 1 月 31 日刊载	第五册	63
复方干周所询有关共和统一诸问题电	1912 年 1 月 31 日刊载	第九册	63
批王敬祥等请发给捐款收单呈	1912 年 1 月 31 日	第十三册	17
令财政部发行南京军用钞票	1912 年 1 月下旬	第五册	54
修正中华民国临时政府组织大纲	1912 年 1 月	第五册	67
总统府秘书处暂行章程	1912 年 1 月	第五册	69
致南洋侨胞请赞助金一清等创办电戏筹备善后补助会函	1912 年 1 月	第七册	263

续表

篇名	著述时间	册数	页码
复蒋雁行慰问并望黾勉从事函	1912 年 1 月	第七册	263
与黄兴联名致山县有朋请赞成民国政府电	1912 年 1 月	第九册	63
在南京与同盟会同志谈民生主义	1912 年 1 月	第十一册	248
统一盐政事权通令	1912 年 1 月	第十三册	18
饬内务部编印历书令	1912 年 1 月	第十三册	18
自勉题词	1912 年 1 月	第十八册	27
题词	1912 年 1 月	第十八册	28
令各部及卫成总督暨各都督购阅《临时政府公报》并公布则例	1912 年 2 月 1 日刊载	第五册	72
复女界协赞会嘉许募助军饷函	1912 年 2 月 1 日	第七册	264
致黎元洪嘱于段祺瑞退兵时可勿相逼电	1912 年 2 月 1 日对方收到	第九册	64
复张怀芝请速援助袁世凯立使清帝退位电	1912 年 2 月 1 日刊载	第九册	64
致广东省临时议会暨各团体告同意旅宁同乡荐举冯自由为粤督电	1912 年 2 月 1 日	第十六册	11
致汪精卫告旅宁同乡荐举冯自由为粤督及汪为粤都督府高等顾问电	1912 年 2 月 1 日	第十六册	12
致广东省临时议会暨各团体荐举堪任粤督人选电	1912 年 2 月 1 日	第十六册	12
中华民国发行军需公债条例	1912 年 2 月 2 日	第五册	74
南京临时政府与日本三井物产株式会社借款续合同	1912 年 2 月 2 日	第五册	75
复伍廷芳嘱电告袁世凯令张勋等部退兵电	1912 年 2 月 2 日对方对收	第九册	65
致伍廷芳嘱电北京阻止倪嗣冲进兵电	1912 年 2 月 2 日对方收到	第九册	65

续表

篇名	著述时间	册数	页码
致招商总局请派员来宁与政府接洽电	1912 年 2 月 2 日	第九册	65
须使工界早日受福　与徐企文谈话	1912 年 2 月 2 日	第十一册	248
饬实业部通告汉口商民建筑市场令	1912 年 2 月 2 日	第十三册	19
致井上馨申谢赞助良意函	1912 年 2 月 3 日	第七册	265
复何宗莲重申五族共和电	1912 年 2 月 3 日	第九册	66
与王宠惠联名致烟台都督杜潜命迅饬即墨民军照约暂行退出电	1912 年 2 月 3 日	第九册	66
致招商局促请即派员来宁接洽电	1912 年 2 月 3 日	第九册	67
与黄兴联名致井上馨请指导与日本关系事宜电	1912 年 2 月 3 日	第九册	67
致益田孝望借款一千万日元以支持南京临时政府电	1912 年 2 月 3 日	第九册	68
满洲问题与革命政府之前途　与森恪谈话	1912 年 2 月 3 日	第十一册	249
亟须输入社会主义新著翻译以供研究　与江亢虎谈话	1912 年 2 月 3 日	第十一册	252
复中华国货维持会论服制函	1912 年 2 月 4 日刊载	第七册	265
俟袁世凯宣布共和即行辞任　与南京访员谈话	1912 年 2 月 4 日	第十一册	253
饬财政部核办变通军用票办法令	1912 年 2 月 4 日	第十三册	20
与黄兴联名复伍廷芳嘱电达袁世凯制止晋陕战事并联师北上电	1912 年 2 月 5 日对方收到	第九册	68
批秦毓鎏解饷银及报告锡金光复后办法呈	1912 年 2 月 5 日刊载	第十三册	20
咨临时参议院核议各部官制	1912 年 2 月 6 日刊载	第五册	76
颁发《陆军暂行给与令》	1912 年 2 月 6 日	第五册	91
为抵借邮船株式会社债款致招商局函	1912 年 2 月 6 日	第五册	101
致招商局告以局产抵押借款无损权益函	1912 年 2 月 6 日	第七册	266
复高翼圣韦亚杰等论中国自立耶教会函	1912 年 2 月 6 日	第七册	268
复森恪告与袁世凯和议延期电	1912 年 2 月 6 日	第九册	69

续表

篇名	著述时间	册数	页码
着财政部转饬苏督将松江太仓各属本年所完粮税暂拨沪军应用令	1912 年 2 月 6 日刊载	第十三册	21
批沈懋昭请便宜行事另立局所呈	1912 年 2 月 6 日刊载	第十三册	21
批复神州女界共和协济社兴学办报并请拨捐款呈	1912 年 2 月 6 日刊载	第十三册	22
致王鸿猷请届时到府会见美国参赞函	1912 年 2 月 7 日	第七册	269
致宋教仁请拟订法制规则提出参议院议决施行函	1912 年 2 月 7 日	第七册	269
复伍廷芳嘱告袁世凯金州事已电烟台转知该处民军电	1912 年 2 月 7 日对方收到	第九册	70
取消《闽都督府组织大纲》	1912 年 2 月 8 日刊载	第五册	103
复弗朗西斯·威廉姆斯·戴蒙感谢其对中国革命的帮助及对孙科的关照函	1912 年 2 月 8 日	第七册	270
复伍廷芳嘱与袁世凯交涉约束张勋及倪嗣冲部并早定清帝退位事电	1912 年 2 月 8 日	第九册	70
列强承认与民国前途 与麦考密克谈话	1912 年 2 月 8 日	第十一册	253
饬茅乃登将南洋印刷厂交归印铸局办理令	1912 年 2 月 8 日刊载	第十三册	24
饬内务部筹画兴复汉口市场令	1912 年 2 月 8 日刊载	第十三册	24
陆军部奉总统府谕通饬各军队严禁冶游聚赌令	1912 年 2 月 9 日	第四册	305
令法制局拟定任官状纸程式及任官规制	1912 年 2 月 9 日刊载	第五册	108
致赵凤昌聘为枢密顾问函	1912 年 2 月 9 日	第七册	271
致王鸿猷请与杜次珊商借款事函	1912 年 2 月 9 日	第七册	271
致王鸿猷介绍曹锡圭往见函	1912 年 2 月 9 日	第七册	272
复黎元洪告税关正在办理交涉电	1912 年 2 月 9 日对方收到	第九册	70
复黎元洪告专卖非禁烟之良法电	1912 年 2 月 9 日	第九册	71
复陆荣廷嘱秉公执法电	1912 年 2 月 9 日	第九册	71

续表

篇名	著述时间	册数	页码
饬内务部分电各省都督将所属行政各部改称为司令	1912年2月9日刊载	第十三册	25
饬庄蕴宽将周阮冤案改交沪军都督办理令	1912年2月9日刊载	第十三册	25
复陈炯明勉其留任广东都督电	1912年2月9日	第十六册	13
致沈懋昭询款项来源函	1912年2月10日	第七册	272
饬张察将姚荣泽及全案卷宗解送沪军都督讯办令	1912年2月10日刊载	第十三册	26
饬陈其美秉公讯办周阮被杀案令	1912年2月10日刊载	第十三册	26
饬安徽都督查究贵池小学损失各物令	1912年2月10日刊载	第十三册	27
饬陆军部迅即委任宋子扬为徐州军政长令	1912年2月10日	第十六册	13
着陆军部饬所有北伐军改名讨房军通令	1912年2月11日	第四册	306
致章太炎聘其为枢密顾问函	1912年2月11日	第七册	273
致甘作培等解释以招商局产业抵押借款电	1912年2月11日刊载	第九册	71
复谭人凤望竭力维持为筹集军费所提之财政案电	1912年2月11日	第九册	72
日本应尽早承认南京临时政府　与铃木谈话	1912年2月11日	第十一册	255
饬江苏都督转饬南洋印刷厂职员迅办交代令	1912年2月11日刊载	第十三册	27
批谭道渊为盐务改革呈	1912年2月11日收到来呈	第十三册	28
致伍廷芳嘱转告北京限期清帝退位电	1912年2月12日	第九册	72
致《大阪每日新闻》要求撤销所载池亨吉演说中失实内容电	1912年2月12日	第九册	73
关于清帝退位	1912年2月12日	第十一册	256
饬财政部核办沈秉荃呈请代招银行股本令	1912年2月12日	第十三册	28
委任冯自由为外交部商务司长状	1912年2月12日	第十六册	14
委任王景春为外交部参事及另四人任职令	1912年2月12日	第十六册	14
为举行民国统一庆典致全国通电	1912年2月13日	第四册	306
令南京卫成总督制定稽查所章程	1912年2月13日刊载	第五册	111
改订邮政现行办法	1912年2月13日	第五册	115

续表

篇名	著述时间	册数	页码
复章太炎述汉冶萍借款缘由函	1912 年 2 月 13 日	第七册	273
致黎元洪等望保护盐商维持税源电	1912 年 2 月 13 日刊载	第九册	73
复谭人凤解释议和委曲电	1912 年 2 月 13 日刊载	第九册	74
致马毓宝询铁路借款事宜电	1912 年 2 月 13 日刊载	第九册	74
复黎元洪告汉冶萍公司借款经过电	1912 年 2 月 13 日对方收到	第九册	75
致伍廷芳嘱交涉撤退侵袭山西民军之清军电	1912 年 2 月 13 日对方收到	第九册	75
致伍廷芳唐绍仪转告袁世凯撤回入晋清军办法电	1912 年 2 月 13 日对方收到	第九册	76
复袁世凯申明共和政府不能由清帝委任组织并望速来宁电	1912 年 2 月 13 日	第九册	76
复袁世凯表示虚位以待电	1912 年 2 月 13 日	第九册	77
复蒙古联合会蒙古王公推荐袁世凯继任临时大总统电	1912 年 2 月 13 日	第九册	78
民国主权属于国民全体　关于起草约法的讲话	1912 年 2 月 13 日	第十册	46
咨临时参议院辞临时大总统职文	1912 年 2 月 13 日	第十三册	29
咨临时参议院推荐袁世凯文	1912 年 2 月 13 日	第十三册	30
批内务部请颁文官试验令	1912 年 2 月 14 日	第五册	115
致黎元洪嘱速派代表到沪会同唐绍仪赴北京与袁世凯协商统一办法电	1912 年 2 月 14 日	第九册	78
致袁世凯告已向临时参议院辞职并推荐其为临时大总统电	1912 年 2 月 14 日	第九册	79
致伍廷芳唐绍仪转促袁世凯南来电	1912 年 2 月 14 日	第九册	79
准财政部从权办理盐政令	1912 年 2 月 14 日刊载	第十三册	30

续表

篇名	著述时间	册数	页码
饬陆军内务两部派员会同教育部调查员保护各处学堂及充公房屋令	1912 年 2 月 14 日	第十三册	31
率同各部长以次人员恭谒孝陵令	1912 年 2 月 14 日	第十三册	31
祭明太祖陵昭告光复成功民国统一文	1912 年 2 月 15 日	第四册	39
谒明太祖陵敬陈颠覆清廷创建共和文	1912 年 2 月 15 日	第四册	40
没有做大总统野心之再次声明	1912 年 2 月 15 日	第四册	307
荐举袁世凯为临时大总统通电	1912 年 2 月 15 日	第四册	307
复伍廷芳嘱告袁世凯已通知西安及武昌停止战事电	1912 年 2 月 15 日对方收到	第九册	80
致黎元洪望赞成招商局借款电	1912 年 2 月 15 日对方收到	第九册	80
致袁世凯告其当选临时大总统并请来宁接事电	1912 年 2 月 15 日	第九册	80
致袁世凯请严禁私卖奉天行宫器物与外人电	1912 年 2 月 15 日	第九册	81
致伍廷芳唐绍仪告临时参议院已选举袁世凯为临时大总统并派专使奉迎来宁受事电	1912 年 2 月 15 日	第九册	81
致张锡銮等贺南北统一共和成立电	1912 年 2 月 15 日	第九册	82
袁世凯当选必能巩固民国　在南京庆贺南北统一典礼的演说	1912 年 2 月 15 日	第十册	47
在南京与王宠惠谈话	1912 年 2 月 15 日	第十一册	256
给蓝天蔚胡瑛的训令	1912 年 2 月 15 日	第十三册	32
准财政部总长陈锦涛呈请派交通部总长汤寿潜充南洋劝募公债总理令	1912 年 2 月 15 日	第十六册	14
致唐绍仪请北行并再申袁世凯南下就职由函	1912 年 2 月 16 日	第七册	274
致阪谷芳郎告已率先成立中央银行函	1912 年 2 月 16 日	第七册	275
复陈其美告临时政府仍设南京电	1912 年 2 月 16 日	第九册	82

续表

篇名	著述时间	册数	页码
致招商总局嘱仍遵前约办理电	1912 年 2 月 16 日	第九册	83
致陈席儒等三人及广东省会各界团体请毋庸举家兄孙眉为粤都督公电	1912 年 2 月 16 日	第十六册	15
复谭人凤及民立报馆告推让袁世凯为临时大总统缘由电	1912 年 2 月 17 日刊载	第九册	83
致黎元洪请减低飞行船价格电	1912 年 2 月 17 日对方收到	第九册	84
致袁世凯请速命赵尔巽撤兵电	1912 年 2 月 17 日	第九册	84
复陆荣廷告袁世凯须到南京接任临时大总统电	1912 年 2 月 17 日	第九册	84
复袁世凯请派人维持北方秩序电	1912 年 2 月 17 日	第九册	85
复孙道仁告政局安定电	1912 年 2 月 17 日	第九册	85
致陈其美望勿怀退志电	1912 年 2 月 17 日	第九册	86
复陈其美告可即保释顾鳌电	1912 年 2 月 17 日	第九册	86
致吴绍璘等告苏督须由地方议会公举电	1912 年 2 月 17 日	第九册	86
关于内政与外交　与斯宾塞·托尔伯特谈话	1912 年 2 月 17 日	第十一册	257
饬财政部办理前清沪道交托比国存款令	1912 年 2 月 17 日	第十三册	32
批庄蕴宽准将江南造币厂仍暂留宁省照旧办理呈	1912 年 2 月 17 日	第十三册	33
复伍廷芳等三人嘉慰鞠躬尽瘁并准辞议和代表电	1912 年 2 月 17 日	第十六册	15
为中华民国已完全统一布告全国通电	1912 年 2 月 18 日	第四册	308
致袁世凯劝南下就职函	1912 年 2 月 18 日	第七册	276
致袁世凯请即电令赵尔巽释放柳大年等政治犯电	1912 年 2 月 18 日	第九册	87
咨参议院答复汉冶萍借款并无违法文	1912 年 2 月 18 日	第十三册	34
复袁世凯告派蔡元培为欢迎专使及魏宸组等八人为欢迎员电	1912 年 2 月 18 日	第十六册	16
复袁世凯告已严谕各军停战电	1912 年 2 月 19 日	第九册	87
致唐绍仪嘱转告袁世凯从速撤出入晋军队电	1912 年 2 月 19 日	第九册	87

续表

篇名	著述时间	册数	页码
复伍廷芳准审讯姚荣泽案办法电	1912 年 2 月 19 日	第九册	88
复马毓宝准暂设参谋处和承政厅电	1912 年 2 月 19 日	第九册	88
复胡瑛准派代表与张广建接洽电	1912 年 2 月 19 日	第九册	88
令内务部凡谒陵时被践损伤田苗准照数赔给示文	1912 年 2 月 20 日刊载	第十三册	34
复张謇论与日人合办汉冶萍矿事函（节略）	1912 年 2 月上中旬	第七册	277
拒收藤濑正次郎赠予五十万元的谈话	1912 年 2 月中旬	第十一册	260
复五大洲华侨告选袁世凯之缘由通函	1912 年 2 月 21 日	第四册	308
复陈锦涛嘱由财政部宣布维持财政信用电	1912 年 2 月 21 日刊载	第九册	89
致张凤翙嘱相机防战电	1912 年 2 月 21 日刊载	第九册	89
复五大洲华侨解释让位于袁世凯之原因电	1912 年 2 月 21 日	第九册	89
致陈炯明及广东各团体解释让位于袁世凯之原因电	1912 年 2 月 21 日	第九册	90
令内务部核办江宁自治公所等请另委南京府知事呈	1912 年 2 月 21 日刊载	第十三册	35
致陈炯明并广东各界告胡汉民汪精卫将回粤毋庸另举他人为粤督电	1912 年 2 月 21 日	第十六册	16
祭蜀中死义诸烈士文	1912 年 2 月 22 日	第四册	41
令法制局迅即编纂《文官试验章程草案》	1912 年 2 月 22 日刊载	第五册	116
复章太炎为黄兴辩解函	1912 年 2 月 22 日	第七册	277
复孙道仁彭寿松论外官制并望勿引退电	1912 年 2 月 22 日	第九册	91
饬庄蕴宽咨实业部明定范围取缔渔业公会令	1912 年 2 月 22 日	第十三册	35
批法制局询新闻杂志演说会应否归教育部管理呈	1912 年 2 月 22 日刊载	第十三册	35
饬交通部规定宁省铁路时刻表以利行旅令	1912 年 2 月 22 日刊载	第十三册	36
饬教育部会同内务部核办林宗雪拨地兴学事令	1912 年 2 月 22 日刊载	第十三册	36
咨黎元洪转达参议院已连举黎为临时副总统文	1912 年 2 月 22 日	第十三册	37
致香港陈席儒及广州陈炯明等告汪精卫胡汉民将回粤毋庸另举他人电	1912 年 2 月 22 日	第十六册	17
致沪军都督饬核复朱佩珍呈请遴员接任事令	1912 年 2 月 22 日	第十六册	17

续表

篇名	著述时间	册数	页码
致各省都督通电	1912 年 2 月 23 日刊载	第四册	309
复盛宣怀允其回国函	1912 年 2 月 23 日	第七册	278
复江西省临时议会望以赣路借款助中央财政电	1912 年 2 月 23 日刊载	第九册	91
致袁世凯望速阻止东北三省官吏反对共和惨杀民党电	1912 年 2 月 23 日	第九册	92
复黎元洪告即令内务部准红十字会立案电	1912 年 2 月 23 日	第九册	92
复王阁臣速告盛宣怀取消汉冶萍中日合办草约电	1912 年 2 月 23 日	第九册	93
咨参议院建议设立开国稽勋局文	1912 年 2 月 23 日刊载	第十三册	37
咨复参议院再质问临时政府抵押借款及发行军用钞票两案文	1912 年 2 月 23 日	第十三册	38
为告委任汪精卫督粤及未到之前由陈炯明代理各界不可再举他人致陈炯明电	1912 年 2 月 23 日	第十六册	18
令法制局审定《官职试验章程草案》	1912 年 2 月 24 日刊载	第五册	116
致袁世凯望撤退入晋北军电	1912 年 2 月 24 日刊载	第九册	93
致尹昌衡罗纶准川省召集临时省议会电	1912 年 2 月 24 日刊载	第九册	94
致张凤翙命可与袁世凯部合击升允电	1912 年 2 月 24 日刊载	第九册	94
复蔡锷告拟即派人前往四川筹划一切统一事宜电	1912 年 2 月 24 日	第九册	94
饬教育部核办甘霖呈请由美赔款项下给予官费游学美国令	1912 年 2 月 24 日刊载	第十三册	39
饬陆军部选派卫兵驻参议院守卫令	1912 年 2 月 24 日刊载	第十三册	39
饬陆军内务财政三部遵照原议令	1912 年 2 月 24 日刊载	第十三册	40
饬财政部转达委任汤寿潜林文庆分为南洋劝募公债总理副理令	1912 年 2 月 24 日	第十六册	18
饬财政部准安徽都督呈请拨盐分销令	1912 年 2 月 25 日刊载	第十三册	40

续表

篇名	著述时间	册数	页码
致陈锦涛请与朱佩珍等洽商中华银行股本事函	1912 年 2 月 26 日	第七册	279
致袁世凯请速援陕军合击升允电	1912 年 2 月 26 日	第九册	95
抗议荷兰殖民当局虐待泗水华侨照会	1912 年 2 月 26 日	第十三册	41
致陈炯明告委任汪精卫督粤之电为实并取消胡汉民回任之令电	1912 年 2 月 26 日	第十六册	19
遣使探问废帝溥仪函	1912 年 2 月 27 日对方收到	第四册	42
着陆军内务两部所属嗣后查封民房等须饬咨南京府知事办理令	1912 年 2 月 27 日刊载	第四册	309
饬陆军内务两部查封房屋及借用民房应咨南京府知事令	1912 年 2 月 27 日刊载	第十三册	41
咨参议院在稽勋局内设捐输调查科文	1912 年 2 月 27 日刊载	第十三册	42
批旅沪甘肃同乡会康新民等公举岑春煊为甘肃都督文	1912 年 2 月 27 日刊载	第十三册	42
致同盟会员告派黄芸苏张蔼蕴为宣慰委员函	1912 年 2 月 27 日	第十六册	19
复陈其美勉顾全大局俟后再商辞职事电	1912 年 2 月 27 日	第十六册	20
咨临时参议院议决《文官考试委员官职令》等草案	1912 年 2 月 28 日刊载	第五册	116
批准《造币厂章程》	1912 年 2 月 28 日	第五册	122
复共和促进会寄送序文及相片函	1912 年 2 月 28 日刊载	第七册	279
复陈作霖告已令财政部总长转饬拨济电	1912 年 2 月 28 日刊载	第九册	95
核复陆军部呈准以顾忠琛等三人充师旅长批	1912 年 2 月 28 日	第十六册	20
复鄂省同志告已电谕张振武等排解与孙武冲突望以和平为主电	1912 年 2 月 28 至 29 日间	第九册	95
饬内务部准中华民国红十字会立案令	1912 年 2 月 29 日刊载	第十三册	43
批江安渔业公会为前后批词不同请更正公报呈	1912 年 2 月 29 日刊载	第十三册	43

续表

篇名	著述时间	册数	页码
批王先孚请押追谢仲山骗欠工价以重债权呈	1912 年 2 月 29 日刊载	第十三册	44
饬财政部查照承认中华银行为商银行并予补助令	1912 年 2 月 29 日	第十三册	44
致陈炯明等慰留陈督粤电	1912 年 2 月底	第九册	97
复胡礼垣赞同大同主张函	1912 年 1 至 2 月间	第七册	280
与胡汉民等联名发起粤中倡义诸烈士追悼会通告	1912 年 2 月	第四册	42
南京临时政府与日本三井物产株式会社所订《事业契约书草案》	1912 年 2 月	第五册	124
复孙武望辛亥起义同人共任艰难函	1912 年 2 月	第七册	280
致容闳邀其归国函	1912 年 2 月	第七册	281
致陈炯明等请维持现状电	1912 年 2 月	第九册	96
复张謇盼勿辞实业总长职电	1912 年 2 月	第九册	96
在南京与马林谈话	1912 年 2 月	第十一册	261
对吴铁城的面谕	1912 年 2 月	第十三册	45
题赠南洋兄弟烟草公司	1912 年 2 月	第十八册	29
为中央演说团题词	1912 年 2 月	第十八册	30
祭革命死义诸烈士文	1912 年 3 月 1 日	第四册	45
准财政部签订华俄道胜银行借款合同	1912 年 3 月 1 日刊载	第五册	126
咨临时参议院华俄道胜银行借款草合同	1912 年 3 月 1 日刊载	第五册	127
批准颁行陆军部《勋章章程》	1912 年 3 月 1 日	第五册	129
令陆军部转饬所属遵行公债票定章	1912 年 3 月 1 日刊载	第十三册	45
饬财政部与交通内务两部协商张人杰褚民谊等输款事宜令	1912 年 3 月 1 日刊载	第十三册	46
咨参议院请议决张人杰等输款助饷事文	1912 年 3 月 1 日刊载	第十三册	47
颁给李笃宾旌义状	1912 年 3 月 1 日	第十三册	47
颁给温庆武旌义状	1912 年 3 月 1 日	第十三册	47
颁给陈新政旌义状	1912 年 3 月 1 日	第十三册	48

续表

篇名	著述时间	册数	页码
颁给檀香山正埠《自由新报》旌义状	1912 年 3 月 1 日	第十三册	48
颁给《少年中国晨报》旌义状	1912 年 3 月 1 日	第十三册	48
颁给埔吧哇觉群书报社旌义状	1912 年 3 月 1 日	第十三册	49
颁给刘易初旌义状	1912 年 3 月 1 日	第十三册	49
颁给林镜秋旌义状	1912 年 3 月 1 日	第十三册	50
颁给沈联芳旌义状	1912 年 3 月 1 日	第十三册	50
颁给陈信藩旌义状	1912 年 3 月 1 日	第十三册	51
颁给许柏轩旌义状	1912 年 3 月 1 日	第十三册	51
颁给徐赞周旌义状	1912 年 3 月 1 日	第十三册	51
颁给何荫三旌义状	1912 年 3 月 1 日	第十三册	52
颁给潘叔谦旌义状	1912 年 3 月 1 日	第十三册	52
颁给槟城书报社旌义状	1912 年 3 月 1 日	第十三册	53
颁给松柏港民群书报社旌义状	1912 年 3 月 1 日	第十三册	53
颁给梅乔林旌义状	1912 年 3 月 1 日	第十三册	53
颁给邓慕韩旌义状	1912 年 3 月 1 日	第十三册	54
颁给骆连焕旌义状	1912 年 3 月 1 日	第十三册	54
颁给林义顺旌义状	1912 年 3 月 1 日	第十三册	54
颁给郑螺生旌义状	1912 年 3 月 1 日	第十三册	55
颁给李源水旌义状	1912 年 3 月 1 日	第十三册	55
颁给张永福旌义状	1912 年 3 月 1 日	第十三册	56
颁给张蔼蕴旌义状	1912 年 3 月 1 日	第十三册	56
颁给周献瑞旌义状	1912 年 3 月 1 日	第十三册	56
颁给潘受之旌义状	1912 年 3 月 1 日	第十三册	57
颁给广州《平民报》旌义状	1912 年 3 月 1 日	第十三册	57
颁给上海《天铎报》旌义状	1912 年 3 月 1 日	第十三册	58
严禁鸦片通令	1912 年 3 月 2 日刊载	第四册	310

续表

篇名	著述时间	册数	页码
着内务部禁止买卖人口令	1912 年 3 月 2 日刊载	第四册	311
着内务司法两部通饬所属严禁刑讯令	1912 年 3 月 2 日刊载	第四册	312
饬内务部即行改革前清官厅职员称呼令	1912 年 3 月 2 日刊载	第四册	313
复唐绍仪赞成日俄加入借债并请电告兵变实情电	1912 年 3 月 2 日对方收到	第九册	97
复袁世凯对兵变中袁及专使平安表示欣慰电	1912 年 3 月 2 日	第九册	98
对"北京兵变"深感震惊　与加拿大《梅迪逊哈特新闻报》记者谈话	1912 年 3 月 2 日	第十一册	262
严禁鸦片通令	1912 年 3 月 2 日刊载	第十三册	58
饬内务部革除前清官厅称呼令	1912 年 3 月 2 日刊载	第十三册	59
饬内务部通饬所属禁止买卖人口令	1912 年 3 月 2 日	第十三册	59
饬内务司法两部禁止刑讯令	1912 年 3 月 2 日刊载	第十三册	60
批龙华制革厂股商叶韶奎等禀陈历办情形及现拟扩充办法呈	1912 年 3 月 2 日刊载	第十三册	61
饬陈其美停止发行公债票令	1912 年 3 月 3 日刊载	第四册	313
中国同盟会总章	1912 年 3 月 3 日改订	第五册	136
复沈懋昭允任实业银行名誉总董函	1912 年 3 月 3 日	第七册	282
复康德黎告已辞临时大总统职函	1912 年 3 月 3 日	第七册	282
致陈其美嘱即释放胡承诰电	1912 年 3 月 3 日刊载	第九册	98
致庄蕴宽令查镇江关食米弛禁事电	1912 年 3 月 3 日刊载	第九册	98
复蔡元培等告平乱为今日首要任务并询袁世凯行踪电	1912 年 3 月 3 日	第九册	99
政府在采取有效措施应对兵变　与《纽约时报》记者谈话	1912 年 3 月 3 日	第十一册	262
饬沪军都督转饬上海财政司即日停止发行公债票令	1912 年 3 月 3 日	第十三册	61

续表

篇名	著述时间	册数	页码
批云南留日毕业生杨文彬为被嫌久拘请省释呈	1912 年 3 月 3 日刊载	第十三册	62
饬沪都督核办云南留日毕业生杨文彬为被嫌久拘请省释令	1912 年 3 月 3 日刊载	第十三册	62
咨复参议院弹劾吕志伊违法文	1912 年 3 月 3 日刊载	第十三册	63
咨参议院核议借款救济皖灾案文	1912 年 3 月 3 日	第十三册	64
复蔡元培等反对于北京组织政府电	1912 年 3 月 4 日	第九册	99
致陈其美令即知照沪关准湘省订购奉天余盐入关电	1912 年 3 月 4 日	第九册	100
复马毓宝告对前清显宦专祠应视不同情形区别对待电	1912 年 3 月 4 日	第九册	100
准陆军部请奖恤吴禄贞等呈	1912 年 3 月 4 日	第十三册	64
准财政部呈以王鸿猷等三人分任造币厂正长厂长帮长批	1912 年 3 月 4 日	第十六册	20
着内务部转谕各省人民限期剪辫令	1912 年 3 月 5 日刊载	第四册	315
咨临时参议院《商业注册章程》	1912 年 3 月 5 日刊载	第五册	142
令法制局审定《南京市制草案》	1912 年 3 月 5 日刊载	第五册	143
复黎元洪嘉慰布置周详电	1912 年 3 月 5 日对方收到	第九册	101
复蔡元培等告拟由黎元洪代表袁世凯在南京接事及同意唐绍仪任国务总理电	1912 年 3 月 5 日	第九册	101
复章炳麟等否认核准汉冶萍公司章约电	1912 年 3 月 5 日	第九册	102
饬内务部晓示人民限期剪辫令	1912 年 3 月 5 日刊载	第十三册	65
批云南干崖土司刀安仁条陈各土司行政兴革事宜呈	1912 年 3 月 5 日刊载	第十三册	66
批刀安仁禀请颁给陆军品级服章并正式公文以便遵办呈	1912 年 3 月 5 日	第十三册	66
饬内务部核办云南干崖土司行政兴革及品级章服令	1912 年 3 月 5 日	第十三册	66

续表

篇名	著述时间	册数	页码
批钱广益堂尤福记恳请维持交通银行损失援照大清银行办法呈	1912 年 3 月 5 日刊载	第十三册	67
批商人汪俊升禀旧东强迫谕换招牌叩求伸雪呈	1912 年 3 月 5 日刊载	第十三册	67
宣布临时参议院五条决定允袁世凯在北京受职致各省通电	1912 年 3 月 6 日	第四册	316
着内务部通饬禁烟令	1912 年 3 月 6 日刊载	第四册	316
批陆军部呈报勋章式样及章程	1912 年 3 月 6 日刊载	第五册	143
致黎元洪转达蔡元培北上迎袁经过电	1912 年 3 月 6 日对方收到	第九册	102
复报界俱进会及各报馆宣布内务部所布《暂行报律》三章无效电	1912 年 3 月 6 日	第九册	104
关于北方兵变问题　在南京与上海《字林西报》记者谈话	1912 年 3 月 6 日刊载	第十一册	263
饬内务部通饬禁烟令	1912 年 3 月 6 日刊载	第十三册	68
饬陆军部准予建立杨郑二烈士专祠并附祀吴熊陈三烈士令	1912 年 3 月 6 日刊载	第十三册	68
批筹办全皖义赈事务卢安泽等呈	1912 年 3 月 6 日刊载	第十三册	69
批唐庆鑅为凭权恣虐诉求批行审判并案讯究呈	1912 年 3 月 6 日刊载	第十三册	69
批江西新城县武立元等请破除引界定税运盐呈	1912 年 3 月 6 日刊载	第十三册	70
批江浦县毛伯龙禀串据朋骗徇情偏断恳饬检察厅调案提质呈	1912 年 3 月 6 日刊载	第十三册	70
准陆军部所拟编练第三军办法令	1912 年 3 月 6 日	第十三册	70
饬内务部撤去日商广告令	1912 年 3 月 6 日	第十三册	71
咨参议院请议决统一政府办法文	1912 年 3 月 6 日	第十三册	71
准方潜辞南京府知事并令内务部荐员接任批	1912 年 3 月 6 日	第十六册	21

续表

篇名	著述时间	册数	页码
准方潜呈辞南京府知事批	1912 年 3 月 6 日	第十六册	22
核复江宁自治公所呈饬知已准方潜辞南京府知事批	1912 年 3 月 6 日	第十六册	22
复袁世凯望依参议院规定正式受职并派员来宁接收电	1912 年 3 月 7 日	第九册	104
致黎元洪望告戒各界勿伤害孙武电	1912 年 3 月 7 日	第九册	105
复蔡元培等允袁世凯在北京受职并告举行仪式办法电	1912 年 3 月 7 日	第九册	105
饬内务部掩埋城垣内外各处暴露尸棺令	1912 年 3 月 7 日刊载	第十三册	72
饬黄复生编具概算书令	1912 年 3 月 7 日刊载	第十三册	72
令王宠惠关于各部局互相咨商之件应直接办理文	1912 年 3 月 7 日	第十三册	73
令法制局迅复《南京市制草案》文	1912 年 3 月 8 日刊载	第五册	143
令法制局审定《临时中央裁判所官制令草案》	1912 年 3 月 8 日刊载	第五册	144
致驻川滇军司令长命遵参谋部令援陕并禁止任意索饷电	1912 年 3 月 8 日	第九册	106
致蔡元培等力阻陆军部于前次武汉敌保案仍给奖电	1912 年 3 月 8 日	第九册	106
饬内务部核办潘宗彝条陈安置旗民生计并提拨原有款项令	1912 年 3 月 8 日刊载	第十三册	73
批潘宗彝请安置旗民办法并提拨原有款项呈	1912 年 3 月 8 日刊载	第十三册	74
咨参议院请提前议决设立稽勋局及捐输调查科两案文	1912 年 3 月 8 日刊载	第十三册	74
将袁世凯之临时大总统受职誓词布告全国通电	1912 年 3 月 9 日	第四册	317
令内务部取消《暂行报律》	1912 年 3 月 9 日刊载	第五册	144
复袁世凯赞成唐绍仪任国务总理电	1912 年 3 月 9 日	第九册	107
复蔡元培等请代贺袁世凯就职并促国务总理和国务员速来以便解职电	1912 年 3 月 9 日	第九册	107

续表

篇名	著述时间	册数	页码
咨参议院请即议决袁世凯拟派唐绍仪为国务总理文	1912 年 3 月 9 日	第十三册	74
委任梅乔林为总统府秘书员状	1912 年 3 月 9 日	第十六册	22
公布《南京府官制》	1912 年 3 月 10 日刊载	第五册	145
颁行陆军补官任职及免官免职令	1912 年 3 月 10 日	第五册	148
令司法部将《各省审检厅暂行大纲》留备参考	1912 年 3 月 10 日刊载	第五册	158
与胡汉民等谈话	1912 年 3 月 10 日	第十一册	263
饬交通部整顿电话令	1912 年 3 月 10 日刊载	第十三册	75
饬交通部整顿宁省铁路开车时间令	1912 年 3 月 10 日刊载	第十三册	75
批江阴布厂秉请维持国货呈	1912 年 3 月 10 日刊载	第十三册	76
批光复军司令李燮和辞职呈	1912 年 3 月 10 日	第十六册	23
批陆军部《暂行补官简章》及《任职免职令草案》	1912 年 3 月上旬	第五册	148
着内务司法两部通饬所属禁止体罚令	1912 年 3 月 11 日刊载	第四册	318
公布临时参议院议决之《中华民国临时约法》	1912 年 3 月 11 日	第五册	159
批准陆军部军官学校条例	1912 年 3 月 11 日刊载	第五册	163
复袁世凯告参议院已同意唐绍仪任国务总理电	1912 年 3 月 11 日	第九册	107
致袁世凯告即行北上电	1912 年 3 月 11 日	第九册	108
复蔡元培告将赴各省游历所有政治问题暂不干预电	1912 年 3 月 11 日	第九册	108
致袁世凯告宜速纂拟宪法电	1912 年 3 月 11 日	第九册	109
准财政部鼓铸纪念币及新币令	1912 年 3 月 11 日刊载	第十三册	76
饬内务司法部通饬所属禁止体罚令	1912 年 3 月 11 日刊载	第十三册	76
复康德黎夫人告近况函	1912 年 3 月 12 日	第七册	283
致袁世凯希查办惨杀军民之易酒谦等电	1912 年 3 月 12 日	第九册	109
致王和顺令遵守约束共维大局电	1912 年 3 月 12 日	第九册	109
饬内务部转饬遵照参议院议决南京府官制办理令	1912 年 3 月 12 日刊载	第十三册	77
咨参议院提议唐绍仪与财政部会商借到四国银行款二百万两先行备案文	1912 年 3 月 12 日刊载	第十三册	77

续表

篇名	著述时间	册数	页码
批黄复生请将各官厅所用印刷品归局办理呈	1912 年 3 月 12 日刊载	第十三册	78
据留日铁道毕业生祝晋条陈铁道四端饬交通部备采择令	1912 年 3 月 12 日刊载	第十三册	78
批张惠人等请赈呈	1912 年 3 月 12 日刊载	第十三册	79
饬江北都督蒋雁行核办张惠人请赈令	1912 年 3 月 12 日刊载	第十三册	79
饬陆军部咨商海军部统一长江水师编制及委任妥员令	1912 年 3 月 12 日	第十三册	79
为暂缓设置造币总厂正长批文	1912 年 3 月 12 日	第十三册	80
着内务部通饬各省劝禁缠足令	1912 年 3 月 13 日刊载	第四册	318
致陈炯明令搜捕解散王和顺部民军电	1912 年 3 月 13 日	第九册	110
致袁世凯告不再与闻政事电	1912 年 3 月 13 日	第九册	110
复奉天谘议局告华俄草约已归无效电	1912 年 3 月 13 日	第九册	111
饬内务部着各省劝禁缠足令	1912 年 3 月 13 日刊载	第十三册	81
饬内务部通饬各省慎重农事令	1912 年 3 月 13 日刊载	第十三册	81
据孙毓筠转呈蒯寿枢盐政条陈令交实业部藉备采择令	1912 年 3 月 13 日刊载	第十三册	82
批李文藻条陈印花税呈	1912 年 3 月 13 日刊载	第十三册	82
批江宁自治公所请庄代都督移驻宁垣并留徐卫成总督暂缓赴北呈	1912 年 3 月 13 日刊载	第十三册	83
饬财政部核办造币总厂匠徒呈文令	1912 年 3 月 13 日	第十三册	83
委任范光启为中国同盟会政事部干事状	1912 年 3 月 13 日	第十六册	23
祭吴禄贞烈士文	1912 年 3 月 14 日	第四册	48
致南昌临时议会请速选继任都督电	1912 年 3 月 14 日刊载	第九册	111
致唐绍仪催速来宁接收交代电	1912 年 3 月 14 日	第九册	111
令外交部妥筹禁绝贩卖猪仔及保护华侨办法文	1912 年 3 月 14 日	第十三册	84
委任缪名震为总统府庶务员状	1912 年 3 月 14 日	第十六册	24

续表

篇名	著述时间	册数	页码
委任彭丕昕为印铸局庶务长兼工正状	1912 年 3 月 14 日	第十六册	24
委任黄晋三为总统府庶务员状	1912 年 3 月 14 日	第十六册	24
委任余沅为议和秘书状	1912 年 3 月 14 日	第十六册	25
与黄兴等联名发起开江皖倡义诸烈士追悼会通告	1912 年 3 月 15 日刊载	第四册	48
复盛宣怀赞同发展实业函	1912 年 3 月 15 日	第七册	283
批吉涌等请变卖八卦洲产业以作旗民生计呈	1912 年 3 月 15 日刊载	第十三册	84
饬内务部核办吉涌等请变卖八卦洲产业以作旗民生计令	1912 年 3 月 15 日刊载	第十三册	85
饬内务部核办江宁贫老李鼎等呈请抚恤令	1912 年 3 月 15 日刊载	第十三册	85
饬江苏都督遵照财政部议复江南造币厂办法令	1912 年 3 月 15 日刊载	第十三册	85
批宁省铁路局总协理拟改良办法加车行驶呈	1912 年 3 月 15 日刊载	第十三册	87
饬交通部核办温世珍等呈报改良行车办法令	1912 年 3 月 15 日刊载	第十三册	87
饬财政部将侨商统一联合会王敬祥等募捐清册存案令	1912 年 3 月 15 日刊载	第十三册	88
批陈婉衍拟开办复心女学校请饬部拨款呈	1912 年 3 月 15 日刊载	第十三册	88
与黄兴联署委任宾步程充金陵机器局局长状	1912 年 3 月 15 日	第十六册	25
令实业部审定侨商王敬祥等兴业贸易株式会社条款章程	1912 年 3 月 16 日	第五册	167
致袁世凯转张謇急请拨款救济江皖灾民电	1912 年 3 月 16 日	第九册	112
关于定都等问题　与《大阪每日新闻》记者谈话	1912 年 3 月 16 日	第十一册	264
饬实业部审定王敬祥等拟办兴业贸易会社事件令	1912 年 3 月 16 日刊载	第十三册	88
咨参议院送袁大总统选派国务员名单请查照文	1912 年 3 月 16 日刊载	第十三册	89
饬财政部核办贾凤威请于无锡设分银行令	1912 年 3 月 16 日刊载	第十三册	89
准王鸿猷呈辞江南造币总厂正长兼职并暂缓设置该正长职批	1912 年 3 月 16 日	第十六册	25
祭武汉死义诸烈士文	1912 年 3 月 17 日	第四册	49

续表

篇名	著述时间	册数	页码
补发杨贺的同盟会员证书	1912 年 3 月 17 日	第四册	50
饬内务部许疍民等享有一切平等权利令	1912 年 3 月 17 日刊载	第四册	319
咨临时参议院《商业银行暂行则例》	1912 年 3 月 17 日刊载	第五册	170
饬各省都督一致遵行财政部所拟发行债票办法令	1912 年 3 月 17 日刊载	第十三册	90
饬交通部核办报界公会请减邮电费令	1912 年 3 月 17 日刊载	第十三册	91
饬内务部许蛋户等享有国家一切权利令	1912 年 3 月 17 日刊载	第十三册	91
饬浙江都督查明刘学询呈称抵款各节秉公核办令	1912 年 3 月 17 日刊载	第十三册	92
批胡汉民等请咨参议院提议设立国史院并派专员筹办呈	1912 年 3 月 17 日刊载	第十三册	92
咨参议院请核议设立国史院文	1912 年 3 月 17 日	第十三册	92
批扬州保存盐务会代表左酉山等请留盐务办事地点于扬州呈	1912 年 3 月 17 日刊载	第十三册	95
饬财政部核办左酉山等请留盐务办事地点于扬州令	1912 年 3 月 17 日刊载	第十三册	96
批李国樑等请改良盐政呈	1912 年 3 月 17 日刊载	第十三册	97
饬财政部核办李国樑等呈请改良盐政令	1912 年 3 月 17 日刊载	第十三册	97
批仇志远请废泾县煤矿原案复行立案呈	1912 年 3 月 17 日刊载	第十三册	97
饬实业部核办仇志远呈泾县煤矿复请立案并出示保护令	1912 年 3 月 17 日刊载	第十三册	98
批杨显焘等控曹受诏混争水注县令偏断害税殃民呈	1912 年 3 月 17 日刊载	第十三册	98
批仇志远请专利五年专熬戒烟药料以助饷糈呈	1912 年 3 月 17 日刊载	第十三册	98
批上海日报公会请减轻邮电费呈	1912 年 3 月 17 日刊载	第十三册	99
批上海总商会请愿公举参议院议员呈	1912 年 3 月 17 日刊载	第十三册	99
补发杨贺同盟会员证书	1912 年 3 月 17 日	第十三册	99
批《海外汇业银行则例》	1912 年 3 月 18 日	第五册	171
饬内务部咨江苏都督清理阜宁苇荡积弊令	1912 年 3 月 18 日	第十三册	100
饬外交部妥筹禁绝贩卖"猪仔"及保护华侨办法令	1912 年 3 月 19 日刊载	第四册	320

续表

篇名	著述时间	册数	页码
饬陈炯明严禁贩卖"猪仔"令	1912 年 3 月 19 日刊载	第四册	320
批曹运郎等请禁止贩卖"猪仔"及保护侨民呈	1912 年 3 月 19 日刊载	第四册	321
复盛宣怀告义款直交华洋义赈会函	1912 年 3 月 19 日	第七册	284
致袁世凯请即令帛黎停止发行有碍国体邮票电	1912 年 3 月 19 日	第九册	112
复陈炯明嘉慰处置王和顺所部民军电	1912 年 3 月 19 日	第九册	112
复上海各报馆否认《广东七十二行商报》所载同盟会广东分会歌电	1912 年 3 月 19 日	第九册	113
防止各省另举都督令	1912 年 3 月 19 日	第十三册	100
饬外交部妥筹禁绝贩卖猪仔及保护华侨办法令	1912 年 3 月 19 日刊载	第十三册	101
饬广东都督严禁贩卖猪仔令	1912 年 3 月 19 日刊载	第十三册	101
批荷属侨民曹运郎等请禁止贩卖猪仔及保护侨民呈	1912 年 3 月 19 日刊载	第十三册	102
饬教育部注重师范并速筹开办中小学令	1912 年 3 月 19 日刊载	第十三册	102
批浙西场灶全体代表叶宝书等请维持盐灶呈	1912 年 3 月 19 日刊载	第十三册	103
饬实业部核办浙西场灶代表叶宝书等呈改良浙省盐政办法令	1912 年 3 月 19 日刊载	第十三册	103
批陆军部转呈陆地测量总局拟将测绘人员阶级比照陆军官佐士兵阶级呈	1912 年 3 月 19 日刊载	第十三册	104
批湖北矿商石仁山等控诉湖北内务理财两司联络一气攘夺私产呈	1912 年 3 月 19 日刊载	第十三册	104
命黄兴准予烈士王家驹优恤令	1912 年 3 月 19 日	第十三册	105
祭江皖倡义诸烈士文	1912 年 3 月 20 日	第四册	50
致南洋各埠中华总商会介绍沈懋昭前往招集实业银行股份通函	1912 年 3 月 20 日刊载	第七册	284
致袁世凯盼公举各省都督并照案委任王芝祥为直督电	1912 年 3 月 20 日	第九册	113

续表

篇名	著述时间	册数	页码
复各政党否认《广东七十二行商报》所载同盟会广东分会歌电	1912 年 3 月 20 日	第九册	114
要坚忍耐劳以求达到女子参政的目的　与唐群英等谈话	1912 年 3 月 20 日	第十一册	264
饬安徽都督查明上海裘业商会报告被匪掳劫追究惩处令	1912 年 3 月 20 日刊载	第十三册	105
批郑裕庆为商号被封冤抑再恳饬查揭封以昭公允呈	1912 年 3 月 20 日刊载	第十三册	106
饬江西都督速查九江商人郑裕庆所开宝记银号被封案令	1912 年 3 月 20 日刊载	第十三册	106
批张瀛调查金陵各属饥民情形请先发帑开设粜局呈	1912 年 3 月 20 日刊载	第十三册	107
饬南京府知事查明张瀛呈请调查饥民情形妥办设局平粜令	1912 年 3 月 20 日刊载	第十三册	107
咨参议院请核议各部院三月份概算书文	1912 年 3 月 20 日刊载	第十三册	108
批上海裘业商会报告被皖境龙亢集练总邵德进率领土匪劫船掳货恳饬查办呈	1912 年 3 月 20 日刊载	第十三册	109
批潘月樵等请改良伶界教育呈	1912 年 3 月 20 日刊载	第十三册	109
批邓城沥血代江皖灾民请命呈	1912 年 3 月 20 日刊载	第十三册	110
饬各部局整饬官方慎重铨选人才令	1912 年 3 月 20 日	第十三册	110
不准辛汉呈辞南京府知事批	1912 年 3 月 20 日	第十六册	26
与黄兴等联名发起开会追悼江皖倡义诸烈士公启	1912 年 3 月上中旬	第四册	47
咨临时参议院《中国银行则例》	1912 年 3 月 21 日刊载	第五册	174
复夏之时解释公文程式署名电	1912 年 3 月 21 日刊载	第九册	114
咨参议院特派秘书长赍送袁总统在北京受职誓书文	1912 年 3 月 21 日刊载	第十三册	111
饬上海通商交涉使迅查商人梁祖禄承办垦牧迭被奸商捏控情形令	1912 年 3 月 21 日刊载	第十三册	111

续表

篇名	著述时间	册数	页码
饬陆军部查垦牧公司曹锡圭请设督垦营地局令	1912 年 3 月 21 日刊载	第十三册	112
饬财政部核办上海源丰润号押产令	1912 年 3 月 21 日	第十三册	112
指拨源丰润等钱号抵押前清沪道部款为中国公学经费令	1912 年 3 月 21 日	第十三册	113
批财政部呈复中华银行不能由国家补助呈	1912 年 3 月 21 日	第十三册	114
批陆海军部请发给长江上下游水师总司令长委任状呈	1912 年 3 月 21 日	第十三册	114
不准钮永建呈辞参谋部次长批	1912 年 3 月 21 日	第十六册	26
谕内务部转饬辛汉不准其辞南京府知事令	1912 年 3 月 21 日	第十六册	27
准委任李燮和为长江上游水师司令长及不准委张通典为长江下游水师司令长批	1912 年 3 月 21 日	第十六册	27
中国给美国的信息	1912 年 3 月 22 日	第三册	143
令法制局审核《律师法草案》	1912 年 3 月 22 日刊载	第五册	175
批财政部兴农农业殖边三银行则例	1912 年 3 月 23 日	第五册	175
关于汉冶萍中日合办问题　与铃木谈话	1912 年 3 月 23 日	第十一册	265
命黄兴准予陈鲁恤金令	1912 年 3 月 23 日	第十三册	115
咨临时参议院民刑法律草案及民刑诉讼法议决文	1912 年 3 月 24 日刊载	第五册	189
令法制局核定《驻沪通商交涉使分设厅科任职章程》	1912 年 3 月 24 日刊载	第五册	190
饬教育部准佛教会立案并指人民有信教自由令	1912 年 3 月 24 日刊载	第十三册	115
饬财政部核办李炳燿等呈请札委国债事务所董事令	1912 年 3 月 24 日刊载	第十三册	116
批闽都督孙道仁遵照部议取销昭忠祠并报效住屋呈	1912 年 3 月 24 日刊载	第十三册	116
咨临时参议院《暂行传染病预防法草案》	1912 年 3 月 26 日刊载	第五册	190
咨临时参议院《法官考试委员官职令》及《法官考试令》草案	1912 年 3 月 26 日刊载	第五册	199

续表

篇名	著述时间	册数	页码
咨临时参议院核议《金库则例》	1912 年 3 月 26 日刊载	第五册	200
谈汉冶萍中日合办事　与铃木谈话	1912 年 3 月 26 日	第十一册	266
饬广东都督派员照料迎赵声烈士灵柩令	1912 年 3 月 26 日刊载	第十三册	117
中华民国捕获战品裁判所章程	1912 年 3 月 27 日刊载	第五册	204
复章太炎述伪电函	1912 年 3 月 27 日	第七册	285
致袁世凯盼转饬北京邮电总局减轻报界邮费电	1912 年 3 月 27 日刊载	第九册	115
饬参谋部裁撤大本营名目令	1912 年 3 月 27 日刊载	第十三册	117
饬财政部拨银交实业部备赈清淮难民令	1912 年 3 月 27 日刊载	第十三册	118
咨参议院议决参谋部公债票预算书文	1912 年 3 月 27 日刊载	第十三册	118
批司法部请示袁大总统大赦办法呈	1912 年 3 月 27 日刊载	第十三册	119
咨参议院议决袁大总统大赦命令文	1912 年 3 月 27 日刊载	第十三册	119
批交通部拟酌减报界邮电费办法并请电告袁大总统呈	1912 年 3 月 27 日刊载	第十三册	120
令广东都督酌发昭字全军将士功牌执照文	1912 年 3 月 27 日刊载	第十三册	121
命黄兴优恤刘道一令	1912 年 3 月 27 日	第十三册	121
饬各省都督保护人民生命财产通令	1912 年 3 月 28 日	第四册	321
饬各省都督酌放急赈通令	1912 年 3 月 28 日刊载	第四册	322
饬各省都督酌放急赈令	1912 年 3 月 28 日刊载	第十三册	122
饬各省都督保护人民生命财产令	1912 年 3 月 28 日	第十三册	122
批黄兴呈准照杨卓霖例给恤刘道一文	1912 年 3 月 29 日	第四册	51
咨临时参议院议决《国务院官制》	1912 年 3 月 29 日刊载	第五册	205
咨参议院提前议决三月份概算表册文	1912 年 3 月 29 日刊载	第十三册	123
批黄兴等请指拨大宗经费组织拓殖协会呈	1912 年 3 月 29 日刊载	第十三册	124
批黄兴为刘道一烈士请援照杨卓林烈士例恤呈	1912 年 3 月 29 日刊载	第十三册	124
与黄兴联署委任陈干充三十九旅旅长状	1912 年 3 月 29 日	第十六册	28
咨临时参议院《海军部官职令草案》	1912 年 3 月 30 日刊载	第五册	207

续表

篇名	著述时间	册数	页码
咨临时参议院《稽勋局官职令草案》	1912 年 3 月 30 日刊载	第五册	207
饬财政部将黄兴等呈请拨助拓殖协会经费三十万元编入预算令	1912 年 3 月 30 日刊载	第十三册	124
咨参议院将陆军部概算册中之卫戍费一项取消文	1912 年 3 月 30 日刊载	第十三册	125
令陆军部抚恤廖传珀等文	1912 年 3 月 30 日刊载	第十三册	126
民生主义与社会革命　在南京同盟会员饯别会的演说	1912 年 3 月 31 日	第三册	147
与财政总长联署饬各省都督速将解部各款完缴通令	1912 年 3 月 31 日	第四册	323
饬各省都督将解部各款从速完缴令	1912 年 3 月 31 日刊载	第十三册	127
咨参议院请提前议决协助拓殖协会之经费文	1912 年 3 月 31 日刊载	第十三册	128
令准陆军部抚恤烈士李君白等文	1912 年 3 月 31 日刊载	第十三册	128
书赠总统府近卫军全体官兵	1912 年 3 月底	第十八册	31
与黄兴等联名襄助义农会公启	1912 年 2 至 3 月间	第四册	44
根绝官场钻营奔竞恶习通令	1912 年 3 月	第四册	324
重申严禁鸦片通令	1912 年 3 月	第四册	325
同盟会募集基本金公启	1912 年 3 月	第四册	325
复佛教会声明人民一律平等有信教自由函	1912 年 3 月	第七册	286
为民服务不得钻营奔竞令	1912 年 3 月	第十三册	129
严禁鸦片令	1912 年 3 月	第十三册	130
批香港大学请出席开学典礼函	1912 年 3 月	第十三册	130
为南京粤军殉难烈士墓碑题词	1912 年 3 月	第十八册	32
为居正题词	1912 年 3 月	第十八册	33
为李晓生题词（一）	1912 年 3 月	第十八册	34
为李晓生题词（二）	1912 年 3 月	第十八册	35
促进世界和平是国民之天职　在南京临时参议院宣布临时大总统解职辞	1912 年 4 月 1 日	第四册	326

续表

篇名	著述时间	册数	页码
宣布解临时大总统职并勖勉官吏军士人民通令	1912 年 4 月 1 日	第四册	328
公布临时参议院议决之《参议院法》	1912 年 4 月 1 日	第五册	210
饬交通部限制官电令	1912 年 4 月 1 日刊载	第十三册	131
批马伯援等请拨款作武汉死义烈士遗孤教养所经费呈	1912 年 4 月 1 日刊载	第十三册	131
饬财政部拨款作武汉死义烈士遗孤教养所经费令	1912 年 4 月 1 日刊载	第十三册	132
为解临时大总统职训勉文武百官通令	1912 年 4 月 1 日	第十三册	132
委任张室为议和秘书状	1912 年 4 月 1 日	第十六册	28
振兴女学　与吴木兰等谈话	1912 年 4 月 2 日	第十一册	266
咨参议院报告解职日期文	1912 年 4 月 2 日	第十三册	133
为黄喃喃题词	1912 年 4 月 2 日刊载	第十八册	37
致李晓生介绍宋嘉树往取行李函	1912 年 4 月 3 日	第七册	287
饬陆军部调查开国立功尽瘁及死事者速行分别议恤令	1912 年 4 月 3 日刊载	第十三册	134
令准陆军部请抚恤赵康时等文	1912 年 4 月 3 日刊载	第十三册	134
批黄兴等拟设立中华民国民族大同会请予立案呈	1912 年 4 月 3 日刊载	第十三册	135
在上海自由党公宴的演说	1912 年 4 月 4 日	第十册	48
拟在中国发起和平方式之社会革命　与上海《文汇报》记者谈话	1912 年 4 月 4 日	第十一册	267
意欲奉献余生以促进中华民族之福祉　与纽约《太阳报》记者谈话	1912 年 4 月 4 日	第十一册	269
今后中国将采行社会主义　与上海《大陆报》记者谈话	1912 年 4 月 5 日	第十一册	269
为沈缦云题词	1912 年 4 月 5 日	第十八册	38
为潘月樵题词	1912 年 4 月 5 日	第十八册	39

续表

篇名	著述时间	册数	页码
为夏月珊题词	1912 年 4 月 5 日	第十八册	40
致黄兴告明晨来宁面商电	1912 年 4 月 6 日	第九册	115
在上海统一党欢迎会的演说	1912 年 4 月 6 日	第十册	48
中国之前途　与新加坡《海峡时报》记者谈话	1912 年 4 月 6 日	第十一册	270
军人与官吏应牺牲个人自由而为民尽职　在湖北军政界欢迎会的演说	1912 年 4 月 10 日	第十册	49
本国民天职扫百姓故态　在黄鹤楼欢迎会的演说	1912 年 4 月 10 日	第十册	51
答谢武汉各界各团体布告	1912 年 4 月 11 日	第四册	51
社会革命与社会主义　在武汉各界欢迎会的演说	1912 年 4 月 11 日	第十册	52
在武昌与牟鸿勋等谈话	1912 年 4 月 11 日	第十一册	272
为曾尚武题词	1912 年 4 月 11 日前后	第十八册	41
答谢武汉各界各团体欢迎书	1912 年 4 月 12 日	第七册	288
致武汉报界联合会申谢函	1912 年 4 月 12 日	第七册	289
复袁世凯告缓日北行电	1912 年 4 月 12 日	第九册	116
民国首都宜在武昌　在同盟会湖北支部欢迎会的演说	1912 年 4 月 12 日	第十册	55
在黎元洪欢宴席上的谈话	1912 年 4 月 12 日	第十一册	272
民生主义即国家社会主义　在上海同盟会员欢迎茶会的演说	1912 年 4 月 16 日	第十册	57
国民须人人有爱国心　在上海总商会等五团体欢迎会的演说	1912 年 4 月 16 日	第十册	59
革命事业有赖报纸鼓吹之力　在上海《民立报》茶话会的答词	1912 年 4 月 16 日	第十册	59
复联合义赈会推荐马君武函	1912 年 4 月 17 日	第七册	289
致蒋尊簋嘱严究孙杰等诬控黄皆亲等案电	1912 年 4 月 17 日	第九册	116

续表

篇名	著述时间	册数	页码
提倡实业实行民生主义而以社会主义为归宿　在上海中华实业联合会欢迎会的演说	1912 年 4 月 17 日	第十册	60
造就完美人格之青年以建设中国　在上海基督教青年会欢迎大会的演说	1912 年 4 月 17 日	第十册	62
在上海尚贤堂中外人士欢迎会的演说	1912 年 4 月 17 日	第十册	63
政党须有精神　在上海自由党本部的演说	1912 年 4 月 17 日	第十册	64
鼓吹社会主义为一己之责任　在上海与江亢虎谈话	1912 年 4 月 18 日	第十一册	273
国民可组织政党监督政府　在福州各界欢迎会的演说	1912 年 4 月 20 日	第十册	65
努力巩固民国基础解决民生问题　在福州军政界欢迎会的演说	1912 年 4 月 20 日	第十册	66
致萱野长知托张继赉钱函	1912 年 4 月上中旬	第七册	290
为梁琴堂题词	1912 年 4 月中旬	第十八册	42
注意道德而后邦基可固　在福州耶稣教会欢迎会的演说	1912 年 4 月 21 日	第十册	66
维持秩序为国牺牲　在福州对军警界的演说	1912 年 4 月 21 日	第十册	67
兴船政以扩充海军　在马江船政局欢迎宴会的演说	1912 年 4 月 21 日	第十册	67
出席耶教欢迎会时的谈话	1912 年 4 月 21 日	第十一册	273
为福州公益社题字	1912 年 4 月 21 日	第十八册	43
为旅闽广东同乡会题词	1912 年 4 月 21 日	第十八册	44
致谢陈其美暨上海各界电	1912 年 4 月 25 日	第九册	116
不得谓功成身退　在广东都督府欢迎宴会的答词	1912 年 4 月 25 日	第十册	68
中华民国自由党政纲	1912 年 4 月 26 日	第五册	219
牺牲个人之自由平等乃军人本分　在广东军界欢迎会的演说	1912 年 4 月 26 日	第十册	68

续表

篇名	著述时间	册数	页码
宜请陈炯明都督回任　在广州与军界代表谈话	1912 年 4 月 26 日	第十一册	274
建议速举胡汉民为广东都督　在广东省议会的演说	1912 年 4 月 27 日	第十册	69
报纸言论一致乃能人心一致　在广东各报记者茶话会的演说和答问	1912 年 4 月 27 日	第十册	71
外国如不助我华人必将发愤自助　在广州与香港电报公司代表谈话	1912 年 4 月 29 日	第十一册	274
复朱苣煌辟《中国日报》散布私攒比款谣言电	1912 年 4 月下旬	第九册	117
通告粤中父老昆弟勉合力维持粤局书	1912 年 4 月	第四册	329
批黄复生等来呈饬陆军部抚恤邹谢喻彭四烈士令	1912 年 4 月刊载	第十三册	135
为邓素存题词	1912 年 4 月	第十八册	45
为双沟大曲题词	1912 年 4 月	第十八册	46
致林载伯请秉公处理刘汉华举兵事函	1912 年春	第七册	290
为冯自由题词	1912 年春	第十八册	36
广东应恢复秩序　在广州的讲话	1912 年 5 月 1 日	第十册	74
为还我禁烟主权告英国国民书	1912 年 5 月 4 日	第四册	330
实行税契及平均地权之法　在广州报界欢迎宴会的演说和答问	1912 年 5 月 4 日	第十册	75
应造益国家社会与提倡地方自治　在广州之潮州同乡会欢迎会的演说	1912 年 5 月 5 日	第十册	78
民生问题须从税契入手　与广州记者谈话	1912 年 5 月 5 日	第十一册	275
提倡女子教育为最要之事　在广东女子师范学校第二校欢迎会的演说	1912 年 5 月 6 日	第十册	79
洪门当助民国政府　在广州中国同志竞业社欢迎会的演说	1912 年 5 月 6 日	第十册	80
非学问无以建设　在广州岭南学堂欢迎会的演说	1912 年 5 月 7 日	第十册	81

续表

篇名	著述时间	册数	页码
基督徒宜同负国家之责任　在广州耶稣教联合会欢迎会的演说	1912 年 5 月 9 日	第十册	82
医学为建设入手办法之一端　在广州医学共进会欢宴会的演说	1912 年 5 月 9 日	第十册	83
复陈荣湘等谢邀请游邕电	1912 年 5 月上旬	第九册	118
复陆荣廷告有暇必到桂一行电	1912 年 5 月上旬	第九册	118
关于借款等事　与香港《士蔑西报》记者谈话	1912 年 5 月上旬	第十一册	276
务使政治与宗教互相提揭　在广州石室圣心大教堂暨圣心书院欢迎会的演说	1912 年 5 月 11 日	第十册	84
合无数家族而成国家　在广州孙族恩亲会的答词	1912 年 5 月 11 日	第十册	85
施行平均地权以预防将来出现土地托拉斯　与朱民表谈话	1912 年 5 月 12 日	第十一册	277
致广州《民生日报》请勿误解"平均地权"一词函	1912 年 5 月 13 日	第七册	292
黄花岗七十二烈士殉义一周年祭文	1912 年 5 月 15 日	第四册	52
在广州农林试验场谈话	1912 年 5 月 15 日	第十一册	280
致粤汉铁路股东望速收三期股款联合湘鄂推广进行电	1912 年 5 月 17 日	第九册	119
广东建设必须注重交通　在广州总商会等团体欢迎茶会的演说	1912 年 5 月 17 日	第十册	85
扩张粤汉铁路以挽利权　在广州粤路公司欢宴会的答词	1912 年 5 月 17 日	第十册	86
关于秋山定辅　与今井忍郎谈话	1912 年 5 月 18 日	第十一册	281
南北统一后之政治与外交方针　与威路臣谈话	1912 年 5 月 19 日	第十一册	282
借外款办实业兴教育与取消租界等问题　与香港《士蔑西报》记者谈话	1912 年 5 月 20 日	第十一册	284

续表

篇名	著述时间	册数	页码
复袁世凯告因粤事目前实难北上电	1912 年 5 月中旬	第九册	119
为广州六榕寺题词	1912 年 5 月中旬	第十八册	47
为铁禅和尚题词	1912 年 5 月中旬	第十八册	48
中葡革命之后应共求进步　在澳门陆军欢迎茶会的答词	1912 年 5 月 24 日	第十册	86
望中葡交情愈固　在澳门总督欢迎宴会的答词	1912 年 5 月 24 日	第十册	87
在视察香洲时的谈话	1912 年 5 月 24 日	第十一册	287
致北京国务院告滇桂铁路可由滇黔桂三省自行筹办电	1912 年 5 月 28 日	第九册	119
致黄兴约同赴京提倡国民捐电	1912 年 5 月 29 日	第九册	120
中华民国自由党简章	1912 年 5 月改订	第五册	220
决心收复台湾　与罗福星谈话	1912 年 5 月	第十一册	288
为广东公立女子教育院题词	1912 年 5 月	第十八册	49
为香港《大光报》发刊题词	1912 年 5 月	第十八册	50
复国民捐总会允任该会总理电	1912 年 6 月 1 日	第九册	120
批袁世凯电着陈锦涛即交去汇业银行呈	1912 年 6 月 1 日	第十三册	136
致袁世凯等请就国民捐颁行一定章程以急力提倡电	1912 年 6 月 3 日	第九册	121
致唐绍仪望毋遽辞职电	1912 年 6 月 3 日	第九册	121
地价抽税问题　邀广东省议员及记者举行谈话茶会的对话	1912 年 6 月 9 日	第十册	87
拟创办中华振兴商工银行说帖并草约	1912 年 6 月 11 日	第五册	223
中国的下一步	1912 年 6 月 13 日	第三册	152
致梧州总商会及各界申明并未派杨祝山到梧州电	1912 年 6 月 14 日	第九册	122
中国现局急需财政济用　在香港对工商界的讲话	1912 年 6 月 15 日	第十册	92
基督教徒当研究教理引导同胞　在香港基督教美华浸信会欢迎会的演说	1912 年 6 月 16 日	第十册	92

续表

篇名	著述时间	册数	页码
合资银行之利益 在香港华商筹办中西合资银行会议的演说	1912 年 6 月 17 日	第十册	94
致天津德泰铁厂望速收三期股款联合湘鄂推广进行电	1912 年 6 月 18 日	第九册	122
致国务院澄清接受唐绍仪赠款电	1912 年 6 月中旬	第九册	122
谈赴京目的 与某君谈话	1912 年 6 月中旬	第十一册	288
铁路事业欲以十年期其大成 与上海《民立报》记者谈话	1912 年 6 月 22 日	第十一册	289
黄色的希望 与美国《每日金融报》记者谈话	1912 年 6 月 23 日前	第十一册	290
为《中华民国字典》做广告	1912 年 6 月 23 日	第四册	53
良导国民移风易俗 上海《新国民》创刊序	1912 年 6 月 24 日	第四册	53
致袁世凯请从速筹办云贵广西交通电	1912 年 6 月 24 日	第九册	123
冀望中国社会党鼓吹社会主义 在上海与沙淦谈话	1912 年 6 月 24 日	第十一册	291
铁路大计与借债等问题 与上海《大陆报》记者谈话	1912 年 6 月 25 日	第十一册	291
交通为实业之母而铁道又为交通之母 与上海《民立报》记者谈话	1912 年 6 月 25 日	第十一册	292
致咸马里夫人问候咸马里病况并告国内近况函	1912 年 6 月 27 日	第七册	293
对严重指控受贿的权威反驳及声明	1912 年 6 月 29 日	第四册	331
致袁世凯等告财政部应宣布比款用途以澄清谣传电	1912 年 6 月 29 日	第九册	123
呼吁公开贷款情况并回应受贿指控	1912 年 6 月 30 日	第四册	333
复奥斯丁·布朗申谢为美国承认中华民国所作努力函	1912 年 6 月 30 日	第七册	294
复陈其美论扩张军备建设以固国防函	1912 年 7 月 1 日	第七册	295
中国革命与社会问题	1912 年 7 月 8 日	第三册	154

续表

篇名	著述时间	册数	页码
为《天铎报》题词	1912 年 7 月 10 日刊载	第十八册	51
复袁世凯告蔡元培辞职纯系个人意见电	1912 年 7 月 12 日刊载	第九册	124
中国革命的社会意义	1912 年 7 月 15 日	第三册	156
复农业促进会晓以农业为民生切实之图函	1912 年 7 月上中旬	第七册	296
寻求更为理想的民主制度 与纽约《独立》杂志记者谈话	1912 年 7 月 21 日刊载	第十一册	297
筑铁路可强国但宜利用外资 在上海中华民国铁道协会欢迎大会的演说	1912 年 7 月 22 日	第十册	95
通告美洲同志书	1912 年 7 月 25 日	第四册	334
致美洲各埠同志告正从事实业并请照顾赴美留学子女函	1912 年 7 月 25 日	第七册	296
复中华银行董事局允任总董函	1912 年 7 月 26 日	第七册	297
铁道发展之筹划 在上海中华民国铁道协会的讲话	1912 年 7 月 29 日	第十册	98
与李佳白谈话	1912 年 7 月下旬	第十一册	298
为上海新舞台题词	1912 年 7 月	第十八册	52
与黄兴联名致袁世凯告拟缓数日即同北上电	1912 年 8 月 2 日	第九册	124
致袁世凯告此行到京不可大行欢迎电	1912 年 8 月 8 日刊载	第九册	124
致宋教仁论借资筑路函（节略）	1912 年 8 月 14 日	第七册	299
与黄兴联名为组建国民党征求同盟会各支部同意通电	1912 年 8 月 15 日刊载	第四册	335
复民生国计会总部望努力鼓吹移民就垦函	1912 年 8 月 16 日刊载	第七册	299
委任林莲荪为中华银行总理状	1912 年 8 月 16 日	第十六册	29
与黄兴等联名介绍良医梁重良君济世于沪启事	1912 年 8 月 18 日	第四册	54
为守信而北上 与送行者谈话	1912 年 8 月 18 日	第十一册	300
北上是我的责任 与从者谈话	1912 年 8 月 18 日	第十一册	301
不怕危险坚持北上 离沪前在"安平"轮上的遭遇	1912 年 8 月 18 日	第十一册	301

续表

篇名	著述时间	册数	页码
复中国社会党崇明支部地税研究会告无暇往演讲函	1912 年 8 月 20 日刊载	第七册	300
宣布北上宗旨及政见	1912 年 8 月中旬	第四册	339
民国伊始人人须负义务　在烟台各界欢迎会的演说	1912 年 8 月 21 日	第十册	98
欲兴商业必从制造业下手　在烟台商会欢迎宴会的演说	1912 年 8 月 21 日	第十册	99
同盟会将合并改组为国民党　在烟台同盟会社会党欢迎会的演说	1912 年 8 月 21 日	第十册	100
题赠烟台张裕酿酒公司	1912 年 8 月 21 日	第十八册	53
北上之目的是为调解南北争端　在天津与《芝加哥检查者报》记者谈话	1912 年 8 月 23 日	第十一册	302
铁道政策为中国近日最紧要问题　在塘沽与某报记者谈话	1912 年 8 月 23 日	第十一册	303
致黄兴告有人诬捏电	1912 年 8 月 24 日	第九册	125
共同致力共谋建设　在天津广东会馆的演说	1912 年 8 月 24 日	第十册	101
务使人人皆知共和之良美　在天津官绅欢宴会的演说	1912 年 8 月 24 日	第十册	101
望总统赞助修筑铁路　在总统府欢迎宴会的答词	1912 年 8 月 24 日	第十册	102
铁道协会各省支部务期早日成立　与章锡和谈话	1912 年 8 月 24 日	第十一册	304
北上宗旨在谋国利民福之政策　在北京与施愚等谈话	1912 年 8 月 24 日	第十一册	304
谈张方事件　在北京与某君谈话	1912 年 8 月 24 日	第十一册	304
对中央政府用人的意见　与袁世凯第一次谈话	1912 年 8 月 24 日	第十一册	305
与袁世凯第二次晤谈	1912 年 8 月 24 日	第十一册	306
同盟会对会外人当极力联络以巩固中华民国　在北京同盟会本部欢迎大会的演说	1912 年 8 月 25 日	第十册	103

续表

篇名	著述时间	册数	页码
破除党界以促国家富强并正确理解民生主义　在北京国民党成立大会的演说	1912 年 8 月 25 日	第十册	105
宣布北上宗旨和政见	1912 年 8 月 25 日	第十一册	306
撤除军警护卫俾得出入自由　在北京与傅良佐等谈话	1912 年 8 月 25 日	第十一册	307
时局借债与满蒙等问题　在北京与上海《大陆报》记者谈话	1912 年 8 月 26 日	第十一册	307
巩固民国不外整顿内政及联络外交　与陆征祥谈话	1912 年 8 月 26 日	第十一册	308
练兵与筑路等问题　与汤漪谈话	1912 年 8 月 26 日	第十一册	309
劝勿破坏袁世凯政策　在北京与同盟会各报主笔谈话	1912 年 8 月 26 日	第十一册	309
与袁世凯第三次谈话	1912 年 8 月 26 日	第十一册	310
国民勿迫袁总统为恶　在北京与某君谈话	1912 年 8 月 27 日刊载	第十一册	312
蒙藏消息宜由政府统一分送各报登载　与袁世凯第四次谈话	1912 年 8 月 27 日	第十一册	312
袁总统练兵我造铁道　在北京与国民党员谈话	1912 年 8 月 27 日	第十一册	313
在北京答各国记者问	1912 年 8 月 27 日	第十一册	313
弹劾于事无补　在北京参议院就处理张振武方维案的讲话	1912 年 8 月 28 日	第十册	110
共和须以兵力为保障　在北京袁世凯欢迎宴会的答词	1912 年 8 月 28 日	第十册	110
时局多艰望勿存退志　与陆征祥谈话	1912 年 8 月 28 日	第十一册	314
余无干涉言论自由之权　在北京与某君谈话	1912 年 8 月 28 日	第十一册	315
筑路练兵等问题　与北京《亚细亚日报》记者谈话	1912 年 8 月 28 日	第十一册	315

续表

篇名	著述时间	册数	页码
关于借款与满蒙大局　在北京与上海《大陆报》记者谈话	1912 年 8 月 28 日	第十一册	318
今日宜政党抑超然内阁由袁世凯裁夺　与袁世凯第五次谈话	1912 年 8 月 28 日	第十一册	320
在京见客时间之规定	1912 年 8 月 29 日	第四册	54
致黄兴促其速来北京并为袁世凯解释电	1912 年 8 月 29 日	第九册	125
望诸君辅佐袁世凯　在北京国务院欢迎宴会的答词	1912 年 8 月 29 日	第十册	111
望同乡助广东问题之解决　在北京广东公会欢迎会的演说	1912 年 8 月 29 日	第十册	112
欲谋国家富强必自扩充铁路始　在北京中华全国铁路协会欢迎会的演说	1912 年 8 月 29 日	第十册	113
谋邮政之发达　在北京邮政协会欢迎会的演说	1912 年 8 月 29 日	第十册	116
谈张振武案　与某访员谈话	1912 年 8 月 29 日刊载	第十一册	320
非从速迁都不可　在北京与神田谈话	1912 年 8 月 29 日	第十一册	321
答袁世凯特派来人问	1912 年 8 月 29 日	第十一册	321
访欧与迁都等问题　在北京与《德文报》记者谈话	1912 年 8 月 29 日	第十一册	322
迁都与练兵及筑路　与袁世凯第六次谈话	1912 年 8 月 29 日	第十一册	322
为《铁路协会杂志》发刊题词	1912 年 8 月 29 日	第十八册	54
关于铁路计划与外国资本　与新加坡《自由西报》记者谈话	1912 年 8 月 26 至 8 月 30 日间	第十一册	310
学问为文明之母　在北京学界欢迎大会的演说	1912 年 8 月 30 日	第十册	117
关于铁道与外交等问题　与袁世凯第七次谈话	1912 年 8 月 30 日	第十一册	323
迁都问题　在北京与某君谈话	1912 年 8 月 30 日	第十一册	324
民国将来必要迁都　在北京参议院欢迎会的演说	1912 年 8 月 31 日	第十册	121
谈借款诸事　与袁世凯等谈话	1912 年 8 月 31 日	第十一册	324

续表

篇名	著述时间	册数	页码
复觉民书报社诸君勉共同致力于民生实业函	1912 年 7 至 8 月间	第七册	298
访欧与迁都等问题　在北京与各报记者谈话	1912 年 8 月	第十一册	325
关于借款军民分治西藏问题　与袁世凯第八次谈话	1912 年 8 月	第十一册	325
关于财政外交等问题　与袁世凯第九次谈话	1912 年 8 月	第十一册	326
复阎锡山告事竣即赴晋电	1912 年 9 月 1 日刊载	第九册	126
军警之责为捍御外侮决不可干预政治　在北京军警界欢迎宴会的演说	1912 年 9 月 1 日	第十册	122
蒙藏同胞当了解共和之真理　在北京蒙藏统一政治改良会欢迎会的演说	1912 年 9 月 1 日	第十册	124
盼国民赞成借款修路　在北京蒋翊武等欢宴会的演说	1912 年 9 月 1 日	第十册	125
谈财政等问题　与袁世凯第十次谈话	1912 年 9 月 1 日刊载	第十一册	327
关于筑路与蒙藏问题　与袁世凯第十一次谈话	1912 年 9 月 1 日	第十一册	328
关于铁路政策　与蒋翊武等谈话	1912 年 9 月 1 日	第十一册	328
复参政同盟会女同志论男女平权函	1912 年 9 月 2 日	第七册	301
望报界协力鼓吹借款修筑铁路　在北京报界欢迎会的演说	1912 年 9 月 2 日	第十册	126
借债修路于中国有百利而无一害　在中华民国铁道协会北京分会欢迎会的演说	1912 年 9 月 2 日	第十册	130
在北京谈迁都西藏等问题	1912 年 9 月 2 日刊载	第十一册	329
化除党争共扶危局　与袁世凯第十二次谈话	1912 年 9 月 2 日	第十一册	329
致袁世凯不赞成停办国民捐函	1912 年 9 月 3 日	第七册	301
五族一家与世界大同　在北京五族共和合进会与西北协进会欢迎大会的演说	1912 年 9 月 3 日	第十册	132
维持现状与规划将来　与某君谈话	1912 年 9 月 3 日刊载	第十一册	330

续表

篇名	著述时间	册数	页码
实业发达铁路大通后可成极富之国 在北京回访四国银行团谈话	1912 年 9 月 3 日	第十一册	330
关于迁都问题 与袁世凯第十三次谈话	1912 年 9 月 3 日	第十一册	331
发挥政党作用与提倡国家社会主义 在北京共和党本部欢迎会的演说	1912 年 9 月 4 日	第十册	133
决意从事实业 在国民党理事会的讲话	1912 年 9 月 4 日	第十册	137
南北统一等问题 在北京与某记者谈话	1912 年 9 月 4 日	第十一册	331
中国今日非借债万难立国 与袁世凯第十四次谈话	1912 年 9 月 4 日	第十一册	332
在北京与黄远庸谈话	1912 年 9 月 4 日	第十一册	333
复赵尔巽告因有张家口太原之行不能赴东北电	1912 年 9 月 5 日	第九册	126
以宗教上之道德补政治之不及 在北京基督教会等团体欢迎大会的答词	1912 年 9 月 5 日	第十册	138
解决外交问题当取门户开放主义 在北京举行答礼会的演说	1912 年 9 月 5 日	第十册	139
关于蒙古新疆西藏问题 与袁世凯第十五次谈话	1912 年 9 月 5 日	第十一册	336
咨北京政府建筑铁路计划文	1912 年 9 月 5 日	第十一册	337
满族当自立 在北京筹备八旗生计会所欢迎会的演说	1912 年 9 月 6 日	第十册	143
共和国家当共享权利共担义务 在张家口各界欢迎会的演说	1912 年 9 月 7 日	第十册	143
琼州改省与筹办铁路 在北京粤东新馆恳亲会的演说	1912 年 9 月 10 日	第十册	144
对处理西藏问题的意见 与袁世凯第十六次谈话	1912 年 9 月上旬	第十一册	338
土地问题及币制方策 在北京与梁士诒谈话	1912 年 9 月上旬	第十一册	338
竭力为国共图国事 与梁士诒谈话	1912 年 9 月上旬	第十一册	339

续表

篇名	著述时间	册数	页码
与刘揆一等谈话	1912 年 9 月上旬	第十一册	340
与某国民党员谈话	1912 年 9 月上旬	第十一册	340
访逊清摄政王载沣谈话	1912 年 9 月 11 日	第十一册	337
兴造铁路计画与对外开放中国本部　在北京与英国路透社记者谈话	1912 年 9 月 11 日	第十一册	342
筑路之办法　与上海《大陆报》记者谈话	1912 年 9 月 13 日	第十一册	343
不愿担当借外款事　与袁世凯第十八次谈话	1912 年 9 月 13 日	第十一册	344
释借款筑路主张并答诘难者　招待北京报界茶话会的演说和答问	1912 年 9 月 14 日	第十册	146
不接受袁世凯授予特别勋位　与梁士诒谈话	1912 年 9 月 14 日刊载	第十一册	344
与各报记者谈话	1912 年 9 月 14 日	第十一册	345
在北京招待报界同人时谈话	1912 年 9 月 14 日	第十一册	346
复汪精卫嘱与法美资本家商议筑路借款电	1912 年 9 月 15 日刊载	第九册	126
政党之作用在使国家巩固社会安宁　在北京国民党本部欢迎大会的演说	1912 年 9 月 15 日	第十册	162
希望回教输入爱国思想以尚武精神造成中国　在北京回教俱进会欢迎会的演说	1912 年 9 月 15 日	第十册	163
建造铁路与征收地税　在北京招待临时参议院议员的演说和答问	1912 年 9 月 15 日	第十册	165
致李烈钧谈萍矿归赣自办电	1912 年 9 月 16 日刊载	第九册	127
在袁世凯钱别宴会上的谈话	1912 年 9 月 16 日	第十一册	347
五族团结共和之目的乃可达到　在北京与旗人谈话	1912 年 9 月 17 日	第十一册	347
在赴山西途中与梁上栋谈话	1912 年 9 月 17 日	第十一册	348
与梁上栋张继谈话	1912 年 9 月 17 日	第十一册	349
在太原与阎锡山谈话	1912 年 9 月 18 日	第十一册	349

续表

篇名	著述时间	册数	页码
复天津广东会馆谢欢迎电	1912 年 9 月 19 日	第九册	127
扫除旧思想才可以谋建设 在太原各界欢迎会的演说	1912 年 9 月 19 日	第十册	168
山西当为各省统一之模范 在太原商学界宴会的演说	1912 年 9 月 19 日	第十册	169
平均地权与土地国有 在太原同盟会晋支部欢迎会的演说	1912 年 9 月 19 日	第十册	170
苦心建设方可言幸福 在山西都督府欢宴会的演说	1912 年 9 月 20 日	第十册	172
列强之大势与军人之国防责任 在山西军界欢迎会的演说	1912 年 9 月 20 日	第十册	173
同胞要各尽国民义务 在山西各界欢迎会的演说	1912 年 9 月 20 日	第十册	174
政党竞争当以国家为前提 与某君谈话	1912 年 9 月上中旬	第十一册	341
谈整顿海军问题 与袁世凯第十七次谈话	1912 年 9 月上中旬	第十一册	341
琼州改设行省理由书 与梁士诒等联名发起	1912 年 9 月中旬	第三册	159
致袁世凯请饬农林部酌派精晓矿学者随同考察电	1912 年 9 月 21 日	第九册	127
释共和政体并勉尽国家义务 在石家庄国民党交通部欢迎大会的演说	1912 年 9 月 21 日	第十册	175
在太原临行时的谈话	1912 年 9 月 21 日	第十一册	350
在火车上谈山西前途	1912 年 9 月 21 日	第十一册	350
即将赴沪组织铁路总公司 在天津与英国路透社访事谈话	1912 年 9 月 23 日	第十一册	350
对美国报界和人民的辟谣声明	1912 年 9 月 24 日刊载	第四册	339
致山东省临时议会告日内南旋当赴鲁欢聚电	1912 年 9 月 25 日刊载	第九册	128
军人对人民负完全保卫之义务 在济南军界欢迎会的演说	1912 年 9 月 27 日	第十册	176

续表

篇名	著述时间	册数	页码
人民应信任政府　在济南学界欢迎会的演说	1912 年 9 月 27 日	第十册	177
铁道政策须持开放主义　在济南各界欢迎会的演说	1912 年 9 月 27 日	第十册	177
拟修铁路及所谓分权篡权　在济南记者招待会上谈话	1912 年 9 月 27 日	第十一册	351
不避困难借助外资　在青岛各界欢迎会的演说摘要	1912 年 9 月 28 日	第十册	178
致北京政府请速将办路条件拟定交临时参议院通过电	1912 年 9 月 29 日	第九册	128
在青岛与瓦尔德克谈话	1912 年 9 月 29 日	第十一册	352
致袁世凯请饬将从前路债及有关势力范围条约寄沪电	1912 年 9 月 30 日刊载	第九册	128
宜师表德国之建设　在青岛广东会馆的演说	1912 年 9 月 30 日	第十册	179
学生当勤于学问　在青岛特别高等学堂的演说	1912 年 9 月 30 日	第十册	179
在北京与许学源谵谈	1912 年 8 至 9 月间	第十一册	327
为阎锡山题词	1912 年 9 月	第十八册	55
为《沪上评论》创刊号题词	1912 年 9 月刊载	第十八册	56
致北京交通部告调查路政办法电	1912 年 10 月 3 日	第九册	129
致国民党诸先生勉改组后努力国政函	1912 年 10 月 4 日	第七册	302
中德关系及对当前局势之看法　在上海接受萨尔曼访问	1912 年 10 月 4 日	第十一册	352
外人承造铁路与六国债款　与上海《大陆报》记者谈话	1912 年 10 月 5 日	第十一册	358
欲治民国当新旧并用　在上海国民党欢迎会的演说	1912 年 10 月 6 日	第十册	180
关于铁路建设计划　在上海与日本记者谈话	1912 年 10 月 8 日刊载	第十一册	359
致海外同志告北方之行及成立国民党通函	1912 年 10 月 9 日	第四册	344

续表

篇名	著述时间	册数	页码
中国铁道与社会主义　武昌起义周年为上海《大陆报》而作	1912 年 10 月 10 日	第三册	163
国民党孟米分部开幕训词	1912 年 10 月 10 日	第四册	58
致胡汉民并广州各界嘱开殉国烈士追悼会并捐款追恤烈士后人电	1912 年 10 月 10 日	第九册	129
须有坚忍心冒险心合力以助新民国　在上海寰球中国学生会纪念国庆大会的演说	1912 年 10 月 10 日	第十册	183
为《铁道》杂志题签	1912 年 10 月 10 日	第十八册	58
北上感想及铁路计划　与有吉明谈话	1912 年 10 月上旬	第十一册	360
破除悲观心理推行各项建设政策　在上海日报公会欢迎茶会的演说	1912 年 10 月 12 日	第三册	174
复咸马里告米切尔未到上海及北上情形函	1912 年 10 月 13 日	第七册	303
致袁世凯辞大勋位电	1912 年 10 月 13 日	第九册	130
致前同盟会等三党党员指定居正等三十人为国民党交通部职员公告	1912 年 10 月 13 日刊载	第十六册	29
致黎元洪谈论铁路函	1912 年 10 月 14 日	第七册	304
致袁世凯请速令孙道仁维持闽局并促岑春煊早日离闽电	1912 年 10 月 14 日	第九册	130
论社会主义　在上海中国社会党党员大会的演说	1912 年 10 月 14 日至 16 日	第三册	186
复袁世凯告拟赴日一行再定对策电	1912 年 10 月 16 日刊载	第九册	131
在吴淞检阅炮台时的谈话	1912 年 10 月 18 日	第十一册	363
致袁世凯请颁给朱尔典勋章电	1912 年 10 月 19 日	第九册	131
尽国民义务与倡造道路　在江阴各界欢迎大会的演说	1912 年 10 月 19 日	第十册	184

续表

篇名	著述时间	册数	页码
在镇江与李敬之谈话	1912 年 10 月 20 日	第十一册	364
致邓泽如告派王奕友赴南洋为中华银行招股函	1912 年 10 月中旬	第七册	304
致北京政府告聘王宠惠为顾问及聘另二人职务电	1912 年 10 月中旬	第十六册	30
铁路政策采取开放门户主义　在南京各界欢迎会的演说	1912 年 10 月 22 日	第十册	188
办一种事业须拿一种宗旨　在南京与倪贻荪等谈话	1912 年 10 月 22 日	第十一册	364
致新加坡商务总会及各港商会盼协助招募侨商股份电	1912 年 10 月 23 日刊载	第九册	131
兴利除害与实行开放政策　在安徽都督府欢迎会的演说	1912 年 10 月 23 日	第十册	189
致北京政府转述西北铁路规划事宜电	1912 年 10 月 24 日刊载	第九册	132
发展交通与收买土地另辟新埠等问题　在南昌军界欢迎宴会的谈话和演说	1912 年 10 月 25 日	第十册	192
中华民国之存亡全视军人　在江西军界欢迎大会的演说	1912 年 10 月 26 日	第十册	194
谋发展先发达交通　在南昌商务总会宴会的演说	1912 年 10 月 26 日	第十册	195
主张迁都南京之理由　在南昌国民党赣支部谈话会的演说	1912 年 10 月 26 日	第十册	195
批修铁路问题　在南昌与欧阳魁谈话	1912 年 10 月 26 日	第十一册	365
致芜湖各界告允定二十九日莅芜演说电	1912 年 10 月 27 日	第九册	132
致袁世凯请电令各省都督委派人员测量各省铁路电	1912 年 10 月 29 日	第九册	132
群策群力尽心国事　在芜湖各界欢迎大会的演说	1912 年 10 月 30 日	第十册	197
为方南山题词	1912 年 10 月 30 日	第十八册	59
为江西女子公学校题签	1912 年 10 月底	第十八册	60
兴国必先修路　《铁路杂志》题辞	1912 年秋	第三册	221

续表

篇名	著述时间	册数	页码
为广东药房题词	1912 年秋	第十八册	57
致袁世凯主张各省行政长官为民选函	1912 年 11 月 3 日	第七册	305
致袁世凯告拟设铁路专门学校电	1912 年 11 月 3 日刊载	第九册	133
致袁世凯告拟先开办钢铁工厂电	1912 年 11 月 3 日刊载	第九册	133
致袁世凯周学熙请仍将源丰润等户押产拨充中国公学经费电	1912 年 11 月 4 日	第九册	133
赞咸马里先生	1912 年 11 月 6 日	第四册	58
致北京政府告拟设立铁道院电	1912 年 11 月 6 日刊载	第九册	134
致袁世凯谈赴日联交及拟设中西合股银行等事电	1912 年 11 月 9 日	第九册	134
为《图画剧报》创刊号题词	1912 年 11 月 9 日刊载	第十八册	61
致东亚同文会告展期访日电	1912 年 11 月 10 日	第九册	135
访日的目的　与秋山定辅谈话	1912 年 11 月上旬	第十一册	365
在上海主持欢迎日本议员团宴会的讲话	1912 年 11 月 11 日	第十册	198
给上海《民立报》的电话	1912 年 11 月 11 日	第十一册	366
统一繁荣强大的中国将会出现	1912 年 11 月 13 日	第三册	222
预见中国的未来将会是统一、繁荣和强大	1912 年 11 月 13 日	第四册	346
致张锡銮请助《民国西报》经费函	1912 年 11 月 13 日收到	第七册	306
致咸马里夫人悼慰咸马里去世函	1912 年 11 月 14 日	第七册	307
致袁世凯告于上海设立中国铁路总公司电	1912 年 11 月 14 日	第九册	135
委任彭丕昕为国民党重庆交际员证书	1912 年 11 月 14 日	第十六册	30
致袁世凯请补定黄大伟等四人职衔电	1912 年 11 月 15 日	第九册	135
致袁世凯望万勿承认俄蒙之约电	1912 年 11 月 16 日	第九册	136
致临时参议院望协助政府否认俄蒙协约电	1912 年 11 月 16 日	第九册	136
致北京政府告暂勿与俄国交涉电	1912 年 11 月 18 日	第九册	137
致梁士诒请转恳袁世凯知照豫督保护刘马氏运金银出境电	1912 年 11 月 19 日	第九册	137

续表

篇名	著述时间	册数	页码
致各省都督暨临时议会关于中国铁路总公司成立通告	1912 年 11 月中旬	第四册	347
中国铁路总公司成立通告	1912 年 11 月中旬	第四册	348
望各界人士一致赞助铁路总公司　在上海中国铁路总公司成立宴会的致词	1912 年 11 月 25 日	第十册	198
复孙道仁告对分治意见电	1912 年 11 月 27 日	第九册	138
致冯自由嘱抚恤谢春生家属函	1912 年 11 月 28 日	第七册	307
致贵州省议会告中国铁路总公司成立与规划办法函	1912 年 11 月	第七册	308
致宫崎寅藏告因病暂延期访日电	1912 年 11 月	第九册	138
为上海《神州女报》题词（一）	1912 年 11 月	第十八册	62
为上海《神州女报》题词（二）	1912 年 11 月	第十八册	63
为《社会世界》杂志题签	1912 年 11 月	第十八册	64
复袁世凯申明外交及对库伦和外蒙主张电	1912 年 12 月 1 日刊载	第九册	138
中国铁路总公司总理定时接见来宾启事	1912 年 12 月 2 日	第四册	59
救亡策　倡行钱币革命抗俄通电	1912 年 12 月 3 日	第三册	223
致梁士诒询托设法保护河南人运金出境事电	1912 年 12 月 4 日	第九册	139
建议中法合资创办大银行　在上海实业银行等欢迎南洋华侨会的演说	1912 年 12 月 4 日	第十册	199
致袁世凯告应付六国银行团办法电	1912 年 12 月 5 日	第九册	139
复胡汉民告以伍朝枢代王宠惠当参议员电	1912 年 12 月 7 日	第九册	140
悼念秋瑾女侠　在杭州国民党欢迎会的演说	1912 年 12 月 8 日	第十册	200
民生主义有四大纲　在杭州各界欢迎大会的演说	1912 年 12 月 9 日	第十册	201
挽秋瑾联	1912 年 12 月 9 日	第十八册	65
题秋瑾匾额	1912 年 12 月 9 日	第十八册	66
学生求学须先立志　在杭州之江学校欢迎会的演说	1912 年 12 月 10 日	第十册	204

续表

篇名	著述时间	册数	页码
政党竞争必以党德为前提　在杭州共和党民主党两支部欢迎宴会的演说	1912 年 12 月 10 日	第十册	205
批徐绍桢请褒扬寿妇杨欧氏呈	1912 年 12 月 11 日	第十四册	338
批徐绍桢因华侨陆永怀捐资兴学请特予褒奖呈	1912 年 12 月 11 日	第十四册	339
为杭州白云庵题词	1912 年 12 月 11 日	第十八册	67
复南浔铁路公司兴办南萍铁路事函	1912 年 12 月 13 日刊载	第七册	309
致胡汉民告温宗尧已承诺当参议员电	1912 年 12 月 13 日	第九册	140
致袁世凯辞大勋位书	1912 年 12 月 17 日刊载	第七册	310
致袁世凯等请转饬黔督彻究暗杀于德坤案电	1912 年 12 月 17 日	第九册	140
致唐继尧嘱彻究暗杀于德坤案电	1912 年 12 月 17 日	第九册	141
铁路总公司条例草案	1912 年 12 月 19 日刊载	第五册	231
致周学熙望速了结借款函	1912 年 12 月 19 日	第七册	311
当以国利民福为前题　天津《民意报》周年纪念祝词	1912 年 12 月 20 日	第四册	60
复王正廷徐谦告可与罗佩金顾视高接洽滇粤路计划事电	1912 年 12 月 20 日	第九册	141
谋国者亦当知己知彼　陈国权译述《英国政府刊布中国革命蓝皮书》序	1912 年 12 月 21 日	第四册	60
机器可以富国　在上海机器公会成立大会的演说	1912 年 12 月 22 日	第十册	208
致黄兴望设法接济北京国民党本部经费电	1912 年 12 月 23 日	第九册	142
致王正廷徐谦令反对过多修改《铁路总公司条例章案》电	1912 年 12 月 23 日	第九册	142
致王正廷告可回沪电	1912 年 12 月 24 日	第九册	143
致梁士诒请向财政部设法拨五万两交国民党本部收用电	1912 年 12 月 27 日	第九册	143

续表

篇名	著述时间	册数	页码
复黄兴告已电梁士诒请向财政部转拨港款五万两交国民党本部并望另电催之电	1912 年 12 月 27 日	第九册	144
推广女界教育以成全国模范女校　在松江清华女校欢迎会的演说	1912 年 12 月 27 日	第十册	209
挽黄钟瑛联	1912 年 12 月 28 日	第十八册	68
勉励学生发奋学习致力于铁路交通建设　在交通部上海工业专门学校的演说	1912 年 12 月底	第十册	210
发起创办中华实业银行并发布章程	1912 年冬	第五册	233
致伦敦各报为中国禁烟问题书	1912 年	第七册	312
与黄芸苏张承櫺谈话	1912 年	第十一册	367
批内务部总长呈	1912 年	第十三册	136
为邓慕韩题词	1912 年	第十八册	69
为居正题词	1912 年	第十八册	70
为秦毓鎏题词	1912 年	第十八册	71
为《华侨参政权全案》题签	1912 年	第十八册	72
为松筠堂题名	1912 年	第十八册	73
为施从滨题词	1912 年	第十八册	74
为吴樾墓题词	1912 年	第十八册	75
题何天瀚墓碑	1912 年	第十八册	76
为云南宾川县祝圣寺题词	1912 年	第十八册	77
为进化团题词	1912 年	第十八册	78
为萱野长知题词	1912 年	第十八册	79
为曹亚伯题词	1912 年	第十八册	80
为张耀轩题词	1912 年	第十八册	81
为钱化佛题词	1912 年	第十八册	82
题吴樾等九烈士墓碑	1912 年	第十八册	83

续表

篇名	著述时间	册数	页码
致徐谦请吴景濂促国民党议员返北京电	1913 年 1 月 2 日	第九册	144
政党发展全视乎党人智能道德之高下　在上海国民党恳亲大会开幕式的演说	1913 年 1 月 10 日	第十册	211
致陆文辉询能即来沪否及邓泽如行踪电	1913 年 1 月 11 日	第九册	144
致北京政府告已以个人名义向某国公司商借巨款以兴建蒙藏铁路电	1913 年 1 月 12 日	第九册	145
复袁世凯感谢交通银行所垫学费电	1913 年 1 月 15 日	第九册	145
复陆文辉告银行事已妥请郭君不必来电	1913 年 1 月 15 日	第九册	146
政党宜重党纲党德　在国民党上海交通部恳亲茶话会的演说	1913 年 1 月 19 日	第十册	212
致袁世凯请准派遣张蔼蕴留学函	1913 年 1 月 21 日	第七册	312
致邓泽如告中华银行招股事函	1913 年 1 月 23 日	第七册	313
致陈武烈望邀请中华银行之有力股东来沪商议电	1913 年 1 月 23 日	第九册	146
致袁世凯告有伦敦银行家愿借款希为卓夺电	1913 年 1 月 24 日	第九册	146
工人须收获全部劳动成果并有足够的娱乐　自哈斯金"社会主义在中国"转录	1913 年 1 月 27 日刊载	第三册	228
中华民国：社会主义在中国	1913 年 1 月 27 日	第四册	61
致袁世凯周学熙谈彼此与法方新议合办银行条件权利得失各情电	1913 年 1 月 29 日	第九册	147
新国会与临时大总统选举　在上海回答宗方小太郎的提问	1913 年 1 月 29 日	第十一册	367
致北京政府条陈解决蒙藏办法电	1913 年 1 月 30 日	第九册	148
复中华实业两银行代表同意暂不合并各自进行函	1913 年 1 月	第七册	314
致日本某君告与西人合股设立银行函	1913 年 1 月	第七册	315

续表

篇名	著述时间	册数	页码
致袁世凯等告赴日行期并请将政府最近对日俄方针见示电	1913 年 2 月 4 日	第九册	148
致朱启钤告赴日行期并请电汇垫款电	1913 年 2 月 4 日	第九册	149
致胡汉民告赴日期限有事请电东京电	1913 年 2 月 4 日	第九册	149
复袁世凯允开导沪上筹组欢迎国会团人士电	1913 年 2 月 7 日对方收到	第九册	150
致袁世凯望从速和平解决山西阎锡山等冲突事件电	1913 年 2 月 10 日	第九册	150
致袁世凯告将赴日联交并请筹款设立中西合股银行及速汇铁路开办费电	1913 年 2 月 10 日	第九册	151
复蔡锷告建筑滇桂粤铁路计画函	1913 年 2 月上旬	第七册	316
共和政体以教育为根基 在上海圣约翰大学毕业典礼的致词	1913 年 2 月上旬	第十册	215
访日目的在图两国亲交 在日本下关答记者问	1913 年 2 月 13 日	第十一册	369
在长崎车站与北川信从谈话	1913 年 2 月 13 日	第十一册	369
访日目的与选举大总统 在长崎车站与日本记者谈话	1913 年 2 月 13 日	第十一册	370
对当前中国局势的意见 在长崎驶往福冈列车上与日本记者谈话	1913 年 2 月 13 日	第十一册	371
重到神户的感慨与中国未来政策 在姬路驶往神户列车上与《神户新闻》记者等谈话	1913 年 2 月 14 日	第十一册	372
民国的外交内政问题 在姬路驶往神户列车上与《大阪朝日新闻》记者谈话	1913 年 2 月 14 日	第十一册	374
中日关系与内外政策问题 抵神户车站后在列车中与日本记者谈话	1913 年 2 月 14 日	第十一册	375

续表

篇名	著述时间	册数	页码
回忆初到日本时的感受　在神户驶往东京列车上与泽村幸夫谈话	1913 年 2 月 14 日	第十一册	377
在日本国府津答记者问	1913 年 2 月 14 日	第十一册	378
中日合作与协力保障亚洲和平　在东京东亚同文会欢迎宴会的演说	1913 年 2 月 15 日	第十册	216
题词	1913 年 2 月 15 日刊载	第十八册	84
题祝日华协会成立	1913 年 2 月 17 日	第十八册	85
致袁世凯嘱支持成立中日同盟会电	1913 年 2 月 18 日收到	第九册	151
致北京政府告中日同盟会约两星期内成立电	1913 年 2 月 18 日	第九册	152
中日经济界应互相提携扶助　在日本邮船公司招待会的答词	1913 年 2 月 18 日	第十册	224
中日当和睦相亲　在日本众议院议长大冈育造之欢迎宴会的答词	1913 年 2 月 19 日	第十册	225
在日本冈育造之主持的宴会上的谈话	1913 年 2 月 19 日	第十一册	378
致袁世凯告成立中日同盟会详情电	1913 年 2 月 20 日收到	第九册	152
在三井物产会社欢迎会致答词	1913 年 2 月 20 日	第十册	226
在东京与桂太郎谈话	1913 年 2 月 20 日	第十一册	378
在日本铁道协会欢迎会上的谈话	1913 年 2 月 20 日	第十一册	379
在东京与内田良平谈话	1913 年 2 月中旬	第十一册	379
发达中国实业须除去国内外政治障碍　在东京实业家联合欢宴会的演说	1913 年 2 月 21 日	第十册	226
中华民国的革命　在东京日华学生团欢迎会的演说	1913 年 2 月 22 日	第十册	228
留学生须研求学问以建设祖国并促进中日联合　在东京中国留学生欢迎会的演说	1913 年 2 月 23 日	第十册	232

续表

篇名	著述时间	册数	页码
中日两国青年当共图东亚文明　在东京基督教青年会欢迎会上的演说	1913 年 2 月 23 日	第十册	241
留学生接受日本教育促进中国的改革　在东京大隈重信欢迎茶话会的演说	1913 年 2 月 23 日	第十册	243
中日应当提携　在东京市长阪谷芳郎欢迎宴会的答词	1913 年 2 月 25 日	第十册	244
谈竞选总统事　在东京与日本记者谈话	1913 年 2 月 25 日刊载	第十一册	380
致胡汉民请联南方各省都督共表同情袁世凯政府电	1913 年 2 月 26 日	第九册	153
题赠山田浩藏	1913 年 2 月 27 日	第十八册	86
为铃木久五郎题词	1913 年 2 月	第十八册	87
为白岩龙平题词	1913 年 2 月	第十八册	88
政党建设与正确对待党争　在东京国民党共和党两支部及广东同乡会联合欢迎大会的演说	1913 年 3 月 1 日	第十册	245
在东京与桂太郎谈话	1913 年 3 月 2 日	第十一册	381
日本侵占朝鲜违背大亚细亚主义精神　在桂太郎宴会上谈话	1913 年 3 月 2 日	第十一册	382
讨论中国兴业公司计划书　在东京与涩泽荣一等谈话	1913 年 3 月 3 日	第十一册	383
致东京各报馆申谢函	1913 年 3 月 5 日	第七册	322
复韩汝甲告愿会见简	1913 年 3 月 5 日	第七册	323
当视赞成共和之政党为益友　在横滨华侨欢迎宴会的演说	1913 年 3 月 5 日	第十册	249
题赠横滨华侨学校	1913 年 3 月 6 日	第十八册	89
为卢联业题词	1913 年 3 月 6 日	第十八册	90
致小吕宋救国社嘱罢除排斥日货之举电	1913 年 3 月 7 日	第九册	154

续表

篇名	著述时间	册数	页码
致袁世凯告山本首相对中日同盟态度电	1913 年 3 月 8 日刊载	第九册	154
留学生须广求知识为建设祖国效力　在京都中国留学生欢迎会的演说	1913 年 3 月 9 日	第十册	251
借助日本清除发展中国实业的障碍　在京都各界人士欢迎宴会的演说	1913 年 3 月 9 日	第十册	252
题词	1913 年 3 月 9 日刊载	第十八册	91
致小吕宋救国社望即取消抵制日货电	1913 年 3 月 10 日	第九册	155
中国改革伊始须待日本援助　在大阪各界欢迎宴会的演说	1913 年 3 月 10 日	第十册	254
为森下题词	1913 年 3 月 10 日刊载	第十八册	92
致北京政府请速筹设铁道院电	1913 年 3 月初	第九册	154
向山田良政遗属致谢的谈话	1913 年 2 月中旬至 3 月上旬间	第十一册	380
致北京政府告在日本已有七家银行允借款电	1913 年 3 月 11 日	第九册	155
致胡汉民告回国办理大借款步骤电	1913 年 3 月 11 日	第九册	156
中日两国基督教徒共同维护世界和平　在大阪基督教青年会欢迎会的演说	1913 年 3 月 11 日	第十册	256
中国的发展须借助日本人才和实业家的力量　在大阪经济会欢迎宴会的演说	1913 年 3 月 11 日	第十册	258
望中日经济上互相提携　在大阪市长肝付午餐会上的讲话	1913 年 3 月 12 日	第十册	259
在大阪市肝付市长午餐会上的谈话	1913 年 3 月 12 日	第十一册	391
人人存爱国心何事不成　在神户华侨欢迎大会的演说	1913 年 3 月 13 日	第十册	260

续表

篇名	著述时间	册数	页码
引导各国国民的理想走向世界和平　在神户基督教青年会欢迎大会的演说	1913 年 3 月 13 日	第十册	264
政党内阁与党争　在国民党神户交通部欢迎会的演说	1913 年 3 月 13 日	第十册	267
增进中日贸易关系和互学对方语言　抵神户后与日本记者谈话之一	1913 年 3 月 13 日	第十一册	391
欧美友人与读书爱好　抵神户后与日本记者谈话之二	1913 年 3 月 13 日	第十一册	392
为杨寿彭题词	1913 年 3 月 13 日	第十八册	93
学生的责任是钻研学问为建设中国出力　在神户同文学校的演说	1913 年 3 月 14 日	第十册	271
参观神户川崎造船所后在欢迎会的答谢词	1913 年 3 月 14 日	第十册	271
中日两国应该保持最密切的关系　在神户各界欢迎宴会的演说	1913 年 3 月 14 日	第十册	272
访神户川崎造船所答谢词	1913 年 3 月 14 日	第十一册	393
为高田题词	1913 年 3 月 14 日	第十八册	94
为桥本辰二郎题词	1913 年 3 月 14 日	第十八册	95
在广岛吴市镇守府欢宴会的答词	1913 年 3 月 15 日	第十册	274
为杉原铁城题词	1913 年 3 月 15 日	第十八册	96
视察铁道是访日目的之一　在日本下关答新闻记者问	1913 年 3 月 16 日	第十一册	394
感谢宫崎弟兄　在荒尾村宫崎兄弟旧宅欢迎宴会的答词	1913 年 3 月 19 日	第十册	274
为宫崎民藏题词	1913 年 3 月 19 日	第十八册	97
为宫崎寅藏题词	1913 年 3 月 19 日	第十八册	98

续表

篇名	著述时间	册数	页码
为日本福冈三井工业学校题词	1913 年 3 月 19 日	第十八册	99
为日本福冈九州大学题词	1913 年 3 月 19 日	第十八册	100
中日两国青年须促进东亚联合以对抗白色人种　在熊本对济济黉学生的演说	1913 年 3 月 20 日	第十册	275
为大石正己题词	1913 年 3 月中旬	第十八册	101
致国民党本部及上海交通部望合力查研宋案原因电	1913 年 3 月 22 日	第九册	157
世界和平与基督教　在长崎基督教青年会欢迎会的演说	1913 年 3 月 22 日	第十册	276
中国与长崎有着密切关系　在长崎各界欢迎会的演说	1913 年 3 月 22 日	第十册	277
医术能为国家作贡献　在长崎医学专门学校中国留学生欢迎宴会的演说	1913 年 3 月 22 日	第十册	279
能影响中国未来生死存亡者必为日本　在中国驻长崎领事馆所办华侨晚餐会的演说	1913 年 3 月 22 日	第十册	280
望中日结成友好邦交　在长崎日本友人送别宴会上的演说	1913 年 3 月 22 日	第十册	281
为桥本辰二郎题词	1913 年 3 月 22 日	第十八册	102
为丹羽翰山题词	1913 年 3 月 22 日	第十八册	103
为铃木天眼题词	1913 年 3 月 22 日	第十八册	104
为中泉半弥题词	1913 年 3 月 22 日	第十八册	105
为占胜阁题匾	1913 年 3 月 23 日	第十八册	106
致袁世凯望决定对日方针并告平安抵沪电	1913 年 3 月 25 日	第九册	157
自日本归国的痛言	1913 年 3 月 25 日	第十一册	395
致函上海《民立报》否认对门司各报所言造路募资意见之声明	1913 年 3 月 26 日刊载	第四册	63

续表

篇名	著述时间	册数	页码
暗杀宋教仁出自袁世凯主使决意在议会上弹劾袁　与有吉明第一次谈话	1913 年 3 月 26 日	第十一册	395
在上海与钟工宇谈话	1913 年 3 月 26 日	第十一册	396
日本与中国利害与共　在上海国民党交通部宴会的演说	1913 年 3 月 27 日	第十册	282
坚决采取光明正大的手段在议会上弹劾袁世凯　与有吉明第二次谈话	1913 年 3 月 28 日	第十一册	397
介绍名医章来峰君来沪悬壶启事	1913 年 3 月 30 日	第四册	64
尽可能谋求用和平手段解决宋教仁案　与有吉明第三次谈话	1913 年 3 月 30 日	第十一册	397
对日本政府不同意孙赴日的意见表示理解　与有吉明第四次谈话	1913 年 3 月 31 日	第十一册	398
若袁世凯不退让则与袁对立　与有吉明第五次谈话	1913 年 3 月 31 日	第十一册	398
关于中日友好邦交　与某报记者谈话	1913 年 3 月中下旬	第十一册	394
力主立即兴师讨袁　召集各省部分国民党员来沪商讨"宋案"的讲话	1913 年 3 月下旬	第十册	283
在上海会议独力主张立即兴师讨袁	1913 年 3 月下旬	第十一册	399
在日本各地屡向记者表述之意见	1913 年 2 至 3 月间	第十一册	381
中国兴业公司发起书	1913 年 3 月	第四册	64
中国兴业公司发起书	1913 年 3 月	第五册	244
为福岛福松题词	1913 年 3 月	第十八册	107
题词	1913 年 3 月	第十八册	108
挽刀安仁联	1913 年 3 月	第十八册	109
为冈本治平题词	1913 年 3 月	第十八册	110
致孙毓筠告有事待商切望来沪电	1913 年 4 月 2 日	第九册	158

续表

篇名	著述时间	册数	页码
复柏文蔚告已电召孙毓筠来沪电	1913 年 4 月 2 日	第九册	158
在上海商议筹办中国兴业公司的发言	1913 年 4 月 3 日	第十册	283
与马君武等联名致梅屋庄吉等谢其招待厚意函	1913 年 4 月 5 日	第七册	323
委任杨楚材为国民党甘肃交际员证书	1913 年 4 月 5 日	第十六册	30
复袁世凯告因宋案缓期进京电	1913 年 4 月 6 日	第九册	158
关于去袁方针与美国承认中国问题　与有吉明第六次谈话	1913 年 4 月 6 日	第十一册	400
国民党对"宋案"之方针　与有吉明第七次谈话	1913 年 4 月 9 日	第十一册	401
致胡汉民陈炯明令认真筹备军实整顿经济计画运输电	1913 年 4 月 10 日	第九册	159
复某君望对国事勉力进行电	1913 年 4 月 13 日	第九册	159
挽宋教仁诔词	1913 年 4 月 13 日	第十八册	111
为《国民杂志》创刊号题词	1913 年 4 月 15 日刊载	第十八册	112
对中国兴业公司问题的意见　在上海与森恪谈话	1913 年 4 月 18 日	第十一册	402
致国务院请勿列入候补总统电	1913 年 4 月 20 日刊载	第九册	160
与黄兴等联名致袁世凯周学熙望取出源丰润等户押件拨交中国公学电	1913 年 4 月 22 日	第九册	160
致各省议会政团报馆电	1913 年 4 月 26 日	第四册	349
与陈作霖等联名复袁世凯周学熙请支持中国公学电	1913 年 4 月 27 日	第九册	161
致袁世凯要求令赵秉钧于宋案审判时到案并撤李纯兵回信阳电	1913 年 4 月 27 日	第九册	161
致日本外务省告袁世凯是宋案主谋望勿借款助袁电	1913 年 4 月 28 日	第九册	162
致藤濑政次郎告我方于十五日内将资金存入正金银行并望从速设立中国兴业公司电	1913 年 4 月 30 日	第九册	162
袁世凯是决不肯自行退位的　在上海与柏锡福谈话	1913 年 4 月 30 日	第十一册	403

续表

篇名	著述时间	册数	页码
与上海汇丰银行交涉的谈话	1913 年 4 月下旬	第十一册	403
致函康德黎请代发告各国政府与人民书	1913 年 4 月底	第四册	349
复袁世凯告因宋案缓期进京和联美及川路借款意见电	1913 年 4 月	第九册	163
挽宋教仁联	1913 年 4 月	第十八册	113
袁世凯必须对凶杀案负责 在上海与来访者谈话	1913 年 5 月 1 日	第十一册	404
为反对袁世凯大借款告各国政府与人民书	1913 年 5 月 2 日	第四册	352
与陈作霖等联名致周学熙请饬上海中国银行就近拨款并照前案办理源丰润押件电	1913 年 5 月 6 日	第九册	163
与黄兴联名复丁义华论宋案及五国借款事并盼其为时局主持正论电	1913 年 5 月 6 日	第九册	164
致袁世凯望勿辞职电	1913 年 5 月 12 日	第九册	165
南北融合的必要条件是袁世凯下台 与有吉明第八次谈话	1913 年 5 月 15 日	第十一册	404
致井上馨揭露袁世凯诡谋并请日本政府限制其借款函	1913 年 5 月 17 日	第七册	324
袁世凯引退为和平解决之惟一方法 与横滨正金银行上海支店职员谈话	1913 年 5 月 19 日	第十一册	405
巩固中华民国与图谋民生幸福 上海《国民月刊》出世辞	1913 年 5 月 20 日刊载	第三册	230
国民党去袁方针 与有吉明第九次谈话	1913 年 5 月 20 日	第十一册	406
为《国民月刊》题签	1913 年 5 月 20 日	第十八册	114
致袁世凯请勿准周学熙辞职电	1913 年 5 月 23 日	第九册	165
与黄兴联名致日本政府恳请援助讨袁电	1913 年 5 月 23 日	第九册	166
日本为年轻共和国的朋友 与某报记者谈话	1913 年 5 月 23 日刊载	第十一册	407

续表

篇名	著述时间	册数	页码
国民党不会先动干戈　与有吉明第十次谈话	1913 年 5 月 24 日	第十一册	408
反袁是破坏与保卫共和制的问题　在上海与山座丹次郎谈话	1913 年 5 月 25 日或 26 日	第十一册	408
敦促日本政府破坏袁世凯借款　在上海与加藤高明谈话	1913 年 5 月 31 日刊载	第十一册	409
为太原《宗圣汇志》发刊题词	1913 年 5 月	第十八册	115
袁世凯有压迫扫除我方之意图　在上海与加藤高明谈话	1913 年 6 月 1 日	第十一册	409
委任陈新政为国民党槟榔屿支部副部长证书	1913 年 6 月 1 日	第十六册	31
致胡汉民告拟组织特别法庭审宋案电	1913 年 6 月 2 日	第九册	166
致某君告决意入京与汪精卫调和党见电	1913 年 6 月 6 日	第九册	167
与黄兴等复上海全国商会联合会论拥护共和函	1913 年 6 月 8 日	第七册	325
将以冒进主义一举去袁　与有吉明第十一次谈话	1913 年 6 月 11 日	第十一册	410
复丁义华告以不愿与闻政事函	1913 年 6 月 16 日刊载	第七册	326
决不举袁世凯为正式总统　与程德全谈话	1913 年 6 月 17 日刊载	第十一册	411
谈筹办铁路等事　与香港《孖剌西报》访员谈话	1913 年 6 月 23 日	第十一册	411
关于中国时局　在香港与《土蔑西报》记者谈话	1913 年 6 月 24 日	第十一册	412
选举大总统问题　与今井忍郎谈话	1913 年 6 月 25 日	第十一册	413
复广东省官厅告即须返沪未能来省会电	1913 年 6 月 26 日刊载	第九册	167
观望时势以俟他日之机会　与有吉明第十二次谈话	1913 年 6 月 30 日	第十一册	414
将赴南方处理事务　与美国《每日邮报》记者谈话	1913 年 6 月下旬	第十一册	415
为阳江《公论报》题词	1913 年 6 月下旬	第十八册	116
致伍平一告孙娫病殁电	1913 年 7 月 9 日	第九册	168
江西独立后各省动向　与有吉明第十三次谈话	1913 年 7 月 15 日	第十一册	415
为《中华民报》创刊周年题词	1913 年 7 月 20 日刊载	第十八册	117
希望日本劝告袁世凯辞职　与有吉明第十四次谈话	1913 年 7 月 21 日	第十一册	416

续表

篇名	著述时间	册数	页码
告全体国民促令袁世凯辞职宣言	1913 年 7 月 22 日	第四册	353
望北京当局及各省政要员同说袁世凯辞职通电	1913 年 7 月 22 日	第四册	354
致袁世凯劝辞总统职电	1913 年 7 月 22 日刊载	第九册	168
关于反袁斗争的坚持　与《华盛顿邮报》记者谈话	1913 年 7 月 24 日	第十一册	417
谴责袁世凯暴行及要求停止助袁的对外声明	1913 年 7 月 27 日	第四册	355
致涩泽荣为创立中国兴业公司事函	1913 年 7 月 28 日	第七册	326
史坚如烈士墓碑文	1913 年 7 月	第四册	65
为陈其美致黄兴函加注强调联日之重要	1913 年夏	第四册	65
致香港《德臣西报》编辑辩"革命的孵化"函	1913 年 8 月 1 日	第七册	328
驳斥上海《字林西报》造谣　答上海《民立报》记者问	1913 年 8 月 1 日	第十一册	418
在马尾舟中与饭田谈话	1913 年 8 月 3 日	第十一册	419
在马尾舟中与多贺宗之谈话	1913 年 8 月 3 日	第十一册	420
在马尾舟中与梅光培等谈话	1913 年 8 月 3 日	第十一册	422
为山根重武题词	1913 年 8 月 3 至 4 日	第十八册	118
致萱野长知告想滞留日本电	1913 年 8 月 5 日	第九册	169
为藤井悟一郎题词	1913 年 8 月 5 日	第十八册	119
为大和宗吉题词	1913 年 8 月 5 日	第十八册	120
关于赴日目的与中国内政问题　与纽约《太阳报》记者谈话	1913 年 8 月 8 日	第十一册	423
抵神户后在"信浓丸"上与山上丰夷谈话	1913 年 8 月 9 日	第十一册	428
离沪前与西田等谈话	1913 年 7 月底 8 月初	第十一册	418
为村田省藏题词	1913 年 8 月上旬	第十八册	121
愿以一个旅游者身份暂留日本　在神户与某君谈话	1913 年 8 月 12 日	第十一册	429
拟暂留日本以观察中国局势　在神户与服部一三密谈	1913 年 8 月 14 日	第十一册	430

续表

篇名	著述时间	册数	页码
论讨袁军失败之积极意义 在神户与萱野长知谈话	1913 年 8 月 9 日至 15 日间	第十一册	428
题祝《晦鸣旬刊》出版	1913 年 8 月 20 日刊载	第十八册	123
为中家仲助题词	1913 年 8 月中旬	第十八册	122
题赠头山满联	1913 年 8 月 31 日	第十八册	124
为坂井次郎题词	1913 年 8 月	第十八册	125
致王敬祥请与铃木久五郎到东京同叙函	1913 年 9 月 6 日	第七册	329
致饭野吉三郎誓约书	1913 年 9 月 13 日	第五册	247
在东京往访辻村	1913 年 9 月 21 日	第十一册	431
盼说服日本军政当局支援再举讨袁计划 在东京拜访涩泽荣一的谈话	1913 年 10 月 6 日	第十一册	434
复黄芸苏告重组纯粹革命党函	1913 年 10 月 23 日	第七册	330
书评：汤姆森著《北洋之始》	1913 年 10 月 26 日刊载	第四册	66
解答对中华革命党誓约上规定服从本人及盖指模之质疑 在东京与党内同志谈话	1913 年秋	第十一册	432
介绍当前国内武装讨袁之有利局势 在东京与某君谈话	1913 年 11 月 8 日报告	第十一册	435
致东京邮政局长请将信交持信人便简	1913 年 11 月 12 日	第七册	331
复康德黎夫人告与来访者谈话须谨慎函	1913 年 11 月 14 日	第七册	332
致黄芸苏为江亢虎赴美研究社会主义介绍往见函	1913 年 11 月 18 日	第七册	333
致刘谦祥嘉慰捐出工金助饷函	1913 年 11 月 27 日	第七册	333
在东京接待大井宪太郎来访	1913 年 12 月 8 日	第十一册	436
致咸马里夫人告中国政局并咸马里著作日译事函	1913 年 12 月 23 日	第七册	334
复邓泽如等勖以讨袁失败勿馁并请接济同志函	1913 年 12 月 25 日	第七册	335
为柴田旭堂题词	1913 年 12 月	第十八册	126
题词	1913 年 12 月	第十八册	127

续表

篇名	著述时间	册数	页码
为古岛一雄题词	1913 年秋冬间	第十八册	128
致富永龙三郎嘱任务办妥后在沪候命切勿回东电	1913 年	第九册	170
题词	1913 年	第十八册	129
为江少峰题词	1913 年	第十八册	130
为西桠学校题词	1913 年	第十八册	131
拟采取革命方针　在东京与饭野吉三郎谈话	1914 年 1 月 4 日	第十一册	437
在东京嘱萱野长知通告报界辟谣	1914 年 1 月 6 日至 10 日间	第十一册	438
对满洲的行动方针　在东京对陈其美等的指示	1914 年 1 月中旬	第十一册	440
日本政府利用警察束缚亡命者　与秘书某君谈话	1914 年 1 月中旬	第十一册	441
致宋霭龄电	1914 年 1 月 22 日	第九册	170
致宋霭龄邀明日早上来访电	1914 年 1 月 26 日	第九册	171
致南洋同志望函致吴世荣交还筹款救济函	1914 年 2 月 4 日	第七册	336
致邓泽如请查外甥程炳坤为人并代觅事函	1914 年 2 月 6 日	第七册	337
致南洋同志嘱赞助谭根等开办飞机学校函	1914 年 2 月 20 日	第七册	338
复伍澄宇指示赴南洋访人函	1914 年 3 月 13 日	第七册	339
江浙地区驻扎袁军调查表	1914 年 3 月	第四册	67
批苏格兰某君来函	1914 年 3 月	第十三册	137
为创立中华革命党致南洋同志书	1914 年 4 月 18 日	第四册	356
复李源水请组织中华革命党支部函	1914 年 4 月 18 日	第七册	339
在东京与黄兴谈话	1914 年春	第十一册	441
致大隈重信劝助中国革命函	1914 年 5 月 11 日	第七册	340
复黄兴告遭陈其美误会由来等事函	1914 年 5 月 29 日	第七册	343
讨袁军总司令告示	1914 年 5 月	第四册	358
讨袁檄文	1914 年 5 月	第四册	358
复黄兴望勿妨碍讨袁计划函	1914 年 6 月 3 日	第七册	344

续表

篇名	著述时间	册数	页码
致南洋同志论党员服从党魁意义并指示设支部注意事项函	1914 年 6 月 15 日	第四册	359
复咸马里夫人谈创办百货公司事	1914 年 6 月 17 日	第七册	345
第三次革命的军用资金还未筹集到手　与田桐等谈话	1914 年 6 月 23 日	第十一册	443
赠别黄兴联	1914 年 6 月 27 日	第十八册	132
复马素告款收并嘱转各埠速汇款应急电	1914 年 6 月 28 日	第九册	171
论战争及用兵之道　周应时著《战学入门》序	1914 年 6 月	第三册	233
致某君促各埠火速筹款电	1914 年 7 月 5 日	第九册	171
中华革命党成立会上的誓约	1914 年 7 月 8 日	第五册	248
中华革命党总章	1914 年 7 月 8 日	第五册	253
发起第三次革命须协调一致等待时机　在东京中华革命党成立会的演说	1914 年 7 月 8 日	第十册	285
复山田纯三郎等告依前计划施行反袁函	1914 年 7 月 20 日	第七册	346
批美洲舍路分部伍曜南报告集款近情函	1914 年 7 月 23 日	第十三册	137
致南洋各埠洪门同志书	1914 年 7 月 29 日	第四册	361
批陈新政等函	1914 年 7 月 29 日	第十三册	137
在东京与董必武等谈话	1914 年 7 月	第十一册	444
解答对中华革命党总章中规定训政时期及党员分级之非难　与党内同志谈话	1914 年春夏间	第十一册	442
复伍澄宇嘱勿再与黄伯群通讯并准备飞机之用函	1914 年 8 月 2 日	第七册	346
批吴麟兆等函	1914 年 8 月 3 日收到	第十三册	138
复区慎刚等嘉许爱国热诚函	1914 年 8 月 7 日	第七册	347
复戴德律请阻止袁世凯在美借款并告讨袁计划函	1914 年 8 月 14 日	第七册	348
批澳洲黄国民来函	1914 年 8 月 14 日收到	第十三册	139
致居正田桐请面询审察金一清函	1914 年 8 月 15 日	第七册	351

续表

篇名	著述时间	册数	页码
暂不召回黄兴　与陈其美谈话	1914 年 8 月 22 日	第十一册	444
中华革命党本部约束党员通告	1914 年 8 月 23 日	第四册	363
此时乃举兵讨袁良机请帮助筹措资金　在东京与来访之犬养毅谈话	1914 年 8 月 24 日	第十一册	445
中华革命党革命方略	1914 年 8 月	第五册	263
复邓泽如勖奋起讨袁函	1914 年 9 月 1 日	第七册	351
批陈楚楠拟联络各埠同志筹商闽事函	1914 年 9 月 2 日	第十三册	140
复叶独醒告信宜直寄陈李等人函	1914 年 9 月 7 日	第七册	352
致邓泽如请筹饷组织就绪后到日相助函	1914 年 9 月 8 日	第七册	352
复郑螺生李源水告款项统汇本部并请劝邓泽如来日函	1914 年 9 月 8 日	第七册	353
复咸马里夫人再述创办百货公司计划函	1914 年 9 月 13 日	第七册	354
致邓泽如请发起筹饷局统一筹饷办法函	1914 年 9 月 15 日	第七册	355
在东京与郡司成忠谈话	1914 年 9 月 23 日	第十一册	447
致安南总督嘱不得引渡被捕革命党员电	1914 年 9 月下旬	第九册	172
复巴达斐亚支部嘉许扩充党务并告收到款项函	1914 年 8 至 9 月间	第七册	355
中华革命党成立通告	1914 年 9 月	第四册	364
致邓泽如嘱劝李烈钧勿自树一帜函	1914 年 9 月	第七册	356
批庇能支部总务局报告改组函	1914 年 10 月 5 日	第十三册	140
批中华革命党苏坡支部长郑文炳请示汇款办法函	1914 年 10 月 6 日	第十三册	141
批邓慕韩告通信地址函	1914 年 10 月 8 日发	第十三册	141
复李源水告筹款直接汇交函	1914 年 10 月 9 日	第七册	358
再复陆文辉嘱打消某人筹款活动函	1914 年 10 月 9 日	第七册	359
复伍宏汉等望赞助筹款函	1914 年 10 月 12 日	第七册	360
致戴德律委托创办百货公司函	1914 年 10 月 12 日	第七册	360
复王敬祥告款即电汇陈其美函	1914 年 10 月 14 日	第七册	361

续表

篇名	著述时间	册数	页码
复伍澄宇告到澳门凭吊孙姪请与孙昌密商函	1914 年 10 月 15 日	第七册	362
批程壮报告在沪因案被系及获救情形函	1914 年 10 月 16 日	第十三册	142
复戴德律述建立百货公司系统条件等事函	1914 年 10 月 19 日	第七册	362
复邓泽如请以本部财政部长名义在南洋募款函	1914 年 10 月 20 日	第七册	364
复邓泽如论统一革命党与统一南洋筹款函	1914 年 10 月 20 日	第七册	365
批陈警天陈缅甸党务函	1914 年 10 月 22 日收到	第十三册	143
批李容恢来函	1914 年 10 月 22 日	第十三册	143
委任凌钺等五人为中华革命党党务部各局局长及另五人其他职务令	1914 年 10 月 22 日	第十六册	31
批刘崛为在广西大举请拨款函	1914 年 10 月 24 日	第十三册	143
与陈其美居正联署委任陈新政为中华革命党庇能支部长状	1914 年 10 月 26 日	第十六册	32
谕中华革命党本部总务部就汇款办法通告海外各支部	1914 年 10 月 27 日	第四册	366
与陈其美居正联署委任林照英为中华革命党麻坡支部副支部长状	1914 年 10 月 28 日	第十六册	32
批吴宗明来函	1914 年 10 月 31 日	第十三册	144
中华革命党为讨袁告同胞书	1914 年 10 月	第四册	367
批萧英函	1914 年 10 月	第十三册	145
题赠某君联	1914 年秋	第十八册	133
致邓泽如告以南洋筹款事相托并范鸿仙夏之麒被刺事函	1914 年 11 月 1 日	第七册	368
委任苏无涯为广西支部长手令	1914 年 11 月 2 日	第十六册	33
委任弓长杰为联络委员手令	1914 年 11 月 3 日	第十六册	33
复区慎刚等重申款项统汇东京本部函	1914 年 11 月 6 日	第七册	369

续表

篇名	著述时间	册数	页码
复宫崎寅藏奉上仅有二十日元短简	1914 年 11 月 15 日	第七册	370
复邓泽如告广东讨袁事并请其节制筹饷委员函	1914 年 11 月 16 日	第七册	370
批芙蓉某君来函	1914 年 11 月 18 日	第十三册	146
复戴德律告讨袁近况并请代筹款函	1914 年 11 月 20 日	第七册	371
委任宋瑞珊等三人任高丽丸天洋丸二分部正副部长令	1914 年 11 月 20 日	第十六册	34
致菲律宾中国青年会请速汇款电	1914 年 11 月 23 日	第九册	172
批加拿大云高华埠民国维持会来函	1914 年 11 月 23 日	第十三册	146
特委李峰琛范慕连为经理借款委员令	1914 年 11 月 23 日	第十六册	35
复某君告秋山定辅还款事函	1914 年 11 月 26 日	第七册	372
批凡在南洋各埠运动者需经本党总理委任	1914 年 11 月 26 日	第十三册	146
委任叶独醒等四人为菲律宾宿务吉礁二埠中华革命党支部正副部长令	1914 年 11 月 26 日	第十六册	35
委任吴藻华为江南皖南革命军司令长官令	1914 年 11 月 28 日	第十六册	35
致威尔逊总统请阻止摩尔根公司为袁世凯筹办贷款电	1914 年 11 月 30 日	第九册	173
致摩尔根公司劝勿为袁世凯筹集贷款电	1914 年 11 月 30 日	第九册	173
海外各埠国民党组织改组为中华革命党之通告	1914 年 11 月	第四册	370
敦促海外各埠洪门全体加入中华革命党通告	1914 年 11 月	第四册	372
致旧金山《少年中国晨报》令集会抗议美国资助袁世凯电	1914 年 12 月 1 日	第九册	174
致马尼拉《公理报》请即汇款电	1914 年 12 月 4 日	第九册	174
委任卢伯筠等五人为西伯利亚等五船中华革命党分部部长令	1914 年 12 月 4 日	第十六册	36

续表

篇名	著述时间	册数	页码
论盖指模之意义　中华革命党本部总务部复林森函中批释文字	1914 年 12 月 5 日	第四册	69
致河内法国总督请指示广州湾长官公正对待其他被捕之革命者电	1914 年 12 月 5 日	第九册	175
致霍洛伍平一催速经横滨汇款电	1914 年 12 月 5 日	第九册	175
批释加盖指印之意义	1914 年 12 月 5 日	第十三册	147
批刘剑侠函	1914 年 12 月 7 日收到	第十三册	148
委任梁愚陈乙民为中华革命党日里属支部正副部长令	1914 年 12 月 7 日	第十六册	36
委任张宗海等三人为中华革命党甘肃等三支部支部长令	1914 年 12 月 16 日	第十六册	37
复戴德律请从速筹款函	1914 年 12 月 19 日	第七册	373
批倒袁团体新华社赣支部长查昆臣报告书	1914 年 12 月 23 日	第十三册	149
致香港横滨硬币银行请将孙眉款付给永安公司电	1914 年 12 月 24 日	第九册	176
批中华革命党蔴坡支部郑汉武来函	1914 年 12 月 24 日	第十三册	149
复区慎刚等论统一指挥函	1914 年 12 月 25 日	第七册	373
致戴德律请即复筹款情况函	1914 年 12 月 25 日	第七册	374
复澳门孙眉告已通知银行电	1914 年 12 月 25 日	第九册	176
批许崇智请委王善继白耀辰为军事联络员呈	1914 年 12 月 26 日收到	第十三册	149
委任王善继白耀辰各为河南关外军事联络员令	1914 年 12 月 26 日	第十六册	37
致陈其美等介绍钟谭二君往见函	1914 年 12 月 27 日	第七册	375
复邓泽如其职改为南洋各埠筹款委员长函	1914 年 12 月 28 日	第七册	375
复旧金山《少年中国晨报》辟谣电	1914 年 12 月 28 日	第九册	177
着中华革命党总务部不再给款何海鸣等手谕	1914 年 12 月 28 日送到	第十三册	150
与秋山定辅谈话	1914 年 12 月 29 日	第十一册	448
复咸马里夫人请来相助函	1914 年 12 月 31 日	第七册	376

续表

篇名	著述时间	册数	页码
致旧金山戴德律告佛兰芒语电	1914 年 12 月 31 日	第九册	177
复宿务同志解释收款只开总收条事函	1914 年 12 月下旬	第七册	377
致吴稚晖论草定元勋公民意见书函	1914 年下半年	第七册	378
致居正介绍谢君接洽组织南洋航路分部函	1914 年下半年	第七册	380
为戴季陶题词	1914 年冬	第十八册	134
致某君告汇款澳门孙眉收电	1914 年	第九册	178
为邵元冲题词	1914 年	第十八册	135
挽金少穆联	1914 年	第十八册	136
为张友苌题词	1914 年	第十八册	137
为《民号报》题签	1914 年	第十八册	138
为菊池九郎题词	约 1914 年	第十八册	139
为朱之洪题词（一）	1914 年前后	第十八册	140
为朱之洪题词（二）	1914 年前后	第十八册	141
题赠朱之洪联	1914 年前后	第十八册	142
李萁为革命军广东游击队司令令	1915 年 1 月 3 日	第十六册	38
着总务部等查核李容恢可否给予委任赴南洋联络令	1915 年 1 月 6 日	第十六册	38
批傅铁民函告知委用党务干部权责	1915 年 1 月 9 日	第十三册	151
批刘平条陈经营江西革命计划书	1915 年 1 月 9 日	第十三册	151
批怡保某君询问关于发给海外筹款收条办法函	1915 年 1 月 11 日	第十三册	151
批王孟棨为述张孟介受同志责难函	1915 年 1 月 15 日	第十三册	152
复谭根伍澄宇告正在筹划飞机事业函	1915 年 1 月 16 日	第七册	380
批居正呈巴达维亚函问刘子芬在港设机关事	1915 年 1 月 19 日	第十三册	153
对谢持指示豫鲁地区军事行动	1915 年 1 月 20 日	第十三册	153
谕许崇智呈	1915 年 1 月 21 日	第十三册	154
为纽约《民气》杂志题词	1915 年 1 月 23 日刊载	第十八册	145
中华革命党事前筹款要件	1915 年 1 月 25 日	第五册	354

续表

篇名	著述时间	册数	页码
分致邓泽如李源水郑螺生介绍曹亚伯到南洋考察矿业函	1915 年 1 月 25 日	第七册	381
复宿务同志澄清日本报载刺客事函	1915 年 1 月 26 日	第七册	381
准许崇智等呈委蔡济民为湖北革命军司令长官批	1915 年 1 月 26 日	第十六册	38
致戴德律嘱勿让黄兴谈判借款电	1915 年 1 月 27 日	第九册	178
批杨熙续请求接济钱财函	1915 年 1 月 27 日	第十三册	154
准许崇智等函委夏尔玛为中华革命军浙江司令长官批	1915 年 1 月 27 日	第十六册	39
与谢持谈话	1915 年 1 月 30 日	第十一册	449
批陈其美许崇智军事服务状式呈	1915 年 1 月 31 日	第十三册	155
安错自由平等位置造成革命失败　在中华革命党通告中告诫党员	1915 年 2 月 1 日	第四册	70
谕军事部呈	1915 年 2 月 1 日	第十三册	155
告诫党员把平等自由安正位置的训词	1915 年 2 月 1 日	第十三册	156
批许崇智周应时请委庞三杰为鲁豫淮游击队司令官呈	1915 年 2 月 1 日	第十六册	39
委任宋拚三为河南省军事联络委员状	1915 年 2 月 1 日	第十六册	40
收到山田纯三郎来款收据	1915 年 2 月 2 日	第十三册	156
批曾集棠来函	1915 年 2 月 2 日收到	第十三册	156
在东京谈日华交涉及四川动乱问题	1915 年 2 月 3 日报告	第十一册	449
批许崇智周应时请委哈在田等为徐淮革命军司令官呈	1915 年 2 月 3 日	第十六册	41
批许崇智周应时请委浙江革命军军务人员呈	1915 年 2 月 4 日	第十六册	42
批许崇智周应时请委吴醒汉江炳灵为湖北革命军参谋长副官长呈	1915 年 2 月 4 日	第十六册	43

续表

篇名	著述时间	册数	页码
委任邵元冲为浙江革命军绍兴司令官状	1915 年 2 月 4 日	第十六册	44
批居正请委周知礼为云南支部长呈	1915 年 2 月 6 日	第十六册	45
批陈家鼐报告周诗暗中连络北方军官函	1915 年 2 月 7 日	第十三册	158
批卢耀堂询在南洋购地事函	1915 年 2 月 7 日	第十三册	158
批许崇智周应时请委盛碧潭为浙江革命军宁波司令官呈	1915 年 2 月 7 日	第十六册	46
批居正请委黄展云为福建支部长呈	1915 年 2 月 7 日	第十六册	47
批准居正呈委王敬祥为中华革命党神户大阪支部长	1915 年 2 月 9 日	第十六册	49
与陈其美居正联署委任王敬祥为中华革命党神户大阪支部长状	1915 年 2 月 11 日	第十六册	50
致旧金山《少年中国晨报》告款已收到并嘱将孙眉病逝消息转告孙科电	1915 年 2 月 12 日	第九册	179
致海防同志为黄隆生开脱偿款事函	1915 年 2 月 14 日	第七册	382
批许崇智等为江苏全省进行计划呈	1915 年 2 月 14 日	第十三册	159
批许崇智周应时请委江南革命军军事人员呈	1915 年 2 月 14 日	第十六册	51
批许崇智周应时请委张宗海为甘肃革命军事特派员呈	1915 年 2 月 15 日	第十六册	53
批许崇智请更委江苏革命军军务人员呈	1915 年 2 月 15 日	第十六册	54
批许崇智请委黄国华为福州革命军司令官呈	1915 年 2 月 16 日	第十六册	54
批居正请委江苏支部各职员呈	1915 年 2 月 16 日	第十六册	55
批许崇智周应时请委余良材为武汉军事联络员呈	1915 年 2 月 17 日	第十六册	56
批居正请委李祖诒为汉口交通委员呈	1915 年 2 月 18 日	第十六册	58
批中华革命党总务部呈	1915 年 2 月 20 日来呈	第十三册	160
与陈其美居正联署委任黄壬戊为中华革命党仰光支部总务科副主任状	1915 年 2 月 20 日	第十六册	59

续表

篇名	著述时间	册数	页码
致某君告款已电汇香港家中电	1915 年 2 月 22 日	第九册	179
批许崇智请委福建革命军军务人员呈	1915 年 2 月 22 日	第十六册	60
批许崇智请委邹云彪为福建革命军汀龙司令官呈	1915 年 2 月 25 日	第十六册	61
批居正请加委弓长杰为荷属联络委员呈	1915 年 2 月 25 日	第十六册	62
批居正请委简英甫为新加坡联络委员呈	1915 年 2 月 27 日	第十六册	64
批许崇智等请委赖天球为江西革命军赣南宁司令官呈	1915 年 2 月 27 日	第十六册	64
复旧金山中华民国总公会释被谤三事并请加入中华革命党函	1915 年 2 月 28 日	第七册	384
致宫崎寅藏贺其候补为众议院议员函	1915 年 2 月 28 日	第七册	386
复宿务叶独醒告来电已悉电	1915 年 2 月 28 日	第九册	180
萱野长知竞选日本众议院议员的推荐状	1915 年 3 月 7 日刊载	第四册	70
复伍澄宇告以党证为党员基本金收据函	1915 年 3 月 8 日	第七册	386
致南洋同志告派许崇智等赴南洋重整党务函	1915 年 3 月 9 日	第七册	387
中华革命党本部同人答长崎柏文蔚等来函	1915 年 3 月 10 日	第四册	71
致美洲华侨望驱逐袁世凯以救国函	1915 年 3 月 10 日	第七册	388
复伍澄宇询张成谟江琼波两人情形函	1915 年 3 月 13 日	第七册	388
革命党人“归顺”袁世凯问题　在东京与《大阪每日新闻》记者谈话	1915 年 3 月 13 日刊载	第十一册	450
批许崇智请委湖北革命军司令官呈	1915 年 3 月 13 日	第十六册	66
致邓泽如告派许崇智等赴南洋扩张党势并请垫旅费函	1915 年 3 月 14 日	第七册	389
复周应时告款源阻滞及中日交涉吾党方针不变电	1915 年 3 月 15 日	第九册	180
批满洲船分部长请改委赵植芝为分部长函	1915 年 3 月 15 日收到	第十六册	68
批居正请委李笃彬为巴城筹饷局长呈	1915 年 3 月 18 日	第十六册	68
复康德黎夫人请劝英国公众勿助袁世凯函	1915 年 3 月 19 日	第七册	390

续表

篇名	著述时间	册数	页码
与陈其美张人杰联署委任李笃彬为巴城筹饷局长状	1915 年 3 月 19 日	第十六册	69
批张本汉报告改组华侨爱国团为菲列宾第二支部函	1915 年 3 月 22 日	第十三册	161
致叶独醒等奖饬尽力党务函	1915 年 3 月 30 日	第七册	391
复宿务同志告已奖励叶独醒等人并述党员捐款事函	1915 年 3 月 30 日	第七册	392
致黄兴论癸丑之役失败原因并望同心一致乘机以起函	1915 年 3 月	第七册	392
复钮永建等告非去袁决不能保卫国权电	1915 年 3 月	第九册	180
批答黄伯耀函	1915 年 3 月	第十三册	163
对谢持的面谕	1915 年 4 月 1 日	第十三册	164
复陈铁伍望极力筹款函	1915 年 4 月 3 日	第七册	394
批陈逸川冯熙周请派萧佛成为暹罗交通部长函	1915 年 4 月 3 日	第十六册	71
致李仙丹嘱南方若起事祈北方即时响应函	1915 年 4 月 7 日	第七册	394
最近时局　在东京与波多野春房谈话	1915 年 4 月 7 日	第十一册	451
袁世凯终必承认二十一条　与谢持谈话	1915 年 4 月 9 日	第十一册	452
批蔡济民请委湖北革命军各区司令官呈	1915 年 4 月 10 日收到	第十六册	72
致韩少梅望提携贵旧部盛碧潭函	1915 年 4 月 11 日	第七册	395
致石丹生嘱望海内军人挽救危局函	1915 年 4 月 11 日	第七册	396
批党务部请委陆孟飞骆谭为英国利物浦支部正副支部长呈	1915 年 4 月 12 日	第十六册	74
批陈其美请委魏诚为江西筹饷局长函	1915 年 4 月 12 日	第十六册	75
批居正请委刘廷汉等职呈	1915 年 4 月 14 日	第十六册	75
批居正请委仰光支部职员呈	1915 年 4 月 14 日	第十六册	76
与谢持谈话	1915 年 4 月 15 日	第十一册	453
复饶潜川等望切实扩充党务函	1915 年 4 月 16 日	第七册	396
谕党务部长即寄誓约两本交香港朱卓文收用手令	1915 年 4 月 17 日	第十三册	164
中华革命党各省支部通则	1915 年 4 月 20 日	第五册	361

续表

篇名	著述时间	册数	页码
批叶独醒荐谭根欧阳尧函	1915 年 4 月 23 日	第十三册	164
致林作舟望海外诸贤为军资困穷纾急函	1915 年 4 月 24 日	第七册	397
复马醴馨告已与彭君相见函	1915 年 4 月 24 日	第七册	398
批居正请委龙光为四川支部长等事呈	1915 年 4 月 27 日	第十六册	78
与陈其美居正联署委任金一清为中华革命党南洋荷属联络委员状	1915 年 4 月 29 日	第十六册	79
复伍澄宇函	1915 年 4 月 30 日	第七册	398
中华革命党海外支部通则	1915 年 3 至 4 月间	第五册	357
复域多利望多立支部重申立党革命宗旨函	1915 年春	第七册	399
批居正请委苏洛支部联员呈	1915 年 5 月 1 日	第十六册	79
批居正请委寸海亭为云南缅甸分部部长呈	1915 年 5 月 1 日	第十六册	80
致巴达维亚胡独波告速办电	1915 年 5 月 2 日	第九册	181
批周应时为党务部事务来函	1915 年 5 月 2 日	第十三册	165
袁世凯之暴政 书面答复美属菲律宾马尼拉地方法院检察官的证词	1915 年 5 月 6 日	第四册	72
批吴忠信请代还川资函	1915 年 5 月 6 日	第十三册	165
批陈慕徐来函	1915 年 5 月 8 日	第十三册	166
致区慎刚等告讨袁情势并请筹款函	1915 年 5 月 10 日	第七册	400
准许崇智呈委席正铭为贵州中华革命军参谋长批	1915 年 5 月 14 日	第十六册	80
批葛庞请再借千元作为遣散同志费用函	1915 年 5 月 16 日	第十三册	166
批居正请发给石璜到湖北路费呈	1915 年 5 月 23 日收到	第十三册	166
复伍澄宇劝不必东行并告时局函	1915 年 5 月 25 日	第七册	405
致区慎刚等望速筹讨袁款项函	1915 年 5 月 25 日	第七册	405
致南洋同志请变卖庇能屋业助讨袁军需函	1915 年 5 月 26 日	第七册	406
复邓泽如告日本政府对中国态度函	1915 年 5 月 26 日	第七册	407
批黄实请资助学费函	1915 年 5 月 26 日	第十三册	167

续表

篇名	著述时间	册数	页码
批许崇智等请委蔡济民为湖北革命军司令官呈	1915 年 5 月 26 日	第十六册	81
复阮本畴告款已收并内地办报尚非其时函	1915 年 5 月 31 日	第七册	408
复北京学生论中日交涉"二十一条"事函	1915 年 5 月中下旬	第七册	408
复叶独醒释捐款未发债券函	1915 年 5 月	第七册	410
嘱伍澄宇澄清谣谤函	1915 年 6 月 3 日	第七册	411
复叶独醒望筹款倒袁函	1915 年 6 月 4 日	第七册	412
批居正请委陈泰高李庆标分为瓦城勃生分部长呈	1915 年 6 月 4 日	第十六册	81
与东京大学某教授谈话	1915 年 6 月 5 日	第十一册	453
与陈其美等联署委任李庆标为中华革命党勃生分部长状	1915 年 6 月 7 日	第十六册	82
批居正请委许逸夫等为星洲联络员呈	1915 年 6 月 10 日	第十六册	82
致邓泽如告再派许崇智等赴南洋筹款望协助函	1915 年 6 月 16 日	第七册	413
致郑螺生等告再派许崇智等人赴南洋函	1915 年 6 月 16 日	第七册	413
致法国外交部长德尔卡塞请制止引渡梁钟汉给袁世凯政府电	1915 年 6 月 17 日	第九册	181
致法国驻上海总领事请延缓引渡梁钟汉电	1915 年 6 月 17 日	第九册	182
批中华革命党旧金山某党员函告以用指模办法	1915 年 6 月 23 日	第十三册	167
中华革命党债券	1915 年 6 月 25 日	第四册	76
谈革命党人宜尊德性	1915 年 7 月以前	第十一册	454
谈有志者事竟成	1915 年 7 月以前	第十一册	454
批居正为东南亚各支部委任事呈	1915 年 7 月 5 日	第十三册	168
致旧金山国民党支部预祝美洲国民党恳亲大会电	1915 年 7 月 8 日	第九册	182
批中华革命党利物浦支部评议部函	1915 年 7 月 12 日	第十三册	168
致吕俊德兄弟望速集捐款汇来函	1915 年 7 月 14 日	第七册	417
致美国某埠同志嘉勉创设军事研究所函	1915 年 7 月 15 日	第七册	417
李思辕等六人均改为菲律宾联络员批	1915 年 7 月 15 日	第十六册	84

续表

篇名	著述时间	册数	页码
准委彭养光为长崎联络委员及从缓派员视察江西党务批	1915 年 7 月 15 日	第十六册	84
与陈其美居正联署委任黄吉宸为中华革命党星加坡支部正支部长状	1915 年 7 月 16 日	第十六册	84
复叶独醒嘉许消融党内意见函	1915 年 7 月 17 日	第七册	418
与陈其美居正联署委任黄德源为中华革命党仰光支部财务科主任状	1915 年 7 月 22 日	第十六册	85
与陈其美居正联署委任彭炳森为中华革命党仰光支部财务科副主任状	1915 年 7 月 22 日	第十六册	85
美洲中国国民党恳亲大会祝辞	1915 年 7 月 25 日	第四册	76
委任张民达为中华革命党南洋联络员令	1915 年 7 月 31 日	第十六册	86
复南洋某同志派张民达南来联络望辅助函	1915 年 8 月 4 日	第七册	420
复杨汉孙论统一事权服从命令函	1915 年 8 月 4 日	第七册	422
致金一清嘱追回弓长杰委任状函	1915 年 8 月 13 日	第七册	424
与陈其美张人杰联署委任何荫三为中华革命党仰光筹饷局监督状	1915 年 8 月 19 日	第十六册	86
与陈其美张人杰联署委任黄德源为中华革命党仰光筹饷局长状	1915 年 8 月 19 日	第十六册	87
与陈其美张人杰联署委任黄德源为中华革命党仰光筹饷局理财状	1915 年 8 月 22 日	第十六册	87
与陈其美张人杰联署委任陈甘敏为中华革命党仰光筹饷局董事状	1915 年 8 月 22 日	第十六册	88
与陈其美张人杰联署委任梁卓贵为中华革命党仰光筹饷局董事状	1915 年 8 月 22 日	第十六册	88

续表

篇名	著述时间	册数	页码
与陈其美张人杰联署委任黄壬戌为中华革命党仰光筹饷局董事状	1915 年 8 月 22 日	第十六册	89
致宿务同志嘉慰协筹讨袁款项函	1915 年 8 月 28 日	第七册	425
复美洲同志望勉力筹款函	1915 年 8 月 31 日	第七册	426
复叶独醒告信款已妥收函	1915 年 8 月	第七册	427
批马杰瑞来函	1915 年 9 月 2 日	第十三册	169
复古宗尧陈铁伍告信款已妥收并指示筹饷安排函	1915 年 9 月 3 日	第七册	427
致王敬祥指示借款条件函	1915 年 9 月 6 日	第七册	428
批代理山东支部长班林书来函	1915 年 9 月 7 日	第十三册	169
致郑螺生等告筹款直汇本部函	1915 年 9 月 11 日	第七册	428
收回公家还款凭单	1915 年 9 月 13 日	第十三册	169
复黄吉宸徐统雄请照新址汇款函	1915 年 9 月 15 日	第七册	430
复邓泽如告北京政情并勉策应筹款函	1915 年 9 月中旬	第七册	430
批马杰瑞等报告在域多利办报及筹款情形函	1915 年 9 月 22 日	第十三册	170
与陈其美居正联署委任郑受炳为中华革命党巴双支部副部长状	1915 年 9 月 24 日	第十六册	89
委任彭泽文为雪兰峨副支部长状	1915 年 9 月 24 日	第十六册	90
致王敬祥请速筹款并述夏重民与黄伯群交恶事函	1915 年 9 月 27 日	第七册	432
告南洋同志派陈其美等南下筹饷并协办党务请协助函	1915 年 9 月 30 日	第七册	433
复赵平鸣望筹备军资函	1915 年 8 至 9 月间	第七册	434
复巴城□镜湖告筹款应直寄东京本部函	1915 年 9 月	第七册	434
致邓泽如告派陈其美等南下筹款请洽函	1915 年 10 月 3 日	第七册	435
复叶独醒告派胡汉民等赴菲律宾筹饷请协助函	1915 年 10 月 6 日	第七册	436
委邓子瑜为新加坡民安栈总司理各旧股东为董事批	1915 年 10 月 6 日	第十六册	90
复王敬祥告款即电汇东京应急函	1915 年 10 月 7 日	第七册	436

续表

篇名	著述时间	册数	页码
申斥神奸窃国之罪行　中华民国四周年国庆东京纪念大会祝词	1915 年 10 月 10 日	第四册	77
在东京举行中华民国四周年国庆纪念大会的祝词	1915 年 10 月 10 日	第十册	286
复希炉同志望励进讨袁并为杨广达释疑函	1915 年 10 月 15 日	第七册	437
批周应时请取消中华革命党军事部副部长及江西司令长官职务呈	1915 年 10 月 15 日	第十三册	170
批杨汉孙请编密电函	1915 年 10 月 23 日	第十三册	170
与宋庆龄婚姻誓约书	1915 年 10 月 25 日	第五册	365
在东京对同志的声言	1915 年 10 月 25 日	第十一册	455
批芝加哥萧汉卫报告美洲保皇党近颇不直袁氏函	1915 年 10 月 25 日	第十三册	171
委任刘崛邓铿分为广西广东革命军司令长官手谕	1915 年 10 月 26 日	第十六册	91
复叶独醒谢其招待家人等事函	1915 年 10 月 27 日	第七册	438
致卢慕贞望将汇单寄回函	1915 年 10 月 27 日	第七册	438
委任赖天球为南赣游击司令令	1915 年 10 月 27 日	第十六册	91
委任石蕴光等三人为四川各区革命军司令官令	1915 年 10 月 27 日	第十六册	91
委任梁泽生等二十五人分为甲必地等六地中华革命党组织职员令	1915 年 10 月 28 日	第十六册	92
与陈其美许崇智联署委任范毅为中华革命军川西区司令状	1915 年 10 月 28 日	第十六册	93
与陈其美张人杰联署委任李源水为中华革命党霹雳筹饷局理财状	1915 年 10 月 28 日	第十六册	93
与陈其美张人杰联署委任李源水为中华革命党霹雳筹饷局理财状	1915 年 10 月 28 日	第十六册	94
与陈其美张人杰联署委任郑螺生为中华革命党霹雳筹饷局监督状	1915 年 10 月 28 日	第十六册	94

续表

篇名	著述时间	册数	页码
对孙宋联姻反对者之回应	1915 年 10 月	第四册	78
委任赵铁桥等五人为中华革命党四川支部职员令	1915 年 11 月 2 日	第十六册	95
致叶独醒等告特派胡汉民等赴菲筹款整理党务望协助函	1915 年 11 月 4 日	第七册	439
委任洪耀国等八人为中华革命党东婆罗等三地支部职员令	1915 年 11 月 4 日	第十六册	95
委任王守愚为湖北第三区司令官参谋长令	1915 年 11 月 5 日	第十六册	96
准谢超武辞湖北第三区司令官参谋长令	1915 年 11 月 6 日	第十六册	96
委任郑汉淇为中华革命党飞律滨群岛支部长令	1915 年 11 月 7 日	第十六册	96
委任王忠诚为中华革命党飞律滨群岛支部副长令	1915 年 11 月 7 日	第十六册	97
批容星桥请印陈春生革命史稿函	1915 年 11 月 9 日	第十三册	171
批郭汉图报告经商发达情况并请代为招股事函	1915 年 11 月 9 日	第十三册	172
请助中国建设成为世界上第一个社会主义国家　复社会党国际执行局函	1915 年 11 月 10 日	第三册	235
复希炉同志告讨袁情形并嘱为后援函	1915 年 11 月 10 日	第七册	440
复社会党国际执行局请协助中国实现社会主义函	1915 年 11 月 10 日	第七册	441
批洪兆麟求救函	1915 年 11 月 11 日	第十三册	173
批潘祯初来函	1915 年 11 月 12 日	第十三册	173
复吕俊德述讨袁情形并望捐款济用函	1915 年 11 月 15 日	第七册	444
复叶独醒告上海郑汝成毙命并赞同设立陆军速成学校函	1915 年 11 月 15 日	第七册	445
颁给何荫三奖状	1915 年 11 月 15 日	第十三册	174
颁给黄壬戌奖状	1915 年 11 月 15 日	第十三册	174
颁给李庆标奖状	1915 年 11 月 15 日	第十三册	174
复宿务同志告款速电汇来横滨济急函	1915 年 11 月 18 日	第七册	446
致戴德律询筹款结果函	1915 年 11 月 18 日	第七册	446

续表

篇名	著述时间	册数	页码
批王敬祥请筹还代借款函	1915 年 11 月 19 日	第十三册	175
批公理报转来李襄阳函	1915 年 11 月 19 日收到	第十三册	175
批吴宗明报告筹款情形函	1915 年 11 月 19 日	第十三册	176
复咸马里夫人告反袁近况函	1915 年 11 月 20 日	第七册	447
颁给郑秀炳奖状	1915 年 11 月 20 日	第十三册	177
与陈其美居正联署委任郑螺生为中华革命党霹雳支部正部长状	1915 年 11 月 21 日	第十六册	97
复叶独醒述讨袁局势并告郑鹤年行踪等事函	1915 年 11 月 23 日	第七册	448
复某同志告款收到望续筹并告讨袁情形函	1915 年 11 月 24 日	第七册	449
批吴铁城报告黎协被害函	1915 年 11 月 26 日	第十三册	178
复宿务同志告信款已收并述广东讨袁情势函	1915 年 11 月 27 日	第七册	449
批林森函	1915 年 11 月	第十三册	178
致陈其美等注销杨君委任纸并暂收捐单函	1915 年 12 月 1 日	第七册	450
颁给黄馥生奖状	1915 年 12 月 1 日	第十三册	180
颁给吕双合奖状	1915 年 12 月 1 日	第十三册	180
批日本神田代木君函	1915 年 12 月 8 日	第十三册	181
致高标勋等望协力讨袁函	1915 年 12 月 13 日	第七册	451
致黄景南等斥袁氏帝政并指示反袁机局函	1915 年 12 月 13 日	第七册	451
复希炉同志慰黎协遇害函	1915 年 12 月 14 日	第七册	452
致法国总统等请授权其领事勿将被捕的反袁志士引渡给袁世凯政府电	1915 年 12 月 19 日	第九册	182
复区慎刚等望鼓励侨胞踊跃输助函	1915 年 12 月 20 日	第七册	453
复徐统雄望改进办法提防居留地政府侦伺函	1915 年 12 月 20 日	第七册	453
批梁愚汇寄筹款函	1915 年 12 月 21 日	第十三册	181
批吉樵支部傅天民来函	1915 年 12 月 24 日	第十三册	181
批刘崛询问革命军起义因粮办法函	1915 年 12 月 24 日	第十三册	181

续表

篇名	著述时间	册数	页码
致林森请速筹汇讨袁款项电	1915 年 12 月 25 日	第九册	183
致朱执信询是否需款电	1915 年 12 月 25 日	第九册	183
致马尼拉薛汉英请速筹汇讨袁款项电	1915 年 12 月 25 日	第九册	184
致旧金山革命党人告各省讨袁近况电	1915 年 12 月 26 日	第九册	184
致上海革命党人嘱即汇款电	1915 年 12 月 27 日	第九册	184
批广东琼州分部郑振春请取销陈侠农委状函	1915 年 12 月 27 日	第十三册	182
批周之贞报告陈炯明在粤活动情形须先发制人函	1915 年 12 月 27 日	第十三册	182
致上海革命党人嘱审慎发动电	1915 年 12 月 28 日	第九册	185
致胡汉民促速汇款并组织总支部电	1915 年 12 月 29 日	第九册	185
致火奴鲁鲁革命党人请筹款应急电	1915 年 12 月 29 日	第九册	185
致香港 Yokashi 告商业事可与朱执信酌商电	1915 年 12 月 29 日	第九册	186
委任山中峰太郎为中华革命军东北军参谋长状	1915 年 12 月 29 日	第十六册	98
致上海革命党人询赣苏事并着鲁首要即来东面商电	1915 年 12 月 30 日	第九册	186
致朱执信允 Yokashi 向汇丰银行支取一万元电	1915 年 12 月 30 日	第九册	186
为李龢阳题词	1915 年冬	第十八册	146
批宿务同志填写誓约事函	1914 至 1915 年间	第十三册	150
致卢慕贞告汇款用途函	1915 年	第七册	454
复□镜湖告知悉李容恢情形并奖励刘君函	1915 年	第七册	455
批伍平一报告遵命停止吸收会员函	1915 年	第十三册	182
颁给郑螺生奖状	1915 年	第十三册	183
颁给李源水奖状	1915 年	第十三册	184
为小野正人题词	1915 年	第十八册	147
为寸尊福题词	1915 年	第十八册	148
致上海革命党人指示讨袁方略电	1916 年 1 月 1 日	第九册	187
为日本《洪水以后》杂志创刊题词	1916 年 1 月 1 日刊载	第十八册	149
复旧金山革命党人请速汇款电	1916 年 1 月 2 日	第九册	187

续表

篇名	著述时间	册数	页码
复陈其美告用密码电	1916 年 1 月 3 日	第九册	188
批尹子柱等为赣省党务事来函	1916 年 1 月 3 日收到	第十三册	185
复薛汉英告尚缺款电	1916 年 1 月 4 日	第九册	188
批谢持签转□□伟来函	1916 年 1 月 4 日	第十三册	186
致上海革命党人指示汇款电	1916 年 1 月 8 日	第九册	188
致马尼拉革命党人指示统一拨款电	1916 年 1 月 8 日	第九册	189
复上海革命党人询苏鄂情形并告日本派青木来沪电	1916 年 1 月 9 日	第九册	189
批胡汉民签转香港某君函	1916 年 1 月 10 日	第十三册	186
复咸马里夫人请代罗致矿业人才并告反袁近况函	1916 年 1 月 11 日	第七册	455
复马尼拉革命党人请由万国银行汇款至横滨电	1916 年 1 月 11 日	第九册	189
批梁愚报告汇款情形函	1916 年 1 月 11 日	第十三册	186
复梁瑞祥告款已收到并望续筹函	1916 年 1 月 12 日	第七册	456
致上海革命党人指示汇款朱执信电	1916 年 1 月 13 日	第九册	190
批吴铁城报告希炉党务函	1916 年 1 月 14 日	第十三册	187
批许直臣报告支部选举及筹款情形函	1916 年 1 月 14 日	第十三册	187
批薛汉英报告在岷筹饷情形及飞船公司款项问题函	1916 年 1 月 14 日	第十三册	187
批杨广达报告汇款情形并寄筹饷清单函	1916 年 1 月 14 日	第十三册	188
复叶独醒告讨袁局势并请为闽事筹款函	1916 年 1 月 18 日	第七册	457
复康德黎夫人请促英国改变对华态度函	1916 年 1 月 18 日	第七册	458
致邓泽如请速催汇款讨袁函	1916 年 1 月 20 日	第七册	459
与陈其美居正联署委任李南生为中华革命党怡保支部总务科正主任状	1916 年 1 月 20 日	第十六册	98
颁给林元光奖状	1916 年 1 月 21 日	第十三册	189
复黄根刘安悼黎协并嘱筹款函	1916 年 1 月 25 日	第七册	460
批冯自由为国内讨袁军事并报告筹款事函	1916 年 1 月 25 日收到	第十三册	190
复杨寿彭告捐款收到并望续筹函	1916 年 1 月 26 日	第七册	461

续表

篇名	著述时间	册数	页码
致袁军征滇总司令劝勿助逆函	1916 年 1 月	第七册	461
批冯自由函	1916 年 1 月	第十三册	191
关于租让满洲问题　在东京与上原勇作谈话	1915 年末或 1916 年初	第十一册	455
致上海革命党人望详读近日去函电	1916 年 2 月 2 日刊载	第九册	190
致中华会馆董事请筹巨款以充讨袁军费函	1916 年 2 月 4 日	第七册	463
谕交夏次岩日金手令	1916 年 2 月 7 日	第十三册	192
谕电送香港朱超日金手令	1916 年 2 月 8 日	第十三册	192
颁给陈秉心奖状	1916 年 2 月 8 日	第十三册	193
谕票汇东京日金令	1916 年 2 月 8 日	第十三册	193
致古岛一雄勉其竞选国会议员函	1916 年 2 月 11 日	第七册	464
谕交吴藻华日金手令	1916 年 2 月 15 日	第十三册	193
谕交吴藻华日金手令	1916 年 2 月 18 日	第十三册	194
谕交周淡游日金手令	1916 年 2 月 18 日	第十三册	194
与陈其美居正联署委任陈继平为中华革命党星加坡琼州分部交际科主任状	1916 年 2 月 18 日	第十六册	99
与陈其美居正联署委任符养华为星加坡琼州分部正分部长状	1916 年 2 月 18 日	第十六册	99
与陈其美居正联署委任何以兴为中华革命党大山脚分部总务科主任状	1916 年 2 月 18 日	第十六册	100
批邓居文述其生平并请晋见函	1916 年 2 月 19 日	第十三册	194
致久原房之助关于借款目的及希望书	1916 年 2 月 20 日	第五册	366
谕交刘友敏日金手令	1916 年 2 月 20 日	第十三册	196
与陈其美张人杰联署委任刘谦祥为中华革命党宿务筹饷局董事状	1916 年 2 月 20 日	第十六册	100
委任朱定和为庇能筹饷局局长状	1916 年 2 月 20 日	第十六册	101
致久原房之助申谢借款函	1916 年 2 月 22 日	第七册	465

续表

篇名	著述时间	册数	页码
复陈其美命为江浙皖赣四省讨袁总司令并告各方情形函	1916 年 2 月 23 日	第七册	465
特派冯自由往南洋澳洲宣布国内情形并筹款通启函	1916 年 2 月 24 日	第十六册	101
中华革命党揭露袁世凯卖国媚日之通告	1916 年 2 月 25 日	第四册	378
致河内法国总督请公正对待被捕的陆志云和赖达电	1916 年 3 月 3 日	第九册	191
致约翰内斯堡赖经告款已收到电	1916 年 3 月 3 日	第九册	191
批小吕宋吴宗明请准招售部分公债券函	1916 年 3 月 6 日	第十三册	197
致东北军革命党人告吴大洲不愿赴大连电	1916 年 3 月 10 日	第九册	192
复上海革命党人允汇二十万元为江浙及第二舰队用电	1916 年 3 月 12 日	第九册	192
复居正嘱款到可照办电	1916 年 3 月 12 日对方收到	第九册	192
复居正指示讨袁事宜并告各方情形函	1916 年 3 月 13 日	第七册	466
致直鲁晋三省同志通告派居正为东北军讨袁总司令函	1916 年 3 月 13 日	第七册	468
复上海革命党人指示沪鄂活动机宜电	1916 年 3 月 13 日	第九册	193
致陈其美告由三井银行汇款电	1916 年 3 月 16 日	第九册	193
致上海革命党人告由正金银行汇款陈其美电	1916 年 3 月 16 日	第九册	193
致《公理报》《民号报》告我军占领广东沿海各地电	1916 年 3 月 17 日	第九册	194
致伦敦龙君告取道加拿大来电	1916 年 3 月 17 日	第九册	194
致新加坡陈达文告王佛隆很平安电	1916 年 3 月 17 日	第九册	195
复陈其美指示奉苏司令长官人选及拨款覃振电	1916 年 3 月 19 日	第九册	195
致居正询枪款事及谋天津门径电	1916 年 3 月 19 日对方收到	第九册	195

续表

篇名	著述时间	册数	页码
复上海革命党人指示拨款及闽事电	1916 年 3 月 20 日	第九册	196
致居正告田中借款未成并询陕事电	1916 年 3 月 20 日对方收到	第九册	196
致马尼拉革命党人告闽事由许崇智专办电	1916 年 3 月 20 日	第九册	197
批史明民陈述急图东北计划函	1916 年 3 月 20 日	第十三册	197
与陈其美居正联署委任黄德源为中华革命党仰光支部副部长状	1916 年 3 月 20 日	第十六册	102
致旧金山《少年中国晨报》嘱购飞机并着能飞行之同志及林森等回来电	1916 年 3 月 21 日	第九册	197
批谢持转签朱霁青陈述国事党事意见函	1916 年 3 月 22 日收到	第十三册	200
复上海革命党人告汇款谋沪电	1916 年 3 月 23 日	第九册	198
致上海革命党人指示汇款及除龙事电	1916 年 3 月 23 日	第九册	198
致居正告已电汇五千元及铳已交易电	1916 年 3 月 23 日对方收到	第九册	198
复马尼拉革命党人告筹款购机及处置谭根办法电	1916 年 3 月 23 日	第九册	199
复汉口革命党人望竭力进行电	1916 年 3 月 24 日	第九册	199
致马尼拉革命党人指示追付谭根款电	1916 年 3 月 24 日	第九册	199
批高铁德陈煊等报告组织美洲讨袁军函	1916 年 3 月 24 日收到	第十三册	201
复陈其美指示沪先动并告切勿接洽一三舰队电	1916 年 3 月 25 日	第九册	200
复旧金山《少年中国晨报》商购飞机电	1916 年 3 月 25 日	第九册	200
致马尼拉革命党人告逼谭根偿款阻止归粤助敌电	1916 年 3 月 26 日	第九册	200
致上海革命党人指示沪事应发于袁退位之前电	1916 年 3 月 26 日	第九册	201
致卢慕贞告寄款作家用函	1916 年 3 月 27 日	第七册	469
复马尼拉革命党人告沪电乃许崇智所发电	1916 年 3 月 27 日	第九册	201
致马尼拉革命党人请筹款济闽电	1916 年 3 月 27 日	第九册	201

续表

篇名	著述时间	册数	页码
致上海革命党人告王统即来沪会商并询第二舰队运动情况电	1916 年 3 月 28 日	第九册	202
致上海革命党人务注全力于沪电	1916 年 3 月 28 日	第九册	202
致叶独醒告委任为宿务总劝募员函	1916 年 3 月 29 日	第七册	469
复居正嘱速派人联络五师并询开办费电	1916 年 3 月 29 日对方收到	第九册	202
致上海革命党人询田桐领款确数电	1916 年 3 月 29 日	第九册	203
致居正嘱宜避刘大同等事函	1916 年 3 月 30 日	第七册	470
复居正告可速筹款并询帝制取消后军队有无退志电	1916 年 3 月 30 日对方收到	第九册	203
复上海革命党人商沪事并询潮州军队是否邓铿发动电	1916 年 3 月 30 日	第九册	203
致槟榔屿吴世荣等盼尽力筹款电	1916 年 3 月 30 日	第九册	204
致上海革命党人告洪兆麟行程并请电商邓铿电	1916 年 3 月 31 日	第九册	204
致上海革命党人嘱详察前已联络之反正袁军电	1916 年 3 月 31 日	第九册	204
颁给杨其焕奖状	1916 年 3 月 31 日	第十三册	202
复居正询柏文蔚态度并告款项用途函	1916 年 3 月	第七册	470
致马尼拉革命党人告款即转汇许崇智电	1916 年 4 月 1 日	第九册	205
致上海革命党人告汇款收转许崇智电	1916 年 4 月 1 日	第九册	205
致居正告不用印票及济南得后能借现款电	1916 年 4 月 1 日对方收到	第九册	205
复居正指示必占济南并告粤沪鄂等地军情函	1916 年 4 月 4 日	第七册	471
致居正告汇款运械事电	1916 年 4 月 4 日	第九册	206
致汕头革命党人嘱详报军情并告洪兆麟行期电	1916 年 4 月 4 日	第九册	206
致上海革命党人促速行动并告山东月内当动电	1916 年 4 月 4 日	第九册	206

续表

篇名	著述时间	册数	页码
复汕头革命党人望毅力支持并询接械地点电	1916 年 4 月 5 日	第九册	207
致上海革命党人望相机而动并着粤详报汕事电	1916 年 4 月 5 日	第九册	207
致居正并转吴大洲告空白委状当寄交居正并嘱有事当商之居正电	1916 年 4 月 5 日	第九册	208
复上海革命党人允筹款并着委王统海军总司令职电	1916 年 4 月 7 日	第九册	208
致居正嘱山东事宜慎重电	1916 年 4 月 7 日对方收到	第九册	208
致汉口革命党人告由正金银行汇万金电	1916 年 4 月 7 日	第九册	209
致汕头革命党人询接械地点并告洪兆麟行踪电	1916 年 4 月 7 日	第九册	209
致居正告运械日期电	1916 年 4 月 8 日对方收到	第九册	209
致上海革命党人告已电汇十一万元及闻捷率同志齐来电	1916 年 4 月 8 日	第九册	210
颁给黄挺生奖状	1916 年 4 月 8 日	第十三册	202
致旧金山《少年中国晨报》商购飞机并请资遣军事人才效力电	1916 年 4 月 9 日	第九册	210
致上海革命党人嘱拨款覃振电	1916 年 4 月 9 日	第九册	210
复胡维墉望多筹款购飞机并述岑春煊印象函	1916 年 4 月 10 日	第七册	472
致邓泽如等论振兴民国须真民党并请物色壮勇到日本军训函	1916 年 4 月 10 日	第七册	473
批陈某关于湘事来函	1916 年 4 月 10 日	第十三册	202
致陈其美嘱与一三舰队接洽电	1916 年 4 月 11 日	第九册	211
致居正准吴大洲辞职电	1916 年 4 月 12 日	第十六册	102
致上海革命党人请拨还徐朗西款并转发周应时电	1916 年 4 月 13 日	第九册	211
致上海革命党人告胡毅生行踪并嘱未发现事毋电他处电	1916 年 4 月 13 日	第九册	211

续表

篇名	著述时间	册数	页码
复汉口革命党人告无款可拨及如得手可亲来电	1916 年 4 月 13 日	第九册	212
致马尼拉革命党人嘱款仍寄许崇智电	1916 年 4 月 13 日	第九册	212
致 Iloilo 嘱依计照行电	1916 年 4 月 13 日	第九册	213
致汉口革命党人告汇款并询浙独立情形电	1916 年 4 月 14 日	第九册	213
致上海革命党人告胡汉民乘船抵沪请接并嘱胡毅生稍候电	1916 年 4 月 15 日	第九册	213
致汉口革命党人告由正金银行电汇斋藤玄万金电	1916 年 4 月 15 日	第九册	214
颁给黄升奖状	1916 年 4 月 15 日	第十三册	203
致陈其美王统一委王指挥海军并示先袭取机器局电	1916 年 4 月 16 日	第九册	214
致田桐望勉力发动电	1916 年 4 月 18 日	第九册	214
致上海革命党人指示陕宜缓动电	1916 年 4 月 18 日	第九册	215
批刘煜焕报告墨西哥党务函	1916 年 4 月 18 日	第十三册	203
致陈其美询起事时间及近情电	1916 年 4 月 19 日	第九册	215
致上海革命党人询浙近情并告海外同志备有飞机饷械回国效力电	1916 年 4 月 19 日	第九册	215
复居正告续借日款事已托头山满与日本陆军当局交涉电	1916 年 4 月 20 日	第九册	216
复居正嘱切实准备并询荷物到否电	1916 年 4 月 20 日对方收到	第九册	216
致上海革命党人询各方情形电	1916 年 4 月 21 日	第九册	216
批刘灯维来函	1916 年 4 月 21 日	第十三册	203
致旧金山《少年中国晨报》告决意回国并催飞机及各同志速回电	1916 年 4 月 22 日	第九册	217
致居正嘱讨袁行动宜避与日人有关电	1916 年 4 月 22 日	第九册	217
致林森告决意内渡并请代求黄兴借十万元济急电	1916 年 4 月 22 日	第九册	218

续表

篇名	著述时间	册数	页码
与陈其美张人杰联署委任叶独醒为中华革命党宿务筹饷局总劝募员状	1916 年 4 月 22 日	第十六册	102
致熊理贺其膺任视学员并望为党务任力函	1916 年 4 月 23 日	第七册	474
致上海革命党人诫事前款毋轻掷并告行期电	1916 年 4 月 24 日	第九册	218
致汉口革命党人告乘日轮往沪日期电	1916 年 4 月 24 日	第九册	219
致居正告返沪行期并允亲赴鲁电	1916 年 4 月 24 日	第九册	219
致上海革命党人告乘日轮返沪日期电	1916 年 4 月 24 日	第九册	219
致火奴鲁鲁吴铁城密交黄兴邓家彦请到沪相会电	1916 年 4 月 24 日	第九册	220
复邓泽如陈卓平告粤局定后再酌简英甫职事函	1916 年 4 月 26 日	第七册	475
致上海革命党人嘱派人来接电	1916 年 4 月 26 日	第九册	220
复海外国民党部等团体请筹款讨龙函	1916 年 4 月 28 日	第七册	476
致居正告赴沪目的是竭力联络党内党外电	1916 年 4 月 30 日对方收到	第九册	220
对中国前途抱乐观态度　在东京与某君谈话	1916 年 4 月	第十一册	456
批陈中孚关于购买日本飞机事函	1916 年春	第十三册	204
为郡岛忠次郎题词	1916 年 5 月 1 日	第十八册	150
讨袁宣言	1916 年 5 月 9 日	第四册	379
反袁斗争必定胜利　在上海法国日本顾问招待会的演说	1916 年 5 月 10 日	第十册	287
颁给李霭春奖状	1916 年 5 月 10 日	第十三册	204
颁给冯尔琛奖状	1916 年 5 月 10 日	第十三册	204
颁给陈明春奖状	1916 年 5 月 10 日	第十三册	205
致岑春煊盼泯息内争共同讨袁电	1916 年 5 月上旬	第九册	221
致南方五省都督等誓集群力铲除袁世凯通电	1916 年 5 月 11 日刊载	第四册	382
悼陈其美挽词	1916 年 5 月 18 日	第十八册	151
致居正告陈其美被刺电	1916 年 5 月 19 日	第九册	221

续表

篇名	著述时间	册数	页码
致黄兴告国内政情及陈其美遇刺情形并请购械函	1916 年 5 月 20 日	第七册	476
复黄兴告陈其美被刺请缓来并盼代向日本陆军参谋本部和外务省交涉赞助军械事电	1916 年 5 月 21 日	第九册	222
致电黄兴谈陈其美遇害案	1916 年 5 月 21 日	第九册	222
致陈其美家属唁函	1916 年 5 月 22 日刊载	第七册	481
致田桐等嘱与讨袁各派协同进行电	1916 年 5 月 23 日	第九册	223
复张世宗等告筹款直汇本部并告粤事函	1916 年 5 月 24 日	第七册	481
复陈伯豪等告款收到望续筹并告讨袁局势函	1916 年 5 月 24 日	第七册	482
致田中义一告南方讨袁大势并请援鲁函	1916 年 5 月 24 日	第七册	483
谕交胡汉民五千元令	1916 年 5 月 24 日	第十三册	205
复杨寿彭告收到捐助陈其美家属赙金函	1916 年 5 月 25 日	第七册	485
致居正介绍肇和之役战士投效电	1916 年 5 月 25 日对方收到	第九册	223
谕交曹亚伯五千元令	1916 年 5 月 25 日	第十三册	205
谕交孙洪伊银叁千元手令	1916 年 5 月 25 日	第十三册	206
致戴德律请即筹款助讨袁函	1916 年 5 月 27 日	第七册	486
致居正介绍军官兵等前往相助并告刘基炎与陈其美案无关电	1916 年 5 月 28 日	第九册	224
复居正指示讨袁方略并望与吴大洲薄子明等调和电	1916 年 5 月 30 日	第九册	224
致中华革命军东北军告已汇军需债券廿万电	1916 年 6 月 3 日	第九册	225
致中华革命军东北军指示山东讨袁军事电	1916 年 6 月 3 日	第九册	225
谕交山田等往奉天用费令	1916 年 6 月 4 日	第十三册	206
致居正请签发军票并介绍士官生军官生及飞行家相助电	1916 年 6 月 7 日	第九册	225
对于时局之意见 在上海与某记者谈话	1916 年 6 月 8 日刊载	第十一册	457
规复约法宣言	1916 年 6 月 9 日	第四册	382

续表

篇名	著述时间	册数	页码
致居正告袁死应按兵勿动并停办飞行事电	1916 年 6 月 9 日	第九册	226
致黎元洪望规复约法尊重国会电	1916 年 6 月 9 日	第九册	226
致居正告袁死宜按兵勿动电	1916 年 6 月 10 日	第九册	227
致朱执信告袁死应罢兵电	1916 年 6 月 10 日	第九册	227
颁给叶独醒奖状	1916 年 6 月 10 日	第十三册	206
致黄兴征询解决时局意见电	1916 年 6 月 13 日	第九册	227
与张继联名致吴大洲薄子明告袁死宜按兵勿动电	1916 年 6 月 13 日	第九册	228
致福建革命军告袁死宜按兵勿动电	1916 年 6 月 13 日	第九册	228
支持黎元洪段祺瑞稳定局面　在上海与《大阪每日新闻》记者谈话	1916 年 6 月 14 日刊载	第十一册	458
致居正询张怀芝侵地电	1916 年 6 月 15 日	第九册	228
时局未易解决民军未能息肩　与徐朗西谈话	1916 年 6 月 15 日刊载	第十一册	459
祭陈其美文	1916 年 6 月 19 日刊载	第四册	78
复黎元洪重申恢复约法国会要求并惩究张怀芝纵兵殃民电	1916 年 6 月 19 日	第九册	229
致居正嘱派代表赴济南与张怀芝接洽并告黄实存欲投潍县电	1916 年 6 月 20 日	第九册	229
复居正指示山东民军与北军息争电	1916 年 6 月 21 日	第九册	230
致段祺瑞论当前国事书	1916 年 6 月 23 日	第七册	487
致澳门总督米那感谢函	1916 年 6 月 23 日	第七册	488
复居正告已派萧萱叶夏声赴济南电	1916 年 6 月 23 日	第九册	230
致黎元洪告派萧萱叶夏声代表进京电	1916 年 6 月 23 日	第九册	230
致居正告萧萱叶夏声改乘小野丸赴济南电	1916 年 6 月 24 日	第九册	231
谕交曹亚伯四千五百元令	1916 年 6 月 24 日	第十三册	207
致居正告此间款绌及杨庶堪等赴潍事商定再复电	1916 年 6 月 26 日	第九册	231
致居正盼筹款寄林蔚陆发桥等俾成行电	1916 年 6 月 26 日	第九册	231

续表

篇名	著述时间	册数	页码
致戴戡等转石青阳告袁死宜按兵勿动并嘱沿用五色国旗电	1916 年 6 月 26 日	第九册	232
致黎元洪请严惩龙济光电	1916 年 6 月 26 日	第九册	232
对于时局的谈话	1916 年 6 月 30 日	第十一册	459
致黎元洪请授勋予辛亥年驻汉口法国领事函	1916 年 6 月	第七册	489
致田中义一告派戴季陶趋商函	1916 年 7 月 3 日	第七册	490
致居正询能否编一军电	1916 年 7 月 4 日	第九册	233
致戴德律告取消洽谈贷款并退还文件函	1916 年 7 月 5 日	第七册	491
致萱野长知陈中孚告汇上三百圆函	1916 年 7 月 5 日	第七册	491
复布朗告中国近况及声明"中国被窃神位终于回归"之报道荒谬函	1916 年 7 月 6 日	第七册	493
致居正告吴忠信来助电	1916 年 7 月 7 日	第九册	233
致居正告军票已寄鲁债券不便再发电	1916 年 7 月 11 日	第九册	233
致居正告发债券电	1916 年 7 月 13 日	第九册	233
国会之地位与责任　在上海名流欢送国会议员宴会的演说	1916 年 7 月 13 日	第十册	287
人人须谋公共权利　在旅沪粤籍国会议员茶话会的演说	1916 年 7 月 15 日	第十册	289
批青岛某君电	1916 年 7 月 16 日	第十三册	207
地方自治为民国之础石　在上海召开演说大会发表政见	1916 年 7 月 17 日	第三册	238
复居正嘱宜早图收束山东民军电	1916 年 7 月 19 日	第九册	234
致居正告叶夏声由京回及廖仲恺等来面商电	1916 年 7 月 19 日	第九册	234
五权分立当为我国宪法之基础　在上海两公司欢送国会议员大会的演说	1916 年 7 月 20 日	第十册	296

续表

篇名	著述时间	册数	页码
致孙昌命遣散所部函	1916 年 7 月 22 日	第七册	494
中华革命党为停止党务并征求改组意见之通告	1916 年 7 月 25 日	第四册	384
致山田纯三郎望代请医生来寓诊治夫人函	1916 年 7 月 25 日	第七册	495
悼龚铁铮挽联	1916 年 7 月 28 日	第十八册	152
复阮本畴告不宜运送飞机回国函	1916 年 7 月	第七册	495
与黄兴等联名发起开会追悼陈其美暨癸丑以来殉国诸烈士追悼会通告	1916 年 8 月 3 日刊载	第四册	79
致冯国璋请释张泽霖电	1916 年 8 月 4 日	第九册	235
致居正嘱专办收束山东民军及勿偕日本赴京电	1916 年 8 月 4 日	第九册	235
致唐绍仪请代呈政府发还中华革命军借款函	1916 年 8 月 8 日	第七册	496
复黎元洪为流落沪上党人请命电	1916 年 8 月 11 日	第九册	235
同祭陈其美暨癸丑以来殉国诸烈士文	1916 年 8 月 13 日	第四册	80
致吕公望告因胃病复发未能如约赴杭电	1916 年 8 月 13 日	第九册	236
悼陈其美挽额	1916 年 8 月 13 日	第十八册	153
复黎元洪辞高等顾问函	1916 年 8 月 14 日刊载	第七册	497
致久原房之助为在华合作开采矿山征询意义函	1916 年 8 月 15 日	第七册	497
关于南北和谈问题 在上海与美联社记者谈话	1916 年 8 月 16 日前	第十一册	460
整修西湖为世界观光胜地 在杭州谈话	1916 年 8 月 16 日	第十一册	461
浙人保障民国有功 游西湖时谈话	1916 年 8 月 16 日	第十一册	462
修治道路以利交通为建设第一要着 在浙江督军署欢迎宴会的演说	1916 年 8 月 17 日	第十册	297
杭州乃地灵人杰之胜地 游览杭州时谈话	1916 年 8 月 17、18 日	第十一册	462
地方自治与土地报价抽税 在浙江省议会的演说	1916 年 8 月 18 日	第十册	300
行五权分立制以救三权鼎立之弊 在浙江军政界欢迎宴会的演说	1916 年 8 月 18 日	第十册	303
为浙江省议会题词	1916 年 8 月 18 日	第十八册	154

续表

篇名	著述时间	册数	页码
国家强盛须合群力　在绍兴商会的演说	1916 年 8 月 20 日	第十册	304
绍兴地利应加开发　游览绍兴时谈话	1916 年 8 月 20 日	第十一册	463
为陶荫轩题词	1916 年 8 月 20 日	第十八册	156
为宋承家题词	1916 年 8 月 20 日	第十八册	157
为孙寅初题词	1916 年 8 月 20 日	第十八册	158
题赠绍兴医药学校	1916 年 8 月 20 日	第十八册	159
为岩田爱之助题词	1916 年 8 月中旬	第十八册	155
在绍兴与秋壬林谈话	1916 年 8 月 21 日	第十一册	464
为孙德卿题词	1916 年 8 月 21 日	第十八册	160
为越铎日报社题词	1916 年 8 月 21 日	第十八册	161
题陶成章挽额	1916 年 8 月 21 日	第十八册	162
最希望于宁波实行地方自治　在宁波各界欢迎会的演说	1916 年 8 月 22 日	第十册	306
在余姚与王嘉谈话	1916 年 8 月 22 日	第十一册	464
游普陀山志奇	1916 年 8 月 25 日	第四册	81
舟山宜开商埠　游览舟山群岛时谈话	1916 年 8 月 25 日	第十一册	465
为普陀山僧题词	1916 年 8 月 25 日	第十八册	163
题赠普陀山僧	1916 年 8 月 25 日	第十八册	164
为普陀山前寺法堂题签	1916 年 8 月 25 日	第十八册	165
为太虚和尚诗录题签	1916 年 8 月 25 日	第十八册	166
复刘恩锡告停止军事行动静候中央解决函	1916 年 8 月 27 日	第七册	498
致陈中孚等望急办收束部队电	1916 年 8 月 27 日	第九册	236
复杨纯美答汇款收条事函	1916 年 8 月 31 日	第七册	499
致曾允明等告已派廖仲恺赴京要求中央政府偿还各埠募集军费函	1916 年 8 月 31 日	第七册	499

续表

篇名	著述时间	册数	页码
复曾允明等告收到汇款并拟要求政府偿还讨袁募款及代物色《觉民日报》主笔函	1916 年 8 月 31 日	第七册	500
致黎元洪段祺瑞请免惩王济辉函	1916 年 8 月	第七册	501
在上海与高炉文谈话	1916 年 8 月	第十一册	465
为陈去病父叔题墓额	1916 年 8 月	第十八册	167
复郭标告国内政情及捐款偿还事函	1916 年 9 月 2 日	第七册	502
复施瑞麟告已电冯国璋转饬释放其父函	1916 年 9 月 2 日	第七册	502
复陈中孚等望急商收拾民军电	1916 年 9 月 3 日	第九册	237
与黄兴等联名致吕公望等乞派员来申办理阙玉麒后事电	1916 年 9 月 3 日	第九册	237
致居正促各军即解散电	1916 年 9 月 5 日	第九册	238
复黎元洪谓益民四事宜速办函	1916 年 9 月 8 日	第七册	504
致孙洪伊告派胡汉民等入京与商要事函	1916 年 9 月 8 日	第七册	504
致段祺瑞告派胡汉民等赴京奉商要事函	1916 年 9 月 8 日	第七册	505
致中华革命党海外各支部商请设立储蓄救国金函	1916 年 9 月 10 日	第四册	385
致杨寿彭告解除尾崎聘约等事函	1916 年 9 月 10 日	第七册	506
复黎元洪告暂难赴京函	1916 年 9 月 13 日	第七册	507
复段祺瑞感谢邀请北游函	1916 年 9 月 13 日	第七册	508
致邓泽如望经理收回结清全部债券事函	1916 年 9 月 14 日	第七册	508
复久原房之助申谢赞助开采矿山函	1916 年 9 月 18 日	第七册	509
致冯国璋请释秦毓鎏函	1916 年 9 月 19 日	第七册	510
致许行彬等申谢接待函	1916 年 9 月 20 日	第七册	511
关于不任铁道协会会长的谈话	1916 年 9 月 22 日刊载	第十一册	466
批赵鸢恩请苏督府转饬盐县释放周龙甲函	1916 年 9 月 22 日	第十三册	207
批云南陆军驻蒙步二十二团第二营来函	1916 年 9 月 23 日	第十三册	208
批古同志陈报困苦请催善后审查委员办理善后事函	1916 年 9 月 26 日	第十三册	209

续表

篇名	著述时间	册数	页码
题竞雄女学校训	1916 年 9 月 27 日	第十八册	168
维持共和心坚则不畏大敌　在上海宴请从军华侨战士的演说	1916 年 9 月 30 日	第十册	311
为海宁观潮亭题词	1916 年 9 月	第十八册	169
题词	1916 年 9 月	第十八册	170
为黄申芗母寿庆题联	1916 年 9 月	第十八册	171
批旧金山国民党美洲总支部寄送组织香港国民党交通部办法函	1916 年 10 月 1 日	第十三册	209
批汪德渊拟整理邹容墓地函	1916 年 10 月 3 日	第十三册	210
批乔义生请电黎元洪关照函	1916 年 10 月 8 日	第十三册	211
批吴铁城请代推荐函	1916 年 10 月 9 日	第十三册	212
致施瑞麟询彭德荣之为人函	1916 年 10 月 13 日	第七册	511
批吕宗堂陈镜伯为秘鲁党务函	1916 年 10 月 13 日	第十三册	212
准居正呈委居正谢持廖仲恺分为中华革命党总务党务财务各部主任批	1916 年 10 月 13 日	第十六册	104
复邓泽如告已派员入京交涉偿还华侨债款等事函	1916 年 10 月 19 日	第七册	512
复邓泽如告汇款已收到函	1916 年 10 月 19 日	第七册	513
复咸马里夫人欢迎到中国旅行函	1916 年 10 月 19 日	第七册	513
讨袁善后应由政府办理　与旅沪党人总事务所代表谈话	1916 年 10 月 20 日	第十一册	466
致海内外同志告以吾党近日办事大略并望协助通函	1916 年 10 月中旬	第四册	388
俟商会交出款项即出面维持　与旅沪党人代表谈话	1916 年 10 月 22 日	第十一册	467
批居正职后清理旧卷及草定总务部组织纲要函	1916 年 10 月 24 日	第十三册	213
揭露有人冒名刊登追悼烈士广告之启事	1916 年 10 月 25 日	第四册	83
复郭标答询组党办法并嘱汇寄存款函	1916 年 10 月 25 日	第七册	514

续表

篇名	著述时间	册数	页码
致檀香山加拿大南美各支分部中华会馆告黄兴逝世电	1916 年 10 月 31 日	第九册	238
致英荷属殖民地等处友人遍告黄兴逝世电	1916 年 10 月 31 日	第九册	238
与唐绍仪等联名通告黄兴逝世电	1916 年 10 月 31 日	第九册	239
致澳洲新西兰友人遍告黄兴逝世电	1916 年 10 月 31 日	第九册	239
批加属华侨来函	1916 年 9 月至 10 月间	第十三册	209
致美国中华会馆等告以近日办事要旨并望协助通函	1916 年 10 月	第四册	391
批马骥请求随侍函	1916 年 10 月	第十三册	213
挽萧其章	1916 年秋	第十八册	172
黄兴病逝经过公告	1916 年 11 月 1 日	第四册	84
与唐绍仪暨戚族代表联名为黄兴逝世及大殓日期讣告	1916 年 11 月 1 日	第四册	84
致中华革命党各支分部同志悼黄兴病逝函	1916 年 11 月 1 日	第七册	515
致梅屋庄吉告黄兴逝世电	1916 年 11 月 1 日	第九册	240
复黄德源饶潜川等告余款电汇上海并指示招收党员办法函	1916 年 11 月 6 日	第七册	516
批曹沛请接济二百元函	1916 年 11 月 9 日	第十三册	215
悼蔡锷电	1916 年 11 月 10 日	第九册	240
批四川仁寿县征收局某君来函	1916 年 11 月 10 日	第十三册	215
批黄容生请派人出席加拿大各分部同志恳亲会函	1916 年 11 月 12 日	第十三册	216
与唐绍仪联名致邹鲁转粤省议员请挽留陆荣廷电	1916 年 11 月 14 日	第九册	240
批广州严君来函	1916 年 11 月 14 日	第十三册	216
批马耀星等请函示近来举办五事为急要函	1916 年 11 月 16 日	第十三册	216
批智利某君来函	1916 年 11 月 16 日	第十三册	217
复曾允明黄德源等告请将结存款项电汇上海函	1916 年 11 月 17 日	第七册	517
批山东夏君来函	1916 年 11 月 19 日	第十三册	217

续表

篇名	著述时间	册数	页码
与唐绍仪联名致北京各政要请予陈其美国葬并恤遗族函	1916 年 11 月 20 日刊载	第七册	518
复李宗黄告愿随时发表意见函	1916 年 11 月 20 日	第七册	519
致黎元洪等反对设置国老院电	1916 年 11 月 20 日刊载	第九册	241
与唐绍仪等联名为黄兴治丧恕讣未周公启	1916 年 11 月 22 日	第四册	85
复威廉·舒尔兹请退还美在华租借地函	1916 年 11 月 23 日	第七册	520
致戴德律告将委托书交诺曼函	1916 年 11 月 24 日	第七册	522
批冯君问国内产锡事函	1916 年 11 月 24 日	第十三册	217
批徐化龙来函	1916 年 11 月 24 日	第十三册	218
与唐绍仪等致北京大总统等告黄兴出殡电	1916 年 11 月 28 日	第九册	241
与唐绍仪等致吕公望嘱知道黄兴丧事电	1916 年 11 月 28 日	第九册	242
批某君申明该埠同志所拟维护大局办法函	1916 年 11 月 28 日	第十三册	218
批答某君关于铁路参考书事	1916 年 11 月 30 日	第十三册	218
批某君请嘱地方官保护函	1916 年 11 月 30 日	第十三册	219
与唐绍仪等联名致谢田中义一在东京发起追悼黄兴大会函	1916 年 11 月中下旬	第七册	523
与戚族暨友人代表联名为黄兴开吊及举殡日期讣闻	1916 年 11 月	第四册	85
与虞洽卿等联名发起上海交易所致北京国务院农商部呈	1916 年 11 月	第五册	367
批冯自由为华侨选举事请发电通告各埠函	1916 年 12 月 1 日	第十三册	219
批三藩市国民党美洲总支部汇款函	1916 年 12 月 2 日	第十三册	220
批黄伯耀报告定期回国函	1916 年 12 月 3 日	第十三册	220
与三上丰夷合办上海交易所的密约	1916 年 12 月 5 日	第五册	369
批孙一鸣再请告知居正拨发军费函	1916 年 12 月 5 日	第十三册	220
复丁石生述开辟金沙江航道意见函	1916 年 12 月 6 日	第七册	524

续表

篇名	著述时间	册数	页码
与唐绍仪等联名致各省督军等告蔡锷仍安葬湖南吊期不改电	1916 年 12 月 6 日	第九册	242
与唐绍仪等致黎元洪及国务院告黄兴安葬湖南并嘱派兵轮到沪以备运柩至汉电	1916 年 12 月 6 日	第九册	243
与唐绍仪等致赵恒惕范治焕告黄兴归葬湖南并嘱商借萍局轮至汉归柩电	1916 年 12 月 6 日	第九册	243
与唐绍仪致吕公望陈阆良告黄兴安葬湖南电	1916 年 12 月 6 日	第九册	243
批某君劝加入青年会及询问黄德三住址函	1916 年 12 月 6 日	第十三册	221
批周子骥秦竹裴等报告起程回粤并告通信地址函	1916 年 12 月 6 日	第十三册	222
批香港黄君函	1916 年 12 月 6 日	第十三册	223
与唐绍仪等致参众议员望速决定发表黄兴国葬事电	1916 年 12 月 8 日刊载	第九册	244
致海外同志述华侨回国从军讨袁及遣散情形函	1916 年 12 月 10 日	第七册	525
致黎元洪推荐章炳麟继任国史馆馆长电	1916 年 12 月 10 日	第九册	245
批答某君请求接济函	1916 年 12 月 11 日	第十三册	223
暨同盟会同人祭黄兴文	1916 年 12 月 13 日	第四册	86
暨黄花岗起义同人祭黄兴文	1916 年 12 月 13 日	第四册	87
致黎元洪国务院盼定云南起义日为国庆日及懋赏唐继尧暨起事诸人电	1916 年 12 月 13 日	第九册	245
上海《丙辰》创刊祝词	1916 年 12 月 15 日	第四册	88
复卢慕贞告自定是否做永安公司股东函	1916 年 12 月 16 日	第七册	527
批答华侨某同志对反对党须以德感化	1916 年 12 月 18 日	第十三册	223
挽黄兴联	1916 年 12 月 21 日	第十八册	173
与唐绍仪等同祭黄兴文	1916 年 12 月 22 日	第四册	88
致参众两院议员请为偿还讨袁债务并辨诬函	1916 年 12 月 22 日刊载	第四册	394
复郭标等告信款已收并述国内政情函	1916 年 12 月 22 日	第七册	527
复黄甲元告恢复国民党尚未能发表等事函	1916 年 12 月 22 日	第七册	528

续表

篇名	著述时间	册数	页码
批程壮致朱执信请设法营救被捕党人函	1916 年 12 月 23 日	第十三册	224
批陆费逵请赠《会议通则》函	1916 年 12 月 23 日	第十三册	224
与唐绍仪等联名为全国各界吊唁黄兴谢启	1916 年 12 月 24 日	第九册	244
批三藩市美洲总支部来函	1916 年 12 月 25 日	第十三册	224
批杨汉魂报告革命经过并请予济助函	1916 年 12 月 25 日	第十三册	225
与唐绍仪等联名致北京政府请拨还黄兴为公所负债款电	1916 年 12 月 29 日刊载	第九册	246
批加拿大品夫分部来函	1916 年 12 月	第十三册	226
题沈缦云像赞	1916 年 12 月	第十八册	174
批答甚愿旧同志速行组织大政党	1916 年秋、冬间	第十三册	226
批答偿还借款事	1916 年冬	第十三册	227
与陈其美居正联署委任陈明春为中华革命党巴双支部副部长状	1916 年□月 17 日	第十六册	103
民国三至五年中华革命党各支分部职员名录	1914 至 1916 年	第十六册	105
民国三至五年中华革命党特务职员名录	1914 至 1916 年	第十六册	137
委任中华革命党人员姓名录	1914 至 1916 年	第十六册	146
题赠梅屋庄吉	1914 至 1916 年间	第十八册	143
题赠梅屋庄吉夫人	1914 至 1916 年间	第十八册	144
颁给何荫三奖状	1915 至 1916 年间	第十三册	184
批复关于筹饷及推广党务函	1915 至 1916 年间	第十三册	184
颁给黄德源奖状	1915 至 1916 年间	第十三册	185
颁给邢炳光奖状	1915 至 1916 年间	第十三册	185
民国四至五年委任中华革命军人员姓名录	1915 至 1916 年	第十六册	140
致邓泽如请接待浙省特派调查南洋实业专员函	1916 年	第七册	529
在上海与程潜谈话	1916 年	第十一册	468
批张汇滔意见书	1916 年	第十三册	227

续表

篇名	著述时间	册数	页码
委卢鸿为广属安抚使令	1916 年	第十六册	104
为山田纯三郎题词	1916 年	第十八册	175
题赠山田纯三郎	1916 年	第十八册	176
为蒋介石题词	1916 年	第十八册	177
题李祺礽墓碑	1916 年	第十八册	178
日中亲善的根本意义	1917 年 1 月 1 日	第三册	249
日中亲善已到实行的时机	1917 年 1 月 1 日	第三册	252
陈去病之母倪氏墓碑铭并叙	1917 年 1 月 1 日	第四册	89
谈近期计划　与《大阪朝日新闻》记者谈话	1917 年 1 月 1 日刊载	第十一册	468
批隆世储请辞函	1917 年 1 月 1 日	第十六册	181
为陈去病母倪太君题词	1917 年 1 月 1 日	第十八册	181
题词	1917 年 1 月 1 日刊载	第十八册	182
复邓泽如赞成举办报馆及华侨会馆函	1917 年 1 月 7 日	第七册	529
复□瑞石勉设储金救国并告交涉偿还军债事函	1917 年 1 月 7 日	第七册	530
批崇德公报社来函	1917 年 1 月 9 日	第十三册	234
批美洲葛仑分部郑占南呈报党务函	1917 年 1 月 10 日	第十三册	234
批答现无暇访欧	1917 年 1 月 12 日	第十三册	234
批卢永祥来函	1917 年 1 月 12 日	第十三册	235
批广州岭南学校某君来函	1917 年 1 月 12 日	第十三册	235
复叶独醒告移党金转办实业意见函	1917 年 1 月 14 日	第七册	530
批神户杨某来函	1917 年 1 月 25 日	第十三册	235
批答关于交涉还债及组党事	1917 年 1 月 26 日	第十三册	236
复宋元恺告组织政党意见函	1917 年 1 月 27 日	第七册	531
关于中日关系　在上海与《东京朝日新闻》记者谈话	1917 年 1 月 27 日刊载	第十一册	469
致邓泽如请筹陈其美葬费函	1917 年 1 月 28 日	第七册	531

续表

篇名	著述时间	册数	页码
致泗水中华商会质问助款二百二十万事电	1917 年 1 月 30 日	第九册	246
批某君承办粤汉路事	1917 年 1 月 30 日	第十三册	236
复卢慕贞劝不必做永安公司股东函	1917 年 1 月	第七册	532
复郭标告新党员可发党证等事函	1917 年 2 月 1 日	第七册	532
复黄甲元允入党底金暂存南洋等事函	1917 年 2 月 2 日	第七册	533
复徐统雄告已代致挽联于黄兴蔡锷宅函	1917 年 2 月 3 日	第七册	534
复邓泽如申谢独任艰巨筹款等事函	1917 年 2 月 4 日	第七册	534
批中华革命党列必珠分部来函	1917 年 2 月 5 日	第十三册	236
复李天如等赞同移偿款办银行等事函	1917 年 2 月 11 日	第七册	535
批林定一请设法援救函	1917 年 2 月 11 日	第十三册	237
批某君请删列名事	1917 年 2 月 17 日	第十三册	238
中国对日本的戒心	1917 年 2 月 18 日	第三册	253
批刘季谋来函	1917 年 2 月 19 日	第十三册	238
批答孔立波函指出无政府主义不能行于今日	1917 年 2 月 20 日来函	第十三册	238
批某君不能荐人函	1917 年 2 月 27 日	第十三册	239
批吉隆坡同志来函	1917 年 2 月 29 日	第十三册	239
谈帝制复辟问题　与原田万治谈话	1917 年 2 月下旬	第十一册	470
与朱执信等联名发起募助李其归葬费引	1917 年 2 月	第四册	90
在上海与章炳麟谈话	1917 年 2 月	第十一册	471
知行观及《会议通则》　与邓家彦谈话	1917 年 2 月	第十一册	472
谈西方文化之吸收　与杨庶堪谈话	1917 年 2 月	第十一册	473
批洪兆麟等为邓承防之妻冯氏请江西督军发还被没收之款呈	1917 年 2 月	第十三册	239
批黄甲元来函	1917 年 3 月 1 日	第十三册	241
批丁怀瑾来函	1917 年 3 月 5 日	第十三册	241
致英国首相劳合·乔治请勿怂恿中国加入协约国电	1917 年 3 月 9 日刊载	第九册	247

续表

篇名	著述时间	册数	页码
致参众两院力陈加入协约国之害电	1917 年 3 月 9 日刊载	第十三册	242
批某某答南京附近荒地可以开辟	1917 年 3 月 15 日	第十三册	243
批询北朱家桥发信人	1917 年 3 月 17 日	第十三册	243
批北京包君来函	1917 年 3 月 27 日	第十三册	243
批答朱某询矿山抵押借款事	1917 年 3 月 27 日	第十三册	244
题赠《广东中华新报》黄花号	1917 年 3 月 29 日	第十八册	183
反对参加欧战的谈话	1917 年 3 月	第十一册	474
题熊持危范伯林墓碑	1917 年 3 月	第十八册	184
复徐统雄告还债办法呈文收到函	1917 年 4 月 2 日	第七册	536
批冯炎寄《驻澳门华侨交通处办事员名册》函	1917 年 4 月 2 日	第十三册	245
关于参战问题的谈话	1917 年 4 月 11 日	第十一册	474
挽蔡锷联	1917 年 4 月 12 日	第十八册	185
与唐绍仪等再祭黄兴文	1917 年 4 月 14 日	第四册	91
致蔡元培催寄黄兴碑文电	1917 年 4 月 14 日	第九册	250
批李墨西函请午餐演说事	1917 年 4 月 14 日	第十三册	245
复邓泽如告收到债券存根等件及处理情况等事函	1917 年 4 月 25 日	第七册	536
复邓泽如告收到陈其美葬费函	1917 年 4 月 28 日	第七册	537
同盟会之四纲未具则民国犹危　赵公璧著《同盟演义》序	1917 年 4 月 30 日	第四册	92
为无力资助批某君函	1917 年春	第十三册	244
为胡毅生题联	1916 年底至 1917 年春	第十八册	179
与戚族暨友人代表联名公布陈其美开吊举殡及归葬日期讣告	1917 年 5 月 1 日	第四册	93
复民友会同人请坚持否决对德宣战函	1917 年 5 月 4 日	第七册	537
与岑春煊等联名致黎元洪请惩办滋扰国会之伪公民团电	1917 年 5 月 11 日	第九册	250

续表

篇名	著述时间	册数	页码
祭陈其美文	1917 年 5 月 12 日	第四册	93
复段祺瑞反对中国对德宣战函	1917 年 5 月 12 日刊载	第七册	538
与岑春煊等联名复黎元洪请严惩暴徒主名电	1917 年 5 月 14 日	第九册	251
致北京民友会等促否决对德宣战电	1917 年 5 月 16 日	第九册	251
悼黄金庆逝世电	1917 年 5 月 18 日	第九册	252
致参众两院议员力主先否决宣战案后议倒阁问题函	1917 年 5 月 20 日刊载	第七册	540
与岑春煊等联名致参众两院议员盼速解决外交问题电	1917 年 5 月 22 日	第九册	252
与岑春煊等联名致段祺瑞及参众两院议员告对改组内阁意见电	1917 年 5 月 22 日	第九册	253
复李宗黄告大局未定不能远行函	1917 年 5 月 23 日	第七册	541
致邓泽如请速推人至湘省考察开采锡矿函	1917 年 5 月 29 日	第七册	542
批加入协约国为复辟之手段	1917 年 2 至 5 月间	第十三册	245
批陆望华请恤陆皓东遗属函	1917 年 4 至 5 月间	第十三册	246
批保定军校学生努力学问结交志士	1917 年 4 至 5 月间	第十三册	247
与章炳麟联名致黎元洪及参众两院议员请声讨叛逆电	1917 年 5 月	第九册	253
与章炳麟联名致唐继尧促与川和好联合出师电	1917 年 5 月	第九册	254
批寄赠李宗黄会议通则及存亡问题	1917 年 5 月	第十三册	247
题陈其美墓碣	1917 年 5 月	第十八册	186
交孙洪伊洋壹万元令	1917 年 6 月 5 日	第十三册	247
与章炳麟联名请西南各省将领勿受附逆者"中立"所惑通电	1917 年 6 月 6 日	第四册	398
致谢无量请每日下午到寓赴会函	1917 年 6 月 6 日	第七册	543
再现复辟反会导致永久杜绝复辟　与平川清风谈话	1917 年 6 月 6 日	第十一册	474
促西南各省出师讨伐倪嗣冲等叛军通电	1917 年 6 月 8 日	第四册	399

续表

篇名	著述时间	册数	页码
致威尔逊望说服协约国勿诱迫中国参战电	1917 年 6 月 8 日	第九册	254
致威尔逊望促使协约国对中国内部斗争保持中立电	1917 年 6 月 9 日	第九册	255
复陈蕙堂代收到送陈其美家属赙仪并申民生主义意见函	1917 年 6 月 10 日	第七册	543
与章炳麟致黎元洪伍廷芳反对解散国会电	1917 年 6 月 10 日	第九册	256
与章炳麟联名请西南各省义师勿受调停必诛徐世昌诸逆通电	1917 年 6 月 10 日刊载	第四册	399
与章炳麟联名致陈炯明嘱宣布拥护国会电	1917 年 6 月 10 日刊载	第九册	255
中日组合规约	1917 年 6 月 11 日	第五册	370
致旧金山《少年中国报》股东告区分报务党员权限函	1917 年 6 月 16 日	第七册	544
致加藤高明请求协助函	1917 年 6 月 18 日	第七册	544
致原敬告派戴季陶面谒函	1917 年 6 月 18 日	第七册	545
复余荣告将汇单副票寄来等事函	1917 年 6 月 23 日	第七册	546
与岑春煊等联名邀程璧光往商护法事宜函	1917 年 6 月 23 日	第七册	546
姚锦城请赠《民权初步》函	1917 年 6 月 23 日	第十三册	248
致寺内正毅请勿援助北洋军人函	1917 年 6 月中下旬	第七册	547
复卢慕贞告已汇款并用途函	1917 年 6 月	第七册	549
为东亚同文书院《风餐雨宿》题词	1917 年 6 月刊载	第十八册	187
批马幼伯来函	1917 年上半年	第十三册	249
反抗武人专制　在上海讨逆会议的讲话	1917 年 7 月 3 日	第十册	315
致西南六省各界请速商建临时政府通电	1917 年 7 月 4 日刊载	第四册	400
致参众两院议员盼南下护法电	1917 年 7 月 4 日	第九册	257
希望美国能够援助新政权　与某记者谈话	1917 年 7 月 6 日刊载	第十一册	476
与章炳麟联名致陆荣廷告已抵汕并盼相会于穗电	1917 年 7 月 11 日	第九册	257
致陈炳焜告行期未定电	1917 年 7 月 11 日	第九册	258

续表

篇名	著述时间	册数	页码
除尽假共和才有真共和 在汕头各界欢迎会的演说	1917 年 7 月 12 日	第十册	316
对中国内政外交的看法 与麦克唐奈谈话	1917 年 7 月 15 日刊载	第十一册	477
与莫擎宇谈话	1917 年 7 月 10 日至 16 日间	第十一册	476
争回真共和以贯彻救国救民之宗旨 在广州黄埔欢迎宴会的演说	1917 年 7 月 17 日	第十册	318
致岑春煊等告省会已电请议员来粤开会并询赴粤行期电	1917 年 7 月 18 日	第九册	258
致陆荣廷催赴粤公商要政电	1917 年 7 月 18 日	第九册	258
致某君告抵粤电	1917 年 7 月 18 日	第九册	259
致各省籍国会议员请择地西南开会电	1917 年 7 月 19 日	第四册	401
致段祺瑞晓以讨叛赎愆电	1917 年 7 月 19 日	第四册	402
此次返粤之原因 在广东省议会欢迎会的演说	1917 年 7 月 19 日	第十册	320
张勋复辟与真假共和之争 在广州驻粤滇军欢迎大会的演说	1917 年 7 月 20 日	第十册	321
当拥护真共和并研究国家富强之策 在广东学界欢迎茶话会的演说	1917 年 7 月 21 日	第十册	322
凭吊黄花岗时的谈话	1917 年 7 月 22 日	第十一册	478
致西南各省将领请协力靖国护法通电	1917 年 7 月 24 日	第四册	403
复陆荣廷望支持护法主张电	1917 年 7 月 24 日	第九册	259
欲图巩固共和不能不倚重南方 与广州某报记者谈话	1917 年 7 月 25 日刊载	第十一册	478
恢复辛亥革命时代之民气 在广东全省军警欢迎会的演说	1917 年 7 月 27 日	第十册	325
对组织政府之意见	1917 年 7 月 28 日	第四册	94

续表

篇名	著述时间	册数	页码
速开非常国会以组织正式政府　在广州报界茶话会的讲话与答问	1917 年 7 月 31 日	第十册	325
与陈炳焜谈话	1917 年 8 月 4 日	第十一册	479
拥护真共和　在广东各界欢迎海军大会的演说	1917 年 8 月 6 日	第十册	329
分致中华革命党海外各支分部同志告已南下护法请筹款速汇函	1917 年 8 月 10 日	第七册	550
致邓泽如告已南下护法请筹款支持函	1917 年 8 月 10 日	第七册	550
致山多些通信处告粤近况并希速筹汇军饷函	1917 年 8 月 10 日	第七册	552
批今井嘉幸函嘱胡汉民拟稿答复	1917 年 8 月 12 日来函	第十三册	249
关于中美关系　与海因策尔曼谈话	1917 年 8 月 14 日	第十一册	480
关于组织政府　在上海与某报记者谈话	1917 年 8 月 18 日	第十一册	480
与唐绍仪致民党上海同人望捐除成见一致对外电	1917 年 8 月 20 日	第九册	260
建设真正民意政府以再造华夏　国会非常会议开幕祝词	1917 年 8 月 25 日	第四册	95
与程璧光等联名致日本寺内首相等望支持中国护法事业电	1917 年 8 月 25 日刊载	第九册	260
中华民国军政府组织大纲	1917 年 8 月 31 日	第五册	372
致□仲衡告派余君到湘接洽函	1917 年 7 至 8 月间	第七册	552
致聂伟臣嘱联络北方志士函	1917 年 7 至 8 月间	第七册	553
中华民国海陆军大元帅受职词	1917 年 9 月 1 日	第四册	404
主张川滇黔军事统一推唐继尧为三省靖国军总司令通电	1917 年 9 月 1 日	第九册	261
复黎元洪望早日来粤电	1917 年 9 月 3 日	第九册	262
致唐继尧告派章炳麟赴滇商榷护法方略电	1917 年 9 月 3 日	第九册	262
致陆荣廷望共襄护法电	1917 年 9 月 3 日	第九册	263

续表

篇名	著述时间	册数	页码
复叶独醒告被举为大元帅及胡汉民近况等函	1917 年 9 月 7 日	第七册	553
致国会非常会议告举行就大元帅职之式函	1917 年 9 月 7 日	第七册	554
中华民国海陆军大元帅受职誓言	1917 年 9 月 10 日	第四册	404
中华民国海陆军大元帅布告	1917 年 9 月 10 日	第四册	405
公布《海陆军大元帅府组织条例》	1917 年 9 月 11 日	第五册	373
特任伍廷芳为中华民国军政府外交总长令	1917 年 9 月 11 日	第十六册	181
特任唐绍仪为中华民国军政府财政总长令	1917 年 9 月 11 日	第十六册	181
特任张开儒为中华民国军政府陆军总长令	1917 年 9 月 11 日	第十六册	182
特任程璧光为中华民国军政府海军总长令	1917 年 9 月 11 日	第十六册	182
特任孙洪伊为中华民国军政府内政总长令	1917 年 9 月 11 日	第十六册	183
特任胡汉民为中华民国军政府交通总长令	1917 年 9 月 11 日	第十六册	183
任命王正廷为中华民国军政府外交次长令	1917 年 9 月 11 日	第十六册	183
任命居正为中华民国军政府内政次长令	1917 年 9 月 11 日	第十六册	184
着王正廷暂行代理外交总长令	1917 年 9 月 11 日	第十六册	184
着居正暂行代理内政总长令	1917 年 9 月 11 日	第十六册	185
特任林葆怿为中华民国军政府海军总司令令	1917 年 9 月 11 日	第十六册	185
特任方声涛为中华民国军政府卫戍总司令令	1917 年 9 月 11 日	第十六册	185
特任李烈钧为中华民国军政府参谋总长令	1917 年 9 月 11 日	第十六册	186
特任章炳麟为大元帅府秘书长令	1917 年 9 月 11 日	第十六册	186
特任许崇智为大元帅府参军长令	1917 年 9 月 11 日	第十六册	187
任命李福林为大元帅府亲军总司令令	1917 年 9 月 11 日	第十六册	187
任命黄大伟为大元帅府参军令	1917 年 9 月 11 日	第十六册	187
任命周应时为大元帅府参军令	1917 年 9 月 11 日	第十六册	188
任命邓玉麟为大元帅府参军令	1917 年 9 月 11 日	第十六册	188
任命高尚志为大元帅府参军令	1917 年 9 月 11 日	第十六册	189
任命周之贞为大元帅府参军令	1917 年 9 月 11 日	第十六册	189

续表

篇名	著述时间	册数	页码
任命罗家衡为大元帅府秘书令	1917 年 9 月 11 日	第十六册	189
任命刘奇瑶为大元帅府秘书令	1917 年 9 月 11 日	第十六册	190
任命秦广礼为大元帅府秘书令	1917 年 9 月 11 日	第十六册	190
任命叶夏声为大元帅府秘书令	1917 年 9 月 11 日	第十六册	191
任命张大义为大元帅府秘书令	1917 年 9 月 11 日	第十六册	191
任命马君武为大元帅府秘书令	1917 年 9 月 11 日	第十六册	191
任命贺赞元为大元帅府秘书令	1917 年 9 月 11 日	第十六册	192
任命刘盥训为大元帅府秘书令	1917 年 9 月 11 日	第十六册	192
任命张伯烈为大元帅府秘书令	1917 年 9 月 11 日	第十六册	193
任命平刚为大元帅府秘书令	1917 年 9 月 11 日	第十六册	193
任命吕复为大元帅府参议令	1917 年 9 月 11 日	第十六册	193
任命吴宗慈为大元帅府参议令	1917 年 9 月 11 日	第十六册	194
任命宋渊源为大元帅府参议令	1917 年 9 月 11 日	第十六册	194
任命周震鳞为大元帅府参议令	1917 年 9 月 11 日	第十六册	195
任命茅祖权为大元帅府参议令	1917 年 9 月 11 日	第十六册	195
任命吕志伊为大元帅府参议令	1917 年 9 月 11 日	第十六册	195
任命王湘为大元帅府参议令	1917 年 9 月 11 日	第十六册	196
任命马骧为大元帅府参议令	1917 年 9 月 11 日	第十六册	196
任命王法勤为大元帅府参议令	1917 年 9 月 11 日	第十六册	197
任命凌钺为大元帅府参议令	1917 年 9 月 11 日	第十六册	197
任命邹鲁为大元帅府参议令	1917 年 9 月 11 日	第十六册	197
任命赵世钰为大元帅府参议令	1917 年 9 月 11 日	第十六册	198
复区仁甫等告已被举为大元帅请速汇转款项以应急需函	1917 年 9 月 12 日	第七册	555
任命吴宗慈为川滇劳军使令	1917 年 9 月 12 日	第十六册	198
任命王湘为川滇劳军使令	1917 年 9 月 12 日	第十六册	199

续表

篇名	著述时间	册数	页码
特任陈炯明为中华民国军政府第一军总司令令	1917 年 9 月 12 日	第十六册	199
任命万黄裳为大元帅府秘书令	1917 年 9 月 12 日	第十六册	199
任命陈群为大元帅府秘书令	1917 年 9 月 12 日	第十六册	200
致吴景濂告聘任大元帅府高等顾问函	1917 年 9 月 13 日	第七册	556
任命陆兰清为大元帅府参军令	1917 年 9 月 13 日	第十六册	200
任命崔文藻为大元帅府参议令	1917 年 9 月 13 日	第十六册	201
任命刘成禺为大元帅府参议令	1917 年 9 月 13 日	第十六册	201
任命刘英为大元帅府参议令	1917 年 9 月 13 日	第十六册	201
任命彭介石为大元帅府参议令	1917 年 9 月 13 日	第十六册	202
任命萧晋荣为大元帅府参议令	1917 年 9 月 13 日	第十六册	202
任命谢持为大元帅府参议令	1917 年 9 月 13 日	第十六册	203
任命张大昕为大元帅府参议令	1917 年 9 月 13 日	第十六册	203
任命李执中为大元帅府参议令	1917 年 9 月 13 日	第十六册	203
任命胡祖舜为大元帅府参议令	1917 年 9 月 13 日	第十六册	204
致中华革命党各支分部长及筹饷局长委任邓泽如清理债券收据数目函	1917 年 9 月 14 日	第七册	556
任命郭椿森为大元帅府参议令	1917 年 9 月 14 日	第十六册	204
任命曾彦为大元帅府参议令	1917 年 9 月 14 日	第十六册	204
任命覃超为大元帅府参议令	1917 年 9 月 14 日	第十六册	205
任命龚政为大元帅府参议令	1917 年 9 月 14 日	第十六册	205
任命徐之琛为大元帅府参议令	1917 年 9 月 14 日	第十六册	206
任命徐瑞霖为大元帅府参议令	1917 年 9 月 14 日	第十六册	206
任命曹亚伯为大元帅府参议令	1917 年 9 月 14 日	第十六册	206
任命许继祥为大元帅府参议令	1917 年 9 月 14 日	第十六册	207
任命毛仲芳为大元帅府参议令	1917 年 9 月 14 日	第十六册	207
任命苏理平为大元帅府秘书令	1917 年 9 月 14 日	第十六册	208

续表

篇名	著述时间	册数	页码
任命谢英伯为大元帅府秘书令	1917 年 9 月 14 日	第十六册	208
任命黄展云为大元帅府秘书令	1917 年 9 月 14 日	第十六册	208
任命梅培为大元帅府秘书令	1917 年 9 月 14 日	第十六册	209
任命古应芬为大元帅府秘书令	1917 年 9 月 14 日	第十六册	209
任命熊英为大元帅府秘书令	1917 年 9 月 14 日	第十六册	210
任命梁树熊为大元帅府秘书令	1917 年 9 月 14 日	第十六册	210
任命冯自由为大元帅府参议令	1917 年 9 月 14 日	第十六册	210
对第一次世界大战的态度　与河上清谈话	1917 年 9 月 15 日	第十一册	481
复唐继尧请速就元帅职并派章炳麟面陈电	1917 年 9 月 16 日	第九册	263
任命谭民三为大元帅府参议令	1917 年 9 月 16 日	第十六册	211
任命邵元冲为大元帅府秘书令	1917 年 9 月 16 日	第十六册	211
任命林焕庭为大元帅府秘书令	1917 年 9 月 16 日	第十六册	212
任命蒋文汉为大元帅府秘书令	1917 年 9 月 16 日	第十六册	212
任命李禄超为大元帅府秘书令	1917 年 9 月 16 日	第十六册	212
任命林直勉为大元帅府秘书令	1917 年 9 月 16 日	第十六册	213
任命陈民钟为大元帅府参议令	1917 年 9 月 16 日	第十六册	213
任命时功玖为大元帅府参议令	1917 年 9 月 16 日	第十六册	214
任命童昆瀛为大元帅府参议令	1917 年 9 月 16 日	第十六册	214
委任邓耀为广东招抚局长状	1917 年 9 月 16 日	第十六册	214
公布《大元帅府秘书处组织条例》	1917 年 9 月 17 日	第五册	375
公布《特别军事会议条例》	1917 年 9 月 17 日	第五册	377
致陆荣廷嘉勉出师援湘电	1917 年 9 月 17 日	第九册	264
任命杨福田为大元帅府参军令	1917 年 9 月 17 日	第十六册	215
准任命蒋国斌等三人分为参军处总务等三科科长令	1917 年 9 月 17 日	第十六册	215
咨国会非常会议咨询外交方针文	1917 年 9 月 18 日	第十三册	249
任命黄伯耀李建中为大元帅府秘书令	1917 年 9 月 18 日	第十六册	216

续表

篇名	著述时间	册数	页码
任命吕复兼大元帅府秘书令	1917 年 9 月 18 日	第十六册	216
任命林学衡为大元帅府秘书令	1917 年 9 月 18 日	第十六册	216
任命蒙民伟为大元帅府参议令	1917 年 9 月 18 日	第十六册	217
任命段雄为大元帅府参议令	1917 年 9 月 18 日	第十六册	217
任命张华澜为大元帅府参议令	1917 年 9 月 18 日	第十六册	218
任命梁培为大元帅府参议令	1917 年 9 月 18 日	第十六册	218
任命李茂之等十人为大元帅府参议令	1917 年 9 月 18 日	第十六册	218
任命杨大实等十一人为大元帅府参议令	1917 年 9 月 18 日	第十六册	219
任命丁象谦等三人为大元帅府参议令	1917 年 9 月 18 日	第十六册	219
任命李含芳为大元帅府参议令	1917 年 9 月 18 日	第十六册	220
公布《大元帅府参军处组织条例》	1917 年 9 月 19 日	第五册	378
任命覃振等八人为大元帅府参议令	1917 年 9 月 19 日	第十六册	220
咨国会非常会议请将外交案文内容认二字改为承认文	1917 年 9 月 20 日	第十三册	250
任命张左丞林镜台为大元帅府参议令	1917 年 9 月 20 日	第十六册	220
复刘建藩等嘉勉扶义湘南电	1917 年 9 月 21 日	第九册	264
《军政府公报》发行章程	1917 年 9 月 22 日	第五册	379
致国会非常会议告派戴传贤至会报告军政府外交情形函	1917 年 9 月 22 日	第七册	557
募债与任议员为参议　对国会议员谈话	1917 年 9 月 22 日	第十一册	483
特任徐谦代理大元帅府秘书长令	1917 年 9 月 22 日	第十六册	221
特任廖仲恺代理中华民国军政府财政总长令	1917 年 9 月 22 日	第十六册	221
任命邹鲁为中华民国军政府财政次长令	1917 年 9 月 22 日	第十六册	222
致菲律宾同志告派员筹集军饷函	1917 年 9 月 23 日	第七册	557
复徐统雄告款已收到函	1917 年 9 月 23 日	第七册	558
致叶荃邀来穗函	1917 年 9 月 24 日	第七册	558

续表

篇名	著述时间	册数	页码
复唐继尧告成立军政府及派张左丞驻滇函	1917 年 9 月 24 日	第七册	559
致唐继虞告派张左丞赴滇拜候函	1917 年 9 月 24 日	第七册	560
委任郑祖怡为大元帅府参军状	1917 年 9 月 24 日	第十六册	222
致唐继尧告特派张左丞为驻滇代表电	1917 年 9 月 24 日	第十六册	222
咨请国会非常会议议决《军事内国公债条例》等件	1917 年 9 月 25 日前	第五册	380
特任马君武代理中华民国军政府交通总长令	1917 年 9 月 25 日	第十六册	223
任命叶夏声代理内政次长令	1917 年 9 月 25 日	第十六册	223
任命邓慕韩为大元帅府参议令	1917 年 9 月 25 日	第十六册	223
军政府承认对德奥处于交战状态布告中外书	1917 年 9 月 26 日	第四册	406
公布《军事内国公债条例》	1917 年 9 月 26 日	第五册	381
公布《承购军事内国公债奖励条例》	1917 年 9 月 26 日	第五册	382
公布《〈军政府公报〉条例》	1917 年 9 月 26 日	第五册	383
任命吴铁城等五人为大元帅府参议令	1917 年 9 月 27 日	第十六册	224
任命黄承胄为大元帅府参议令	1917 年 9 月 27 日	第十六册	224
任命李炳初为筹饷委员状	1917 年 9 月 27 日	第十六册	225
任命杨汉魂为筹饷委员状	1917 年 9 月 27 日	第十六册	225
任命刘汉川为大元帅府参议令	1917 年 9 月 28 日	第十六册	225
任命刘成为大元帅府参军令	1917 年 9 月 28 日	第十六册	226
复唐继尧促即日宣布就元帅职电	1917 年 9 月 29 日	第九册	265
致唐继尧告军事内国公债筹募事宜电	1917 年 9 月 29 日	第九册	265
致陆荣廷告军事内国公债筹募事宜电	1917 年 9 月 29 日	第九册	265
复叶独醒告捐款接洽办法函	1917 年 9 月 30 日	第七册	560
复邓泽如告筹款事宜径与廖仲恺接洽等事函	1917 年 9 月 30 日	第七册	561
为胡祖舜题词	1917 年 9 月	第十八册	188
复谭人凤告无能助款函	1917 年 10 月 2 日	第七册	562
致岑春煊望发布坚持护法反对调停通电函	1917 年 10 月 2 日	第七册	562

续表

篇名	著述时间	册数	页码
任命吴醒汉为大元帅府参军令	1917 年 10 月 2 日	第十六册	226
明正段祺瑞伪政府煽乱篡权罪状之通令	1917 年 10 月 3 日	第四册	407
致黎元洪及西南各省政要等反对北京伪政府另组新国会重开参议院通电	1917 年 10 月 3 日	第四册	409
缉拿段祺瑞倪嗣冲等令	1917 年 10 月 3 日	第十三册	250
致唐继尧请查复煽动排斥日货谣传函	1917 年 10 月 4 日	第七册	564
任命童杭时为大元帅府参议状	1917 年 10 月 4 日	第十六册	227
任命潘乃德为大元帅府参议状	1917 年 10 月 4 日	第十六册	227
致唐继尧告伍廷芳决心来粤盼速致电促行并询川情电	1917 年 10 月 5 日	第九册	266
复林德轩嘉慰率师北伐电	1917 年 10 月 6 日	第九册	266
复章炳麟嘉慰促唐继尧决心北伐电	1917 年 10 月 7 日	第九册	266
准军政府通俗讲演所规程规则	1917 年 10 月 8 日	第五册	384
批准《参军处办事细则》	1917 年 10 月 8 日	第五册	386
致唐继尧盼宣布就元帅职电	1917 年 10 月 8 日	第九册	267
致章炳麟嘱劝唐继尧就元帅职电	1917 年 10 月 8 日	第九册	267
派黄大伟代表参加国庆致祭历次殉国先烈典礼令	1917 年 10 月 8 日	第十三册	251
批居正呈准设通俗讲演所使启导民治令	1917 年 10 月 8 日刊载	第十三册	251
纪念国庆布告	1917 年 10 月 9 日刊载	第四册	410
任命李玉昆为大元帅府参军令	1917 年 10 月 9 日	第十六册	228
致邓泽如告已就大元帅职并恳筹助巨款函	1917 年 10 月 10 日	第七册	564
致挂罗庇胜埠商会告已就大元帅职并请慷慨捐巨资函	1917 年 10 月 10 日	第七册	565
致山多些中华商会告来粤成立军政府经过并恳捐助军饷函	1917 年 10 月 10 日	第七册	566
复李宗黄望协力共任国事函	1917 年 10 月 11 日	第七册	567

续表

篇名	著述时间	册数	页码
致简琴石请交还华暹轮船公司股票函	1917 年 10 月 11 日	第七册	567
任命熊秉坤为大元帅府参军令	1917 年 10 月 11 日	第十六册	228
任命曾尚武为大元帅府参军令	1917 年 10 月 11 日	第十六册	228
任命席正铭为大元帅府参军令	1917 年 10 月 11 日	第十六册	229
任命孙智兴为香港筹饷委员状	1917 年 10 月 11 日	第十六册	229
致杨庶堪请转寄委任黄复生卢师谛为四川国民军总副司令状并商石青阳川东招讨使职仍旧电	1917 年 10 月 12 日	第十六册	230
致黄复生等三人任命黄为中华民国军政府四川国民军总司令及另二人军职电	1917 年 10 月 12 日	第十六册	230
致唐继尧告派章炳麟为全权代表赴滇望与之商榷一切电	1917 年 10 月 13 日	第九册	268
复唐继虞望互相提携恢复共和函	1917 年 10 月 14 日	第七册	568
特任许崇智署理中华民国军政府陆军总长令	1917 年 10 月 14 日	第十六册	231
着黄大伟代理大元帅府参军长令	1917 年 10 月 14 日	第十六册	231
复徐绍桢告派周应时迎接来粤函	1917 年 10 月 15 日	第七册	568
复徐统雄嘱继续筹款接济函	1917 年 10 月 15 日	第七册	569
委任李国定刘泽龙为四川劳军使令	1917 年 10 月 15 日	第十六册	231
任命蒋群为大元帅府参军令	1917 年 10 月 15 日	第十六册	232
帝孽提倡复辟事　与驻广州各国领事谈话	1917 年 10 月 16 日	第十一册	484
批徐璞求职函	1917 年 10 月 17 日	第十三册	252
任命刘谦祥为小吕宋筹饷委员状	1917 年 10 月 17 日	第十六册	232
委任崔鼎新为西堤筹饷委员状	1917 年 10 月 17 日	第十六册	233
任命叶独醒为小吕宋筹饷委员状	1917 年 10 月 17 日	第十六册	233
林祖涵为湖南劳军使令	1917 年 10 月 17 日	第十六册	233
复张耀曾告所荐徐君已委任为本府参议函	1917 年 10 月 18 日	第七册	569
任命林飞云为大元帅府秘书令	1917 年 10 月 19 日	第十六册	234

续表

篇名	著述时间	册数	页码
致程潜等嘉奖起义讨贼并告派林祖涵驰往存问电	1917 年 10 月 20 日	第九册	268
复林镜台询袁祖铭应加委何职电	1917 年 10 月 22 日	第九册	269
任命蒋国斌为大元帅府参军令	1917 年 10 月 22 日	第十六册	234
特任刘存厚为中华民国军政府四川督军令	1917 年 10 月 24 日	第十六册	234
复大元帅府秘书张伯烈不允辞职函	1917 年 10 月 25 日	第七册	570
复章炳麟告惠事真相电	1917 年 10 月 25 日	第九册	269
任命王孰闻为西伯利亚调查专员状	1917 年 10 月 25 日	第十六册	235
与蓝天蔚谈话	1917 年 10 月 26 日	第十一册	484
致张煦望与唐继尧合作电	1917 年 10 月 27 日	第九册	270
任命戴愧生为小吕宋筹饷委员状	1917 年 10 月 27 日	第十六册	235
任命吴山为大元帅府秘书令	1917 年 10 月 29 日	第十六册	236
任命管鹏为大元帅府参议状	1917 年 10 月 29 日	第十六册	236
致周之贞请协助邓耀招集军队函	1917 年 10 月 30 日	第七册	570
致陆石泉请秘密协助邓耀招集军队函	1917 年 10 月 30 日	第七册	571
复谭延闿程潜望即率劲旅迅攻岳州电	1917 年 10 月 30 日	第九册	270
任命朱晋经为筹饷委员状	1917 年 10 月 30 日	第十六册	236
复卢慕贞告未能定期回乡函	1917 年 10 月	第七册	571
批熊英询杨华馨函请委以副官之职可否不答呈	1917 年 10 月	第十三册	252
任命张群蒋介石为大元帅府参军令	1917 年 11 月 1 日	第十六册	237
致李烈钧请节哀并派邵元冲代唁函	1917 年 11 月 2 日	第七册	572
任命阮日华为筹饷委员状	1917 年 11 月 3 日	第十六册	237
任命高敦焯为筹饷委员状	1917 年 11 月 3 日	第十六册	238
任命刘汉华为军事委员状	1917 年 11 月 3 日	第十六册	238
任命洪慈等三人为大元帅府参军令	1917 年 11 月 4 日	第十六册	238
任命孙洪伊为中华民国军政府驻沪全权代表令	1917 年 11 月 5 日	第十六册	239
准任命阮复等八人分为内政部秘书或金事令	1917 年 11 月 5 日	第十六册	239

续表

篇名	著述时间	册数	页码
任命刘汉华为东海十六沙护沙督办状	1917 年 11 月 5 日	第十六册	240
致张煦告加任其为川南镇守使及任傅畅和为建昌道尹并派员解送公债收条电	1917 年 11 月 8 日	第十六册	240
军政府为香山东海十六沙护沙事宜布告	1917 年 11 月 9 日	第四册	411
不干涉粤政　与军政府陆海军各要人谈话	1917 年 11 月 9 日刊载	第十一册	484
复唐继尧嘉勉督师入蜀并告此后应行筹商事宜可与滇省全权代表李烈钧接洽电	1917 年 11 月 10 日	第九册	271
致唐继尧请援助黄复生等部民军电	1917 年 11 月 10 日	第九册	271
复章炳麟等告粤桂政情并嘱促唐继尧宣布就元帅职电	1917 年 11 月 11 日	第九册	272
复唐继尧赞成联名致电日本劝阻借款电	1917 年 11 月 12 日	第九册	272
复张煦嘉慰宣布独立并嘱静候唐继尧指挥电	1917 年 11 月 13 日	第九册	273
致唐继尧陆荣廷赞同发起西南联合会议电	1917 年 11 月 14 日	第九册	273
复章炳麟告并无派赵端为招抚使电	1917 年 11 月 15 日	第九册	273
复曾允明等望速将认饷连同结存款项汇沪函	1917 年 11 月 17 日	第七册	572
致黎元洪及西南各省政要等祈同护法到底通电	1917 年 11 月 18 日	第四册	412
谕义军将士务与军政府同心讨逆护法通令	1917 年 11 月 18 日	第四册	413
复金国治等望乘胜直捣潮梅电	1917 年 11 月 18 日	第九册	274
致孙洪伊告议和当以取消非法机关恢复旧国会为条件电	1917 年 11 月 18 日	第九册	274
致陆荣廷等联名致日本寺内首相等请拒绝向段祺瑞政府提供借款电	1917 年 11 月 20 日	第九册	275
复唐继尧促即就元帅职并赞同李烈钧组织军事联合会及政务委员会电	1917 年 11 月 21 日	第九册	276
复金国治等嘉奖克复五华电	1917 年 11 月 21 日	第九册	276

续表

篇名	著述时间	册数	页码
复袁祖铭嘉勉努力讨逆电	1917 年 11 月 21 日	第九册	277
复张煦望淬励师旅力锄逆党之根株电	1917 年 11 月 21 日	第九册	277
准任命郑振春等七人分为佥事或技正令	1917 年 11 月 21 日	第十六册	241
致邓泽如等告军政府发展并嘱筹巨款接济函	1917 年 11 月 22 日	第七册	573
复王文华嘉慰进赴前敌并望会攻重庆直趋武汉电	1917 年 11 月 22 日	第九册	277
复林镜台询应加委袁祖铭何职电	1917 年 11 月 22 日	第九册	278
若彼此相见以诚自无隔阂　与莫荣新谈话	1917 年 11 月 22 日	第十一册	485
复唐继尧告致日本政府反对军械借款电已会衔于前日拍发电	1917 年 11 月 23 日	第九册	278
饬广东各地民军除潮梅外一律停止行动令	1917 年 11 月 23 日	第十三册	253
任命安健为川边宣慰使令	1917 年 11 月 24 日	第十六册	241
关于军政府的宣言	1917 年 11 月 25 日刊载	第四册	415
复唐继尧贺克复合江和江津电	1917 年 11 月 25 日	第九册	278
任命林义顺为大元帅府参议状	1917 年 11 月 26 日	第十六册	241
复叶独醒等请代转信并协助陈君筹款函	1917 年 11 月 27 日	第七册	574
致唐继尧转述菊池良一电文并征询对派张继汪精卫赴日本意见电	1917 年 11 月 29 日	第九册	279
致上海国民党本部转述菊池良一电文并告即派汪精卫张继赴日本陈述南方意见电	1917 年 11 月 29 日	第九册	280
复刘显世贺克复江津电	1917 年 11 月 29 日	第九册	280
复李纯盼发纾正论共靖国难电	1917 年 11 月 29 日	第九册	281
复章炳麟告致日本政府电已发及号电未到电	1917 年 11 月 29 日	第九册	281
任命连声海为印铸局长令	1917 年 11 月 29 日	第十六册	242
复唐继尧请酌量委任黄复生卢师谛并报军政府加委电	1917 年 11 月 29 日	第十六册	242
任命管鹏为安徽招抚使状	1917 年 11 月 30 日	第十六册	243

续表

篇名	著述时间	册数	页码
致刘显世嘉慰通电援湘并望联合唐继尧陆荣廷讨逆电	1917 年 11 月	第九册	282
致孙洪伊转告李纯宣布南京独立勿为日本寺内内阁利用电	1917 年 11 月	第九册	282
致张煦告加任为川南镇守使并解送内国公债赴滇备用电	1917 年 11 月	第九册	283
复石青阳等赞同推黎天才为湖北靖国联军总司令并祈积极准备克日会师电	1917 年 11 月	第九册	283
悼孙昌挽词	1917 年 11 月	第十八册	190
复刘建藩告购械事难为函	1917 年 12 月 1 日	第七册	574
致谭浩明程潜请释毕同电	1917 年 12 月 3 日	第九册	284
饬邓耀停止招抚事宜令	1917 年 12 月 4 日	第十三册	254
批席正铭请拨款经营北事呈	1917 年 12 月 4 日	第十三册	255
任命苏苍为大元帅府秘书令	1917 年 12 月 5 日	第十六册	243
复刘显世望促唐继尧王文华率师东下电	1917 年 12 月 7 日	第九册	284
复章炳麟望促唐继尧分兵东下制桂电	1917 年 12 月 7 日	第九册	285
准任命周道万三人为内政部金事令	1917 年 12 月 7 日	第十六册	243
复唐继尧王文华嘉慰攻克重庆并望督师出峡电	1917 年 12 月 8 日	第九册	285
复唐继尧等责陆荣廷停战议和望唐迅出宜昌东下进击武汉电	1917 年 12 月 10 日	第九册	286
复黎天才石星川嘉勉举义荆襄电	1917 年 12 月 10 日	第九册	286
复唐继尧章炳麟望速出宜昌趋武汉并告已派滇军护送内国公债由桂赴滇电	1917 年 12 月 11 日	第九册	287
政变发生之原因 在广州与某君谈话	1917 年 12 月 12 日刊载	第十一册	485
任命石青阳为川北招讨使令	1917 年 12 月 12 日	第十六册	244

续表

篇名	著述时间	册数	页码
致李纯陈光远望主张恢复旧国会约法电	1917 年 12 月 14 日	第九册	287
任命黄嘉梁为云南劳军使状	1917 年 12 月 14 日	第十六册	244
致刘祖武唐继尧望保护黄嘉梁等护送公债收条赴滇电	1917 年 12 月 15 日	第九册	288
复顾品珍望乘胜讨平逆军电	1917 年 12 月 15 日	第九册	288
国会未恢复前北方一切设施皆属非法 在广州与苏赣督军代表谈话	1917 年 12 月 16 日	第十一册	486
致王珩瑁郑渭江请协力相助被拘之尹神武函	1917 年 12 月 18 日	第七册	575
致唐继尧询川局情势并望与林镜台接洽电	1917 年 12 月 18 日	第九册	289
复石星川等嘉奖举义讨逆电	1917 年 12 月 18 日	第九册	290
致刘祖武唐继尧告派员解送债券赴滇望饬滇桂接境之各官厅军警特别保护电	1917 年 12 月 19 日	第九册	290
致章炳麟望劝唐继尧就元帅职并约川滇黔各将领一致推戴电	1917 年 12 月 21 日	第九册	291
复熊克武等望即奖率军旅与唐继尧会师东下电	1917 年 12 月 21 日	第九册	292
致刘建藩嘱省释毕同电	1917 年 12 月 22 日	第九册	293
致刘云峰等贺云南讨袁起义纪念电	1917 年 12 月 23 日	第九册	293
定云南护国首义日为国庆纪念日布告	1917 年 12 月 24 日	第四册	415
复林修梅望与湘中各将领坚持护法电	1917 年 12 月 24 日	第九册	294
复李纯论和平并望未以良规力求持平电	1917 年 12 月 24 日	第九册	294
云南首义国庆日派黄大伟代祭诸先烈令	1917 年 12 月 24 日	第十三册	255
派赵德恒为云南靖国后备军慰问使令	1917 年 12 月 24 日	第十六册	244
致黎天才等促联合滇黔川湘桂军东取武汉电	1917 年 12 月 26 日	第九册	295
复章炳麟嘱促唐继尧率师东下电	1917 年 12 月 27 日	第九册	296
复章炳麟请告唐继尧转饬前敌将士与林德轩部提挈电	1917 年 12 月 28 日	第九册	296

续表

篇名	著述时间	册数	页码
致黎天才石星川望与林德轩等互相提挈电	1917 年 12 月 28 日	第九册	297
致刘建藩林修梅望与林德轩等部互相提挈电	1917 年 12 月 28 日	第九册	297
致唐继尧等告护法军现令改称靖国军并请转告前敌将官妥为联络电	1917 年 12 月 28 日	第九册	298
复唐继尧刘显世望早就职以慰众心电	1917 年 12 月 29 日	第九册	298
任命郑启聪为大元帅府参议令	1917 年 12 月 30 日	第十六册	245
致陈光远勉以护法函	1917 年 12 月中下旬	第七册	575
复石青阳等告唐继尧就职为时势所不可缓及请滇黔接济械弹电	1917 年 12 月中下旬	第九册	291
致唐继尧章炳麟告暂缓运送内国公债收条缘由电	1917 年 12 月	第九册	298
着秘书处作书五通交赵德恒带往云南手谕	1917 年 12 月	第十三册	256
批长沙溥利磺矿公司孙静山来函	1916 至 1917 年间	第十三册	227
批南洋卑南部某君今后决意不问国事	1916 至 1917 年间	第十三册	228
批朱葭等请转政府抚恤萧成美函	1916 至 1917 年间	第十三册	228
批答用款无法列入向政府交涉还债案内	1916 至 1917 年间	第十三册	228
批答第一要着手在推广党势固结党力	1916 至 1917 年间	第十三册	229
批答将尽力设法解决困境	1916 至 1917 年间	第十三册	229
批答借款已报告政府入筹还预算之中	1916 至 1917 年间	第十三册	230
批答吴君无力援助	1916 至 1917 年间	第十三册	230
批某君回国请安排工作维持生活函	1916 至 1917 年间	第十三册	230
批答归还侨款事	1916 至 1917 年间	第十三册	231
批答江南合群实业公司某君来函	1916 至 1917 年间	第十三册	231
批加拿大温哥华国民党支部陈君函	1916 至 1917 年间	第十三册	231
批答徐君地方事可直禀内务总长	1916 至 1917 年间	第十三册	232
批阚钧请资助函	1916 至 1917 年间	第十三册	232
批某某请接济函	1916 至 1917 年间	第十三册	232

续表

篇名	著述时间	册数	页码
批美国《民气周报》函	1916 至 1917 年间	第十三册	233
批某君关于接济党员问题函	1916 至 1917 年间	第十三册	233
为今井嘉幸题词	1916 至 1917 年	第十八册	180
在广州与刘成禺谈话	1917 年	第十一册	486
批答民党对日态度	1917 年	第十三册	256
批周震鳞函	1917 年	第十三册	257
批答马骧函勉各省同志宜集合团体坚固地盘	1917 年	第十三册	257
题贺山田浩藏八秩荣庆联	1917 年	第十八册	191
为向楚题词	1917 年	第十八册	192
为秦竹裹题词（一）	1917 年	第十八册	193
为秦竹裹题词（二）	1917 年	第十八册	194
为漳州八宝印泥厂题词	1917 年	第十八册	195
为杉田定一题词	1917 年	第十八册	196
题赠陆荫培	1917 年	第十八册	197
为陈祝龄题词	1917 年前后	第十八册	198
元旦勉众军民速图戡定内乱布告	1918 年 1 月 1 日	第四册	416
致李纯陈光远祝贺新猷电	1918 年 1 月 1 日	第九册	299
在广州与刘德泽谈话	1918 年 1 月 1 日	第十二册	3
致何成濬请经营长江军事函	1918 年 1 月 2 日	第八册	3
复王奇等告任其为四川靖国联军川北总司令并望捐嫌一致讨贼电	1918 年 1 月 2 日	第九册	299
致唐继尧刘显世告已任王奇为四川靖国军联军川北总司令并请转前敌将官妥为联络电	1918 年 1 月 2 日	第九册	300
复唐继尧贺就任滇川黔三省总司令电	1918 年 1 月 2 日	第九册	300
任命刘景双张汇滔为大元帅府参军令	1918 年 1 月 2 日	第十六册	245
着石青阳改为川北招讨使令	1918 年 1 月 2 日	第十六册	245

续表

篇名	著述时间	册数	页码
谕各军将士攻歼不法官僚布告	1918 年 1 月 3 日	第四册	417
炮击粤督署后提出的和解条件	1918 年 1 月 4 日	第四册	96
着陈翘协同邓孔芝率兵带往第四师司令部听候指挥令	1918 年 1 月 4 日	第十三册	258
致唐继虞嘱发给邓天翔等赴川护照电	1918 年 1 月 6 日	第九册	301
任命李建中为湘西劳军使令	1918 年 1 月 6 日	第十六册	246
任林祖密为闽南军司令状	1918 年 1 月 6 日	第十六册	246
任命但焘为大元帅府秘书令	1918 年 1 月 8 日	第十六册	246
望各人一致承认军政府　在大元帅府茶话会的演说	1918 年 1 月 9 日	第十册	329
准任命钟嘉澍为金事令	1918 年 1 月 10 日	第十六册	247
在广州与程璧光谈话	1918 年 1 月初	第十二册	3
炮击督军署之原由　在军政府茶话会的演说	1918 年 1 月 11 日	第十册	331
任命万斌冯中兴为四川军事委员令	1918 年 1 月 11 日	第十六册	247
致唐绍尧请加电甘肃马安良晓以大义使为我用电	1918 年 1 月 12 日	第九册	301
复李汝舟望鼓励将士奋勉戎机会师武汉电	1918 年 1 月 12 日	第九册	301
准任命和耀奎为内政部秘书令	1918 年 1 月 12 日	第十六册	247
任命焦易堂为大元帅府参议令	1918 年 1 月 12 日	第十六册	248
致唐继尧请派员转电马翰如望举兵援助与南方一致进行护法电	1918 年 1 月 13 日	第九册	302
复熊克武贺被推为川军总司令电	1918 年 1 月 14 日	第九册	302
省议会应助开正式国会　在广东省议会茶会的讲话	1918 年 1 月 14 日	第十册	332
任命刘星海为澳洲筹饷委员令	1918 年 1 月 14 日	第十六册	248
致张学济等望出师援鄂电	1918 年 1 月 15 日	第九册	303
复陈凤石请纾蜀难电	1918 年 1 月 15 日	第九册	303
复唐继尧告接洽王季抚并望随时电示川事情形电	1918 年 1 月 15 日	第九册	304

续表

篇名	著述时间	册数	页码
望粤军出师建再造共和之奇勋　在广州宴请援闽粤军军官的演说	1918 年 1 月 15 日	第十册	332
任命陈家鼎岑楼为大元帅府秘书令	1918 年 1 月 15 日	第十六册	248
任命郭泰祺为大元帅府秘书令	1918 年 1 月 15 日	第十六册	249
任命李锦纶为外交委员令	1918 年 1 月 15 日	第十六册	249
任命徐世强为大元帅府秘书令	1918 年 1 月 15 日	第十六册	249
复章炳麟促熊克武提兵进取并妥商川军总司令人事电	1918 年 1 月 16 日	第九册	304
任命罗诚为广州交涉员令	1918 年 1 月 16 日	第十六册	250
请省议会从速解决国会经费问题　在广东省议会的演说	1918 年 1 月 17 日	第十册	333
与国会议员谈话	1918 年 1 月 17 日	第十二册	4
任命颜如愚为四川军事特派员令	1918 年 1 月 17 日	第十六册	250
吁请滇军将士承认军政府　在广州宴请滇军第四师军官的演说	1918 年 1 月 18 日	第十册	335
任命萧辉锦为大元帅府秘书令	1918 年 1 月 18 日	第十六册	250
准任命张世忱为秘书乔根为佥事令	1918 年 1 月 18 日	第十六册	251
准任命方作桢为佥事令	1918 年 1 月 18 日	第十六册	251
复唐继尧望迅速出兵长江电	1918 年 1 月 19 日	第九册	305
复黎天才嘉贺迭克要区望率部奋勉戎行会猎中原并随时电示各路战守情形电	1918 年 1 月 19 日	第九册	305
复刘志陆吕一夔嘉慰战克潮汕并告赴闽行期未定电	1918 年 1 月 19 日	第九册	306
任命刘燧昌为大元帅府参议令	1918 年 1 月 19 日	第十六册	251
任命严培俊为大元帅府参议令	1918 年 1 月 19 日	第十六册	252
致头山满告派殷汝耕赴日述护法状况函	1918 年 1 月 20 日	第八册	3

续表

篇名	著述时间	册数	页码
同心护法定可成功　在广州宴请海军及滇军第三师军官的演说	1918 年 1 月 20 日	第十册	339
任命李安邦为大元帅行营卫队司令令	1918 年 1 月 20 日	第十六册	252
特任李烈钧为总参谋长令	1918 年 1 月 20 日	第十六册	252
致宫崎寅藏告派殷汝耕赴日解释炮轰广东督军署事函	1918 年 1 月 21 日	第八册	4
致犬塚木告派殷汝耕赴日述护法状况函	1918 年 1 月 21 日	第八册	5
致寺尾亨告派殷汝耕赴日述护法状况函	1918 年 1 月 21 日	第八册	5
致今井嘉幸等告派殷汝耕赴日述护法状况函	1918 年 1 月 21 日	第八册	6
致萱野长知问候新年并派殷汝耕面达函	1918 年 1 月 21 日	第八册	6
复菊池宽问候新年并派殷汝耕面达函	1918 年 1 月 21 日	第八册	7
复唐继尧望对刘存厚派员接洽事烛察情伪相机进行电	1918 年 1 月 21 日	第九册	306
复吕超王维纲嘉慰力克名城并盼东下武汉会师中原电	1918 年 1 月 21 日	第九册	307
复夏之时告川事不宜调和自应为根本之解决电	1918 年 1 月 21 日	第九册	307
复石青阳贺克复顺庆并望乘胜平定成都电	1918 年 1 月 21 日	第九册	307
致黄复生卢师谛望积极准备进取川中电	1918 年 1 月 21 日	第九册	308
复石星川等望勿惑于调和谬说并即力挫贼锋电	1918 年 1 月 22 日	第九册	308
复吴崑等重申护法主张电	1918 年 1 月 22 日	第九册	309
请从速议决国会经费问题　在广东省议会第四次临时会的讲话	1918 年 1 月 22 日	第十册	340
任命杨华馨为滇边宣慰使令	1918 年 1 月 22 日	第十六册	253
任命邓伯年为大元帅府参议令	1918 年 1 月 22 日	第十六册	253
致孙洪伊告已委朱廷燎为苏沪总司令及李兰轩为湘西劳军使函	1918 年 1 月 22 日	第十六册	253

续表

篇名	著述时间	册数	页码
任余祥炘为军事委员令	1918 年 1 月 22 日	第十六册	254
报界应以笔锋为公理之扶助 宴请粤报记者的演说	1918 年 1 月 23 日	第十册	341
让位袁世凯之原因 在广州与徐绍桢谈话	1918 年 1 月 24 日刊载	第十二册	4
任命田永正为大元帅府秘书令	1918 年 1 月 24 日	第十六册	254
准任命李焕章等三人为金事令	1918 年 1 月 24 日	第十六册	255
任命徐瑞霖为潮汕筹饷委员长令	1918 年 1 月 24 日	第十六册	255
致唐继尧转述石青阳等来电望毅然就大元帅职电	1918 年 1 月 25 日	第九册	310
任命张鉴安为大元帅府参议令	1918 年 1 月 25 日	第十六册	255
免大元帅府参军席正铭军事委员彭瑞麟职令	1918 年 1 月 25 日	第十六册	256
致唐继尧等告命舰炮击广东督署缘由电	1918 年 1 月 25 日对方收到	第九册	309
留学生关系于民国前途甚大 在广州宴请自欧美归国留学生的演说	1918 年 1 月 26 日	第十册	342
准许崇智辞去陆军总长兼职令	1918 年 1 月 26 日	第十六册	256
致孙洪伊请修函介绍邓惟贤联络陈光远函	1918 年 1 月 27 日	第八册	7
任命徐忠立为大元帅府参议令	1918 年 1 月 27 日	第十六册	256
任命陈家鼎为大元帅府参议令	1918 年 1 月 27 日	第十六册	257
派朱大符为究办伪造状案临时审判长及另二人为临时审判员令	1918 年 1 月 27 日	第十六册	257
任命于均生为大元帅府参议令	1918 年 1 月 27 日	第十六册	258
任命陈家鼎等四人为大元帅府参议令	1918 年 1 月 27 日	第十六册	258
警吏宜为公仆模范 在广州警界宴会的演说	1918 年 1 月 28 日	第十册	343
此后应注意西北 在广州警界宴会上与何君谈话	1918 年 1 月 28 日	第十二册	5
任命方谷为大元帅府秘书令	1918 年 1 月 28 日	第十六册	258
任命马素为美东筹饷局长令	1918 年 1 月 28 日	第十六册	259
致刘显世询援宁远计划电	1918 年 1 月 29 日	第九册	311

续表

篇名	著述时间	册数	页码
任命卢振柳为华侨义勇队司令令	1918 年 1 月 29 日	第十六册	259
任命梁醉生为大元帅府秘书令	1918 年 1 月 30 日	第十六册	259
任命侯湘涛为大元帅府参议令	1918 年 1 月 30 日	第十六册	260
复唐克明望重张旗帜勿再为调和所误电	1918 年 2 月 1 日	第九册	311
复谭浩明贺收复岳州并望协同鄂省义师会攻武汉电	1918 年 2 月 1 日	第九册	312
任命易廷熹为大元帅府秘书令	1918 年 2 月 1 日	第十六册	260
任命马超群为大元帅府秘书令	1918 年 2 月 1 日	第十六册	260
任命陈其权为广州地方审判厅厅长令	1918 年 2 月 1 日	第十六册	261
任命杨庶堪为四川宣抚使令	1918 年 2 月 1 日	第十六册	261
准任命赵精武等二十六人为大元帅府参军处副官令	1918 年 2 月 1 日	第十六册	262
准任命安瑞莊为财政部员令	1918 年 2 月 1 日	第十六册	262
致谭延闿托陈家鼎赴沪面商时局函	1918 年 2 月 2 日	第八册	8
任命曾景星为大元帅府参议令	1918 年 2 月 2 日	第十六册	262
任命林君复为大元帅府参议令	1918 年 2 月 2 日	第十六册	263
任命松均等五人为军事委员令	1918 年 2 月 2 日	第十六册	263
复李书城等嘉勉举义湘西并望奋厉进行护法电	1918 年 2 月 4 日	第九册	312
任命周道万为大元帅府秘书令	1918 年 2 月 4 日	第十六册	263
任命谢心准为大元帅府参议令	1918 年 2 月 4 日	第十六册	264
任命潘训初为大元帅府参议令	1918 年 2 月 4 日	第十六册	264
任命陆祖烈为大元帅府参议令	1918 年 2 月 4 日	第十六册	265
任命郑德元为大元帅府参议令	1918 年 2 月 4 日	第十六册	265
任命黄肇河为大元帅府参议令	1918 年 2 月 4 日	第十六册	265
任命李自芳为大元帅府参议令	1918 年 2 月 4 日	第十六册	266
准任命宋华荀为秘书令	1918 年 2 月 4 日	第十六册	266
任命林翔为广州地方检察厅检察长令	1918 年 2 月 4 日	第十六册	266
批彭邦栋报告赴湘劳军经过及桂系在湘专横函	1918 年 2 月 5 日	第十三册	258

续表

篇名	著述时间	册数	页码
任命崔肃平为军事委员令	1918 年 2 月 5 日	第十六册	267
对于联合会议之意见　在广州与国会议员谈话	1918 年 2 月 6 日	第十二册	5
任命沈靖为大元帅府参军令	1918 年 2 月 6 日	第十六册	267
任命李述膺甄元熙为大元帅府参议令	1918 年 2 月 6 日	第十六册	267
任命邹苦辛为大元帅府秘书令	1918 年 2 月 6 日	第十六册	268
我国宪法宜驾乎欧美之上　在广州宴请国会议员及广东省议会议员的演说	1918 年 2 月 7 日	第十册	343
任命张仁普为广东高等检察厅检察长令	1918 年 2 月 7 日	第十六册	268
任命秦树勋为广东高等审判厅长令	1918 年 2 月 7 日	第十六册	268
致唐继尧贺克复叙城等处电	1918 年 2 月 8 日	第九册	313
批李锡熙等陈办各节呈	1918 年 2 月 8 日	第十三册	260
特任戴传贤代理大元帅府秘书长令	1918 年 2 月 8 日	第十六册	269
任命李元白为四川调查员令	1918 年 2 月 8 日	第十六册	269
准任命陈承经等三人为金事令	1918 年 2 月 8 日	第十六册	269
复刘显世望早日出师讨逆函	1918 年 2 月 8 日刊载	第八册	9
复孙洪伊告取消朱廷燎夏芷芳任命并请全权处理沪事函	1918 年 2 月 10 日	第八册	9
复李纯申明和战态度电	1918 年 2 月 10 日	第九册	313
取消朱廷燎苏沪总司令名义令	1918 年 2 月 10 日	第十六册	270
取消夏芷芳驻沪调查员职务令	1918 年 2 月 10 日	第十六册	270
致王文华盼联合黔滇川各省拥戴军政府并促唐继尧就元帅职电	1918 年 2 月 11 日	第九册	314
任命张我华张兆辰为大元帅府参议令	1918 年 2 月 12 日	第十六册	270
任命彭素民为大元帅府秘书令	1918 年 2 月 12 日	第十六册	271
任命张兆辰为大元帅府参议状	1918 年 2 月 12 日	第十六册	271
任命罗剑仇为湘西军事委员令	1918 年 2 月 12 日	第十六册	272

续表

篇名	著述时间	册数	页码
致陈炯明促攻闽并告大局问题当由正式国会解决电	1918 年 2 月 13 日	第九册	315
复刘显世赞同备战及由国会依法解决国事电	1918 年 2 月 13 日	第九册	315
复陈炯明告以复李纯电内容电	1918 年 2 月 14 日	第九册	316
致刘显世告各省义军近况电	1918 年 2 月 14 日	第九册	316
致丁景良询需款数目并告攻闽军队由许崇智率往电	1918 年 2 月 15 日	第九册	317
准任命宋树勋曹利民为佥事令	1918 年 2 月 15 日	第十六册	272
在广州与金幼舟谈话	1918 年 2 月 18 日	第十二册	6
咨国会非常会议请设大理院文	1918 年 2 月 18 日	第十三册	260
致陈炯明告奉军南下援闽并促速出兵入闽电	1918 年 2 月 19 日	第九册	317
致章炳麟黄复生询何绍城等就职举兵事电	1918 年 2 月 20 日	第九册	318
致张敬尧劝协同护法并接洽代表函	1918 年 2 月 21 日	第八册	10
任命郑忾辰为大元帅府参议令	1918 年 2 月 21 日	第十六册	272
准任命陈养愚等三人广州地方审判厅职务令	1918 年 2 月 21 日	第十六册	273
任命简书等三人为山东军事委员令	1918 年 2 月 21 日	第十六册	273
为维护国法恢复和平致全国通电	1918 年 2 月 22 日	第四册	417
致西南护法各省析军政府未获支持之危险通电	1918 年 2 月 22 日	第四册	418
致陈炯明询岑春煊陆荣廷电报原文电	1918 年 2 月 22 日	第九册	318
致陈炯明告冯玉祥已在武穴宣布自主电	1918 年 2 月 22 日	第九册	318
致卢师谛询何绍城等在长宁独立实情电	1918 年 2 月 22 日	第九册	319
复徐孝刚钟体道等勉矢志护法电	1918 年 2 月 22 日	第九册	319
商民当负建设之责　军政府宴请广东商界人士的演说	1918 年 2 月 22 日	第十册	346
准任命胡光姚为参军处副官令	1918 年 2 月 22 日	第十六册	273
准任命陈鸣谈等四人为佥事令	1918 年 2 月 22 日	第十六册	274
任命蔡庆璋等四人为安南滀臻埠筹饷委员令	1918 年 2 月 22 日	第十六册	274
任命陈星阁等八人为安南薄寮筹饷委员令	1918 年 2 月 22 日	第十六册	274

续表

篇名	著述时间	册数	页码
任命彭玉田张化璋为安南喷吥埠筹饷委员令	1918 年 2 月 22 日	第十六册	275
致章炳麟望联合川滇黔同志巩固军政府电	1918 年 2 月 23 日	第九册	320
致陈炯明嘱按养日通电意再通电西南电	1918 年 2 月 23 日	第九册	320
致黄复生等望推定川督电	1918 年 2 月 23 日	第九册	320
复许崇智吴忠信望就地筹款电	1918 年 2 月 23 日	第九册	321
致孙洪伊嘱派人赴闽运动各军内应电	1918 年 2 月 23 日	第九册	321
准内政部呈请明令撤销地方行政长官监督司法以维司法独立令	1918 年 2 月 23 日	第十三册	261
致谭延闿劝赞成护法并托陈家鼎代候函	1918 年 2 月 25 日	第八册	11
致唐继尧等嘉慰收复成都并询善后事宜电	1918 年 2 月 25 日	第九册	322
致石青阳嘉慰战绩并望商推主持川局人选电	1918 年 2 月 25 日	第九册	322
致石青阳等嘉慰克复成都并告以军事近况电	1918 年 2 月 25 日	第九册	323
致孙洪伊询管鹏在皖发动需款事并促杨庶堪设法回川电	1918 年 2 月 25 日	第九册	323
致孙洪伊询委徐朗西等分别为陕西和秦晋劳军使意见电	1918 年 2 月 25 日	第九册	324
复王安富嘉慰树义四邑并望率军会师大江电	1918 年 2 月 25 日	第九册	324
复吕超等嘉慰收复成都并询省垣善后事宜电	1918 年 2 月 25 日	第九册	325
任命胡汝翼蔡承瀛为大元帅府参议令	1918 年 2 月 25 日	第十六册	275
致孙洪伊介绍曾其严就商长江方面事宜函	1918 年 2 月 26 日	第八册	11
致徐朗西询拟任为劳军使回陕意见电	1918 年 2 月 26 日	第九册	325
致石青阳吕超望妥办川事善后并转嘱黄复生等共维川局电	1918 年 2 月 26 日	第九册	326
致陈炯明介绍王玉树等洽商奉天军事并询收容华侨义勇队事电	1918 年 2 月 26 日	第九册	326

续表

篇名	著述时间	册数	页码
致陈炯明嘱就近处置夏述唐新部电	1918 年 2 月 26 日	第九册	327
与莫荣新等致陆荣廷等告程璧光被刺逝世电	1918 年 2 月 26 日	第九册	327
任命李载赓刘白为大元帅府秘书令	1918 年 2 月 26 日	第十六册	275
任命丘国翰为大元帅府参议令	1918 年 2 月 26 日	第十六册	276
复杨纯美李逊三告汇款收到并希继续协助函	1918 年 2 月 27 日	第八册	12
致唐继尧等望速推举川省军政事务主持人电	1918 年 2 月 27 日	第九册	328
为选举海军总长咨国会非常会议文	1918 年 2 月 27 日	第十三册	261
程璧光治丧事宜令	1918 年 2 月 27 日	第十三册	262
任命吕超为成都卫戍总司令兼暂代四川督军电	1918 年 2 月 27 日	第十六册	276
任命王用宾为大元帅府参议令	1918 年 2 月 27 日	第十六册	276
任命焦易堂为陕西劳军使令	1918 年 2 月 27 日	第十六册	277
致程潜等嘱坚持国会约法并督率将校节节进取电	1918 年 2 月 28 日	第九册	328
复许崇智嘱商承陈炯明妥办夏述唐所部两营来投粤军电	1918 年 2 月 28 日	第九册	329
致石青阳转吕超望酌委王安富军职以免纷岐	1918 年 2 月 28 日	第九册	329
特派林葆怿为程璧光治丧令	1918 年 2 月 28 日	第十三册	263
饬廖仲恺拨给银三千元为程璧光治丧费令	1918 年 2 月 28 日	第十三册	263
饬严拿狙击程璧光凶徒令	1918 年 2 月 28 日	第十三册	264
咨国会非常会议请优议程璧光荣典文	1918 年 2 月	第十三册	264
批湖南陆军第一师来函	1918 年 2 月	第十三册	265
批刘柱石等请创设保卫局呈	1918 年 2 月	第十三册	265
批女子卖物赈济中外慈善会发起人朱明芳等呈	1918 年 2 月	第十三册	266
咨国会非常会议告知由粤省拨支国会经费文	1918 年 2 月	第十三册	266
批胡汉卿等请恤隆世储农有兴呈	1918 年 2 月	第十三册	267
复唐继尧论四川省长应由民选并促速就元帅职电	1918 年 3 月 1 日	第九册	330
任命宋大章为大元帅府参议令	1918 年 3 月 1 日	第十六册	277

续表

篇名	著述时间	册数	页码
致石青阳等嘱推杨庶堪熊克武分任四川省长及督军并劝唐继尧就元帅职电	1918 年 3 月 2 日	第九册	331
致王文华告川省宜行军民分治并嘱力劝唐继尧就元帅职电	1918 年 3 月 2 日	第九册	332
致覃振询由吴景鸿接济湘西各军使倾向军府是否可行电	1918 年 3 月 2 日	第九册	332
准国会非常会议议决国葬程璧光令	1918 年 3 月 2 日	第十三册	267
任命蔡匡为大元帅府参议令	1918 年 3 月 2 日	第十六册	277
致冯玉祥望以恢复旧国会主张宣示全国函	1918 年 3 月 4 日	第八册	13
致孙洪伊徐朗西盼与焦易堂接洽并转杨庶堪望返蜀收拾川局电	1918 年 3 月 4 日	第九册	333
饬居正派员办理程璧光国葬典礼令	1918 年 3 月 4 日	第十三册	268
咨请国会非常会议议决《大理院组织大纲》	1918 年 3 月 5 日刊载	第五册	389
复唐继尧告援鄂援闽军情并主张讨伐急辟党人电	1918 年 3 月 5 日	第九册	334
复谭浩明望激励将士共策殊勋电	1918 年 3 月 5 日	第九册	334
致陈炯明询方声涛调兵回省事电	1918 年 3 月 5 日	第九册	335
任命赵荣勋署理广东高等审判厅厅长及林翔为广州地方检察厅检察长并署理广东高等检察厅检察长令	1918 年 3 月 5 日	第十六册	278
公布《陆军部组织条例》	1918 年 3 月 6 日	第五册	390
任命邹建廷为大元帅府秘书令	1918 年 3 月 6 日	第十六册	278
任命颜炳元为大元帅府参议令	1918 年 3 月 6 日	第十六册	278
任命李茂之为两广盐运使令	1918 年 3 月 6 日	第十六册	279
派杨庶堪为军政府驻四川代表令	1918 年 3 月 6 日	第十六册	279
致杨庶堪告川省议会举为省长盼兼程回川并转吴承斋请火速来粤电	1918 年 3 月 7 日	第十六册	279

续表

篇名	著述时间	册数	页码
将两广盐税收归军政府之布告	1918 年 3 月 8 日	第四册	420
致唐继尧等盼协力安抚川民整旅东下电	1918 年 3 月 8 日	第九册	335
特任熊克武为四川督军令	1918 年 3 月 8 日	第十六册	280
特任杨庶堪为四川省长未到任前着黄复生代理令	1918 年 3 月 8 日	第十六册	280
致四川省议会告省长杨庶堪未到任前应任命黄复生代理电	1918 年 3 月 8 日	第十六册	281
致黄复生告代理四川省长望克日赴省就职电	1918 年 3 月 8 日	第十六册	281
致熊克武告特任为四川督军望刻日就职电	1918 年 3 月 8 日	第十六册	282
致西南各省否认北京非法政府发行公债权通电	1918 年 3 月 9 日	第四册	420
致广州国会非常会议等勉励共讨非法政府电	1918 年 3 月 9 日	第九册	336
复李书城勉主持鄂国以竟护法职责电	1918 年 3 月 9 日	第九册	337
复黎天才勉坚持护法决心电	1918 年 3 月 9 日	第九册	337
复熊克武请速宣布就川督职并商任石青阳以师长兼军务会办电	1918 年 3 月 10 日	第十六册	282
饬居正颁发广东高等审判厅印信令	1918 年 3 月 11 日	第十三册	268
任命王安富为四川靖国军援鄂第一路总司令令	1918 年 3 月 12 日	第十六册	283
任命李善波为四川靖国军援鄂第一路副司令令	1918 年 3 月 12 日	第十六册	283
任命石青阳为四川陆军第二师师长兼川北镇守使令	1918 年 3 月 12 日	第十六册	284
致石青阳任命其为四川陆军第二师师长兼川北镇守使电	1918 年 3 月 12 日	第十六册	284
复王安富李善波告已任命其分别为四川靖国军援鄂第一路总司令及副司令电	1918 年 3 月 12 日	第十六册	284
致唐继尧促就元帅职并询官其彬来粤行期电	1918 年 3 月 13 日	第九册	337
复陈炯明同意派胡汉民出席西南联合会议电	1918 年 3 月 13 日	第九册	338
致陈炯明询对邓荫南欲求统领意见电	1918 年 3 月 13 日	第九册	338
致黄复生嘱讨逆及对俄应注意西北边电	1918 年 3 月 13 日	第九册	339

续表

篇名	著述时间	册数	页码
致中华革命党上海本部嘱寄《革命方略》并告杨庶堪林镜台赴沪行期电	1918 年 3 月 13 日	第九册	339
致唐继尧等人任命石青阳为四川陆军第二师长兼川北镇守使电	1918 年 3 月 13 日	第十六册	285
致陈炯明转嘱戴季陶速返电	1918 年 3 月 14 日	第九册	340
复范锦堃嘉奖破获龙济光机关电	1918 年 3 月 14 日	第九册	340
复李国定嘉慰不争川中权利并望出师东下电	1918 年 3 月 14 日	第九册	340
着广州中国银行把本地盐税收入三分之一听候临时政府	1918 年 3 月 14 日	第十三册	269
关于盐税给中国银行广东分行的命令	1918 年 3 月 14 日	第十三册	269
准任命伍尚铨等十五人为宿务筹饷局职员令	1918 年 3 月 14 日	第十六册	286
任命叶独醒为宿务筹饷局董事状	1918 年 3 月 14 日	第十六册	286
任命林伸寿为宿务筹饷局局长江维三为宿务筹饷局监督令	1918 年 3 月 14 日	第十六册	286
致邓泽如请返粤主持矿务函	1918 年 3 月 15 日	第八册	14
复唐继尧诫勿因和议而让步电	1918 年 3 月 15 日	第九册	341
复陈炯明告收回盐税经过并嘱劝伍廷芳就外交总长职电	1918 年 3 月 15 日	第九册	341
复李国定嘉慰杨肇基响护法电	1918 年 3 月 15 日	第九册	342
致唐继尧嘉勉滇省资助国会经费电	1918 年 3 月 15 日	第九册	343
美国足为吾国模范　宴请美国领事的演说	1918 年 3 月 16 日	第十册	348
着各盐商向广东中国银行纳税布告	1918 年 3 月 17 日刊载	第四册	421
复陈炯明指示购械及拨交湘闽盐税事电	1918 年 3 月 17 日	第九册	343
公布取消北京政府擅定之公债条例等决议案令	1918 年 3 月 18 日	第五册	396
复唐继尧痛惜庚恩旸遇害电	1918 年 3 月 18 日	第九册	343

续表

篇名	著述时间	册数	页码
批廖仲恺准盐税收入分配办法呈	1918 年 3 月 18 日	第十三册	270
饬盐税收入交由两广盐运使专管按照预算分配各项用途分别听候令拨及径拨令	1918 年 3 月 18 日	第十三册	270
准任命冯汝枬署理澄海地方审判厅厅长令	1918 年 3 月 18 日	第十六册	287
复唐继尧指示攻陕战略并促就大元帅职电	1918 年 3 月 19 日	第九册	344
致唐继尧盼联络护法各省通电拥护非常国会正式会议电	1918 年 3 月 19 日	第九册	344
复唐继尧望统领师干迅期出发电	1918 年 3 月 19 日	第九册	345
复黄复生告代川省长用意并指示攻陕方略及联络各军促唐继尧就元帅职电	1918 年 3 月 19 日	第九册	345
致陈炯明嘱招待美国公使电	1918 年 3 月 19 日	第九册	346
批居正请颁发广东高等检察厅检察长小印一颗呈	1918 年 3 月 19 日	第十三册	271
撤销赵端军事委员任命令	1918 年 3 月 19 日	第十六册	287
致中华革命党上海本部嘱促杨庶堪赴川就省长职及电黄复生暂留任代省长职电	1918 年 3 月 20 日	第九册	346
致黄复生告王安富已率军进荆宜望随时指示机宜电	1918 年 3 月 20 日	第九册	347
复王安富告进规荆宜已电黄复生查照并望共策进行电	1918 年 3 月 20 日	第九册	347
复犬养毅头山满询邀赴日本原由电	1918 年 3 月 20 日	第九册	348
饬迅速遴员管理广三铁路并收入余款不得挪移动用令	1918 年 3 月 20 日	第十三册	271
致唐继尧告已撤销赵端大元帅府军事委员任命请通令各机关电	1918 年 3 月 20 日	第十六册	287
任命黄德彰为参军兼高雷军事委员状	1918 年 3 月 20 日	第十六册	288
复石青阳望与黄复生从速图陕电	1918 年 3 月 21 日	第九册	348

续表

篇名	著述时间	册数	页码
任命黄德彰为高雷军事委员令	1918 年 3 月 21 日	第十六册	288
任命陈养愚为大元帅府参议令	1918 年 3 月 21 日	第十六册	288
任命吴树勋为湖南军事调查员令	1918 年 3 月 21 日	第十六册	289
任命黄汉杰为两阳四邑军事调查员令	1918 年 3 月 21 日	第十六册	289
任命杨虎马伯麟为大元帅府参军令	1918 年 3 月 21 日	第十六册	289
致陈炯明望速利用内应攻击武杭敌军电	1918 年 3 月 22 日	第九册	349
复陈炯明准予留用潮桥盐款电	1918 年 3 月 22 日	第九册	349
致夏述唐嘉慰决心攻闽并望受陈炯明指挥电	1918 年 3 月 23 日	第九册	349
复陈炯明告已电奖夏述唐及戴季陶即来电	1918 年 3 月 23 日	第九册	350
复李烈钧勉早日剿灭龙逆电	1918 年 3 月 23 日	第九册	350
复旅沪各省公民调和会斥主张请外人监督实行南北调和电	1918 年 3 月 23 日	第九册	351
批龙璋呈报湘西各方情形函	1918 年 3 月 23 日	第十三册	272
准方声涛辞中华民国军政府卫戍总司令令	1918 年 3 月 23 日	第十六册	290
特任徐绍桢代理中华民国军政府卫戍总司令令	1918 年 3 月 23 日	第十六册	290
准任命林达存郑国华为交际委员令	1918 年 3 月 23 日	第十六册	290
复王文华望克日出师东下电	1918 年 3 月 25 日	第九册	351
致黄复生望平息内争并询嘉陵道尹人选电	1918 年 3 月 25 日	第九册	352
复黄复生卢师谛准严缉惩办何绍培电	1918 年 3 月 25 日	第九册	352
任命周应时为陆军部司长令	1918 年 3 月 25 日	第十六册	291
准任命曾子书等六人分为科长秘书或兼署副官长令	1918 年 3 月 25 日	第十六册	291
准任命杨世督鲁鸣为大元帅府参军处副官令	1918 年 3 月 25 日	第十六册	291
复唐继尧解释任命石青阳军职原由并告军府统筹全局并无成见电	1918 年 3 月 26 日	第九册	353
准冯汝枬辞署理澄海地方审判厅厅长及免去石泉本职令	1918 年 3 月 26 日	第十六册	292

续表

篇名	著述时间	册数	页码
致唐继尧等六人并各县知事通告裁撤四川调查员李元白并一切调查事宜应由军民长官办理电	1918 年 3 月 26 日	第十六册	292
任命邱于寄为大元帅府参议令	1918 年 3 月 26 日	第十六册	293
复黄复生石青阳望促熊克武受军政府任命及团结川中拥护军政府电	1918 年 3 月 27 日	第九册	353
致陈炯明促速调袁带征闽电	1918 年 3 月 27 日	第九册	354
复吴兆麟嘉奖组织讨逆军并望早日编成出征电	1918 年 3 月 27 日	第九册	354
致徐朗西嘱向焦易堂收取债票电	1918 年 3 月 27 日	第九册	355
着徐绍桢兼充陆军部练兵督办令	1918 年 3 月 27 日	第十六册	293
准任命陈养愚署理澄海地方审判厅厅长及陈其植署理澄海地方检察厅检察长令	1918 年 3 月 27 日	第十六册	293
任命李藩昌为大元帅府参议令	1918 年 3 月 27 日	第十六册	294
复头山满犬养毅告护法目的在恢复国会函	1918 年 3 月 28 日	第八册	15
致加藤高明等告派朱执信赴日本面洽时局函	1918 年 3 月 28 日	第八册	16
致陈炯明告长沙失后陆荣廷莫荣新恐慌情形及欧战近状电	1918 年 3 月 28 日	第九册	355
复唐继尧请即日宣布就元帅职电	1918 年 3 月 29 日	第九册	356
准林翔辞广州地方检察厅长本职令	1918 年 3 月 29 日	第十六册	294
任命林翔为广东高等检察厅检察长令	1918 年 3 月 29 日	第十六册	294
任命曾子书署理广州地方检察厅检察长令	1918 年 3 月 29 日	第十六册	295
准任命夏重民为大元帅府稽查长令	1918 年 3 月 29 日	第十六册	295
准任命陆际昇为佥事令	1918 年 3 月 29 日	第十六册	296
任命马廷勷为大元帅府参军令	1918 年 3 月 29 日	第十六册	296
特任徐绍桢为中华民国军政府卫戍总司令令	1918 年 3 月 29 日	第十六册	296
致唐继尧转达孙洪伊报告北方近情并望率滇军克日东下电	1918 年 3 月 30 日	第九册	356

续表

篇名	著述时间	册数	页码
致唐继虞等转达孙洪伊护法主张电	1918 年 3 月 30 日	第九册	357
准免去谭炜楼参军处庶务科二等科员令	1918 年 3 月 30 日	第十六册	297
读焦易堂撰《焦心通先生暨崔太君行状》书后	1918 年 3 月	第四册	97
复唐继尧望即日宣布就元帅职电	1918 年 4 月 1 日	第九册	357
复张开儒嘱出师攻闽电	1918 年 4 月 1 日	第九册	358
致威廉·舒尔兹告将派人往访函	1918 年 4 月 2 日	第八册	17
复唐继尧为改组军政府提出四事奉商电	1918 年 4 月 2 日	第九册	358
致陈炯明告向唐继尧提出改组军政府所商四事电	1918 年 4 月 2 日	第九册	359
复方声涛勉躬率雄师进讨闽乱电	1918 年 4 月 2 日	第九册	360
特任林森署理中华民国军政府外交总长令	1918 年 4 月 2 日	第十六册	297
任命戴传贤代理中华民国军政府外交次长令	1918 年 4 月 2 日	第十六册	297
任命江屏藩严骥为大元帅府参议令	1918 年 4 月 2 日	第十六册	298
着崔文藻暂兼陆军部总务厅长事令	1918 年 4 月 2 日	第十六册	298
任命高尔登为军政府卫戍总司令部参谋长令	1918 年 4 月 3 日	第十六册	298
准任命章勤士为军政府卫戍总司令部秘书长令	1918 年 4 月 3 日	第十六册	299
任命陈德全为大元帅府参议令	1918 年 4 月 3 日	第十六册	299
复龙璋述湘局并劝湘军辑睦函	1918 年 4 月 4 日	第八册	18
批徐朗西来电	1918 年 4 月 4 日	第十三册	274
准任命吴承斋为秘书令	1918 年 4 月 4 日	第十六册	300
致陈炯明告派郝继臣往治汀州军事函	1918 年 4 月 5 日	第八册	19
致广州国会非常会议等转达孙洪伊反对调和电	1918 年 4 月 5 日	第九册	360
致陈炯明等促速援闽攻敌电	1918 年 4 月 5 日	第九册	361
任命李锦纶为军政府外交部政务司长令	1918 年 4 月 6 日	第十六册	300
准任命孙科陈天骥为外交部秘书令	1918 年 4 月 6 日	第十六册	300
致陈炯明等论军情危急宜速取攻势援闽电	1918 年 4 月 8 日	第九册	362
任命李安邦为行营卫队司令令	1918 年 4 月 8 日	第十六册	301

续表

篇名	著述时间	册数	页码
公布《陆军部练兵处条例》	1918 年 4 月 9 日	第五册	397
复易次乾望坚持护法函	1918 年 4 月 9 日	第八册	19
复邓家彦告渡美筹销公债恐难如愿函	1918 年 4 月 9 日	第八册	20
致胡宣明赞成发起中国公共卫生会函	1918 年 4 月 9 日	第八册	20
复陈炯明转嘱戴季陶返粤代理外交总长职务电	1918 年 4 月 9 日	第九册	362
饬知李元白裁撤所任四川调查员一职电	1918 年 4 月 9 日	第十六册	301
任命沈靖为陆军部练兵处参谋长令	1918 年 4 月 9 日	第十六册	301
任命马崇昌为大元帅府参议令	1918 年 4 月 9 日	第十六册	302
任命郑权为大元帅府秘书令	1918 年 4 月 9 日	第十六册	302
致唐继尧询可否任石青阳军务会办电	1918 年 4 月 9 日	第十六册	302
致李国定请速返粤共图国是电	1918 年 4 月 10 日	第九册	363
复唐继尧告已令李国定赴粤电	1918 年 4 月 10 日	第九册	363
致复熊克武电催任川督	1918 年 4 月 10 日	第九册	363
批李安邦请发给关防呈	1918 年 4 月 10 日	第十三册	274
准任命杨芳为秘书胡继贤为金事令	1918 年 4 月 10 日	第十六册	303
任命丁士杰为大元帅府参军令	1918 年 4 月 10 日	第十六册	303
根本反对改组军政府 在军政府对国会议员的讲话	1918 年 4 月 11 日	第十册	349
致唐继尧商分任田应诏周则范为湘南靖国第一二军总司令电	1918 年 4 月 12 日	第十六册	303
致陈炯明告李厚基将攻潮梅电	1918 年 4 月 13 日	第九册	364
宁可个人去位亦不可改组军政府 对国会议员代表的讲话	1918 年 4 月 13 日	第十册	350
饬居正体察情形如有设立终审机关必要即拟具办法呈候令	1918 年 4 月 13 日	第十三册	275
致陈炯明告派曹叔实面陈闽事函	1918 年 4 月 16 日	第八册	21
致邓泽如请代转款予吴世荣治病函	1918 年 4 月 16 日	第八册	21

续表

篇名	著述时间	册数	页码
任命华世澂为大元帅府秘书令	1918 年 4 月 16 日	第十六册	304
任命陈家鼐为大元帅府参军令	1918 年 4 月 16 日	第十六册	304
准任命杨克兴为谏义里埠筹饷委员令	1918 年 4 月 16 日	第十六册	304
与林森联名就中国时局通告各国驻华公使书	1918 年 4 月 17 日	第四册	422
复陈炯明嘉慰处决蔡春华等逆犯并望乘机猛进电	1918 年 4 月 17 日	第九册	364
复郭昌明奖励恢复六县电	1918 年 4 月 17 日	第九册	365
复石青阳准缓就职并询何时出发援陕电	1918 年 4 月 17 日	第十六册	305
准任命余辉照胡砼为大元帅府参军处副官令	1918 年 4 月 17 日	第十六册	305
任命黄金城为大元帅府参议令	1918 年 4 月 17 日	第十六册	306
致陈炯明告北兵已由南安开向南雄电	1918 年 4 月 18 日	第九册	365
致陈炯明会饬惠州统领释放美人柯飞立并发还矿石电	1918 年 4 月 18 日	第九册	365
批邓焱函	1918 年 4 月 18 日	第十三册	276
命内政部确查阮复殉难事实令	1918 年 4 月 18 日	第十三册	276
命财政部拨给阮复家属恤款令	1918 年 4 月 18 日	第十三册	277
任命崔文藻为中华民国军政府陆军部次长令	1918 年 4 月 18 日	第十六册	306
任命林英杰为陆军部靖国援鄂军第一旅旅长令	1918 年 4 月 18 日	第十六册	306
任命邓耀为陆军部靖国援鄂军第二旅旅长令	1918 年 4 月 18 日	第十六册	307
准参议颜炳元辞职令	1918 年 4 月 18 日	第十六册	307
准佥事尹岳辞职令	1918 年 4 月 18 日	第十六册	307
批张鲁藩报告在湘失败并请委以招抚函	1918 年 4 月 19 日	第十三册	277
任命凌霄为大元帅府参军令	1918 年 4 月 19 日	第十六册	308
致陈炯明询美人柯飞立新带钨矿石内情电	1918 年 4 月 20 日	第九册	366
复陈炯明嘱万不可赞同改组军政府电	1918 年 4 月 20 日	第九册	366
复曾允明等答询核查债券及吸收党员手续事	1918 年 4 月 21 日	第八册	22
公布《外交部组织条例》	1918 年 4 月 22 日	第五册	399

续表

篇名	著述时间	册数	页码
公布《大理院暂行章程》	1918 年 4 月 22 日	第五册	403
复李烈钧嘉勉完成屠龙防务电	1918 年 4 月 22 日	第九册	367
复李襄伯董直告款收到已寄收据并述政情函	1918 年 4 月 24 日	第八册	23
任命赵超为大元帅府参军令	1918 年 4 月 24 日	第十六册	308
准崔文藻请假令	1918 年 4 月 25 日	第十三册	279
任命吴承斋代理交通次长令	1918 年 4 月 25 日	第十六册	308
任命王伟夫为大元帅府参议令	1918 年 4 月 25 日	第十六册	309
复邓泽如解答回粤办矿事并请暂缓来粤函	1918 年 4 月 26 日	第八册	23
任命陈毅等四人为大元帅府参议令	1918 年 4 月 26 日	第十六册	309
任命唐康培李兴高为大元帅府参军令	1918 年 4 月 26 日	第十六册	309
任命林者仁为大元帅府秘书令	1918 年 4 月 26 日	第十六册	310
复叶荃嘉勉出师援鄂电	1918 年 4 月 27 日	第九册	367
致熊克武等望优恤张煦遗族电	1918 年 4 月 27 日	第九册	368
复郭昌明嘱优恤张煦遗族电	1918 年 4 月 27 日	第九册	368
致熊克武等望优恤张煦遗族电	1918 年 4 月 27 日	第九册	368
准任命林仲鲁郭冰槐为佥事令	1918 年 4 月 27 日	第十六册	310
任命萧文为军事委员令	1918 年 4 月 27 日	第十六册	310
致祭程璧光诔词	1918 年 4 月 28 日	第四册	97
悼程璧光挽额	1918 年 4 月 28 日	第十八册	199
公布《卫戍总司令部组织暂行条例》	1918 年 4 月 29 日	第五册	404
致熊克武黄复生请查明颜德基陈炳堃讨逆事实以凭加委电	1918 年 4 月 29 日	第九册	369
复景昌运等告已电熊克武黄复生查明颜德基陈炳堃讨逆电	1918 年 4 月 29 日	第九册	369
任命冯百砺为大元帅府参议令	1918 年 4 月 29 日	第十六册	311

续表

篇名	著述时间	册数	页码
特任姜汇清为山东西南路总司令全权办理山东事宜令稿	1918 年 4 月 29 日	第十六册	311
准任命陈树枬为佥事令	1918 年 4 月 29 日	第十六册	312
任命姜汇清为军政府山东西南路总司令令	1918 年 4 月 29 日	第十六册	312
准任命薛云章为大元帅府参军处副官令	1918 年 4 月 30 日	第十六册	312
任命张庆豫等三人为大元帅府参议令	1918 年 4 月 30 日	第十六册	313
为阮复题挽额	1918 年 5 月 1 日	第十八册	200
与伍藉磐等联名发起赞成美国红十字会在华设立协会并呼吁国人捐款通启	1918 年 5 月 2 日	第四册	99
致韩慈敏赞成创设美国红十字会华人协会函	1918 年 5 月 2 日	第八册	24
准任蔡公时为陆军部练兵处秘书令	1918 年 5 月 2 日	第十六册	313
任命林斯琛为大元帅府参议令	1918 年 5 月 2 日	第十六册	313
任命王天纵为河南靖国军总司令令	1918 年 5 月 2 日	第十六册	314
与李执中等谈话	1918 年 5 月 4 日前	第十二册	6
为辞海陆军大元帅职致西南各省通电	1918 年 5 月 4 日	第四册	424
咨国会非常会议派居正代表出席文	1918 年 5 月 4 日	第十三册	279
咨国会非常会议辞大元帅职文	1918 年 5 月 4 日	第十三册	280
致陈炯明征询堵截北军意见电	1918 年 5 月 5 日	第九册	370
致孙洪伊等告国会通过改组军政府案并辞大元帅职电	1918 年 5 月 5 日	第九册	370
复张鲁藩勉与湘中各军结合函	1918 年 5 月 6 日	第八册	25
致黄复生告熊克武与刘存厚系联络望转知石青阳卢师谛电	1918 年 5 月 6 日	第九册	371
辞大元帅职之说明 居正代表孙文在国会非常会议的报告	1918 年 5 月 7 日	第十册	351

续表

篇名	著述时间	册数	页码
向国会非常会议陈述辞大元帅职理由书	1918 年 5 月 7 日	第十三册	280
致汪精卫丁景梁告暂不离粤并嘱查上海是否可居电	1918 年 5 月 8 日	第九册	371
致许崇智促速攻闽电	1918 年 5 月 8 日	第九册	372
致蒋介石嘱不可回沪电	1918 年 5 月 8 日	第九册	372
批秦广礼请拨款办理东北善后事宜函	1918 年 5 月 11 日	第十三册	281
坚辞大元帅职　在广州与某报记者谈话	1918 年 5 月 15 日	第十二册	7
咨国会非常会议请追认发行公债文	1918 年 5 月 17 日	第十三册	282
复卫一新梅衡告款项已收并告决心辞职函	1918 年 5 月 18 日	第八册	25
咨国会非常会议派居正为代表办理军政府交代事宜文	1918 年 5 月 18 日	第十三册	283
复阮本畴告信款已收并辞军政府总裁事函	1918 年 5 月 19 日	第八册	26
咨国会非常会议为结清账目事宜文	1918 年 5 月 20 日间	第十三册	283
暂不就任政务总裁　在广州与国会议员代表谈话	1918 年 5 月 20 日至 21 日间	第十二册	7
留别粤中父老昆弟勉以爱国爱乡书	1918 年 5 月 21 日	第四册	426
离广州前忠告各界务以护法为重之通电	1918 年 5 月 21 日	第四册	428
致缅甸支部告辞大元帅经过并请暂停汇款函	1918 年 5 月 21 日	第八册	27
为梅州松口镇绅商会题词	1918 年 5 月底	第十八册	202
题赠谢逸桥联（一）	1918 年 5 月底	第十八册	203
题赠谢逸桥联（二）	1918 年 5 月底	第十八册	204
为《谢逸桥诗钞》题词	1918 年 5 月底	第十八册	205
题祝《工业星期报》出版	1917 年 9 月至 1918 年 5 月	第十八册	189
与李煜堂等联名介绍牙科精医李瑞生君来沪设诊广告	1918 年 6 月 1 日	第四册	101
颁给赵国璋奖状	1918 年 6 月 1 日	第十三册	284

续表

篇名	著述时间	册数	页码
致朱执信孙洪伊等嘱务勿操急电	1918 年 6 月 6 日刊载	第九册	372
为织田英雄题词	1918 年 6 月 8 至 9 日间	第十八册	206
为郡宽四郎题词	1918 年 6 月 8 至 9 日间	第十八册	207
关于中国南北关系与中日亲善问题　抵门司后在"信浓丸"上与日本记者谈话	1918 年 6 月 10 日	第十二册	8
盼中日友谊能如莲种开花结实　与田中隆三宫崎寅藏谈话	1918 年 6 月 10 日	第十二册	11
为田中隆题词	1918 年 6 月 10 日	第十八册	208
北方武人派之伪共和　在门司驶往箱根列车上与泽村幸夫谈话	1918 年 6 月 10 日至 11 日间	第十二册	12
从担任大元帅到辞职的经过和感想　在门司驶往箱根列车上与某君谈话	1918 年 6 月 10 日至 11 日间	第十二册	13
在日本就时局发表谈话	1918 年 6 月 11 日	第十二册	14
与头山满等人谈话	1918 年 6 月 11 日	第十二册	15
题赠宫崎寅藏联	1918 年 6 月 11 日	第十八册	209
批彭占元为鲁省军事函	1918 年 6 月 20 日	第十三册	284
辞大元帅职后一切政治概不干涉　与神户新闻记者谈话	1918 年 6 月 23 日	第十二册	16
抵上海时的谈话	1918 年 6 月 26 日	第十二册	16
致列宁和苏维埃政府电	1918 年 6 月底	第九册	373
为井上足彦题词	1918 年 6 月	第十八册	210
致邓慕韩告英芳洋行愿以煤价报效军政府函	1918 年上半年	第八册	28
致孙科告近况及对时局暂不过问函	1918 年 7 月 4 日	第八册	28
与吴玉章谈话	1918 年 7 月上旬	第十二册	17
致陈炯明再促率粤军规取福建函	1918 年 7 月 13 日	第八册	29

续表

篇名	著述时间	册数	页码
复孙科告近况并款项用途函	1918 年 7 月中旬	第八册	30
致孙科谈读书函	1918 年 7 月 26 日	第八册	31
复陈家鼎望力持正义努力进行函	1918 年 7 月 27 日	第八册	32
悼山田良政挽词	1918 年 7 月 28 日	第十八册	211
复吴景濂告允受政务总裁证书函	1918 年 7 月中下旬	第八册	33
复唐继尧告已允任政务总裁函	1918 年 7 月	第八册	33
复伍廷芳林葆怿告允任政务总裁函	1918 年 7 月	第八册	34
复赵世钰告已允收受政务总裁证书函	1918 年 7 月	第八册	35
复刘治洲告已收受政务总裁证书函	1918 年 7 月	第八册	35
复罗家衡告已允任政务总裁函	1918 年 7 月	第八册	36
复国会非常会议告允收受政务总裁证书函	1918 年 7 月	第八册	37
国内外的一些重大问题　与一个印度人谈话	1918 年 7 月	第十二册	18
政治的基础在于地方自治　在上海与李宗黄谈话	1918 年 7 月	第十二册	20
为精益眼镜公司题词	1918 年春夏间	第十八册	201
复陈赓如述处理不法军人有赖解决根本问题函	1918 年夏间	第八册	37
致列宁和苏维埃政府愿中俄两党团结共同斗争电	1918 年夏	第九册	373
关于南北和谈与中日关系　与美国《桂冠领袖报》记者谈话	1918 年 8 月 3 日刊载	第十二册	21
复孙科告款事并望暇时译书等事函	1918 年 8 月 12 日	第八册	39
复李襄伯董直告整理党务及分筹总部经费函	1918 年 8 月 19 日	第八册	39
批丁怀瑾来函	1918 年 8 月 28 日	第十三册	285
致海外同志通告离粤情由并拟扩张党务书	1918 年 8 月 30 日	第四册	434
批王伯群函	1918 年 8 月	第十三册	285
邀李宗黄至寓便餐函	1918 年 9 月 3 日	第八册	40
复吴忠信贺捷并勉在闽南发展函	1918 年 9 月 12 日	第八册	40
复李炳初请转告黄柱等汇来余款函	1918 年 9 月 14 日	第八册	41

续表

篇名	著述时间	册数	页码
致郑德元告在沪拟潜心著述并勉以淬厉精神团结同志函	1918 年 9 月 15 日	第八册	42
复于右任等贺组建陕西靖国军电	1918 年 9 月 15 日	第九册	374
致政务会议派徐谦为全权代表赴粤共勷进行函	1918 年 9 月 19 日	第八册	43
致国会非常会议及军政府政务会议派徐谦为全权代表赴粤共策进行电	1918 年 9 月 22 日	第十六册	314
护法救国通电	1918 年 9 月 25 日	第四册	435
关于护法救国的讲话	1918 年 9 月 25 日	第十册	352
先定宪法后选举总统　在上海与记者谈话	1918 年 8 月至 9 月间	第十二册	22
谕电汕头陈炯明调袁带征闽令	1918 年 9 月	第十三册	286
批石青阳派赵丕臣赴沪购械请指导函	1918 年 9 月	第十三册	286
为蒋介石母王太夫人修谱纪念题词	1918 年 9 月	第十八册	212
关于先制定宪法后选举总统的主张	1918 年 10 月 2 日刊载	第四册	436
复阮伦谈粤军攻闽战况及定闽意义函	1918 年 10 月 3 日	第八册	43
致参众两院电	1918 年 10 月 7 日	第四册	437
七总裁致参众两院以和平根本解决为救国唯一方针电	1918 年 10 月 7 日	第九册	374
委任陈东平为国民党缅甸支部财政科正主任状	1918 年 10 月 11 日	第十六册	314
委任许寿民为国民党缅甸支部调查科正主任状	1918 年 10 月 11 日	第十六册	315
委任黄壬戌为国民党缅甸支部调查科副主任状	1918 年 10 月 11 日	第十六册	315
委任陈辉石为国民党缅甸支部党务科副主任状	1918 年 10 月 11 日	第十六册	315
复康德黎夫人告护法状况及著书与婚姻家庭近况函	1918 年 10 月 17 日	第八册	44
批吴山录呈黄复生来电函	1918 年 10 月 22 日	第十三册	287
与章炳麟等联名在上海举行黄兴逝世二周年纪念祭典启事	1918 年 10 月 24 日	第四册	101
与章炳麟等联名为陈家鼎之母邓氏大殓讣告	1918 年 10 月 24 日	第四册	102

续表

篇名	著述时间	册数	页码
挽陈家鼎母邓太夫人联	1918 年 10 月 24 日	第十八册	213
批凌钺报告徐谦来粤后之政情函	1918 年 10 月 25 日	第十三册	288
法律是板定的国会为建国之根本　在上海与戊午通讯社记者谈话	1918 年 10 月 26 日	第十二册	22
军政府劝捐通启	1918 年 11 月 8 日	第四册	102
批澳洲雪梨民国报来函	1918 年 11 月 15 日	第十三册	288
复徐谦告无从援助刘君函	1918 年 11 月 16 日	第八册	46
目前中国南北对立是日本助长起来的　在上海与松永安左卫门谈话	1918 年 11 月 16 日	第十二册	24
致美国总统威尔逊请转告北方武人须尊重国会电	1918 年 11 月 18 日	第九册	376
复凌钺萧实中告所有进行事宜与胡汉民接商函	1918 年 11 月 23 日	第八册	47
致张学济等勉湘西各军团结合作函	1918 年 11 月 25 日	第八册	47
希望日本政府援助南方派　与有吉明谈话	1918 年 11 月 26 日	第十二册	25
复王子中期陕军发展惟无款可助函	1918 年 11 月 27 日	第八册	48
批李亚东请电前敌将帅以振军心函	1918 年 11 月 27 日	第十三册	289
南北统一问题　与有吉明谈话	1918 年 11 月 28 日	第十二册	25
复凌钺勖贯彻护法初衷坚持始终函	1918 年 11 月 29 日	第八册	49
复童杭时勉坚持护法函	1918 年 11 月 29 日	第八册	49
七总裁致徐世昌促在沪召开和平会议电	1918 年 11 月 30 日	第九册	378
致军政府暨国会论外交书	1918 年 11 月下旬	第四册	438
致军政府暨国会非常会议论外交书	1918 年 11 月下旬	第十三册	290
批凌钺萧辉锦等报告军政府对北军停战并请撤换代表函	1918 年 11 月	第十三册	291
批宋均陈述地方自治意见书函	1918 年 12 月 1 日	第十三册	292
复谢英伯告无力任报馆经费并望力争国会护法函	1918 年 12 月 2 日	第八册	50
批凌钺报告徐谦言论乖谬请改派驻粤代表函	1918 年 12 月 2 日	第十三册	295

续表

篇名	著述时间	册数	页码
致参议院电	1918 年 12 月 3 日	第四册	439
复蔡元培论实现法治与美国助南方函	1918 年 12 月 4 日	第八册	50
复王法勤告对时局意见已函达国会函	1918 年 12 月 4 日	第八册	51
复广州国会告坚持护法初志必获外人协助函	1918 年 12 月 5 日	第八册	52
今后日本政府应有之责任　与有吉明谈话	1918 年 12 月 5 日	第十二册	26
七总裁复徐世昌促答复陕闽问题电	1918 年 12 月 10 日	第九册	379
批四川省议会坚持维护约法通电	1918 年 12 月 10 日	第十三册	296
批于应祥请接济所部函	1918 年 12 月 11 日收到原函	第十三册	297
复徐谦述派使赴欧参会与闽事意见函	1918 年 12 月 12 日	第八册	53
复熊希龄蔡元培论维护法律法治为治国根本函	1918 年 12 月 12 日	第八册	53
复吴忠信述练军为进取之需函	1918 年 12 月 12 日	第八册	54
致许崇智蒋中正望固守观变勉荷艰难而待将来函	1918 年 12 月 13 日	第八册	54
致罗翼群勉训练粤军以为国用函	1918 年 12 月 13 日	第八册	56
致蒋克诚望维持实力巩固基础函	1918 年 12 月 13 日	第八册	56
致洪兆麟勉努力练军贯彻救国护法主张函	1918 年 12 月 13 日	第八册	57
致邓铿勉任艰难贯彻主张函	1918 年 12 月 13 日	第八册	57
批邹鲁陈述争取粤省计划函	1918 年 12 月 13 日	第十三册	298
批答广州凌钺等十四人告代表参加和会不如由个人发言为有效	1918 年 12 月 14 日	第十三册	299
七总裁致徐世昌望约束诸将严禁进兵电	1918 年 12 月 17 日	第九册	380
批唐继尧报告年来出师护法经过及对南北议和态度函	1918 年 12 月 21 日	第十三册	300
批焦易堂请任赴欧议和大使函	1918 年 12 月 22 日	第十三册	300
复陈炯明告近期专于《实业计划》著述函	1918 年 12 月 23 日	第八册	58
复林祖涵期程潜立功报国函	1918 年 12 月 23 日	第八册	59

续表

篇名	著述时间	册数	页码
批林修梅反对南北议和函	1918 年 12 月 23 日	第十三册	300
批林伯渠函	1918 年 12 月 23 日	第十三册	301
复熊克武望贯彻护法本旨与杨庶堪共治蜀事函	1918 年 12 月 24 日	第八册	59
复焦易堂唁其子殉国并告以私人名义赴欧美方为有益函	1918 年 12 月 24 日	第八册	60
复林修梅勖坚持护法函	1918 年 12 月 24 日	第八册	60
复徐谦告不欲担任赴欧会议代表名义函	1918 年 12 月 24 日	第八册	61
复邹鲁告赞同推胡汉民任省长函	1918 年 12 月 24 日	第八册	62
复凌钺等告不欲任赴欧和会代表函	1918 年 12 月 24 日	第八册	62
批丁惟汾等营救薄子明赵挥尘函	1918 年 12 月 26 日	第十三册	301
致刘祖武等勖坚持护法函	1918 年 12 月 27 日	第八册	63
致钮永建慰问在粤遇刺受伤函	1918 年 12 月 28 日	第八册	64
致军政府及国会建议要求美总统为我国调停人电	1918 年 11 至 12 月间	第九册	378
复李遂生告无款援助函	1918 年 12 月	第八册	64
贺蒋介石母五五寿庆联	1918 年 12 月	第十八册	214
批秦广礼请推荐和议代表函	1918 年底	第十三册	302
批徐永丰介绍与钮永建共办苏事名片	1917 至 1918 年间	第十三册	258
民国六至七年大元帅府特任人员职务姓名录	1917 至 1918 年	第十六册	316
民国六至七年大元帅府简任人员职务姓名录	1917 至 1918 年	第十六册	318
民国六至七年大元帅府荐任人员职务姓名录	1917 至 1918 年	第十六册	353
诗学偶谈	1918 年	第十二册	27
对胡瑛的声言	1918 年	第十二册	27
批唐君勉历陈在湘冤苦经过函	1918 年	第十三册	302
为徐朗西题词	1918 年	第十八册	215
为庚恩旸题词	1918 年	第十八册	216
题贺邓泽如寿诞	1918 年	第十八册	217

续表

篇名	著述时间	册数	页码
为岭南中学一九一八年毕业生题词	1918 年	第十八册	218
为章太炎《告癸丑以来死义诸君文》题词（一）	1918 年	第十八册	219
为章太炎《告癸丑以来死义诸君文》题词（二）	1918 年	第十八册	220
为梁琴堂题词	1918 年	第十八册	221
为臧伯庸题词	1918 年	第十八册	222
题词	1918 年	第十八册	223
为卢仲琳父母题词	1918 年	第十八册	224
为吴宗慈母七秩荣庆题祝	1918 年	第十八册	225
致吴景濂请详查辨正对日本记者谈话函	1919 年 1 月 2 日	第八册	64
七总裁复李纯告解决陕西民军问题办法电	1919 年 1 月 2 日	第九册	380
七总裁电参议院抄送致徐世昌商划界停战电	1919 年 1 月 3 日	第九册	381
批马逢伯闻段陆携手函	1919 年 1 月 4 日	第十三册	307
复于右任告未能助饷械函	1919 年 1 月 5 日	第八册	65
复焦易堂童杭时辞世界和平共进会理事长函	1919 年 1 月 5 日	第八册	66
复伍廷芳允另行慰留徐谦函	1919 年 1 月 5 日	第八册	66
军政府为北军攻陕事咨复广州众议院	1919 年 1 月 5 日刊载	第十三册	307
复广州非常国会闽籍议员辞巴黎和会代表等事函	1919 年 1 月 6 日	第八册	67
致林森等望设法疏通使伍朝枢出席巴黎和会函	1919 年 1 月 6 日	第八册	67
批刘英建议宜与在闽海军接近以免粤军孤立函	1919 年 1 月 6 日	第十三册	308
复刘香浦望与杨庶堪等共谋川中大计函	1919 年 1 月 7 日	第八册	68
复丁惟汾等告正设法援救薄子明函	1919 年 1 月 7 日	第八册	69
致徐世昌电	1919 年 1 月 9 日	第九册	382
七总裁致徐世昌告派定唐绍仪为总代表章士钊等十人为代表电	1919 年 1 月 9 日	第十六册	364
复芮恩施告派蒋梦麟来取建筑设计图卷宗函	1919 年 1 月 10 日	第八册	69
在上海与王正廷等谈话	1919 年 1 月上旬	第十二册	28

续表

篇名	著述时间	册数	页码
致林森等介绍美驻京参赞赴粤调查函	1919 年 1 月 11 日	第八册	70
致唐继尧介绍美驻京参赞赴滇调查函	1919 年 1 月 11 日	第八册	70
七总裁致徐世昌请查明撤退北军行动电	1919 年 1 月 11 日	第九册	383
批萧辉锦凌钺等请撤换代表徐谦函	1919 年 1 月 12 日	第十三册	308
复蔡元培张相文告以近日著述情况并论民国史编纂函	1919 年 1 月 14 日收到	第八册	71
复林德轩告和议裁兵时当设法维持兵力函	1919 年 1 月 14 日	第八册	71
复李纯望尊重法治函	1919 年 1 月 14 日	第八册	73
复卢师谛杨虎告运枪入川不能办到等事函	1919 年 1 月 14 日	第八册	73
批复蔡元培张相文论编辑民国史事	1919 年 1 月 14 日	第十三册	309
批方井东函	1919 年 1 月 14 日收到	第十三册	309
七总裁致徐世昌告改派缪嘉寿为代表电	1919 年 1 月 14 日	第十六册	364
复胡仲尧望坚忍处事函	1919 年 1 月 16 日	第八册	74
复陈堃告未便留陈炯明任闽省长函	1919 年 1 月 16 日	第八册	74
复席正铭谢力辟外界谣言并请疏通与段祺瑞意见函	1919 年 1 月 20 日	第八册	75
批于右任报告军情函	1919 年 1 月 21 日	第十三册	310
七总裁致徐世昌请明令陕中北军停止进攻并划定界线电	1919 年 1 月 22 日	第九册	384
分致黄复生石青阳颜德基卢师谛望协助杨庶堪治川函	1919 年 1 月 23 日	第八册	75
复赵士北告不任赴欧代表函	1919 年 1 月 26 日	第八册	76
复谢持告对粤局刻无主张奉告函	1919 年 1 月 26 日	第八册	76
复杨庶堪告无法筹款函	1919 年 1 月 26 日	第八册	77
复杨寿彭指示款项用途及定购飞机事函	1919 年 1 月 28 日	第八册	77
批冯熙周来函	1919 年 1 月 28 日	第十三册	311
复恩克阿穆尔告参加巴黎和会行止尚在磋议中函	1919 年 1 月 29 日	第八册	78

续表

篇名	著述时间	册数	页码
批张庆豫转呈于右任函	1919 年 1 月	第十三册	311
有关商务印书馆出版的教科书　与戴季陶等谈话	1919 年初	第十二册	28
复伍肖岩勖贯彻主义以竟全功函	1919 年 2 月 4 日	第八册	78
复笹川洁告为《湖广新报》创设寄上祝词请收函	1919 年 2 月 4 日	第八册	79
复陈炯明同意粤军充实军力并告和议难成函	1919 年 2 月 4 日	第八册	80
复谢持告须保存黄卢颜石诸部军队函	1919 年 2 月 4 日	第八册	80
复陈肇英勖勉力维持以竟全功函	1919 年 2 月 4 日	第八册	81
军政府为赴欧使职权事咨询广州众议院	1919 年 2 月 5 日刊载	第十三册	312
批卢师谛杨虎介绍段廷佐晋谒函	1919 年 2 月 5 日	第十三册	313
复谢持婉拒任巴黎和会特使函	1919 年 2 月 7 日	第八册	81
复安健告无公债票拨给函	1919 年 2 月 8 日	第八册	82
复高叔钦告赠礼收悉并勉精治天文学函	1919 年 2 月 10 日	第八册	82
批于右任英文函	1919 年 2 月 10 日	第十三册	313
批杨虎请晋授中将函	1919 年 2 月 11 日	第十三册	313
致孟恩远请释放史鼎孚等人函	1919 年 2 月 12 日	第八册	83
七总裁致顾维钧王正廷等嘱照约宣言并询最近中日交涉真象电	1919 年 2 月 12 日	第九册	384
复谢持告护法代表暂无可派函	1919 年 2 月 13 日	第八册	83
批李烈钧函	1919 年 2 月 13 日收到来函	第十三册	314
复黄玉田勖以救国大义提携群众函	1919 年 2 月 14 日	第八册	84
复杨蓁勉共树真正共和基础函	1919 年 2 月 14 日	第八册	84
复邓泰中勉共匡国难函	1919 年 2 月 14 日	第八册	85
复于右任告唐绍仪等人和议解决陕事办法函	1919 年 2 月 18 日	第八册	85
致林森请促张杨二君赴汕襄助飞机事业函	1919 年 2 月 18 日	第八册	86
复梅培告已致函林森促杨张二君赴汕函	1919 年 2 月 18 日	第八册	86

续表

篇名	著述时间	册数	页码
复邹鲁叶夏声告未便推任广东省长函	1919 年 2 月 23 日	第八册	87
批黄白元请以胡汉民长粤函	1919 年 2 月 23 日	第十三册	315
批叶夏声组华侨实业协进会请为赞成人函	1919 年 2 月 24 日	第十三册	315
批林森来函	1919 年 2 月 25 日	第十三册	315
复王安澜告已严行交涉北廷对陕进兵事函	1919 年 2 月 28 日	第八册	87
致黄复生嘱彻究杀害蔡济民凶犯函	1919 年 2 月 28 日	第八册	88
批林修梅函	1919 年 2 月	第十三册	316
批陶礼燊彭塈要求接济黔民生社函	1919 年 3 月 3 日	第十三册	317
复黎天才望贯彻护法初衷不堕北廷术中函	1919 年 3 月 6 日	第八册	88
复柏文蔚望贯彻护法初衷不为北系流言所动函	1919 年 3 月 6 日	第八册	89
复叶夏声告概不列名团体赞成人函	1919 年 3 月 6 日	第八册	89
复凌钺告被推赴欧无裨国事函	1919 年 3 月 11 日	第八册	90
复林森告不就巴黎和会国民代表由并请支持唐绍仪函	1919 年 3 月 11 日	第八册	90
复焦易堂告未能赞助经营实业函	1919 年 3 月 11 日	第八册	91
复李烈钧勖力任艰难函	1919 年 3 月 13 日	第八册	91
复黄如春告不便直接干涉地方之事函	1919 年 3 月 13 日	第八册	92
复沈止敬允嘱南方议和代表保全护法川粤军函	1919 年 3 月 13 日	第八册	92
复陶森甫论党费应取给于党员并告无能助款函	1919 年 3 月 13 日	第八册	93
复林修梅告和议迁延并勉互相策励救国函	1919 年 3 月 13 日	第八册	93
复林森告此时无赴欧之必要函	1919 年 3 月 13 日	第八册	94
批曹羡李焕章等求职函	1919 年 3 月 15 日	第十三册	318
致康德黎夫人寄送实业计划函	1919 年 3 月 20 日	第八册	94
暨众同人祭蔡济民文	1919 年 3 月 23 日	第四册	103
致黎天才等吊唁高固群并希穷究主名电	1919 年 3 月 23 日	第九册	385
悼蔡济民挽额	1919 年 3 月 23 日	第十八册	226

续表

篇名	著述时间	册数	页码
批丁开嶂报告拟谋华北沿长城诸省之势力函	1919 年 3 月 28 日	第十三册	319
黄花岗诸烈士死难八周年祭文	1919 年 3 月 29 日	第四册	104
复黎天才告和议停顿并勖为国努力函	1919 年 3 月 29 日	第八册	95
复陈廉伯简照南允协筹救济粤灾函	1919 年 3 月 29 日	第八册	96
复陶森甫告无力资助函	1919 年 3 月 29 日	第八册	96
复梅培告张杨二君即来汕及无款接济函	1919 年 3 月 29 日	第八册	97
复杨庶堪告北廷窥川宜为固圉御侮之计函	1919 年 4 月 1 日	第八册	97
致熊克武告和议停顿须援陕固蜀函	1919 年 4 月 1 日	第八册	98
批赵泰纪来函	1919 年 4 月 1 日	第十三册	319
复广州外交后援会述不赴巴黎和会由函	1919 年 4 月 3 日	第八册	98
复许崇智望训练部队负荷艰巨函	1919 年 4 月 6 日	第八册	99
致何扶桑请担保陈群释放函	1919 年 4 月 7 日	第八册	99
复席正铭论俄国革命函	1919 年 4 月 8 日	第八册	100
批程潜对议和意见函	1919 年 4 月 9 日	第十三册	320
批唐继尧赞同实业计画来函	1919 年 4 月 14 日	第十三册	321
复唐继尧告撰《实业计画》缘由函	1919 年 4 月 15 日	第八册	101
复黄伯耀告未便登报招股函	1919 年 4 月 15 日	第八册	102
复许道生赞许在法国巩固华工团体函	1919 年 4 月 15 日	第八册	102
致汪精卫嘱调查许道生在法组织华工团体事函	1919 年 4 月 16 日	第八册	103
批蔡涛报告	1919 年 4 月 16 日	第十三册	322
批蔡大愚谈政局和议函	1919 年 4 月 18 日	第十三册	324
致杨仙逸勖力展所长树功前敌函	1919 年 4 月 19 日	第八册	104
批杨熙绩来函	1919 年 4 月 19 日	第十三册	325
批孙宗防来函	1919 年 4 月 20 日	第十三册	326
致陈炯明嘱委杨德麟劝导华侨回闽振兴实业函	1919 年 4 月 22 日	第八册	105
分致柏文蔚吴醒汉商声讨谋害蔡济民罪魁函	1919 年 4 月 22 日	第八册	105

续表

篇名	著述时间	册数	页码
委任陈云樵为国民党泗水支部庶务科主任状	1919 年 4 月 23 日	第十六册	364
复在沪国会议员论国会问题函	1919 年 4 月 27 日	第八册	106
批复国会议员来电	1919 年 4 月 27 日	第十三册	326
批曹世英王烈请速筹协济方略函	1919 年 4 月 30 日	第十三册	327
复《新中国》杂志社告未敢应命撰稿函	1919 年 4 月	第八册	107
三民主义	1919 年春	第三册	307
复林森告已与陈堃等晤谈并由胡汉民转介他方商榷函	1919 年 5 月 2 日	第八册	107
复陈炳堃询川中近况函	1919 年 5 月 2 日	第八册	108
致志诚俱乐部同志告现定救国方策在使国会完全行使职权电	1919 年 5 月 6 日	第九册	385
给邵力子的指示	1919 年 5 月 6 日	第十二册	28
批刘仁航请寄《孙文学说》函	1919 年 5 月 6 日	第十三册	328
批南京华侨学生代表陈汉明维持国权函	1919 年 5 月 8 日	第十三册	328
与岑春煊等联名致徐世昌请平情处置因山东问题被捕之北京学生电	1919 年 5 月 9 日	第九册	386
复曹俊甫王子中告无款接济函	1919 年 5 月 12 日	第八册	108
批许崇智呈报军情函	1919 年 5 月 12 日	第十三册	329
批邓慕韩述在粤联络情形局以谋再握政权函	1919 年 5 月 13 日	第十三册	330
在上海与邵元冲谈话	1919 年 5 月 20 日	第十二册	29
与岑春煊等联名致龚心湛请速饬陈树藩军退驻原防地点电	1919 年 5 月中旬	第九册	386
批朱和中述北廷情况及解决鄂省纠纷意见函	1919 年 5 月 22 日	第十三册	332
批臧善达请资助函	1919 年 5 月 23 日	第十三册	334
批杨鹤龄求职函	1919 年 5 月 24 日	第十三册	335

续表

篇名	著述时间	册数	页码
致但懋辛等告和议停顿望坚持护法初衷并告派廖仲恺赴川面洽函	1919 年 5 月 26 日	第八册	109
致熊克武望以川省为吾党主义实施地并告派廖仲恺赴川函	1919 年 5 月 26 日	第八册	110
致郭文钦望勉力经营宁远军旅并告派廖仲恺赴川函	1919 年 5 月 26 日	第八册	111
致萧敬轩勉协力匡难并告派廖仲恺赴川函	1919 年 5 月 26 日	第八册	111
护法宣言	1919 年 5 月 28 日	第四册	441
批邓慕韩解除粤军在闽压力函	1919 年 5 月 28 日	第十三册	335
对上海学联的意见	1919 年 5 月 29 日	第十二册	29
致菊池良一喑慰甲上胜家属函	1919 年 5 月 30 日	第八册	112
批金永炎函	1919 年 5 月 30 日	第十三册	336
复林支宇告和议重停望奋勉救国函	1919 年 5 月 31 日	第八册	112
复安健指示治理川边要略函	1919 年 5 月 31 日	第八册	113
批朱和中报告将赴鄂西函	1919 年 5 月 31 日	第十三册	337
致徐世昌责不能为卖国者庇护电	1919 年 5 月	第九册	387
在上海与邵元冲谈话	1919 年 5 月	第十二册	30
段祺瑞如赞成护法当可联络　与谢君焦君谈话	1919 年 5 月	第十二册	30
在上海与何葆仁朱承洵谈话	1919 年 6 月 2 日	第十二册	31
批马逢伯请对局势发表意见函	1919 年 6 月 5 日	第十三册	338
批罗端侯愿为国效劳函	1919 年 6 月 6 日	第十三册	338
批陈福禄陈述经商计划并请晋见函	1919 年 6 月 8 日	第十三册	340
在上海与何葆仁朱承洵谈话	1919 年 6 月 10 日	第十二册	31
复颜德基望努力治川函	1919 年 6 月 12 日	第八册	113
批陈炯明请购无线电机函	1919 年 6 月 15 日	第十三册	341
批张铁梅王升平请示方针函	1919 年 6 月 15 日	第十三册	342
批刘焕藜请采取积极救国行动函	1919 年 6 月 16 日	第十三册	343

续表

篇名	著述时间	册数	页码
批王道拟返湘联络请指示方针函	1919 年 6 月 17 日	第十三册	344
批丁一钧为其夫殉难事请晋见陈述函	1919 年 6 月 17 日	第十三册	345
复蔡冰若告著述要旨并不必来沪等事函	1919 年 6 月 18 日	第八册	114
复谢持告静观桂系内哄究竟函	1919 年 6 月 19 日	第八册	114
与岑春煊等联名致龚心湛请勿召回欧洲和会中国专使电	1919 年 6 月中旬	第九册	388
要使人明白三民主义须做社会思想上的指导工夫　在上海与戴季陶谈话	1919 年 6 月中旬	第十二册	32
中国人痛恨日本政府的侵华政策　答朝日新闻社记者太田宇之助书	1919 年 6 月 22 日刊载	第三册	318
关于收回山东与山东权利　与《大阪朝日新闻》记者谈话	1919 年 6 月 24 日刊载	第十二册	35
批曾杰来函	1919 年 6 月 24 日	第十三册	346
批史志元来函	1919 年 6 月 25 日	第十三册	346
批广东各社团公民代表联合团公举伍廷芳继任粤省省长函	1919 年 6 月 27 日	第十三册	347
复廖湘芸望团结湘西各军待时而动函	1919 年 6 月 29 日	第八册	115
致周蔗增勖坚持不挠克竟伟绩函	1919 年 6 月 29 日	第八册	115
复陈炯明嘱伺机攻取广东函	1919 年 6 月 29 日	第八册	116
复洪兆麟望坚持初志奋勉不懈函	1919 年 6 月 29 日	第八册	117
批各省旅沪工商实业慈善教会各公团函	1919 年 6 月 30 日	第十三册	347
复谢持告相机取消驻粤代表函	1919 年 6 月下旬	第八册	117
与岑春煊等联名致徐世昌反对中国代表在巴黎和约上签字电	1919 年 6 月下旬	第九册	388
五四运动对整个社会有绝大影响　在上海中华民国学生联合会代表会议的演说	1919 年 6 月	第十册	353

续表

篇名	著述时间	册数	页码
在上海与邹鲁谈话	1919 年 6 月	第十二册	37
批王鼎请资助锄奸函	1919 年 7 月 1 日	第十三册	347
批王鼎未便助其实行暗杀函	1919 年 7 月 4 日	第十三册	349
与岑春煊等联名致徐世昌龚心湛请维持中国银行现状电	1919 年 7 月 5 日	第九册	389
批罗剑仇请资助函	1919 年 7 月 5 日	第十三册	350
与岑春煊等复吴佩孚赞同开国民大会宣示交涉情形电	1919 年 7 月 6 日刊载	第九册	390
批许协揆请赠川中将领照片及请廖仲恺入川函	1919 年 7 月 6 日	第十三册	350
批刘焕藜建议以白话报宣传主义函	1919 年 7 月 8 日	第十三册	352
批孙宗昉陈述时局意见函	1919 年 7 月 8 日	第十三册	352
复林祖密告所部被缴械事已嘱陈炯明妥办函	1919 年 7 月 12 日	第八册	118
复陈赓如望联合广东各界除去广西山贼函	1919 年 7 月 13 日	第八册	118
批赵偶函	1919 年 7 月 13 日	第十三册	353
致陈炯明告妥处林祖密部被缴械事函	1919 年 7 月 16 日	第八册	119
批赵义函	1919 年 7 月 16 日	第十三册	354
致广东军政府请省释工学界被捕代表电	1919 年 7 月 18 日	第九册	390
与岑春煊等复龚心湛告已宣告不签德约之原因电	1919 年 7 月 18 日	第九册	391
复许卓然等嘉慰团结御侮电	1919 年 7 月 18 日	第九册	391
批廖湘芸来函	1919 年 7 月 18 日	第十三册	355
致杨庶堪吊唁周淡游逝世电	1919 年 7 月 20 日	第九册	392
批凌钺请往谒函	1919 年 7 月 21 日	第十三册	356
复许卓然等勖与诸同志商榷进行协同救国函	1919 年 7 月 22 日	第八册	119
批林德轩函	1919 年 7 月 22 日	第十三册	356
批尹天杰请代编总理文稿函	1919 年 7 月 24 日	第十三册	357
批李希莲报告东北各省情形函	1919 年 7 月 25 日	第十三册	357

续表

篇名	著述时间	册数	页码
复廖子鸣告与熊杨一致进行力竟全功函	1919 年 7 月 27 日	第八册	120
批朱伯为请为《实业旬报》祝词函	1919 年 7 月 27 日	第十三册	358
致邵元冲请查下首塘是石塘抑是土塘简	1919 年 7 月	第八册	120
致陕西等南北各军将领重申恢复国会行使职权为和平救国之法电	1919 年 7 月	第九册	392
致陈炯明告无线电机定在上海购买及各埠筹饷统寄上海分发电	1919 年 7 月	第九册	393
在上海与常万元谈话	1919 年 7 月	第十二册	37
为波多博题词	1919 年夏	第十八册	227
广传吾党建设之主义　上海《建设》发刊词	1919 年 8 月 1 日	第四册	105
批吴灿煌陈述宣传学说及联络湘省军人函	1919 年 8 月 1 日	第十三册	359
复伍廷芳劝同辞政务总裁职函	1919 年 8 月 2 日	第八册	121
革命党之事业为革命事业　在上海中华民国学生联合会代表会议闭幕式的演说	1919 年 8 月 5 日	第十册	354
复李梦庚告对奉吉事无成见函	1919 年 8 月 6 日	第八册	121
批刘湘来函	1919 年 8 月 6 日	第十三册	360
批杨庶堪介绍康俊卿往谒函	1919 年 8 月 6 日	第十三册	360
复刘湘望以民意之向背为断并派张左丞赴川面洽函	1919 年 8 月 7 日	第八册	122
复杨庶堪告与康俊卿倾谈甚洽并嘱返川面达函	1919 年 8 月 7 日	第八册	123
与岑春煊等联名复北京当局反对撤回八条全文电	1919 年 8 月 7 日刊载	第九册	394
致广州参众两院辞军政府总裁电	1919 年 8 月 7 日	第九册	395
批曾省三因病请求济助函	1919 年 8 月 7 日	第十三册	360
致孙科嘱促伍廷芳父子来沪电	1919 年 8 月 9 日	第九册	396
复宋渊源望与陈炯明协筹闽事善后函	1919 年 8 月 17 日	第八册	123
复林修梅谈人类生存问题及与北方关系函	1919 年 8 月 17 日	第八册	124
批广州众议院来函	1919 年 8 月 17 日	第十三册	361

续表

篇名	著述时间	册数	页码
批邓惟贤请示办法函	1919 年 8 月 19 日	第十三册	362
任总裁徒代他人受过 与董昆瀛等谈话	1919 年 8 月 21 日	第十二册	38
护法者友坏法者敌 与张瑞萱等谈话	1919 年 8 月 22 日	第十二册	38
与方潜等谈对南北和议的态度	1919 年 8 月 23 日	第十二册	39
批赖君许其在势力范围内招徕新党员函	1919 年 8 月 23 日	第十三册	363
复麦克威廉斯申谢并邀来华一游函	1919 年 8 月 26 日	第八册	125
复吕复述坚辞政务总裁意旨函	1919 年 8 月 26 日	第八册	126
批于右任来函	1919 年 8 月 26 日收到	第十三册	363
批罗正文请谒函	1919 年 8 月 27 日	第十三册	364
复廖凤书告近仍闭户著书未暇问国事函	1919 年 8 月 28 日	第八册	127
批彭程万报告就任护法赣军总司令函	1919 年 8 月 28 日	第十三册	364
批湖南国民大会请勿辞职函	1919 年 8 月 28 日	第十三册	365
复凌钺望吾党同志持冷静态度暂不问国事函	1919 年 8 月 29 日	第八册	127
复林森吴景濂坚持辞职并望取消军政府函	1919 年 8 月 29 日	第八册	128
欧美留学生应负维护国家之责 在上海中华欧美同学会成立会的演说	1919 年 8 月 30 日	第十册	358
为中华欧美同学会题词	1919 年 8 月 30 日	第十八册	228
致湖南国民大会解释辞总裁职电	1919 年 8 月 31 日	第九册	396
致廖家栋等述辞总裁职经过并望慎重择人函	1919 年 8 月中下旬	第八册	128
批林森吴景濂挽勿辞职函	1919 年 8 月	第十三册	366
批广州香山公会函	1919 年 8 月	第十三册	367
振兴实业以裕民生为今日救国之急务 上海《实业旬报》创刊祝词	1919 年 9 月 1 日	第四册	106
复于右任告近著《学说》以立信仰之基函	1919 年 9 月 1 日	第八册	129
复刘治洲等望毅然取消误国之军政府电	1919 年 9 月 2 日	第九册	397
批李根源介绍邓和卿赴沪晋见函	1919 年 9 月 2 日	第十三册	367

续表

篇名	著述时间	册数	页码
批林修梅关于南北议和及请接济湘军函	1919 年 9 月 4 日	第十三册	368
复唐继尧望深察民意维持护法电	1919 年 9 月 7 日	第九册	397
批张翼振主张联美抑日函	1919 年 9 月 7 日	第十三册	369
致王伯常等告派张左丞赴川劳军函	1919 年 9 月 8 日	第八册	130
致黄复生等告派张左丞面洽川事函	1919 年 9 月 8 日	第八册	130
批北洋大学生谌伊勋来函	1919 年 9 月 8 日	第十三册	370
复广州军政府告决心辞军政府总裁职电	1919 年 9 月 9 日	第九册	398
复广州国会再申辞职决心函	1919 年 9 月 10 日	第八册	131
援救陈独秀胡适　与许世英谈话	1919 年 9 月上旬	第十二册	39
批上海临时和平维持会代表臧善达等函	1919 年 9 月 13 日	第十三册	370
复王文华嘱与杨庶堪石青阳合力解决川事电	1919 年 9 月 16 日	第九册	398
复石青阳告购械之事已嘱赵君函达函	1919 年 9 月 17 日	第八册	132
批廖湘芸派潘康时来谒函	1919 年 9 月 18 日	第十三册	371
复廖湘芸告仍照前授计划进行函	1919 年 9 月 19 日	第八册	132
复唐继尧唁慰祖母及父丧并告以著述目的函	1919 年 9 月 19 日	第八册	133
复卢师谛述杨虎收束军队意见函	1919 年 9 月 20 日	第八册	133
批韩锡潢报告至鲁情形函	1919 年 9 月 20 日	第十三册	371
批林德轩报告湘西军情并推荐田应诏函	1919 年 9 月 20 日	第十三册	372
复李根源赞许筹策经营韶州函	1919 年 9 月 21 日	第八册	134
复黄玉田勉从社会民生方面做工夫函	1919 年 9 月 21 日	第八册	134
对和局之意见　与王揖唐谈话	1919 年 9 月 22 日	第十二册	40
批广东省学生联合会来函	1919 年 9 月 22 日	第十三册	373
关于南北和谈　与曹亚伯谈话	1919 年 9 月 23 日	第十二册	41
批复关于驱除陆荣廷事	1919 年 9 月 24 日	第十三册	373
批刘仁航建议训练自治人材函	1919 年 9 月 25 日	第十三册	373

续表

篇名	著述时间	册数	页码
当务之急是强化民众基础 与宫崎龙介谈话	1919 年 9 月 16 日至 27 日间	第十二册	40
批陆福廷秘禀福建不难一举而定函	1919 年 9 月 28 日	第十三册	373
重书山田良政先生纪念碑文	1919 年 9 月 29 日	第四册	106
批徐宗鉴自述革命经历愿效驰驱函	1919 年 9 月 29 日	第十三册	374
山田良政君建碑纪念词	1919 年 9 月下旬	第四册	107
太平洋海权问题关乎中国之生存 姚伯麟著《战后太平洋问题》序	1919 年 9 月	第四册	108
批林德轩函	1919 年 9 月	第十三册	374
复金汉鼎告寄上《学说》函	1919 年 10 月 1 日	第八册	135
致卜舫济介绍邵元冲补课函	1919 年 10 月 3 日	第八册	135
批张煊请赞助创办政法大学函	1919 年 10 月 7 日	第十三册	375
改造中国之第一步 在上海基督教青年会国庆庆祝会的演说	1919 年 10 月 8 日	第十册	359
批尹承福等主张制定宪法函	1919 年 10 月 8 日	第十三册	376
八年今日 为纪念武昌起义八周年而作	1919 年 10 月 10 日	第三册	320
中国实业当如何发展 应上海《实业旬报》之请而作	1919 年 10 月 10 日	第三册	322
中国国民党规约	1919 年 10 月 10 日	第五册	406
中国国民党海外总支部通则	1919 年 10 月 10 日	第五册	409
中国国民党海外支部通则	1919 年 10 月 10 日	第五册	412
复宋渊源告重新结合党人仍宜用中华革命党名义函	1919 年 10 月 12 日	第八册	136
准委居正谢持廖仲恺分为国民党本部总务党务财政主任批	1919 年 10 月 13 日	第十六册	365
复陈树人告爱国储金奖章尚在印铸函	1919 年 10 月 14 日	第八册	136

续表

篇名	著述时间	册数	页码
批彭养光报告广州国会讨论改组军政府及人选问题函	1919 年 10 月 14 日	第十三册	378
批游运炽函	1919 年 10 月 15 日	第十三册	379
坚辞总裁职　与《上海晨报》记者谈话	1919 年 10 月 16 日	第十二册	41
复田应诏望联合川中同志完成护法初衷函	1919 年 10 月 18 日	第八册	137
救国之急务　在上海寰球中国学生会举办专题讲演会的演说	1919 年 10 月 18 日	第十册	361
批古汉光报告至许崇智部任事函	1919 年 10 月 19 日	第十三册	379
体育之技击术于强种保国关系至大　陈铁生编《精武本纪》序	1919 年 10 月 20 日	第四册	109
复李国柱勖训练所部坚忍以待函	1919 年 10 月 20 日	第八册	138
复廖奉恩告无款资助女学函	1919 年 10 月 20 日	第八册	138
复廖德山告无款资助女校函	1919 年 10 月 20 日	第八册	138
批廖奉恩创办女校请任名誉董事及介绍政绅商函	1919 年 10 月 20 日	第十三册	380
批梁柏明请资助函	1919 年 10 月 20 日	第十三册	380
批廖德山请协助杨襄甫遗孤函	1919 年 10 月 20 日	第十三册	381
中国国民党本部关于改名颁行新章之通告	1919 年 10 月中旬	第四册	442
批童杭时报告广州国会讨论不信任岑春煊案	1919 年 10 月 21 日	第十三册	381
为朱仲华题词	1919 年 10 月 22 日	第十八册	229
批黄孝愚愿忝高足函	1919 年 10 月 23 日	第十三册	382
复某君与□紫云告收到捐助黄花岗建筑经费函	1919 年 10 月 24 日	第八册	139
批粟无忌求职函	1919 年 10 月 24 日	第十三册	382
致犬塚信太郎告派蒋中正专赴东京慰问病况函	1919 年 10 月 25 日	第八册	139
致寺尾亨告派蒋中正问候函	1919 年 10 月 25 日	第八册	140
致头山满告派蒋中正问候函	1919 年 10 月 25 日	第八册	140
复王维白告收到赠书函	1919 年 10 月 25 日	第八册	141

续表

篇名	著述时间	册数	页码
与孙洪伊等联名发起黄兴逝世三周年公奠启事	1919 年 10 月 26 日	第四册	110
批吴忠信报告军中情形函	1919 年 10 月 26 日	第十三册	382
批潘季伦为周应时中风请示治疗之术函	1919 年 10 月 26 日	第十三册	383
批黎天才陈述时局函	1919 年 10 月 27 日	第十三册	383
与胡汉民联名致田中节子唁电	1919 年 10 月 30 日	第九册	399
批焦易堂关于国会事函	1919 年 10 月 30 日	第十三册	384
批彭养光来函	1919 年 10 月 30 日	第十三册	384
批彭堃报告粤中政团派系函	1919 年 10 月 31 日	第十三册	385
复林德轩告颜德基处难以拨款接济函	1919 年 10 月	第八册	141
复曹俊甫王子中告筹款接济需待机会函	1919 年 10 月	第八册	141
复林德轩勖湘西各军与川中同志协作函	1919 年 10 月	第八册	142
复洪兆麟勖整军备战函	1919 年 10 月	第八册	143
复伍肖岩望淬厉所部贯彻护法主张函	1919 年 10 月	第八册	143
复尹乐田等望诸议员坚持光明正大之奋斗函	1919 年 10 月	第八册	144
复李村农再论借外资函	1919 年秋	第八册	144
在上海与宁武谈话	1919 年秋	第十二册	43
批伍毓瑞械单饷拙惟誓以精诚护法函	1919 年 11 月 1 日	第十三册	386
复伍毓瑞告当今急务为讨桂统一南方函	1919 年 11 月 11 日	第八册	146
复张学济望湘西各军与川鄂同志各军协同动作函	1919 年 11 月 11 日	第八册	146
致田应诏告经略湘西为护法所赖函	1919 年 11 月 11 日	第八册	147
复彭素民告当今急务为讨桂统一南方函	1919 年 11 月 11 日	第八册	147
批黄容生函当物色主持加拿大党务之人	1919 年 11 月 12 日来函	第十三册	387
批吕超来函	1919 年 11 月 17 日	第十三册	387
批魏勋请愿函	1919 年 11 月 18 日	第十三册	388
为广东光复纪念庆祝会题词	1919 年 11 月 18 日	第十八册	230
致芮恩施望予以道义上的支持电	1919 年 11 月 19 日	第九册	399

续表

篇名	著述时间	册数	页码
论和局情形　在上海与某君谈话	1919 年 11 月 22 日	第十二册	45
批谢心准请教处置粤局函	1919 年 11 月 22 日	第十三册	388
致《民气报》介绍邵元冲函	1919 年 11 月 24 日	第八册	148
在上海与邵元冲谈话	1919 年 11 月 24 日	第十二册	45
复黎天才论南北和议函	1919 年 11 月 25 日	第八册	148
致田应诏等指示湘西军政方略函	1919 年 11 月 25 日	第八册	149
复黄炽杨满告李公武赴檀旅费已汇交函	1919 年 11 月 25 日	第八册	150
中国时局与劳资关系　与上海《大陆报》记者谈话	1919 年 11 月 25 日	第十二册	46
复徐树铮嘉许撤销外蒙自治并盼协助恢复国会电	1919 年 11 月 26 日	第九册	400
中国并无传播过激主义之机会南北战事系余发起与上海《大陆报》记者谈话	1919 年 11 月 26 日	第十二册	48
复周震鳞请调查周则范死事函	1919 年 11 月 30 日	第八册	151
留学生须学得活知识以贡献于国家社会　在上海与张道藩等谈话	1919 年 11 月中下旬	第十二册	43
在上海与马伯援谈话	1919 年 12 月 1 日	第十二册	49
批李绮庵致冯自由请代向总理请款函	1919 年 12 月 2 日	第十三册	388
批陈炯明函报福建交涉事函	1919 年 12 月 5 日	第十三册	389
批陆福廷报告在闽接洽北军投诚函	1919 年 12 月 6 日	第十三册	389
批唐宝锷论对徐树铮态度函	1919 年 12 月 8 日	第十三册	390
批洪兆麟来函	1919 年 12 月 8 日	第十三册	390
批吴醒汉请电唐继尧讯办唐克明函	1919 年 12 月 12 日	第十三册	390
复陈金钟等希协力发展实业计画函	1919 年 12 月 15 日刊载	第八册	153
复欧阳铃院梁国生希竭诚赞助发展实业计画函	1919 年 12 月 15 日刊载	第八册	154
批林森来函	1919 年 12 月 17 日	第十三册	391

续表

篇名	著述时间	册数	页码
人民须研究自治与实行自治　对上海地方自治讲习所毕业生的演说	1919 年 12 月 20 日	第十册	372
为上海南洋路矿学校题词	1919 年 12 月 20 日	第十八册	231
复吴醒汉告派熊秉坤面商函	1919 年 12 月中旬	第八册	151
复凌钺论徐树铮收回蒙古应予奖饬函	1919 年 12 月 23 日	第八册	152
复石青阳告款到即与人商购飞机函	1919 年 12 月 23 日	第八册	152
批石青阳购备飞机细陈饷款之拮据函	1919 年 12 月 23 日	第十三册	392
批凌钺责备与徐树铮电信往还失当函	1919 年 12 月 23 日	第十三册	393
复黄复生望资助黎仲实家属函	1919 年 12 月 25 日	第八册	153
批葛庞谈论时局函	1919 年 12 月 27 日	第十三册	394
批答林修梅速预备与湘西一致动作	1919 年 12 月 27 日	第十三册	395
复廖湘芸林修梅望一同动作扫除广西游勇以去内患电	1919 年 12 月 29 日	第九册	401
批吴文龙请示方针函	1919 年 12 月 29 日	第十三册	395
致邓泽如请转寄国民党改组通告函	1919 年 12 月 30 日	第八册	154
批杨熙绩来函	1919 年 12 月 30 日	第十三册	396
委任黄德源为国民党仰光支部正部长状	1919 年 12 月 30 日	第十六册	365
委任陈东平为国民党仰光支部副部长状	1919 年 12 月 30 日	第十六册	365
委任许寿民为国民党仰光支部调查科正主任状	1919 年 12 月 30 日	第十六册	366
委任陈甘敏为国民党仰光支部评议部评议员状	1919 年 12 月 30 日	第十六册	366
委任邝民志为国民党仰光支部评议部评议员状	1919 年 12 月 30 日	第十六册	367
委任朱锦乔为国民党仰光支部评议部评议员状	1919 年 12 月 30 日	第十六册	367
委任陈辉石为国民党仰光支部评议部评议员状	1919 年 12 月 30 日	第十六册	367
委任黄壬戌为国民党仰光支部总务科干事状	1919 年 12 月 30 日	第十六册	368
委任梁卓贵为国民党仰光支部财政科干事状	1919 年 12 月 30 日	第十六册	368
委任朱伟民为国民党仰光支部交际科干事状	1919 年 12 月 30 日	第十六册	369

续表

篇名	著述时间	册数	页码
致唐克明告派熊秉坤慰问函	1919 年 12 月	第八册	155
致柏文蔚告派熊秉坤面洽函	1919 年 12 月	第八册	155
致黎天才告派熊秉坤面洽函	1919 年 12 月	第八册	156
复吴醒汉望与湘西军联络讨桂电	1919 年 12 月	第九册	401
为上海精武体育会题词	1919 年冬	第十八册	232
复徐谦告许助陈汉明款取消等事函	1919 年下半年	第八册	156
批关于三民主义及五权宪法参考书目	1918 至 1919 年间	第十三册	306
批答某君立心做革命勿存依赖人之心	1918 至 1919 年间	第十三册	306
批答通电中外反对岑陆徐靳之苟和	1918 至 1919 年间	第十三册	306
祝童洁泉七十寿诗	1919 年	第四册	110
致林修梅望速合湘南将士共图大业函	1919 年	第八册	157
在上海与邵元冲谈话	1919 年	第十二册	49
在上海与胡汉民谈话	1919 年	第十二册	50
在上海与马湘谈话	1919 年	第十二册	50
童年生活与革命经历片段 在上海对林百克的口述	1919 年	第十二册	51
批柳大训等请拨经费函	1919 年	第十三册	396
批助林修梅统一湘西	1919 年	第十三册	397
批郝培云主张飞潜主义来函	1919 年	第十三册	397
批答劳动党当发起自劳动家	1919 年	第十三册	397
批于右任请赐书函	1919 年	第十三册	398
为林百克题词	1919 年	第十八册	233
为周太夫人百岁荣庆题词	1919 年	第十八册	234
周太夫人期颐祝词	1919 年	第十八册	235
为赵家艺题词	1919 年	第十八册	236
题林文英墓碑	1919 年	第十八册	237
为陶陶亭题词	1919 年	第十八册	238

续表

篇名	著述时间	册数	页码
题联	1919 年	第十八册	239
题联	1919 年	第十八册	240
题词	1919 年	第十八册	241
为漳州第一公园题词	1919 年	第十八册	242
为苏州晏成中学题词	1919 年前后	第十八册	243
为邓慕周题匾	1919 年前后	第十八册	244
日本应归还中国权利并承认朝鲜独立　在上海与东京《大正日日新闻》记者大江卓谈话	1920 年 1 月 1 日刊载	第十二册	70
批徐东垣采伐吉林省森林可获厚利函	1920 年 1 月 1 日	第十三册	399
勉全党同志词	1920 年 1 月 1 日	第十八册	245
致政务会议请拨款补助在法国建中国大学函	1920 年 1 月上旬	第八册	158
谈南北政局　在上海与马立成等谈话	1920 年 1 月 14 日	第十二册	73
批罗仁普询原子电子之理函	1920 年 1 月 14 日	第十三册	399
特派陈树人为驻加拿大总支部总干事批	1920 年 1 月 20 日	第十六册	369
致北京政府劝勿与日本直接交涉山东问题电	1920 年 1 月 23 日	第九册	402
反对日本政府提出中日直接交涉山东问题的通牒　在上海与《益世报》记者徐谦谈话	1920 年 1 月 26 日	第十二册	74
致廖仲恺古应芬请接洽王乃昌函	1920 年 1 月 27 日	第八册	160
批林正煊等请为品题其著作函	1920 年 1 月 28 日	第十三册	399
为在上海创设英文杂志及印刷机关致海外同志书	1920 年 1 月 29 日	第四册	443
批杨玉山请资助函	1920 年 1 月 31 日	第十三册	401
释光明之义　香港《大光报》年刊题词	1920 年 1 月	第三册	325
复徐谦告未知谢某动向函	1920 年 1 月	第八册	161
复林德轩请按前时计划经略湘西函	1920 年 1 月	第八册	161
在上海与张国焘许德珩等谈话	1920 年 1 月	第十二册	75
在上海与张国焘谈话	1920 年 1 月	第十二册	76

续表

篇名	著述时间	册数	页码
在上海与马特维耶夫—博德雷等谈话	1920 年 1 月	第十二册	77
与岑春煊等致北京政府主张取消《军事协定》电	1920 年 2 月 7 日	第九册	403
批朱和中为民请命兹恐误会函	1920 年 2 月 7 日	第十三册	402
致许崇智介绍李德益往言潮梅事函	1920 年 2 月 9 日	第八册	162
批焦易堂函	1920 年 2 月 10 日收到来函	第十三册	401
悼张汇滔挽额	1920 年 2 月上旬	第十八册	246
批陶乐勤请实行大亚西亚民治主义函	1920 年 2 月 14 日	第十三册	402
批李维汉请资助函	1920 年 2 月 19 日	第十三册	403
复陈炯明勉早下决心率粤军回粤电	1920 年 2 月 20 日	第九册	403
党员须淬励固结互助之精神　澳洲中国国民党恳亲大会祝词	1920 年 2 月 21 日	第三册	326
复余荣等贺恳亲大会函	1920 年 2 月 21 日	第八册	162
致李烈钧贺重掌军权函	1920 年 2 月 24 日	第八册	163
致刘显世望出兵柳州以捣桂贼巢穴电	1920 年 2 月 27 日	第九册	404
致唐继尧促速出兵百色攻桂贼老巢电	1920 年 2 月 28 日	第九册	405
批刘焕藜求见函	1920 年 2 月 28 日	第十三册	403
地方自治开始实行法	1920 年 3 月 1 日	第三册	327
望能研究私有制以外之社会形态　陈安仁著《社会观》序	1920 年 3 月 1 日	第四册	111
致某君促回粤驱桂电	1920 年 3 月 2 日	第九册	406
致石青阳告购飞机事电	1920 年 3 月 2 日	第九册	406
批中华国民自治研究会殷占阊等函	1920 年 3 月 2 日	第十三册	404
批刘焕藜报告与张敬尧协议事函	1920 年 3 月 2 日	第十三册	404
批徐元诰来函	1920 年 3 月 3 日	第十三册	404
批殷占阊呈愿联络长江一带军警函	1920 年 3 月 5 日	第十三册	405

续表

篇名	著述时间	册数	页码
复余荣告信款已收并付上证书函	1920 年 3 月 7 日	第八册	163
批林修梅请发誓约党证以介绍军官入党函	1920 年 3 月 7 日	第十三册	405
致李烈钧望举兵讨贼函	1920 年 3 月上旬	第八册	164
复陈树人告已托人带去爱国储金奖状函	1920 年 3 月 12 日	第八册	164
批冯某函	1920 年 3 月 12 日收到来函	第十三册	405
致陈树人同意发给爱国奖章函	1920 年 3 月 13 日	第八册	165
致陈炯明告购枪弹已有办法电	1920 年 3 月 15 日	第九册	407
复黄醒勉以阐明人生体育之真理函	1920 年 3 月 16 日	第八册	166
复孙科告已着邓子瑜黄福芝与李绮庵接洽讨桂电	1920 年 3 月 16 日	第九册	407
复唐继尧促合川滇黔全力图桂以援救李烈钧部电	1920 年 3 月 17 日	第九册	408
复王文华希促湘南将领率军南下韶关电	1920 年 3 月 17 日	第九册	409
复廖湘芸望与张敬尧切实计划并将湘省军事情形随时电告电	1920 年 3 月 17 日	第九册	409
批陈卓平请为其妹赴美求学作保函	1920 年 3 月 17 日	第十三册	406
致陈炯明指示讨桂计划电	1920 年 3 月 18 日	第九册	410
批王正廷转送欧洲和平大会分类报告一册	1920 年 3 月 20 日	第十三册	406
批胡文灿等来函	1920 年 3 月 21 日	第十三册	407
复徐谦告已拟通电不发函	1920 年 3 月 23 日	第八册	167
致王文华促出师捣毁桂系巢穴电	1920 年 3 月 26 日	第九册	410
批李绮庵李安邦函	1920 年 3 月 26 日原函日期	第十三册	407
复吕志伊等望团结讨桂并请留意军情函	1920 年 3 月 27 日	第八册	167
复王文华询讨桂意见并告与北方周旋函	1920 年 3 月 27 日	第八册	168
致某君告不必收买海军并望勇决猛进电	1920 年 3 月 27 日	第九册	411
复纳申尼尔·柏辉告阅信后印象函	1920 年 3 月 28 日	第八册	169

续表

篇名	著述时间	册数	页码
致某君公告勿须顾虑海军勉速进广州电	1920 年 3 月 28 日	第九册	412
与居正联署委任叶独醒为中国国民党宿雾支部总务科主任状	1920 年 3 月 28 日	第十六册	369
与居正联署委任刘谦祥为中国国民党宿雾支部交际科主任状	1920 年 3 月 28 日	第十六册	370
致李安邦李绮庵指示广东讨桂军事函	1920 年 3 月 29 日	第八册	169
批黎萼丁士杰等来函	1920 年 3 月 29 日收到来函	第十三册	409
致某君促速回粤驻桂电	1920 年 3 月 30 日	第九册	412
致李绮庵李安邦嘱相机发动为粤军回粤作先军电	1920 年 3 月 31 日	第九册	412
致孙科等告汇万元交李安邦用并指示李绮庵李安邦回粤起事方略电	1920 年 3 月下旬	第九册	413
致某君告在粤发动讨桂起事计划电	1920 年 3 月下旬	第九册	414
致陈炯明促速进兵东江与李烈钧联络进扑广州电	1920 年 3 月下旬	第九册	414
致唐继尧促按计划火速举行援粤兵事电	1920 年 3 月下旬	第九册	415
致徐鹤仙告已派李绮庵回粤解李烈钧之围电	1920 年 3 月	第九册	416
致张敬尧希接济廖湘芸械弹电	1920 年 4 月 1 日	第九册	416
为朝鲜《东亚日报》创刊号题词	1920 年 4 月 1 日刊载	第十八册	247
致国民党三藩市总支部望助李仲骏学费函	1920 年 4 月 2 日	第八册	170
复黄炽指示还款事函	1920 年 4 月 2 日	第八册	171
致李绮庵徐鹤仙询广嘱起义筹划情况电	1920 年 4 月 2 日	第九册	417
致张佐丞等指示出师计划电	1920 年 4 月 2 日	第九册	417
中国人之直言	1920 年 4 月 3 日	第三册	332
勉中国基督教青年　中国基督教青年会成立二十五周年祝词	1920 年 4 月 3 日	第三册	337

续表

篇名	著述时间	册数	页码
致陈炯明嘱毅然猛击桂贼电	1920 年 4 月 4 日	第九册	418
与《大阪朝日新闻》记者谈话	1920 年 4 月 4 日	第十二册	78
批林修梅介绍王恒来谒函	1920 年 4 月 5 日	第十三册	409
致李绮庵请筹垫五百元交马伯麟收用简	1920 年 4 月 6 日	第八册	171
复李绮庵暨粤舰队同志指示进袭广州桂军电	1920 年 4 月 6 日	第九册	418
复陈树人准域多利交通部照旧保留函	1920 年 4 月 9 日	第八册	172
着总务部办理任命墨西哥呢咕洒利分部职员批	1920 年 4 月 9 日	第十六册	370
着总务部办理任命法属马达加斯加分部职员批	1920 年 4 月 9 日	第十六册	371
致李绮庵询军事近情并转陈策委定舰队正副指挥电	1920 年 4 月 10 日	第九册	419
批邓家彦请赴美筹募函	1920 年 4 月 10 日	第十三册	410
励志合群乃吾民族首要方针 阚彦闳等纂《合肥阚氏重修谱牒》序	1920 年 4 月上旬	第四册	111
复张敬尧告派罗迈驻湘商承廖湘芸出师函	1920 年 4 月上旬	第八册	173
复廖湘芸告负担出师责任函	1920 年 4 月上旬	第八册	173
致孙科指示汇款用途及起兵计划并转致李烈钧望速离粤来沪电	1920 年 4 月 15 日	第九册	419
致李绮庵指示汇款用途及起兵计划电	1920 年 4 月 15 日	第九册	420
批卢殷民请赠《建设》杂志函	1920 年 4 月 16 日	第十三册	410
委任林蓬洲为中国国民党惠夜基分部正部长状	1920 年 4 月 18 日	第十六册	372
复李绮庵指示收复广东军事方略电	1920 年 4 月 20 日	第九册	420
复某君嘱设法招致邓鼎峰并转移唐继尧电	1920 年 4 月 20 日	第九册	421
批胡万州来函	1920 年 4 月 22 日	第十三册	410
致李绮庵嘱静候陈炯明出兵及查复林百民究否可靠电	1920 年 4 月 23 日	第九册	421
复伊斯拉贺其为重建祖国而努力函	1920 年 4 月 24 日	第八册	174
与伍廷芳等联名通告谭人凤逝世讣电	1920 年 4 月 24 日	第九册	421

续表

篇名	著述时间	册数	页码
复卢永祥嘉奖废督之议并谴责镇压爱国学生运动电	1920 年 4 月 25 日	第九册	422
致徐鹤仙嘱促李烈钧来沪电	1920 年 4 月 25 日	第九册	423
批谢英伯请援川并询赴沪意见函	1920 年 4 月 28 日	第十三册	411
复谭延闿望速定攻桂大计函	1920 年 4 月中下旬	第八册	174
致李绮庵指示作战方略电	1920 年 4 月下旬	第九册	423
在上海与拉蒙特谈话	1920 年 4 月	第十二册	79
在上海与波波夫谈话	1920 年春	第十二册	77
为《新青年》劳动节纪念专号题词	1920 年 5 月 1 日刊载	第十八册	248
为《香江晨报劳动节纪念增刊·劳动号》题签	1920 年 5 月 1 日刊载	第十八册	249
与唐绍仪联名证明伍廷芳投呈应诉状属实	1920 年 5 月 2 日刊载	第四册	113
余健光不朽之奋斗进取精神　胡汉民撰《余健光传》序	1920 年 5 月 7 日	第四册	113
复陈树人嘉许扩充党务函	1920 年 5 月 7 日	第八册	176
复蒋宗汉嘉许努力党务函	1920 年 5 月 7 日	第八册	177
委任潘受之为中国国民党坤甸支部总务科副主任状	1920 年 5 月 10 日	第十六册	373
致许崇智指示应付桂军攻漳方略电	1920 年 5 月 14 日	第九册	424
要造成真中华民国　在上海中国国民党本部的演说	1920 年 5 月 16 日	第十册	376
批朱和中来函	1920 年 5 月 18 日	第十三册	411
批姚畏青建议与段祺瑞联合函	1920 年 5 月 22 日	第十三册	411
批罗鉴龙请为其所著作序函	1920 年 5 月 23 日	第十三册	412
致某君告海军动态电	1920 年 5 月 25 日	第九册	425
中国之再造　在上海沪江大学的演说	1920 年 5 月 25 日	第十册	377
批孙祥夫来函	1920 年 5 月 25 日	第十三册	413
为沪江大学题词	1920 年 5 月 25 日	第十八册	250
致谭延闿促速决定讨桂军事准备电	1920 年 5 月 28 日	第九册	425
复梅放洲请调查桂军行动函	1920 年 5 月 29 日	第八册	177

续表

篇名	著述时间	册数	页码
致陈永惠请与李绮庵协同联络军队函	1920 年 5 月 29 日	第八册	178
复王天纵勖努力共达护法救国本旨函	1920 年 5 月	第八册	178
与唐绍仪等联名发表移设军政府宣言	1920 年 6 月 3 日	第四册	447
复徐谦告宣言抄录后送回函	1920 年 6 月 3 日	第八册	179
复张学济望准备讨桂函	1920 年 6 月 5 日	第八册	179
复唐继尧嘉许通电解除督军职务电	1920 年 6 月 9 日	第九册	426
批李仲夒请为其子证婚函	1920 年 6 月 9 日	第十三册	413
坚决反对《英日盟约》续订 与上海《字林西报》记者谈话	1920 年 6 月 11 日	第十二册	79
关于英日联盟之恢复 在上海与《纽约论坛报》记者谈话	1920 年 6 月 12 日	第十二册	82
批沈声夏来函	1920 年 6 月 12 日	第十三册	413
批李厚基愿竭尽愚诚函	1920 年 6 月 15 日	第十三册	413
致李绮庵告派徐绍桢回粤任总司令望听其指挥函	1920 年 6 月 17 日	第八册	180
与居正联署委任廖伦为中国国民党典的市分部干事状	1920 年 6 月 18 日	第十六册	373
复李国柱望加紧训练巩固内部函	1920 年 6 月 23 日	第八册	180
复刘显世嘉许响应废督电	1920 年 6 月 24 日	第九册	426
批谭平来函	1920 年 6 月 24 日	第十三册	414
致李绮庵邓子瑜指示讨桂用兵方略电	1920 年 6 月 28 日	第九册	427
致李绮庵嘱定期必动切勿失约电	1920 年 6 月 28 日	第九册	427
批蒋尊簋来函	1920 年 6 月 28 日	第十三册	415
致田中义一谴责日本对华政策并劝其改变函	1920 年 6 月 29 日	第八册	181
致陈炯明告朱执信已赴漳州电	1920 年 6 月 29 日	第九册	428
批徐东垣报告吉奉暗潮倘有决裂可采行动函	1920 年 6 月 30 日	第十三册	415
为《互助日报》出版题词	1920 年 6 月	第十八册	251

续表

篇名	著述时间	册数	页码
为朱赤霓母亲叶氏夫人题墓碑	1920 年 6 月	第十八册	252
批张铁梅等愿依大纛之前函	1920 年 7 月 1 日	第十三册	416
复李绮庵嘉勉克复阳江并告鹤山有警望设法堵截电	1920 年 7 月 2 日	第九册	428
复陈自先望听命陈炯明一致进行函	1920 年 7 月 3 日	第八册	183
复黄德彰告待命讨桂函	1920 年 7 月 3 日	第八册	184
批吴文龙函	1920 年 7 月 4 日	第十三册	417
致邵元冲请为周炳炎赴美求学择校函	1920 年 7 月 6 日	第八册	184
致马素请为周炳炎赴美求学择校函	1920 年 7 月 6 日	第八册	185
致三藩市总支部请招待赴美求学之周炳炎函	1920 年 7 月 6 日	第八册	185
致陈永惠嘱广东讨桂军事当一致行动函	1920 年 7 月 6 日	第八册	186
复李绮庵指示军队名义及指挥权限电	1920 年 7 月 7 日	第九册	429
着总务部办理任命嗶吃分部职员批	1920 年 7 月 7 日	第十六册	374
复李绮庵令速预备响应粤军返粤电	1920 年 7 月 9 日	第九册	429
复李绮庵告派居正为总司令黄大伟为参谋长电	1920 年 7 月 10 日	第十六册	375
致陈炯明告刘志陆部炮兵营长接洽响应及江防舰队来归望放胆回粤电	1920 年 7 月 11 日	第九册	430
复梅放洲告待各方准备就绪并举讨桂电	1920 年 7 月 13 日	第九册	430
致陈炯明告与饶子和洽谈海军助粤攻桂条件电	1920 年 7 月 14 日	第九册	431
复刘泽荣指出须扫荡军阀政权才能实现人民自由电	1920 年 7 月 16 日	第九册	431
日本乱华策略与段祺瑞之排日态度　在上海《大陆报》发表的谈话	1920 年 7 月 16 日刊载	第十二册	86
复何民畏分析局势及告讨桂计划函	1920 年 7 月 18 日	第八册	187
复唐继尧告讨桂各军齐起可一举扑灭桂贼电	1920 年 7 月 18 日	第九册	432
关于英日联盟　与《青年中国每日新闻》记者谈话	1920 年 6 月 19 日刊载	第十二册	84
致饶子和责其舰队追击输诚之江防舰队电	1920 年 7 月 21 日	第九册	433
此书可引导国人远大之志　谢彬著《新疆游记》序	1920 年 7 月 26 日	第四册	114

续表

篇名	著述时间	册数	页码
与唐绍仪等联名重申护法救国宣言	1920 年 7 月 28 日	第四册	448
批朱和中函请代劝吴佩孚投诚革命党	1920 年 7 月 30 日	第十三册	418
致李绮庵指示讨桂作战方略电	1920 年 7 月 31 日	第九册	433
与唐绍仪等联名重申南北和议立场之宣言	1920 年 7 月下旬	第四册	449
复何成濬商讨军事进取方略函	1920 年 7 月下旬	第八册	188
复吴东垣望扩张党势并释救国储金等事函	1920 年 7 月	第八册	189
批伤军代表胡海山等请发川资函	1920 年 7 月	第十三册	418
致林直勉为创办英文报一事函	1920 年春夏间	第八册	175
复高廷槐嘉许海外同志爱国热诚函	1920 年夏间	第八册	190
致朱执信介绍王绍一往洽函	1920 年 8 月 4 日	第八册	190
复粤军将领告李厚基部未拨粤军子弹原由电	1920 年 8 月 5 日	第九册	434
解决中国问题的关键是废除二十一条款　在上海太平洋社欢宴美国议员团的演说	1920 年 8 月 5 日	第十册	381
关于南北和平与对日关系　在上海与马瑟逊谈话	1920 年 8 月 6 日	第十二册	88
批王伯群转呈唐继尧密电函	1920 年 8 月 6 日来函	第十三册	419
致康德黎夫人告寄演讲稿请代宣传函	1920 年 8 月 10 日	第八册	191
复洪兆麟望积极准备讨桂函	1920 年 8 月上旬	第八册	191
复徐谦告已托居正为李君设法函	1920 年 8 月 11 日	第八册	192
特派陈箇民为驻西贡总支部总干事批	1920 年 8 月 11 日	第十六册	375
致陈树人告粤军回师驱桂捷讯电	1920 年 8 月 19 日	第九册	434
批朱和中来函	1920 年 8 月 19 日	第十三册	420
复王春初告派于若愚面商函	1920 年 8 月上中旬	第八册	194
复□伯仙望积极准备讨桂函	1920 年 8 月中旬	第八册	194
致颜德基望速出师戡定川局电	1920 年 8 月中旬	第九册	435
致粤军将领嘱促伍毓瑞部攻桂电	1920 年 8 月中旬	第九册	435
复陈炯明等祝捷电	1920 年 8 月 21 日	第九册	436

续表

篇名	著述时间	册数	页码
与唐绍仪伍廷芳联名复滇黔川三省军政长官告即赴重庆组织政府电	1920 年 8 月 21 日	第九册	436
复叶独醒评方声涛及粤省讨桂局势函	1920 年 8 月 23 日	第八册	195
复陈树人告牌额证书已发去并告广东讨桂军情函	1920 年 8 月 23 日	第八册	196
复赵又新促出兵救川并望唐继尧挥师击桂电	1920 年 8 月 23 日	第九册	437
致陈炯明请关照翟浩亭部队以收降心函	1920 年 8 月 26 日	第八册	196
复陈树人告匾额当照写并嘉许党务发达函	1920 年 8 月 26 日	第八册	197
致王春初告派□建勋面述函	1920 年 8 月 28 日	第八册	198
复姚雨平望作速前进攻桂函	1920 年 8 月 28 日	第八册	199
复吕一峰论时事与西南大局函	1920 年 8 月 28 日	第八册	199
复朱执信嘱促各地民军立刻发动并附致周之贞促速动电	1920 年 8 月 29 日	第九册	438
复邓家彦告讨桂胜利后请回桂建设民治函	1920 年 8 月 30 日	第八册	202
致伍学晃嘉许筹助军饷并嘱与朱执信斟酌拨款接济各地民军电	1920 年 8 月 30 日	第九册	438
与居正等三人联署委任钟公任为中国国民党巴达斐亚支部评议部正议长状	1920 年 8 月 30 日	第十六册	376
致谭延闿转嘱赵恒惕交还李国柱所部入粤调用函	1920 年 8 月 31 日	第八册	203
致赵恒惕嘱交还李国柱原部调遣函	1920 年 8 月 31 日	第八册	203
复李国柱告已函谭赵请其交还所部函	1920 年 8 月 31 日	第八册	204
致陈炯明嘱接济赖世璜部函	1920 年 8 月下旬	第八册	204
复邓铿洪兆麟望乘胜急进函	1920 年 8 月下旬	第八册	205
致粤军将领促着伍部攻桂党电	1920 年 8 月下旬	第九册	439
致陈树人嘱向各埠及旧金山转告粤军收复汕头电	1920 年 8 月下旬	第九册	439
批朱和中派其往说吴佩孚同来革命	1920 年 7 至 8 月间	第十三册	419

续表

篇名	著述时间	册数	页码
制宪久而无成咎在武人 吴宗慈编纂《中华民国宪法史》前编序	1920 年 8 月	第四册	115
致某君着即汇款来沪以还短期债电	1920 年 8 月	第九册	439
我现在不能去美国 与林百克谈话	1920 年 8 月	第十二册	92
批刘湘函	1920 年 8 月	第十三册	420
批祁映寰来函	1920 年 9 月 1 日	第十三册	421
悼刘仲文题挽	1920 年 9 月 4 日	第十八册	253
复唐继尧请令在湘滇军攻桂并告粤军捷讯电	1920 年 9 月 6 日	第九册	440
批张醉侯介绍夏君联络海军图粤函	1920 年 9 月 7 日	第十三册	421
批章昙欲经营西北以联俄函	1920 年 9 月 8 日	第十三册	421
复甘肃留日同乡会论救国之途函	1920 年 9 月 9 日	第八册	205
委任郭启仪为□□筹饷委员状	1920 年 9 月 11 日	第十六册	376
复邓家彦告桂系所有举动均为无效函	1920 年 9 月 12 日	第八册	207
祭刘建藩文	1920 年 9 月 14 日	第四册	116
致陈炯明告桂军虽倾巢而出实无可虑电	1920 年 9 月 15 日	第九册	440
批粤军第二十九路统领余鹰扬来函	1920 年 9 月 15 日	第十三册	422
复李明扬嘉勉兴师讨桂电	1920 年 9 月 16 日	第九册	441
复四川省议会谢欢迎军政府入川电	1920 年 9 月 16 日	第九册	441
复姚雨平勉戍守潮汕函	1920 年 9 月 17 日	第八册	208
复邹鲁告讨桂军事统请命于陈炯明函	1920 年 9 月 18 日	第八册	208
复欧阳豪□松青告讨桂军事统请命于陈炯明函	1920 年 9 月 18 日	第八册	209
复梅放洲告讨桂军事统请命于陈炯明函	1920 年 9 月 18 日	第八册	209
复陈继虞告讨桂军事统请命于陈炯明函	1920 年 9 月 18 日	第八册	210
复叶夏声告讨桂军事统听命于陈炯明函	1920 年 9 月 18 日	第八册	210
致陈炯明告桂军已无斗志望毅力猛进电	1920 年 9 月 18 日	第九册	441
致李星阁望以主义民意图根本建设函	1920 年 9 月 20 日	第八册	211

续表

篇名	著述时间	册数	页码
致赵予潭请代表接洽北方将领函	1920 年 9 月 20 日	第八册	212
致毛济民劝乘机图鄂函	1920 年 9 月 20 日	第八册	213
复余鹰扬望肃清桂逆捣其巢穴函	1920 年 9 月 20 日	第八册	213
复王永泉望乘胜肃清桂逆函	1920 年 9 月 20 日	第八册	214
复□云章述广东讨桂军情函	1920 年 9 月中旬	第八册	215
复杨益谦望速出师攻广西函	1920 年 9 月中旬	第八册	215
批林德轩函论平桂函	1920 年 9 月 21 日	第十三册	422
批陈自先来函	1920 年 9 月 22 日	第十三册	423
为顷市顿党人题词	1920 年 9 月 23 日	第十八册	254
复李厚基盼王永泉旅合兵攻惠电	1920 年 9 月 24 日	第九册	442
复李烈钧促令所部速攻柳桂并询川事电	1920 年 9 月 24 日	第九册	442
复谢持嘱促李烈钧调兵攻桂并告朱执信遇难及询川事近状电	1920 年 9 月 24 日	第九册	443
致吴忠信催速回沪电	1920 年 9 月 26 日	第九册	444
批谢申岳来函	1920 年 9 月 27 日	第十三册	424
批马育航来函	1920 年 9 月 27 日	第十三册	424
致李烈钧望速调在湘滇军攻桂函	1920 年 9 月 28 日	第八册	220
致王永泉再望速举兵讨桂函	1920 年 9 月 29 日	第八册	221
致李福林魏邦平请解除莫荣新部武装电	1920 年 9 月 29 日	第九册	444
与伍廷芳唐绍仪联名致林葆怿等促率海军讨桂电	1920 年 9 月 29 日	第九册	445
致周震鳞促调湘赣各军迅速入粤电	1920 年 9 月 29 日	第九册	445
复李国柱告已函谭赵劝交还所部无效函	1920 年 9 月 30 日	第八册	221
复李明杨望肃清桂逆函	1920 年 9 月 30 日	第八册	222
复林修梅望入桂肃清桂逆函	1920 年 9 月 30 日	第八册	222
与伍廷芳唐绍仪联名致林葆怿等暨各界反对与桂系军阀调停电	1920 年 9 月 30 日	第九册	446

续表

篇名	著述时间	册数	页码
委任麦森为中国国民党嘌吃分部总务科主任状	1920 年 9 月 30 日	第十六册	377
委任王星泉为中国国民党嘌吃分部副部长状	1920 年 9 月 30 日	第十六册	377
复马育航询惠州战事函	1920 年 9 月下旬	第八册	224
致唐继尧请令在湘滇军南征讨桂函	1920 年 9 月下旬	第八册	224
致臧致平嘉勉出师援粤电	1920 年 9 月下旬	第九册	446
致□亮章请与各方联络图鄂函	1920 年 9 月	第八册	225
在上海与黄一欧等谈话	1920 年 9 月	第十二册	93
批曹锟来函请遥垂指教	1920 年 9 月	第十三册	424
为宋忠勋题词	1920 年 9 月	第十八册	255
致田应诏望乘虚进攻桂林函	1920 年 10 月 1 日	第八册	225
致赵恒惕望乘虚进攻广西函	1920 年 10 月 1 日	第八册	226
复冯自由告不便与闻《晨报》股款事	1920 年 10 月 1 日	第八册	226
复石青阳告粤事并请待命出川函	1920 年 10 月 1 日	第八册	227
复戴人俊等告扫除官僚军阀始能建设函	1920 年 10 月 1 日	第八册	227
致陈炯明许崇智着移师广州以定粤局电	1920 年 10 月 1 日	第九册	447
致谭延闿请迅饬所部直下北江驱桂电	1920 年 10 月 1 日	第九册	448
致孙科嘱将飞机寄省或运澳门存放电	1920 年 10 月 1 日	第九册	448
致李厚基请速令王永泉旅臧致平师出师讨桂电	1920 年 10 月 2 日	第九册	449
复蔡钜猷促速出兵桂林函	1920 年 10 月 4 日	第八册	228
复蒋国斌勉维持后方饷糈函	1920 年 10 月 4 日	第八册	228
复陈渠珍促速出兵桂林函	1920 年 10 月 4 日	第八册	229
复颜德基望速定川局出师长江并告粤军占领广州电	1920 年 10 月 4 日	第九册	450
复翟汪望协助魏邦平李福林扫除桂军毋误调停电	1920 年 10 月 4 日	第九册	450
复宫崎寅藏望日本民间人士纠正军阀政策函	1920 年 10 月 5 日	第八册	229
与刘谦谈话	1920 年 10 月 5 日	第十二册	93

续表

篇名	著述时间	册数	页码
致孙科着传令琼州各军直捣南宁并嘱对美商军器一事须防骗局电	1920 年 10 月 6 日	第九册	451
批沪江大学请双十节赴该校演讲或请汪精卫代讲函	1920 年 10 月 6 日	第十三册	425
批蔡荣华来函	1920 年 10 月 6 日	第十三册	425
复陈炯明告款已汇出并嘱声东击西攻取石龙电	1920 年 10 月 8 日	第九册	451
致卢永祥望拨助藏致平师子弹电	1920 年 10 月 9 日	第九册	452
致黄明堂等嘉慰起义讨桂电	1920 年 10 月 9 日	第九册	453
与唐绍仪等联名致湖南各界着促湘军出师讨桂贼电	1920 年 10 月 9 日	第九册	453
委任马秋帆为中国国民党薄寮分部评议部评议员状	1920 年 10 月 10 日	第十六册	378
为《少年中国晨报》十周年纪念题词	1920 年 10 月 10 日	第十八册	256
为《震坛周报》题词	1920 年 10 月 10 日刊载	第十八册	257
复马育航告消灭残余浙军函	1920 年 10 月上旬	第八册	230
致李厚基促速令藏致平师援粤电	1920 年 10 月上旬	第九册	454
复赵德裕等促出师琼崖电	1920 年 10 月上旬	第九册	455
复马伯麟告助报费函	1920 年 10 月 11 日	第八册	231
致卢永祥望接济陈炯明部子弹电	1920 年 10 月 11 日	第九册	455
复湖南省议会盼促湘军出师援粤电	1920 年 10 月 12 日	第九册	456
批黄秉衡来函	1920 年 10 月 12 日	第十三册	426
致李烈钧促速来沪决定机宜电	1920 年 10 月 13 日	第九册	456
复陈炯明告南北变局并望振作士气力争讨桂最后胜利电	1920 年 10 月 13 日	第九册	457
批欧阳豪陈述经营赣事情形函	1920 年 10 月 13 日	第十三册	427
批李烈钧函	1920 年 10 月 13 日	第十三册	429
致陈炯明促猛扑北江强取石龙电	1920 年 10 月 14 日	第九册	457
批黄大伟致居正等函	1920 年 10 月 15 日	第十三册	430
批蔡涛来函	1920 年 10 月 17 日	第十三册	431

续表

篇名	著述时间	册数	页码
批唐宝锷来函	1920 年 10 月 18 日	第十三册	431
为黎仲实题墓碑	1920 年 10 月 20 日	第十八册	258
复林修梅告正设法筹饷并寄上誓约函	1920 年 10 月中旬	第八册	231
复吴宗慈共谋彻底解决时局办法函	1920 年 10 月中旬	第八册	232
致陈炯明告允王懋功响义条件照办函	1920 年 10 月中旬	第八册	232
致王懋功望倒戈讨桂函	1920 年 10 月中旬	第八册	233
复谭延闿促从速攻桂军函	1920 年 10 月中旬	第八册	233
致李厚基促速令所部与粤军会攻惠州电	1920 年 10 月中旬	第九册	458
批广东全省自治期成会等快邮代电	1920 年 10 月 22 日收到	第十三册	431
与唐绍仪等联名公告岑春煊陆荣廷与北方订约无效之宣言	1920 年 10 月 23 日	第四册	451
复三藩市《少年中国晨报》股东大会告委托林直勉为代表函	1920 年 10 月 23 日	第八册	234
复陈树人告广东讨桂事并劝勿萌退志函	1920 年 10 月 23 日	第八册	235
复陈炯明告勿轻视桂军务促臧致平师速来援粤电	1920 年 10 月 23 日	第九册	460
复李伟赵伸告未派吴山往滇并询煤铁两矿积量函	1920 年 10 月 25 日	第八册	236
致赵恒惕等望赞助林修梅讨桂电	1920 年 10 月 25 日	第九册	460
致赵恒惕请协助讨桂电	1920 年 10 月 25 日	第九册	461
批云南赵伸李伟报告办理煤铁工厂情形函	1920 年 10 月 25 日	第十三册	432
批孙科来电	1920 年 10 月 26 日前	第十三册	434
复田应诏盼助林修梅统一湘西进兵桂柳函	1920 年 10 月 26 日	第八册	236
致湖南省议会望促湘省军事及行政当局与林修梅一致申讨桂系电	1920 年 10 月 26 日	第九册	462
批冯自由陈述党务意见函	1920 年 10 月 26 日	第十三册	435
批田应诏函	1920 年 10 月 26 日	第十三册	436
复蓝天蔚告进取方略函	1920 年 10 月 27 日	第八册	237

续表

篇名	著述时间	册数	页码
复□蒂棠请任本部联络华侨之职函	1920 年 10 月 27 日	第八册	237
复赖世璜望努力肃清桂逆函	1920 年 10 月 27 日	第八册	238
致谭延闿告派何成濬赴湘请师讨桂函	1920 年 10 月 28 日	第八册	238
批梁泮请接济返美旅费函	1920 年 10 月 28 日	第十三册	437
复蒋中正请转告信任陈炯明意函	1920 年 10 月 29 日	第八册	239
复陈炯明指示作战方略电	1920 年 10 月 30 日	第九册	463
与唐绍仪等联名不承认北方宣布伪统一之宣言	1920 年 10 月 31 日	第四册	451
复胡景翼告已给留学生川资等事函	1920 年 10 月 31 日	第八册	240
复陈继虞指示合力进攻南宁函	1920 年 10 月 31 日	第八册	241
与唐绍仪等联名否认北方宣布伪统一通电	1920 年 10 月 31 日	第九册	463
批陈继虞快邮代电着进攻南宁	1920 年 10 月 31 日复函	第十三册	437
复何卓竞望继续捐助讨桂军饷函	1920 年 10 月下旬	第八册	242
复杨寿彭嘉许捐助军饷函	1920 年 10 月下旬	第八册	243
复李福林望继续攻桂用竟全功函	1920 年 10 月下旬	第八册	243
复陈自先望乘虚进攻南宁函	1920 年 10 月下旬	第八册	244
复赵德裕请率部兜剿桂贼函	1920 年 10 月底	第八册	242
建立新政府问题　在上海与日本记者谈话	1920 年 10 月底	第十二册	94
复戴任望勉力解决川事函	1920 年 10 月	第八册	244
复吕一夔望不分省界协力讨桂贼函	1920 年 10 月	第八册	245
复何畏望率滇军助粤讨桂勿为经济所阻函	1920 年 10 月	第八册	245
批美洲三藩市少年中国晨报来函	1920 年 10 月	第十三册	437
批答张海涛函谕由湘出兵助粤	1920 年 10 月	第十三册	438
批福建泉州培元中学安礼逊等来函	1920 年 10 月	第十三册	438
批罗翼群函	1920 年 10 月	第十三册	439
复西贡总支部理事会告款汇本部并转告陈个民勿返国函	1920 年秋	第八册	246

续表

篇名	著述时间	册数	页码
致□霭堂告派陈从之前来提款函	1920 年秋	第八册	246
裁撤广东督军令	1920 年 11 月 1 日	第十三册	440
与伍廷芳等三总裁联名任命林永谟为海军第一舰队司令令	1920 年 11 月 1 日	第十六册	378
与伍廷芳等三总裁联名特命林永谟兼署理海军总司令令	1920 年 11 月 1 日	第十六册	379
与伍廷芳等三总裁联名免林葆怿海军部长兼海军第一舰队司令令	1920 年 11 月 1 日	第十六册	379
与伍廷芳等三总裁联名令汤廷光为海军部长令	1920 年 11 月 1 日	第十六册	379
与伍廷芳等三总裁联名特命陈炯明为广东省长兼粤军总司令全省所属陆海各军均归节制调遣令	1920 年 11 月 1 日	第十六册	380
复孙科嘱交涉接受桂军前向美商所购军械电	1920 年 11 月 2 日	第九册	465
复林修梅告正筹款与统一湘西方略函	1920 年 11 月 3 日	第八册	247
今后西南方针	1920 年 11 月 4 日	第四册	117
修改党章的说明 在上海中国国民党本部会议的演说	1920 年 11 月 4 日	第十册	386
复唐绍仪请订购火药原料函	1920 年 11 月 5 日	第八册	247
与伍廷芳联名复靳云鹏申明恢复和议解决南北纠纷主张电	1920 年 11 月 5 日	第九册	465
复凌钺望以主义为皈依函	1920 年 11 月 6 日	第八册	248
复周行盼晓谕桂军与粤军提携改造桂省函	1920 年 11 月 6 日	第八册	248
复齐燮元评李纯自杀事函	1920 年 11 月 6 日	第八册	249
复蒋道日关墨园告准古巴分部改为支部并改派周雍能为《民声报》编辑函	1920 年 11 月 6 日	第八册	250
批答齐燮元呈李纯影印遗书函	1920 年 11 月 6 日	第十三册	440

续表

篇名	著述时间	册数	页码
颁给赵国璋爱国奖状	1920 年 11 月 6 日	第十三册	441
与唐绍仪等联名提出南北和议办法通电	1920 年 11 月 7 日	第四册	452
关于外交问题　与上海通讯社记者谈话	1920 年 11 月 8 日	第十二册	95
谈时局问题　与《大阪朝日新闻》访员谈话	1920 年 11 月 8 日刊载	第十二册	95
与居正廖仲恺联署委任骆连焕为中国国民党东京河内支部会计科副主任状	1920 年 11 月 8 日	第十六册	380
与居正等三人联署委任高发明为中国国民党古巴湾城支部副部长状	1920 年 11 月 8 日	第十六册	381
与居正联署委任龙培尊为中国国民党古巴湾城支部评议部评议员状	1920 年 11 月 8 日	第十六册	381
与唐绍仪等联名历数岑春煊陆荣廷等人罪状并盼西南各省各军合力革新通电	1920 年 11 月 9 日	第四册	453
中国国民党总章	1920 年 11 月 9 日	第五册	416
训政之解释　在上海中国国民党本部会议的演说	1920 年 11 月 9 日	第十册	390
统一国民党译名通告	1920 年 11 月 10 日	第四册	455
复谢英伯告已委任陈炯明职务函	1920 年 11 月 10 日	第八册	250
复龚振丹望进讨广西以清后患函	1920 年 11 月 10 日	第八册	251
致许崇智嘉慰克复广州电	1920 年 11 月初	第九册	464
致陈炯明嘱量才录用丁基龙陈策和善遇李安邦李绮庵电	1920 年 11 月上旬	第九册	466
致陈炯明告桂军计划促速攻肇庆并嘱委朱卓文为飞机队司令电	1920 年 11 月上旬	第九册	466
复谭延闿赵恒惕解释王育寅出师援粤事并请勿以兵戎相加电	1920 年 11 月上旬	第九册	467
致何成濬说明北京政府假统一之真相并嘱与谭延闿联络电	1920 年 11 月上旬	第九册	468

续表

篇名	著述时间	册数	页码
支持原国会非常会议在沪议员活动的谈话	1920 年 11 月上旬	第十二册	96
复周之贞请肃清广东迅即西征函	1920 年 11 月 11 日	第八册	251
复李翰屏询购枪械事函	1920 年 11 月 11 日	第八册	252
复林直勉准辞旧金山国民党总支部总干事职并由刘芦隐接任电	1920 年 11 月 12 日	第九册	469
与《大阪朝日新闻》记者谈话	1920 年 11 月 12 日	第十二册	96
复唐继尧促出师桂边电	1920 年 11 月 15 日	第九册	469
致蒋介石请即返沪面商要事电	1920 年 11 月 16 日	第九册	470
分致加拿大古巴墨西哥三藩市暨美洲各处华侨劝再助军饷函	1920 年 11 月 18 日	第八册	252
中国国民党规约	1920 年 11 月 19 日修正	第五册	417
复唐继尧述北方局势函	1920 年 11 月中旬	第八册	253
复李福林促西征讨桂函	1920 年 11 月中旬	第八册	254
工人宜固结团体而为民生之运动　在上海机器工会成立会的演说	1920 年 11 月 21 日	第十册	391
复郑占南告讨桂局势并正严拿狙击朱执信凶手函	1920 年 11 月 23 日	第八册	254
致各同志盼为朱执信遗属捐款函	1920 年 11 月 23 日	第八册	255
致成谷采等望立即击桂电	1920 年 11 月 23 日	第九册	470
南下后将攻略广西统一中国　在上海与记者谈话	1920 年 11 月 23 日	第十二册	98
批上海基督教妇女节制协会请谒函	1920 年 11 月 23 日	第十三册	441
致□文德□佐文嘉许侨胞捐助讨桂军饷函	1920 年 11 月 24 日	第八册	255
商人与政治有密切关系　在旅沪粤侨商业联合会欢送会的演说	1920 年 11 月 24 日	第十册	394
在上海与魏金斯基等谈话	1920 年 11 月中旬至 25 日前	第十二册	97

续表

篇名	著述时间	册数	页码
与《东京日日新闻》记者谈话	1920 年 11 月 25 日	第十二册	99
不承认北京政府宣布的统一命令和缔借的外债　与上海《字林西报》记者谈话	1920 年 11 月 25 日	第十二册	99
致函上海通信社更正日前谈话内容	1920 年 11 月 28 日刊载	第四册	117
在广东实行三民主义并用文治感化来统一中国　在广东省公署欢迎宴会的演说	1920 年 11 月 28 日	第十册	395
视察广州观音山的谈话	1920 年 11 月 29 日	第十二册	100
致谭延闿告已定回粤望共策进行函	1920 年 11 月中下旬	第八册	256
分致赵恒惕宋鹤庚鲁涤平陈嘉祐告赴粤重组军府函	1920 年 11 月中下旬	第八册	257
致陈炯明暨粤军各将士勉西征讨桂电	1920 年 11 月下旬	第九册	470
复张韬嘉许起义改编函	1920 年 11 月	第八册	257
致陈树人派马素代祝党所落成典礼函	1920 年 11 月	第八册	258
复薛木本介绍陈承谟担任《光华日报》编辑函	1920 年 11 月	第八册	258
复邹鲁望统师西征讨桂函	1920 年 11 月	第八册	259
复叶独醒嘉许募饷讨桂函	1920 年 11 月	第八册	259
复李能相□介藩嘉许义捐讨桂并告将令大军西征广西函	1920 年 11 月	第八册	260
复何成濬望转促谭延闿出兵攻桂电	1920 年 11 月	第九册	471
复赵恒惕望协力驱桂电	1920 年 11 月	第九册	471
为泉州培元中学校题词	1920 年 11 月	第十八册	259
为泉州培元中学题词	1920 年 11 月	第十八册	260
与唐绍仪等联名宣布军政府在广州继续行使职权之通告	1920 年 12 月 1 日	第四册	456
与唐绍仪等联名为重组军政府发表政见宣言	1920 年 12 月 1 日	第四册	456
与唐绍仪等联名宣布军政府在广州继续行使职权之通告	1920 年 12 月 1 日	第九册	472

续表

篇名	著述时间	册数	页码
与唐绍仪等联名为重组军政府发表政见宣言	1920 年 12 月 1 日	第九册	472
肃清广东及外埠赌害　在广州各界欢迎会的演说	1920 年 12 月 1 日	第十册	397
与唐继尧等联名复卢焘等嘉慰与西南护法各省一致行动电	1920 年 12 月 2 日	第九册	473
护法手段各有方法　在广州军政会议的演说	1920 年 12 月 2 日	第十册	397
与唐绍仪等致赵恒惕望迅驱桂贼电	1920 年 12 月 3 日	第九册	473
与陈家鼎等谈话	1920 年 12 月 3 日	第十二册	100
关于西南局势的谈话	1920 年 12 月 5 日刊载	第十二册	102
与唐绍仪等联名要求北方消除三项害国行动之宣言	1920 年 12 月 6 日	第四册	457
关于桂军必败的谈话	1920 年 12 月 6 日刊载	第十二册	102
与伍廷芳等三总裁联名特任孙文唐绍仪唐继尧陈炯明为内政财政交通陆军部长令	1920 年 12 月 7 日	第十六册	382
治粤约法三章	1920 年 12 月 8 日刊载	第四册	457
复赵恒惕告任陈炯明陆军部长程潜陆军部次长	1920 年 12 月 8 日	第九册	474
与唐绍仪等联名嘉慰恢复全粤诸将士宣言	1920 年 12 月 10 日	第四册	458
致蒋道日关墨园介绍周雍能持函赴任《民声报》编辑函	1920 年 12 月上旬	第八册	261
与居正杨庶堪联署委任陈东平为中国国民党仰光支部会计科副主任状	1920 年 12 月 11 日	第十六册	383
与居正杨庶堪联署委任黄德源为中国国民党仰光支部会计科主任状	1920 年 12 月 11 日	第十六册	383
与居正联署委任许寿民为中国国民党仰光支部评议部评议员状	1920 年 12 月 11 日	第十六册	384
与居正联署委任黄壬戌为中国国民党仰光支部评议部评议员状	1920 年 12 月 11 日	第十六册	384

续表

篇名	著述时间	册数	页码
与居正联署委任朱锦乔为中国国民党仰光支部评议部评议员状	1920 年 12 月 11 日	第十六册	385
与居正联署委任陈甘敏为中国国民党仰光支部评议部评议员状	1920 年 12 月 11 日	第十六册	385
与居正等三人联署委任云金发为中国国民党暹罗支部评议部正议长状	1920 年 12 月 12 日	第十六册	386
与居正联署委任陈辉石为中国国民党仰光支部评议部评议员状	1920 年 12 月 13 日	第十六册	386
与伍廷芳等三总裁联名着伍廷芳徐谦李烈钧照旧供职令	1920 年 12 月 14 日刊载	第十六册	387
特任王伯群署理交通部长令	1920 年 12 月 14 日刊载	第十六册	387
蒋尊簋暂行代理参谋部务令	1920 年 12 月 14 日刊载	第十六册	387
任命马君武为军政府秘书厅长令	1920 年 12 月 14 日刊载	第十六册	388
向北方提出议和三条件通电	1920 年 12 月 15 日	第四册	458
致徐世昌告嗣后再有冲突西南不负责电	1920 年 12 月 18 日刊载	第九册	474
应速创立全国粮食管理局　在广州与梁长海伍于簪谈话	1920 年 12 月中旬刊载	第十二册	102
致吴忠信述今后进取方略函	1920 年 12 月 21 日	第八册	261
关税问题　在广州与某君谈话	1920 年 12 月 21 日	第十二册	103
委刘宗汉为中国国民党新加坡东路分部总务科主任状	1920 年 12 月 21 日	第十六册	388
给檀香山大埠四大都会馆捐款收据	1920 年 12 月 24 日	第十三册	441
组织联军的条件	1920 年 12 月 26 日刊载	第四册	459
本部来款收据	1920 年 12 月 28 日	第十三册	442
关于文武职官宣誓之议案	1920 年 12 月 28 日刊载	第五册	420

续表

篇名	著述时间	册数	页码
在广州国会议员座谈会的讲话	1920 年 12 月 29 日	第十册	398
批马希元来函	1920 年 12 月 29 日	第十三册	442
内政方针	1920 年 12 月中下旬	第四册	118
希望报纸宣传武力统一 与《广州新民国报》记者谈话	1920 年 12 月	第十二册	103
为花县徐公祠题匾	1920 年 12 月	第十八册	261
为赣县戚氏宗祠题联	1920 年冬	第十八册	262
批答宋鹤庚请主持组织联省政府函	1920 年底	第十三册	442
批答林支宇请主持国是建设联治政府函	1920 年底	第十三册	443
批陈春生筑路问题函	1919 至 1920 年间	第十三册	398
复陈卓平等慰李天武等被赦函	1920 年	第八册	262
复黄景南□少穆劝勿从军而致力于实业函	1920 年	第八册	262
在上海与李朴生等谈话	1920 年	第十二册	104
在上海与卢宝贤谈话	1920 年	第十二册	104
为三藩市国民党分部题词	1920 年	第十八册	263
为三藩市国民党总支部题词	1920 年	第十八册	264
为古巴国民党人题词	1920 年	第十八册	265
为钱化佛题词	1920 年	第十八册	266
为李禄超题词	1920 年	第十八册	267
为《党务杂记》题签	1920 年	第十八册	268
为阮汉三题词	1920 年	第十八册	269
为陆丹林题词	1920 年	第十八册	270
应在广东建立正式政府以巩固民国基础 在广州军政府元旦庆祝大会的演说	1921 年 1 月 1 日	第十册	398
人民须与政府合力援桂 对广东各界请愿代表的演说	1921 年 1 月 1 日	第十册	400

续表

篇名	著述时间	册数	页码
为法国费沃礼题词	1921 年 1 月 1 日	第十八册	271
国家改造与进步须有党人负全责　在广州中国国民党本部特设驻粤办事处成立会的演说	1921 年 1 月 3 日	第十册	401
致中国国民党本部总务部委张继为本部特设驻粤办事处干事长电	1921 年 1 月 3 日	第十六册	389
与伍廷芳等联名致吴景濂盼速偕留沪议员来粤开会电	1921 年 1 月 4 日	第九册	474
向政务会议陈报内政部次长谢持就职日期咨文	1921 年 1 月 6 日	第十六册	389
致蒋介石促速来粤臂助援桂军事电	1921 年 1 月 7 日	第九册	475
统一南北意见	1921 年 1 月 8 日刊载	第十二册	105
公布《内政部官制》	1921 年 1 月 9 日	第五册	421
咨陈政务会议就职日期文	1921 年 1 月 11 日	第十三册	443
委任吴东启为垦务督办令	1921 年 1 月 14 日	第十六册	390
复居正电	1921 年 1 月 15 日	第十六册	390
批杨鹤龄函	1921 年 1 月 16 日	第十三册	443
与美商萨恩克订立的借款合同	1921 年 1 月 17 日	第五册	423
致某君辟琼崖租法谣言电	1921 年 1 月 17 日	第九册	475
复阮本畴告款已收到并望续助函	1921 年 1 月 22 日	第八册	263
与唐绍仪等联名祭朱执信文	1921 年 1 月 23 日	第四册	121
挽朱执信文	1921 年 1 月 23 日	第四册	122
人材蔚起国势振兴实赖教育　菲律宾碧瑶埠爱国学校落成典礼祝词	1921 年 1 月 23 日	第四册	123
与褚辅成谈话	1921 年 1 月 23 日	第十二册	105
复陈树人述在粤实业未能实行由并示致公堂人员入党办法函	1921 年 1 月 24 日	第八册	264

续表

篇名	著述时间	册数	页码
致西南各省嘱派代表来粤磋商要事电	1921 年 1 月 25 日刊载	第九册	475
致西南各省要员宁为玉碎争我人格通电	1921 年 1 月 26 日刊载	第四册	459
致西南各省要员宁为玉碎争我人格通电	1921 年 1 月 26 日刊载	第九册	476
坚定主义固结人心　在国民党交通部成立会的演说	1921 年 1 月 27 日	第十册	402
陈炯明与国会关系　与议员谈话	1921 年 1 月 29 日刊载	第十二册	105
三民主义之目标　在国民党粤省支部成立会的演说	1921 年 1 月 30 日	第十册	402
商民协会须节制资本主义　广州特别市商民协会成立祝词	1921 年 1 月	第四册	124
为时报馆落成题词	1921 年 1 月	第十八册	272
悼邓慕周挽额	1921 年初	第十八册	273
任命黄骚为内政部技士令	1921 年 2 月 3 日	第十六册	390
任命容觐彤为内政部技士令	1921 年 2 月 3 日	第十六册	391
中国国民党本部特设办事处规则	1921 年 2 月 5 日	第五册	425
复国民党三藩市总支部望共图党务发达函	1921 年 2 月 7 日刊载	第八册	264
复易白沙邀请赴粤助文字函	1921 年 2 月 8 日	第八册	265
致南洋各埠侨胞告派方瑞麟前来宣慰函	1921 年 2 月上旬	第八册	266
云南局势与关余问题　与日本东方通讯社记者谈话	1921 年 2 月 12 日	第十二册	106
与陈炯明的关系及广州税关等问题　在广州与解尔般脱谈话	1921 年 2 月 17 日	第十二册	107
复刘节初等嘱川省党务进行宜求统一函	1921 年 2 月 18 日	第八册	267
任命李禄超为内政部农务局秘书令	1921 年 2 月 18 日	第十六册	391
军政府准孙文陈请任命刘泳圈为内政部秘书令	1921 年 2 月 18 日	第十六册	392
军政府准孙文陈请任命冯自由为内政部司长令	1921 年 2 月 18 日	第十六册	392
军政府准孙文陈赵士北辞职令	1921 年 2 月 18 日	第十六册	392
为陆兰谷题词	1921 年 2 月 18 日	第十八册	274
为香山翠亨学校题词	1921 年 2 月 18 日	第十八册	275

续表

篇名	著述时间	册数	页码
今日亟须组织工商政府　在军政府宴请绅商善界的演说	1921 年 2 月 19 日	第十册	403
挽粤军阵亡将士联	1921 年 2 月 20 日	第十八册	276
借款条约均须由西南军政府为主体方可同意　与士提反谈话	1921 年 2 月 21 日刊载	第十二册	108
任命黎泽闾署内政部商务局秘书及另七人任商务局职员令	1921 年 2 月 24 日	第十六册	393
今日组织正式政府的必要　在广州海陆军警同袍社春宴会的演说	1921 年 2 月 25 日	第十册	403
与居正联署委任陈天成为中国国民党星洲分部评议部评议员状	1921 年 2 月 25 日	第十六册	393
与居正等三人联署委任陈天一为中国国民党星洲分部评议部正议长状	1921 年 2 月 25 日	第十六册	394
与陈炯明及中日关系问题　在广州与日本东方通讯社特派员谈话	1921 年 2 月 26 日	第十二册	108
复吴忠信转告段祺瑞以张敬尧不宜到粤出兵函	1921 年 2 月 27 日	第八册	268
与居正联署委任林不帝为中国国民党宿雾支部干事状	1921 年 2 月 28 日	第十六册	394
与居正谢持联署委任叶独醒为中国国民党宿雾支部党务科主任状	1921 年 2 月 28 日	第十六册	395
中国国民党全美洲同志恳亲大会祝词	1921 年 2 月	第四册	124
巴达维亚《天声日报》出版祝词	1921 年 3 月 1 日	第四册	125
在广州与伍廷芳陈炯明谈话	1921 年 3 月 1 日	第十二册	109
为巴达维亚《天声日报》创刊题签	1921 年 3 月 1 日	第十八册	277

续表

篇名	著述时间	册数	页码
关于对日关系的改善问题　与东京《日本广告报》记者谈话	1921 年 3 月 2 日刊载	第十二册	110
与唐绍仪伍廷芳联名致唐继尧望即命驾来粤共图进行电	1921 年 3 月 4 日	第九册	476
三民主义的实行　在广州中国国民党本部特设办事处成立会的演说	1921 年 3 月 6 日	第三册	339
委任冯自由为中国国民党广东支部党务科科长状	1921 年 3 月 10 日	第十六册	395
内政部委任陈道镕等九人为农务局职员令	1921 年 3 月 10 日	第十六册	396
驳斥谣传与陈炯明关系紧张及讨论中日问题　与香港《士蔑西报》记者谈话	1921 年 3 月 11 日刊载	第十二册	111
陈炯明之阴险刻毒　与某要人谈话	1921 年 3 月 11 日刊载	第十二册	112
唐继尧离滇来粤实其成功　在军政府欢迎唐继尧宴会的演说	1921 年 3 月 12 日	第十册	408
一如既往彻底实行三民主义　与宫崎寅藏萱野长知谈话	1921 年 3 月 12 日	第十二册	113
在政务会议提案	1921 年 3 月 12 日	第十三册	444
宴请宫崎寅藏萱野长知的交谈	1921 年 3 月 13 日	第十二册	114
与唐绍仪等联名反对徐世昌非法重选国会通电	1921 年 3 月 16 日	第四册	459
陆海军统率处条例	1921 年 3 月 16 日刊载	第五册	427
三民主义之义与海外同志责任　澳洲雪梨《国民党恳亲大会纪念册》序	1921 年 3 月 19 日刊载	第三册	358
五权宪法　在广东省教育会的演说	1921 年 3 月 20 日	第三册	361
颁给阮日华爱国奖状	1921 年 3 月 22 日	第十三册	444
颁给高连泗爱国奖状	1921 年 3 月 22 日	第十三册	444
颁给高敦焯爱国奖状	1921 年 3 月 22 日	第十三册	445

续表

篇名	著述时间	册数	页码
唤起大多数妇女的觉悟争取女子参政权　与黄璧魂等谈话	1921 年 3 月 28 日	第十二册	114
致蒋介石催来粤筹划西征电	1921 年 3 月 29 日	第九册	476
政府与人民的关系　在广州与叶楚伧谈话	1921 年 3 月 29 日	第十二册	115
内政部任命陈鸿慈李禄超为农务局职员令	1921 年 3 月 30 日	第十六册	396
日中关系改善论	1921 年 3 月	第四册	125
致康德黎请代请求柯尔逊为《实业计划》作序并接洽在英印刷发行函	1921 年 4 月 2 日	第八册	268
与伍廷芳等三总裁联名特任顾品珍为云南总司令管理全省军务令	1921 年 4 月 2 日	第十六册	397
与伍廷芳等三总裁联名特任卢焘为贵州总司令管理全省军务令	1921 年 4 月 2 日	第十六册	397
军队的灵魂是主义　在黄埔检阅海军陆战队的演说	1921 年 4 月 4 日	第十册	409
护法必先革命　在广东省财政厅宴请国会议员的演说	1921 年 4 月 4 日	第十册	409
致蒋介石等催速来粤商筹北伐大计电	1921 年 4 月 5 日	第九册	477
速选总统昭示中外　在军政府宴请国会议员宴会上的演说	1921 年 4 月 6 日	第十册	411
成立正式政府国家前途有望　在广州与某君谈话	1921 年 4 月 7 日	第十二册	116
在广州与梁钟汉谈话	1921 年 4 月 7 日	第十二册	116
被选举为非常大总统发表的谈话	1921 年 4 月 7 日	第十二册	117
与美国记者辛默谈国内形势	1921 年 4 月上旬	第十二册	117
任命邓青阳等十二人为内政部职员令	1921 年 4 月 11 日	第十六册	397
致各国驻北京公使申明北京政府为非法政府电	1921 年 4 月 12 日刊载	第九册	477
正式政府成立后之政策　在广州招待国会议员茶会的演说	1921 年 4 月 13 日	第十册	411

续表

篇名	著述时间	册数	页码
当选总统后的谈话	1921 年 4 月 14 日刊载	第十二册	119
致周善培请将对时局意见密商段祺瑞函	1921 年 4 月 15 日	第八册	270
致蒋介石告军事紧急盼速来粤助理电	1921 年 4 月 18 日	第九册	478
与居正联署委任陈士珍为中国国民党美京分部评议部评议员状	1921 年 4 月 18 日	第十六册	398
复陈炯明表示当选总统责不容辞望相助为理同观厥成电	1921 年 4 月 19 日	第九册	478
与居正联署委任任金为中国国民党檀香山支部评议部评议员状	1921 年 4 月 20 日	第十六册	398
与居正杨庶堪联署委任李圣林为中国国民党博芙芦分部会计科主任状	1921 年 4 月 20 日	第十六册	399
复上海全国各界联合会申谢电贺当选大总统电	1921 年 4 月 21 日	第九册	479
复李烈钧嘉勉拨乱反正电	1921 年 4 月 22 日刊载	第九册	479
军人应为国不为己努力贯彻主义　在广州粤军第一、二师军官恳亲会的演说	1921 年 4 月 23 日	第十册	415
齐心协力以赞成革命与实行革命　在广州欢宴海陆军警军官的演说	1921 年 4 月 24 日	第十册	416
谕司法部长徐谦准予特赦徐傅霖令	1921 年 4 月 24 日刊载	第十三册	445
关于西南政务的谈话	1921 年 4 月 26 日刊载	第十二册	119
复李选廷申谢电贺当选大总统电	1921 年 4 月 27 日	第九册	479
中国革命局势和任务等问题　在广州与斯托扬诺维奇等谈话	1921 年 4 月 28 日	第十二册	120
与居正谢持联署委任敖文珍为中国国民党满地可分部党务科主任状	1921 年 4 月 28 日	第十六册	399
与居正联署委任廖伦为中国国民党典的市分部交际科主任状	1921 年 4 月 28 日	第十六册	400

续表

篇名	著述时间	册数	页码
与居正联署委任余敦礼为中国国民党温地辟分部总务科主任状	1921 年 4 月 28 日	第十六册	400
复何海清等申谢电贺当选大总统电	1921 年 4 月 30 日刊载	第九册	480
在广州与罗翼群谈话	1921 年 4 月下旬	第十二册	123
在广州与陈少白刘成禺谈话	1921 年 4 月	第十二册	124
委任童杭时为中国国民党本部特设办事处浙江省主盟人状	1921 年 4 月	第十六册	401
为《上海青年》题词	1921 年 4 月	第十八册	278
致章炳麟邀来粤相助函	1921 年 5 月 1 日	第八册	271
与唐绍仪等联名宣告于正式政府成立之日取消军政府通电	1921 年 5 月 4 日	第四册	461
就任总统前的谈话	1921 年 5 月 4 日刊载	第十二册	124
中华民国大总统就职宣言	1921 年 5 月 5 日	第四册	461
中华民国大总统就职后对外宣言	1921 年 5 月 5 日	第四册	462
致美国总统哈定呼吁承认本政府函	1921 年 5 月 5 日	第四册	464
复阮本畴告返国投资开垦宜择南京附近函	1921 年 5 月 5 日	第八册	273
致徐世昌促其退位电	1921 年 5 月 5 日	第九册	480
军政府准伍廷芳等人辞军政府各总长令	1921 年 5 月 5 日	第十六册	401
特任徐谦为大理院院长令	1921 年 5 月 5 日	第十六册	402
黄花岗七十二烈士殉国十周年祭文	1921 年 5 月 6 日	第四册	126
寻求国际承认　与美联社记者谈话	1921 年 5 月 7 日刊载	第十二册	125
任命伍朝枢为外交次长及另四人职务令	1921 年 5 月 7 日	第十六册	402
任伍廷芳等七人为民国正式政府各总长及总统府参军长秘书长令	1921 年 5 月 7 日	第十六册	402
命司法行政暂归大理院长兼管令	1921 年 5 月 11 日	第十三册	446
饬陈炯明奖励有功并议恤殉难将士令	1921 年 5 月 13 日	第十三册	446

续表

篇名	著述时间	册数	页码
关于抗议英国炮艇炮击事件发表的声明	1921 年 5 月 14 日	第十二册	126
简任陈干为总统府咨议状	1921 年 5 月 14 日	第十六册	403
颁布《总统府财政委员会组织大纲》	1921 年 5 月 16 日	第五册	427
颁布《总统府秘书处官制》	1921 年 5 月 16 日	第五册	428
颁布《总统府参军处官制》	1921 年 5 月 16 日	第五册	430
与居正杨庶堪联署委任朱普元为中国国民党巴生支部会计科主任状	1921 年 5 月 16 日	第十六册	403
与张继联署委任黄凤书为中国国民党西贡及附近各埠主盟人状	1921 年 5 月 20 日	第十六册	404
给马蓁汇款收据	1921 年 5 月 21 日	第十三册	447
任命吕志伊为内务次长令	1921 年 5 月 24 日	第十六册	404
希望各界共同贯彻革命主义 在广州与周君谈话	1921 年 5 月 26 日	第十二册	127
与居正联署委任黄方白为中国国民党巴生支部干事状	1921 年 5 月 26 日	第十六册	405
与居正等三人联署委任郑受炳为中国国民党巴生支部正部长状	1921 年 5 月 26 日	第十六册	405
关于中国的民主与废除"二十一条" 与查尔斯·爱德华·罗素谈话	1921 年 5 月 29 日	第十二册	127
任命卢兴原署理大理院庭长状	1921 年 5 月 31 日	第十六册	406
致赵桃之告派员宣慰侨胞函	1921 年 5 月	第八册	273
与张继联署委任何儒群为中国国民党庇能支部总务科干事状	1921 年 5 月	第十六册	406
致国民党本部特设办事处特派陈安仁赴澳洲宣传主义函	1921 年 5 月	第十六册	407
准李章达辞总统府参军处副官令	1921 年 6 月 3 日	第十六册	407

续表

篇名	著述时间	册数	页码
特派孙科督办广东治河事宜令	1921 年 6 月 4 日	第十六册	407
与居正等三人联署特任周雍能为中国国民党驻古巴总干事状	1921 年 6 月 5 日	第十六册	408
派但焘为法制委员会编纂员令	1921 年 6 月 6 日	第十六册	408
准任命毛邦燕为总统府参军处副官令	1921 年 6 月 6 日	第十六册	408
致北京国立八校辞职教员欢迎来粤共商进行电	1921 年 6 月 7 日	第九册	481
与工党代表谈话	1921 年 6 月 8 日	第十二册	129
为肇庆庆云寺题词	1921 年 6 月 10 日	第十八册	280
准任命钟鼎基等五人各为陆军部司长或秘书令	1921 年 6 月 13 日	第十六册	409
简任管鹏为总统府咨议状	1921 年 6 月 13 日	第十六册	409
任命何畏等二十人为总统府咨议令	1921 年 6 月 14 日	第十六册	409
任命曹笃等八人为总统府咨议令	1921 年 6 月 14 日	第十六册	410
致各界通告关于召开联省政府代表会议电	1921 年 6 月 15 日	第九册	482
致蒋介石告委陈祖焘代表致祭太夫人电	1921 年 6 月 16 日	第九册	483
与张继联署委任杨纯美为中国国民党万隆分部副部长状	1921 年 6 月 17 日	第十六册	410
颁布《总统府各处司官制通则》	1921 年 6 月 20 日	第五册	430
颁布《各部官制通则》	1921 年 6 月 23 日	第五册	431
颁布修正《总统府秘书处官制》	1921 年 6 月 23 日	第五册	432
颁布《总统府财政委员会条例》	1921 年 6 月 23 日	第五册	433
致蒋介石望即来粤助战电	1921 年 6 月 23 日	第九册	483
裁撤内务部土地农务商务三局令	1921 年 6 月 23 日	第十三册	447
着交通行政事务归内务部兼管令	1921 年 6 月 23 日	第十三册	447
颁布《财政部官制》	1921 年 6 月 25 日	第五册	434
颁布《侨工事务局暂行条例》	1921 年 6 月 25 日	第五册	435
着吕志伊代理内务部部务令	1921 年 6 月 25 日	第十六册	410

续表

篇名	著述时间	册数	页码
着程潜代理陆军部部务令	1921 年 6 月 25 日	第十六册	411
准杨仙逸辞副官令	1921 年 6 月 25 日	第十六册	411
准任命邝石为副官令	1921 年 6 月 25 日	第十六册	411
给徐维扬命令	1921 年 6 月 26 日	第十三册	448
着陈炯明进军广西荡平群盗并嘉慰将士令	1921 年 6 月 27 日	第十三册	448
准任命叶显为副官令	1921 年 6 月 27 日	第十六册	411
准免去孙祥夫本职令	1921 年 6 月 27 日	第十六册	412
预言日本将于一九二四年向美国宣战　与普瑞斯特雷谈话	1921 年 6 月 27 日刊载	第十二册	130
聘任柏文蔚为总统府顾问状	1921 年 6 月 28 日	第十六册	412
与居正联署委任苏法聿为中国国民党巴生港口分部干事状	1921 年 6 月 29 日	第十六册	412
与居正等三人联署委任陈德熹为中国国民党巴生港口分部副部长状	1921 年 6 月 29 日	第十六册	413
拯救国家困境的声明	1921 年 6 月 29 日刊载	第四册	465
教育家须倡谈政治并引导人民改良政治　在广东省第五次教育大会闭幕式的演说	1921 年 6 月 30 日	第十册	425
求学当立志救国实行三民主义　在广州学界大会的演说	1921 年 6 月	第十册	420
与陈炯明联署委任王鸣亚为中国国民党广东崖县分部部长状	1921 年 6 月	第十六册	413
题蒋介石母王太夫人像赞	1921 年 6 月	第十八册	281
拟著《外交政策》一书目录　复廖仲恺胡汉民函	1921 年 7 月 3 日	第三册	385
复黄大伟等嘉慰攻克高州电	1921 年 7 月 7 日	第九册	483
复邓铿等嘉慰克复阳山电	1921 年 7 月 7 日	第九册	484

续表

篇名	著述时间	册数	页码
宜先治琼为粤矜式　琼崖国民党办事处成立会祝词	1921 年 7 月 7 日刊载	第四册	128
关于日本外交　与何天炯谈话	1921 年 7 月 8 日前	第十二册	130
拟著《十年国防计划》一书纲目　致廖仲恺函	1921 年 7 月 8 日	第三册	386
颁布《陆军部官制》	1921 年 7 月 8 日	第五册	436
简任张鹏程为总统府咨议状	1921 年 7 月 8 日	第十六册	414
致谷正伦等嘉慰出师援桂电	1921 年 7 月 9 日	第九册	484
饬马君武转谷正伦胡若愚奖励各该部并告以军事近况谕	1921 年 7 月 9 日	第十三册	449
准任命吴兆枚陈恭署总检察厅检察长令	1921 年 7 月 11 日	第十六册	414
准任命何蔚等六人署大理院推事令	1921 年 7 月 11 日	第十六册	414
准任命曹受坤署广州地方审判厅厅长及另两人署职令	1921 年 7 月 11 日	第十六册	415
批曲同丰函	1921 年 7 月 12 日	第十三册	449
特任刘湘为四川总司令兼四川省长令	1921 年 7 月 12 日	第十六册	415
复卢焘望戮力同心共除桂贼电	1921 年 7 月 13 日	第九册	484
复陈炯明嘉慰占领藤县电	1921 年 7 月 13 日	第九册	485
致李烈钧告相机处置沈鸿英及对付滇黔军办法电	1921 年 7 月 14 日	第九册	485
准民律延期施行令	1921 年 7 月 14 日	第十三册	450
颁布《内务部官制》	1921 年 7 月 15 日	第五册	438
颁布《内务部矿务局官制》	1921 年 7 月 15 日	第五册	441
致李是男望妥商久远维持《少年中国晨报》办法函	1921 年 7 月 15 日	第八册	275
复陈炯明嘉奖迭克平南等县电	1921 年 7 月 18 日	第九册	486
东行之任务　与何天炯谈话	1921 年 7 月 19 日	第十二册	131
复顾品珍嘉慰宣言援桂电	1921 年 7 月 24 日	第九册	486
致陈炯明嘉慰粤军入桂战功令	1921 年 7 月 24 日报载	第十三册	450
着财政部拨款救济贵州天灾令	1921 年 7 月 26 日	第十三册	451

续表

篇名	著述时间	册数	页码
与张继联署委任陈安仁为中国国民党澳洲特派员状	1921 年 7 月 27 日	第十六册	415
致谭延闿望重新振作相与奋斗并托周震鳞到访函	1921 年 7 月 28 日	第八册	275
着陈炯明全权办理广西军事善后事宜令	1921 年 7 月 28 日	第十三册	451
任命马君武为广西省长谢持为总统府秘书长令	1921 年 7 月 28 日	第十六册	416
咨国会非常会议为派代表赴各国办理外交文	1921 年 7 月 29 日	第十三册	451
任命邓家彦为总统府参议令	1921 年 7 月 29 日	第十六册	416
准谢持辞总统府参议令	1921 年 7 月 29 日	第十六册	416
复刘震寰嘉奖克复荔浦四县并望乘胜歼寇电	1921 年 7 月 30 日	第九册	486
复洪兆麟嘉慰攻克横县并望乘胜歼寇电	1921 年 7 月 30 日	第九册	487
与张继联署委任陈耀垣为中国国民党驻三藩市总支部总干事状	1921 年 7 月 31 日	第十六册	417
与居正谢持联署委任麦森为中国国民党啤乞分部党务科主任状	1921 年 8 月 1 日	第十六册	417
免赵德裕驻粤滇军指挥官及褫夺蒋超青等五人原有官职并饬缉拿令	1921 年 8 月 1 日	第十六册	418
准任俞河汉为内务部秘书令	1921 年 8 月 4 日	第十六册	418
准张华澜辞秘书令	1921 年 8 月 4 日	第十六册	419
致各地同志请捐资建筑朱执信坟场和纪念图书馆函	1921 年 8 月 5 日	第八册	276
复咸马里夫人告南方状况并盼来华协助函	1921 年 8 月 5 日	第八册	277
致蒋介石促赴南宁相助电	1921 年 8 月 5 日	第九册	487
复赖世璜嘉勉进逼阳朔并望速攻桂林电	1921 年 8 月 8 日	第九册	487
简任王用宾为总统府咨议状	1921 年 8 月 9 日	第十六册	419
复康德黎说明请柯尔逊为《实业计划》作序原因函	1921 年 8 月 12 日	第八册	278
复康德黎夫人告当尽力解决香港童奴制问题函	1921 年 8 月 12 日	第八册	279
复谷正伦嘉慰占领柳州并望协同滇军肃清余盗电	1921 年 8 月 13 日	第九册	488
复李友勋嘉慰占领柳州并望与黔军合力扫除余孽电	1921 年 8 月 13 日	第九册	488

续表

篇名	著述时间	册数	页码
复赖世璜嘉勉占领阳朔并望与各军合力进规桂林电	1921 年 8 月 13 日	第九册	488
着陈炯明马君武分掌广西军政令	1921 年 8 月 16 日	第十三册	452
致海外同志告以发起中央筹饷会望合力募捐函	1921 年 8 月 17 日	第四册	467
致陈炯明奖勉收复南宁电	1921 年 8 月 17 日	第九册	489
致李友勋嘉勉收复柳州并告广西军政民政分别由陈炯明马君武主持电	1921 年 8 月 17 日	第九册	489
裁撤广西省六道道尹令	1921 年 8 月 19 日	第十三册	452
任命杨愿公为广西政务厅长令	1921 年 8 月 19 日	第十六册	419
任命吕一夔为广西财政厅长令	1921 年 8 月 19 日	第十六册	420
颁给蔡赞爱国奖状	1921 年 8 月 20 日	第十三册	453
题赠新西兰《民声报》社	1921 年 8 月 22 日刊载	第十八册	282
遣派太平洋会议代表应由正式政府主持　在广州国务会议的讲话	1921 年 8 月 25 日	第十册	430
复契切林介绍中国政情并望建立个人接触函	1921 年 8 月 28 日	第八册	280
批西北自治后援军第三支队司令张藩呈报军情函	1921 年 8 月 28 日	第十三册	453
否认徐世昌非法发行公债之布告	1921 年 8 月 29 日	第四册	468
关于中国的内政与外交　与威廉姆·菲利普·希姆斯谈话	1921 年 8 月 31 日刊载	第十二册	132
政治理想与智识实为学生要素　越南堤岸《中法学生》弁言	1921 年 7 至 8 月间	第四册	129
咨复国会非常会议已饬外交部筹办出席太平洋会议文	1921 年 8 月	第十三册	453
致马君武介绍陈楚楠赴桂考查农业函	1921 年 9 月 1 日	第八册	282
为南韶连会馆题匾额	1921 年 9 月 1 日	第十八册	283
统一中国非北伐不为功　在广州欢宴援桂凯旋及拟将北伐军官的演说	1921 年 9 月 3 日	第十册	431

续表

篇名	著述时间	册数	页码
关于太平洋会议代表问题 在公众集会的讲话大意	1921 年 9 月 5 日前	第十册	433
关于中国出席华盛顿会议代表资格之对外宣言	1921 年 9 月 5 日	第四册	468
致美国国务院告北方非法政府无权派遣代表参会函	1921 年 9 月 5 日	第八册	283
共商北伐方策 在广州召集党政军要员会议的演说	1921 年 9 月 5 日	第十册	433
特派周震鳞为湖南劳军使令	1921 年 9 月 6 日	第十六册	420
复某君嘉奖潘正道电	1921 年 9 月 7 日	第九册	490
简任邓耀为总统府咨议状	1921 年 9 月 8 日	第十六册	420
亟宜肃清内政 在太平洋讨论会开幕式的讲话	1921 年 9 月 10 日前	第十册	434
太平洋会议是前巴黎和平会议的变相 在广州与蒋梦麟谈话	1921 年 9 月上旬	第十二册	135
致李盛铎嘉许其攻吴谋略函	1921 年 9 月 11 日	第八册	283
准任命黄心持为广西矿务处处长令	1921 年 9 月 12 日	第十六册	421
为夏威夷直臣学校学生国文集题词	1921 年 9 月 12 日	第十八册	284
现正积极筹备北伐 在广州与时功玖等谈话	1921 年 9 月 13 日	第十二册	136
否认徐世昌非法发行国库券之布告	1921 年 9 月 14 日	第四册	470
聘杨鹤龄为民国正式政府顾问状	1921 年 9 月 14 日	第十六册	421
饬陆军部转告鄂军西路潘总司令奖勉该部将士谕	1921 年 9 月 14 日刊载	第十三册	454
致顾品珍告北伐策略并望令邓泰中部速进共同作战及再抽调滇军支援北伐电	1921 年 9 月 15 日	第九册	490
准将林罗氏等分别减刑令	1921 年 9 月 15 日	第十三册	454
关于中美关系等问题 与《华盛顿先驱报》记者谈话	1921 年 9 月 17 日	第十二册	136
中美关系等问题 与金斯莱谈话	1921 年 9 月 18 日	第十二册	137
严禁偷种鸦片令	1921 年 9 月 20 日	第十三册	455
着财政部拨款赈灾令	1921 年 9 月 20 日	第十三册	455
特任王伯群为贵州省长令	1921 年 9 月 20 日	第十六册	421

续表

篇名	著述时间	册数	页码
王伯群未到任前着卢焘兼署贵州省长令	1921 年 9 月 20 日	第十六册	422
对北应以声言革命为宗旨　在广州观音山军事会议的讲话	1921 年 9 月 22 日	第十册	435
提议铸造国玺与大元帅印	1921 年 9 月 22 日	第十二册	138
在国务会议上提议铸造国玺与大元帅印	1921 年 9 月 22 日	第十三册	456
为古巴《民声日报》复刊题词	1921 年 9 月 24 日	第十八册	285
为古巴《民声日报》题签	1921 年 9 月 24 日	第十八册	286
任命麦英俊为外交部特派广西交涉员令	1921 年 9 月 26 日	第十六册	422
任命麦英俊为梧州关监督令	1921 年 9 月 26 日	第十六册	422
准李国柱辞参军令	1921 年 9 月 27 日	第十六册	422
任命路孝忱为总统府参军令	1921 年 9 月 27 日	第十六册	423
关于军政府不派代表参加华盛顿会议的谈话	1921 年 9 月 28 日刊载	第十二册	139
与居正等四人联署委任陈东平为中国国民党仰光支部正部长状	1921 年 9 月 28 日	第十六册	423
与居正联署委任陈辉石为中国国民党仰光支部干事状	1921 年 9 月 28 日	第十六册	424
与居正联署委任李庆标为中国国民党仰光支部干事状	1921 年 9 月 28 日	第十六册	424
与居正联署委任朱伟民为中国国民党仰光支部干事状	1921 年 9 月 28 日	第十六册	425
与居正联署委任黄壬戌为中国国民党仰光支部评议部评议员状	1921 年 9 月 28 日	第十六册	425
与居正联署委任邝民志为中国国民党仰光支部评议部评议员状	1921 年 9 月 28 日	第十六册	426
与居正联署委任陈甘敏为中国国民党仰光支部评议部评议员状	1921 年 9 月 28 日	第十六册	426

续表

篇名	著述时间	册数	页码
与居正联署委任欧阳敬之为中国国民党全欧埠分部评议部评议员状	1921 年 9 月 28 日	第十六册	427
与居正联署委任许寿民为中国国民党仰光支部评议部评议员状	1921 年 9 月 28 日	第十六册	427
复顾品珍询北伐出师准备情形电	1921 年 9 月 30 日	第九册	490
与张继联署委任苏福为中国国民党麻厘柏板支部正部长状	1921 年 9 月 30 日	第十六册	428
致海外同志望踊跃捐输准备北伐函	1921 年 9 月	第八册	284
致海外同志告组织中央筹饷会望踊跃捐输助成统一电	1921 年 9 月	第九册	491
深切同情朝鲜复国运动 在广州与申圭植谈话	1921 年 9 月	第十二册	139
与瓦格纳谈话	1921 年 9 月	第十二册	142
复章炳麟请在沪宣传函	1921 年 10 月 1 日	第八册	285
纪念朱执信先生 在广州执信学校开学典礼的讲话	1921 年 10 月 1 日	第十册	435
致各省总司令望就近联防以保省界电	1921 年 10 月 2 日刊载	第九册	491
对派代表出席华盛顿会议的态度 与某君谈话	1921 年 10 月 3 日刊载	第十二册	142
复陈炯明希乘胜廓扫余孽以竟全功电	1921 年 10 月 4 日	第九册	492
复黄大伟嘉慰攻克龙州电	1921 年 10 月 4 日	第九册	492
委任张继为中国国民党北方执行部部长状	1921 年 10 月 4 日	第十六册	428
宽免悔过附伪人员令	1921 年 10 月 5 日	第十三册	457
着军民司法行政长官速办庶狱清理并具报令	1921 年 10 月 5 日	第十三册	457
与居正联署委任苏法聿为中国国民党巴生港口分部总务科主任状	1921 年 10 月 5 日	第十六册	429
对英国殖民当局摧残马来亚华侨教育事业表示关切 在广州与廖衡酌谈话	1921 年 10 月 6 日	第十二册	143

续表

篇名	著述时间	册数	页码
特任柏文蔚为长江上游招讨使状	1921 年 10 月 8 日	第十六册	429
出师北伐的理由　在广州国会非常会议秘密会议的讲话	1921 年 10 月 13 日	第十册	436
在广州与廖仲恺谈话	1921 年 10 月 13 日	第十二册	143
准免莫鲁李寅中本职令	1921 年 10 月 13 日	第十六册	430
派童法等前往西北江令	1921 年 10 月 14 日	第十三册	458
林修梅逝世告	1921 年 10 月 15 日	第四册	130
慰劳军人份所应尔　自广州启程赴桂时在宝璧舰对欢送者的演说	1921 年 10 月 15 日	第十册	437
咨国会非常会议议决林修梅举行国葬文	1921 年 10 月 15 日	第十三册	458
着财政部经理林修梅丧务财政部拨发治丧费并从优议恤令	1921 年 10 月 15 日	第十三册	459
与居正等四人联署委任苏福为中国国民党麻厘柏板支部正部长状	1921 年 10 月 15 日	第十六册	430
与居正联署委任王宗沂为中国国民党巴生港口分部干事状	1921 年 10 月 15 日	第十六册	431
复陈炯明告将赴南宁及已有军队护送电	1921 年 10 月 18 日	第九册	493
复蔡钜猷嘉勉拥护政府电	1921 年 10 月 18 日刊载	第九册	493
登桂平西山题联	1921 年 10 月 20 日	第十八册	287
支持朝鲜复国运动　大韩民国临时政府专使申圭植在广州呈递国书的答词	1921 年 10 月上中旬	第十册	436
致邓宝珊勉坚持举义初志函	1921 年 10 月中旬	第八册	285
与居正联署委任林蓬洲为中国国民党惠夜基分部交际科主任状	1921 年 10 月 21 日	第十六册	431
核准大本营组织机构	1921 年 10 月 24 日刊载	第五册	442

续表

篇名	著述时间	册数	页码
任命钟秀南为中央兵站总监及另两人任职令	1921 年 10 月 25 日刊载	第十六册	432
广西善后方针　在南宁各界欢迎大会的演说	1921 年 10 月 26 日	第十册	439
致唐继尧盼来梧州统筹全局并派汪精卫等来谒函	1921 年 10 月 30 日	第八册	286
委任张秋白为中国国民党赴俄全权代表状	1921 年 10 月 30 日	第十六册	432
致中国国民党墨西哥支部开幕贺电	1921 年 10 月	第九册	494
复李烈钧嘉慰处置叛军得当并准加委滇军军官电	1921 年 11 月 1 日	第九册	494
着李福林率部赴韶关令	1921 年 11 月 1 日	第十三册	459
追赠林修梅为陆军上将令	1921 年 11 月 2 日	第十三册	460
给廖仲恺的训令	1921 年 11 月 5 日刊载	第十三册	460
致蒋介石告将与许崇智往桂林望速来臂助电	1921 年 11 月 6 日	第九册	495
命廖仲恺筹款令	1921 年 11 月 12 日刊载	第十三册	460
复广州国会非常会议告已布告否认伪廷滥发国库券抵押国内外银行借款电	1921 年 11 月 15 日	第九册	495
咨请国会非常会议议决林修梅举行国葬文	1921 年 11 月 18 日	第四册	131
党员须下乡宣传三民主义并实行地方自治　在梧州对国民党员的演说	1921 年 11 月上中旬	第十册	440
着某要人转告停止讨吴条件	1921 年 11 月上中旬	第十二册	144
向吴佩孚代表责吴缺乏诚意	1921 年 11 月上中旬	第十二册	145
为张人杰题词	1921 年 11 月中旬	第十八册	288
广西应以开辟道路为急务　在昭平各界欢迎大会的演说	1921 年 11 月 21 日	第十册	444
复廖仲恺汪精卫嘱与徐树铮洽商军事并告我军用兵方略电	1921 年 11 月 22 日	第九册	495
祭蒋中正之母王氏文	1921 年 11 月 23 日	第四册	131
复蒋介石促来桂商榷作战计划电	1921 年 11 月 23 日	第九册	496
由梧州抵平乐时的命令	1921 年 11 月 27 日	第十三册	461

续表

篇名	著述时间	册数	页码
饬剿抚土匪令	1921 年 11 月 27 日	第十三册	462
任命刘震寰为广西陆军第一师师长及另两人各任步兵第一二旅旅长令	1921 年 11 月 28 日	第十六册	432
实行三民主义与开发阳朔富源　在阳朔各界欢迎会的演说	1921 年 11 月 29 日	第十册	445
与张继联署委任何以兴为中国国民党庇能大山脚分部评议部副议长状	1921 年 11 月 30 日	第十六册	433
聘唐继尧任滇黔联军总司令及另十一人任职令	1921 年 11 月 30 日刊载	第十六册	433
与张继联署委任杨剑秋为中国国民党庇能大山脚分部评议部评议员兼书记状	1921 年 11 月 30 日	第十六册	434
题蒋介石母墓碑	1921 年 11 月	第十八册	289
公布林修海鲁子材国葬令	1921 年 12 月 1 日	第十三册	462
致周震麟嘱与湖南各界接洽四事电	1921 年 12 月 3 日刊载	第九册	497
兴师北伐机不可失　在桂林近郊良丰军绅学界欢迎会的演说	1921 年 12 月 3 日	第十册	448
关于北伐问题　在梧州与上海《大陆报》记者谈话	1921 年 12 月 3 日刊载	第十二册	146
真正意义上的国民政府才能促成国家统一　与恩达·李·布克谈话	1921 年 12 月 6 日	第十二册	149
任命李汉丞为湖南高等审判厅厅长萧度为湖南高等检察厅检察长令	1921 年 12 月 6 日	第十六册	434
与居正谢持联署委任丁惟汾为中国国民党山东主盟人状	1921 年 12 月 6 日	第十六册	435
三民主义是使中国造成新世界的工具　在桂林军政学界欢迎大会的演说	1921 年 12 月 7 日	第十册	449
给伍廷芳的指令	1921 年 12 月 8 日	第十三册	463

续表

篇名	著述时间	册数	页码
人民请愿之事政府当尽力办之　对桂林公民请愿的演说	1921 年 12 月 9 日	第十册	455
饬外交总长通电反对徐世昌直接与日本交涉山东问题令	1921 年 12 月 9 日	第十三册	463
军人精神教育　在桂林粤滇赣军欢迎大会的演说	1921 年 12 月 10 日	第三册	390
致马君武令整顿吏治抚绥地方电	1921 年 12 月 10 日	第九册	497
任命蒋作宾等六人为大本营参议令	1921 年 12 月 10 日	第十六册	435
任命赵德恒为大本营咨议令	1921 年 12 月 10 日	第十六册	436
公布《军事会议条例》	1921 年 12 月 12 日刊载	第五册	443
致彭泽文望海内外同志踊跃捐款函	1921 年 12 月 12 日	第八册	287
复顾品珍嘉勉率师北伐电	1921 年 12 月 13 日	第九册	498
复顾品珍卢焘请勿生疑电	1921 年 12 月 13 日刊载	第九册	498
关于中国前途　与美国记者嘉乐利谈话	1921 年 12 月 14 日刊载	第十二册	150
饬王乃昌切实调查散兵滋扰桂属情形令	1921 年 12 月 14 日	第十三册	464
派王乃昌为大本营桂林安抚处督办令	1921 年 12 月 14 日	第十六册	436
任命焦易堂为大本营参议令	1921 年 12 月 14 日	第十六册	436
宣布徐世昌卖国奸谋令	1921 年 12 月 15 日	第四册	471
在桂林开军事会议通知	1921 年 12 月 16 日前	第四册	132
准将李亚伙等减刑令	1921 年 12 月 16 日	第十三册	464
派陈策为抚河船务管理局局长令	1921 年 12 月 16 日	第十六册	437
批评香港英人的讲话	1921 年 12 月 17 日	第十册	456
祭林修梅文	1921 年 12 月 18 日	第四册	132
任命蔡大愚为大本营咨议令	1921 年 12 月 19 日	第十六册	437
命陈炯明伍廷芳停止附带赈捐令	1921 年 12 月 21 日	第十三册	465
任命冯焯勋为广西陆军第一师参谋长令	1921 年 12 月 21 日	第十六册	438

续表

篇名	著述时间	册数	页码
准任命韦振谋李作砺各为广西陆军第一师第一二旅少校参谋令	1921 年 12 月 21 日	第十六册	438
与陈炯明谈话	1921 年 12 月 23 日刊载	第十二册	151
任命吴忠信兼大本营宪兵司令令	1921 年 12 月 23 日	第十六册	438
为《大光报》十周年题词	1921 年 12 月 25 日刊载	第十八册	290
委派林云陔兼任桂林广西银行总理及另二人为协理令	1921 年 12 月 26 日	第十六册	439
给林义顺等授勋令	1921 年 12 月 27 日	第十三册	466
特任王乃昌为广西全省清乡督办令	1921 年 12 月 27 日	第十六册	439
饬李烈钧查惩滋事扰民之军队令	1921 年 12 月 29 日	第十三册	466
致廖仲恺等告俄国实行新经济政策电	1921 年 12 月下旬	第九册	499
在桂林与马林谈话之一	1921 年 12 月下旬	第十二册	152
在桂林与马林谈话之二	1921 年 12 月下旬	第十二册	153
在桂林与马林谈话之三	1921 年 12 月下旬	第十二册	154
吾党同志人人皆有革命救国之责任　全澳及南太平洋群岛中国国民党恳亲大会训词	1921 年 12 月	第三册	417
继承先烈遗志为国奋斗　邹鲁编《黄花冈烈士事略》序	1921 年 12 月	第四册	133
发扬革命爱国精神彻底实行革命　中国国民党澳洲美利滨分部党所落成并全澳及南太平洋群岛恳亲大会训词	1921 年 12 月	第四册	134
致吉礁坡中国阅书报社庆贺成立十周年电	1921 年 12 月	第九册	499
致实兆远益智书报社庆贺成立八周年电	1921 年 12 月	第九册	500
题蒋翊武就义处纪念碑	1921 年 12 月	第十八册	291
为强华飞行学校题词	1921 年 12 月	第十八册	292
为厦门《江声报》题词	1921 年冬	第十八册	293

续表

篇名	著述时间	册数	页码
致杨庶堪嘱移国民党本部来粤数事电	1921 年□月 4 日	第十三册	468
致某君谈攻桂意见电	1921 年□月 22 日	第九册	498
将中国国民党本部移设广州电	1921 年□月 30 日	第十三册	467
致赵公璧谈沪屋电	1921 年	第九册	500
为黄花岗七十二烈士墓题词	1921 年	第十八册	294
为香山南塘国民学校题词	1921 年	第十八册	295
为《汕头晨报》题词	1921 年	第十八册	296
为广州大佛寺题词	1921 年	第十八册	297
为林国英题词	1921 年	第十八册	298
为中国红十字会番禺分会题词	1921 年	第十八册	299
在桂林庆祝元旦慰劳会的致词	1922 年 1 月 1 日	第十册	456
任命陈白为中华国民银行监督令	1922 年 1 月 2 日	第十六册	439
改造新国家当铲锄旧思想发达新思想　在桂林广东同乡会欢迎茶会的演说	1922 年 1 月 4 日	第十册	457
批张兆基请示可否联络旧部函	1922 年 1 月 4 日	第十三册	468
任命梁长海伍于訾为中华国民银行正副行长令	1922 年 1 月 7 日	第十六册	440
准任黄隆生为中华国民银行统计科主任令	1922 年 1 月 7 日	第十六册	440
特任顾品珍为云南讨贼军总司令并着金汉鼎代理滇军总司令令	1922 年 1 月 8 日	第十六册	441
宣布徐世昌梁士诒卖国殃民之罪状通告	1922 年 1 月 9 日	第四册	472
在桂林与马林张太雷谈话	1921 年 12 月 23 日至 1922 年 1 月 10 日间	第十二册	151
饬财政部按月清付经费令	1922 年 1 月 10 日	第十三册	469
准任命但焘赵士北为内政部司长及另五人职务令	1922 年 1 月 10 日	第十六册	441
任命邓毅夫为大本营咨议令	1922 年 1 月 11 日	第十六册	442
任命赵士觐为大本营军粮局局长令	1922 年 1 月 11 日	第十六册	442

续表

篇名	著述时间	册数	页码
致顾品珍等望赶紧拔队北伐电	1922 年 1 月 13 日	第九册	500
饬桂林县赶筑马路令	1922 年 1 月 13 日	第十三册	469
特任金汉鼎代理云南总司令兼管全省军务令	1922 年 1 月 15 日	第十六册	442
公布《大本营条例》	1922 年 1 月 16 日	第五册	444
复梁柏明告西江四邑等处军队委任之事应与胡文官长接洽函	1922 年 1 月 16 日	第八册	288
追赠赵士槐中将令	1922 年 1 月 16 日	第十三册	469
准将黄尽等减刑令	1922 年 1 月 16 日	第十三册	470
特任刘祖武代理云南省长令	1922 年 1 月 16 日	第十六册	443
免江映枢杨德源总统府参军令	1922 年 1 月 16 日	第十六册	443
准任命吕国治为副官令	1922 年 1 月 17 日	第十六册	443
致李福林令叶荃克日就职电	1922 年 1 月 17 日	第十六册	443
复阮伦等论借款创办油业函	1922 年 1 月 18 日	第八册	288
着谷正伦部改编为中央直辖黔军令	1922 年 1 月 19 日	第十三册	470
任命谷正伦为直辖黔军总司令及另二人为旅长令	1922 年 1 月 19 日	第十六册	444
知难行易 在桂林学界欢迎大会的演说	1922 年 1 月 22 日	第十册	459
公布《大本营供给局条例》	1922 年 1 月 23 日刊载	第五册	446
与居正等四人联署委任邢森洲为中国国民党庇能支部正部长状	1922 年 1 月 23 日	第十六册	444
准任罗任等为湖南高等审判厅推事令	1922 年 1 月 23 日	第十六册	445
准任罗兆奎唐冠亚任或署湖南高等检察厅检察官令	1922 年 1 月 23 日	第十六册	445
吾党牺牲之决心与互助之精神不容稍懈 全澳及南太平洋群岛中国国民党恳亲大会纪念辞	1922 年 1 月	第四册	137
委李国定为中国国民党四川主盟人状	1922 年 1 月	第十六册	445
致陈炯明责其不附从北伐电	1922 年 2 月 2 日	第九册	501

续表

篇名	著述时间	册数	页码
任命陈德春为中央直辖第四军军长兼粤东八属各军总司令令	1922 年 2 月 4 日	第十六册	446
"日华林矿工业公司"密约	1922 年 2 月 5 日	第五册	447
准任命朱廷燎为副官令	1922 年 2 月 6 日	第十六册	446
准吕国治辞副官令	1922 年 2 月 6 日	第十六册	446
复全国国民外交大会历数徐世昌罪状电	1922 年 2 月 7 日	第九册	501
复全国各界联合会请一致北伐电	1922 年 2 月 7 日	第九册	502
致刘震寰着速剿灭林俊廷部电	1922 年 2 月 9 日刊载	第九册	502
复咸马里夫人告赴桂林情况及康德黎夫人去世消息并邀来华函	1922 年 2 月 11 日	第八册	289
对奉直两系决不苟且结合　与奉直代表谈话	1922 年 2 月 11 日	第十二册	155
派徐谦兼文官高等惩戒委员会委员长及另十人为该委员会委员令	1922 年 2 月 14 日刊载	第十六册	447
致美国记者大利指出近年日本干涉中国内政的事实并申明和平统一中国的方针电	1922 年 2 月 15 日刊载	第九册	503
与居正等四人联署委任刘恢汉为中国国民党山姐咕分部正部长状	1922 年 2 月 15 日	第十六册	447
与居正等四人联署委任林蓬洲为中国国民党惠夜基分部正部长状	1922 年 2 月 15 日	第十六册	448
废除《暂行刑律补充条例》令	1922 年 2 月 17 日	第五册	448
再揭徐世昌所派代表与日本订约罪行之布告	1922 年 2 月 20 日	第四册	473
致粤军救护队饬赴桂林电	1922 年 2 月 20 日	第九册	504
致李福林告全军准三月中全开拔望仰速筹备进行电	1922 年 2 月 20 日	第九册	504
禁蓄婢令	1922 年 2 月 20 日	第十三册	470
与居正联署委任余玉南为中国国民党珠卜分部执行部书记状	1922 年 2 月 20 日	第十六册	448

续表

篇名	著述时间	册数	页码
与居正联署委任余敦礼为中国国民党珠卜分部总务科主任状	1922 年 2 月 20 日	第十六册	449
公布暂行《工会条例》	1922 年 2 月 24 日	第五册	448
复朱和中论开办炼钢厂及印刷所函	1922 年 2 月 24 日	第八册	290
准任命罗任等七人为湖南高等审判厅推事令	1922 年 2 月 24 日刊载	第十六册	449
准任命罗兆奎唐冠亚为或署湖南高等检察厅检察官令	1922 年 2 月 24 日刊载	第十六册	449
准予刘张氏减刑令	1922 年 2 月 25 日	第十三册	471
咨复国会彭邦栋质问书已咨湖南省长查复文	1922 年 2 月 25 日	第十三册	471
给卢焘金汉鼎授衔令	1922 年 2 月 26 日刊载	第十三册	472
北伐誓师词	1922 年 2 月 27 日	第四册	138
北伐誓师词	1922 年 2 月 27 日	第四册	473
攻取长沙后将召开统一会议　与某君谈话	1922 年 2 月 27 日刊载	第十二册	156
致赵恒惕等告任覃振为中国国民党湖南支部长电	1922 年 2 月 27 日	第十六册	450
为吴汝功题颂	1922 年 2 月	第十八册	300
致廖仲恺曹亚伯告照汇款及往接辛慈到穗密函	1922 年 3 月 8 日	第八册	291
与居正联署委任高敦焯为中国国民党檀香山分部评议部评议员状	1922 年 3 月 9 日	第十六册	450
出师北伐紧急通告	1922 年 3 月 11 日	第四册	474
对待直奉两系方针之宣言	1922 年 3 月 11 日	第四册	475
特任金汉鼎代云南省长令	1922 年 3 月 14 日	第十六册	451
与居正联署委任廖伦为中国国民党典的市分部干事状	1922 年 3 月 14 日	第十六册	451
致粤省告此次北伐有破釜沉舟之志电	1922 年 3 月 15 日	第九册	504
致某君表示北伐决心电	1922 年 3 月 16 日	第九册	505
着陈炯明遵照动员北伐训示并转饬所属办理令	1922 年 3 月 20 日刊载	第十三册	472

续表

篇名	著述时间	册数	页码
致陈炯明等吊唁邓铿电	1922 年 3 月 23 日	第九册	505
命追赠邓铿为陆军上将并从优议恤令	1922 年 3 月 24 日	第十三册	473
与居正等四人联署委任陈德熹为中国国民党巴生港口分部评议部正议长状	1922 年 3 月 28 日	第十六册	451
与居正杨庶堪联署委任骆连焕为中国国民党河内支部会计科副主任状	1922 年 3 月 28 日	第十六册	452
与居正联署委任陈再喜为中国国民党巴生港口分部干事状	1922 年 3 月 28 日	第十六册	453
与居正联署委任王宗沂为中国国民党巴生港口分部干事状	1922 年 3 月 28 日	第十六册	453
与居正等四人联署委任苏法聿为中国国民党巴生港口分部正部长状	1922 年 3 月 28 日	第十六册	454
与居正联署委任任金为中国国民党檀香山支部评议部评议员状	1922 年 3 月 31 日	第十六册	454
纪事诗旨在宣阐民主主义　刘成禺著《〈洪宪纪事诗〉本事注》跋	1922 年 3 月	第四册	138
致古巴同志恳亲会贺电	1922 年 3 月	第九册	506
题朱执信墓碣	1922 年 4 月 1 日	第十八册	301
年内将重新统一中国　应美国《芝加哥论坛报》之请而作	1922 年 4 月 2 日	第三册	419
誓言岁末将重新统一中国的声明	1922 年 4 月 2 日	第四册	475
只要人民联络起来土匪溃兵都不足畏　在桂林与蔡挺生谈话	1922 年 4 月 4 日刊载	第十二册	156
与居正联署委任陈景星为中国国民党巴生支部干事状	1922 年 4 月 4 日	第十六册	455

续表

篇名	著述时间	册数	页码
与居正杨庶堪联署委任何石安为中国国民党巴生支部会计科副主任状	1922 年 4 月 4 日	第十六册	455
与居正杨庶堪联署委任朱普元为中国国民党巴生支部会计科主任状	1922 年 4 月 4 日	第十六册	456
与居正等四人联署委任郑受炳为中国国民党巴生支部正部长状	1922 年 4 月 4 日	第十六册	456
与居正联署委任谭进为中国国民党巴生支部评议部评议员状	1922 年 4 月 4 日	第十六册	457
与居正联署委任黄方白为中国国民党巴生支部干事状	1922 年 4 月 4 日	第十六册	457
复陈炯明告联合段祺瑞原因电	1922 年 4 月 6 日刊载	第九册	506
委周南山为中国国民党委伴□□□分部党务科□□状	1922 年 4 月 10 日	第十六册	458
饬李烈钧准建滇黔赣援桂联军忠烈祠令	1922 年 4 月 14 日	第十三册	473
与陈炯明交涉之条件	1922 年 4 月 15 日	第十二册	158
移师回粤改道北伐　在梧州军事会议的讲话	1922 年 4 月 16 日	第十册	468
委任吴醒汉为中国国民党本部军事委员状	1922 年 4 月 16 日	第十六册	458
关于南北议和的条件宣言	1922 年 4 月 18 日刊载	第四册	477
北伐的目的在于推翻北京政府实现中国真正民治政府　在梧州与《华盛顿邮报》记者谈话	1922 年 4 月 16 日至 20 日间	第十二册	159
裁撤广东总司令令	1922 年 4 月 21 日	第十三册	474
着陈炯明林永谟转饬所属陆海各军直辖于大元帅令	1922 年 4 月 21 日	第十三册	474
着梁鸿楷维持广州治安令	1922 年 4 月 21 日	第十三册	474
饬广三路调车至河口装运各军令	1922 年 4 月 21 日	第十三册	475
特任魏邦平兼署卫成总司令令	1922 年 4 月 21 日	第十六册	459

续表

篇名	著述时间	册数	页码
特任伍廷芳兼署广东省长令	1922 年 4 月 21 日	第十六册	459
准陈炯明呈辞内务总长及广东省长兼广东总司令管理全省军务职专任陆军总长令	1922 年 4 月 21 日	第十六册	459
改道北伐事　在广州与梁鸿楷等谈话	1922 年 4 月 22 日	第十二册	160
任程天斗财政厅长兼省银行行长及林直勉任电政监督令	1922 年 4 月 23 日	第十六册	460
任命梁鸿楷第一师师长兼卫戍副司令并另三人职务令	1922 年 4 月 23 日	第十六册	460
黄花岗七十二烈士殉国十一周年祭文	1922 年 4 月 25 日	第四册	140
与居正等四人联署委任陈天一为中国国民党星洲琼侨分部副部长状	1922 年 4 月 25 日	第十六册	461
与居正等四人联署委任符养华为中国国民党星洲琼侨分部正部长状	1922 年 4 月 25 日	第十六册	461
饬各军齐集韶关令	1922 年 4 月 26 日	第十三册	475
任命郭泰祺为广东政务厅长令	1922 年 4 月 26 日	第十六册	462
任命吕志伊署内政总长令	1922 年 4 月 26 日	第十六册	462
致陈炯明望速取消退隐之志终始国事电	1922 年 4 月 27 日	第九册	506
致唐继尧告日内至韶督师望相助电	1922 年 4 月 27 日	第九册	507
在广州与达林等谈话	1922 年 4 月 27 日	第十二册	160
任陈策为海军陆战队司令并另两人任命令	1922 年 4 月 29 日	第十六册	462
在广州与达林谈话	1922 年 4 月 30 日	第十二册	161
任命陈可钰李章达为大本营参军令	1922 年 4 月 30 日	第十六册	463
任命温树德孙祥夫各为海军舰队及陆战队司令并马伯麟任命令	1922 年 4 月 30 日	第十六册	463
任命温树德等十一人各为海圻等十一舰舰长令	1922 年 4 月 30 日	第十六册	463

续表

篇名	著述时间	册数	页码
任命冯伟为大本营无线电报局局长并另三人为电报技士令	1922 年 4 月 30 日	第十六册	464
给马超俊的指示	1922 年 4 月下旬	第十二册	163
粤海关主权当收回　与驻粤各国领事谈话	1922 年 4 月下旬	第十二册	163
与钟秀南谈话	1922 年 4 月下旬	第十二册	163
北伐计划及与陈炯明之矛盾等问题　在广州与上海《字林西报》记者等谈话	1922 年 4 月底	第十二册	164
中国国民党古巴同志恳亲会祝词	1922 年 4 月	第四册	140
就反基督教运动发表谈话	1922 年春	第十二册	170
分致铙潜川李源水杨纯美望发起中央筹饷会函	1922 年 5 月 1 日	第八册	292
援助普遍选举　在广州五一纪念大会上的演说	1922 年 5 月 1 日	第十册	468
任命太永宽为陆军第二师参谋长令	1922 年 5 月 1 日	第十六册	464
任命朱卓文张惠良各兼或任航空局长副局长令	1922 年 5 月 1 日	第十六册	464
任命叶秉衡为大本营技士令	1922 年 5 月 1 日	第十六册	465
派冯自由兼文官高等惩戒委员会委员令	1922 年 5 月 1 日刊载	第十六册	465
特赦陈炳生令	1922 年 5 月 2 日	第十三册	475
派蔡庚兼文官高等惩戒委员会委员令	1922 年 5 月 2 日刊载	第十六册	465
任命陈策为大本营第四路游击司令令	1922 年 5 月 2 日	第十六册	465
任命何振为虎门要塞司令令	1922 年 5 月 2 日	第十六册	466
任命谢心准为军用电话处处长令	1922 年 5 月 2 日	第十六册	466
准吴礼和辞虎门要塞司令令	1922 年 5 月 2 日	第十六册	466
派冯演秀兼文官高等惩戒委员会委员令	1922 年 5 月 3 日刊载	第十六册	466
讨伐徐世昌通令	1922 年 5 月 4 日	第四册	477
复唐继尧告日内赴韶关督师望相助电	1922 年 5 月 4 日	第九册	507
任命胡毅为大本营管理处处长及另两人职务令	1922 年 5 月 4 日	第十六册	467
派刘通兼文官高等惩戒委员会委员令	1922 年 5 月 4 日刊载	第十六册	467

续表

篇名	著述时间	册数	页码
特任于右任为讨贼军西北第一路总司令令	1922 年 5 月 5 日	第十六册	467
特任陈树藩为讨贼军西北第二路总司令令	1922 年 5 月 5 日	第十六册	468
任命叶举为粤桂边防督办令	1922 年 5 月 5 日	第十六册	468
任命陈策为广东海防司令令	1922 年 5 月 5 日	第十六册	468
准陈策辞大本营第四路游击司令令	1922 年 5 月 5 日	第十六册	469
着飞鹰舰长欧阳格与豫章舰长何瀚澜对调令	1922 年 5 月 5 日	第十六册	469
声讨徐世昌令	1922 年 5 月 6 日	第十三册	476
着广东各区善后处归省长直辖令	1922 年 5 月 6 日	第十三册	476
特任居正为内务部总长令	1922 年 5 月 6 日	第十六册	469
饬维持广东省银行纸币令	1922 年 5 月 7 日	第十三册	477
任命欧阳琳为大本营幕僚处高级参谋令	1922 年 5 月 7 日	第十六册	470
任命刘崛萧辉锦为大本营咨议令	1922 年 5 月 7 日	第十六册	470
任命郭昌明为大本营参议令	1922 年 5 月 7 日	第十六册	470
准任命郑衡之等四人为大本营宣传处职员令	1922 年 5 月 7 日	第十六册	470
准任命胡人杰为大本营军法处少校副官令	1922 年 5 月 7 日	第十六册	471
准任命洪兆康等六人职务令	1922 年 5 月 7 日	第十六册	471
准任命姜俊鹏为补充营营长令	1922 年 5 月 7 日	第十六册	471
派翁捷三兼文官高等惩戒委员会委员令	1922 年 5 月 7 日刊载	第十六册	472
派余垚兼文官高等惩戒委员会委员令	1922 年 5 月 8 日刊载	第十六册	472
谕各军长官严饬所部不得扰民令	1922 年 5 月 9 日	第十三册	477
饬中国国民党广东支部速组运输队随军出发令	1922 年 5 月 9 日	第十三册	478
派杨光湛兼文官高等惩戒委员会委员令	1922 年 5 月 9 日刊载	第十六册	472
派朱念祖兼文官高等惩戒委员会委员令	1922 年 5 月 10 日刊载	第十六册	472
派邓召荫兼文官高等惩戒委员会委员令	1922 年 5 月 11 日刊载	第十六册	473
特任许崇智为粤军第二军军长及另三人职务令	1922 年 5 月 11 日	第十六册	473
任吕超为大本营参军长令	1922 年 5 月 11 日	第十六册	473

续表

篇名	著述时间	册数	页码
任命张岂庸为大本营第十四路游击司令梁钟汉为大本营咨议令	1922 年 5 月 11 日	第十六册	474
致杨庶堪指示与浙督卢永祥商讨会攻江苏事项电	1922 年 5 月 12 日	第九册	507
重组国民会议达到国家统一 与美国国际新闻社记者谈话	1922 年 5 月 12 日	第十二册	170
着伍廷芳维持广东币信严惩奸徒令	1922 年 5 月 12 日刊载	第十三册	478
任命何梓林代理粤军第二军步兵第七旅旅长及另二人职务令	1922 年 5 月 12 日	第十六册	474
任何蔚署大理院庭长令	1922 年 5 月 12 日刊载	第十六册	474
任命关国雄等五人粤军第二军职务令	1922 年 5 月 14 日	第十六册	475
任命朱之洪为总统府咨议令	1922 年 5 月 14 日刊载	第十六册	475
任命冯轶裴为粤军第二军第四师参谋长令	1922 年 5 月 15 日	第十六册	475
任命王湘为大本营参议令	1922 年 5 月 15 日	第十六册	476
任命陈嘉佑为讨贼军湘军第一路司令令	1922 年 5 月 15 日	第十六册	476
准任命刘署成等三人陆军第二师职务令	1922 年 5 月 15 日	第十六册	476
任命姜汉翘为陆军第二师第四旅旅长及王期昌为第四旅第八团团长令	1922 年 5 月 15 日	第十六册	477
饬各军严禁私自招兵令	1922 年 5 月 16 日	第十三册	478
着李炳荣协同办理粤赣边防事宜令	1922 年 5 月 17 日	第十三册	479
严禁军队拉伕令	1922 年 5 月 17 日	第十三册	479
任柏文蔚为长江上游招讨使令	1922 年 5 月 17 日	第十六册	477
任关国雄为第二军旅长及蒋中正为第二军参谋长令	1922 年 5 月 17 日	第十六册	477
任程天斗为中央银行筹备委员令	1922 年 5 月 18 日	第十六册	478
准任命吴斌等四人大本营警卫第二团职务令	1922 年 5 月 18 日	第十六册	478
任命张孝准为大本营军务处处长令	1922 年 5 月 18 日	第十六册	478
任命章裕昆为赣西讨贼军别动队司令令	1922 年 5 月 18 日	第十六册	479

续表

篇名	著述时间	册数	页码
任命卢善矩等三人分为宝璧等三舰舰长令	1922 年 5 月 18 日	第十六册	479
任命陈家鼐为大本营劳工宣传委员状	1922 年 5 月 19 日	第十六册	479
任命丁培龙为大本营第四路游击司令令	1922 年 5 月 19 日	第十六册	480
任命列堀为浔郁镇抚使令	1922 年 5 月 19 日	第十六册	480
任命苏无涯为平梧镇抚使令	1922 年 5 月 19 日	第十六册	480
颁授李源水奖凭	1922 年 5 月 20 日	第十三册	480
任命刘濂为大本营咨议状	1922 年 5 月 20 日	第十六册	480
南方正式政府是惟一合法的政府　在韶关与马科森谈话	1922 年 5 月中旬	第十二册	171
任命徐天琛为大本营咨议状	1922 年 5 月 21 日	第十六册	481
着徐绍桢犒劳凯旋将士令	1922 年 5 月 22 日	第十三册	480
委伍毓瑞为大本营第五路司令令	1922 年 5 月 22 日刊载	第十六册	481
任命陈宗舜等三人为大本营咨议令	1922 年 5 月 22 日	第十六册	482
准吴介璋辞大本营兵站处处长并即裁撤大本营兵站处令	1922 年 5 月 22 日	第十六册	482
任命孔庚为讨贼军中央直辖军鄂军军长令	1922 年 5 月 22 日	第十六册	482
准任命谭长年等五人为大本营职员令	1922 年 5 月 22 日	第十六册	483
复叶举等表示对陈炯明始终动以至诚电	1922 年 5 月 23 日	第九册	508
致前敌将士嘉慰攻克要隘名城电	1922 年 5 月 26 日	第十三册	481
颁布《大本营战地民政管理局组织条例》	1922 年 5 月 27 日	第五册	451
颁布《大本营管理战地地方民政条例》	1922 年 5 月 27 日	第五册	452
公布《大本营游击队别动队组织条例》	1922 年 5 月 27 日	第五册	454
命陈炯明办理两广军务令	1922 年 5 月 27 日	第十三册	481
着陈炯明办理两广军务及所有两广地方均听节制调遣令	1922 年 5 月 27 日	第十六册	483
准任命华振中为中校团附令	1922 年 5 月 27 日	第十六册	483

续表

篇名	著述时间	册数	页码
任吕维新钟汉为虔南龙南二县知事令	1922 年 5 月 28 日	第十六册	484
饬严管毛仲芳等令	1922 年 5 月 29 日	第十三册	481
准开去副官蒋光鼐章裕昆本缺令	1922 年 5 月 29 日	第十六册	484
准任命缪培南为少校团附令	1922 年 5 月 29 日	第十六册	484
任命许崇灏为粤汉铁路警备司令兼管运输事宜令	1922 年 5 月 29 日	第十六册	485
准任命邹竞赵启骥为参军处副官令	1922 年 5 月 29 日	第十六册	485
致许崇智等嘉慰攻克赣南电	1922 年 5 月 31 日	第十三册	482
大元帅令	1922 年 5 月下旬	第十三册	482
建国方略	1922 年 4 至 5 月间	第一册	3
致段祺瑞告特遣吴忠信往见函	1922 年 5 月	第八册	293
致张作霖告派吴忠信接洽军事函	1922 年 5 月	第八册	294
在广州与达林谈话	1922 年 5 月	第十二册	171
致李烈钧等告派员犒奖前敌将士电	1922 年 6 月 1 日	第十三册	482
致蒋介石告粤局危急请即来助电	1922 年 6 月 2 日	第九册	509
根据国际公法向澳葡严重交涉　在广州接见粤澳请愿代表的讲话	1922 年 6 月 2 日	第十册	469
与汤廷光温树德谈话	1922 年 6 月 2 日	第十二册	172
着黄实宾镇远往前方犒劳将士令	1922 年 6 月 2 日	第十三册	483
在广州与达林谈话	1922 年 6 月 3 日	第十二册	172
任命萧炳章为江西省财政厅长及江维华为该省警务处长兼省会警察厅长令	1922 年 6 月 5 日	第十六册	485
特任谢远涵为江西省长及徐元浩为政务厅长令	1922 年 6 月 5 日	第十六册	486
与伍廷芳联名就徐世昌退职发表对外宣言	1922 年 6 月 6 日	第四册	478
工兵计划宣言	1922 年 6 月 6 日	第四册	479
反对协约国插手中国事务的宣言	1922 年 6 月 6 日	第四册	482

续表

篇名	著述时间	册数	页码
非俟吴佩孚有诚意北伐决不中止　在广州与美国教士谈话	1922 年 6 月 6 日	第十二册	173
在广东省交涉署与外宾谈话	1922 年 6 月 7 日	第十二册	173
任命夏重民为广三铁路警队司令令	1922 年 6 月 7 日	第十六册	486
致李烈钧等嘉慰克复赣州电	1922 年 6 月 8 日	第十三册	483
禁止军队向地方官要求供给令	1922 年 6 月 8 日	第十三册	484
复马骧等告无暇辅助函	1922 年 6 月 9 日	第八册	294
关于黎元洪不能复任总统的谈话	1922 年 6 月 9 日刊载	第十二册	174
任汪鲲南为大庾县知事令	1922 年 6 月 10 日	第十六册	486
复李国定望节哀顺变促川中将领东下函	1922 年 6 月上旬	第八册	295
致陈炯明告合力攻赣	1922 年 6 月上旬	第九册	509
政府与人民应互相帮助　在广州接见澳案工团请愿代表的讲话	1922 年 6 月上旬	第十册	469
在广州与达林谈话	1922 年 6 月上旬	第十二册	174
吴佩孚无诚意恢复旧国会　在广州与《大阪朝日新闻》记者谈话	1922 年 6 月上旬	第十二册	175
与《大阪每日新闻》记者谈话	1922 年 6 月上旬	第十二册	176
答《大阪朝日新闻》记者问	1922 年 6 月上旬	第十二册	176
恢复旧国会的先决问题　在广州与国会议员谈话	1922 年 6 月 11 日刊载	第十二册	177
陈家军若不服命令撤离广州当以武力制裁　对广州报界记者的讲话	1922 年 6 月 12 日	第十册	470
在省财政厅对记者的谈话	1922 年 6 月 12 日	第十二册	179
关于曾令海军可炮击陈炯明部的谈话	1922 年 6 月 12 日	第十二册	179
为《五权宪法草案》题签	1922 年 6 月 12 日	第十八册	302
任韩恢为江苏招讨使令	1922 年 6 月 14 日	第十六册	487
批关国雄军开往前线令	1922 年 6 月 15 日	第十三册	485

续表

篇名	著述时间	册数	页码
特任谭延闿为全湘讨贼军总司令令	1922 年 6 月 15 日	第十六册	487
与居正等四人联署委任王用宾为中国国民党山西支部筹备处处长状	1922 年 6 月 15 日	第十六册	487
与居正等四人联署委任丁惟汾为中国国民党山东支部部长状	1922 年 6 月 15 日	第十六册	488
陈炯明果敢作乱吾当为国除暴　与林直勉等谈话	1922 年 6 月 16 日	第十二册	180
批萧人龙致杨庶堪函	1922 年 6 月 16 日	第十三册	485
致护法舰队各舰告陈军若至期未退海军可炮击电	1922 年 6 月 17 日刊载	第九册	509
致叶举令粤军退出广州电	1922 年 6 月 17 日	第九册	510
戡平叛乱以尽职守　在黄埔与伍廷芳谈话	1922 年 6 月 17 日	第十二册	180
对陈炯明叛军所提议和条件	1922 年 6 月 18 日	第四册	141
致蒋纬国促蒋介石速来粤电	1922 年 6 月 18 日	第九册	510
与《大阪每日新闻》记者谈话	1922 年 6 月 18 日刊载	第十二册	181
与美国领事谈话	1922 年 6 月 18 日	第十二册	181
批海军司令部请款呈	1922 年 6 月 18 日	第十三册	485
批李章达请款呈	1922 年 6 月 18 日	第十三册	486
批马伯麟请款呈	1922 年 6 月 18 日	第十三册	486
给李烈钧等人的手令	1922 年 6 月 19 日	第十三册	486
批袁良骅借款条	1922 年 6 月 19 日	第十三册	487
致杨庶堪告已部署讨逆望各省同志勿失望函	1922 年 6 月 20 日	第八册	296
饬发陈泽南公费令	1922 年 6 月 20 日	第十三册	487
讨伐陈炯明宣言	1922 年 6 月中旬	第四册	483
在广州与达林谈话	1922 年 6 月中旬	第十二册	182
致北伐军前线指挥官嘉奖攻占赣州电	1922 年 6 月中旬	第十三册	484
复契切林告陈炯明叛变短简	1922 年 6 月 23 日	第八册	296
在广州与达林的通讯谈话	1922 年 6 月 23 日	第十二册	183

续表

篇名	著述时间	册数	页码
吾军当继承伍廷芳总长遗志奋勇杀贼　与海军将士谈话	1922 年 6 月 23 日	第十二册	184
关于陈炯明叛变　在黄埔与香港《士蔑西报》记者谈话	1922 年 6 月 23 日	第十二册	184
任命赵汉一为讨贼军别动队司令状	1922 年 6 月 23 日	第十六册	488
关于陈炯明兵变　在"永丰"舰上与香港《士蔑西报》记者等谈话	1922 年 6 月 24 日刊载	第十二册	186
申明照常行使总统职权　在"永丰"舰上与上海《大陆报》记者谈话	1922 年 6 月 24 日	第十二册	188
关于陈炯明叛变　在黄埔与香港《士蔑西报》记者谈话	1922 年 6 月 25 日刊载	第十二册	189
饬发杨华馨公费令	1922 年 6 月 25 日	第十三册	487
批□玉龙请款函	1922 年 6 月 25 日	第十三册	488
发给蒋尊簋招待费手令	1922 年 6 月 25 日	第十三册	488
致刘成禺专托全权办理和赣之事函	1922 年 6 月 26 日	第八册	297
诸君应主持公道　对各界代表的讲话	1922 年 6 月 26 日	第十册	476
不会在压力下辞职	1922 年 6 月 26 日刊载	第十二册	189
对伍廷芳的去世感到悲痛和拒绝辞职　与美国《堪萨斯城星报》记者谈话	1922 年 6 月 26 日刊载	第十二册	190
坚持讨伐叛逆　与陈炯明调和代表谈话	1922 年 6 月 26 日	第十二册	190
尊重外商生命财产　在黄埔与驻粤领事团谈话	1922 年 6 月 26 日	第十二册	191
在"永丰"舰接见各界代表的谈话	1922 年 6 月 26 日	第十二册	192
饬发何福昌公费令	1922 年 6 月 26 日	第十三册	488
饬发徐苏中等旅费条	1922 年 6 月 26 日	第十三册	489
与广东各界代表的谈话	1922 年 6 月 27 日	第十二册	193

续表

篇名	著述时间	册数	页码
饬发谢良牧公费令	1922 年 6 月 27 日	第十三册	489
批李天德请款呈	1922 年 6 月 27 日	第十三册	489
批林直勉请示发给韩恢公费若干呈	1922 年 6 月 28 日	第十三册	490
批李燕仪请发医药费呈	1922 年 6 月 28 日	第十三册	490
致各省告专待北伐军回戈平乱电	1922 年 6 月 30 日	第九册	510
致各国驻广州领事团的照会	1922 年 6 月 30 日刊载	第十三册	490
批孙祥夫请款呈	1922 年 6 月 30 日	第十三册	491
批李天德请款条	1922 年 6 月 30 日	第十三册	491
与陈煊谈话	1922 年 6 月	第十二册	194
关于中苏关系　与达林谈话	1922 年 6 月	第十二册	194
勉魏邦平效陆秀夫而以文天祥自待　与魏邦平谈话	1922 年 7 月 1 日	第十二册	195
在"永丰"舰上答香港《士蔑西报》记者问	1922 年 7 月 1 日	第十二册	195
关于陈炯明兵变的对抗性声明　在"永丰"舰上与美国国际新闻社记者谈话	1922 年 7 月 1 日	第十二册	196
饬交款手谕	1922 年 7 月 1 日	第十三册	491
饬居正为肇和舰发款令	1922 年 7 月 1 日	第十三册	492
着发黄骚款项令	1922 年 7 月 1 日	第十三册	492
任命王鸣亚为大本营琼崖警备军副司令令	1922 年 7 月 1 日	第十六册	489
坚守黄埔等待北伐军返粤的理由　在"永丰"舰上对各舰长谈话	1922 年 7 月 2 日	第十二册	196
着赏福安舰船员二百元令	1922 年 7 月 3 日	第十三册	492
饬发吴志馨等经费令	1922 年 7 月 3 日	第十三册	493
批程潜请款呈	1922 年 7 月 3 日	第十三册	493
任命冼灿云为驻港筹饷委员令	1922 年 7 月 3 日	第十六册	489
任徐树荣为别动队司令守卫黄埔令	1922 年 7 月 4 日	第十六册	490
批陈策请款条	1922 年 7 月 5 日	第十三册	493

续表

篇名	著述时间	册数	页码
批孙祥夫请款呈	1922 年 7 月 5 日	第十三册	494
饬发庶务副官经费令	1922 年 7 月 5 日	第十三册	494
批陈炯明求和代表来函	1922 年 7 月 5 日	第十三册	494
批马伯麟请发经费呈	1922 年 7 月 5 日	第十三册	495
着发给徐树荣经费令	1922 年 7 月 5 日	第十三册	495
着发给海防司令陈策经费令	1922 年 7 月 5 日	第十三册	495
批冯肇宪请款呈	1922 年 7 月 5 日	第十三册	496
命发韩恢经费令	1922 年 7 月 5 日	第十三册	496
关于与陈炯明调解的几项要求	1922 年 7 月 6 日刊载	第十二册	197
吾人惟有明断果决支此危局　在"永丰"舰上对幕僚谈话	1922 年 7 月 6 日	第十二册	198
对离粤下野之意见　与广州绅商谈话	1922 年 7 月 6 日	第十二册	198
批陈策请款呈	1922 年 7 月 6 日	第十三册	496
如陈军果有悔祸诚意可予自新之路　与魏邦平谈话	1922 年 7 月 7 日	第十二册	199
与陈炯明调和代表的谈话	1922 年 7 月 7 日	第十二册	199
给邓泽如收据	1922 年 7 月 7 日	第十三册	497
收支款项条	1922 年 7 月 7 日	第十三册	497
批赵守范来函	1922 年 7 月 7 日	第十三册	497
着发给香港《晨报》津贴令	1922 年 7 月 7 日	第十三册	498
与广州劳动者代表谈话	1922 年 7 月 8 日	第十二册	200
着发给李廷铿梁醉生旅费令	1922 年 7 月 8 日	第十三册	498
复利介诸同志请将存款尽汇应急电	1922 年 7 月 9 日	第九册	511
与调和人士谈话	1922 年 7 月 9 日刊载	第十二册	200
对各舰长的指示	1922 年 7 月 9 日	第十二册	200
指示各舰长袭取车歪炮台驶入省河	1922 年 7 月 9 日	第十三册	498
批陈策请款呈	1922 年 7 月 9 日	第十三册	499

续表

篇名	著述时间	册数	页码
批林若时借款呈	1922 年 7 月 9 日	第十三册	499
批袁良骅请款条	1922 年 7 月 9 日	第十三册	500
派孙智兴为筹饷委员状	1922 年 7 月 9 日	第十六册	490
复中国国民党芝加哥分部告捐款收到望续筹军饷电	1922 年 7 月 10 日	第九册	511
复中国国民党大溪地分部告捐款收到望续助饷电	1922 年 7 月 10 日	第九册	511
吾生平不服暴力不畏强权　在广州与夏税务司谈话	1922 年 7 月 10 日	第十二册	201
饬发陈群经费令	1922 年 7 月 10 日	第十三册	500
护法戡乱正义所在　对广州各社会团体代表的讲话	1922 年 6 月下旬至 7 月上旬	第十册	477
致汤廷光托付议和事函	1922 年 7 月上旬	第八册	297
我决不去护法戡乱之责任　与广州各社团代表谈话	1922 年 7 月上旬	第十二册	201
如陈炯明军不退惟有一战　在广州与日本记者谈话	1922 年 7 月上旬	第十二册	203
复吉隆坡同志告捐款收到及率舰进驻白鹅潭电	1922 年 7 月 11 日	第九册	512
对陈炯明的态度　在广州与香港《士蔑西报》记者谈话	1922 年 7 月 11 日	第十二册	203
命发黄骚购汽船费令	1922 年 7 月 11 日	第十三册	500
永翔同安两舰收据	1922 年 7 月 11 日	第十三册	501
批波士顿罗翰焯闻陈叛请委筹饷函	1922 年 7 月 11 日	第十三册	501
收款条	1922 年 7 月 11 日	第十三册	501
批冯肇宪借款呈	1922 年 7 月 11 日	第十三册	502
批陈策请款呈	1922 年 7 月 11 日	第十三册	502
批冯肇宪请款呈	1922 年 7 月 11 日	第十三册	502
批罗翰焯函	1922 年 7 月 11 日	第十三册	503
海军士兵仍然效忠　在"永丰"舰上与香港《士蔑西报》记者谈话	1922 年 7 月 12 日刊载	第十二册	205
饬发永丰舰煤炭费令	1922 年 7 月 12 日	第十三册	503

续表

篇名	著述时间	册数	页码
收款条	1922 年 7 月 12 日	第十三册	503
饬发三山各军伙食费令	1922 年 7 月 12 日	第十三册	504
批丁培龙请款呈	1922 年 7 月 12 日	第十三册	504
批陈策请款呈	1922 年 7 月 12 日	第十三册	505
饬发给陈策伙食费令	1922 年 7 月 12 日	第十三册	505
批招钰琪医药费呈	1922 年 7 月 12 日	第十三册	505
致曾公乐告照交捐款领回收条函	1922 年 7 月 13 日	第八册	298
面谕陈树声	1922 年 7 月 13 日刊载	第十二册	207
发给南洋兄弟烟草公司捐款收据	1922 年 7 月 13 日	第十三册	506
宁死决不离粤	1922 年 7 月 14 日刊载	第十二册	207
饬省河各舰不得自由行驶令	1922 年 7 月 14 日	第十三册	506
命发马伯麟经费令	1922 年 7 月 14 日	第十三册	506
任命许春草为福建讨贼军总指挥令	1922 年 7 月 14 日	第十六册	490
收款条	1922 年 7 月 15 日	第十三册	507
戒子孙无效叛贼所为　在永丰舰对士兵的讲话	1922 年 7 月 16 日	第十册	478
批招桂章请款呈	1922 年 7 月 17 日	第十三册	507
着发给黄骚药料费一千元令	1922 年 7 月 17 日	第十三册	507
着发给黄骚药料费二千元令	1922 年 7 月 18 日	第十三册	508
复孔庚望坚持奋斗精神函	1922 年 7 月 19 日	第八册	299
致北京政府告即铲除叛逆与北和议电	1922 年 7 月 19 日刊载	第九册	512
在"永丰"舰上对部属谈话	1922 年 7 月 19 日	第十二册	207
批郭荣兴等请领恤金呈	1922 年 7 月 19 日	第十三册	508
准发伤员赏恤费	1922 年 7 月 19 日	第十三册	509
在广州与西报记者谈话	1922 年 7 月 20 日	第十二册	208
决意坚守原地与指责外国势力偏袒　在"永丰"舰上与香港《士蔑西报》记者谈话	1922 年 7 月 20 日	第十二册	208

续表

篇名	著述时间	册数	页码
批给伤员抚慰费呈	1922 年 7 月 20 日	第十三册	509
批马湘收款条	1922 年 7 月 20 日	第十三册	510
批黄惠龙收款条	1922 年 7 月 20 日	第十三册	510
批陈侠夫收款条	1922 年 7 月 20 日	第十三册	510
批陈际熙来函	1922 年 7 月 20 日	第十三册	511
派邢森洲为华侨宣慰员状	1922 年 7 月 20 日	第十六册	491
与外国记者谈话	1922 年 7 月中旬	第十二册	210
致李烈钧等告叛军拟派舰进白鹅潭攻击我各舰电	1922 年 7 月 22 日	第九册	512
着发给严月生公费令	1922 年 7 月 22 日	第十三册	512
着发给杨虎伤兵医药费令	1922 年 7 月 22 日	第十三册	513
收款条	1922 年 7 月 22 日	第十三册	513
在"永丰"舰上的谈话	1922 年 7 月 23 日	第十二册	211
着发给连声海伙食费令	1922 年 7 月 23 日	第十三册	513
批嘉利洋行煤炭费收据	1922 年 7 月 23 日	第十三册	514
复黎澍告北方欠诚意电	1922 年 7 月 24 日	第九册	513
批招桂章请款呈	1922 年 7 月 24 日	第十三册	514
非经核准不准支款手令	1922 年 7 月 24 日	第十三册	514
收款条	1922 年 7 月 24 日	第十三册	515
在"永丰"舰上与随从谈话	1922 年 7 月 25 日	第十二册	211
批欧阳格请款呈	1922 年 7 月 25 日	第十三册	515
对某军的慰言	1922 年 7 月 26 日	第十二册	211
批欧阳琳请款呈	1922 年 7 月 27 日	第十三册	516
批冯肇宪请款呈	1922 年 7 月 27 日	第十三册	516
批张文焕等领款条	1922 年 7 月 27 日	第十三册	516
批招桂章请款呈	1922 年 7 月 28 日	第十三册	517
批陈策请款呈	1922 年 7 月 28 日	第十三册	517

续表

篇名	著述时间	册数	页码
批黄骚请款呈	1922 年 7 月 29 日	第十三册	517
赏江顺舰饷令	1922 年 7 月 29 日	第十三册	518
着发给程潜经费令	1922 年 7 月 29 日	第十三册	519
批欧阳格请款呈	1922 年 7 月 29 日	第十三册	519
与某议员谈话	1922 年 7 月 30 日刊载	第十二册	212
传令各舰将士	1922 年 7 月 30 日	第十二册	212
任命徐天琛为讨贼军别动队司令令	1922 年 7 月 30 日	第十六册	491
准给伤员抚慰费	1922 年 7 月	第十三册	519
批兴业公司煤行收据	1922 年 7 月	第十三册	520
所有海军陆战队等均归杨虎指挥令	1922 年 7 月	第十三册	520
为何侠题词	1922 年夏	第十八册	303
题赠仰光洪门武帝庙	1922 年夏	第十八册	304
题赠仰光三合会建德堂	1922 年夏	第十八册	305
复中国国民党芝加哥分部各捐款已收望续助饷电	1922 年 8 月 1 日	第九册	513
复黄海山告捐款收到望续助饷电	1922 年 8 月 1 日	第九册	513
复□兆兰告捐款收到望续助饷电	1922 年 8 月 1 日	第九册	514
批冯肇宪请款呈	1922 年 8 月 1 日	第十三册	520
批兴业公司煤行收据	1922 年 8 月 1 日	第十三册	521
致中国国民党泗水支部盼速筹款应急电	1922 年 8 月 2 日	第九册	514
致中国国民党仰光支部盼速筹款应急电	1922 年 8 月 2 日	第九册	514
致中国国民党驻荷属党部盼速筹款应急电	1922 年 8 月 2 日	第九册	515
着发黄骚电船按匪费令	1922 年 8 月 2 日	第十三册	521
着发给廖湘芸旅费令	1922 年 8 月 2 日	第十三册	521
在"永丰"舰上对幕僚谈话	1922 年 8 月 3 日	第十二册	213
再命发黄骚经费令	1922 年 8 月 3 日	第十三册	522
批胡文灿请款令	1922 年 8 月 3 日	第十三册	522

续表

篇名	著述时间	册数	页码
批陈策请款令	1922 年 8 月 3 日	第十三册	522
致陈嘉祐告南雄失守电	1922 年 8 月 5 日	第九册	515
复中国国民党古巴支部告捐款收到望续助饷电	1922 年 8 月 5 日	第九册	515
允与北方联络的谈话	1922 年 8 月 5 日刊载	第十二册	213
批韩恢请款条	1922 年 8 月 5 日	第十三册	523
复檀香山同志告捐款收到望续助饷电	1922 年 8 月 6 日	第九册	516
对各舰将士的指示	1922 年 8 月 6 日	第十二册	213
确实报告敌情令	1922 年 8 月 6 日	第十三册	523
致宋庆龄告切勿信谣言电	1922 年 8 月 7 日	第九册	516
批黄百借款呈	1922 年 8 月 7 日	第十三册	523
着发给陈际熙杂费令	1922 年 8 月 7 日	第十三册	524
未得前方确报决不轻弃职守　与居正程潜谈话	1922 年 8 月 8 日	第十二册	214
批陈策请领海军伙食费呈	1922 年 8 月 8 日	第十三册	524
为离粤赴沪致各将领电令	1922 年 8 月 9 日	第九册	516
对陈炯明袭舰计划谈话	1922 年 8 月 9 日	第十二册	214
今后中国外交应取的态度　在"摩汉"号炮舰上对幕僚谈话	1922 年 8 月 9 日	第十二册	215
饬各舰归队令	1922 年 8 月 9 日	第十三册	524
批林若时请领薪水呈	1922 年 8 月 9 日	第十三册	525
批 BERBLINGER 公司账单	1922 年 8 月初	第十三册	525
收款条	1922 年 8 月初	第十三册	526
在香港赴上海舟中与陈公哲谈话	1922 年 8 月 11 日	第十二册	216
联省自治与分县自治之利弊　在香港赴上海舟中与蒋中正等谈话	1922 年 8 月 12 日	第十二册	217
革命与叛逆之名不可丝毫假借　在"俄国皇后"号邮船上对随员谈话	1922 年 8 月 13 日	第十二册	218

续表

篇名	著述时间	册数	页码
离粤非被迫出走　在上海接见各界代表时谈话	1922 年 8 月 14 日	第十二册	219
在上海与日本东方通讯社记者谈话	1922 年 8 月 14 日	第十二册	219
关于中国统一问题　在上海与各界谈话	1922 年 8 月 14 日	第十二册	220
抵沪鸣谢启事	1922 年 8 月 15 日刊载要点	第四册	141
缕述广州兵变始末与论列建国最大方略之宣言	1922 年 8 月 15 日	第四册	483
复中国国民党古巴支部告捐款收到望续助饷电	1922 年 8 月 15 日	第九册	517
关于国会与时局问题　在上海与索凯尔斯基谈话	1922 年 8 月 15 日	第十二册	221
批讨贼军别动队中路司令部参谋长岑静波函	1922 年 8 月 16 日	第十三册	526
为陈炯明兵变与和平统一主张之对外宣言	1922 年 8 月 17 日	第四册	486
复北京政府告无北上必要电	1922 年 8 月 17 日刊载	第九册	517
复中国国民党旧金山总支部询寄香港货物交何人收电	1922 年 8 月 17 日	第九册	518
绝不北上　在驻上海法统维持会的讲话	1922 年 8 月 18 日	第十册	479
关于南北统一问题　在上海与某君谈话	1922 年 8 月 18 日	第十二册	222
恢复和平与真正之统一　在上海与某代表谈话	1922 年 8 月 19 日	第十二册	222
望诸君为救国之后援　在上海接受各团体代表慰问时的讲话	1922 年 8 月 21 日	第十册	479
复唐克明嘉勉经营武汉函	1922 年 8 月 23 日	第八册	299
国会议员应从速赴京开会　在上海对来访议员的讲话	1922 年 8 月 23 日	第十册	480
议员应该进京　在上海与国会议员谈话	1922 年 8 月 23 日	第十二册	223
报界宜宣导真共和之统一　在上海宴请报界人士的讲话	1922 年 8 月 24 日	第十册	480
关于国家统一问题　在上海与报界记者谈话	1922 年 8 月 24 日	第十二册	224

续表

篇名	著述时间	册数	页码
外人应协助中国整理财政　与鲍威尔谈话	1922 年 8 月 25 日	第十二册	225
与苏俄建立紧密的联系和改组国民党　在上海与马林谈话	1922 年 8 月 25 日	第十二册	226
与国会议员谈话	1922 年 8 月 25 日	第十二册	227
批周颂西推荐张乃燕函	1922 年 8 月 25 日	第十三册	526
复芮恩施告可能北上函	1922 年 8 月 26 日	第八册	300
复越飞告对北京政府和张作霖看法等事函	1922 年 8 月 27 日	第八册	301
复黎元洪申谢派使节劳问函	1922 年 8 月 28 日刊载	第八册	303
致熊克武勉致力实业函	1922 年 8 月 28 日	第八册	304
复熊克武嘉许斡旋蜀局并望进而建设函	1922 年 8 月 29 日	第八册	305
复王正廷述护法要旨函	1922 年 8 月 29 日	第八册	305
关于时局问题　与村田孜郎谈话	1922 年 8 月 29 日	第十二册	227
复赵恒惕望勿避艰难益加奋斗函	1922 年 8 月 30 日	第八册	306
复蒋中正促早日来沪筹商军事函	1922 年 8 月 30 日	第八册	307
关于国会等问题　在上海与日本东方通讯社记者谈话	1922 年 8 月 31 日	第十二册	228
反对军阀割据与改进国民党　在上海与李大钊谈话	1922 年 8 月下旬	第十二册	229
在上海与李大钊谈话	1922 年 8 月下旬	第十二册	230
美国之民选议员　在上海与刘成禺谈话	1922 年 8 月	第十二册	231
国民当各秉天赋能力随时尽国民之天职　与上海商界总联合会代表谈话	1922 年 9 月 1 日	第十二册	232
复张敬尧希悉心擘划匡扶正义函	1922 年 9 月 2 日	第八册	307
复上海各路商界联合会申谢并述国是主张函	1922 年 9 月 2 日	第八册	308
与居正联署委任何碧炎为中国国民党海悦分部干事状	1922 年 9 月 2 日	第十六册	491

续表

篇名	著述时间	册数	页码
与居正联署委任林宗斌为中国国民党双溪大吓分部干事状	1922 年 9 月 2 日	第十六册	492
复高振霄允为后盾函	1922 年 9 月 3 日	第八册	309
复曹锟吴佩孚重申化兵为工主张并勉以勿为军阀政蠹电	1922 年 9 月 3 日	第九册	518
谈工兵政策实行问题　与北京张君谈话	1922 年 9 月 4 日	第十二册	232
复旅京护法议员论恢复旧国会函	1922 年 9 月 5 日	第八册	310
致陈嘉祐指示进取方略并派宾镇远劳问函	1922 年 9 月 5 日	第八册	311
致朱培德指示进取方略并派宾镇远劳问函	1922 年 9 月 5 日	第八册	311
批石青阳托陈抱一陈述川局函	1922 年 9 月 5 日	第十三册	527
分致蔡钜猷陈渠珍告派周毅等筹商讨贼事宜函	1922 年 9 月 7 日	第八册	312
批会计司司长李海云陈述司中数目情形函	1922 年 9 月 7 日	第十三册	527
复北京政府告果能与南方共谋统一当维持政局电	1922 年 9 月 8 日刊载	第九册	519
批徐际恒在宪法会议反对联省制主张函	1922 年 9 月 8 日	第十三册	529
批答赵士觐呈着常将陈炯明叛军近情详报	1922 年 9 月 10 日	第十三册	530
批宋大章报告奉天局势来函	1922 年 9 月 10 日	第十三册	531
为上海求是中学五周年纪念题词	1922 年 9 月初	第十八册	307
为《求是新报》出版题词	1922 年 9 月初	第十八册	308
致蒋中正请来沪详筹种种事宜函	1922 年 9 月 12 日	第八册	313
致黎元洪请速注意辨正法统电	1922 年 9 月 12 日刊载	第九册	519
复刘成勋嘉慰奠定川局电	1922 年 9 月 13 日	第九册	519
致曹锟吴佩孚望对民六民八之争作公道正义之处置电	1922 年 9 月 13 日	第九册	520
复焦易堂告调和国会低限函	1922 年 9 月 14 日	第八册	313
关于借债问题	1922 年 9 月 14 日	第十二册	234
复杨森戒勿投北敌函	1922 年 9 月 15 日	第八册	314

续表

篇名	著述时间	册数	页码
复石青阳望奠定川局向外发展函	1922 年 9 月 15 日	第八册	315
批张武述其近著《民生问题》函	1922 年 9 月 15 日	第十三册	532
批刘尧夫来函	1922 年 9 月 15 日	第十三册	532
批川军第二军军长杨森来函	1922 年 9 月 15 日	第十三册	532
与居正等四人联署委任苏福为中国国民党麻厘杯板支部评议部正议长状	1922 年 9 月 15 日	第十六册	492
关于中国财政状况的声明	1922 年 9 月 16 日	第四册	490
就陈炯明叛变始末与未来方针计划致海外同志书	1922 年 9 月 18 日	第四册	491
沪寓秘书处就陈铭鉴等电的声明	1922 年 9 月 20 日	第四册	497
孙宅重要辨正	1922 年 9 月 20 日	第四册	498
致张开儒望与朱培德合力讨陈函	1922 年 9 月 20 日	第八册	315
批刘焜等为闽浙事托代表觐见函	1922 年 9 月 20 日	第十三册	533
批赵从宾报告北方近情并请汇款函	1922 年 9 月中旬	第十三册	533
题崇明第四高等小学校训	1922 年 9 月中旬	第十八册	309
致林俊廷望合力讨陈函	1922 年 9 月 22 日	第八册	316
致王正卿望合力讨陈函	1922 年 9 月 22 日	第八册	317
复张作霖论合作破敌之策函	1922 年 9 月 22 日	第八册	317
复张学良告派汪精卫接洽函	1922 年 9 月 22 日	第八册	318
复宁武告派汪精卫赴奉函	1922 年 9 月 22 日	第八册	319
致杨蓁告派盘公仪联络桂滇各军讨陈希接洽函	1922 年 9 月 23 日	第八册	320
致黎元洪申谢并派郭泰祺面候函	1922 年 9 月 23 日	第八册	320
致党务部长着速办党证简	1922 年 9 月 25 日	第八册	320
要求日本政府援助中国革命党 在上海与村田孜郎等谈话	1922 年 9 月 25 日	第十二册	234
为蓝璧如六十寿庆题颁	1922 年 9 月 25 日	第十八册	310

续表

篇名	著述时间	册数	页码
期望苏俄为统一中国提供帮助　在上海与格克尔等谈话	1922 年 9 月 26 日	第十二册	236
批居正关于奉天党务函	1922 年 9 月 26 日	第十三册	535
复宁武等望扩张党务培植实力函	1922 年 9 月 27 日	第八册	321
始终不渝地贯彻护法宗旨　在上海与郭泰祺谈话	1922 年 9 月 27 日	第十二册	239
批张骏来函	1922 年 9 月 27 日	第十三册	535
对联俄联德外交密函之辨正	1922 年 9 月 29 日	第四册	499
复萧翼鲲杨道馨等告提防湘省军阀函	1922 年 9 月 29 日	第八册	321
致卢永祥告派杨庶堪面商函	1922 年 9 月 29 日	第八册	322
陈炯明之德义不及吴佩孚　在上海与郦模谈话	1922 年 9 月 30 日	第十二册	240
对时局之六项意见	1922 年 9 月下旬	第十二册	240
复张藩望联络各军图湘函	1922 年 9 月	第八册	322
复林支宇斥伪自治函	1922 年 9 月	第八册	323
批讨贼联军第二军第一独立支队司令吴泽理呈	1922 年 9 月	第十三册	535
批谢持请电嘱收编李樾生部队函	1922 年 9 月	第十三册	537
批靖南司令官陈德全筹划高州起义请即训令函	1922 年 9 月	第十三册	537
批宋大章询东三省民治俱进会干事长赵锄非是否为党人函	1922 年 9 月以后	第十三册	538
批景梅九请资助恢复《国风日报》函	1922 年 10 月 1 日	第十三册	539
为大埔旅沪同乡会题匾	1922 年 10 月 2 日	第十八册	311
批居正请款函	1922 年 10 月 3 日	第十三册	539
批陈煊报告粤事函	1922 年 10 月 4 日	第十三册	540
批陈肇英欲赴闽助许请赐给川资函	1922 年 10 月 5 日	第十三册	540
为南洋甲种商业学校题匾	1922 年 10 月 5 日	第十八册	312
关于南北和谈及时局问题　在上海与某记者谈话	1922 年 10 月 6 日	第十二册	242

续表

篇名	著述时间	册数	页码
与居正等四人联署委任叶任生为中国国民党纲甲烈港支部副部长状	1922 年 10 月 6 日	第十六册	493
与居正谢持联署委任杨其焕为中国国民党神户支部党务科主任状	1922 年 10 月 6 日	第十六册	493
与居正张继联署委任陈秉心为中国国民党神户支部会计科正主任状	1922 年 10 月 6 日	第十六册	494
致北京政府反对善后借款电	1922 年 10 月 7 日刊载	第九册	521
批广州军务处长赵士觐来函	1922 年 10 月 7 日	第十三册	541
致张永福询赠波罗事函	1922 年 10 月 8 日	第八册	324
乏知人之鉴卒以长乱贻祸　蒋介石纪录《孙大总统广州蒙难记》序	1922 年 10 月 10 日	第四册	142
为杨富臣母六十寿庆题颁	1922 年 10 月初	第十八册	313
复景梅九赞许注意宣传事业待机筹款支持函	1922 年 10 月 11 日	第八册	324
复李仁炳望与在京同志协力一心谋国家幸福函	1922 年 10 月 11 日	第八册	325
复四川支部筹备处勉宣传主义团结同志函	1922 年 10 月 11 日	第八册	325
复《旭报》勉拥护法权作民喉舌函	1922 年 10 月 11 日	第八册	326
批孙镜亚介绍何世桢等四人入党请亲自主盟书	1922 年 10 月 11 日	第十三册	541
批□□慰问脱险并请指导工作函	1922 年 10 月 11 日	第十三册	541
批徐维绘来函	1922 年 10 月 12 日	第十三册	542
批梅冠林请缨函	1922 年 10 月 13 日	第十三册	542
与居正联署委任彭丕昕为中国国民党巴湾京《民声日报》馆总编辑状	1922 年 10 月 14 日	第十六册	494
与居正联署委任李月华为中国国民党古巴《民声日报》馆总理状	1922 年 10 月 14 日	第十六册	495
与彭素民等联署委任李庆标为中国国民党缅甸支部副部长状	1922 年 10 月 14 日	第十六册	495

续表

篇名	著述时间	册数	页码
关于时局的谈话	1922 年 10 月 16 日	第十二册	244
致民友阁嘉许演戏筹款讨陈函	1922 年 10 月 17 日	第八册	326
致饶潜川嘉慰为北伐筹饷函	1922 年 10 月 17 日	第八册	327
致《觉民日报》望为讨陈尽力宣传函	1922 年 10 月 17 日	第八册	328
复黎元洪告国会无所谓分离电	1922 年 10 月 18 日刊载	第九册	521
批张祖杰来函	1922 年 10 月 18 日	第十三册	542
任命李福林为讨贼军第三军军长令	1922 年 10 月 18 日	第十六册	496
任命许崇智为讨贼军总司令兼第二军军长令	1922 年 10 月 18 日	第十六册	496
任命黄大伟为讨贼军第一军军长令	1922 年 10 月 18 日	第十六册	497
任命蒋中正为讨贼军参谋长令	1922 年 10 月 18 日	第十六册	497
为中国心灵研究会题词	1922 年 10 月 18 日	第十八册	314
批廖湘芸来函	1922 年 10 月 19 日	第十三册	543
任命状应加东路二字于讨贼军之上手谕	1922 年 10 月 19 日	第十三册	543
致刘成勋望舍武力而趋实业函	1922 年 10 月 20 日	第八册	328
复刘介藩告闽省近况并派员赴川函	1922 年 10 月 20 日	第八册	329
复周震鳞告湘军奋起首在打消惧吴观念函	1922 年 10 月 20 日	第八册	330
批盘鸿钧来函	1922 年 10 月 20 日	第十三册	543
委任黄馥生为缅甸筹饷委员长状	1922 年 10 月 20 日	第十六册	497
与日本东方通讯社记者谈话	1922 年 10 月中旬	第十二册	244
批李福林添购枪支函	1922 年 10 月 21 日	第十三册	544
收到香港总工会助款之收据	1922 年 10 月 21 日	第十三册	544
批彭远耀请示此后方针函	1922 年 10 月 21 日原函发信	第十三册	545
分致刘成勋等告派戴季陶入川面商川省兴办实业函	1922 年 10 月 22 日	第八册	331
复但懋辛论在四川举办实业概要函	1922 年 10 月 22 日	第八册	331
复石青阳促出兵助谭驱赵图湘函	1922 年 10 月 22 日	第八册	333

续表

篇名	著述时间	册数	页码
复邓锡侯论实业救川计划函	1922 年 10 月 22 日	第八册	334
复赖心辉告拟派戴季陶面商川省发展实业函	1922 年 10 月 22 日	第八册	334
复夏之时告拟派戴季陶面商川省发展实业函	1922 年 10 月 22 日	第八册	335
复吕超告拟派戴季陶面商川省发展实业函	1922 年 10 月 22 日	第八册	335
复田颂尧告拟派戴季陶面商川省发展实业函	1922 年 10 月 22 日	第八册	336
复黄肃方告拟派戴季陶面商川省发展实业函	1922 年 10 月 22 日	第八册	337
批答张启荣函望积极经营八属军事	1922 年 10 月 22 日收到来函	第十三册	546
致张开儒揭露陈炯明诡谋谕以厚集兵力攻粤函	1922 年 10 月 23 日	第八册	337
复谢持望设法推广北方党务函	1922 年 10 月 23 日	第八册	338
致邓泽如委为讨陈管理财政函	1922 年 10 月 23 日	第八册	339
批张启荣来函	1922 年 10 月 23 日	第十三册	546
任命何侠为军事咨议状	1922 年 10 月 23 日	第十六册	498
批张启荣来函	1922 年 10 月 24 日	第十三册	547
批方瑞麟等来函	1922 年 10 月 25 日	第十三册	548
批梅培来电	1922 年 10 月 25 日	第十三册	548
致邓泽如请与邹鲁在香港相助调和函	1922 年 10 月 26 日	第八册	340
复郑占南望力筹讨陈军饷函	1922 年 10 月 27 日	第八册	340
致鲁涤平勖救湘省而振西南函	1922 年 10 月 27 日	第八册	341
致蔡钜猷勖救湘省而振西南函	1922 年 10 月 27 日	第八册	342
批黄隆生报告驻钦廉之黄业兴部愿来归诚函	1922 年 10 月 29 日	第十三册	549
任命伍汝康为中央盐务督办兼福建盐务稽核所经理令	1922 年 10 月 31 日	第十六册	498
复张贞等告福建省长当由省议会选举函	1922 年 10 月中下旬	第八册	343
批田清涛密陈灭吴佩孚计划书	1922 年 9 至 10 月间	第十三册	539
复廖湘芸望努力进行以竟全功函	1922 年 10 月	第八册	343

续表

篇名	著述时间	册数	页码
复梅培促黄大伟部速攻广东函	1922 年 10 月	第八册	344
致徐谦请告冯玉祥北京国会为不合法电	1922 年 10 月	第九册	521
批张贞许卓然等请任黄展云为福建省长电	1922 年 10 月	第十三册	549
批刘玉山请拨饷弹函	1922 年 10 月	第十三册	550
批蒋光亮请资助李伯涛在粤工作函	1922 年 10 月	第十三册	550
批廖湘芸报告在桂滇军近情函	1922 年 10 月复函	第十三册	550
题赠缅甸《觉民日报》（一）	1922 年 10 月	第十八册	315
题赠缅甸《觉民日报》（二）	1922 年 10 月	第十八册	316
致张作霖告派程潜往商军事函	1922 年秋	第八册	344
在上海与朱德等谈话	1922 年秋	第十二册	245
题赠宋庆龄勉词	1922 年秋	第十八册	306
批欧阳豪请接济军械函	1922 年秋后	第十三册	551
分致李庆标黄壬戌等请再筹饷讨陈函	1922 年 11 月 1 日	第八册	345
关于闽省自治问题　在上海与雷寿彭谈话	1922 年 11 月 1 日	第十二册	245
将致力于建立良好的共和国政府而努力　与美国《基督教科学箴言报》记者谈话	1922 年 11 月 1 日	第十二册	246
批陈荣广报告有陈炯明部属愿服从函	1922 年 11 月 1 日	第十三册	551
饬每月发给飞鹰福安舞凤三舰伙食费令	1922 年 11 月 1 日	第十三册	551
与马良等联名介绍徐谦先生书例广告	1922 年 11 月 2 日	第四册	142
致蒋中正介绍卢凤冈往见函	1922 年 11 月 2 日	第八册	345
复越飞劝勿援助吴佩孚函	1922 年 11 月 2 日	第八册	346
批廖湘芸来函	1922 年 11 月 4 日	第十三册	552
批管鹏李酒函	1922 年 11 月 4 日	第十三册	552
任命邝金保为缅甸筹饷委员状	1922 年 11 月 4 日	第十六册	499
任命陈辉石为筹饷委员状	1922 年 11 月 4 日	第十六册	499
致陈洪范告派张左丞面慰函	1922 年 11 月 6 日	第八册	348

续表

篇名	著述时间	册数	页码
致刘成勋望立救国治世主义并派张左丞面慰函	1922 年 11 月 6 日	第八册	349
致齐燮元萧耀南谴责北军杀害金华衮韩恢电	1922 年 11 月 7 日	第九册	522
复杨希闵告勿坠桂系诡计从速图粤函	1922 年 11 月 8 日	第八册	350
复徐镜清望努力奋斗一致讨贼函	1922 年 11 月 8 日	第八册	351
复张开儒望与朱培德部协同讨逆并告饷项已设法筹措函	1922 年 11 月 8 日	第八册	351
复北京护法议员论护法事宜并告托张继来京宣传函	1922 年 11 月 8 日	第八册	352
批护法议员办事处函	1922 年 11 月 8 日	第十三册	552
饬交夏重民债券收条及取货证各一本谕	1922 年 11 月 9 日	第十三册	553
复王懋功望内部团结同心勠力函	1922 年 11 月 10 日	第八册	353
复王永泉述闽局前途并望振奋直前函	1922 年 11 月 10 日	第八册	353
批徐瑞霖函	1922 年 11 月 10 日	第十三册	553
批杨大实来函	1922 年 11 月 11 日	第十三册	553
与居正联署委任卓祖泽为中国国民党福建支部筹备员状	1922 年 11 月 11 日	第十六册	499
批黄德来函	1922 年 11 月 12 日	第十三册	554
任命周之贞为西江讨贼军司令令	1922 年 11 月 12 日	第十六册	500
分复蔡钜猷陈渠珍述解决湖南问题函	1922 年 11 月 13 日	第八册	354
复赵杰述讨陈情形函	1922 年 11 月 13 日	第八册	355
致蒋中正望接洽吴煦泉函	1922 年 11 月 13 日	第八册	355
复上海妇女节制会允代征募费用函	1922 年 11 月 13 日	第八册	356
与居正等四人联署委任高发明为中国国民党夏湾拿分部正部长状	1922 年 11 月 13 日	第十六册	500
批黄日权报告黄明堂部近况并请拨款函	1922 年 11 月 14 日	第十三册	555
建议美国不要插手中国事务　与福克斯谈话	1922 年 11 月 15 日刊载	第十二册	248
批筹办广州军务事宜处长赵士觐函	1922 年 11 月 15 日	第十三册	556

续表

篇名	著述时间	册数	页码
致张静江告字幅日后再送上等事函	1922 年 11 月 16 日	第八册	356
复加拿大顷士顿同志奖勉筹款讨陈函	1922 年 11 月 16 日	第八册	357
饬财政部发给公债收条谕	1922 年 11 月 17 日	第十三册	556
复李福林述筹措军饷情况函	1922 年 11 月 19 日	第八册	357
致林驹望以大义激发所部完成讨贼之功函	1922 年 11 月 19 日	第八册	358
复蒋介石嘱勿离闽并告即派廖仲恺前往相助电	1922 年 11 月 19 日	第九册	522
复黄隆生论黄业兴附义讨陈函	1922 年 11 月 20 日	第八册	359
复徐镜清望团体进取勿同舟树敌函	1922 年 11 月 20 日	第八册	359
题赠张人杰联	1922 年 11 月中旬	第十八册	317
为张人杰题词（一）	1922 年 11 月中旬	第十八册	318
为张人杰题词（二）	1922 年 11 月中旬	第十八册	319
致蒋中正望坚守福州分途奋斗函	1922 年 11 月 21 日	第八册	360
中国需要美国的机器和专家　与某记者谈话	1922 年 11 月 21 日	第十二册	249
与居正等四人联署委任黄德源为中国国民党仰光支部正部长状	1922 年 11 月 21 日	第十六册	501
与居正张继联署委任朱伟民为中国国民党仰光支部宣传科正主任状	1922 年 11 月 21 日	第十六册	501
与居正等四人联署委任梁卓贵为中国国民党仰光支部评议部正议长状	1922 年 11 月 21 日	第十六册	502
与居正等四人联署委任李庆标为中国国民党仰光支部副部长状	1922 年 11 月 21 日	第十六册	502
与居正联署委任许寿民为中国国民党仰光支部干事状	1922 年 11 月 21 日	第十六册	503
与居正杨庶堪联署委任陈东平为中国国民党仰光支部会计科副主任状	1922 年 11 月 21 日	第十六册	503

续表

篇名	著述时间	册数	页码
与居正谢持联署委任陈辉石为中国国民党仰光支部党务科正主任状	1922 年 11 月 21 日	第十六册	504
批焦易堂在国会奋斗情形函	1922 年 11 月 22 日	第十三册	557
与居正联署委任叶独醒为中国国民党宿务支部总务科正主任状	1922 年 11 月 23 日	第十六册	504
与居正联署委任林不帝为中国国民党宿务支部会计科副主任状	1922 年 11 月 23 日	第十六册	505
复王永泉勖厚集兵力待时而动函	1922 年 11 月 25 日	第八册	361
复赵杰勖共济艰难合力扫除粤逆函	1922 年 11 月 25 日	第八册	362
复焦易堂告罗文干案态度并允设法筹款函	1922 年 11 月 26 日	第八册	363
日本必须与苏俄携手合作　在上海与东京《日本广告报》记者谈话	1922 年 11 月 26 日刊载	第十二册	249
批杨大实来函	1922 年 11 月 26 日	第十三册	557
悼伍廷芳挽词	1922 年 11 月 26 日	第十八册	320
复张左丞告请邓泰中斡旋滇军函	1922 年 11 月 27 日	第八册	363
复邹鲁望勿为□伯捷所欺函	1922 年 11 月 28 日	第八册	364
复林森促发行公债函	1922 年 11 月 28 日	第八册	364
批日人前年彰年请广宣传函	1922 年 11 月 29 日	第十三册	557
批黎工倾来函	1922 年 11 月 29 日	第十三册	558
复张作霖望协商时局一致进行函	1922 年 11 月 30 日	第八册	365
致张开儒朱培德望与沈鸿英切实提携讨贼电	1922 年 11 月底	第九册	523
复杨大实告许崇智徐树铮不和为谣传函	1922 年 11 月	第八册	366
复刘达庆任为桂军第三路司令并促东下讨贼函	1922 年 11 月	第八册	366
复林义顺望领导侨商捐款函	1922 年 11 月	第八册	367
批郑次豪为陈炯明叛变请缨报国函	1922 年 11 月	第十三册	558
批张启荣请拨款函	1922 年 12 月 2 日	第十三册	559

续表

篇名	著述时间	册数	页码
批方瑞麟密函谕以种种方面皆要调和共济	1922 年 12 月 2 日来函	第十三册	559
批欧阳格胡静涵等电	1922 年 12 月 3 日	第十三册	560
批广东大埔县长张煊来函	1922 年 12 月 4 日	第十三册	560
复宋渊源望宣传主义为闽事根本之图函	1922 年 12 月 5 日	第八册	368
致马林告胡汉民不能同行函	1922 年 12 月 6 日	第八册	368
致列宁劝勿派兵占领北满及与北京政府谈判函	1922 年 12 月 6 日	第八册	369
致王宠惠告嘱谢持北上致意函	1922 年 12 月 6 日	第八册	370
复谢万宽告已嘱林焕廷缮发收据函	1922 年 12 月 6 日	第八册	371
批焦易堂来函	1922 年 12 月 6 日	第十三册	560
批梁栋报告黄明堂近情并请去函奖励林俊廷接济黄部函	1922 年 12 月 6 日	第十三册	562
批福建讨贼军总指挥许春草呈	1922 年 12 月 6 日	第十三册	562
批廖湘芸来函	1922 年 12 月 6 日	第十三册	563
杨仙逸为航空局长令	1922 年 12 月 6 日	第十六册	505
致江少峰望供给借款讨陈函	1922 年 12 月 7 日	第八册	372
致宫崎龙介悼滔天盟兄电	1922 年 12 月 7 日	第九册	523
批赵从宾函	1922 年 12 月 7 日	第十三册	564
致卢煊仲嘉慰其慨垫巨款加入财团函	1922 年 12 月 8 日	第八册	373
悼宫崎寅藏唁电	1922 年 12 月 8 日	第九册	524
批皮广生呈	1922 年 12 月 8 日	第十三册	565
批于应祥来函	1922 年 12 月 8 日	第十三册	565
复王永泉告福建之患不在赣而在粤陈函	1922 年 12 月 9 日	第八册	374
劳工运动与国家社会主义　在上海与白莱斯福特谈话	1922 年 12 月 9 日刊载	第十二册	250
亚洲人民将团结一致对抗外来势力　在上海与希姆波谈话	1922 年 12 月 9 日刊载	第十二册	253

续表

篇名	著述时间	册数	页码
致蒋介石盼速来商议在闽接收美船新运军械电	1922 年 12 月 10 日	第九册	524
批张兆来函	1922 年 12 月 10 日	第十三册	565
批张启荣来函	1922 年 12 月 10 日	第十三册	566
复李福林论兵贵精而不在多函	1922 年 12 月 11 日	第八册	374
批李福林请添购枪械函	1922 年 12 月 11 日	第十三册	566
批张启荣来函	1922 年 12 月 12 日	第十三册	566
复许卓然望不分畛域共同对外函	1922 年 12 月 15 日	第八册	375
中国最终将获得统一 在上海与美国合众国际社记者谈话	1922 年 12 月 16 日刊载	第十二册	255
批福建总司令王永泉来函	1922 年 12 月 16 日	第十三册	567
祭伍廷芳文	1922 年 12 月 17 日	第四册	143
批林少梅组军讨贼函	1922 年 12 月 17 日	第十三册	568
悼伍廷芳挽额	1922 年 12 月 17 日	第十八册	321
批川军旅长刘文辉复谢慰勉函	1922 年 12 月 19 日	第十三册	568
复张启荣嘱勿为蜚语所惑并询滇桂军是否东下攻粤函	1922 年 12 月 20 日	第八册	375
复越飞告不要与北京政府谈判并望进行合作函	1922 年 12 月 20 日	第八册	376
与北方某君谈话	1922 年 12 月 20 日刊载	第十二册	256
与居正张继联署委任何如群为中国国民党庇能支部宣传科正主任状	1922 年 12 月 20 日	第十六册	505
批外交部关于余和鸿案函	1922 年 12 月 21 日	第十三册	569
批焦易堂来函	1922 年 12 月 21 日	第十三册	569
批张金钊等为招兵损失请弥补函	1922 年 12 月 23 日	第十三册	570
介绍日本名医高野太吉翁来沪授诊广告	1922 年 12 月 24 日	第四册	144
批罗翼群来函	1922 年 12 月 24 日	第十三册	570
批东路讨贼军步兵第四旅旅长龚师曾来函	1922 年 12 月 24 日	第十三册	570

续表

篇名	著述时间	册数	页码
颁给陈辉石奖状	1922 年 12 月 24 日	第十三册	571
复冯百励允嘉奖黄海山等四人函	1922 年 12 月 25 日	第八册	378
分致黄海山黄燮恭邓宝廷陈官明嘉奖热心爱国筹饷最力函	1922 年 12 月 25 日	第八册	379
颁给林采昆奖状	1922 年 12 月 25 日	第十三册	571
颁给李庆标奖状	1922 年 12 月 25 日	第十三册	572
批何克夫陈述在粤联络民军函	1922 年 12 月 25 日	第十三册	572
批宋渊源来函	1922 年 12 月 25 日	第十三册	572
任命李钺森为讨贼川军第一军军长及郭汝栋等四人分为旅长令	1922 年 12 月 26 日	第十六册	506
批答张启荣函着联络钦廉各属	1922 年 12 月 27 日来函	第十三册	573
致蒋中正促速攻粤函	1922 年 12 月 28 日	第八册	379
复焦易堂告张继必来京等事函	1922 年 12 月 28 日	第八册	380
复王永泉述讨陈回粤策函	1922 年 12 月 29 日	第八册	380
复宋渊源望转告各军勿陷陈炯明计函	1922 年 12 月 29 日	第八册	381
复上海广肇公所及各团体望援助汤节之案函	1922 年 12 月 29 日	第八册	382
批廖湘芸电告西江各军约滇桂军讨陈及粤军第四师指挥事	1922 年 12 月 29 日	第十三册	574
复徐绍桢请将对陈炯明看法转告张绍曾函	1922 年 12 月 30 日	第八册	382
复杨毓菜论湘省须进取奋斗才能自治函	1922 年 12 月 30 日	第八册	384
复林支宇勉以排除湖南恶势力及内奸而实现真正自治函	1922 年 12 月 30 日	第八册	385
复谢良牧请谅筹款不济之苦函	1922 年 12 月 30 日	第八册	385
复蒋光亮望移军东下讨陈并告款已托带去函	1922 年 12 月 30 日	第八册	386
复杨希闵望举军赴粤讨陈并派邓泰中等往洽函	1922 年 12 月 30 日	第八册	386
复黄展云望努力推行党务函	1922 年 12 月 30 日	第八册	387

续表

篇名	著述时间	册数	页码
批林支宇论自治函	1922 年 12 月 30 日	第十三册	574
批谢良牧联络各军情形及请济款函	1922 年 12 月 30 日	第十三册	575
复张开儒告财政计划已稍就绪函	1922 年 12 月底	第八册	387
任命讨陈将领姓名录	1922 年 6 至 12 月	第十六册	506
批谢良牧陈报接洽各军情形请速筹接济函	1922 年 11、12 月间	第十三册	558
批滇军代表高致和请拨款函	1922 年 11 至 12 月间	第十三册	559
复刘玉山望坚持不变以待款项函	1922 年 12 月	第八册	388
复叶夏声请转致讨陈将士坚持待款函	1922 年 12 月	第八册	389
复贺龙告川局近况及讨陈情势函	1922 年 12 月	第八册	389
复廖湘芸望开晓滇军勿返滇函	1922 年 12 月	第八册	390
复朱培德剖析陈炯明阴谋并谕以东西并举攻贼函	1922 年 12 月	第八册	390
分致梁楚三陈耀垣马素及舍利分部介绍刘生初等前往拜候函	1922 年 12 月	第八册	392
复朱培德望速与桂平滇军连师讨陈函	1922 年 12 月	第八册	392
在上海与王昆仑等谈话	1922 年 12 月	第十二册	257
批林支宇介绍龙君前来函	1922 年 12 月	第十三册	576
批高野太吉请宣传及刊载《人工蠕动法概要》函	1922 年 12 月	第十三册	578
为《无锡指南》题签	1922 年 12 月	第十八册	322
为《无锡指南》题字	1922 年 12 月	第十八册	323
挽张荆野联	1922 年 12 月	第十八册	324
祝澳洲《雪梨民报》出世词	1922 年	第四册	145
与曹锟使者谈话	1922 年	第十二册	259
批田铭璋李希莲送吉黑两省同胞呼吁书函	1922 年	第十三册	579
批李烈钧电	1922 年	第十三册	579
为上海中华武术会题匾	1922 年	第十八册	325
书赠杨庶堪《礼运·大同篇》	1922 年	第十八册	326

续表

篇名	著述时间	册数	页码
为《交通大学技击十周年纪念册》题词	1922 年	第十八册	327
为文天祥墨迹题签	1922 年	第十八册	328
为上海民国女子工艺学校题签	1922 年	第十八册	329
为中华会馆题匾	1922 年	第十八册	330
为中华书院题签	1922 年	第十八册	331
为周寿君六秩荣庆题贺	1922 年	第十八册	332
为杨仙逸题词	1922 年	第十八册	333
题李纪堂母凌太夫人像赞	1922 年	第十八册	334
为成济安题词	1922 年	第十八册	335
为何侠题词	1922 年	第十八册	336
中华民国建设之基础 为上海《新闻报》三十周年纪念而作	1923 年 1 月 1 日	第三册	420
中国国民党关于三民主义实施计划之宣言	1923 年 1 月 1 日	第四册	502
中国国民党党纲	1923 年 1 月 1 日	第六册	3
为《南洋周刊》题签	1923 年 1 月 1 日	第十八册	338
中国国民党总章	1923 年 1 月 2 日改订	第六册	4
党务进行当以宣传为重 在上海中国国民党党务改进会议的演说	1923 年 1 月 2 日	第十册	485
批梅光培来函	1923 年 1 月 2 日	第十三册	584
致张绍曾赞同共谋和平统一函	1923 年 1 月 3 日	第八册	393
批张兆基呈报管匪所部编为陕北新编步兵团	1923 年 1 月 3 日	第十三册	584
致广东全省人民讨伐陈炯明通电	1923 年 1 月 4 日	第四册	505
致曹世英勖相机报国函	1923 年 1 月 4 日	第八册	394
复李梦庚告粤局裁定有期函	1923 年 1 月 4 日	第八册	394
复聂其述等论裁兵书	1923 年 1 月 4 日	第八册	395
复林森望极力准备闽省应行之事函	1923 年 1 月 5 日	第八册	396

续表

篇名	著述时间	册数	页码
复李根源望协赞护法函	1923 年 1 月 5 日	第八册	397
复王正廷为余和鸿辩诬函	1923 年 1 月 5 日	第八册	397
恢复广东与南北统一　答村田孜郎问	1923 年 1 月 5 日	第十二册	259
与某记者谈话	1923 年 1 月 5 日	第十二册	262
复王正廷述外交与内政关系函	1923 年 1 月 6 日	第八册	398
复张静江慰问康复情形函	1923 年 1 月 8 日	第八册	399
广东情势　与上海《字林西报》记者谈话	1923 年 1 月 8 日	第十二册	263
批福州黄展堂林赤民等来电	1923 年 1 月 8 日	第十三册	584
复张敬尧告广东讨陈进行情况函	1923 年 1 月 9 日	第八册	400
复罗翼群促率师火速回粤讨陈函	1923 年 1 月 9 日	第八册	400
复林支宇望本改革精神为根本计划并告无力资助仇君函	1923 年 1 月 9 日	第八册	401
复张启荣促联络钦廉各属讨陈函	1923 年 1 月 9 日	第八册	401
复陈煊告政学系桂系似萌悔意函	1923 年 1 月 9 日	第八册	402
中国国民党为实施新颁宣言党纲党章之通告	1923 年 1 月 10 日刊载	第四册	506
复何克夫告民军须得土地始予承认函	1923 年 1 月 10 日	第八册	402
复张启荣嘱勿与张开儒发生误会函	1923 年 1 月 10 日	第八册	403
复黄展云嘉许顾念大局函	1923 年 1 月 10 日	第八册	403
复龚豪伯促率部回粤巩固粤中函	1923 年 1 月 10 日	第八册	404
致在京议员告勿南下致分实力电	1923 年 1 月 10 日刊载	第九册	524
向陈炯明来沪代表刘君亮提出五项议和条件	1923 年 1 月 10 日	第十二册	264
与全国商联裁兵劝告委员代表谈话	1923 年 1 月 10 日	第十二册	264
复邹鲁望重大问题仍希电告函	1923 年 1 月上旬	第八册	405
复罗省分部准原款购赠飞机并请筹款函	1923 年 1 月上旬	第八册	405
批邵元冲请免留学生程天放入党基金函	1923 年 1 月 11 日	第十三册	585
复刘文辉告广东讨陈情形并勉候赴时机函	1923 年 1 月 12 日	第八册	406

续表

篇名	著述时间	册数	页码
致李易标嘱乘胜摧破陈炯明部电	1923 年 1 月 12 日	第九册	525
复关建藩望不惧非议为国奋斗函	1923 年 1 月 13 日	第八册	406
在上海与《纽约时报》记者谈话	1923 年 1 月 13 日刊载	第十二册	265
致西南各首领嘱伸张民权制定宪法电	1923 年 1 月 14 日刊载	第九册	525
欲谋统一须先裁兵　在上海与吴南如谈话	1923 年 1 月 14 日	第十二册	266
复赵士觐告所云各事可与胡汉民联络函	1923 年 1 月 15 日	第八册	407
复梅培促及时动作并告朱卓文已赴港函	1923 年 1 月 15 日	第八册	408
复黄日权告赴广西川资可与胡汉民接洽函	1923 年 1 月 16 日	第八册	408
复林文忠望谋党务发达函	1923 年 1 月 16 日	第八册	409
复王鸿庞宋以梅告各事请与胡汉民接洽函	1923 年 1 月 16 日	第八册	409
复克兴额告暂不能施行大中华计划函	1923 年 1 月 16 日	第八册	410
复徐耕陆告闽事宜与许崇智洽商函	1923 年 1 月 16 日	第八册	410
复梁柏明告联络军队请与胡汉民接洽函	1923 年 1 月 16 日	第八册	411
主张和平统一希望北方军阀彻底觉悟　与国闻通讯社记者谈话	1923 年 1 月 16 日	第十二册	266
复廉泉拒为良弼祠题楹函	1923 年 1 月 17 日	第八册	411
复周公谋告广州已克饷糈不缺函	1923 年 1 月 17 日	第八册	412
复朱乃斌何汉强请寄宣传画片函	1923 年 1 月 17 日	第八册	412
复崔通约等告暂不归粤函	1923 年 1 月 17 日	第八册	413
致中国国民党南斐洲支部请即筹款电沪电	1923 年 1 月 17 日	第九册	525
国民应该发展民族自决的能力　在上海各团体代表祝捷时的演说会	1923 年 1 月 17 日	第十册	488
致耳把都拉而吉子嘉许以宗教之力宣传教化并派王约瑟等面洽函	1923 年 1 月 18 日	第八册	413
致马文元告关注西北发展并派王约瑟等面达函	1923 年 1 月 18 日	第八册	414
致马麒告关注西北发展并派王约瑟面达函	1923 年 1 月 18 日	第八册	414

续表

篇名	著述时间	册数	页码
复廖湘芸嘉许讨陈复粤并告已见闵天培函	1923 年 1 月 18 日	第八册	415
致杨希闵等嘱乘胜穷追陈逆残部电	1923 年 1 月 18 日	第九册	526
委邹鲁为广东讨贼军临时总司令胡汉民临时省长令	1923 年 1 月 18 日	第十六册	510
致伍学熿杨西岩告委任邓泽如等职务及与之共事必无隔阂电	1923 年 1 月 19 日	第九册	526
力主和平统一　与李希莲等谈话	1923 年 1 月 19 日	第十二册	267
批陈肇英请筹划闽局函	1923 年 1 月 19 日	第十三册	585
批鲍应隆等称已集饷千余元即汇函	1923 年 1 月 19 日	第十三册	585
致胡汉民等五人委托全权代行大总统职权电	1923 年 1 月 19 日	第十六册	510
委邓雄为广东省长及另六人职务令	1923 年 1 月 19 日	第十六册	510
复黄德源李庆标望鼓励侨众踊跃输将函	1923 年 1 月 20 日刊载	第八册	416
与某西报记者谈话	1923 年 1 月 20 日刊载	第十二册	267
批王亚樵等来函	1923 年 1 月 20 日	第十三册	586
委胡汉民为广东省长及另三人职务令	1923 年 1 月 20 日	第十六册	511
致魏邦平委其为讨贼联军总司令电	1923 年 1 月 20 日	第十六册	511
书蒋介石联句（一）	1923 年 1 月 20 日	第十八册	339
书蒋介石联句（二）	1923 年 1 月 20 日	第十八册	340
书蒋介石联句（三）	1923 年 1 月 20 日	第十八册	341
赠别蒋介石联	1923 年 1 月 20 日	第十八册	342
书赠蒋介石联	1923 年 1 月 20 日	第十八册	343
复李易标勉乘胜穷追陈军电	1923 年 1 月中旬	第九册	527
批何成濬请示在闽方针函	1923 年 1 月 21 日	第十三册	587
委任彭素民等九人分为中国国民党本部各部正副部长状	1923 年 1 月 21 日	第十六册	511
致林森告特任为福建省长并祈整饬内政电	1923 年 1 月 22 日	第九册	527
批袁兴周谭惟详攻讦管鹏呈	1923 年 1 月 22 日	第十三册	587

续表

篇名	著述时间	册数	页码
复鲍应隆嘉勉捐款讨陈函	1923 年 1 月 23 日	第八册	416
委何世桢等办分部谕	1923 年 1 月 23 日	第十三册	587
委任居正等十八人为中国国民党本部参议状	1923 年 1 月 23 日	第十六册	512
委任居正等十八人为中国国民党本部参议名单	1923 年 1 月 23 日	第十六册	512
委任张继为本部参议状	1923 年 1 月 23 日	第十六册	513
委任王用宾为本部参议状	1923 年 1 月 23 日	第十六册	513
复温树德嘉慰配合联军收复广州并告抵港日期电	1923 年 1 月 24 日	第九册	527
致温树德告回粤时间请派舰赴香港迎候并派员至港布置电	1923 年 1 月 24 日	第九册	528
复熊略翁式亮望悔悟来归电	1923 年 1 月 24 日	第九册	528
致张绍曾告派徐绍桢北上接洽统一事宜函	1923 年 1 月 25 日	第八册	417
复张绍曾论裁兵为和平统一前提函	1923 年 1 月 25 日	第八册	417
复王宠惠徐谦告化兵为工为和平统一办法并请向张绍曾吴佩孚说辞电	1923 年 1 月 25 日	第九册	528
宜以笔墨之力专作裁兵鼓吹　宴请上海新闻界的演说	1923 年 1 月 25 日	第十册	489
和平统一宣言	1923 年 1 月 26 日	第四册	507
孙文越飞联合声明	1923 年 1 月 26 日	第四册	509
致段祺瑞告派于右任商洽要事函	1923 年 1 月 26 日	第八册	418
复张绍曾告对时局意见已电达函	1923 年 1 月 26 日	第八册	419
裁兵为统一之根本条件　在上海与参议员王用宾谈话	1923 年 1 月 26 日	第十二册	268
赴粤着手调整内务　与东方新闻社记者谈话	1923 年 1 月 26 日	第十二册	269
委任周佩箴为中国国民党本部财务部副部长状	1923 年 1 月 26 日	第十六册	513
复王永泉告抵粤后再告闽粤大计函	1923 年 1 月 27 日	第八册	419
复张开儒告回粤与商善后函	1923 年 1 月 27 日	第八册	420

续表

篇名	著述时间	册数	页码
致广东某官员暂缓开省议会电	1923 年 1 月 27 日刊载	第九册	529
嘉许上海《大陆报》用无线电话传布《和平统一宣言》	1923 年 1 月 27 日	第十二册	270
取消返粤之行　在上海与国闻通讯社记者谈话	1923 年 1 月 27 日	第十二册	270
批王永泉函	1923 年 1 月 27 日	第十三册	588
致张作霖告粤省近况并派路孝忱赴奉申请援助函	1923 年 1 月 28 日	第八册	420
饬洪兆麟等立功自赎进讨沈逆令	1923 年 1 月 28 日	第十三册	588
中国之革命　为上海《申报》五十周年纪念而作	1923 年 1 月 29 日	第三册	424
致齐燮元冯玉祥告将赴粤电	1923 年 1 月 29 日	第九册	529
致齐燮元冯玉祥告暂待数日仍将返粤电	1923 年 1 月 29 日	第九册	530
在上海与马伯援谈话	1923 年 1 月 29 日	第十二册	271
复卢焘慰小挫不足为累函	1923 年 1 月 30 日	第八册	421
委任周雍能为总理办公处秘书状	1923 年 1 月 30 日	第十六册	514
委任丁惟汾等三人为中国国民党本部参议及另四人为总理办公处职员状	1923 年 1 月 30 日	第十六册	514
委任谭平山为中国国民党广东工界宣传员状	1923 年 1 月 30 日	第十六册	514
委任徐苏中等三人为总理办公处秘书令	1923 年 1 月 30 日	第十六册	515
委任李翼民杨子修为总理办公处书记令	1923 年 1 月 30 日	第十六册	515
复刘震寰望速讨沈鸿英函	1923 年 1 月 31 日	第八册	422
致杨希闵嘱勿为沈鸿英所惑并派人持函面达函	1923 年 1 月 31 日	第八册	423
越飞访日的重要性　在上海与《大阪朝日新闻》记者谈话	1923 年 1 月 31 日	第十二册	272
致全粤父老望安居乐业毋滋惊扰电	1923 年 1 月下旬	第九册	530
天下一家与家族自治　詹映奎等修纂《五修詹氏宗谱》序	1923 年 1 月	第四册	146

续表

篇名	著述时间	册数	页码
与杨庶堪等联名征求列名发起宫崎寅藏追悼大会公启	1923 年 1 月	第四册	147
复梁楚三准暂托陈鸿文代理部务函	1923 年 1 月	第八册	424
复任金谢馈手杖函	1923 年 1 月	第八册	424
复利物浦支部嘉许视党事如家事函	1923 年 1 月	第八册	425
复横滨支部告粤局平定可期函	1923 年 1 月	第八册	425
孙文越飞会谈纪要	1923 年 1 月	第十二册	272
召集中央干部会议手令	1923 年 1 月	第十三册	589
批梅光培函	1923 年 1 月	第十三册	589
题赠戴季陶联	1923 年 1 月	第十八册	344
题赠太田宇之助	1923 年 1 月	第十八册	345
复佟兆元谢赠礼并告派路孝忱面达函	1923 年 2 月 1 日	第八册	426
致张学良告派路孝忱赴奉函	1923 年 2 月 1 日	第八册	427
复李梦庚告粤事近况并派路孝忱面达函	1923 年 2 月 1 日	第八册	428
复李友兰告粤省近况并派路孝忱面达函	1923 年 2 月 1 日	第八册	428
复于冲汉告粤省近况并派路孝忱面达函	1923 年 2 月 1 日	第八册	429
复杨宇霆告粤省近况函	1923 年 2 月 1 日	第八册	429
复何成溎告解决粤局为解决闽局先导函	1923 年 2 月 1 日	第八册	430
致杨希闵望即省释魏邦平电	1923 年 2 月 1 日	第九册	531
批于应祥收编湘粤桂连界散兵请示方针函	1923 年 2 月 1 日	第十三册	590
批李烈钧来电	1923 年 2 月 2 日	第十三册	590
复黄展云望去各省区域之见立党谊函	1923 年 2 月 3 日	第八册	431
改委杨子修为总理办公室办事员令	1923 年 2 月 3 日	第十六册	515
委任柏文蔚等十一人为中国国民党军事委员会委员及杨子修为总理办公处办事员状	1923 年 2 月 3 日	第十六册	516
委柏文蔚等十一人为本部军事委员会委员令	1923 年 2 月 3 日	第十六册	516

续表

篇名	著述时间	册数	页码
任命程潜等五人为大本营驻江办事处主任令	1923 年 2 月 4 日	第十六册	517
复杨汉烈谢馈礼物函	1923 年 2 月 5 日	第八册	431
复陈肇英告张贞愿出师可与许崇智商洽函	1923 年 2 月 5 日	第八册	432
复徐镜清请勿高蹈鸣洁函	1923 年 2 月 5 日	第八册	432
谕发给刘醒吾旅费令	1923 年 2 月 5 日	第十三册	591
批梅光培告已抵泉州候许崇智训示函	1923 年 2 月 5 日	第十三册	591
批胡汉民等告在港筹款情形电	1923 年 2 月 6 日	第十三册	592
致温树德嘱有事直接电沪电	1923 年 2 月 7 日	第九册	531
批杨仙逸电着张惠长交其管理	1923 年 2 月 7 日来电	第十三册	592
委任曾省三等五人为中国国民党本部总务部干事状	1923 年 2 月 7 日	第十六册	517
委任郑观等三人为中国国民党本部党务部干事状	1923 年 2 月 7 日	第十六册	517
委任田桓为中国国民党本部总务部干事状	1923 年 2 月 7 日	第十六册	518
任杨庶堪为劳军使状	1923 年 2 月 7 日	第十六册	518
复刘玉山勖协同义军戡定沈乱函	1923 年 2 月 8 日	第八册	433
复刘震寰望速与各军商追击沈军函	1923 年 2 月 8 日	第八册	433
复陈天太望维系粤局函	1923 年 2 月 8 日	第八册	434
复杨希闵告即将返粤函	1923 年 2 月 8 日	第八册	434
复梁鸿楷望速与各军追击沈军函	1923 年 2 月 8 日	第八册	435
与李日垓谈话	1923 年 2 月 8 日刊载	第十二册	278
批彭素民关于入党宣誓问题呈	1923 年 2 月 8 日	第十三册	593
批彭素民召集中央干部临时会议函	1923 年 2 月 8 日	第十三册	593
批总务部呈述各副部长职权范围	1923 年 2 月 8 日	第十三册	593
委任吴公干等五人为中国国民党上海各部职员状	1923 年 2 月 8 日	第十六册	518
委任刘殿生为中国国民党上海第一分部党务科主任状	1923 年 2 月 8 日	第十六册	519

续表

篇名	著述时间	册数	页码
委任程亮初为中国国民党上海第一分部会计科主任状	1923 年 2 月 8 日	第十六册	519
委任冯幼拔为中国国民党上海第一分部宣传科主任状	1923 年 2 月 8 日	第十六册	520
委任林焕廷等十五人为中国国民党上海第一分部职员状	1923 年 2 月 8 日	第十六册	520
委任李儒修等三人为中国国民党本部宣传部干事状	1923 年 2 月 8 日	第十六册	521
委任熊秉坤为中国国民党本部军事委员会委员状	1923 年 2 月 8 日	第十六册	521
委任冯子恭等三人为中国国民党本部交际部干事状	1923 年 2 月 8 日	第十六册	522
委任吴忠信为中国国民党本部军事委员会委员状	1923 年 2 月 8 日	第十六册	522
为大连《新文化》杂志题词	1923 年 2 月 8 日刊载	第十八册	346
复张开儒勉勿引退并请慰陈君函	1923 年 2 月 9 日	第八册	435
致上海潮州会馆董事告广东政局并请筹饷函	1923 年 2 月 9 日	第八册	436
福建省内中央直辖各行政机关着由省长暂行兼管令	1923 年 2 月 9 日	第十三册	594
熊秉坤为军事委员手令	1923 年 2 月 9 日	第十六册	522
致胡汉民邹鲁等论回粤事函	1923 年 2 月 10 日	第八册	437
复任鹤年促协助刘震寰出兵讨沈函	1923 年 2 月 10 日	第八册	438
批胡汉民告陈炯明有蠢动迹象来电	1923 年 2 月 10 日	第十三册	594
委任邢诒濡等三十九人分为宋卡等十埠中国国民党分部职员状	1923 年 2 月 10 日	第十六册	523
委任张经席等十人分为宋卡等十埠中国国民党分部党务科主任状	1923 年 2 月 10 日	第十六册	524
委任陈文闸等十人分为宋卡等十埠中国国民党分部会计科主任状	1923 年 2 月 10 日	第十六册	525

续表

篇名	著述时间	册数	页码
委任符卓颜等十人分为宋卡等十埠中国国民党分部宣传科主任状	1923 年 2 月 10 日	第十六册	525
委任罗瑛等一百五十四人分为宋卡等十埠中国国民党分部职员状	1923 年 2 月 10 日	第十六册	526
复马林告派奉天代表已北上函	1923 年 2 月 11 日	第八册	438
吴忠信为军事委员手令	1923 年 2 月 11 日	第十六册	528
复沈鸿英促悔过自新书	1923 年 2 月 12 日	第八册	440
复谢文炳□育麟促速出师剿沈函	1923 年 2 月 12 日	第八册	441
复熊宝慈慰勉努力粤事并告已拨款函	1923 年 2 月 12 日	第八册	441
复张九维嘉慰冒险入粤并拨给经费函	1923 年 2 月 12 日	第八册	442
复李炳荣嘉勉策应讨贼军函	1923 年 2 月 12 日	第八册	442
致马福祥等勘坐镇西北注意全局函	1923 年 2 月 12 日	第八册	443
中国国民党入党规则	1923 年 2 月 13 日	第六册	8
复温树德告苟忠于主义可再为友函	1923 年 2 月 13 日	第八册	443
复蒋纬国转蒋介石告返粤日期并促其速赴粤电	1923 年 2 月 13 日	第九册	531
复王永泉告北方和平统一为空言并闽事与林森等共济函	1923 年 2 月 14 日	第八册	444
着每月发给《民国日报》津贴令	1923 年 2 月 14 日	第十三册	594
通告以农林试验场为驻跸地令	1923 年 2 月 14 日	第十三册	595
批杨庶堪报告支应讨逆款项情形电	1923 年 2 月 14 日	第十三册	595
与秘书谈话	1923 年 2 月 15 日前	第十二册	279
在上海与马伯援谈话	1923 年 2 月 15 日	第十二册	278
与日本东方通讯社记者谈话	1923 年 2 月 15 日	第十二册	278
我之革命思想发源地为香港　在香港大学的演说	1923 年 2 月 20 日	第十册	493
广东裁兵借款　招待香港工商界茶会的演说	1923 年 2 月 20 日	第十册	498
与旅港粤商代表谈话	1923 年 2 月 20 日	第十二册	279

续表

篇名	著述时间	册数	页码
致邓本殷冯铭楷望率部顺势讨沈函	1923 年 2 月上中旬	第八册	446
分致陈德春陈家威王定华申葆藩望与诸军共讨沈逆函	1923 年 2 月上中旬	第八册	446
致黄业兴望率部响义讨沈函	1923 年 2 月上中旬	第八册	447
致林俊廷望共策讨沈行动函	1923 年 2 月上中旬	第八册	448
致黄明堂勖讨沈并介绍宋伯芬任后方政要函	1923 年 2 月上中旬	第八册	448
复陆世益论兵工计画函	1923 年 1 月下旬至 2 月中旬间	第八册	445
和平统一化兵为工　在广州滇桂军欢迎宴会的演说	1923 年 2 月 21 日	第十册	500
与彭素民联署委任郭清石为中国国民党薄寮分部干事状	1923 年 2 月 21 日	第十六册	528
委任赵公璧为中国国民党广东支部党务科长状	1923 年 2 月 21 日	第十六册	528
委任林丽生为中国国民党广东支部财政科长状	1923 年 2 月 21 日	第十六册	529
委任林云陔为中国国民党广东支部宣传科长状	1923 年 2 月 21 日	第十六册	529
委任何效由等四十五人分为坎问顿等十二埠中国国民党分部职员状	1923 年 2 月 21 日	第十六册	530
委任陈卓郎等十二人分为坎问顿等十二埠中国国民党分部党务科主任状	1923 年 2 月 21 日	第十六册	531
委任伍毅廷等十二人分为坎问顿等十二埠中国国民党分部宣传科主任状	1923 年 2 月 21 日	第十六册	532
委任李侠夫等十二人分为坎问顿等十二埠中国国民党分部会计科主任状	1923 年 2 月 21 日	第十六册	532
委任林文彬等二百三十一人为坎问顿等十二埠中国国民党分部职员状	1923 年 2 月 21 日	第十六册	533

续表

篇名	著述时间	册数	页码
以和平促进统一而后移兵于工建设西南　在广州军事会议的讲话	1923 年 2 月 22 日	第十册	503
广东施政方针　在广州军政要人欢宴会的讲话	1923 年 2 月 22 日	第十册	505
在广州对日本东方通讯社记者发表政见	1923 年 2 月 22 日	第十二册	280
批朱晋经来函	1923 年 2 月 22 日	第十三册	595
裁兵宣言	1923 年 2 月 24 日	第四册	512
同心协力建造国家并尽军人之天职　宴请广州各军军官的演说	1923 年 2 月 24 日	第十册	505
奖勉杨希闵令	1923 年 2 月 24 日	第十三册	596
奖勉沈鸿英令	1923 年 2 月 24 日	第十三册	597
嘉勉刘震寰令	1923 年 2 月 24 日	第十三册	597
奖勉朱培德令	1923 年 2 月 24 日	第十三册	598
嘉勉驻江办事处程潜令	1923 年 2 月 24 日	第十三册	599
饬滇军按指定防地驻守令	1923 年 2 月 24 日	第十三册	599
嘉勉海军各舰长及官佐士兵令	1923 年 2 月 24 日	第十三册	600
特任沈鸿英为桂军总司令令	1923 年 2 月 24 日	第十六册	535
任命梅光培为广三铁路局长令	1923 年 2 月 24 日	第十六册	536
致温树德望勿为谣言所惑电	1923 年 2 月 25 日刊载	第九册	532
致蒋介石望速来粤并示行期电	1923 年 2 月 25 日	第九册	532
应约束士兵切实保护商民　宴请广州各军将佐的演说	1923 年 2 月 25 日	第十册	507
饬姚雨平等每月支领公费手令	1923 年 2 月 26 日	第十三册	601
委任余荣等四人为中国国民党雪梨支部职员状	1923 年 2 月 26 日	第十六册	536
委任张绍峰朱景为中国国民党雪梨支部党务科正副主任状	1923 年 2 月 26 日	第十六册	537

续表

篇名	著述时间	册数	页码
委任黄树培林汝扬为中国国民党雪梨支部会计科正副主任状	1923 年 2 月 26 日	第十六册	537
委任黄来旺马伯乔为中国国民党雪梨支部宣传科正副主任状	1923 年 2 月 26 日	第十六册	538
委任董直等四十一人为中国国民党雪梨支部职员状	1923 年 2 月 26 日	第十六册	538
派姚雨平等六人为工兵局筹备委员令	1923 年 2 月 26 日	第十六册	539
任命刘树巍兼高雷绥靖处处长令	1923 年 2 月 26 日	第十六册	539
委任张继为中国国民党北京支部长手令	1923 年 2 月 26 日	第十六册	540
任命李章达代理电政监督傅秉常为广东交涉员手谕	1923 年 2 月 27 日前	第十六册	540
致林焕廷促林云陔廖仲恺即回粤电	1923 年 2 月 27 日	第九册	532
饬发给周雍能公费手令	1923 年 2 月 27 日	第十三册	601
任命李章达代理广东电政监督兼广州电报局局长令	1923 年 2 月 27 日	第十六册	541
着发给秘书参军等公费手令	1923 年 2 月 28 日	第十三册	602
委钱鍼为副官令	1923 年 2 月 28 日	第十六册	541
任命黄昌谷为宣传委员令	1923 年 2 月 28 日	第十六册	542
任命傅秉常为粤海关监督兼特派广东交涉员令	1923 年 2 月 28 日	第十六册	542
任命张振武为大本营直辖陆军第四旅旅长令	1923 年 2 月 28 日	第十六册	543
特派胡汉民等四人为办理和平统一事宜全权代表令	1923 年 2 月 28 日	第十六册	543
批邓青阳为粤局条陈意见书	1923 年 2 月 30 日	第十三册	602
委任沈选青等四人为中国国民党巴达维亚支部职员状	1923 年 2 月 30 日	第十六册	544
委任陈任樑叶雨亭为中国国民党巴达维亚支部党务科正副主任状	1923 年 2 月 30 日	第十六册	544
委任钟秀珊廖心尧为中国国民党巴达维亚支部会计科正副主任状	1923 年 2 月 30 日	第十六册	545

续表

篇名	著述时间	册数	页码
委任李汉平等二十二人为中国国民党巴达维亚支部职员状	1923 年 2 月 30 日	第十六册	545
委任吴公辅李慕石为中国国民党巴达维亚支部宣传科正副主任令	1923 年 2 月 30 日	第十六册	546
在广州与杨希闵等谈话	1923 年 2 月下旬	第十二册	280
与某外报记者谈话	1923 年 2 月下旬	第十二册	281
追赠邓荫南令	1923 年 2 月下旬	第十三册	610
没有青年学生加入国民党革命便不能成功　在广州与王昆仑谈话	1923 年 1 至 2 月间	第十二册	276
致张绍曾告欲求统一非由裁兵不可电	1923 年 2 月	第九册	533
谕发徐苏中等人奖金	1923 年 2 月	第十三册	610
批杨仙逸电	1923 年 2 月	第十三册	610
为邓荫南遗像题词	1923 年 2 月	第十八册	347
书赠胡汉民《燕歌行》	1923 年 2 月	第十八册	348
派李禄超等九人分为秘书参军手谕	1923 年 3 月 1 日前	第十六册	546
特任杨庶堪为大本营秘书长朱培德为参军长兼护卫军司令手令	1923 年 3 月 1 日前	第十六册	547
致电田土捷等着所有赴汕各舰速行归队令	1923 年 3 月 1 日	第十三册	611
任命李禄超等四人为大本营秘书令	1923 年 3 月 1 日	第十六册	547
任命姚观顺等三人为大本营参军令	1923 年 3 月 1 日	第十六册	548
派黄隆生为广东财政厅纸币发行监督令	1923 年 3 月 1 日	第十六册	548
特任朱培德为大本营参军长令	1923 年 3 月 1 日	第十六册	548
特任朱培德为大本营巩卫军司令令	1923 年 3 月 1 日	第十六册	549
着免朱培德直辖滇军总司令及所部军队改编为大本营巩卫军令	1923 年 3 月 1 日	第十六册	549

续表

篇名	著述时间	册数	页码
对北京政府的态度　在广州与《大晚报》记者谈话	1923 年 3 月 2 日	第十二册	281
给谢文炳的指令	1923 年 3 月 2 日	第十三册	612
特任程潜谭延闿廖仲恺邓泽如为军政内政财政建设四部部长令	1923 年 3 月 2 日	第十六册	550
特任杨庶堪为大本营秘书长令	1923 年 3 月 2 日	第十六册	550
任命古应芬为大本营法制局长及另二人职务令	1923 年 3 月 2 日	第十六册	551
着邓泽如刘纪文分别兼理财政部长金库长令	1923 年 3 月 2 日	第十六册	551
任命黄建勋为琼海关监督兼海口北海交涉员令	1923 年 3 月 2 日	第十六册	552
核复特派广东交涉员傅秉常呈报就职日期令	1923 年 3 月 2 日	第十六册	552
准范其务呈辞粤海关监督令	1923 年 3 月 2 日	第十六册	552
与谢持周震麟谈话	1923 年 3 月 3 日	第十二册	282
批广东财政厅长杨西岩请明令划分军费暨收回各征收机关呈	1923 年 3 月 3 日	第十三册	612
任命杨熙绩为大本营秘书令	1923 年 3 月 3 日	第十六册	553
任命谢良牧为广东政务厅厅长令	1923 年 3 月 3 日	第十六册	553
着电政监督李章达会同办理沙面电报局令	1923 年 3 月 4 日	第十三册	613
饬发给周道腴张九维旅费手令	1923 年 3 月 4 日	第十三册	613
致岑春煊嘱即日南下协力收拾粤桂大局电	1923 年 3 月 5 日刊载	第九册	533
饬司法官一律由大元帅委用令	1923 年 3 月 5 日	第十三册	613
任命陈融为广东高等审判厅厅长令	1923 年 3 月 5 日	第十六册	554
任命陆嗣曾为广州地方审判厅厅长令	1923 年 3 月 5 日	第十六册	554
核复广东无线电报局局长冯伟呈报复职日期令	1923 年 3 月 5 日	第十六册	554
核复大本营秘书长杨庶堪呈为就职日期令	1923 年 3 月 5 日	第十六册	555
委任谢持为执行中国国民党党务事宜全权代表令	1923 年 3 月 5 日	第十六册	555
派程天斗为中央银行筹办员	1923 年 3 月 6 日	第十六册	555
派程天斗为广东银行清理员令	1923 年 3 月 6 日	第十六册	556

续表

篇名	著述时间	册数	页码
准魏邦平辞广东讨贼联军总司令令	1923 年 3 月 6 日	第十六册	556
核复广东省长胡汉民呈报移交清楚并卸事日期令	1923 年 3 月 6 日	第十六册	557
核复广东省长徐绍桢呈报就职日期令	1923 年 3 月 6 日	第十六册	557
准魏邦平呈请免其广东讨贼联军总司令本职令	1923 年 3 月 6 日	第十六册	558
教育经费与政令统一问题　与广东高等师范学校学生代表谈话	1923 年 3 月 7 日	第十二册	282
关于外交问题的谈话	1923 年 3 月 7 日	第十二册	283
嘉勉桂军第二师师长刘玉山令	1923 年 3 月 7 日	第十三册	614
着发给赵植之公费手令	1923 年 3 月 7 日	第十三册	614
批伍学煜整理盐务及筹借税款情形呈	1923 年 3 月 7 日	第十三册	615
任命戴永萃廖湘芸为大本营参军令	1923 年 3 月 7 日	第十六册	558
核复傅秉常呈报接任粤海关监督兼特派广东交涉员令	1923 年 3 月 7 日	第十六册	559
核复黄隆生呈报就任广东财政厅纸币发行监督日期令	1923 年 3 月 7 日	第十六册	559
饬杨希闵速就广州卫戍总司令职令	1923 年 3 月 7 日	第十六册	560
任命林警魂为工兵委员手令	1923 年 3 月 7 日	第十六册	560
批杨希闵请转饬地方长官维持纸币呈	1923 年 3 月 8 日	第十三册	615
派林警魂为工兵局筹备委员令	1923 年 3 月 8 日	第十六册	560
任命董鸿勋为大本营参军令	1923 年 3 月 8 日	第十六册	561
饬知徐绍桢任命陈融为高等审判厅厅长徐所委伍岳无庸到任令	1923 年 3 月 8 日	第十六册	561
饬莫鸿秋已任命陈融为广东高等审判厅厅长着其克日交代令	1923 年 3 月 8 日	第十六册	562
令大本营参军处转饬两广盐运使将贮存军盐查封变卖谕	1923 年 3 月 9 日前	第十三册	616

续表

篇名	著述时间	册数	页码
准《规复保商卫旅营办法》	1923 年 3 月 9 日	第六册	9
饬徐绍桢查勘河口火灾情形令	1923 年 3 月 9 日	第十三册	617
饬发给孙祥夫公费手令	1923 年 3 月 9 日	第十三册	617
任命黄镇磐为广东高等检察厅检察长令	1923 年 3 月 9 日	第十六册	562
任命区玉书为广州地方检察厅检察长令	1923 年 3 月 9 日	第十六册	563
陈树人仍兼党务部部长未返沪前由孙镜代理电	1923 年 3 月 9 日	第十六册	563
嘉勉陈天太讨贼有功令	1923 年 3 月 10 日	第十三册	618
饬发给欧阳格公费手令	1923 年 3 月 10 日	第十三册	618
批谢文炳来电	1923 年 3 月 10 日	第十三册	619
任命冯祝万等三人分为大本营军政部各局局长令	1923 年 3 月 10 日	第十六册	563
委任黄伯淑代理广州电报局局长令	1923 年 3 月 10 日	第十六册	564
着李章达免兼广州电报局局长令	1923 年 3 月 10 日	第十六册	564
准刘纪文辞金库长兼职令	1923 年 3 月 10 日	第十六册	564
着梅光培暂行代理大本营金库长令	1923 年 3 月 10 日	第十六册	565
核复程潜呈报就任大本营军政部长日期令	1923 年 3 月 10 日	第十六册	565
任命金华林等四人为大本营高级参谋令	1923 年 3 月 10 日	第十六册	566
特任李烈钧为江西总司令兼江西省长令	1923 年 3 月 11 日	第十六册	566
主张先裁兵后统一和化兵为工 在广州与某君谈话	1923 年 3 月 12 日	第十二册	283
裁撤东江商运局令	1923 年 3 月 12 日	第十三册	619
委任徐树荣为东江缉匪司令吴敌为四川军事特派员令	1923 年 3 月 12 日	第十六册	566
任命寸性奇为大本营参军令	1923 年 3 月 12 日	第十六册	567
免谢良牧广东政务厅厅长职令	1923 年 3 月 12 日	第十六册	567
任命谢良牧刘泳闿各为内政部第一第二局局长令	1923 年 3 月 12 日	第十六册	568
任命陈树人为广东政务厅厅长令	1923 年 3 月 12 日	第十六册	568
任命陈兴汉王棠分为大本营庶务会计司司长令	1923 年 3 月 12 日	第十六册	569

续表

篇名	著述时间	册数	页码
着伍岳暂代广东高等审判厅厅长令	1923 年 3 月 12 日	第十六册	569
任命盛延祺等四人分为肇和等四舰舰长令	1923 年 3 月 12 日	第十六册	569
任命周之武为海军总轮机长令	1923 年 3 月 12 日	第十六册	570
核复军政部长程潜呈报奉到印信小章并即日启用令	1923 年 3 月 12 日	第十六册	570
核复大本营庶务司司长陈兴汉呈报启用印信令	1923 年 3 月 12 日	第十六册	571
陈树人返沪前由孙镜代理党务部部长电	1923 年 3 月 12 日	第十六册	571
委任曾卫民等一百零二人为实兆远等五埠中国国民党分部职员状	1923 年 3 月 12 日	第十六册	571
委任叶汉溪等五人分为实兆远等五埠中国国民党分部会计科主任状	1923 年 3 月 12 日	第十六册	573
委任戴翠帘等四人分为实兆远等四埠中国国民党分部宣传科主任状	1923 年 3 月 12 日	第十六册	573
委任王叔金等五人分为实兆远等五埠中国国民党分部党务科主任状	1923 年 3 月 12 日	第十六册	574
委任柯教诲等二十人为实兆远等五埠中国国民党分部职员状	1923 年 3 月 12 日	第十六册	574
批准《大本营会计司官制》	1923 年 3 月 13 日	第六册	9
关于对外关系的谈话	1923 年 3 月 13 日刊载	第十二册	285
饬发给杨熙绩公费手令	1923 年 3 月 13 日	第十三册	620
核复朱培德呈报就任参军长日期令	1923 年 3 月 13 日	第十六册	575
委任朱肇新等七十九人为域多利等二十五埠中国国民党组织职员状	1923 年 3 月 13 日	第十六册	576
委任聂光汉等二十二人分为域多利等二十二埠中国国民党组织党务科主任或科长状	1923 年 3 月 13 日	第十六册	578
委任黄桂华等二十三人分为域多利等二十三埠中国国民党组织会计科主任或科长状	1923 年 3 月 13 日	第十六册	579

续表

篇名	著述时间	册数	页码
委任李周等二十三人分为域多利等二十三埠中国国民党组织宣传科主任或科长状	1923 年 3 月 13 日	第十六册	580
委任赵璧如等三百七十八人为域多利等二十五埠中国国民党组织职员状	1923 年 3 月 13 日	第十六册	581
委任彭星海为中国国民党文冬通讯筹备处主任状	1923 年 3 月 13 日	第十六册	584
批李易标请肃清东江逆党愿为前驱呈	1923 年 3 月 14 日	第十三册	620
饬发给杜墨林旅费手令	1923 年 3 月 14 日	第十三册	621
饬发给钟百毅紧急公费手令	1923 年 3 月 14 日	第十三册	621
任命陈策杨廷培分为广东海防与江防司令令	1923 年 3 月 14 日	第十六册	585
任命陈天太代理中央直辖桂军第一军军长令	1923 年 3 月 14 日	第十六册	585
任命苏从山为长洲要塞司令谢铁良为鱼雷局局长令	1923 年 3 月 14 日	第十六册	586
核复广东高等检察厅检察长黄镇磐呈报继续任事令	1923 年 3 月 14 日	第十六册	586
委任谭声根等五人分为嗌咪泥古洒利二埠中国国民党分部职员状	1923 年 3 月 14 日	第十六册	587
委任谭炜南阮焜分为嗌咪泥古洒利二埠中国国民党分部党务科主任状	1923 年 3 月 14 日	第十六册	587
委任谭裁之林照分为嗌咪泥古洒利二埠中国国民党分部会计科主任状	1923 年 3 月 14 日	第十六册	588
委任梁顾西张炳生为嗌咪泥古洒利二埠中国国民党分部宣传科主任状	1923 年 3 月 14 日	第十六册	588
委任陈镜廷等十七人为嗌咪泥古洒利二埠中国国民党分部职员状	1923 年 3 月 14 日	第十六册	589
聘任张开儒为大本营高等顾问令	1923 年 3 月 15 日刊载	第十六册	589
委任黄祖芹等十二人为利马等三埠中国国民党分部职员状	1923 年 3 月 15 日	第十六册	590

续表

篇名	著述时间	册数	页码
委任杨桐桂等三人分为利马等三埠中国国民党分部党务科主任状	1923 年 3 月 15 日	第十六册	590
委任黄敦和等三人分为利马等三埠中国国民党分部会计科主任状	1923 年 3 月 15 日	第十六册	591
委任李子铿等三人分为利马等三埠中国国民党分部宣传科主任状	1923 年 3 月 15 日	第十六册	591
委任方擎汉等六十八人为利马等三埠中国国民党分部职员状	1923 年 3 月 15 日	第十六册	592
任命李朗如为大本营参军令	1923 年 3 月 15 日	第十六册	593
准任命姚观顺等三人兼大本营卫士队正副队长令	1923 年 3 月 15 日	第十六册	593
任命戴德抚为潮海关监督兼汕头交涉员令	1923 年 3 月 15 日	第十六册	593
饬发给成国屏旅费手令	1923 年 3 月 16 日	第十三册	621
饬发给路参军办礼物费手令	1923 年 3 月 16 日	第十三册	622
核复陈兴汉呈报就任大本营庶务司司长日期令	1923 年 3 月 16 日	第十六册	594
核复王棠呈报就任大本营会计司司长并奉到任状日期令	1923 年 3 月 16 日	第十六册	594
核复广州地方审判厅厅长陆嗣曾呈报奉到任状就职日期令	1923 年 3 月 16 日	第十六册	595
核复广东地方检察厅检察长区玉书呈报接印视事日期并送履历令	1923 年 3 月 16 日	第十六册	595
委任张郁梅等四人为中国国民党垤益爹分部职员状	1923 年 3 月 16 日	第十六册	596
委任丘右传为中国国民党垤益爹分部党务科主任状	1923 年 3 月 16 日	第十六册	596
委任巫廷福为中国国民党垤益爹分部会计科主任状	1923 年 3 月 16 日	第十六册	597
委任余伯良为中国国民党垤益爹分部宣传科主任状	1923 年 3 月 16 日	第十六册	597
委任赖弥华等二十四人为中国国民党垤益爹分部职员状	1923 年 3 月 16 日	第十六册	598

续表

篇名	著述时间	册数	页码
准《各商认定承领军盐办法》	1923 年 3 月 17 日	第六册	11
批准《金库券发行条例草案》	1923 年 3 月 17 日	第六册	11
当前建设广东之内外政策　宴请广州各界人士的演说	1923 年 3 月 17 日	第十册	508
裁撤大本营金库令	1923 年 3 月 17 日	第十三册	622
饬虎门驻军不得扣留盐船米船令	1923 年 3 月 17 日	第十三册	622
批杨西岩支过大本营各项经费数目呈	1923 年 3 月 17 日	第十三册	623
批蒋光亮称拟将附义失业工人一律恢复原职补发薪工乞核定办法呈	1923 年 3 月 17 日	第十三册	624
批伍学熀请令饬各军协缉私盐并准加给花红以资鼓励呈	1923 年 3 月 17 日	第十三册	624
特任李烈钧为闽赣边防督办令	1923 年 3 月 17 日	第十六册	598
特任蒋中正为大本营参谋长令	1923 年 3 月 17 日	第十六册	599
任命朱一民为大本营参谋令	1923 年 3 月 17 日	第十六册	599
准任命宾镇远等八人为大本营参军处副官令	1923 年 3 月 17 日	第十六册	600
任命杨子毅等三人为财政部各局局长令	1923 年 3 月 17 日	第十六册	600
免林云陔大本营金库长令	1923 年 3 月 17 日	第十六册	601
核复代理广东高等审判厅厅长伍岳呈报到任视事日期并呈履历令	1923 年 3 月 17 日	第十六册	601
委任黄军庶为中国国民党驻三宝垄宣传员状	1923 年 3 月 17 日	第十六册	601
复蒋介石告派其为参谋长请速来粤并胡汉民等人须暂留沪函	1923 年 3 月 18 日	第八册	449
裁兵禁赌与广东外交　在广州招待各界名流和各报记者的演说	1923 年 3 月 18 日	第十册	514
饬发给吴煦泉公费手令	1923 年 3 月 18 日	第十三册	625

续表

篇名	著述时间	册数	页码
委周公谋为工兵委员手令	1923 年 3 月 18 日	第十六册	602
派周公谋为工兵局筹备委员令	1923 年 3 月 19 日	第十六册	602
任命熊秉坤为大本营参军令	1923 年 3 月 19 日	第十六册	603
免张九维大本营参军令	1923 年 3 月 19 日	第十六册	603
特派古应芬为八邑筹饷督办令	1923 年 3 月 19 日	第十六册	603
任命黄垣为大本营技师令	1923 年 3 月 19 日	第十六册	604
任命李易标为中央直辖第五军军长手令	1923 年 3 月 19 日	第十六册	604
任命沈荣光为中央直辖第六军军长手令	1923 年 3 月 19 日	第十六册	605
委任萧锦波等二十人为波地坚等五埠中国国民党分部职员状	1923 年 3 月 19 日	第十六册	605
委任刘惠良等五人分为波地坚等五埠中国国民党分部党务科主任状	1923 年 3 月 19 日	第十六册	606
委任梁捷炜等五人分为波地坚等五埠中国国民党分部会计科主任状	1923 年 3 月 19 日	第十六册	606
委任卢华岳等五人分为波地坚等五埠中国国民党分部宣传科主任状	1923 年 3 月 19 日	第十六册	607
委任梁捷炜等一百五十一人为波地坚等五埠中国国民党分部职员状	1923 年 3 月 19 日	第十六册	607
与广州新闻记者团谈话	1923 年 3 月 20 日	第十二册	285
谈北军图粤　与某记者谈话	1923 年 3 月 20 日	第十二册	286
着发给陈煊旅费手令	1923 年 3 月 20 日	第十三册	625
饬发给吴敌旅费手令	1923 年 3 月 20 日	第十三册	626
饬发给谢良牧公费手令	1923 年 3 月 20 日	第十三册	626
饬严拿陈德春并嘉慰出力人员令	1923 年 3 月 20 日	第十三册	626
批福州黄展云来电	1923 年 3 月 20 日	第十三册	627

续表

篇名	著述时间	册数	页码
任命周之贞为四邑两阳香顺八属绥靖处处长令	1923 年 3 月 20 日	第十六册	609
派马超俊李纪堂为兵工局筹备委员令	1923 年 3 月 20 日	第十六册	609
委任徐树荣为东江剿匪司令令	1923 年 3 月 20 日	第十六册	610
委任谢良牧为大本营特派专员手令	1923 年 3 月 20 日	第十六册	610
委任吴敌为四川军事特派员令	1923 年 3 月 20 日	第十六册	610
与彭素民等五人联署委任林蓬洲为中国国民党惠夜基分部正部长状	1923 年 3 月 20 日	第十六册	611
与彭素民等五人联署委任李圣林为中国国民党博芙芦分部副部长状	1923 年 3 月 20 日	第十六册	611
委任吴伯群等二百一十二人为末士卡利等五十四埠中国国民党组织职员状	1923 年 3 月 20 日	第十六册	612
委任邝维新等五十人分为末士卡利等五十埠中国国民党组织党务科主任或科长状	1923 年 3 月 20 日	第十六册	617
委任邝修彦等五十人为末士卡利等五十埠中国国民党组织会计科主任或科长状	1923 年 3 月 20 日	第十六册	618
委任马达三等四十六人分为末士卡利等四十六埠中国国民党组织宣传科主任或科长状	1923 年 3 月 20 日	第十六册	619
委任张锦等一千零一十二人为末士卡利等五十四埠中国国民党组织职员状	1923 年 3 月 20 日	第十六册	621
批准《大本营庶务司官制》及办事细则	1923 年 3 月 21 日	第六册	12
努力完成护法事业　在广州慰劳永翔舰官兵的演说	1923 年 3 月 21 日	第十册	517
着傅秉常与英领事交涉放逐陈炯明等令	1923 年 3 月 21 日	第十三册	627
任命罗翼群为大本营军法处长令	1923 年 3 月 21 日	第十六册	629
核复张振武呈报就任大本营直辖陆军第四旅旅长及启用关防令	1923 年 3 月 21 日	第十六册	629

续表

篇名	著述时间	册数	页码
核复卸任直辖滇军总司令朱培德呈报将所部第一旅改编为巩卫军并缴回总司令木质关防令	1923 年 3 月 21 日	第十六册	630
核复朱培德呈报就任大本营巩卫军司令及启用关防日期令	1923 年 3 月 21 日	第十六册	630
核复广东江防司令杨廷培呈报奉到任状令	1923 年 3 月 21 日	第十六册	631
致李煜堂敦请返粤商办善后事宜函	1923 年 3 月 22 日	第八册	449
关于沈鸿英与吴佩孚关系的谈话	1923 年 3 月 22 日	第十二册	286
特任赵士北为大理院长令	1923 年 3 月 22 日	第十六册	631
核复谭延闿呈报就任内政部长日期令	1923 年 3 月 22 日	第十六册	631
核复大本营内政部长谭延闿呈报启用印信日期令	1923 年 3 月 22 日	第十六册	632
委任林植庭等四人为中国国民党云丹拿分部职员状	1923 年 3 月 22 日	第十六册	632
委任梁振琴为中国国民党云丹拿分部党务科主任状	1923 年 3 月 22 日	第十六册	633
委任梁贤清为中国国民党云丹拿分部会计科主任状	1923 年 3 月 22 日	第十六册	633
委任许武权为中国国民党云丹拿分部宣传科主任状	1923 年 3 月 22 日	第十六册	634
委任彭荣燊等二十三人为中国国民党云丹拿分部职员状	1923 年 3 月 22 日	第十六册	634
复焦易堂勉在北方为党宣传函	1923 年 3 月 23 日	第八册	450
饬将黄沙查缉厂务移交两广盐运使所委之员令	1923 年 3 月 23 日	第十三册	628
任命王均为大本营巩卫军第一混成旅旅长令	1923 年 3 月 23 日	第十六册	635
任命赵德恒为大本营巩卫军参谋长令	1923 年 3 月 23 日	第十六册	635
任命姚褆昌为大本营秘书令	1923 年 3 月 23 日	第十六册	635
任命李伯恺为大本营秘书令	1923 年 3 月 23 日	第十六册	636
准任命陈漳等五人为大本营秘书处科员令	1923 年 3 月 23 日	第十六册	636
准任命霍恒为大本营卫士队教官令	1923 年 3 月 23 日	第十六册	637
核复黄镇磐转呈广州地方检察厅检察长廖介和交卸日期令	1923 年 3 月 23 日	第十六册	637

续表

篇名	著述时间	册数	页码
与某外报访员谈话	1923 年 3 月 24 日	第十二册	287
饬发给孙祥夫公费令	1923 年 3 月 24 日	第十三册	629
饬发给于应祥公费手令	1923 年 3 月 24 日	第十三册	629
饬发给海军伙食费令	1923 年 3 月 24 日	第十三册	630
批杨仙逸报告将水机修理完竣暨演放安置情形呈	1923 年 3 月 24 日	第十三册	630
核复邓泽如呈报就任兼理大本营财政部长日期及择定临时办公处令	1923 年 3 月 24 日	第十六册	638
饬李易标将观音山驻军移往市郊令	1923 年 3 月 26 日	第十三册	631
饬程潜观音山不得驻扎军队令	1923 年 3 月 26 日	第十三册	631
饬徐绍桢开放观音山为公园令	1923 年 3 月 26 日	第十三册	632
饬杨希闵观音山不得驻军令	1923 年 3 月 26 日	第十三册	633
着邓泽如速行恢复广东支部令	1923 年 3 月 26 日	第十三册	633
批徐绍桢转广东政务厅长陈树人就职日期呈	1923 年 3 月 26 日	第十六册	638
委任谢持为全权代表执行中国国民党党务电	1923 年 3 月 26 日	第十六册	639
委任林祖涵为总务部副部长	1923 年 3 月 26 日	第十六册	639
致护法议员同志告与杨度商洽函	1923 年 3 月 27 日	第八册	451
复雷鸣夏请勿辞《晨报》主持函	1923 年 3 月 27 日	第八册	451
致上海国民党本部告汇款事电	1923 年 3 月 27 日	第九册	533
饬周之贞放还所扣电生轮船令	1923 年 3 月 27 日	第十三册	634
批李易标遵令移防并将军司令部移扎石井呈	1923 年 3 月 27 日	第十三册	635
派杨华馨为工兵局筹备委员令	1923 年 3 月 27 日	第十六册	639
核复代理广东高等审判厅厅长伍岳呈报收讫印信名册令	1923 年 3 月 27 日	第十六册	640
核复苏从山呈报就任长洲要塞司令及启用关防日期令	1923 年 3 月 27 日	第十六册	640
核复谢铁良呈报就任鱼雷局局长及启用关防日期令	1923 年 3 月 27 日	第十六册	641

续表

篇名	著述时间	册数	页码
暂缓委任黄上驹等四人及准委任端木恺等廿五人为宣传部名誉干事批	1923 年 3 月 27 日	第十六册	641
饬发给赵珊林旅费手令	1923 年 3 月 28 日	第十三册	635
饬知黄沙兼连江口查缉厂已移交令	1923 年 3 月 28 日	第十三册	636
饬发给报界公会津贴令	1923 年 3 月 28 日	第十三册	636
准免罗翼群大本营军法处长令	1923 年 3 月 28 日	第十六册	642
准免莫擎宇驻江办事处主任令	1923 年 3 月 28 日	第十六册	642
核复中央直辖第五军军长李易标呈复吴镇接管黄沙兼连江口查缉厂令	1923 年 3 月 28 日	第十六册	643
准莫擎宇呈请辞去大本营驻江办事处主任本职令	1923 年 3 月 28 日	第十六册	643
准罗翼群呈请辞去大本营军法处长本职令	1923 年 3 月 28 日	第十六册	644
委任胡维济等三人为中国国民党甲必地分部职员状	1923 年 3 月 28 日	第十六册	644
委任余云初为中国国民党甲必地分部党务科主任状	1923 年 3 月 28 日	第十六册	645
委任余京为中国国民党甲必地分部会计科主任状	1923 年 3 月 28 日	第十六册	645
委任梁泽生为中国国民党甲必地分部宣传科主任状	1923 年 3 月 28 日	第十六册	646
委任谢维悁等十人为中国国民党甲必地分部职员状	1923 年 3 月 28 日	第十六册	646
饬发给梅光培公费手令	1923 年 3 月 29 日	第十三册	637
着大本营军政部兼理军法事宜令	1923 年 3 月 29 日	第十三册	637
特任杨希闵为中央直辖滇军总司令令	1923 年 3 月 29 日	第十六册	647
准任命黄民生为大本营参军处少校副官令	1923 年 3 月 29 日	第十六册	647
任命陈友仁为大本营秘书令	1923 年 3 月 29 日	第十六册	647
任命韦玉为大本营秘书令	1923 年 3 月 29 日	第十六册	648
着大理院长暂行兼管司法行政事务令	1923 年 3 月 30 日	第十三册	638
批杨廷培拟将候修旧舰择其损坏过甚者变价补充修葺经费呈	1923 年 3 月 30 日	第十三册	638
饬发给黄节公费手令	1923 年 3 月 30 日	第十三册	639

续表

篇名	著述时间	册数	页码
任命杨池生等四人为中央直辖滇军各师师长令	1923 年 3 月 30 日	第十六册	648
不准林云陔辞财政部第三局局长令	1923 年 3 月 30 日	第十六册	649
核复前广东无线电报总局局长麦蕚楼呈报奉令销差及交代情形并准予备案令	1923 年 3 月 30 日	第十六册	649
复胡汉民等告矢志和平统一电	1923 年 3 月 31 日刊载	第九册	534
整理财政以利兴办实业 在大本营欢宴港商的演说	1923 年 3 月 31 日	第十册	518
特任刘震寰为中央直辖西路讨贼军总司令令	1923 年 3 月 31 日	第十六册	650
任命冯伟为广东无线电报总局局长令	1923 年 3 月 31 日	第十六册	650
任命韦冠英等四人为中央直辖西路讨贼军各师师长令	1923 年 3 月 31 日	第十六册	650
核复潮海关监督兼汕头交涉员戴德抚呈报奉到任状继续任事日期令	1923 年 3 月 31 日	第十六册	651
准朱培德呈报另任妥员接充广东军用电信管理处处长令	1923 年 3 月 31 日	第十六册	651
致某君着催廖仲恺等速来粤电	1923 年 3 月	第九册	534
致蒋介石伍朝枢促速来粤电	1923 年 3 月	第九册	534
致蒋介石促同安健速来粤电	1923 年 4 月 1 日	第九册	535
为日本东京《三五》杂志题签	1923 年 4 月 1 日	第十八册	352
着电政监督将东校场无线电台归广东无线电总局管理令	1923 年 4 月 1 至 2 日间	第十三册	639
任命赵志戎为工兵委员手谕	1923 年 4 月 2 日前	第十七册	3
委黄梦熊等三人分为副官工商局长手谕	1923 年 4 月 2 日前	第十七册	3
致中国国民党旧金山总支部嘱将飞机速运香港电	1923 年 4 月 2 日	第九册	535
致林焕廷嘱交五千元给蒋介石为安家费电	1923 年 4 月 2 日	第九册	535
学生应唤醒国人精神 在广州接见学生游行代表的讲话	1923 年 4 月 2 日	第十册	519

续表

篇名	著述时间	册数	页码
饬知全省财政宜由财政厅综管令	1923 年 4 月 2 日	第十三册	639
饬广东全省印花税应归财政部办理令	1923 年 4 月 2 日	第十三册	640
饬前山一带防军不得擅自移动令	1923 年 4 月 2 日	第十三册	641
饬知裁撤军法处令	1923 年 4 月 2 日	第十三册	641
饬严拿抢劫犯令	1923 年 4 月 2 日	第十三册	642
饬发给安健公费手令	1923 年 4 月 2 日	第十三册	642
批林焕廷请汇蒋介石安家费电	1923 年 4 月 2 日	第十三册	643
饬汇林焕廷五千元手令	1923 年 4 月 2 日	第十三册	643
派宋子文调查财政厅档案令	1923 年 4 月 2 日	第十三册	644
派赵志戎为工兵局筹备委员令	1923 年 4 月 2 日	第十七册	3
任命李卓峰为建设部工商局长令	1923 年 4 月 2 日	第十七册	4
任命宋辑先为大本营秘书令	1923 年 4 月 2 日	第十七册	4
特派古应芬为大本营驻江办事处全权主任节制驻江门各军令	1923 年 4 月 2 日	第十七册	4
委任蒋道日等九十四人为古巴等二十八埠中国国民党组织职员状	1923 年 4 月 2 日	第十七册	5
委任黄吉庵等二十七人分为古巴等二十六埠中国国民党组织党务科正副主任或科长状	1923 年 4 月 2 日	第十七册	7
委任蒋修身等二十七人分为古巴等二十六埠中国国民党组织会计科正副主任或科长状	1923 年 4 月 2 日	第十七册	8
委任高发明等二十八人分为古巴等二十七埠中国国民党组织宣传科正副主任或科长状	1923 年 4 月 2 日	第十七册	9
委任方以情等三百八十人为古巴等二十七埠中国国民党组织职员状	1923 年 4 月 2 日	第十七册	10
与彭素民等五人联署委任何教为中国国民党舍咕分部正部长状	1923 年 4 月 2 日	第十七册	14

续表

篇名	著述时间	册数	页码
与彭素民联署委任杨嘉猷为中国国民党东南大学分部筹备处主任状	1923 年 4 月 2 日	第十七册	14
与彭素民孙镜联署委任侯中庸为中国国民党佴窿分部党务科主任状	1923 年 4 月 2 日	第十七册	15
核复兼理大本营财政部长邓泽如呈报启用印信日期令	1923 年 4 月 2 日	第十七册	15
核复刘纪文呈报就任大本营审计局局长及启用印信日期令	1923 年 4 月 2 日	第十七册	16
致安庆各界告派张秋白前往致祭吴樾烈士电	1923 年 4 月 3 日	第九册	536
与外国记者谈话	1923 年 4 月 3 日刊载	第十二册	287
饬发给霍汗公费手令	1923 年 4 月 3 日	第十三册	644
饬发给夏百子恩俸手令	1923 年 4 月 3 日	第十三册	644
批杨仙逸有关航空事业呈	1923 年 4 月 3 日	第十三册	645
批杨仙逸江门飞航站计划呈	1923 年 4 月 3 日	第十三册	645
饬发那文月俸手令	1923 年 4 月 3 日	第十三册	646
饬垫刘玉山军队火食费令	1923 年 4 月 3 日	第十三册	646
与覃振等联名发布宫崎寅藏先生追悼大会筹备处通告第一号	1923 年 4 月 4 日	第四册	148
致许崇智望促蒋介石来粤及重用陈翰誉电	1923 年 4 月 4 日	第九册	536
饬陈天太换防令	1923 年 4 月 4 日	第十三册	646
任命李济深郑润琦为直辖广东讨贼军第一第三师师长令	1923 年 4 月 4 日	第十七册	16
任命林云陔为大本营秘书令	1923 年 4 月 4 日	第十七册	17
任命梁鸿楷为直辖广东讨贼军第四军军长令	1923 年 4 月 4 日	第十七册	17
任命杨蓁等五人为大本营高级参谋令	1923 年 4 月 4 日	第十七册	18

续表

篇名	著述时间	册数	页码
派古日光为工兵局筹备委员令	1923 年 4 月 4 日	第十七册	18
任命马伯麟为虎门要塞司令手令	1923 年 4 月 4 日	第十七册	19
派杨鹤龄为港澳特务调查员手令	1923 年 4 月 4 日	第十七册	19
与广东民权运动大同盟代表谈话	1923 年 4 月 5 日	第十二册	288
饬将印花税事务交由财政部办理令	1923 年 4 月 5 日	第十三册	647
致居正质问黄大伟回沪事电	1923 年 4 月 6 日	第九册	536
饬督率所属各派专员清理庶狱令	1923 年 4 月 6 日	第十三册	647
饬严拿劫财伤人犯令	1923 年 4 月 6 日	第十三册	648
饬发给程步瀛每月津贴手令	1923 年 4 月 6 日	第十三册	649
派梅光培接管官产处归大本营财政部直接管理令	1923 年 4 月 6 日	第十七册	19
准大本营会计司司长王棠呈请添设司员书记官各一员令	1923 年 4 月 6 日	第十七册	20
题安庆烈士墓额	1923 年 4 月 6 日	第十八册	353
饬各军事首长严禁假借军费名义在驻地提征盐税及变卖官盐令	1923 年 4 月 7 日	第十三册	649
饬垫陈天太军队火食费令	1923 年 4 月 7 日	第十三册	650
核复大理院长兼暂行兼管司法行政事务赵士北呈报就职及启用印信日期令	1923 年 4 月 7 日	第十七册	20
核复徐树荣呈报就任东江缉匪司令及启用关防令	1923 年 4 月 7 日	第十七册	21
核复广东无线电报总局局长冯伟呈报奉任命日期并准改换关防令	1923 年 4 月 7 日	第十七册	21
褒扬顾品珍令	1923 年 4 月 9 日	第十三册	650
褒扬赵又新令	1923 年 4 月 9 日	第十三册	651
饬发给金华林黄昌谷旅费手令	1923 年 4 月 9 日	第十三册	652
准任命张国森为大本营参军处少校副官令	1923 年 4 月 9 日	第十七册	22
准任命吴文龙为大本营参军处上校副官令	1923 年 4 月 9 日	第十七册	22

续表

篇名	著述时间	册数	页码
核复直辖第五军军长李易标呈报启用印信日期并备案令	1923 年 4 月 9 日	第十七册	23
委任林有祥等五十六人为吉礁霹雳峇乞二埠中国国民党分部职员状	1923 年 4 月 9 日	第十七册	23
委任林耀如等三人分为吉礁霹雳峇乞二埠中国国民党组织宣传科正副主任状	1923 年 4 月 9 日	第十七册	24
委任林润泽等三人分为吉礁霹雳峇乞二埠中国国民党组织会计科正副主任状	1923 年 4 月 9 日	第十七册	24
委任陈英担等三人分为吉礁霹雳峇乞二埠中国国民党组织党务科正副主任状	1923 年 4 月 9 日	第十七册	25
委任李引口等八人为吉礁霹雳峇乞二埠中国国民党支（分）部职员状	1923 年 4 月 9 日	第十七册	25
特派萱野长知为调查戒烟事宜专员状	1923 年 4 月 9 日	第十七册	26
准日人在西沙设实业公司及将琼改省问题 在广州与黄耀武等谈话	1923 年 4 月 10 日	第十二册	288
饬知官煤局改隶军政部令	1923 年 4 月 10 日	第十三册	652
饬知已着手兴建汕头无线电台令	1923 年 4 月 10 日	第十三册	653
饬梁志宏建筑汕头无线电台令	1923 年 4 月 10 日	第十三册	653
饬大理院宽减侨资厂工伴刑期令	1923 年 4 月 10 日	第十三册	654
批程潜请将官煤局改隶军政部直接办理呈	1923 年 4 月 10 日	第十三册	655
批胡思舜来函	1923 年 4 月 10 日	第十三册	656
准蒋中正辞大本营参谋长令	1923 年 4 月 10 日	第十七册	26
特任张开儒为大本营参谋长令	1923 年 4 月 10 日	第十七册	27
派陈仲甫等三人为宣传委员会委员令	1923 年 4 月 10 日	第十七册	27
免马超俊工兵局筹备委员令	1923 年 4 月 10 日	第十七册	27

续表

篇名	著述时间	册数	页码
悼滇军阵亡将士挽额	1923 年 4 月 10 日	第十八册	354
挽滇军阵亡将士联	1923 年 4 月 10 日	第十八册	355
致某君告反对伪令及广东局势函	1923 年 4 月上旬	第八册	452
饬广东省长向英领交涉驱逐电报罢工祸首令	1923 年 4 月 11 日	第十三册	656
饬广东省长查明无线电报局基地情形令	1923 年 4 月 11 日	第十三册	657
饬大理院减免电车司机徒刑令	1923 年 4 月 11 日	第十三册	659
饬发给姚雨平军队开拔费令	1923 年 4 月 11 日	第十三册	660
饬发给刘玉山制弹费令	1923 年 4 月 11 日	第十三册	660
任命梅光培为广东全省官产清理处处长令	1923 年 4 月 11 日	第十七册	28
广州成都铁路金币借款合同	1923 年 4 月 12 日	第六册	16
致中国国民党驻三藩市总支部告陈璧君等人来美筹款请热心捐助函	1923 年 4 月 12 日	第八册	452
复李烈钧嘉慰移驻闽疆电	1923 年 4 月 12 日	第九册	537
复张作霖允代辟谣诼电	1923 年 4 月 12 日	第九册	537
着黄隆生收管金库券令	1923 年 4 月 12 日	第十三册	660
特派廖仲恺为劳军使令	1923 年 4 月 12 日	第十七册	28
任命刘玉山为直辖第七军军长兼直辖第二师师长令	1923 年 4 月 12 日	第十七册	29
任命陈天太为直辖第三师师长令	1923 年 4 月 12 日	第十七册	29
核复黄焕庭呈报点交广南船澳及解除总办职务准予销差令	1923 年 4 月 12 日	第十七册	30
饬李济深等部由梁鸿楷指挥古应芬节制令	1923 年 4 月 13 日	第十三册	661
饬第七军妥为办理改编事宜令	1923 年 4 月 13 日	第十三册	661
嘉奖杨坤如勇于为善令	1923 年 4 月 13 日	第十三册	662
饬程潜务将徐汉臣等通缉归案令	1923 年 4 月 13 日	第十三册	662
核复广东海防司令陈策呈报启用关防日期令	1923 年 4 月 13 日	第十七册	30

续表

篇名	著述时间	册数	页码
核复直辖滇军广州卫戍总司令杨希闵呈报接收印信牙章及启用日期令	1923 年 4 月 13 日	第十七册	31
与唐继尧等联名宣告西南诸省将合作防卫直系侵扰致全国通电	1923 年 4 月 14 日	第四册	514
复李烈钧告已筹款汇去并告粤事函	1923 年 4 月 14 日	第八册	453
复程德全等告议售官产仅为佛寺旁隙地电	1923 年 4 月 14 日	第九册	538
命温树德抽编舰队入闽令	1923 年 4 月 14 日	第十三册	664
饬会计司庶务司按月拨交秘书处材料印刷费令	1923 年 4 月 14 日	第十三册	664
批答沈鸿英和平统一宣言	1923 年 4 月 14 日	第十三册	665
任命杨虎等三人为大本营海军特派员令	1923 年 4 月 14 日	第十七册	31
核复邓泽如呈报就任建设部长日期及择定办公处令	1923 年 4 月 14 日	第十七册	32
核复直辖广东讨贼军第三师师长郑润奇呈报奉到印信及启用日期令	1923 年 4 月 14 日	第十七册	32
核复徐绍桢呈报省署日行公事派政务厅长陈树人代行令	1923 年 4 月 14 日	第十七册	33
复北京学生联合会勉极力从事宣传函	1923 年 4 月 15 日	第八册	454
讨伐沈鸿英通令	1923 年 4 月 16 日	第四册	515
复宁武告王子珍等三人入党事已交党部办理函	1923 年 4 月 16 日	第八册	455
致古应芬指示讨伐沈鸿英部署电	1923 年 4 月 16 日	第九册	538
致古应芬着江门军队速来三水向石井方面进攻电	1923 年 4 月 16 日	第九册	538
致许崇智着按所定战略追剿沈鸿英部电	1923 年 4 月 16 日	第九册	539
致许崇智告沈鸿英叛乱进攻省城着速饬精锐向翁源英德前进电	1923 年 4 月 16 日	第九册	539
致胡汉民等嘱质问北廷图乱电	1923 年 4 月 16 日	第九册	540
饬发给伍毓瑞出入证手谕	1923 年 4 月 16 日	第十三册	665

续表

篇名	著述时间	册数	页码
饬发给李福林军队出发费令	1923 年 4 月 16 日	第十三册	666
任命赵德恒为大本营高级参谋令	1923 年 4 月 16 日	第十七册	33
派李绮庵为工兵局筹备委员令	1923 年 4 月 16 日	第十七册	33
致古应芬令火速加入白云山及石井兵工厂战电	1923 年 4 月 17 日	第九册	540
致许崇智告陈天太部已出四会电	1923 年 4 月 17 日	第九册	540
与唐宝锷谈话	1923 年 4 月 17 日刊载	第十二册	289
在广州与叶恭绰谈话	1923 年 4 月 17 日	第十二册	289
饬发给王之南用费手令	1923 年 4 月 17 日	第十三册	666
取消变卖公产令	1923 年 4 月 17 日	第十三册	666
饬发给刘玉山军费手令	1923 年 4 月 17 日	第十三册	667
饬发给黄骚药料等各费手令	1923 年 4 月 17 日	第十三册	667
批赵士北拟办坟山登记先行派员筹议在筹办期内不动支款项以节廉费呈	1923 年 4 月 17 日	第十三册	667
派陈兴汉管理粤汉铁路事务令	1923 年 4 月 17 日	第十七册	34
任命廖湘芸为虎门要塞司令令	1923 年 4 月 17 日	第十七册	34
委任黄冠三等三人为中国国民党哗造通讯处职员状	1923 年 4 月 17 日	第十七册	35
委任陈金晃为中国国民党哗造通讯处党务科科长状	1923 年 4 月 17 日	第十七册	35
委任吴泽庭为中国国民党哗造通讯处会计科科长状	1923 年 4 月 17 日	第十七册	36
委任陈祥为中国国民党哗造通讯处宣传科科长状	1923 年 4 月 17 日	第十七册	36
委任苏孟裔等十九人为中国国民党哗造通讯处职员状	1923 年 4 月 17 日	第十七册	37
着赵士觐即将电话局交黄垣收管令	1923 年 4 月 18 日	第十三册	668
饬发给谢心准公费手令	1923 年 4 月 18 日	第十三册	668
饬发给马源恤款手令	1923 年 4 月 18 日	第十三册	669
饬每日发给黄骚购军米银手令	1923 年 4 月 18 日	第十三册	669
犒赏平定沈乱之滇军将士令	1923 年 4 月 18 日	第十三册	669

续表

篇名	著述时间	册数	页码
命胡谦在军政部服务令	1923 年 4 月 18 日	第十三册	670
准任命吴嵋为大本营参军处上校副官令	1923 年 4 月 18 日	第十七册	37
任命胡谦为大本营高级参谋令	1923 年 4 月 18 日	第十七册	38
着胡谦在大本营军政部服务令	1923 年 4 月 18 日	第十七册	38
免杨蓁大本营高级参谋令	1923 年 4 月 18 日	第十七册	38
任命杨蓁为大本营秘书令	1923 年 4 月 18 日	第十七册	39
着朱培德兼军政部长手令	1923 年 4 月 18 日	第十七册	39
着秘书处取消谢心准之委任手令	1923 年 4 月 18 日	第十七册	40
派黄垣即往收管广州市电报局手令	1923 年 4 月 18 日	第十七册	40
委任李晖等四十三人分为横滨等四十二埠中国国民党组织党务科正副主任或科长状	1923 年 4 月 18 日	第十七册	40
委任陈顺成等四十四人分为横滨等四十三埠中国国民党组织会计科正副主任或科长状	1923 年 4 月 18 日	第十七册	42
委任罗翙云等四十三人分为横滨等四十三埠中国国民党组织宣传科主任或科长状	1923 年 4 月 18 日	第十七册	43
委任黄焯民等八百二十七人为横滨等四十三埠中国国民党组织职员状	1923 年 4 月 18 日	第十七册	44
委任鲍应隆等一百六十五人为横滨等四十三埠中国国民党组织职员状	1923 年 4 月 18 日	第十七册	51
致上海议和代表指示议和策略电	1923 年 4 月 19 日	第九册	541
嘉慰前敌将士令	1923 年 4 月 19 日	第十三册	670
着会计司发给战伤官兵调养费令	1923 年 4 月 19 日	第十三册	671
饬发给刘震寰军费手令	1923 年 4 月 19 日	第十三册	671
饬发给何克夫军费手令	1923 年 4 月 19 日	第十三册	672
饬发给杨映波公费手令	1923 年 4 月 19 日	第十三册	672

续表

篇名	著述时间	册数	页码
令商办粤汉铁路公司董事局为派陈兴汉管理铁路事务由	1923 年 4 月 19 日	第十三册	672
免朱卓文广东兵工厂厂长令	1923 年 4 月 19 日	第十七册	55
免朱和中大本营高级参谋令	1923 年 4 月 19 日	第十七册	55
任命朱和中为广东兵工厂厂长令	1923 年 4 月 19 日	第十七册	56
任命陈同赞为钦防司令手令	1923 年 4 月 19 日	第十七册	56
饬广州市公安局严惩冒充军人借端滋扰令	1923 年 4 月 20 日	第十三册	673
饬财政部等单位投卖公产一律收现令	1923 年 4 月 20 日	第十三册	674
饬财政部等单位从速开投公产以应军用令	1923 年 4 月 20 日	第十三册	674
饬大本营会计司拨发内地侦探长经费令	1923 年 4 月 20 日	第十三册	675
饬大本营会计司从速发给参军长朱培德架设军用专线电话毫银三千元令	1923 年 4 月 20 日	第十三册	675
饬发给徐树荣军费手令	1923 年 4 月 20 日	第十三册	676
批李天德请发给该处临时需费二千元呈	1923 年 4 月 20 日	第十三册	676
批冯伟缴四月份支付预算书请察核备案呈	1923 年 4 月 20 日	第十三册	677
批朱培德请款架设军用专线电话呈	1923 年 4 月 20 日	第十三册	677
着会计司发给江门军队伙食费手令	1923 年 4 月 20 日	第十三册	678
着会计司发给兵工厂长筹备费手令	1923 年 4 月 20 日	第十三册	678
任命喻毓西为大本营高级参谋令	1923 年 4 月 20 日	第十七册	57
褫夺李易标沈荣光直辖第五第六军军长并悬赏购拿令	1923 年 4 月 20 日	第十七册	57
派赵士觐为管理俘虏主任委员及另二人为委员令	1923 年 4 月 20 日	第十七册	58
特任罗翼群为大本营兵站总监令	1923 年 4 月 20 日	第十七册	58
为饬转令前敌将领知照派赵士觐为管理俘虏主任委员黄馥生关汉光为委员给程潜等人的训令	1923 年 4 月 20 日	第十七册	59

续表

篇名	著述时间	册数	页码
委任霍居南等十二人为南非洲等三地中国国民党支（分）部职员状	1923 年 4 月 20 日	第十七册	59
委任廖文科等五人分为南非洲等三地中国国民党支（分）部党务科正副主任状	1923 年 4 月 20 日	第十七册	60
委任邓伯朋等五人分为南非洲等三地中国国民党（支）分部会计科正副主任状	1923 年 4 月 20 日	第十七册	61
委任霍胜刚等五人分为南非洲等三地中国国民党支（分）部宣传科正副主任状	1923 年 4 月 20 日	第十七册	61
委任黎铁石等四十八人分为南非洲等三地中国国民党支（分）部职员状	1923 年 4 月 20 日	第十七册	62
派黄馥生为管理俘虏委员状	1923 年 4 月 20 日	第十七册	62
与彭素民联署委任刘进旭为中国国民党万隆分部干事状	1923 年 4 月 20 日	第十七册	63
重修安庆烈士墓祭文	1923 年 4 月上中旬	第四册	149
饬发给刘玉山军费手令	1923 年 4 月 21 日	第十三册	678
批杨希闵请发给制弹费四万元呈	1923 年 4 月 21 日	第十三册	679
准林云陔辞财政部第三局局长令	1923 年 4 月 21 日	第十七册	63
核复李济深呈报就任直辖广东讨贼军第一师师长及启用印信令	1923 年 4 月 21 日	第十七册	64
核复广东江防司令杨廷培呈报启用关防并缴销旧关防令	1923 年 4 月 21 日	第十七册	64
核复梁鸿楷呈报就任直辖广东讨贼军第四军军长及启用印信令	1923 年 4 月 21 日	第十七册	65
准梁鸿楷呈辞大本营驻江办事处主任兼职令	1923 年 4 月 21 日	第十七册	65
在广州向报界记者介绍进剿沈鸿英军的情况	1923 年 4 月 22 日	第十二册	290

续表

篇名	著述时间	册数	页码
着邓慕韩往财政厅调查津贴报界详细情形令	1923 年 4 月 22 日	第十三册	679
致徐谦告沈鸿英部已败退琶江口电	1923 年 4 月 23 日	第九册	541
复许崇智着仍率部由陆路到惠州肃清陈炯明残部并拆卸汕尾子弹厂机器运省电	1923 年 4 月 23 日	第九册	542
裁撤庶务司令	1923 年 4 月 23 日	第十三册	680
饬各军事首长禁扣商轮令	1923 年 4 月 23 日	第十三册	680
饬发给刘震寰部前敌官兵犒赏金令	1923 年 4 月 23 日	第十三册	681
饬发给杨赓笙公费手令	1923 年 4 月 23 日	第十三册	681
饬发给黄骚办军米费令	1923 年 4 月 23 日	第十三册	682
饬广东无线电总局接管东较场无线电台并接济经费令	1923 年 4 月 23 日	第十三册	682
饬谢铁良发给陈策炸弹令	1923 年 4 月 23 日	第十三册	683
给荣业公司借款收据	1923 年 4 月 23 日	第十三册	683
任命陈可钰为广东宪兵司令令	1923 年 4 月 23 日	第十七册	66
审定《军政部军法处组织条例》	1923 年 4 月 24 日	第六册	25
复吴忠信告解决国是全在自己努力函	1923 年 4 月 24 日	第八册	455
饬高雷绥靖处各财政机关应归主管机关委办令	1923 年 4 月 24 日	第十三册	684
派金华林赴前线视察令	1923 年 4 月 24 日	第十三册	685
任命蒋隆棻为大本营高级参谋令	1923 年 4 月 24 日	第十七册	66
派宋子文为中央银行筹备员令	1923 年 4 月 24 日	第十七册	66
核复参军长朱培德呈报遵令兼理军政部务令	1923 年 4 月 24 日	第十七册	67
核复伍学煜呈已令行高雷等处绥靖处长查照办理具复令	1923 年 4 月 24 日	第十七册	67
任命卢焘为大本营高级参谋手令	1923 年 4 月 24 日	第十七册	68
委任郭铸人等十二人为中国国民党棉兰分部职员状	1923 年 4 月 24 日	第十七册	68
委任张蓝田为中国国民党棉兰分部宣传科主任状	1923 年 4 月 24 日	第十七册	69

续表

篇名	著述时间	册数	页码
委任冯少强为中国国民党棉兰分部会计科主任状	1923 年 4 月 24 日	第十七册	69
委任潘奕源为中国国民党棉兰分部党务科主任状	1923 年 4 月 24 日	第十七册	69
委任陈白宣等四人为中国国民党棉兰分部职员状	1923 年 4 月 24 日	第十七册	70
复周震鳞请转告李烈钧款项正竭力筹措函	1923 年 4 月 25 日	第八册	456
饬各军事首长不得扣留车辆令	1923 年 4 月 25 日	第十三册	685
饬发给江门军队药料费手令	1923 年 4 月 25 日	第十三册	686
饬发给周道腴公费手令	1923 年 4 月 25 日	第十三册	686
饬发给李福林军费手令	1923 年 4 月 25 日	第十三册	686
发给江固火食费令	1923 年 4 月 25 日	第十三册	687
着发给孙勇赏壹百元令	1923 年 4 月 25 日	第十三册	687
饬发给孙勇公费手令	1923 年 4 月 25 日	第十三册	687
委任黄同发等三十二人为威灵顿等八埠中国国民党分部职员状	1923 年 4 月 25 日	第十七册	70
委任陈中等八人分为威灵顿等八埠中国国民党分部党务科主任状	1923 年 4 月 25 日	第十七册	72
委任杨刘安等八人分为威灵顿等八埠中国国民党分部会计科主任状	1923 年 4 月 25 日	第十七册	72
委任颜丽邦等八人分为威灵顿等八埠中国国民党分部宣传科主任状	1923 年 4 月 25 日	第十七册	73
委任颜鉴光等二百三十六人为威灵顿等八埠中国国民党分部职员状	1923 年 4 月 25 日	第十七册	73
核复直辖滇军第三师师长范石生呈报启用印信日期令	1923 年 4 月 25 日	第十七册	75
核复杨希闵呈报杨廷培暂行代理所有广州卫戍事宜令	1923 年 4 月 25 日	第十七册	76

续表

篇名	著述时间	册数	页码
核复直辖西路讨贼军总司令刘震寰呈报启用印信日期令	1923 年 4 月 25 日	第十七册	76
准刘玉山呈请颁发直辖第七军军长兼第二师师长关防令	1923 年 4 月 25 日	第十七册	77
核复朱和中呈报就任广东兵工厂厂长及启用关防日期令	1923 年 4 月 25 日	第十七册	77
核复管理粤汉铁路事务陈兴汉呈报视事日期令	1923 年 4 月 25 日	第十七册	78
核复陈兴汉呈报启用管理粤汉铁路事务关防日期令	1923 年 4 月 25 日	第十七册	78
致程潜等着进攻肇庆各部队转归梁鸿楷指挥调遣电	1923 年 4 月 26 日	第九册	542
致梁鸿楷询陈天太部兵力情况并嘱相机处置电	1923 年 4 月 26 日	第九册	543
饬发给朱培德伤兵恤款及杂费手令	1923 年 4 月 26 日	第十三册	688
饬发给罗拔工务洋行款手令	1923 年 4 月 26 日	第十三册	688
饬发给梅光培招待费手令	1923 年 4 月 26 日	第十三册	688
饬严拿工兵局筹委古日光令	1923 年 4 月 26 日	第十三册	689
饬财政厅等将各项收入解大本营会计司令	1923 年 4 月 26 日	第十三册	689
任命周演明等四人为大本营兵站总监部各局局长令	1923 年 4 月 26 日	第十七册	79
准任命依鼎和为大本营参谋处上校参谋令	1923 年 4 月 26 日	第十七册	79
派王国璇为广东造币厂总办及另三人为会办等职令	1923 年 4 月 26 日	第十七册	80
核复杨廷培呈报暂行代理广州卫戍事宜令	1923 年 4 月 26 日	第十七册	80
核复蒋光亮呈报启用直辖滇军第四师师长印信日期令	1923 年 4 月 26 日	第十七册	81
与王宠惠谈话	1923 年 4 月 27 日刊载	第十二册	291
着取消梁士诒通缉令	1923 年 4 月 27 日	第十三册	689
准任命王吉壬杨泰为大本营参军处少校副官令	1923 年 4 月 27 日	第十七册	81
准任命高中禹为参军处少校副官令	1923 年 4 月 27 日	第十七册	82
复李烈钧望早日图赣断沈逆退路函	1923 年 4 月 28 日	第八册	456

续表

篇名	著述时间	册数	页码
与唐宝锷谈话	1923 年 4 月 28 日刊载	第十二册	291
饬发给梁鸿楷军费手令	1923 年 4 月 28 日	第十三册	690
饬发给江固舰饷及杂费手令	1923 年 4 月 28 日	第十三册	690
任命林直勉为大本营秘书令	1923 年 4 月 28 日	第十七册	82
准任命张鉴藻为大本营兵站第一支部长令	1923 年 4 月 28 日	第十七册	82
准杨熙绩辞大本营秘书令	1923 年 4 月 28 日	第十七册	83
核复杨池生呈报奉发直辖滇军第一师师长印信及启用日期令	1923 年 4 月 28 日	第十七册	83
核复罗翼群呈报就任大本营兵站总监及启用印信日期令	1923 年 4 月 28 日	第十七册	84
派李亦梅等十八人为中央财政委员会委员令	1923 年 4 月 28 日	第十七册	84
致李烈钧嘱积极进行援赣计划电	1923 年 4 月 29 日	第九册	543
给财政厅等命令二件	1923 年 4 月 29 日	第十三册	690
着秘书处发给密电一本交徐于令	1923 年 4 月 29 日	第十三册	691
批蒋介石请发给马伯麟管理子弹人员费函	1923 年 4 月 29 日	第十三册	691
任命卢兴原为总检察厅检察长令	1923 年 4 月 29 日	第十七册	85
派万黄裳为潮桥运副令	1923 年 4 月 29 日	第十七册	85
任命田土捷为大本营参军令	1923 年 4 月 29 日	第十七册	86
徐于为大本营军事委员手令	1923 年 4 月 29 日	第十七册	86
饬发给喻毓西旅费手令	1923 年 4 月 30 日	第十三册	692
饬免税军用物品凭驻江办事处护照放行令	1923 年 4 月 30 日	第十三册	692
批古应芬请令饬粤海关监督咨行税务司转令江门海关税务司以后凡输运军用物品准凭该处护照免验放行呈	1923 年 4 月 30 日	第十三册	693
着江门海关放行电话机令	1923 年 4 月 30 日	第十三册	694
任命戴任为大本营参军令	1923 年 4 月 30 日	第十七册	86

续表

篇名	著述时间	册数	页码
准任命容景芳为大本营参军处上校副官令	1923 年 4 月 30 日	第十七册	87
任命罗伟疆为直辖东路警备军第一路司令令	1923 年 4 月 30 日	第十七册	87
核复廖湘芸呈报接收虎门要塞司令印视事日期令	1923 年 4 月 30 日	第十七册	88
北方虽阴使沈鸿英叛变但仍可与之言和 在广州与王宠惠杨天骥谈话	1923 年 4 月下旬	第十二册	291
饬发给谢铁良陈仲斌出入证	1923 年 4 月	第十三册	694
为林树椿题联	1923 年春	第十八册	350
为韦德题词	1923 年春	第十八册	351
着安北舰长暂留省河待命令	1923 年 5 月 1 日	第十四册	3
命伍汝康克日赴任令	1923 年 5 月 1 日	第十四册	3
准王棠辞广东造币厂会办令	1923 年 5 月 1 日	第十七册	88
派余育之为中央财政委员会委员令	1923 年 5 月 1 日	第十七册	89
准任命汪彦平为大本营审计局主任审计官令	1923 年 5 月 1 日	第十七册	89
饬关景星刻日交代广东盐务稽核分所经理令	1923 年 5 月 1 日	第十七册	89
核复梅光培呈报接任广东全省官产清理处处长视事日期令	1923 年 5 月 1 日	第十七册	90
饬发给杨希闵犒劳费手令	1923 年 5 月 2 日	第十四册	3
任命陈天太为直辖第七军第三师师长令	1923 年 5 月 2 日	第十七册	90
准任命李民雨为大本营兵站第二支部长令	1923 年 5 月 2 日	第十七册	91
任命蒋中正兼粤军总司令部参谋长令	1923 年 5 月 2 日	第十七册	91
准王棠呈辞广东造币厂会办兼职令	1923 年 5 月 2 日	第十七册	92
准刘纪文呈请任命汪彦平为大本营审计局主任审计官令	1923 年 5 月 2 日	第十七册	92
复张作霖谈西南军事问题并请助款函	1923 年 5 月 3 日	第八册	457
致汪精卫嘱向张作霖商助军费并告军情电	1923 年 5 月 3 日	第九册	543
饬查民团兜剿沈逆功绩并慰劳令	1923 年 5 月 3 日	第十四册	4

续表

篇名	著述时间	册数	页码
给先施公司借款收据	1923 年 5 月 3 日	第十四册	4
国家统一需由各省领袖协商实现　与王宠惠谈话	1923 年 5 月 4 日刊载	第十二册	292
饬发给梁醉生旅费令	1923 年 5 月 4 日	第十四册	4
饬发给夏醉雄旅费令	1923 年 5 月 4 日	第十四册	5
着周之贞即撤消八邑绥靖处令	1923 年 5 月 4 日	第十四册	5
准林直勉辞大本营秘书令	1923 年 5 月 4 日	第十七册	93
任命黄子聪为大本营秘书令	1923 年 5 月 4 日	第十七册	93
核复刘玉山呈报就任直辖第七军军长兼第二师师长及启用印信日期令	1923 年 5 月 4 日	第十七册	94
裁撤绥靖处令	1923 年 5 月 5 日	第十四册	5
着古应芬周之贞即裁撤绥靖处令	1923 年 5 月 5 日	第十四册	6
免周之贞四邑两阳香顺八属绥靖处处长令	1923 年 5 月 5 日	第十七册	94
任命周之贞为直辖广东讨贼军第二师师长令	1923 年 5 月 5 日	第十七册	95
任命盛荣超为大本营参军令	1923 年 5 月 5 日	第十七册	95
努力杀贼以使国富民福　在三水河口视察滇军的演说	1923 年 5 月 6 日	第十册	520
饬发给梁醉生旅费手令	1923 年 5 月 6 日	第十四册	6
饬发给卢师谛军队伙食费手令	1923 年 5 月 6 日	第十四册	6
任叶恭绰徐绍桢为财政内政部长及另五人职务手谕	1923 年 5 月 7 日前	第十七册	95
任邓泽如为两广盐运使及免赵士觐本职手令	1923 年 5 月 7 日前	第十七册	96
复林建章勉共纾国难完成和平统一电	1923 年 5 月 7 日	第九册	544
免谭延闿内政部长令	1923 年 5 月 7 日	第十七册	96
免邓泽如建设部长兼财政部长各职令	1923 年 5 月 7 日	第十七册	97
特任徐绍桢叶恭绰谭延闿分为内政财政建设三部部长令	1923 年 5 月 7 日	第十七册	97
免徐绍桢广东省长令	1923 年 5 月 7 日	第十七册	98

续表

篇名	著述时间	册数	页码
特任廖仲恺为广东省长令	1923 年 5 月 7 日	第十七册	98
免杨西岩广东财政厅长及伍学煜两广盐运使令	1923 年 5 月 7 日	第十七册	98
着叶恭绰兼理广东财政厅长令	1923 年 5 月 7 日	第十七册	99
任命邓泽如为两广盐运使令	1923 年 5 月 7 日	第十七册	99
免邓泰中大本营高级参谋令	1923 年 5 月 7 日	第十七册	99
任命邓泰中等四人分为各部次长令	1923 年 5 月 7 日	第十七册	100
派邓慕韩为大本营广东宣传委员令	1923 年 5 月 7 日	第十七册	100
核复卸警备军军长姚雨平呈报交代清楚日期令	1923 年 5 月 7 日	第十七册	101
饬发给杨希闵伙食费手令	1923 年 5 月 8 日	第十四册	7
收回印花指令	1923 年 5 月 9 日	第十四册	7
饬发给黄骚取消定船赔补费手令	1923 年 5 月 9 日	第十四册	7
饬发给西江军队军费手令	1923 年 5 月 9 日	第十四册	8
委任汤连等五人为中国国民党亚洲皇后船分部筹备员状	1923 年 5 月 9 日	第十七册	101
委任陈焕庭为中国国民党亚洲皇后船分部筹备主任状	1923 年 5 月 9 日	第十七册	102
任黄国璇为广东财政厅长并饬通缉黄大伟手令	1923 年 5 月 10 日前	第十七册	102
致杨希闵等嘉奖各军将士电	1923 年 5 月 10 日	第九册	545
饬发给长洲要塞司令伙食费手令	1923 年 5 月 10 日	第十四册	8
官产归大本营办理令	1923 年 5 月 10 日	第十四册	8
饬发给海军委员等公费手令	1923 年 5 月 10 日	第十四册	9
饬发给吴世英常庭兰旅费手令	1923 年 5 月 10 日	第十四册	9
饬查明讨逆有功乡团分别颁奖令	1923 年 5 月 10 日	第十四册	9
通缉黄大伟手令	1923 年 5 月 10 日	第十四册	10
饬各军通缉附逆军长黄大伟令	1923 年 5 月 10 日	第十四册	10
饬滇军赴韶关令	1923 年 5 月 10 日	第十四册	11

续表

篇名	著述时间	册数	页码
任王国璇为广东财政厅长令	1923 年 5 月 10 日	第十七册	103
委任朱凤吾等二十一人为坝罗等七埠中国国民党组织职员状	1923 年 5 月 10 日	第十七册	103
委任符潮波等五人分为坝罗等五埠中国国民党组织党务科主任或科长状	1923 年 5 月 10 日	第十七册	104
委任朱维烈等六人分为坝罗等六埠中国国民党组织会计科主任或科长状	1923 年 5 月 10 日	第十七册	104
委任陈克珍等五人分为坝罗等五埠中国国民党组织宣传科主任或科长状	1923 年 5 月 10 日	第十七册	105
委任符汉精等六十七人为坝罗等七埠中国国民党组织职员状	1923 年 5 月 10 日	第十七册	105
准铁路运输局暂行编制饷章及服务细则	1923 年 5 月 11 日	第六册	26
致许崇智嘱注意叶举洪兆麟部行动电	1923 年 5 月 11 日	第九册	545
复徐谦等嘱必北方放弃武力统一乃可议和电	1923 年 5 月 11 日	第九册	546
着杨旅长将前借之炮交回李福林军长令	1923 年 5 月 11 日	第十四册	11
饬伍汝康调查沿海盐务事宜令	1923 年 5 月 11 日	第十四册	11
核复王棠呈报启用会计司司长印信日期令	1923 年 5 月 11 日	第十七册	106
核复黄伯耀呈报复任广东印花税分处处长及恢复分处日期令	1923 年 5 月 11 日	第十七册	107
复越飞谢苏联对援助的允诺并告将派代表赴苏电	1923 年 5 月 12 日	第九册	546
饬陆续发给刘玉山军费手令	1923 年 5 月 12 日	第十四册	12
着沿海盐场驻军协同办理盐务调查令	1923 年 5 月 12 日	第十四册	12
准任命曾拔为大本营参军处中校副官令	1923 年 5 月 12 日	第十七册	107
准林达存辞大本营财政部第二局局长令	1923 年 5 月 12 日	第十七册	108
准朱培德呈请解除其兼理军政部部务职令	1923 年 5 月 12 日	第十七册	108

续表

篇名	著述时间	册数	页码
核复陈天太呈报就任直辖第七军第三师师长及启用印信日期令	1923 年 5 月 12 日	第十七册	108
饬发给周伯甘谢愤生二旅长出发费手令	1923 年 5 月 13 日	第十四册	12
委黄白马伯麟为大本营特务委员手谕	1923 年 5 月 14 日前	第十七册	109
黄花岗七十二烈士殉难十二周年祭文	1923 年 5 月 14 日	第四册	150
饬发给海军委员李元箸杂费手令	1923 年 5 月 14 日	第十四册	13
饬会计司长王棠补发广东无线电报总局增聘工程师月薪旅费令	1923 年 5 月 14 日	第十四册	13
准兵站总监分设三路支部令	1923 年 5 月 14 日	第十四册	14
饬王棠如数发给广东无线电报总局临时费令	1923 年 5 月 14 日	第十四册	15
周少棠部拨归兵站总监指挥令	1923 年 5 月 14 日	第十四册	15
饬兵站总监指挥周少棠所部令	1923 年 5 月 14 日	第十四册	16
批罗翼群厘定兵站路线统筹接济请通令各军查照呈	1923 年 5 月 14 日	第十四册	16
批朱和中请将每日所制枪弹照旧章解交军械局呈	1923 年 5 月 14 日	第十四册	17
派黄白马伯麟为大本营特务委员令	1923 年 5 月 14 日	第十七册	109
特派魏邦平为西江讨贼军总指挥令	1923 年 5 月 14 日	第十七册	110
准任命罗桂芳为大本营兵站第三支部长令	1923 年 5 月 14 日	第十七册	110
任命尹骥为直辖陆军第一第二两师指挥令	1923 年 5 月 14 日	第十七册	110
特派周震鳞为大本营劳军使兼督率直辖第一第二两师事宜令	1923 年 5 月 14 日	第十七册	111
任命夏醉雄为大本营咨议令	1923 年 5 月 14 日	第十七册	111
核复万黄裳呈送履历及就任潮桥运副视事日期令	1923 年 5 月 14 日	第十七册	112
临城劫车案　在广州与外国记者谈话	1923 年 5 月 15 日	第十二册	293
饬发给黄昌谷公费手令	1923 年 5 月 15 日	第十四册	17
饬发给徐于旅费手令	1923 年 5 月 15 日	第十四册	18
饬发给徐树荣军费手令	1923 年 5 月 15 日	第十四册	18

续表

篇名	著述时间	册数	页码
委谢心准为大本营特务委员手令	1923 年 5 月 15 日	第十七册	112
谢文炳部着归军政部编制令	1923 年 5 月 16 日	第十四册	18
准将广州登记局直接由大理院考核令	1923 年 5 月 16 日	第十四册	19
派谢心准为大本营特务委员令	1923 年 5 月 16 日	第十七册	112
任命王隆中为大本营咨议令	1923 年 5 月 16 日	第十七册	113
饬发给刘玉山军费手令	1923 年 5 月 17 日	第十四册	19
着秘书处将盖印之手令编号注册令	1923 年 5 月 17 日	第十四册	20
饬发给无线电局经费令	1923 年 5 月 17 日	第十四册	20
任命姜汇清为大本营咨议令	1923 年 5 月 17 日	第十七册	113
准叶恭绰辞广东财政厅长兼职令	1923 年 5 月 17 日	第十七册	114
核复伍学煜呈报卸两广盐运使职日期令	1923 年 5 月 17 日	第十七册	114
核复廖湘芸呈报启用新颁虎门要塞司令印信并缴销旧关防令	1923 年 5 月 17 日	第十七册	114
核复徐绍桢呈报交卸广东省长职日期令	1923 年 5 月 17 日	第十七册	115
复古应芬等嘉奖攻占肇庆各将士电	1923 年 5 月 18 日	第九册	547
与温树德谈话	1923 年 5 月 18 日刊载	第十二册	293
饬发给肇庆赏恤费手令	1923 年 5 月 18 日	第十四册	20
着杨希闵等严拿假冒军人令	1923 年 5 月 18 日	第十四册	21
批范石生需款出发签呈	1923 年 5 月 18 日	第十四册	21
任命邹鲁为广东财政厅长令	1923 年 5 月 18 日	第十七册	115
任命姜汇清为大本营咨议状	1923 年 5 月 18 日	第十七册	116
致日本国民书	1923 年 5 月 19 日	第四册	516
致李烈钧告予周震鳞名义破坏洪兆麟计划等事函	1923 年 5 月 19 日	第八册	458
饬发给刘玉山军费五千元手令	1923 年 5 月 19 日	第十四册	22
饬发给杨如轩紧急费手令	1923 年 5 月 19 日	第十四册	22
饬魏邦平即着邓演达所部即日来省电令	1923 年 5 月 19 日	第十四册	23

续表

篇名	著述时间	册数	页码
饬准李福林派员收容旧部令	1923 年 5 月 19 日	第十四册	23
饬王棠发给建设部职员薪俸令	1923 年 5 月 19 日	第十四册	24
饬王棠发给财政部职员薪俸令	1923 年 5 月 19 日	第十四册	24
饬王棠照发财政部职员薪俸令	1923 年 5 月 19 日	第十四册	25
批傅秉常为德侨请求发还个人私有房屋请指令祗遵呈	1923 年 5 月 19 日	第十四册	25
批廖仲恺为现役军人崔尚战前犯杀人罪是否仍由法庭处理呈	1923 年 5 月 19 日	第十四册	26
准李章达呈请开去广东电政监督兼广州电报局局长职并迅饬林直勉复任令	1923 年 5 月 19 日	第十七册	116
核复廖仲恺呈报就任广东省长日期令	1923 年 5 月 19 日	第十七册	117
核复邓泽如呈报就任两广盐运使日期令	1923 年 5 月 19 日	第十七册	117
核复高雷绥靖处长林树巍呈复遵令已饬电茂梅菉盐场局克日交代令	1923 年 5 月 19 日	第十七册	117
核复王棠呈报接收庶务司事务情形并缴庶务司长象牙小章令	1923 年 5 月 19 日	第十七册	118
着杨总司令严禁各师旅处决人犯及严行拿办招摇舞弊者手令	1923 年 5 月 20 日	第十四册	26
给广州市政厅的命令	1923 年 5 月 20 日	第十四册	27
饬王棠发给建设部职员薪俸令	1923 年 5 月 21 日	第十四册	27
饬杨希闵拿办招摇分子令	1923 年 5 月 21 日	第十四册	28
饬各师旅不得自行处决人犯令	1923 年 5 月 21 日	第十四册	28
饬王棠发给财政部职员薪俸令	1923 年 5 月 21 日	第十四册	29
批大理院长兼司法行政事务赵士北报减刑办法呈	1923 年 5 月 21 日	第十四册	29
免陈树人广东政务厅长令	1923 年 5 月 21 日	第十七册	118

续表

篇名	著述时间	册数	页码
任命陈树人为大本营内政部总务厅长令	1923 年 5 月 21 日	第十七册	119
任命古应芬为广东政务厅长令	1923 年 5 月 21 日	第十七册	119
任命谢百城等四人为大本营咨议令	1923 年 5 月 21 日	第十七册	119
派刘成禺陈群为大本营宣传委员令	1923 年 5 月 21 日	第十七册	120
委任骆谭等四人为中国国民党利物浦支部职员状	1923 年 5 月 21 日	第十七册	120
委任吴池波为中国国民党利物浦支部党务科正主任状	1923 年 5 月 21 日	第十七册	121
委任岑相佐黄球为中国国民党利物浦支部会计科正副主任状	1923 年 5 月 21 日	第十七册	121
委任谢五有为中国国民党利物浦支部宣传科正主任状	1923 年 5 月 21 日	第十七册	122
委任张静愚等三十八人为中国国民党利物浦支部职员状	1923 年 5 月 21 日	第十七册	122
派刘成禺为大本营宣传委员状	1923 年 5 月 21 日	第十七册	123
饬悬赏购拿杨坤如令	1923 年 5 月 22 日	第十四册	30
饬拿办李耀汉令	1923 年 5 月 22 日	第十四册	30
饬严拿陈逆余孽沈子良杨梅宾令	1923 年 5 月 22 日	第十四册	31
饬王棠发给战地通信总分所信差饷令	1923 年 5 月 22 日	第十四册	31
饬兵站总监部及所属编造薪饷表令	1923 年 5 月 22 日	第十四册	32
饬廖仲恺嘉奖广宁县长讨贼有功令	1923 年 5 月 22 日	第十四册	33
免黄白大本营特务委员令	1923 年 5 月 22 日	第十七册	123
准任黄白为大本营参军处上校副官令	1923 年 5 月 22 日	第十七册	123
免彭澄江固舰舰长令	1923 年 5 月 22 日	第十七册	124
委任袁良骅为江固舰舰长令	1923 年 5 月 22 日	第十七册	124
任命卢启泰陶炯为大本营咨议令	1923 年 5 月 22 日	第十七册	125

续表

篇名	著述时间	册数	页码
准杨西岩呈请因病续假五天广东财政厅署日行公事由秘书梁桂山代行令	1923 年 5 月 22 日	第十七册	125
致许崇智令固守潮汕电	1923 年 5 月 23 日	第九册	547
致海军将士望与许崇智协同固守潮汕电	1923 年 5 月 23 日	第九册	548
致达夫谦越飞告将立即改组国民党并望支付已承诺捐款电	1923 年 5 月 23 日	第九册	548
饬发给金华林旅费手令	1923 年 5 月 23 日	第十四册	33
饬发给李健民旅费手令	1923 年 5 月 23 日	第十四册	34
饬发给喻毓西旅费手令	1923 年 5 月 23 日	第十四册	34
饬会计司发给审计局追加经临各费令	1923 年 5 月 23 日	第十四册	34
饬管理俘虏处重编经费清册令	1923 年 5 月 23 日	第十四册	35
饬无线电报总局更正编造预算令	1923 年 5 月 23 日	第十四册	36
饬发给海军伙食费手令	1923 年 5 月 23 日	第十四册	37
任命涂震亚为大本营咨议令	1923 年 5 月 23 日	第十七册	126
核复谭延闿呈报交卸内政部长职日期并请备案令	1923 年 5 月 23 日	第十七册	126
核复赵士北呈报令派陈芝昌代理总检察厅检察官令	1923 年 5 月 23 日	第十七册	127
饬发给徐永丰旅费手令	1923 年 5 月 24 日	第十四册	37
饬发给刘玉山军费手令	1923 年 5 月 24 日	第十四册	37
饬兵站总监由各分站直接核发出征各军米粮令	1923 年 5 月 24 日	第十四册	38
饬发给地雷队出发费手令	1923 年 5 月 24 日	第十四册	38
复魏邦平等嘱停止追击入桂之败敌电	1923 年 5 月 25 日	第九册	549
复刘纪文嘉奖挫败李耀汉部各军官兵电	1923 年 5 月 25 日	第九册	549
饬提前发给刘震寰部军费手令	1923 年 5 月 25 日	第十四册	38
核复杨西岩呈报就任内政部次长日期令	1923 年 5 月 25 日	第十七册	127
任命周家琳为大本营咨议令	1923 年 5 月 26 日	第十七册	128
饬加发涂震亚旅费手令	1923 年 5 月 27 日	第十四册	39

续表

篇名	著述时间	册数	页码
饬发给岑静波用费手令	1923 年 5 月 27 日	第十四册	39
饬发给徐树荣火食费手令	1923 年 5 月 27 日	第十四册	39
饬发给马伯麟公费手令	1923 年 5 月 27 日	第十四册	40
饬袁良骅接收江固舰令	1923 年 5 月 27 日	第十四册	40
命马伯麟会同长洲要塞司令严防海军各舰自由出入省河令	1923 年 5 月 27 日	第十四册	40
饬前江固舰舰长彭澄克日交代令	1923 年 5 月 27 日	第十七册	128
着发给邓慕韩杂费令	1923 年 5 月 28 日	第十四册	41
饬王棠支付审计局五月份薪工及办公费令	1923 年 5 月 28 日	第十四册	41
批伍岳请变卖所存省行纸币以应急需呈	1923 年 5 月 28 日	第十四册	42
核复李章达呈报卸广东电政监督兼广州电报局局长职日期及移交印章各情令	1923 年 5 月 28 日	第十七册	128
核复广东电政监督兼广州电报局局长林直勉呈报到任视事及接收印章各情令	1923 年 5 月 28 日	第十七册	129
复麦造舟赵泮生告已向加政府抗争移民新例函	1923 年 5 月 29 日	第八册	459
饬杨西岩速将金库券余额交由纸币监督接管令	1923 年 5 月 29 日	第十四册	42
免林云陔大本营秘书令	1923 年 5 月 29 日	第十七册	129
任命林云陔宋子文为中央银行正副行长令	1923 年 5 月 29 日	第十七册	130
任命王柏龄为大本营高级参谋令	1923 年 5 月 29 日	第十七册	130
派徐方济丁士杰为大本营出勤委员令	1923 年 5 月 29 日	第十七册	131
准任周尧坤等八人分为大本营参谋处秘书参谋副官令	1923 年 5 月 29 日	第十七册	131
委任刘芦隐为加拿大总支部总干事电	1923 年 5 月 29 日	第十七册	132
致总务部长彭素民委任刘芦隐为加拿大总支部总干事电	1923 年 5 月 29 日	第十七册	132

续表

篇名	著述时间	册数	页码
委任刘芦隐为中国国民党加拿大总支部总干事状	1923 年 5 月 29 日	第十七册	132
致杨庶堪告已到石龙电	1923 年 5 月 30 日	第九册	550
任命朱霁青为大本营咨议令	1923 年 5 月 30 日	第十七册	133
为钟光传题颁匾额	1923 年 5 月 30 日	第十八册	356
海军兵舰暂由大元帅直接管辖令	1923 年 5 月 31 日	第十四册	43
饬王棠发给建设部长邓泽如交卸前该部职员薪俸令	1923 年 5 月 31 日	第十四册	43
饬海军各舰官兵照常供职令	1923 年 5 月 31 日	第十四册	44
着廖湘芸放行肇平舰令	1923 年 5 月 31 日	第十四册	45
免温树德海军舰队司令令	1923 年 5 月 31 日	第十七册	133
任命吴志馨等八人为海圻等八舰舰长及另四人职务令	1923 年 5 月 31 日	第十七册	134
致北京大学学生勉为国事努力勿懈函	1923 年 5 月	第八册	460
致廖湘芸再声明防止进出虎门军舰名函	1923 年 5 月	第八册	461
致孙洪伊指示联曹方针电	1923 年 5 月	第九册	550
与商民代表谈话	1923 年 5 月	第十二册	294
日本应当抛弃对华的西方式侵略政策　与鹤见祐辅谈话	1923 年 5 月	第十二册	294
着长洲要塞司令苏从山放行永翔楚豫两舰令	1923 年 5 月	第十四册	45
饬虎门要塞司令查明放行李福林军所乘民船过境令	1923 年 5 月	第十四册	45
饬卫戍总司令部等协同缉拿不法之徒令	1923 年 5 月	第十四册	46
着航空局派机察看石滩石下军情令	1923 年 5 月	第十四册	46
题某君像赞	1923 年 5 月	第十八册	357
祭居正之母胡氏文	1923 年 6 月 1 日	第四册	151
劝谕陈炯明叛军胁从者自新之布告	1923 年 6 月 1 日	第四册	518
任命黄实为大本营参军令	1923 年 6 月 1 日	第十七册	134
大元帅出征期内特派胡汉民代行职权令	1923 年 6 月 1 日	第十七册	135

续表

篇名	著述时间	册数	页码
饬酌量接济梁鸿楷部火食手令	1923 年 6 月 2 日	第十四册	47
饬发给孙勇公费令	1923 年 6 月 2 日	第十四册	47
饬发给孙文元公费令	1923 年 6 月 2 日	第十四册	47
批伍汝康整顿盐税情形呈	1923 年 6 月 2 日	第十四册	48
委任刘谦祥等四人为中国国民党宿务支部职员状	1923 年 6 月 2 日	第十七册	135
委任林不帝王武昌分为中国国民党宿务支部党务科正副主任状	1923 年 6 月 2 日	第十七册	136
委任蔡兆庆黄爱逊分为中国国民党宿务支部会计科正副主任状	1923 年 6 月 2 日	第十七册	136
委任黄蜇声郭锡年分为中国国民党宿务支部宣传科正副主任状	1923 年 6 月 2 日	第十七册	137
委任林伸寿等十二人为中国国民党宿务支部职员状	1923 年 6 月 2 日	第十七册	137
准任命张国元伍大光为大本营建设部秘书令	1923 年 6 月 2 日	第十七册	138
准鱼雷局局长谢铁良呈请续假二星期养伤令	1923 年 6 月 2 日	第十七册	138
核复赵士北转呈卢兴原就任总检察厅检察长及启用印信日期令	1923 年 6 月 2 日	第十七册	138
核复谭延闿呈报就任建设部长日期令	1923 年 6 月 2 日	第十七册	139
核复伍学熀呈报就任建设部次长日期令	1923 年 6 月 2 日	第十七册	139
在石龙与马林谈话	1923 年 6 月 3 日	第十二册	295
饬发给伏彪旅费令	1923 年 6 月 3 日	第十四册	48
饬发给陈汉公费令	1923 年 6 月 3 日	第十四册	48
委任林美回等四人为中国国民党纳卯支部职员状	1923 年 6 月 3 日	第十七册	140
委任陈毅梁侣梅分为中国国民党纳卯支部党务科正副主任状	1923 年 6 月 3 日	第十七册	140
委任李赍明李吉庭分为中国国民党纳卯支部会计科正副主任状	1923 年 6 月 3 日	第十七册	141

续表

篇名	著述时间	册数	页码
委任甄海山余仕豪分为中国国民党纳卯支部宣传科正副主任状	1923 年 6 月 3 日	第十七册	141
委任余民钟等十九人为中国国民党纳卯支部职员状	1923 年 6 月 3 日	第十七册	142
饬王棠照发东较场无线电台四五两月经费令	1923 年 6 月 4 日	第十四册	49
特任熊克武为川军讨贼军总司令令	1923 年 6 月 4 日	第十七册	142
特任刘成勋为四川省长兼川军总司令令	1923 年 6 月 4 日	第十七册	143
任命赖星辉为川军讨贼军总指挥令	1923 年 6 月 4 日	第十七册	143
特派古应芬督办西江筹饷事宜令	1923 年 6 月 4 日	第十七册	143
准谭延闿呈请任命张国元伍大光等为建设部秘书令	1923 年 6 月 4 日	第十七册	144
饬廖仲恺慰劳兜剿沈逆出力民团令	1923 年 6 月 5 日	第十四册	49
委任余和鸿等九人为墨国等三地中国国民党组织职员状	1923 年 6 月 5 日	第十七册	144
委任胡联等三人分为墨国苏萱二地中国国民党支（分）部党务科正副主任状	1923 年 6 月 5 日	第十七册	145
委任梁修林等三人分为墨国苏萱二地中国国民党支（分）部会计科正副主任状	1923 年 6 月 5 日	第十七册	145
委任朱义然等三人分为墨国苏萱二地中国国民党支（分）部宣传科正副主任状	1923 年 6 月 5 日	第十七册	146
委任甄增培等三十三人为墨国等三地中国国民党组织职员状	1923 年 6 月 5 日	第十七册	146
委任黄二明为三藩市《少年中国报》编辑状	1923 年 6 月 5 日	第十七册	147
核复邓泽如呈报卸大本营建设部长职日期令	1923 年 6 月 5 日	第十七册	147
饬发给胡霖川资令	1923 年 6 月 6 日	第十四册	50
致胡汉民杨庶堪告处置广九铁路复业事宜函	1923 年 6 月 7 日	第八册	461
致孙科嘱务须恳切留住胡汉民函	1923 年 6 月 7 日	第八册	462

续表

篇名	著述时间	册数	页码
饬发给孙勇特别公费令	1923 年 6 月 7 日	第十四册	50
任命林震为大本营高级参谋令	1923 年 6 月 7 日	第十七册	148
准任陈庆森等四人为大本营内政部科长令	1923 年 6 月 7 日	第十七册	148
核复邓慕韩呈报就任广东宣传局局长日期令	1923 年 6 月 7 日	第十七册	148
准徐绍桢呈请任命陈庆森等为内政部科长令	1923 年 6 月 7 日	第十七册	149
致大本营告许崇智部拟克日向惠州前进电	1923 年 6 月 8 日	第九册	551
饬将造币厂废铜料移交兵工厂接收令	1923 年 6 月 8 日	第十四册	50
饬王棠发给广东宪兵司令部服装费令	1923 年 6 月 8 日	第十四册	51
饬王棠补发广东宪兵司令部开办及修缮费令	1923 年 6 月 8 日	第十四册	51
饬王棠发给讨贼军第一师第三团驻省炮兵薪饷令	1923 年 6 月 8 日	第十四册	52
核复大本营宣传委员会委员长陈独秀呈报启印视事日期令	1923 年 6 月 8 日	第十七册	149
致杨庶堪嘱函告杨廷培归还李福林炮函	1923 年 6 月 9 日	第八册	463
饬王棠发给萧萱医药费令	1923 年 6 月 9 日	第十四册	53
饬王棠发给陈杰夫公费令	1923 年 6 月 9 日	第十四册	53
饬广东省长等查办冒名侦缉人员并严订取缔章程令	1923 年 6 月 9 日	第十四册	53
饬黄骚早日接收广东造币厂会计收支各表册令	1923 年 6 月 9 日	第十四册	54
饬邓泽如拨发广韶电话线路经费令	1923 年 6 月 9 日	第十四册	55
饬黄骚积欠员司薪水应由政府负责不得向卸职人员追索令	1923 年 6 月 9 日	第十四册	56
派刘翰如为大本营出勤委员令	1923 年 6 月 9 日	第十七册	150
核复邓慕韩呈报启用广东宣传局长关防日期令	1923 年 6 月 9 日	第十七册	150
委任陈振华等三十一人为典的市等八埠中国国民党组织职员状	1923 年 6 月 9 日	第十七册	150
委任黄振三等八人分为典的市等八埠中国国民党组织党务科主任或科长状	1923 年 6 月 9 日	第十七册	152

续表

篇名	著述时间	册数	页码
委任李晓楼等八人分为典的市等八埠中国国民党组织会计科主任或科长状	1923 年 6 月 9 日	第十七册	152
委任麦雅各等八人分为典的市等八埠中国国民党组织宣传科主任或科长状	1923 年 6 月 9 日	第十七册	153
委任黄仕元等一百三十五人为典的市等八埠中国国民党组织职员状	1923 年 6 月 9 日	第十七册	153
复叶恭绰嘱速解决东征财政困难函	1923 年 6 月 10 日	第八册	463
委任曾唯为中国国民党上海第四分部筹备处主任状	1923 年 6 月 10 日	第十七册	155
大本营军纪布告二则	1923 年 6 月上旬	第四册	518
饬广东省长等照兵站所拟变通募伕办法令	1923 年 6 月 11 日	第十四册	56
饬傅秉常照会香港政府取销杨西岩离港令	1923 年 6 月 11 日	第十四册	58
批邹鲁廖仲恺来电	1923 年 6 月 11 日	第十四册	59
派徐文镜为大本营出勤委员令	1923 年 6 月 11 日	第十七册	155
派谢荫民为大本营宣传委员令	1923 年 6 月 11 日	第十七册	156
委任阮炎等四人为中国国民党檀香山支部职员状	1923 年 6 月 11 日	第十七册	156
委任麦民生为中国国民党檀香山支部党务科正主任状	1923 年 6 月 11 日	第十七册	157
委任许棠为中国国民党檀香山支部会计科正主任状	1923 年 6 月 11 日	第十七册	157
委任欧绍欣为中国国民党檀香山支部宣传科正主任状	1923 年 6 月 11 日	第十七册	158
委任杜广等四十五人为中国国民党檀香山支部职员状	1923 年 6 月 11 日	第十七册	158
与彭素民联署委任任金为中国国民党檀香山支部评议部评议员状	1923 年 6 月 11 日	第十七册	159
与彭素民联署委任张澍时为中国国民党南京第三分部筹备处主任状	1923 年 6 月 11 日	第十七册	159

续表

篇名	著述时间	册数	页码
致孙科望竭力筹兵站款并严办杨西岩等人函	1923 年 6 月 12 日	第八册	464
饬王棠发给财政部经费令	1923 年 6 月 12 日	第十四册	60
饬陈可钰添造一份六月份预算书呈府备案令	1923 年 6 月 12 日	第十四册	60
着罗翼群饬属改正并添造预算书呈核令	1923 年 6 月 12 日	第十四册	61
任命胡思清为大本营参军令	1923 年 6 月 12 日	第十七册	160
派蔡懿恭为大本营出勤委员令	1923 年 6 月 12 日	第十七册	160
核复古应芬呈报就任督办西江筹饷事宜日期令	1923 年 6 月 12 日	第十七册	160
饬发给广东宣传局开办费令	1923 年 6 月 13 日	第十四册	62
饬发给刘民畏医药费令	1923 年 6 月 13 日	第十四册	62
批四川省议员为熊克武祸川告父老书	1923 年 6 月 13 日收到	第十四册	63
准任命徐希元为内政部秘书令	1923 年 6 月 13 日	第十七册	161
任命何应钦为陆军军官学校总教官状	1923 年 6 月 13 日	第十七册	161
批《广州市车辆交通罚则》	1923 年 6 月 14 日	第六册	27
东江战事不日结束拟赴北江巡视　在广州与张开儒等谈话	1923 年 6 月 14 日	第十二册	296
饬赵士觐等将俘虏处报销案中之办事员开支贰百元开列细目并补足收据令	1923 年 6 月 14 日	第十四册	63
致国会议员勉持正爱国函	1923 年 6 月 15 日	第八册	465
致廖湘芸令借调电船运粮电	1923 年 6 月 15 日	第九册	551
批广东财政厅长邹鲁报就职日期及广东财政困难情形呈	1923 年 6 月 15 日	第十四册	64
批李福林请准将西江护商事宜由保商卫旅营统领专办呈	1923 年 6 月 15 日	第十四册	64
特任胡汉民为大本营总参议令	1923 年 6 月 15 日	第十七册	162
特任伍朝枢为大本营外交部长令	1923 年 6 月 15 日	第十七册	162
准徐绍桢呈请任命徐希元为内政部秘书令	1923 年 6 月 15 日	第十七册	162

续表

篇名	著述时间	册数	页码
在广州蒙难一周年纪念会的演说	1923 年 6 月 16 日	第十册	521
饬筹给参军处伤兵费手令	1923 年 6 月 16 日	第十四册	65
饬严办运动军队不法之徒令	1923 年 6 月 16 日	第十四册	65
核复高雷绥靖处处长林树巍呈报换用新关防及缴销旧关防日期令	1923 年 6 月 16 日	第十七册	163
核复周之贞呈报启用直辖广东讨贼军第二师师长印信日期令	1923 年 6 月 16 日	第十七册	163
着刘成禺前往汉口调查吴佩孚没收民产实情密令	1923 年 6 月 17 日	第十四册	66
特任蒋中正为大元帅行营参谋长令	1923 年 6 月 17 日	第十七册	164
准林云陔辞中央银行行长令	1923 年 6 月 17 日	第十七册	164
派徐谦为特务宣传员状	1923 年 6 月 17 日	第十七册	164
饬发给孙万乘等公费令	1923 年 6 月 18 日	第十四册	66
在广州与马林谈话	1923 年 6 月 19 日	第十二册	296
着会计司发给宋绍殷医药费令	1923 年 6 月 19 日	第十四册	66
饬发给杜羲公费手令	1923 年 6 月 19 日	第十四册	67
饬王棠速发广东无线电总局六月份经费令	1923 年 6 月 19 日	第十四册	67
批程潜请准予变卖所属军械局所存废铁废弹以充军饷呈	1923 年 6 月 19 日	第十四册	68
饬发给航空局买料费手令	1923 年 6 月 19 日	第十四册	68
饬每日发给刘玉山军队火食费令	1923 年 6 月 19 日	第十四册	69
委李思唐为咨议手令	1923 年 6 月 19 日	第十七册	165
委朱艮为出勤委员手令	1923 年 6 月 20 日前	第十七册	165
饬清理金库券呈报缴销令	1923 年 6 月 20 日	第十四册	69
饬王棠发给广东无线电总局肇庆分局购置及修理费令	1923 年 6 月 20 日	第十四册	70
饬各军应以正式手续向兵站索取车船令	1923 年 6 月 20 日	第十四册	71

续表

篇名	著述时间	册数	页码
批黄隆生请免职并责成财政厅自行清理其未交之库券呈	1923 年 6 月 20 日	第十四册	72
批赵士北为清理庶狱遵将犯罪轻微人犯列册请鉴核明令减免呈	1923 年 6 月 20 日	第十四册	73
批徐绍桢请褒扬寿民陈缉承呈	1923 年 6 月 20 日	第十四册	73
命许崇智等先克复惠城令	1923 年 6 月 20 日	第十四册	74
任命李思唐为大本营咨议令	1923 年 6 月 20 日	第十七册	166
任命赵全季为大本营咨议令	1923 年 6 月 20 日	第十七册	166
准任命温良为大本营秘书处科员令	1923 年 6 月 20 日	第十七册	166
委任郑受炳等十六人为巴生等四埠中国国民党支（分）部职员状	1923 年 6 月 20 日	第十七册	167
委任林诗必等五人分为巴生等四埠中国国民党支（分）部党务科正副主任状	1923 年 6 月 20 日	第十七册	168
委任朱普元等五人分为巴生等四埠中国国民党支（分）部会计科正副主任状	1923 年 6 月 20 日	第十七册	168
委任陈北平等五人分为巴生等四埠中国国民党支（分）部宣传科正副主任状	1923 年 6 月 20 日	第十七册	169
委任詹扬文等一百零四人为巴生等四埠中国国民党支（分）部职员状	1923 年 6 月 20 日	第十七册	169
派朱艮为大本营出勤委员令	1923 年 6 月 20 日	第十七册	170
邱文彬为出勤委员令	1923 年 6 月 20 日	第十七册	171
为寿民陈缉承题颁	1923 年 6 月 20 日	第十八册	358
在广州与李大钊谈话	1923 年 6 月中旬	第十二册	297
批廖仲恺为古应芬请设置西江船舶检查所呈	1923 年 6 月 21 日	第十四册	74
准任命李湛等四人为大本营建设部科长令	1923 年 6 月 21 日	第十七册	171

续表

篇名	著述时间	册数	页码
准罗翼群呈请所有部中例行公事交由周演明代行令	1923 年 6 月 21 日	第十七册	171
谈时局变化　与某外报记者谈话	1923 年 6 月 22 日刊载	第十二册	298
饬为伍廷芳周年忌辰祭奠并优议褒扬令	1923 年 6 月 22 日	第十四册	75
任命林子峰陆敬科为大本营外交部第一第二局局长令	1923 年 6 月 22 日	第十七册	172
核航空局暂行编制饷章等通则	1923 年 6 月 23 日	第六册	28
复焦易堂告已派汪精卫赴沪可与筹商一切电	1923 年 6 月 23 日	第九册	551
饬王棠发给中央直辖讨贼军第一师第三团垫支费用令	1923 年 6 月 23 日	第十四册	75
准谭延闿呈请任命李湘等为建设部科长令	1923 年 6 月 23 日	第十七册	172
饬财政厅保管造币厂公物令	1923 年 6 月 24 日	第十四册	76
任命胡思舜为直辖滇军第五师师长令	1923 年 6 月 24 日	第十七册	173
否认与陈炯明和解的谈话	1923 年 6 月 25 日刊载	第十二册	298
官产沙田两清理处仍归财政厅管辖令	1923 年 6 月 25 日	第十四册	76
着函知邓泽如等每日午后到大本营筹商各事令	1923 年 6 月 25 日	第十四册	77
饬官产清理处不得投变郡学宫墙界内地方令	1923 年 6 月 25 日	第十四册	77
着刘甫臣等嘉勉川军扫清残寇申讨国贼令	1923 年 6 月 25 日	第十四册	78
批王棠请将各军饷项及各机关经费划归财政部发给呈	1923 年 6 月 25 日	第十四册	78
免杨虎海军特派员本职令	1923 年 6 月 25 日	第十七册	173
任命杨虎为大本营参军令	1923 年 6 月 25 日	第十七册	173
核复邓泰中呈报就任军政部次长日期令	1923 年 6 月 25 日	第十七册	174
委任麦燮棠朱辉如分为中国国民党仁丹分部正部长及评议部正议长状	1923 年 6 月 25 日	第十七册	174
委任练芳为中国国民党仁丹分部党务科主任状	1923 年 6 月 25 日	第十七册	175
委任廖梓谦为中国国民党仁丹分部会计科主任状	1923 年 6 月 25 日	第十七册	175

续表

篇名	著述时间	册数	页码
委任叶荣燊为中国国民党仁丹分部宣传科主任状	1923 年 6 月 25 日	第十七册	175
委任林天相为中国国民党仁丹分部总务科主任状	1923 年 6 月 25 日	第十七册	176
致中国国民党旧金山总支部等海外党部望速汇款接济上海东部经费电	1923 年 6 月 26 日	第九册	552
在大元帅府与记者谈话	1923 年 6 月 26 日刊载	第十二册	299
饬发给杨大实公费及川资手令	1923 年 6 月 26 日	第十四册	79
特派姚雨平为惠州安抚使令	1923 年 6 月 26 日	第十七册	176
准任命郑洪铸为内政部科长令	1923 年 6 月 26 日	第十七册	177
准任命叶佩瑜为内政部科长令	1923 年 6 月 26 日	第十七册	177
准黄仕强辞内政部科长令	1923 年 6 月 26 日	第十七册	177
任命刘铁城黄仕强为财政部第二第三局局长令	1923 年 6 月 26 日	第十七册	178
核复古应芬呈报启用督办西江筹饷事宜关防日期令	1923 年 6 月 26 日	第十七册	178
颁发《临时军律》六条	1923 年 6 月 27 日	第六册	28
致两院议员促全体南下自由集会电	1923 年 6 月 27 日	第九册	552
努力前进以竟全功　在英德车站慰劳军队的演说	1923 年 6 月 27 日	第十册	521
在北江前线劳师督战的讲话	1923 年 6 月 27 日	第十册	522
在石龙督战的讲话	1923 年 6 月 27 日	第十册	522
饬市政厅提前垫给永翔楚豫两舰火食公费令	1923 年 6 月 27 日	第十四册	79
饬王棠发给建设部开办费令	1923 年 6 月 27 日	第十四册	80
饬王棠发给财政部开办费令	1923 年 6 月 27 日	第十四册	80
饬各军不得截留厘税饷捐令	1923 年 6 月 27 日	第十四册	81
准徐绍桢呈请任命郑洪铸为内政部科长令	1923 年 6 月 27 日	第十七册	179
准徐绍桢呈报内政部科长黄仕强辞职任命叶佩瑜为科长令	1923 年 6 月 27 日	第十七册	179
饬照会各国设立西江船舶检查所令	1923 年 6 月 28 日	第十四册	82
派黄建勋为西江船舶检查所所长令	1923 年 6 月 28 日	第十七册	180

续表

篇名	著述时间	册数	页码
核复叶恭绰呈报就任财政部长日期令	1923 年 6 月 28 日	第十七册	180
核复伍朝枢呈报就任外交部长日期令	1923 年 6 月 28 日	第十七册	180
核复郑洪年呈报就任财政部次长日期令	1923 年 6 月 28 日	第十七册	181
核复古应芬呈报启用新颁大本营驻江办事处全权主任关防小章并将旧关防毁销令	1923 年 6 月 28 日	第十七册	181
与伍朝枢联名不满列强承认北方政府之对外宣言	1923 年 6 月 29 日	第四册	519
致美国公使舒尔曼的反帝声明	1923 年 6 月 29 日	第四册	521
复章炳麟谓与段祺瑞合作未能行吾党主义不如亲访俄德以定欧亚合作计画电	1923 年 6 月 29 日	第九册	553
任命魏邦平兼广东西江戒严司令令	1923 年 6 月 29 日	第十七册	182
照准《西江筹饷事宜处组织章程》	1923 年 6 月 30 日	第六册	29
致越飞请推迟有关中东路的谈判电	1923 年 6 月 30 日	第九册	553
饬司长王棠发给财政部职员六月二十四天薪俸及经费令	1923 年 6 月 30 日	第十四册	82
饬取消湘粤联军总司令名义令	1923 年 6 月 30 日	第十四册	83
批罗翼群为湘粤联军总司令张开儒所部应否给发给养物品呈	1923 年 6 月 30 日	第十四册	83
饬发给航空局修理机场费令	1923 年 6 月 30 日	第十四册	84
电令长洲要塞司令	1923 年 6 月 30 日	第十四册	84
派程壮为大本营出勤委员令	1923 年 6 月 30 日	第十七册	182
准任命王祺等十五人分为军政部秘书等职令	1923 年 6 月 30 日	第十七册	182
准任命陈长乐伍大光为外交部秘书令	1923 年 6 月 30 日	第十七册	183
准任命陈灏为大本营兵站第二支部长令	1923 年 6 月 30 日	第十七册	183
任命张识尘为大本营咨议令	1923 年 6 月 30 日	第十七册	184
任命陈其瑗为财政部总务厅长令	1923 年 6 月 30 日	第十七册	184
准任命卢谔生等三人为财政部秘书令	1923 年 6 月 30 日	第十七册	184

续表

篇名	著述时间	册数	页码
准任命黄乐诚等十二人为财政部科长令	1923 年 6 月 30 日	第十七册	185
准程潜呈请任命王祺等为军政部荐任各职官令	1923 年 6 月 30 日	第十七册	185
核复邓泽如呈报卸财政部长兼职日期令	1923 年 6 月 30 日	第十七册	186
委任曾唯等七人为中国国民党上海第四分部或山姐咕分部职员状	1923 年 6 月 30 日	第十七册	186
委任黄俊林织云分为中国国民党上海第四分部和山姐咕分部党务科主任状	1923 年 6 月 30 日	第十七册	187
委任张少繁郑明琨分为中国国民党上海第四分部和山姐咕分部会计科主任状	1923 年 6 月 30 日	第十七册	187
委任石顺豫关崇掀分为中国国民党上海第四分部和山姐咕分部宣传科主任状	1923 年 6 月 30 日	第十七册	188
委任罗桓等二十五人为中国国民党上海第四分部或山姐咕分部职员状	1923 年 6 月 30 日	第十七册	188
与彭素民等五人联署委任刘恢汉为中国国民党山姐咕分部正部长状	1923 年 6 月 30 日	第十七册	189
与广东各界代表谈话	1923 年 6 月下旬	第十二册	299
必须建立一支自己的革命力量　与陈独秀蔡和森谈话	1923 年 6 月下旬	第十二册	300
任命邓慕韩为广东宣传局长令	1923 年 6 月	第十七册	189
致杨希闵望坚守源潭电	1923 年 7 月 1 日	第九册	554
答某外国记者问	1923 年 7 月 1 日	第十二册	301
饬发给平刚徐昌侯川资手令	1923 年 7 月 1 日	第十四册	85
饬发给邱鸿钧医药费手令	1923 年 7 月 2 日	第十四册	85
命朱卓文周之贞来大本营电	1923 年 7 月 2 日	第十四册	85
命追赠并优恤杨锦堂陈培鎏令	1923 年 7 月 2 日	第十四册	86

续表

篇名	著述时间	册数	页码
批刘纪文修理审计局办公处工料银请准予核销支发呈	1923 年 7 月 3 日	第十四册	86
批复汪精卫胡汉民答臧致平电	1923 年 7 月 3 日	第十四册	87
复焦易堂电	1923 年 7 月 3 日刊载	第十四册	87
准叶恭绰呈请简任陈其瑗为财政部总务厅长令	1923 年 7 月 3 日	第十七册	190
准叶恭绰呈请任命卢谞生等三人为财政部秘书令	1923 年 7 月 3 日	第十七册	190
准叶恭绰呈请任命黄乐诚等为财政部科长令	1923 年 7 月 3 日	第十七册	190
公布《西江临时戒严条例》并有关规则	1923 年 7 月 4 日	第六册	31
复徐谦告不愿受议员选举为总统并反对委员制函	1923 年 7 月 4 日	第八册	466
复胡汉民杨庶堪告复臧电及石青阳款等事函	1923 年 7 月 4 日	第八册	467
饬发内地侦探处经费令	1923 年 7 月 4 日	第十四册	88
委安健孙镜亚为咨议及另两人职任手谕	1923 年 7 月 5 日前	第十七册	191
复上海国民党本部告已与曹锟决绝电	1923 年 7 月 5 日	第九册	554
致上海中央干部会议告杨度奉有密命与直系接洽电	1923 年 7 月 5 日	第九册	555
着官产处速筹发何成濬部伙食令	1923 年 7 月 5 日	第十四册	88
饬发给赴北江军费手令	1923 年 7 月 5 日	第十四册	89
批梅光培为该处奉财政部令直辖财政部缘由请鉴核呈	1923 年 7 月 5 日	第十四册	89
饬发给无线电总局修理费手令	1923 年 7 月 5 日	第十四册	90
任命安健孙镜亚为大本营咨议令	1923 年 7 月 5 日	第十七册	191
免姚观顺大本营参军兼卫士队长令	1923 年 7 月 5 日	第十七册	192
任命卢振柳为大本营参军兼卫士队队长令	1923 年 7 月 5 日	第十七册	192
准任命刘民畏为大本营秘书处科员令	1923 年 7 月 5 日	第十七册	192
委任石青阳为中国国民党四川总支部部长状	1923 年 7 月 5 日	第十七册	193
批广东宣传局暂定官制及预算表	1923 年 7 月 6 日	第六册	33
对曹锟谋选总统之态度　与某君谈话	1923 年 7 月 6 日刊载	第十二册	302

续表

篇名	著述时间	册数	页码
赴韶关视察谈话	1923 年 7 月 6 日	第十二册	302
着李天德会同朱培德等迅拿劫车土匪令	1923 年 7 月 6 日	第十四册	90
着制弹厂发给陈理明部子弹令	1923 年 7 月 6 日	第十四册	90
饬查办副官处径向兵工厂提取子弹令	1923 年 7 月 6 日	第十四册	91
饬王棠发给广东宣传局六月份薪工及办公费令	1923 年 7 月 6 日	第十四册	92
批罗翼群报站务繁难情形并拟定办公时间请通令各军呈	1923 年 7 月 6 日	第十四册	92
饬发给赏滇军款手令	1923 年 7 月 6 日	第十四册	93
准任命梁桂山为大本营内政部科长令	1923 年 7 月 6 日	第十七册	193
准任命方孝纯为大本营参军处少校副官令	1923 年 7 月 6 日	第十七册	194
复上海中央干部会议嘱告国会议员勿选曹锟为总统并速筹南下电	1923 年 7 月 7 日	第九册	555
与曲江县各社团代表谈话	1923 年 7 月 7 日	第十二册	303
饬取销禁止使用军用钞票令	1923 年 7 月 7 日	第十四册	93
准任命王文翰为大本营参军处上校副官令	1923 年 7 月 7 日	第十七册	194
免伍岳代理广东高等审判厅厅长令	1923 年 7 月 7 日	第十七册	195
任命林云陔代理高等审判厅厅长令	1923 年 7 月 7 日	第十七册	195
饬江门办事处不得干涉公产令	1923 年 7 月 8 日	第十四册	94
派喻毓藩为湖北军事联络员手谕	1923 年 7 月 8 日	第十七册	195
致廖湘芸嘱将陈朝豫解大本营处置函	1923 年 7 月 9 日	第八册	467
复上海中央干部会议告已与曹锟决绝电	1923 年 7 月 9 日	第九册	555
饬发给徐树荣军费手令	1923 年 7 月 9 日	第十四册	94
饬发给胡文溶公费令	1923 年 7 月 9 日	第十四册	94
复石青阳勉继续奋斗函	1923 年 7 月 10 日	第八册	468
饬发给军政部长旅费手令	1923 年 7 月 10 日	第十四册	95
饬发给谭延闿回湘费手令	1923 年 7 月 10 日	第十四册	95

续表

篇名	著述时间	册数	页码
准任朱全德为大本营参军处少校副官令	1923 年 7 月 10 日	第十七册	196
复国会议员告如抵广州定为设法筹汇经费电	1923 年 7 月上旬	第九册	556
斥责黎元洪及政学系欲妨害民党通电	1923 年 7 月 11 日刊载	第四册	521
遣散冗兵令	1923 年 7 月 11 日	第十四册	95
委任符兆光等四人为中国国民党星洲分部职员状	1923 年 7 月 11 日	第十七册	196
委任朱拔英为中国国民党星洲分部党务科主任状	1923 年 7 月 11 日	第十七册	197
委任严光汉为中国国民党星洲分部会计科主任状	1923 年 7 月 11 日	第十七册	197
委任孔宪璟为中国国民党星洲分部宣传科主任状	1923 年 7 月 11 日	第十七册	198
委任钱开云等二十一人为中国国民党星洲分部职员状	1923 年 7 月 11 日	第十七册	198
批《西江船舶检查所检查规条》	1923 年 7 月 12 日	第六册	33
致孙洪伊答复曹锟乞和事电	1923 年 7 月 12 日	第九册	556
饬将红花岗公地拨与公医校令	1923 年 7 月 12 日	第十四册	96
饬借给李天德伙食费手令	1923 年 7 月 12 日	第十四册	96
饬发给三山水陆各军伙食费令	1923 年 7 月 12 日	第十四册	97
命查办卢象森令	1923 年 7 月 12 日	第十四册	97
批程潜称阵亡指挥张惟圣恤金与定章不符呈	1923 年 7 月 12 日	第十四册	97
任命周鳌山等三人为大本营咨议令	1923 年 7 月 12 日	第十七册	199
免黄镇磐广东高等检察厅检察长令	1923 年 7 月 12 日	第十七册	199
任命车显承代理广东高等检察厅检察长令	1923 年 7 月 12 日	第十七册	199
核复韦冠英呈报奉到直辖西路讨贼军第一师师长大小印信并启用日期令	1923 年 7 月 12 日	第十七册	200
饬发给宣传委员四人办公费手令	1923 年 7 月 13 日	第十四册	98
饬发给朱世贵津贴手令	1923 年 7 月 13 日	第十四册	98
准林直勉辞广东电政监督兼广州电报局局长本兼各职令	1923 年 7 月 13 日	第十七册	200

续表

篇名	著述时间	册数	页码
任命范其务为广东电政监督兼广州电报局局长令	1923 年 7 月 13 日	第十七册	201
委任邢森洲为中国国民党暹罗各埠宣传委员状	1923 年 7 月 13 日	第十七册	201
委任王思恭为中国国民党东京第一分部筹备处主任状	1923 年 7 月 13 日	第十七册	202
与邓泽如联署委任朱晋经为中国国民党清远分部长状	1923 年 7 月 13 日	第十七册	202
饬发给张兆基旅费手令	1923 年 7 月 14 日	第十四册	99
特派杨希闵等六人为统一广东财政委员令	1923 年 7 月 14 日	第十七册	203
委朱润德为咨议手谕	1923 年 7 月 14 日	第十七册	203
任命朱润德为大本营咨议令	1923 年 7 月 14 日	第十七册	203
派陈季博梁明致为大本营宣传委员令	1923 年 7 月 14 日	第十七册	204
派陈正绳罗玉田为随营宣传委员令	1923 年 7 月 14 日	第十七册	204
特任杨蓁代理大元帅行营参谋长手令	1923 年 7 月 14 日	第十七册	205
着朱培德调离驻兵工厂兵士令	1923 年 7 月 15 日	第十四册	99
饬发给孙祥夫公费手令	1923 年 7 月 15 日	第十四册	99
着官产处拨四邑官产价四成予江门办事处令	1923 年 7 月 15 日	第十四册	100
任命朱培德为直辖第四军军长及王均为第四军第一师师长手谕	1923 年 7 月 16 日前	第十七册	205
饬发给永丰舰回省费令	1923 年 7 月 16 日	第十四册	100
取消巩卫军令	1923 年 7 月 16 日	第十四册	100
通缉金汉鼎黄毓成令	1923 年 7 月 16 日	第十四册	101
任命杨希闵等三人为直辖滇军各军军长令	1923 年 7 月 16 日	第十七册	205
免杨池生杨如轩直辖滇军第一第二师师长令	1923 年 7 月 16 日	第十七册	206
任命赵成梁等四人为直辖滇军各师师长令	1923 年 7 月 16 日	第十七册	206
任命朱培德为直辖第一军军长令	1923 年 7 月 16 日	第十七册	207
任命王均为直辖第一军第一师师长令	1923 年 7 月 16 日	第十七册	207

续表

篇名	著述时间	册数	页码
免蔡达三文明清大本营出勤委员令	1923 年 7 月 16 日	第十七册	207
派邱仲川张熙为大本营出勤委员令	1923 年 7 月 16 日	第十七册	208
派方觉慧为大本营宣传委员令	1923 年 7 月 16 日	第十七册	208
委派蒲名元为大本营宣传委员令	1923 年 7 月 16 日	第十七册	209
核复林云陔呈报接任代理广东高等审判厅厅长日期并呈履历令	1923 年 7 月 16 日	第十七册	209
特任谭延闿为湖南省长兼湘军总司令令	1923 年 7 月 16 日	第十七册	210
任命蔡钜猷等六人分为湖南讨贼军各军军长令	1923 年 7 月 16 日	第十七册	210
着金汉鼎免职并通缉金及黄毓成手谕	1923 年 7 月 16 日	第十七册	211
李烈钧等四人分为江西等四省总司令兼省长手令	1923 年 7 月 16 日	第十七册	211
特任李烈钧为江西总司令兼省长令	1923 年 7 月 16 日	第十七册	211
饬发还陈群欠款手令	1923 年 7 月 17 日	第十四册	101
派赵士觐为大本营粮食管理处督办令	1923 年 7 月 17 日	第十七册	212
任命刘崛为大本营咨议令	1923 年 7 月 17 日	第十七册	212
任命谢适群为内政部第一局局长令	1923 年 7 月 17 日	第十七册	213
准任命陈其瑗周诰分为中国银行及广东省银行监理官令	1923 年 7 月 17 日	第十七册	213
北方计划与《向导》周报　在广州与马林谈话	1923 年 7 月 18 日	第十二册	303
着将香山缴款拨交会计司急用令	1923 年 7 月 18 日	第十四册	101
着王棠发给广东无线电报总局七月份经常费令	1923 年 7 月 18 日	第十四册	102
饬王棠发给张介眉等奖金令	1923 年 7 月 18 日	第十四册	102
任命黄昌谷为大元帅行营金库长令	1923 年 7 月 18 日	第十七册	214
核复卢振柳呈报就任大本营参军兼卫士队队长日期令	1923 年 7 月 18 日	第十七册	214
批准《律师暂行章程》	1923 年 7 月 19 日	第六册	34
复何东赞同召开南北领袖联席会议电	1923 年 7 月 19 日	第九册	557

续表

篇名	著述时间	册数	页码
复魏邦平等嘉慰讨贼将士并嘱宜约束将士秋毫无犯电	1923 年 7 月 19 日	第九册	557
着周之贞将各部调回顺德令	1923 年 7 月 19 日	第十四册	103
着财政厅发给任鹤年医药费令	1923 年 7 月 19 日	第十四册	103
速增兵平定东江谕	1923 年 7 月 19 日	第十四册	104
批谭延闿报宁路筹备军饷情形并拟具办法请核示呈	1923 年 7 月 19 日	第十四册	104
特派李济深兼西江善后督办令	1923 年 7 月 19 日	第十七册	215
免黄建勋琼海关监督令	1923 年 7 月 19 日	第十七册	215
任命黄建勋为梧州关监督兼外交部特派广西交涉员令	1923 年 7 月 19 日	第十七册	216
任命韦一新为大本营秘书令	1923 年 7 月 19 日	第十七册	216
不准黄镇磐呈以湛湴芬代行广东高等检察厅检察长令	1923 年 7 月 19 日	第十七册	217
准叶恭绰呈请任命陈其瑗等为广东省各银行监理官令	1923 年 7 月 19 日	第十七册	217
分别任免孙万乘等三人大本营咨议手令	1923 年 7 月 20 日前	第十七册	218
中国国民党总支部通则	1923 年 7 月 20 日	第六册	39
中国国民党支部通则	1923 年 7 月 20 日	第六册	40
中国国民党分部通则	1923 年 7 月 20 日	第六册	41
中国国民党通讯处通则	1923 年 7 月 20 日	第六册	42
中国国民党海外总支部通则	1923 年 7 月 20 日	第六册	43
中国国民党海外支部通则	1923 年 7 月 20 日	第六册	44
赞成学生从澄清政治做去 在广州与杨文炤谈话	1923 年 7 月 20 日	第十二册	304
饬搭成使用镍币令	1923 年 7 月 20 日	第十四册	105
饬发给向炯旅费手令	1923 年 7 月 20 日	第十四册	105

续表

篇名	著述时间	册数	页码
批赵士北拟由各级法院造具囚犯名册呈请明令宣告呈	1923 年 7 月 20 日	第十四册	106
免孙万乘大本营咨议令	1923 年 7 月 20 日	第十七册	218
派邢森洲为华侨宣慰员令	1923 年 7 月 20 日	第十七册	218
任命杨希闵兼任粤赣湘边防督办令	1923 年 7 月 20 日	第十七册	219
任岳森卢师谡为咨议令	1923 年 7 月 20 日	第十七册	219
着市政厅提前垫给航空局杂费手令	1923 年 7 月 21 日	第十四册	106
免赵宝贤大本营咨议令	1923 年 7 月 21 日	第十七册	219
任命赵宝贤为大本营高级参谋令	1923 年 7 月 21 日	第十七册	220
准任命邓彦华为大本营参军处上校副官令	1923 年 7 月 21 日	第十七册	220
核复胡思舜呈报就任直辖滇军第五师师长日期并启用印章令	1923 年 7 月 21 日	第十七册	221
任杨池生杨如轩为大本营参谋令	1923 年 7 月 21 日	第十七册	221
特任林森为建设部长未到任前着叶恭绰兼理令	1923 年 7 月 21 日	第十七册	221
关于中国时局问题　与布罗克曼谈话	1923 年 7 月 22 日刊载	第十二册	305
任命林丽生为大本营咨议令	1923 年 7 月 22 日	第十七册	222
任命黄芸苏黄子聪为秘书手令	1923 年 7 月 22 日	第十七册	222
着蒙仁潜等部编入中央广西讨贼军令	1923 年 7 月 24 日	第十四册	107
饬按月发给伤废士兵饷项令	1923 年 7 月 24 日	第十四册	107
令会计司每月拨交二千元以作住院费用令	1923 年 7 月 24 日	第十四册	108
非经大元帅签字不准支款令	1923 年 7 月 24 日	第十四册	109
着拟文奖励西江海陆军令	1923 年 7 月 24 日	第十四册	109
免谭延闿建设部长令	1923 年 7 月 24 日	第十七册	222
着叶恭绰暂代建设部长令	1923 年 7 月 24 日	第十七册	223
准免汪宗准财政部秘书令	1923 年 7 月 24 日	第十七册	223
准陈敬汉署理财政部秘书令	1923 年 7 月 24 日	第十七册	224

续表

篇名	著述时间	册数	页码
委任刘友珊等三人为中国国民党砂朥越分部职员状	1923 年 7 月 24 日	第十七册	224
委任李鸿标为中国国民党砂朥越分部党务科主任状	1923 年 7 月 24 日	第十七册	225
委任黄呈光为中国国民党砂朥越分部会计科主任状	1923 年 7 月 24 日	第十七册	225
委任杨子琪为中国国民党砂朥越分部宣传科主任状	1923 年 7 月 24 日	第十七册	226
委任郭川衡等十三人为中国国民党砂朥越分部职员状	1923 年 7 月 24 日	第十七册	226
任邹鲁为广东财政厅长令	1923 年 7 月 24 日	第十七册	227
与桂军将领代表谈话	1923 年 7 月 25 日	第十二册	308
准任命王任化为建设部科长令	1923 年 7 月 25 日	第十七册	227
致罗翼群希星夜将大油油渣解来前方应用短函	1923 年 7 月 26 日	第八册	469
着会计司发给大元帅室杂支令	1923 年 7 月 26 日	第十四册	110
特派范石生蒋光亮为统一广东财政委员令	1923 年 7 月 26 日	第十七册	227
复胡汉民指示款项收支并出兵东江事函	1923 年 7 月 27 日	第八册	469
饬陈策制止吴赵械斗令	1923 年 7 月 27 日	第十四册	110
饬邹鲁清发财厅旧员欠薪令	1923 年 7 月 27 日	第十四册	111
任路孝忱为直辖山陕讨贼军司令令	1923 年 7 月 27 日	第十七册	228
俟各江军事结束众意金同当贯彻对外宣言之主张 与叶恭绰程潜谈话	1923 年 7 月 28 日	第十二册	308
饬西江善后督办办理地方善后事宜令	1923 年 7 月 28 日	第十四册	111
批罗翼群请令饬广州市政厅征收码头租捐专解兵站 以济军需呈	1923 年 7 月 28 日	第十四册	112
准叶恭绰呈请以陈敬汉署理汪宗准递移之财政部秘 书一职令	1923 年 7 月 28 日	第十七册	228
核复黄昌谷呈报启用大元帅行营金库长印信日期令	1923 年 7 月 28 日	第十七册	229
核复黄骚呈报移交广东造币分厂监督职情形并请备 案令	1923 年 7 月 28 日	第十七册	229

续表

篇名	著述时间	册数	页码
致胡汉民杨庶堪望集全力顾东江各军给养函	1923 年 7 月 30 日	第八册	470
与桂军代表冯君谈话	1923 年 7 月 30 日刊载	第十二册	309
不容鼠辈窃据桂省　与旅粤桂省人士谈话	1923 年 7 月 30 日	第十二册	309
饬军法处讯办林瀛洲案令	1923 年 7 月 30 日	第十四册	113
批程潜请饬发广九铁路军车管理处经费呈	1923 年 7 月 30 日	第十四册	114
批罗翼群请发给谭启秀部军米额数呈	1923 年 7 月 30 日	第十四册	114
准容景芳辞大本营参军处上校副官令	1923 年 7 月 30 日	第十七册	230
准朱培德呈免去容景芳参军处副官本职令	1923 年 7 月 30 日	第十七册	230
不准伍学煜呈辞建设部次长令	1923 年 7 月 30 日	第十七册	230
核复谢铁良呈报鱼雷局局务暂委副官陈仲斌代行令	1923 年 7 月 30 日	第十七册	231
批《司法官任用章程》和《司法官甄别章程》	1923 年 7 月 31 日	第六册	49
复邓演达着率全团来东江函	1923 年 7 月 31 日	第八册	471
饬财政厅派员赴江接办筹发饷项事宜令	1923 年 7 月 31 日	第十四册	115
饬廖仲恺转饬周鹤年办清手续令	1923 年 7 月 31 日	第十四册	115
批叶恭绰为故员谢廷俊请恤呈	1923 年 7 月 31 日	第十四册	116
派王恒为大本营宣传委员令	1923 年 7 月 31 日	第十七册	231
核复黄建勋呈报启用西江船舶检查所所长关防日期令	1923 年 7 月 31 日	第十七册	232
致徐谦告反对委员制并以革命解决中国纠纷函	1923 年 7 月	第八册	471
饬民产保证局担任每日子弹费令	1923 年 7 月	第十四册	116
为《一九二三年复旦年刊》题词	1923 年 7 月刊载	第十八册	360
致宋庆龄介绍郭介卿安装电话函	1923 年夏	第八册	472
题赠邓演达联	1923 年夏	第十八册	359
批陈天太设立护商队情形呈	1923 年 8 月 1 日	第十四册	117
准张国元辞建设部秘书令	1923 年 8 月 1 日	第十七册	232

续表

篇名	著述时间	册数	页码
核复蒋光亮呈报胡思舜遵令就任直辖滇军第三军第五师师长及启用印章令	1923 年 8 月 1 日	第十七册	233
准罗翼群呈大本营兵站所属第三支部增加委员五名并令行审计局备案令	1923 年 8 月 1 日	第十七册	233
准朱培德呈参军处上校副官吴文龙请假三月令	1923 年 8 月 1 日	第十七册	234
致大本营告俟攻破惠州之后始行返省电	1923 年 8 月 2 日	第九册	558
饬刘纪文有关兵站总监加委人员查照备案令	1923 年 8 月 2 日	第十四册	117
令邓泽如查明办理缴造具经手收支报销清册请予核销一案	1923 年 8 月 2 日	第十四册	118
派张国元为大本营宣传委员令	1923 年 8 月 2 日	第十七册	234
核复黄建勋呈报就任梧州关监督兼外交部特派广西交涉员及启用印信日期令	1923 年 8 月 2 日	第十七册	234
西江军事结束应即宣布解严令	1923 年 8 月 3 日	第十四册	118
饬程潜点验谢良牧部令	1923 年 8 月 3 日	第十四册	119
批黄建勋请该所应否办理结束呈	1923 年 8 月 3 日	第十四册	120
批财政部请支援湘军及臧致平呈	1923 年 8 月 3 日	第十四册	120
复叶恭绰告新宁铁路得款付兵站函	1923 年 8 月 4 日	第八册	472
复谢持嘱致函激励姜明经旅电	1923 年 8 月 4 日	第九册	558
饬叶恭绰大理院迁移费及月租准作正支销令	1923 年 8 月 4 日	第十四册	121
批徐绍桢拟请褒扬节妇王严氏呈	1923 年 8 月 4 日	第十四册	121
致胡汉民程潜廖仲恺杨庶堪告一切政事由胡汉民代行例外之事由其四人会议函	1923 年 8 月 4 日	第十七册	235
特派宋渊源为闽南宣慰使令	1923 年 8 月 4 日	第十七册	235
准任命王应潮为大本营参军处少校副官令	1923 年 8 月 4 日	第十七册	236
委任周高伦等四人为中国国民党胜缅分部职员状	1923 年 8 月 4 日	第十七册	236

续表

篇名	著述时间	册数	页码
委任谭裔炽为中国国民党胜缅分部党务科主任状	1923 年 8 月 4 日	第十七册	237
委任叶君培为中国国民党胜缅分部会计科主任状	1923 年 8 月 4 日	第十七册	237
委任任春华为中国国民党胜缅分部宣传科主任状	1923 年 8 月 4 日	第十七册	238
委任叶达煦等十三人为中国国民党胜缅分部职员状	1923 年 8 月 4 日	第十七册	238
派焦易堂为陕西河南军事特派员状	1923 年 8 月 4 日	第十七册	239
核复杨廷培呈报领到直辖滇军第三师师长印章及启用日期令	1923 年 8 月 4 日	第十七册	239
为节妇王严氏题颁	1923 年 8 月 4 日	第十八册	361
致胡汉民杨庶堪嘱设法增发刘玉山部火食费函	1923 年 8 月 5 日	第八册	473
复杨庶堪告东江军事并请尊重叶恭绰函	1923 年 8 月 5 日	第八册	473
着汇马素美金贰千元令	1923 年 8 月 5 日	第十四册	122
就美国总统哈定病逝吊慰继任者柯立芝唁电	1923 年 8 月 6 日	第九册	558
致政务会议嘱筹款预办冬衣函	1923 年 8 月 7 日	第八册	474
饬各军广九路除运兵外不得勒用专车令	1923 年 8 月 7 日	第十四册	122
饬大理院遵照前令分行司法机关办理司法官书记官之派任令	1923 年 8 月 7 日	第十四册	123
饬罗翼群等广九路火车应按规定时刻行驶令	1923 年 8 月 7 日	第十四册	124
着廖仲恺转饬财政厅查办江门东口会河厘金厂承商双包案令	1923 年 8 月 7 日	第十四册	124
核复范其务呈报就任广东电政监督兼广州电报局长日期及接收关防小章各情令	1923 年 8 月 7 日	第十七册	240
核复谭延闿呈报交卸建设部长日期令	1923 年 8 月 7 日	第十七册	240
致姜明经告派吴明浩往商同抗直系事函	1923 年 8 月 8 日	第八册	475
致韶州各界公民大会嘉许一致准备御敌电	1923 年 8 月 8 日	第九册	559
批朱和中呈报该厂巡查队成立日期并表册四本文	1923 年 8 月 8 日	第十四册	125
批韶州地方绅商爱国爱乡文	1923 年 8 月 8 日	第十四册	126

续表

篇名	著述时间	册数	页码
任命陈嘉祐为湖南讨贼军湘东第一军军长令	1923 年 8 月 8 日	第十七册	241
准程潜呈请更正军法处长名称并予改任令	1923 年 8 月 8 日	第十七册	241
核复姚雨平呈报就任惠州安抚使及启用印信日期令	1923 年 8 月 8 日	第十七册	242
核复范石生呈报启用直辖滇军第二军军长印信日期令	1923 年 8 月 8 日	第十七册	242
准朱培德呈请任命王应潮为参军处少校副官令	1923 年 8 月 8 日	第十七册	243
核复蒋光亮呈报启用直辖滇军第三军军长印信日期及自行毁销木质关防令	1923 年 8 月 8 日	第十七册	243
着实施整理纸币各项办法令	1923 年 8 月 9 日	第十四册	126
特派魏邦平为琼崖实业督办令	1923 年 8 月 9 日	第十七册	243
任命黄隆生为大元帅行营军用票监督令	1923 年 8 月 9 日	第十七册	244
任命安宝恕为大本营咨议令	1923 年 8 月 9 日	第十七册	244
准任命范望为大本营参谋处上校参谋令	1923 年 8 月 9 日	第十七册	245
准任命李承翼为大本营财政部科长令	1923 年 8 月 9 日	第十七册	245
准魏邦平辞西江讨贼军总指挥兼西江戒严司令令	1923 年 8 月 9 日	第十七册	245
准免梁廷槐财政部科长令	1923 年 8 月 9 日	第十七册	246
为航空局题词	1923 年 8 月 9 日	第十八册	362
为杨仙逸题词	1923 年 8 月 9 日	第十八册	363
准行《整理广东省银行纸币办法总纲》	1923 年 8 月 10 日	第六册	54
核复古应芬呈报遵令办理收束经管事宜并催李督办到肇接替令	1923 年 8 月 10 日	第十七册	246
准叶恭绰呈报以李承翼接任梁廷槐所遗财政部科长一职令	1923 年 8 月 10 日	第十七册	247
批汪精卫报告臧致平情况来电	1923 年 8 月上旬	第十四册	127
扑灭军阀官僚而后可实行民治　在广州犒劳永翔楚豫两舰官兵的演说	1923 年 8 月 11 日	第十册	523

续表

篇名	著述时间	册数	页码
饬发给李肖廷旅费手令	1923 年 8 月 11 日	第十四册	128
特派程潜等五人为西江善后委员令	1923 年 8 月 11 日	第十七册	247
开去董鸿勋戴永萃本职及戴任与盛荣超为参军手谕	1923 年 8 月 11 日	第十七册	248
免董鸿勋大本营参军令	1923 年 8 月 11 日	第十七册	248
解除董鸿勋滇军游击司令听候查办令	1923 年 8 月 11 日	第十七册	248
照准《商业牌照税条例施行细则》	1923 年 8 月 13 日	第六册	63
国民党偏重军事之原因　与王永基等谈话	1923 年 8 月 13 日	第十二册	309
着黄绍竑部暂归李济深节制调遣令	1923 年 8 月 13 日	第十四册	128
饬厘定航空局编制令	1923 年 8 月 13 日	第十四册	128
批杨仙逸缴七月份预算书呈	1923 年 8 月 13 日	第十四册	129
委任李执中等五人为惩戒委员组织惩戒委员会叶夏声一案着交该会审查批	1923 年 8 月 13 日	第十七册	249
大本营党务处条例	1923 年 8 月 14 日刊载	第六册	66
继续贯彻护法主张　在永丰舰慰勉官佐的演说	1923 年 8 月 14 日	第十册	524
讨论造币厂经营问题的讲话	1923 年 8 月 14 日	第十册	524
必以戡乱除暴为前提然后收制宪定国之效果　与广东籍某议员谈话	1923 年 8 月 14 日	第十二册	310
追赠并优恤萧觉民令	1923 年 8 月 14 日	第十四册	130
致臧致平及闽南同志望毅力奋斗并告已派军援闽电	1923 年 8 月 15 日	第九册	559
全国学生要担当革命的重任　在广州全国学生联合会总会第五次评议会开幕礼的演说	1923 年 8 月 15 日	第十册	525
批许崇智请抚恤萧觉民并追给少将呈	1923 年 8 月 15 日	第十四册	130
饬发萧觉民恤费手令	1923 年 8 月 15 日	第十四册	131
着兵工厂长赶造碰火交东江刘军应用令	1923 年 8 月 15 日	第十四册	131
批罗翼群请拨专款办理结束西北两江兵站等机关呈	1923 年 8 月 15 日	第十四册	131
准任命郑校之为大元帅行营庶务科长令	1923 年 8 月 15 日	第十七册	249

续表

篇名	著述时间	册数	页码
准任命陆华显为大本营庶务科长令	1923 年 8 月 15 日	第十七册	250
派文明清蔡达三为大元帅行营委员令	1923 年 8 月 15 日	第十七册	250
委派李植生为惠阳安抚委员令	1923 年 8 月 15 日	第十七册	251
特任古应芬为大元帅行营秘书长令	1923 年 8 月 15 日	第十七册	251
委任黄仲衡等十六人为洞口等四埠中国国民党支（分）部职员状	1923 年 8 月 15 日	第十七册	251
委任钟克明等五人分为洞口等四埠中国国民党支（分）部党务科正副主任状	1923 年 8 月 15 日	第十七册	252
委任潘瑞香等五人分为洞口等四埠中国国民党支（分）部会计科正副主任状	1923 年 8 月 15 日	第十七册	253
委任刘卓英等五人分为洞口等四埠中国国民党支（分）部宣传科正副主任状	1923 年 8 月 15 日	第十七册	253
委任卢运球等七十四人为洞口等四埠中国国民党支（分）部职员状	1923 年 8 月 15 日	第十七册	254
委方寿龄为行营中校参谋手谕	1923 年 8 月 15 日	第十七册	255
任命何克夫为□□师师长手令	1923 年 8 月 15 日	第十七册	255
着航空局拨机开往淡水侦探敌情令	1923 年 8 月 16 日刊载	第十四册	132
着熊克武节制四川讨贼各军令	1923 年 8 月 16 日	第十四册	132
着梅光培等设法供足无线电局月需并另筹三万应急令	1923 年 8 月 16 日	第十四册	135
饬广东财政厅按月拨给广东电政监督五千元经费令	1923 年 8 月 16 日	第十四册	135
批邓泽如请裁撤缉私舰队办事处呈	1923 年 8 月 16 日	第十四册	137
批范其务因经费困难请准予拨款以维电政呈	1923 年 8 月 16 日	第十四册	137
批姚雨平缴中央直辖警备军旗帜图式请备案呈	1923 年 8 月 16 日	第十四册	138
任命黄绍雄为直辖西路讨贼军第五师师长令	1923 年 8 月 16 日	第十七册	255

续表

篇名	著述时间	册数	页码
准徐绍桢呈请由内政部委派视学令	1923 年 8 月 16 日	第十七册	256
优恤陆兰清令	1923 年 8 月 17 日	第十四册	138
饬邓泽如等如额交付兵站之款不得延宕积欠令	1923 年 8 月 17 日	第十四册	139
饬范其务从速修复梧州电报局所属线路令	1923 年 8 月 17 日	第十四册	140
饬梁鸿楷协同高雷捍御桂盗余孽令	1923 年 8 月 17 日	第十四册	141
批程潜优恤陆兰清呈	1923 年 8 月 17 日	第十四册	141
批姚雨平请设立行署及后方办事处请饬兵站接济呈	1923 年 8 月 17 日	第十四册	142
批程潜查明洗善之等案请将其家产变卖充饷呈	1923 年 8 月 17 日	第十四册	142
特派梁鸿楷兼两阳三罗等处安抚使令	1923 年 8 月 17 日	第十七册	256
任命邱鸿钧为大本营参军令	1923 年 8 月 17 日	第十七册	257
任命杨子嘉为大本营技师令	1923 年 8 月 17 日	第十七册	257
准叶恭绰呈请委派李济准接办广西榷运局令	1923 年 8 月 17 日	第十七册	257
复邓家彦请游说德国促成中德合作函	1923 年 8 月 18 日	第八册	476
复赵成梁着嘉奖克复南雄始兴之前敌将士电	1923 年 8 月 18 日	第九册	560
致上海中央干部会议指示对国会态度电	1923 年 8 月 18 日	第九册	560
着总参议及秘书长发训令与蒋光亮招降李根云残部令	1923 年 8 月 18 日	第十四册	143
准李国柱所请代造步枪令	1923 年 8 月 18 日	第十四册	143
任命吴东启为大本营参议令	1923 年 8 月 18 日	第十七册	258
任命于若愚为大本营咨议令	1923 年 8 月 18 日	第十七册	258
派胡镜波为大本营出勤委员令	1923 年 8 月 18 日	第十七册	259
准任命吴靖为大本营参军处上校副官令	1923 年 8 月 18 日	第十七册	259
任命赵锄非等三人为大本营咨议令	1923 年 8 月 18 日	第十七册	259
着廖仲恺谕令广州总商会转知各行商及商业团体踊跃输将令	1923 年 8 月 18 日至 19 日间	第十四册	144
饬发给孙扶邦路费手令	1923 年 8 月 19 日	第十四册	145

续表

篇名	著述时间	册数	页码
批准《大元帅行营金库组织章程》	1923 年 8 月 20 日	第六册	67
准变卖冼善之等附逆分子家产令	1923 年 8 月 20 日	第十四册	145
饬姚雨平招抚东江散兵令	1923 年 8 月 20 日	第十四册	147
批杨仙逸为东江水涨拟将陆机二架装成水机以备赶赴前敌呈	1923 年 8 月 20 日	第十四册	148
着姚雨平仍兼直辖警备军司令令	1923 年 8 月 20 日	第十七册	260
委任余轼和等八人为映市仓哗造二埠中国国民党分部职员状	1923 年 8 月 20 日	第十七册	260
委任余蓁中黄孟裔分为映市仓哗造二埠中国国民党分部党务科主任状	1923 年 8 月 20 日	第十七册	261
委任余辉中陈进枝分为映市仓哗造二埠中国国民党分部会计科主任状	1923 年 8 月 20 日	第十七册	261
委任陈斗邓孺子分为映市仓哗造二埠中国国民党分部宣传科主任状	1923 年 8 月 20 日	第十七册	262
委任谢协民等三十八人为映市仓哗造二埠中国国民党分部职员状	1923 年 8 月 20 日	第十七册	262
饬发给行营金库长万元手令	1923 年 8 月 21 日	第十四册	148
任命冯镇东为大元帅行营秘书令	1923 年 8 月 21 日	第十七册	263
着军政各机关迅行依式编补各预算书令	1923 年 8 月 22 日	第十四册	149
准西江善后督办补充团改易名称令	1923 年 8 月 22 日	第十四册	150
批古应芬请将补充团收归中央直辖暂归李济深节制呈	1923 年 8 月 22 日	第十四册	151
批刘纪文请通令各文武机关迅行依式编造各预计算书表呈	1923 年 8 月 22 日	第十四册	151
着即发委黄骚为造币厂监督手谕	1923 年 8 月 22 日	第十七册	263

续表

篇名	著述时间	册数	页码
派黄骚为广东造币分厂监督令	1923 年 8 月 22 日	第十七册	263
准车显承辞广东高等检察厅检察长令	1923 年 8 月 22 日	第十七册	264
任命何蔚代理广东高等检察厅检察长令	1923 年 8 月 22 日	第十七册	264
命将程天斗交军法裁判令	1923 年 8 月 23 日	第十四册	152
着邓泽如拨陆军医院五千元令	1923 年 8 月 23 日	第十四册	152
批程潜请拨款维持陆军医院呈	1923 年 8 月 23 日	第十四册	153
着按月发给北京法文报津贴令	1923 年 8 月 23 日	第十四册	154
任命胡汉民等三人为大本营军法裁判官令	1923 年 8 月 23 日	第十七册	265
委陈楚楠为咨议手令	1923 年 8 月 23 日	第十七册	265
任命陈楚楠为大本营咨议令	1923 年 8 月 23 日	第十七册	265
不准赵梯昆呈辞海军司令部参谋长兼职令	1923 年 8 月 23 日	第十七册	266
不准魏邦平呈请收回琼崖实业督办成命令	1923 年 8 月 23 日	第十七册	266
核复王得庆呈报启用湖南讨贼军第三路司令大小印信日期令	1923 年 8 月 23 日	第十七册	267
核复廖行超呈报奉到直辖滇军第二师师长大小印信及启用日期令	1923 年 8 月 23 日	第十七册	267
批罗翼群称广东工团海面货船协会严月生等营私舞弊请核办呈	1923 年 8 月 24 日	第十四册	154
核复林森呈报就任建设部长日期令	1923 年 8 月 24 日	第十七册	268
准朱培德呈为参军邱鸿钧请假一月令	1923 年 8 月 24 日	第十七册	268
准叶恭绰呈派区濂为广东造币分厂总办令	1923 年 8 月 24 日	第十七册	268
着克日筹款十万元拨交兵站总监令	1923 年 8 月 25 日	第十四册	157
着按日如数拨足兵站之款以利军行令	1923 年 8 月 25 日	第十四册	158
批罗翼群报告该部款项竭蹶请予补助呈	1923 年 8 月 25 日	第十四册	159
批梅光培请转饬将查封冼善之等逆产案卷咨送过处以便投变呈	1923 年 8 月 25 日	第十四册	160

续表

篇名	著述时间	册数	页码
准任命赵士养等三人为大元帅行营金库各科主任令	1923 年 8 月 25 日	第十七册	269
准任命刘殿臣为大本营参军处上校副官令	1923 年 8 月 25 日	第十七册	269
委任谭声根等六人为孟米啤喇二埠中国国民党分部职员状	1923 年 8 月 25 日	第十七册	270
委任谭伟南区启丁分为孟米啤喇二埠中国国民党分部党务科主任状	1923 年 8 月 25 日	第十七册	270
委任谭裁之黄广星分为孟米啤喇二埠中国国民党分部会计科主任状	1923 年 8 月 25 日	第十七册	271
委任梁顾西区林兆分为孟米啤喇二埠中国国民党分部宣传科主任状	1923 年 8 月 25 日	第十七册	271
委任谭钜盛等十三人为中国国民党孟米分部职员状	1923 年 8 月 25 日	第十七册	272
致叶恭绰嘱力筹军费解决东江军事函	1923 年 8 月 26 日	第八册	477
致李福林促即来博罗督战电	1923 年 8 月 26 日	第九册	560
着廖行超速率部赴博罗解围令	1923 年 8 月 26 日	第十四册	160
着程潜将查封逆产卷宗移交广东全省官产清理处办理令	1923 年 8 月 27 日	第十四册	161
着酌派军队保护电政令	1923 年 8 月 27 日	第十四册	162
批准《广东造币分厂余利凭券条例》并章程	1923 年 8 月 28 日	第六册	69
复谭延闿勉猛力毅进函	1923 年 8 月 28 日	第八册	477
着冯侠民将运船押回石龙令	1923 年 8 月 28 日	第十四册	163
准《广东造币分厂合约》备案	1923 年 8 月 29 日	第六册	72
复刘震寰指示东征方略电	1923 年 8 月 29 日	第九册	561
着各军如需派报生随营应先呈请帅府核饬令	1923 年 8 月 29 日	第十四册	163
饬罗翼群转饬第二支部依原定预算编造再行呈核令	1923 年 8 月 30 日	第十四册	164
饬徐绍桢更正补造该部三四月份预算令	1923 年 8 月 30 日	第十四册	165

续表

篇名	著述时间	册数	页码
批刘纪文审查内政部十二年度全年预算书情形呈	1923 年 8 月 30 日	第十四册	166
批刘纪文请饬更正兵站第二支部饷册呈	1923 年 8 月 30 日	第十四册	166
核准设立广东全省经界总局并规程	1923 年 8 月□日	第六册	52
致王棠催急办攻惠州军需事函	1923 年 8 月	第八册	478
着财政机关等酌拨饷械接济黄明堂令	1923 年 8 月	第十四册	167
饬将无线电机送回博罗令	1923 年 8 月	第十四册	167
饬转前敌飞机人员听从调遣令	1923 年 8 月	第十四册	168
批谭延闿报告沈鸿英窜扰汝城请调兵入湘事	1923 年 8 月	第十四册	168
着各军节省伕力并在原驻地代为招募令	1923 年 9 月 1 日	第十四册	168
饬廖仲恺严缉黄公汉等令	1923 年 9 月 1 日	第十四册	170
饬叶恭绰补缮该部三至六月份预算表送交审计局备案令	1923 年 9 月 1 日	第十四册	170
饬林森补缮该部各月份预算书送交审计局令	1923 年 9 月 1 日	第十四册	171
饬蒋光亮严缉彭嗣志叶其森等令	1923 年 9 月 1 日	第十四册	172
批徐绍桢请褒扬贞妇邓黎氏并题字给章呈	1923 年 9 月 1 日	第十四册	172
准黄为材辞广东陆军测量局局长兼测量学校校长令	1923 年 9 月 1 日	第十七册	272
准任命吴宗民为广东陆军测量局局长兼测量学校校长令	1923 年 9 月 1 日	第十七册	273
核复黄建勋呈报遵令停止检查并立将关防缴销令	1923 年 9 月 1 日	第十七册	273
核复路孝忱呈报就任中央直辖山陕讨贼军司令及启用印信日期令	1923 年 9 月 1 日	第十七册	274
为邓黎氏题颁	1923 年 9 月 1 日	第十八册	364
致杨庶堪告勘察博罗附近地形函	1923 年 9 月 2 日	第八册	479
致胡汉民告兼排长职亲临侦查敌情函	1923 年 9 月 2 日	第八册	479
复徐绍桢等望助官产处速投卖惠济仓沙田函	1923 年 9 月 3 日	第八册	480
着廖仲恺转饬将举报官产产价之半拨归粮管处令	1923 年 9 月 3 日	第十四册	173

续表

篇名	著述时间	册数	页码
批张开儒称陆军测量局局长黄为材请辞职并给发积欠薪饷呈	1923 年 9 月 3 日	第十四册	174
批邹鲁等称所有收支概照国币条例前令搭收二成镍币办法准予取消呈	1923 年 9 月 3 日	第十四册	174
准免梁仿谘财政部科长令	1923 年 9 月 3 日	第十七册	274
准任命任传伯为财政部科长令	1923 年 9 月 3 日	第十七册	274
派徐效师为大本营出勤委员令	1923 年 9 月 3 日	第十七册	275
核复李济深呈报奉到西江善后督办关防小章及启用日期令	1923 年 9 月 3 日	第十七册	275
准蒋光亮呈报防地卫戍事宜责成第四师师长王秉钧令	1923 年 9 月 3 日	第十七册	276
委任欧汀贺等四人为中国国民党印京支部职员状	1923 年 9 月 3 日	第十七册	276
委任熊文初古悦我分为中国国民党印京支部党务科正副主任状	1923 年 9 月 3 日	第十七册	277
委任黄志元陈祝三分为中国国民党印京支部会计科正副主任状	1923 年 9 月 3 日	第十七册	277
委任谭雨翘熊尧佐分为中国国民党印京支部宣传科正副主任状	1923 年 9 月 3 日	第十七册	278
委任李冠英等五十二人为中国国民党印京支部职员状	1923 年 9 月 3 日	第十七册	278
委任王京岐等四人分为里昂等三地中国国民党组织筹备处筹备员状	1923 年 9 月 3 日	第十七册	279
命胡汉民杨庶堪慰问日灾及田中将军令	1923 年 9 月 1 至 4 日间	第十四册	175
复杨庶堪告蒋光亮范石生必来东江奋斗函	1923 年 9 月 4 日	第八册	480
为关东大地震致裕仁慰问电	1923 年 9 月 4 日	第九册	561

续表

篇名	著述时间	册数	页码
派赵西山赴陕传谕各军将一致讨贼令	1923 年 9 月 4 日	第十四册	175
委任雷揖臣邝林为中国国民党林肯总统船通讯处筹备处筹备员状	1923 年 9 月 4 日	第十七册	279
致日本政府慰问地震灾情电	1923 年 9 月 5 日前	第九册	562
致卢师谛令即率所部开往淡水接防函	1923 年 9 月 5 日	第八册	481
致卢师谛嘱即率全部开往淡水接防电	1923 年 9 月 5 日	第九册	562
复上海中央干部会议指示应付政局方针电	1923 年 9 月 5 日	第九册	563
复何东告愿意列席各领袖联席会议电	1923 年 9 月 5 日	第九册	563
着廖仲恺督催香山等县每日照数解款令	1923 年 9 月 5 日	第十四册	175
批伍朝枢为义大利赠送叶恭绰勋章呈	1923 年 9 月 5 日	第十四册	176
批朱和中请予滇军第三军拟备价制造手机关枪呈	1923 年 9 月 5 日	第十四册	177
任命梁楚三蒋道日为大本营咨议令	1923 年 9 月 5 日	第十七册	280
委邹竞为上校参谋手令	1923 年 9 月 5 日	第十七册	280
任命李蟠为大元帅行营秘书令	1923 年 9 月 5 日	第十七册	280
批赵梯昆称完全克复藤县呈	1923 年 9 月 6 日	第十四册	177
复谭延闿嘉慰湘军电	1923 年 9 月 7 日	第九册	564
批胡汉民等为审判程天斗侵吞公款案情形呈	1923 年 9 月 8 日	第十四册	178
委任陈添陈全分为中国国民党勿地顺船通讯处执行部正副主任状	1923 年 9 月 8 日	第十七册	281
着财政厅备送一万元奖赏滇军杨廷培部令	1923 年 9 月 10 日	第十四册	179
批罗翼群关于刘玉山请设军医院案据查无设立必要令	1923 年 9 月 10 日	第十四册	180
委任董方域等三人为中国国民党本部宣传部宣传员状	1923 年 9 月 10 日	第十七册	281
委任陈安仁为中国国民党南洋群岛特派员状	1923 年 9 月 10 日	第十七册	282
委任孙祥夫为海军陆战队司令令	1923 年 9 月 10 日	第十七册	282

续表

篇名	著述时间	册数	页码
批魏邦平请示程天斗赃款无法全数交出呈	1923 年 9 月上旬	第十四册	179
致胡汉民嘱令永丰舰与滇军协同击敌电	1923 年 9 月 11 日	第九册	564
任命赵锡昌为大本营咨议令	1923 年 9 月 11 日	第十七册	283
饬王棠发第三旅职员川资令	1923 年 9 月 12 日	第十四册	180
核复张开儒呈报黄为材交卸广东陆军测量局局长兼测量学校校长职并准予备案令	1923 年 9 月 12 日	第十七册	283
饬各军不得任意苛责电局人员令	1923 年 9 月 13 日	第十四册	182
饬查明虎门要塞土药废炮变卖是否可行令	1923 年 9 月 13 日	第十四册	183
批罗翼群报告忠信电船公司抗匪军需租用呈	1923 年 9 月 13 日	第十四册	184
东江战事将告结束筹费犒军　在大元帅府谈话	1923 年 9 月 14 日	第十二册	310
准予协缉张合等令	1923 年 9 月 14 日	第十四册	184
准任命郑文轩为财政部秘书令	1923 年 9 月 14 日	第十七册	284
批《暂行视学规程》及《视学支费暂行规则》	1923 年 9 月 15 日	第六册	75
饬各机关禁止滥发商业牌照令	1923 年 9 月 15 日	第十四册	185
令蒋光亮不得据收商业牌照费	1923 年 9 月 15 日	第十四册	186
准叶恭绰呈以卢谔生署理财政部第二局局长一职令	1923 年 9 月 15 日	第十七册	284
委任朱运南等六人为中国国民党坡厘士璧山地杯分部职员状	1923 年 9 月 15 日	第十七册	285
委任黎光裕等二十二人为中国国民党坡厘士璧山地杯分部职员状	1923 年 9 月 15 日	第十七册	285
委任梁德明李宏为中国国民党坡厘士璧山地杯分部党务科主任状	1923 年 9 月 15 日	第十七册	286
委任张藻华余盛为中国国民党坡厘士璧山地杯分部会计科主任状	1923 年 9 月 15 日	第十七册	286
委任李炳龙余义和为中国国民党坡厘士璧山地杯分部宣传科主任状	1923 年 9 月 15 日	第十七册	287

续表

篇名	著述时间	册数	页码
复叶恭绰嘱速为东征筹款函	1923 年 9 月 16 日	第八册	482
致叶恭绰介绍邹建廷来洽造币厂事函	1923 年 9 月 16 日	第八册	483
复加拉罕望实现中俄亲善并告北京政府为非法政府电	1923 年 9 月 16 日	第九册	565
与天羽英二谈话	1923 年 9 月 16 日	第十二册	311
为王广发题词	1923 年 9 月 16 日	第十八册	365
致胡汉民杨庶堪不准各军定造手机关枪函	1923 年 9 月 17 日	第八册	483
复加拉罕告来粤与新政府谈判时机适合函	1923 年 9 月 17 日	第八册	484
致加拉罕告派蒋介石去莫斯科的任务电	1923 年 9 月 17 日	第九册	566
着徐天琛率部赴增城归胡谦指挥令	1923 年 9 月 17 日	第十四册	187
为陈天太在桂召集旧部来粤补充电饬各军及刘玉山令	1923 年 9 月 17 日	第十四册	187
准免卢谔生财政部秘书令	1923 年 9 月 17 日	第十七册	287
任命卢谔生署理财政部第二局局长令	1923 年 9 月 17 日	第十七册	288
任命何克夫为连阳绥靖处长令	1923 年 9 月 17 日	第十七册	288
复林义顺贺其公子结婚函	1923 年 9 月 18 日	第八册	485
饬各军长官派员至后方医院将病愈士兵提回前方服务令	1923 年 9 月 18 日	第十四册	188
饬廖仲恺转知财政厅长撤销广三铁路附近财政处布告令	1923 年 9 月 18 日	第十四册	189
着王棠妥筹善法利便运输以纾民困令	1923 年 9 月 18 日	第十四册	190
批廖仲恺为捕获连山县长彭嗣志应解送军政部依法审办呈	1923 年 9 月 18 日	第十四册	190
准任命寸性奇为直辖滇军宪兵司令令	1923 年 9 月 18 日	第十七册	288
免王棠大本营会计司司长令	1923 年 9 月 18 日	第十七册	289

续表

篇名	著述时间	册数	页码
任命王棠为东江商运局局长令	1923 年 9 月 18 日	第十七册	289
任命黄隆生为大本营会计司司长令	1923 年 9 月 18 日	第十七册	290
委欧阳格为参军及李宗黄调任参议手令	1923 年 9 月 18 日	第十七册	290
任命欧阳格为大本营参军令	1923 年 9 月 18 日	第十七册	290
任命李宗黄为大本营参议令	1923 年 9 月 18 日	第十七册	291
委任程致刚等四人为中国国民党古鲁士分部职员状	1923 年 9 月 18 日	第十七册	291
委任程玉波等十八人为中国国民党古鲁士分部职员状	1923 年 9 月 18 日	第十七册	292
委任□□□为中国国民党古鲁士分部党务科主任状	1923 年 9 月 18 日	第十七册	292
委任周端文为中国国民党古鲁士分部会计科主任状	1923 年 9 月 18 日	第十七册	293
委任王鸿盛潘震亚为中国国民党组织职员状	1923 年 9 月 18 日	第十七册	293
准颁征收爆竹类印花税及招商承办暂行章程	1923 年 9 月 19 日	第六册	77
批准征收爆竹类印花税及招商承办暂行章程	1923 年 9 月 19 日	第六册	83
饬伍朝枢为爪哇华侨惨遭杀伤事向英抗议令	1923 年 9 月 19 日	第十四册	191
批赵士北请将广州及茂名等三十厅庭具报已决人犯核明减刑呈	1923 年 9 月 19 日	第十四册	192
准舞凤舰舰长吴熹炤呈请给假三星期令	1923 年 9 月 19 日	第十七册	293
准罗翼群呈请以蔡慎接充冯启民所遗兵站第三支部长令	1923 年 9 月 19 日	第十七册	294
准杨希闵呈请任命寸性奇为滇军宪兵司令令	1923 年 9 月 19 日	第十七册	294
令抄发《各军请造枪枝办法》	1923 年 9 月 20 日	第六册	84
准行《各军请造枪枝办法》	1923 年 9 月 20 日	第六册	85
致电博罗各军限三日内先复惠州城令	1923 年 9 月 20 日	第十四册	193
批《新颁律师领用小章规程》	1923 年 9 月 21 日	第六册	86
分致犬养毅等人慰问震灾函	1923 年 9 月 21 日	第八册	485
特赦程天斗令	1923 年 9 月 21 日	第十四册	193

续表

篇名	著述时间	册数	页码
着廖仲恺转饬公安局释放程天斗令	1923 年 9 月 21 日	第十四册	193
与彭素民联署委任陈安仁为本部南洋群岛特派员状	1923 年 9 月 21 日	第十七册	295
复邹鲁否认徐谦为代表电	1923 年 9 月 22 日	第九册	567
准张开儒呈请委任吴应昌等三人为广东陆军测量局各课课长令	1923 年 9 月 22 日	第十七册	295
准张开儒呈将黄为材交卸广东陆军测量局局长兼测量学校校长职情形备案令	1923 年 9 月 22 日	第十七册	296
致胡汉民转谭延闿着调朱培德部来惠州以聚歼接援逆军电	1923 年 9 月 24 日	第九册	567
任马伯麟为长洲要塞司令马晓军为参军手令	1923 年 9 月 26 日前	第十七册	296
撤销鱼雷局令	1923 年 9 月 26 日	第十四册	194
饬廖仲恺保留佛山镇碉楼令	1923 年 9 月 26 日	第十四册	194
任命马伯麟为长洲要塞司令令	1923 年 9 月 26 日	第十七册	296
任命马晓军为大本营参军令	1923 年 9 月 26 日	第十七册	297
优恤杨仙逸等令	1923 年 9 月 27 日	第十四册	195
准刘纪文辞大本营审计局局长令	1923 年 9 月 27 日	第十七册	297
任命林翔为大本营审计局局长令	1923 年 9 月 27 日	第十七册	298
饬程潜查办阚应麟等有无冒充军官等罪行令	1923 年 9 月 28 日	第十四册	196
饬李济深毋得截留关款以重国库令	1923 年 9 月 28 日	第十四册	196
批罗翼群为该部职员月薪在三十元以下者准予免折及裁撤分站呈	1923 年 9 月 28 日	第十四册	197
批廖仲恺请令饬西江善后督办毋得截留关款以重国库呈	1923 年 9 月 28 日	第十四册	198
任命甘蕃为大本营咨议令	1923 年 9 月 28 日	第十七册	298
准任命蔡慎为大本营兵站第三支部长令	1923 年 9 月 28 日	第十七册	298

续表

篇名	著述时间	册数	页码
核复刘纪文呈准辞大本营审计局局长并告已任命林翔接替令	1923 年 9 月 28 日	第十七册	299
核复罗翼群呈准任命蔡慎为大本营兵站第三支部长并告可自行加委其兼军车管理处职务令	1923 年 9 月 28 日	第十七册	299
饬罗翼群按照审计局呈开各节明白声叙并将改编各表列呈候核令	1923 年 9 月 29 日	第十四册	198
饬杨希闵转饬驻广州至韶关各军嗣后悬挂电话线须一律搭挂第二线令	1923 年 9 月 29 日	第十四册	199
批赵士觐请采办沿海余盐二十万包运省呈	1923 年 9 月 29 日	第十四册	200
着兵工厂长按价代刘震寰造枪令	1923 年 9 月 30 日	第十四册	201
着秘书处分别拟令予许崇智古应芬	1923 年 9 月 30 日	第十四册	201
派许崇智秉公查办兵站令	1923 年 9 月 30 日	第十四册	201
着古应芬查核各机关一切公款出纳情形令	1923 年 9 月 30 日	第十四册	202
饬邓泽如每月由盐余项下支付烈士墓场经费令	1923 年 9 月 30 日	第十四册	202
任陈友仁为航空局长手令	1923 年 9 月 30 日	第十七册	300
任命陈友仁为航空局局长令	1923 年 9 月 30 日	第十七册	300
任命郭泰祺为外交部次长令	1923 年 9 月 30 日	第十七册	301
为杨仙逸遗像题签	1923 年 9 月 30 日	第十八册	366
复胡汉民朱培德望将朱部克日调回聚歼来敌电	1923 年 9 月下旬	第九册	568
着何克夫即率部进攻富贺令	1923 年 9 月	第十四册	203
批杨文焰函	1923 年 9 月	第十四册	204
题暴式彬挽额	1923 年 9 月	第十八册	367
颁给郑螺生奖凭证明	1923 年 10 月 1 日	第十四册	205
批徐绍桢请褒扬寿妇郑黄氏呈	1923 年 10 月 1 日	第十四册	205
为寿妇郑黄氏题颁	1923 年 10 月 1 日	第十八册	368
邓卓两部伙食饬由第一师发给令	1923 年 10 月 2 日	第十四册	206

续表

篇名	著述时间	册数	页码
饬设大本营筹饷总局县设筹饷局令	1923 年 10 月 2 日	第十四册	206
任命张国威为大元帅行营参谋令	1923 年 10 月 2 日	第十七册	301
准任命余壮鸣胡家弼为大本营参军处上校副官令	1923 年 10 月 2 日	第十七册	302
复何东告若各领袖联席会议为谋解决国是之方者当亲自出席电	1923 年 10 月 3 日刊载	第九册	568
着廖仲恺转饬各善堂筹赈惠州惠阳灾黎令	1923 年 10 月 3 日	第十四册	207
核复罗翼群呈报大本营兵站卫生局第一分病院拟添设三等军医正一员准予备案令	1923 年 10 月 3 日	第十七册	302
核复罗翼群呈报大本营兵站卫生局第二科拟请添设三等科员一名准予备案令	1923 年 10 月 3 日	第十七册	303
准行《工艺品奖励暂行章程》	1923 年 10 月 4 日	第六册	86
核复《新颁律师领用小章规程》	1923 年 10 月 5 日	第六册	89
批准《修正整理纸币奖券章程》	1923 年 10 月 5 日	第六册	89
复张国桢嘉奖克复河源将士电	1923 年 10 月 5 日	第九册	568
通缉吕春荣令	1923 年 10 月 5 日	第十四册	207
着护法各省通缉惩办附逆国会议员令	1923 年 10 月 5 日	第十四册	208
饬孙科暂行接收保管军用公债券令	1923 年 10 月 5 日	第十四册	208
谕代支罗劲夫款令	1923 年 10 月 5 日	第十四册	209
批复杨希闵呈永捷轮船究应何属令	1923 年 10 月 5 日	第十四册	210
批叶恭绰查核抽收广州市防务馆馆租以充警饷事属可行请鉴核呈	1923 年 10 月 5 日	第十四册	210
委任陈德徵为上海第五分部筹备处主任令	1923 年 10 月 5 日	第十七册	303
着本部办理委孙天孙张晋分为大连哈尔滨支部长批	1923 年 10 月 5 日	第十七册	304
批孙科查明红花冈公地业经全段划拨广东公医校院乞赐备案呈	1923 年 10 月 6 日	第十四册	211

续表

篇名	著述时间	册数	页码
核复马伯麟呈报就任长洲要塞司令日期令	1923 年 10 月 6 日	第十七册	304
准徐绍桢呈请给假二十一日内政部部务由次长杨西岩暂代令	1923 年 10 月 6 日	第十七册	305
核复林翔呈报就任大本营审计局局长日期令	1923 年 10 月 6 日	第十七册	305
核复梁鸿楷呈报遵令就任两阳三罗等处安抚使兼职日期令	1923 年 10 月 6 日	第十七册	306
讨伐曹锟通令	1923 年 10 月 8 日	第四册	523
致汪精卫告已下令讨曹并电段张卢共约讨贼电	1923 年 10 月 8 日	第九册	569
一致声讨曹锟共赴国难令	1923 年 10 月 8 日	第十四册	211
着杨希闵等禁止痞棍假借名义干涉地方行政令	1923 年 10 月 8 日	第十四册	212
饬撤销滇军在九江所设财政局令	1923 年 10 月 8 日	第十四册	212
批叶恭绰请明令施行出洋华茶减免税厘续展期限至十四年底为止呈	1923 年 10 月 8 日	第十四册	213
邹鲁因滇军在九江设立财政局阻碍税收情形请察核指令祗遵呈	1923 年 10 月 8 日	第十四册	214
任命黄明堂为钦廉绥靖处处长令	1923 年 10 月 8 日	第十七册	306
准任命刘钺为大本营参军处中校副官令	1923 年 10 月 8 日	第十七册	306
准任命陈尧廷为大本营秘书处科员令	1923 年 10 月 8 日	第十七册	307
核复郭泰祺呈报就任外交部次长日期令	1923 年 10 月 8 日	第十七册	307
反对曹锟贿选对外宣言	1923 年 10 月 9 日	第四册	524
欢迎鲍罗庭　在欢迎鲍罗庭招待会的讲话	1923 年 10 月 9 日	第十册	535
与鲍罗庭谈话	1923 年 10 月 9 日	第十二册	311
饬广九路沿线两旁十里内其他部队不准驻扎令	1923 年 10 月 9 日	第十四册	214
批李福林请令饬陈冠海邝鸣相两部他调令	1923 年 10 月 9 日	第十四册	215
祭开国讨袁护国护法各役诸先烈文	1923 年 10 月 10 日	第四册	151
致北京外交团要求否认曹锟为总统电	1923 年 10 月 10 日	第九册	569

续表

篇名	著述时间	册数	页码
致但焘促赴粤电	1923 年 10 月 10 日	第九册	570
曹锟贿选已成只有兴师北伐　与某记者谈话	1923 年 10 月初	第十二册	313
复全国学生联合会总会告已下令讨伐曹锟电	1923 年 10 月 11 日	第九册	570
改革国旗的讲话	1923 年 10 月 11 日	第十册	537
发给陈荣广治丧费令	1923 年 10 月 11 日	第十四册	216
着财政厅官产处仍按日各发五百元给制弹厂令	1923 年 10 月 11 日	第十四册	216
发给惠州攻城重炮拉火令	1923 年 10 月 11 日	第十四册	216
命李福林将所获火药悉交梅湖重炮应用令	1923 年 10 月 11 日	第十四册	217
向澳门警厅取回李安邦步枪令	1923 年 10 月 11 日	第十四册	217
委任方寿龄为大元帅行营中校参谋令	1923 年 10 月 11 日	第十七册	308
核复王棠呈报就任东江商运局局长日期及启用关防令	1923 年 10 月 11 日	第十七册	308
复许崇智准改编第四师为第七旅以莫雄为旅长电	1923 年 10 月 12 日	第九册	570
与日本东方通讯社记者谈话	1923 年 10 月 12 日	第十二册	314
批香山县长林警魂汇报当地治安电	1923 年 10 月 12 日	第十四册	217
给朱和中的命令	1923 年 10 月 12 日	第十四册	218
命给予李安邦所部利便通过令	1923 年 10 月 12 日	第十四册	218
命兵站总监部将办公物品拨交商运局接收令	1923 年 10 月 12 日	第十四册	218
徐树荣所部归王棠指挥调遣令	1923 年 10 月 12 日	第十四册	219
着发给参谋部特别费令	1923 年 10 月 12 日	第十四册	219
派邓演达为惠城安抚委员会同地方士商妥筹安抚人民办法令	1923 年 10 月 12 日	第十四册	219
饬各军不得向民间征发及强勒令	1923 年 10 月 12 日	第十四册	220
着审计局公布大本营成立以来各财政机关收支数目令	1923 年 10 月 13 日	第十四册	221
批复刘震寰呈请拨给积欠该军军饷令	1923 年 10 月 13 日	第十四册	221

续表

篇名	著述时间	册数	页码
命朱培德备价造机关枪弹令	1923 年 10 月 13 日	第十四册	222
任命田钟毂为大本营高级参谋令	1923 年 10 月 13 日	第十七册	309
任命陈中孚为大本营参议令	1923 年 10 月 13 日	第十七册	309
准任命宋韬石汝霖为大本营参军处少校副官令	1923 年 10 月 13 日	第十七册	309
任命周道万为大本营咨议令	1923 年 10 月 13 日	第十七册	310
任命徐苏中为宣传委员手令	1923 年 10 月 13 日	第十七册	310
派徐苏中为大本营宣传委员令	1923 年 10 月 13 日	第十七册	311
核复何克夫呈报就任连阳绥靖处处长及启用关防日期令	1923 年 10 月 13 日	第十七册	311
复谢持告开会可用干部会议名义召集电	1923 年 10 月 14 日	第九册	571
着梧防准李根沄军队通过令	1923 年 10 月 14 日	第十四册	222
任命狄侃为大本营秘书令	1923 年 10 月 14 日	第十七册	312
派吴公干为大本营宣传员令	1923 年 10 月 14 日	第十七册	312
任命邝公燿王度为大本营咨议令	1923 年 10 月 14 日	第十七册	312
与彭素民等五人联署委任李庆标为中国国民党缅甸支部副部长状	1923 年 10 月 14 日	第十七册	313
与彭素民叶楚伧联署委任邝金保为中国国民党缅甸支部宣传科正主任状	1923 年 10 月 14 日	第十七册	314
与彭素民孙镜联署委任朱伟民为中国国民党缅甸支部党务科副主任状	1923 年 10 月 14 日	第十七册	314
与彭素民联署委任许大德为中国国民党缅甸支部干事状	1923 年 10 月 14 日	第十七册	315
与彭素民联署委任黄振兴为中国国民党缅甸支部干事状	1923 年 10 月 14 日	第十七册	315
与彭素民联署委任何荫三为中国国民党缅甸支部评议部评议员状	1923 年 10 月 14 日	第十七册	316

续表

篇名	著述时间	册数	页码
与彭素民孙镜联署委任符众为中国国民党双溪大年分部党务科主任状	1923 年 10 月 14 日	第十七册	316
准《大本营粮食管理处试办规程》	1923 年 10 月 15 日	第六册	91
准《采办沿海余盐运省应销章程》	1923 年 10 月 15 日	第六册	93
党员要人格高尚并注重宣传才能得人心　在广州中国国民党恳亲大会的演说	1923 年 10 月 15 日	第十册	538
着发给滇军所辖东江各兵站给养及草鞋费令	1923 年 10 月 15 日	第十四册	224
着发给野战病院及卫生队给养费令	1923 年 10 月 15 日	第十四册	224
通令东江各军不得勒收商船来往费令	1923 年 10 月 15 日	第十四册	224
饬剿邓本殷部并通缉附逆县长令	1923 年 10 月 15 日	第十四册	225
批刘震寰报告邓本殷残杀琼民请迅予通令各军一体协剿呈	1923 年 10 月 15 日	第十四册	226
不准赵梯昆呈辞永翔舰舰长兼海军司令部参谋长令	1923 年 10 月 15 日	第十七册	317
复黎元洪邀赴广东函	1923 年 10 月 16 日	第八册	486
检讨党务不振之因欲效法俄人以党治国　对广州中国国民党党务讨论会代表的演说	1923 年 10 月 16 日	第十册	544
在广州与鲍罗庭谈话	1923 年 10 月 16 日	第十二册	314
着将海防舰队饷项煤价归行营金库长支发令	1923 年 10 月 16 日	第十四册	227
饬各军严禁任意拉伕以充输卒令	1923 年 10 月 16 日	第十四册	227
批陈兴汉请辞职呈	1923 年 10 月 16 日	第十四册	228
批邹鲁报告派员接收蒋光亮交还各征收机关呈	1923 年 10 月 16 日	第十四册	228
命发给朱培德子弹令	1923 年 10 月 16 日	第十四册	229
命稿存行营参谋处令	1923 年 10 月 16 日	第十四册	229
命发给许总司令部子弹令	1923 年 10 月 16 日	第十四册	230
核准设立筹饷总局并组织办法和员司简章	1923 年 10 月 17 日	第六册	94
复上海中央干部会议着暂以部长为主任电	1923 年 10 月 17 日	第九册	571

续表

篇名	著述时间	册数	页码
饬停发邓卓两部伙食费令	1923 年 10 月 17 日	第十四册	230
着兵工厂长先将机关枪一挺移交朱培德令	1923 年 10 月 17 日	第十四册	230
饬各机关迅行补造编造预算书以重计政令	1923 年 10 月 17 日	第十四册	231
饬驻扎东江各军禁止勒收商船费令	1923 年 10 月 17 日	第十四册	232
批廖仲恺报告筹饷局组织办法及总分局简章呈	1923 年 10 月 17 日	第十四册	232
批廖仲恺请通令各军嗣后勿再干预市政厅处理市产呈	1923 年 10 月 17 日	第十四册	233
批广东省长公署呈报承租跑马场地事	1923 年 10 月 17 日刊载	第十四册	233
核复航空局局长陈友仁呈报到任视事及接收印信小章飞机机件等项令	1923 年 10 月 17 日	第十七册	317
批准《广东都市土地税条例》	1923 年 10 月 18 日	第六册	96
着公安局将各捐解缴军政部令	1923 年 10 月 18 日	第十四册	233
饬各军所有往来电文不得超过百字令	1923 年 10 月 18 日	第十四册	234
着建设部停止执行收管宁阳铁路令	1923 年 10 月 18 日	第十四册	235
给罗翼群的命令	1923 年 10 月 18 日	第十四册	235
任命刘冠群为大本营咨议令	1923 年 10 月 18 日	第十七册	318
委任鲍罗庭为国民党组织教练员状	1923 年 10 月 18 日	第十七册	318
准《暂行工艺品奖励章程施行细则》	1923 年 10 月 19 日	第六册	104
致上海事务所告已委廖仲恺等为国民党改组委员电	1923 年 10 月 19 日	第九册	571
着邓泽如等接收长堤旧官纸局速办革命纪念会令	1923 年 10 月 19 日	第十四册	235
命拨给旧官纸局为革命纪念会会址令	1923 年 10 月 19 日	第十四册	236
给陈友仁的命令	1923 年 10 月 19 日	第十四册	236
给冯伟的命令	1923 年 10 月 19 日	第十四册	236
给朱培德的命令	1923 年 10 月 19 日	第十四册	237
人格救国与地方自治　在广州欢迎中华基督教青年会第九次全国大会代表的演说	1923 年 10 月 20 日	第十册	548

续表

篇名	著述时间	册数	页码
批朱培德报告蒋应澍质疑何福昌通敌案各节不符呈	1923 年 10 月 20 日	第十四册	237
为国民党党员恳亲大会题词	1923 年 10 月中旬	第十八册	369
为《国民党党务讨论会纪事录》题签	1923 年 10 月中旬	第十八册	370
准《中央陆军教导团条例》及《军官候补生入团考验章程》	1923 年 10 月 21 日	第六册	108
发还《东江商运局组织大纲》	1923 年 10 月 22 日	第六册	110
复夏寿华请勿听浮言函	1923 年 10 月 22 日	第八册	487
关于桂局　与某记者谈话	1923 年 10 月 22 日刊载	第十二册	315
饬各军勿再干预市政厅处理市产事项令	1923 年 10 月 22 日	第十四册	238
着各军严密截缉进口私盐以维盐税而肃军纪令	1923 年 10 月 22 日	第十四册	239
饬严拿包庇私盐进口不法军人令	1923 年 10 月 22 日	第十四册	239
准调任胡名扬为大本营参军处少校副官令	1923 年 10 月 22 日	第十七册	318
嘉奖克复重庆有功将校通令	1923 年 10 月 23 日	第四册	525
着廖仲恺饬各县调查粤籍受贿议员令	1923 年 10 月 23 日	第十四册	240
给罗翼群的命令	1923 年 10 月 24 日	第十四册	241
发给范石生子弹令	1923 年 10 月 24 日	第十四册	241
广北舰开赴西江令	1923 年 10 月 24 日	第十四册	241
给梁鸿楷的命令	1923 年 10 月 24 日	第十四册	242
给赵成梁的命令	1923 年 10 月 24 日	第十四册	242
给程潜的命令	1923 年 10 月 24 日	第十四册	242
给胡思舜的命令	1923 年 10 月 24 日	第十四册	243
给刘震寰的命令	1923 年 10 月 24 日	第十四册	243
任命万咸一万世勋为大本营咨议令	1923 年 10 月 24 日	第十七册	319
特派梁鸿楷兼高雷钦廉各军总指挥令	1923 年 10 月 24 日	第十七册	319
通告中国国民党诸同志委廖仲恺邓泽如为本部改组特别会议召集人函	1923 年 10 月 24 日	第十七册	319

续表

篇名	著述时间	册数	页码
致广东省长廖仲恺电	1923 年 10 月 25 日	第九册	572
致许崇智等询博罗惠阳方面敌情电	1923 年 10 月 25 日	第九册	572
致蒋介石谢苏俄派鲍罗廷先到粤援助电	1923 年 10 月 25 日	第九册	572
在广州与马伯援谈话	1923 年 10 月 25 日	第十二册	315
饬查办王道令	1923 年 10 月 25 日	第十四册	243
饬朱卓文即将其泰轮船交由兵站部接收以清手续令	1923 年 10 月 25 日	第十四册	244
令廖仲恺饬顺德、香山两县长保护沙田	1923 年 10 月 25 日	第十四册	245
给徐树荣的命令	1923 年 10 月 25 日	第十四册	245
给粤汉铁路公司的命令	1923 年 10 月 25 日	第十四册	245
准任命刘通为建设部秘书令	1923 年 10 月 25 日	第十七册	320
派马晓军为抚河招抚使令	1923 年 10 月 25 日	第十七册	320
核复廖仲恺呈报许崇清就任教育厅长并启用印信日期令	1923 年 10 月 25 日	第十七册	321
核复朱培德呈报由参谋长赵德恒代行东江所有驻省事务令	1923 年 10 月 25 日	第十七册	321
着兵工厂造步枪令	1923 年 10 月 26 日	第十四册	246
给徐树荣的命令	1923 年 10 月 26 日	第十四册	246
给路孝忱的命令	1923 年 10 月 26 日	第十四册	246
批徐绍桢为李仲岳因公殒命请题给匾额呈	1923 年 10 月 26 日	第十四册	246
为李仲岳题颁	1923 年 10 月 26 日	第十八册	371
作战将士首以勇敢沉毅为主 在广州与梁士锋何振谈话	1923 年 10 月 27 日	第十二册	317
着广东盐务稽核分所改名为两广盐务稽核所令	1923 年 10 月 27 日	第十四册	247
饬严拿往来莲花山一带著匪李海东令	1923 年 10 月 27 日	第十四册	247
发给朱培德张民达手榴弹令	1923 年 10 月 27 日	第十四册	248
给廖行超的命令	1923 年 10 月 27 日	第十四册	249

续表

篇名	著述时间	册数	页码
特派廖仲恺兼大本营筹饷总局总办令	1923 年 10 月 27 日	第十七册	322
派邹鲁兼大本营筹饷总局会办令	1923 年 10 月 27 日	第十七册	322
免伍汝康广东盐务稽核分所经理令	1923 年 10 月 27 日	第十七册	322
任命宋子文为两广盐务稽核所经理令	1923 年 10 月 27 日	第十七册	323
准邓泽如辞两广盐运使令	1923 年 10 月 27 日	第十七册	323
任命伍汝康为两广盐运使令	1923 年 10 月 27 日	第十七册	324
批《东江商运局暂行章程》	1923 年 10 月 28 日	第六册	110
致范石生促急往樟木头援救蒋光亮部电	1923 年 10 月 28 日	第九册	573
致许崇智等令刘震寰刘玉山抽调劲旅抄袭陈军后路电	1923 年 10 月 28 日	第九册	573
致廖湘芸令固守虎门电	1923 年 10 月 28 日	第九册	574
致蒋光亮告敌情并勉再鼓余勇收拾部曲电	1923 年 10 月 28 日	第九册	574
关于与陈炯明和解前提的谈话	1923 年 10 月 28 日刊载	第十二册	317
裁撤闽赣边防督办令	1923 年 10 月 28 日	第十四册	249
给廖湘芸马伯麟的命令	1923 年 10 月 28 日	第十四册	249
免李烈钧闽赣边防督办令	1923 年 10 月 28 日	第十七册	324
特任李烈钧为大本营参谋长令	1923 年 10 月 28 日	第十七册	324
免张开儒大本营参谋长令	1923 年 10 月 28 日	第十七册	325
免朱培德大本营参军长令	1923 年 10 月 28 日	第十七册	325
特任张开儒为大本营参军长令	1923 年 10 月 28 日	第十七册	326
免黄建勋梧州关监督兼外交部特派广西交涉员令	1923 年 10 月 28 日	第十七册	326
任命戴恩赛为梧州关监督兼外交部特派广西交涉员令	1923 年 10 月 28 日	第十七册	327
不准陈策呈辞广东盐务缉私舰队主任兼职令	1923 年 10 月 28 日	第十七册	327
准廖仲恺呈请加给任命筹饷总局总会办令	1923 年 10 月 28 日	第十七册	328
广东善后问题　在广州大本营对各界人士的演说	1923 年 10 月 29 日	第十册	559

续表

篇名	著述时间	册数	页码
着发给李烈钧特别费令	1923 年 10 月 29 日	第十四册	250
批廖仲恺关于召变官产市产登记期限为十五日呈	1923 年 10 月 29 日	第十四册	250
给喻毓西的命令	1923 年 10 月 29 日	第十四册	251
给范石生的命令	1923 年 10 月 29 日	第十四册	251
给陈策的命令	1923 年 10 月 29 日	第十四册	251
着兵工厂长提前发水机关枪令	1923 年 10 月 29 日	第十四册	252
核复赵士觐呈报就任大本营粮食管理处督办并启用关防日期令	1923 年 10 月 29 日	第十七册	328
给梁鸿楷的命令	1923 年 10 月 30 日	第十四册	252
给军政部长的命令	1923 年 10 月 30 日	第十四册	252
给廖行超的命令	1923 年 10 月 30 日	第十四册	253
准任命谭长年等三人为大本营粮食管理处各科科长令	1923 年 10 月 30 日	第十七册	329
调任李宗黄为大本营高级参谋令	1923 年 10 月 30 日	第十七册	329
批准《广东地方善后委员会章程》	1923 年 10 月 31 日	第六册	111
复胡汉民告石龙情况并命蒋光亮等速来追击函	1923 年 10 月 31 日	第八册	487
致杨希闵等勉竭力扫荡残寇电	1923 年 10 月 31 日	第九册	575
致刘震寰询梅湖重炮要件是否拆卸电	1923 年 10 月 31 日	第九册	575
对海军问题的谈话	1923 年 10 月 31 日	第十二册	318
各部局处支发经费表自十一月起实行令	1923 年 10 月 31 日	第十四册	253
解决军需困难重定给养办法令	1923 年 10 月 31 日	第十四册	253
给航空局长的命令	1923 年 10 月 31 日	第十四册	254
给吴铁城的命令	1923 年 10 月 31 日	第十四册	255
给林伟成的命令	1923 年 10 月 31 日	第十四册	255
准赵士觐呈请任命谭长年等为大本营粮食管理处科长令	1923 年 10 月 31 日	第十七册	330

续表

篇名	著述时间	册数	页码
与马林谈话	1922 年 8 月至 1923 年 10 月间	第十二册	231
立国不可无法 周東白辑《全国律师民刑新诉状汇览》序言	1923 年 10 月	第四册	152
致刘震寰嘱攻惠时须提防敌埋炸药电	1923 年 10 月	第九册	575
复谢持告江苏事已任钮永建办理电	1923 年 10 月	第九册	576
着徐天琛代理旅长率部讨贼令	1923 年 10 月	第十四册	255
着赖心辉迅率所部扫清残寇奠定川局令	1923 年 10 月	第十四册	256
特派胡汉民等九人为中国国民党临时执行委员另五人为候补委员令	1923 年 10 月	第十七册	330
致许崇智等勉各军政人员勿擅离职守电	1923 年 11 月 1 日	第九册	576
饬范其务加设公安局直达前方专线令	1923 年 11 月 1 日	第十四册	256
批孙科为该厅收入窘竭请将每日原担军费半数移归运财两署分任呈	1923 年 11 月 1 日	第十四册	257
批王棠请征收运脚保护费并拟输运费价目表请鉴核呈	1923 年 11 月 1 日	第十四册	257
亲临石龙督战令	1923 年 11 月 1 日	第十四册	258
任命王国辅为大本营咨议令	1923 年 11 月 1 日	第十七册	331
准王任化辞建设部科长令	1923 年 11 月 1 日	第十七册	331
任邓泽如为大本营参议并列席政务会议手令	1923 年 11 月 1 日	第十七册	331
任命邓泽如为大本营参议令	1923 年 11 月 1 日	第十七册	332
准《修正诉讼费用章程》	1923 年 11 月 2 日	第六册	112
批准《国有林开放规则》	1923 年 11 月 2 日	第六册	113
饬赵士觐暂行停采沿海余盐令	1923 年 11 月 2 日	第十四册	258
批林森遵令停止执行管理新宁铁路请予备案呈	1923 年 11 月 2 日	第十四册	260

续表

篇名	著述时间	册数	页码
着林森随时切实监督收管新宁铁路经理事宜令	1923 年 11 月 2 日	第十四册	260
着张国威金华林出差令	1923 年 11 月 2 日	第十四册	261
着江固舰归盐运使差遣令	1923 年 11 月 2 日	第十四册	261
派余维谦等四人分任虎门长洲二要塞临时正副指挥令	1923 年 11 月 2 日	第十七册	332
免宋渊源闽南宣慰使令	1923 年 11 月 2 日	第十七册	333
任黄绍雄为广西讨贼军第一军长廖百芳为大本营咨议手令	1923 年 11 月 2 日	第十七册	333
核复林森呈称准王任化辞科长职请鉴核令	1923 年 11 月 2 日	第十七册	333
核复张开儒呈报准将交卸大本营参谋长职日期备案令	1923 年 11 月 2 日	第十七册	334
与胡思舜等人谈话	1923 年 11 月 3 日	第十二册	319
派杨虎办理海军事务令	1923 年 11 月 3 日	第十四册	261
召开紧急会议通知	1923 年 11 月 3 日	第十四册	262
派杨虎办理海军事务令	1923 年 11 月 3 日	第十七册	334
任命刘殿臣为永丰军舰枪炮教练官令	1923 年 11 月 3 日	第十七册	335
任命江屏藩为建设部交通局局长令	1923 年 11 月 3 日	第十七册	335
任命罗翼群兼大本营参议令	1923 年 11 月 3 日	第十七册	336
任命曾稚南等三人为大本营咨议令	1923 年 11 月 3 日	第十七册	336
任命黄梦麟为大本营咨议令	1923 年 11 月 3 日	第十七册	336
任命廖百芳为大本营咨议令	1923 年 11 月 3 日	第十七册	337
核复邓泽如呈报交卸两广盐运使职日期并请鉴核令	1923 年 11 月 3 日	第十七册	337
致许崇智等告抵石龙时间并嘱如有军情速电石龙驻所电	1923 年 11 月 4 日	第九册	577
听从命令讨贼雪耻 在石龙前线对滇军将领的讲话	1923 年 11 月 4 日	第十册	561

续表

篇名	著述时间	册数	页码
我军素质优于敌军断无不胜之理　在东莞茶山前线对讨贼军将士的演说	1923 年 11 月 4 日	第十册	562
批王棠送该司本年四五六七等月收支计算并单据簿请核销呈	1923 年 11 月 4 日	第十四册	262
批叶恭绰为发行整理纸币奖券拟由政府切实保障呈	1923 年 11 月 4 日	第十四册	263
嘉奖范石生令	1923 年 11 月 4 日	第十四册	263
与华北《英文日报》主笔谈话	1923 年 11 月 5 日	第十二册	319
就关余问题致北京外交使团函	1923 年 11 月 5 日	第十四册	264
准调任依鼎和等三人为大本营参军处各级副官令	1923 年 11 月 5 日	第十七册	338
照准《广东田土业佃保证章程》及《保证局组织简章》	1923 年 11 月 6 日	第六册	115
给杨廷培的命令	1923 年 11 月 6 日	第十四册	267
给游击司令的命令	1923 年 11 月 6 日	第十四册	267
给樊钟秀等的命令	1923 年 11 月 6 日	第十四册	268
饬知叶恭绰广东宣传局职员薪俸及公费核处方式令	1923 年 11 月 6 日	第十四册	268
准免借拨奖券现金令	1923 年 11 月 6 日	第十四册	269
批徐绍桢请褒扬节妇冯昌氏李梁氏贞妇李张氏呈	1923 年 11 月 6 日	第十四册	269
任命韦荣熙为北江商运局局长令	1923 年 11 月 6 日	第十七册	338
准张开儒呈请调参谋处上校参谋依鼎和等以原职任参军处副官令	1923 年 11 月 6 日	第十七册	339
核复广东地方善后委员会呈准备案启用关防日期令	1923 年 11 月 6 日	第十七册	339
核复宋子文呈报就任两广盐务稽核所经理日期并准予备案令	1923 年 11 月 6 日	第十七册	340
致范石生等嘉慰忠勇克敌电	1923 年 11 月 7 日	第九册	577
致古应芬令石滩守兵调回原防电	1923 年 11 月 7 日	第九册	578

续表

篇名	著述时间	册数	页码
关于讨曹计划 在广州与冯自由谈话	1923 年 11 月 7 日	第十二册	319
着廖仲恺孙科转饬广州市公安局再向市内房东业主借房租一月令	1923 年 11 月 7 日	第十四册	270
给吴铁城的命令	1923 年 11 月 7 日	第十四册	271
命发给朱卓文子弹令	1923 年 11 月 7 日	第十四册	271
批财政部请立案无论何人不能借拨奖券现金呈	1923 年 11 月 7 日刊载	第十四册	271
着李元著点收器物令	1923 年 11 月 7 日	第十四册	272
派石青阳兼理中央银行四川分行行长令	1923 年 11 月 7 日	第十七册	340
准免黄白大本营参军处上校副官令	1923 年 11 月 7 日	第十七册	340
核复大本营参军长张开儒呈报视事日期令	1923 年 11 月 7 日	第十七册	341
所有高雷讨贼事宜着归高雷绥靖处处长林树巍办理令	1923 年 11 月 8 日	第十四册	272
饬熊克武四川应解中央税款拨充讨贼军费令	1923 年 11 月 8 日	第十四册	272
饬四川讨贼军经费由熊克武经收令	1923 年 11 月 8 日	第十四册	273
批赵士觐拟订该处职员俸给额表呈请核遵呈	1923 年 11 月 8 日	第十四册	273
拨给蒋光亮伙食费令	1923 年 11 月 8 日	第十四册	274
不准福安舰舰长潘文治呈调任他职令	1923 年 11 月 8 日	第十七册	341
核复伍汝康呈报就任两广盐运使日期令	1923 年 11 月 8 日	第十七册	342
核复杨虎呈缴南路讨贼军临时指挥关防小印乞注销令	1923 年 11 月 8 日	第十七册	342
特派陈其瑗等六人为广东地方善后委员手令	1923 年 11 月 8 日	第十七册	343
批准《广东地方善后委员会输送团试办章程》	1923 年 11 月 9 日	第六册	120
批军政内政等部依照《粮食管理处试办规程》协办	1923 年 11 月 9 日	第六册	123
批毋庸设立两阳三罗安抚使署并发还组织条例及办事细则	1923 年 11 月 9 日	第六册	123
饬知粮食管理处系营业机关令	1923 年 11 月 9 日	第十四册	274

续表

篇名	著述时间	册数	页码
饬转切实保护电线令	1923 年 11 月 9 日	第十四册	275
批廖仲恺请注销曾介眉举报黄沙官产一案呈	1923 年 11 月 9 日	第十四册	276
批李济深西江防务吃紧请暂准留用定海等三舰呈	1923 年 11 月 9 日	第十四册	276
批范其务请通饬四会广宁等处军政各官保护电线呈	1923 年 11 月 9 日	第十四册	277
批赵士觐请令饬军政内政两部通令各军暨地方官吏团体妥为护助呈	1923 年 11 月 9 日	第十四册	277
着参军处赶制出入证令	1923 年 11 月 9 日	第十四册	278
特任杨廷培暂代广州卫戍总司令令	1923 年 11 月 9 日	第十七册	343
派石青阳兼任中央银行四川分行长饬克日就职令	1923 年 11 月 9 日	第十七册	343
祭尚镇圭文	1923 年 11 月 10 日	第四册	153
为反攻陈炯明叛军调配各军令	1923 年 11 月 10 日	第十四册	278
饬知廖仲恺滇军早已回防并未设立财政局令	1923 年 11 月 10 日	第十四册	279
批罗翼群呈报所属第一支部收束情形文	1923 年 11 月 10 日	第十四册	280
批叶恭绰奉令筹发各部局处经费请展缓实行呈	1923 年 11 月 10 日	第十四册	280
批邓慕韩请免于取消戏捐呈	1923 年 11 月 10 日	第十四册	281
准任命章烈为大本营参军处中校副官	1923 年 11 月 10 日	第十七册	344
核复路孝忱呈报出发日期及委派张宗福代行部务令	1923 年 11 月 10 日	第十七册	344
悼尚天德挽额	1923 年 11 月 10 日	第十八册	372
复蒋光亮嘉勉其与李根沄迭克要隘杀敌致果电	1923 年 11 月 11 日	第九册	578
从速实现吾党良好的组织与训练　廖仲恺代表孙文在广州市全体国民党员大会的训词	1923 年 11 月 11 日	第十册	563
致许崇智等告已派兵巩固石滩阵地并勉坚持奋斗电	1923 年 11 月 12 日	第九册	579
致李烈钧古应芬告已派兵前往石滩及各路精兵已来省电	1923 年 11 月 12 日	第九册	579
在广州与鲍罗庭谈话	1923 年 11 月 12 日	第十二册	320
饬杨廷培部沿铁道截击溃兵令	1923 年 11 月 12 日	第十四册	282

续表

篇名	著述时间	册数	页码
急电谭延闿率湘军星夜来援令	1923 年 11 月 12 日	第十四册	282
着谭延闿率湘军向龙门之敌攻击前进令	1923 年 11 月 12 日	第十四册	282
着广东高审厅将登记费拨交军政部应用令	1923 年 11 月 12 日	第十四册	283
着查明广州地审厅诉讼费及高审厅登记费项下存款一律提充军饷令	1923 年 11 月 12 日	第十四册	283
饬知黄隆生在财政部未筹发经费前各部局处每月经费仍由该司拨付令	1923 年 11 月 12 日	第十四册	283
饬豫军讨贼军总司令樊钟秀转谕所部努力讨贼令	1923 年 11 月 12 日	第十四册	285
批伍朝枢函知各国领事戒严期内禁止中外船只夜间通过在案请察核呈	1923 年 11 月 12 日	第十四册	285
关于国会问题　在广州与刘云昭等谈话	1923 年 11 月 12 日或 13 日	第十二册	320
着广九铁路工程师修通铁路令	1923 年 11 月 13 日	第十四册	287
着卢师谛部调往虎门令	1923 年 11 月 13 日	第十四册	287
发给杨廷培部子弹令	1923 年 11 月 13 日	第十四册	287
给杨参军派员的命令	1923 年 11 月 13 日	第十四册	287
给杨廷培的命令	1923 年 11 月 13 日	第十四册	288
着梁鸿楷饬令广北运船回省令	1923 年 11 月 13 日	第十四册	288
对陈炯明叛军的反攻方案	1923 年 11 月 14 日	第四册	153
致马超俊告将造起之枪交廖行超取价函	1923 年 11 月 14 日	第八册	488
致后藤新平请鼎力相助高州矿山事函	1923 年 11 月 14 日	第八册	488
致谭延闿促回师救粤电	1923 年 11 月 14 日	第九册	580
给谭延闿的命令	1923 年 11 月 14 日	第十二册	321
着湘军调至广东等令	1923 年 11 月 14 日	第十四册	222
命发给许总司令子弹令	1923 年 11 月 14 日	第十四册	223
给梁鸿楷的命令	1923 年 11 月 14 日	第十四册	223

续表

篇名	著述时间	册数	页码
给梁鸿楷赵梯昆等的命令	1923 年 11 月 14 日	第十四册	223
饬停止伤兵特别调养费令	1923 年 11 月 14 日	第十四册	288
批杨希闵请发奖金案	1923 年 11 月 14 日	第十四册	289
饬发给马伯麟火食费令	1923 年 11 月 14 日	第十四册	289
给谭延闿的命令	1923 年 11 月 14 日	第十四册	290
协同廖湘芸防虎门要塞令	1923 年 11 月 14 日	第十四册	290
着周之贞都赴虎门令	1923 年 11 月 14 日	第十四册	290
给谭延闿的电令	1923 年 11 月 14 日	第十四册	291
特派杨希闵兼滇粤桂联军前敌总指挥令	1923 年 11 月 14 日	第十七册	345
准任命罗为雄为大本营中校参谋令	1923 年 11 月 14 日	第十七册	345
着寸性奇暂代广东江防司令事宜令	1923 年 11 月 14 日	第十七册	346
着杨廷培师长停止缴枪令	1923 年 11 月 15 日	第十四册	291
着朱和中仍回复各军备价领取枪枝办法令	1923 年 11 月 15 日	第十四册	291
饬各军限于最短期内驱除逆众各财政机关当竭力筹措军需毋得稽延令	1923 年 11 月 15 日	第十四册	292
命派船往救日本商船令	1923 年 11 月 15 日	第十四册	293
致犬养毅纵论国际局势并请日本助成中国革命及承认苏联函	1923 年 11 月 16 日	第八册	489
失败必重来　对广东社团代表的讲话	1923 年 11 月 16 日	第十册	564
与冯自由谈话	1923 年 11 月 16 日刊载	第十二册	321
在广州与鲍罗庭谈话	1923 年 11 月 16 日	第十二册	322
与许崇智谈话	1923 年 11 月 16 日	第十二册	322
论克敌之道并着杨希闵速遣主力增援以肃清东江令	1923 年 11 月 16 日	第十四册	293
饬各军收复博罗令	1923 年 11 月 16 日	第十四册	294
饬伍汝康筹拨积欠兵工厂款项令	1923 年 11 月 16 日	第十四册	294
饬将广海舰探海灯及发电机借给宝璧运舰令	1923 年 11 月 16 日	第十四册	295

续表

篇名	著述时间	册数	页码
批林云陔呈报登记局八月份收入项下曾提解大本营驻江办事处毫银一千五百元请准予抵解并备案文	1923 年 11 月 16 日	第十四册	296
核复邹鲁呈委邹琳为广东全省田土业佃保证局局长予以备案令	1923 年 11 月 16 日	第十七册	346
不准邹鲁呈请收回大本营筹饷总局会办明令令	1923 年 11 月 16 日	第十七册	347
仍不准陈策呈辞广东盐务缉私舰队主任兼职令	1923 年 11 月 17 日	第十七册	347
批程潜呈报陈达生等逆产请令由部查实变卖以应要需文	1923 年 11 月 18 日	第十四册	296
着谭延闿所部为总预备队令	1923 年 11 月 18 日	第十四册	297
致朱培德祝捷函	1923 年 11 月 19 日	第八册	494
在广州与鲍罗庭谈话	1923 年 11 月 19 日	第十二册	323
着军政部长酌量发给李福林部给养费令	1923 年 11 月 19 日	第十四册	297
着军政部长酌量发给徐树荣部给养费令	1923 年 11 月 19 日	第十四册	298
饬各军将领乘胜穷追务扫庭穴令	1923 年 11 月 19 日	第十四册	298
批马伯麟呈报裁减炮兵编练守备兵造具预算请予核准文	1923 年 11 月 19 日	第十四册	299
批伍学煜筹办广东全省船民自治联防事宜呈	1923 年 11 月 19 日	第十四册	299
免寸性奇兼代广东江防司令令	1923 年 11 月 19 日	第十七册	348
着杨廷培回广东江防司令兼任令	1923 年 11 月 19 日	第十七册	348
中国国民党改组宣言	1923 年 11 月 20 日刊载	第四册	525
中国国民党党纲草案	1923 年 11 月 20 日刊载	第六册	124
中国国民党章程草案	1923 年 11 月 20 日刊载	第六册	127
着北江各部队暂归谭延闿指挥令	1923 年 11 月 20 日	第十四册	300
批陈兴汉请酌抽临时附加军费呈	1923 年 11 月 20 日	第十四册	301
派伍学煜兼广东全省船民自治联防督办令	1923 年 11 月 20 日	第十七册	348
准任命谷春芳为大本营参军处中校副官令	1923 年 11 月 20 日	第十七册	349

续表

篇名	著述时间	册数	页码
为《新建设》创刊号题词	1923 年 11 月 20 日	第十八册	373
批准《广州市民产保证条例》	1923 年 11 月 21 日	第六册	135
令广州市遵行《民产保证条例》	1923 年 11 月 21 日	第六册	138
准《查验民产押借外款暂行章程》	1923 年 11 月 21 日	第六册	139
准《修正广东省银行纸币委员会章程》	1923 年 11 月 21 日	第六册	140
复范石生祝捷并望激励将士协竟全功函	1923 年 11 月 21 日	第八册	494
各军每日额支改由公安局在借租项下发给令	1923 年 11 月 21 日	第十四册	301
批张开儒请示处理葡商永捷轮船案办法呈	1923 年 11 月 21 日	第十四册	302
特任许崇智为粤军总司令令	1923 年 11 月 21 日	第十七册	349
特任刘震寰为桂军总司令令	1923 年 11 月 21 日	第十七册	350
任命宋鹤庚等六人为湘军各军军长令	1923 年 11 月 21 日	第十七册	350
任命鲁涤平为湘军总指挥令	1923 年 11 月 21 日	第十七册	350
着方鼎英代理湘军第一军军长令	1923 年 11 月 21 日	第十七册	351
准将廖仲恺呈请拟于筹饷总局添设数员予以备案令	1923 年 11 月 21 日	第十七册	351
核复杨希闵呈报就滇粤桂联军前敌总指挥兼职及启用关防日期令	1923 年 11 月 21 日	第十七册	352
核复黄建勋呈缴西江船舶检查所所长关防小章令	1923 年 11 月 21 日	第十七册	352
核复韦荣熙呈报就任北江商运局局长及启用关防日期令	1923 年 11 月 21 日	第十七册	353
核复叶恭绰呈委派科长李承翼暂行兼理财政部第二局局长令	1923 年 11 月 21 日	第十七册	353
核复黄建勋呈缴梧州关监督关防小章及兼外交部特派广西交涉员印信令	1923 年 11 月 21 日	第十七册	354
致许崇智告特派古应芬等劝驾回粤函	1923 年 11 月 22 日	第八册	495
饬拨发德国技师制造炸药经费令	1923 年 11 月 22 日	第十四册	302
饬黄隆生发给卫士队十月份薪饷令	1923 年 11 月 22 日	第十四册	303

续表

篇名	著述时间	册数	页码
批郑润琦请嘉奖封川县德坊联团团总叶瑞烘呈	1923 年 11 月 22 日	第十四册	303
准添设广东省垣盐警指挥办事处及暂行章程	1923 年 11 月 23 日	第六册	140
嘉奖川军克复重庆令	1923 年 11 月 23 日	第十四册	304
饬知各军凡属粤军范围统归许总司令编整节制调遣令	1923 年 11 月 23 日	第十四册	305
饬知各军凡属桂军范围统归刘震寰编整节制调遣令	1923 年 11 月 23 日	第十四册	305
批伍汝康请添设广东省垣盐警指挥办事处呈	1923 年 11 月 23 日	第十四册	306
批程潜请举办南番等县人民自卫枪炮执照及酌抽照费呈	1923 年 11 月 23 日	第十四册	306
任命蒋尊簋为大本营参谋处主任令	1923 年 11 月 23 日	第十七册	354
任命吴介璋等六人为大本营高级参谋令	1923 年 11 月 23 日	第十七册	355
准任命曾勇甫等六人为大本营参谋处秘书参谋或副官令	1923 年 11 月 23 日	第十七册	355
复范石生促出兵追击残敌函	1923 年 11 月 24 日	第八册	495
批黄桓请准予严办男司机生联合罢工事件呈	1923 年 11 月 24 日	第十四册	307
特派许崇智兼滇粤桂联军前敌副指挥令	1923 年 11 月 24 日	第十七册	356
任命李怀霜等六人分为大本营参谋处军事参议及军事顾问令	1923 年 11 月 24 日	第十七册	356
核复朱培德呈报移交大本营参军长职情形令	1923 年 11 月 24 日	第十七册	357
准设立民产保证局并拟订组织章程	1923 年 11 月 25 日	第六册	141
准《修正广州市民产保证条例》	1923 年 11 月 25 日	第六册	141
致张作霖告讨陈军情并派叶恭绰往洽函	1923 年 11 月 25 日	第八册	496
依靠党员奋斗并以人民心力为基础　在广州大本营对国民党员的演说	1923 年 11 月 25 日	第十册	565
英国现行的对华政策　在广州与安德森女士谈话	1923 年 11 月 25 日	第十二册	323

续表

篇名	著述时间	册数	页码
复电胡谦嘉奖守土有功将士令	1923 年 11 月 25 日	第十四册	307
饬程潜查明增城战役出力人员从优议赏令	1923 年 11 月 25 日	第十四册	308
着徐树荣防地即由朱卓文部接防令	1923 年 11 月 25 日	第十四册	309
任命吕超石青阳各为四川讨贼军第一第三军总司令令	1923 年 11 月 25 日	第十七册	357
任命汤子模等三人为四川讨贼军各师师长令	1923 年 11 月 25 日	第十七册	358
任命李昌权等四人为四川讨贼军各补充旅旅长令	1923 年 11 月 25 日	第十七册	358
任命贺龙为四川讨贼军第一混成旅旅长令	1923 年 11 月 25 日	第十七册	359
批准《国有荒地承垦条例》	1923 年 11 月 26 日	第六册	142
致廖湘芸令饬虎门各部迅速出击以歼残敌电	1923 年 11 月 26 日	第九册	580
中国国民党临时中央执行委员会第十次会议关于创办军官学校及召集全国代表大会等决议	1923 年 11 月 26 日	第十四册	309
着徐天琛所部开回黄埔候命令	1923 年 11 月 26 日	第十四册	310
取消通缉定海舰长何固江平舰长郑星槎令	1923 年 11 月 26 日	第十四册	311
嘉奖增城县长黄国民令	1923 年 11 月 26 日	第十四册	312
着军政部从优发给李明扬部伙食手令	1923 年 11 月 26 日	第十四册	312
任命王度为大本营参军令	1923 年 11 月 26 日	第十七册	359
准任命马超俊等四人分为广东兵工厂各处处长令	1923 年 11 月 26 日	第十七册	359
致谭延闿鲁涤平告所请辞总指挥职毋庸议电	1923 年 11 月 27 日	第九册	580
通缉刘湘等令	1923 年 11 月 27 日	第十四册	313
广东高等师范学校改为国立高等师范学校令	1923 年 11 月 27 日	第十四册	313
即行裁撤粮食管理处令	1923 年 11 月 27 日	第十四册	314
着兵工厂代蒋光亮陆续造水机关枪五挺令	1923 年 11 月 27 日	第十四册	314
准林云陔辞代理广东高等审判厅厅长令	1923 年 11 月 27 日	第十七册	360
着陈融回复广东高等审判厅厅长原任令	1923 年 11 月 27 日	第十七册	360
任命田桐为参议手令	1923 年 11 月 27 日	第十七册	361

续表

篇名	著述时间	册数	页码
任命田桐为大本营参议令	1923 年 11 月 27 日	第十七册	361
任命方震为大本营咨议令	1923 年 11 月 27 日	第十七册	361
任命程鸿轩为大本营咨议令	1923 年 11 月 27 日	第十七册	362
免赵士觐大本营粮食管理处督办令	1923 年 11 月 27 日	第十七册	362
任命邹鲁兼高等师范学校校长令	1923 年 11 月 27 日	第十七册	362
核复樊钟秀呈报就任豫军讨贼军总司令日期令	1923 年 11 月 27 日	第十七册	363
不准刘沛呈请辞参军处副官令	1923 年 11 月 27 日	第十七册	363
不准张开儒呈请升参军处少校副官张国森为中校令	1923 年 11 月 27 日	第十七册	364
准程潜呈请任命马超俊等为广东兵工厂总务处等处长令	1923 年 11 月 27 日	第十七册	364
饬拨田土业佃保证局收入为国立高等师范学校经费令	1923 年 11 月 28 日	第十四册	314
饬参军处人员不得兼职令	1923 年 11 月 28 日	第十四册	315
着张开儒严饬参军处人员不执务者查实即行免职令	1923 年 11 月 28 日	第十四册	315
复罗翼群请有暇速来省函	1923 年 11 月 29 日	第八册	497
饬发给谷雨三旅费令	1923 年 11 月 29 日	第十四册	316
准任命刘景新等三人为内政部科长令	1923 年 11 月 29 日	第十七册	365
着陈树人暂代广东政务厅厅长令	1923 年 11 月 29 日	第十七册	365
准姚禔昌辞大本营秘书令	1923 年 11 月 29 日	第十七册	365
饬将黄埔船坞局交长洲要塞兼管令	1923 年 11 月 30 日	第十四册	316
任命梅光培为广东财政厅长令	1923 年 11 月 30 日	第十七册	366
任命张九维为大本营高级参谋令	1923 年 11 月 30 日	第十七册	366
准范其务辞广东电政监督兼广州电报局局长令	1923 年 11 月 30 日	第十七册	367
任萧冠英为广东电政监督兼广州电报局局长手令	1923 年 11 月 30 日	第十七册	367
准廖仲恺呈请委陈树人暂代广东省政务厅长令	1923 年 11 月 30 日	第十七册	367
命胡谦黄国民等努力疆场共襄大业策勋至有厚期令	1923 年 11 月下旬	第十四册	317

续表

篇名	著述时间	册数	页码
记者须明新闻事业之本旨而有造于国家社会　伍超著《新闻学大纲》序	1923 年 11 月	第四册	155
在广州与邓泽如等谈话	1923 年 11 月	第十二册	324
为台山《光大》杂志创刊题签	1923 年 11 月	第十八册	374
着军政部发给林树巍部给养费令	1923 年 12 月 1 日	第十四册	318
饬转各民业保证机关遵照地方善后委员会办法办理令	1923 年 12 月 1 日	第十四册	318
饬交还盐船以便运销令	1923 年 12 月 1 日	第十四册	319
饬发给程潜公费令	1923 年 12 月 1 日	第十四册	319
饬邹鲁将台山县所筹借一万元核入收支俟该县有款再行抵解令	1923 年 12 月 1 日	第十四册	320
饬知广东财政厅西江财政仍交该厅接管令	1923 年 12 月 1 日	第十四册	320
派姚禔昌为大本营宣传委员令	1923 年 12 月 1 日	第十七册	368
派王仁熙为大本营出勤委员令	1923 年 12 月 1 日	第十七册	368
任命何家猷为广东电政监督兼广州电报局局长令	1923 年 12 月 1 日	第十七册	369
免邓慕韩广东宣传局局长令	1923 年 12 月 1 日	第十七册	369
任命冯自由为广东宣传局局长令	1923 年 12 月 1 日	第十七册	369
准朱和中辞广东兵工厂厂长令	1923 年 12 月 1 日	第十七册	370
任命马超俊为广东兵工厂厂长令	1923 年 12 月 1 日	第十七册	370
准任命罗继善张麟为财政部科长令	1923 年 12 月 1 日	第十七册	371
任命李承翼为财政部第二局局长令	1923 年 12 月 1 日	第十七册	371
免卢谔生财政部第二局局长令	1923 年 12 月 1 日	第十七册	371
准免陈煊黄民生大本营参军处副官令	1923 年 12 月 1 日	第十七册	372
核复大本营驻增城命令传达所所长胡谦呈报收到颁发关防小章并启用日期令	1923 年 12 月 1 日	第十七册	372

续表

篇名	著述时间	册数	页码
要用三民主义打破旧思想恢复革命朝气 在广州欢宴各军将领的演说	1923 年 12 月 2 日	第十册	572
着朱培德迅速分兵开赴北江作战令	1923 年 12 月 2 日	第十四册	321
如兵工厂长令已发表即派朱和中查办兵工厂员司事宜手令	1923 年 12 月 2 日	第十七册	373
派朱和中查办广东兵工厂员司事宜令	1923 年 12 月 2 日	第十七册	373
特任孔庚为湖北讨贼军总司令令	1923 年 12 月 2 日	第十七册	373
任命刘鸿逵为湖北讨贼军第一路司令令	1923 年 12 月 2 日	第十七册	374
准《甄拔律师委员会章程》	1923 年 12 月 3 日	第六册	147
致杨希闵勉努力进取并请来省商洽函	1923 年 12 月 3 日	第八册	497
释许崇智离粤原由 在广州兵工厂宴会的讲话	1923 年 12 月 3 日	第十册	582
批国民党广东支部邓泽如等弹劾共产党文	1923 年 12 月 3 日	第十四册	321
裁撤增城命令传达所令	1923 年 12 月 3 日	第十四册	325
任命李化民为大本营咨议令	1923 年 12 月 3 日	第十七册	374
任命胡谦为军政部军务局局长令	1923 年 12 月 3 日	第十七册	375
着胡谦代理军政部次长令	1923 年 12 月 3 日	第十七册	375
调任李宗黄为大本营参议令	1923 年 12 月 3 日	第十七册	375
任命杨子毅李景纲分别署理财政部总务厅长第一局局长令	1923 年 12 月 3 日	第十七册	376
准李炳垣署理财政部科长令	1923 年 12 月 3 日	第十七册	376
准冯祝万辞军政部军务局长令	1923 年 12 月 3 日	第十七册	377
准免胡家弼余壮鸣大本营参军处副官令	1923 年 12 月 3 日	第十七册	377
任命吕苾筹为大本营秘书令	1923 年 12 月 3 日	第十七册	377
核复邹鲁呈准其辞广东财政厅厅长兼大本营筹饷总局会办令	1923 年 12 月 3 日	第十七册	378

续表

篇名	著述时间	册数	页码
准叶恭绰呈请升任财政部科员罗继善张麟为该部科长令	1923 年 12 月 3 日	第十七册	378
致朱培德望注意调动北江军队时机函	1923 年 12 月 4 日	第八册	498
关于提取关余　在广州与外交团代表谈话	1923 年 12 月 4 日	第十二册	326
追赠梁沾鸿为陆军少将令	1923 年 12 月 4 日	第十四册	325
裁撤党务处宣传委员会及宣传局令	1923 年 12 月 4 日	第十四册	326
饬整修韶广间电线令	1923 年 12 月 4 日	第十四册	326
不准路孝忱辞大本营参军及山陕讨贼军司令准取销督战队队长令	1923 年 12 月 4 日	第十七册	379
在广州与伍君谈话	1923 年 12 月 5 日	第十二册	327
裁撤官产清理处令	1923 年 12 月 5 日	第十四册	327
着官产处撤销后制弹费改归民产保证局担任缴解令	1923 年 12 月 5 日	第十四册	327
徐天琛即调所部返黄埔令	1923 年 12 月 5 日刊载	第十四册	328
派雷大同为大本营宣传委员令	1923 年 12 月 5 日	第十七册	379
派李宗唐等四人为大本营特务委员令	1923 年 12 月 5 日	第十七册	380
准范其务呈请辞去广东电政监督兼广州电报局局长令	1923 年 12 月 5 日	第十七册	380
复旅沪国会议员盼舍国会之奋斗助革命之进行函	1923 年 12 月 6 日	第八册	498
批程潜请追赠阵亡团长梁沾鸿少将并给恤呈	1923 年 12 月 6 日	第十四册	328
程潜请褒扬封川县德坊联团团总叶瑞烘呈	1923 年 12 月 6 日	第十四册	328
委朱霁青为咨议手谕	1923 年 12 月 6 日	第十七册	381
任命范熙绩为高级参谋即派驻厦门办事手令	1923 年 12 月 6 日	第十七册	381
核复广东兵工厂厂长马超俊呈报到差及启用关防日期令	1923 年 12 月 6 日	第十七册	381
核复马晓军呈报就任抚河招抚使及启用关防日期令	1923 年 12 月 6 日	第十七册	382

续表

篇名	著述时间	册数	页码
准将叶恭绰呈报委派邓慕韩为广东沙田验领部照处处长予以备案令	1923 年 12 月 6 日	第十七册	382
为叶瑞烘题颂	1923 年 12 月 6 日	第十八册	375
准《军政部核发人民枪枝执照简章》	1923 年 12 月 7 日	第六册	149
致上海事务所着将沪本部改为驻沪执行部电	1923 年 12 月 7 日	第九册	581
截留广州关税之决心　在广州与上海《字林西报》记者格林谈话	1923 年 12 月 7 日	第十二册	327
饬转各税契及发照机关务劝人民赴局领证令	1923 年 12 月 7 日	第十四册	329
饬民事诉讼凡关于不动产争执者呈验契据须领民产保证令	1923 年 12 月 7 日	第十四册	330
饬发卢师谛部欠款令	1923 年 12 月 7 日	第十四册	331
饬会计司于财政部未筹发各部局处经费前仍照拨令	1923 年 12 月 7 日	第十四册	331
批孙科请饬转各发照税契机关劝告人民赴局领证呈	1923 年 12 月 7 日	第十四册	332
批孙科请令饬司法机关凡市内不动产须领有民业保证方为有效呈	1923 年 12 月 7 日	第十四册	333
特派杨西岩为禁烟督办令	1923 年 12 月 7 日	第十七册	383
派宋以梅为钦廉安抚委员令	1923 年 12 月 7 日	第十七册	383
任命范熙绩为大本营高级参谋令	1923 年 12 月 7 日	第十七册	383
免刘泳闾内政部第二局局长令	1923 年 12 月 7 日	第十七册	384
任命刘泳闾为大本营秘书令	1923 年 12 月 7 日	第十七册	384
核复何家猷呈报就任广东电政监督兼广州电报局局长日期令	1923 年 12 月 7 日	第十七册	385
核复梅光培呈报接任广东财政厅长日期令	1923 年 12 月 7 日	第十七册	385
努力发展海外党务襄助革命事业　与余伯良谈话	1923 年 12 月 8 日	第十二册	329
批谭曙卿借款签呈	1923 年 12 月 8 日	第十四册	333

续表

篇名	著述时间	册数	页码
着傅秉常给与证明俾遇害华侨领取恤金令	1923 年 12 月 8 日	第十四册	334
饬接收兵站过海水线赶为装置令	1923 年 12 月 8 日	第十四册	334
指派滇军湘军分别防守两江北江令	1923 年 12 月 8 日刊载	第十四册	335
任命徐希元为内政部第二局局长令	1923 年 12 月 8 日	第十七册	385
核复陈融呈报回任广东高等审判厅厅长日期令	1923 年 12 月 8 日	第十七册	386
核复黄隆生呈报交卸大本营会计司司长职日期令	1923 年 12 月 8 日	第十七册	386
粤海关事件宣言	1923 年 12 月 9 日	第四册	529
党义战胜与党员奋斗　在广州大本营对国民党员的演说	1923 年 12 月 9 日	第十册	582
严禁军队干政令	1923 年 12 月 10 日	第十四册	336
饬谭延闿派队前往英德镇慑并提解颜国华来营候办令	1923 年 12 月 10 日	第十四册	336
准任命陈新燮为内政部秘书令	1923 年 12 月 10 日	第十七册	387
准陈策呈请辞去盐务舰队主任兼职令	1923 年 12 月 10 日	第十七册	387
嘉奖北江大捷出力官兵令	1923 年 12 月 11 日	第十四册	337
批伍汝康称俟收入稍裕即行解缴兵工厂欠款呈	1923 年 12 月 11 日	第十四册	338
告诫各军禁运私盐令	1923 年 12 月 11 日刊载	第十四册	338
任命刘毅为大本营高级参谋令	1923 年 12 月 11 日	第十七册	387
核复谢国光呈报就任湘军第三军军长及启用印信日期令	1923 年 12 月 11 日	第十七册	388
核复吴剑学呈报祗领湘军第四军军长任状及启用印信日期令	1923 年 12 月 11 日	第十七册	388
核复范其务呈报交卸广东电政监督兼广州电报局局长职日期令	1923 年 12 月 11 日	第十七册	389
准徐绍桢呈请分别以徐希元陈新燮升任内政部第二局局长及秘书令	1923 年 12 月 11 日	第十七册	389

续表

篇名	著述时间	册数	页码
与邓泽如联署委任赵汉一为台山分部长状	1923 年 12 月 11 日	第十七册	390
为华侨陆运怀题颁匾额	1923 年 12 月 11 日	第十八册	376
为寿妇杨欧氏题颁	1923 年 12 月 11 日	第十八册	377
颁布《广州市民产保证修正条例》	1923 年 12 月 12 日	第六册	151
决以武力对抗列强干预广东关余　在广州与日本东方通讯社记者谈话	1923 年 12 月 12 日	第十二册	329
饬市政厅长筹垫煤价令	1923 年 12 月 12 日	第十四册	339
致许崇智樊钟秀嘉慰击溃来犯之敌并望乘胜猛追以定粤局电	1923 年 12 月 13 日	第九册	581
复杨希闵等嘉慰奋勇疆场迭奏肤功并望乘势穷追肃清丑虏电	1923 年 12 月 13 日	第九册	582
阻止粤关余解北　对各界代表的讲话	1923 年 12 月 13 日	第十册	587
准发克复始兴奖款并准南雄筹款抵纳田赋令	1923 年 12 月 13 日	第十四册	340
饬知黄埔船坞局所封存机器及该局呈覆情形令	1923 年 12 月 13 日	第十四册	340
批谭延闿请发给克复始兴奖款并准南雄筹助湘军之款作抵田赋呈	1923 年 12 月 13 日	第十四册	341
批赵士北呈总检察长卢兴原辞职请以胡云程兼任文	1923 年 12 月 13 日	第十四册	342
批卢兴原因经费短绌无法维持请辞职呈	1923 年 12 月 13 日	第十四册	342
派梅光培兼大本营筹饷总局会办令	1923 年 12 月 13 日	第十七册	390
核复黄隆生呈不准辞大本营会计司长准给假一月并由黄昌谷代理令	1923 年 12 月 13 日	第十七册	390
派陈个民为潮汕安抚委员手令	1923 年 12 月 14 日	第十七册	391
致刘震寰嘉慰勇挫寇锋并望乘胜肃清东江电	1923 年 12 月 15 日	第九册	582
饬拨给黄明堂军费令	1923 年 12 月 15 日	第十四册	343
饬高凤桂部归谭延闿节制调遣令	1923 年 12 月 15 日	第十四册	343

续表

篇名	著述时间	册数	页码
饬杨锦龙部速回原防令	1923 年 12 月 15 日	第十四册	344
任命高凤桂为直辖第一师师长令	1923 年 12 月 15 日	第十七册	391
派关汉光为东江招抚委员手令	1923 年 12 月 15 日	第十七册	392
决依民意解决粤海关关余问题 对广州国民大会请愿代表的演说	1923 年 12 月 16 日	第十册	588
着兵工厂将每日造交范石生军长枪拨半数交杨希闵领取令	1923 年 12 月 16 日	第十四册	344
批谭延闿呈报南始之役该部第一军作战概况及人员战功事	1923 年 12 月 16 日	第十四册	345
致美国国民谴责美政府用武力阻挠截留关余电	1923 年 12 月 17 日	第四册	530
准《沙田验领部照章程》及设处简章	1923 年 12 月 17 日	第六册	153
复国会议员同志会允择时北伐函	1923 年 12 月 17 日	第八册	499
饬廖仲恺孙科五元以下房租一律照借令	1923 年 12 月 17 日	第十四册	345
饬廖仲恺孙科沿岸码头再借一月租金令	1923 年 12 月 17 日	第十四册	346
批陈独秀呈报遵令结束及移交日期事	1923 年 12 月 17 日	第十四册	347
核复国立高等师范学校校长邹鲁呈报视事日期令	1923 年 12 月 17 日	第十七册	392
为蒋介石母慈庵题匾（一）	1923 年 12 月 17 日	第十八册	378
为蒋介石母慈庵题匾（二）	1923 年 12 月 17 日	第十八册	379
复天津银行公会告或辟南方港口自由贸易电	1923 年 12 月 18 日	第九册	582
致粤海关税务司的照会	1923 年 12 月 18 日刊载	第十四册	348
致广州领事团的照会	1923 年 12 月 18 日刊载	第十四册	348
任命林云陔为广东高等检察厅检察长令	1923 年 12 月 18 日	第十七册	393
准任命葛昆山席楚霖为大本营参军处少校副官令	1923 年 12 月 18 日	第十七册	393
准任命陈煊等四人为广东兵工厂职员令	1923 年 12 月 18 日	第十七册	394
准免何蔚代理广东高等检察厅检察长令	1923 年 12 月 18 日	第十七册	394
准路孝忱辞大本营参军兼职令	1923 年 12 月 18 日	第十七册	395

续表

篇名	著述时间	册数	页码
准胡思清辞大本营参军兼职令	1923 年 12 月 18 日	第十七册	395
致美国政府抗议争夺广东关余电	1923 年 12 月 19 日	第九册	583
关于广东省应均沾关余税款的谈话	1923 年 12 月 19 日	第十二册	330
饬妥拟催收旧欠预征新粮及清丈田亩办法令	1923 年 12 月 19 日	第十四册	348
批广东地方善后委员会奉发杨仕强等条陈田亩借租办法呈	1923 年 12 月 19 日	第十四册	350
特派赵杰为豫鲁招抚使令	1923 年 12 月 19 日	第十七册	396
着派张翼鹏为慰劳使宣慰来归赣军高凤桂部令	1923 年 12 月 20 日	第十四册	350
批李烈钧所拟勉励各军训令	1923 年 12 月 20 日	第十四册	351
勉励各军振革命精神勤于治军令	1923 年 12 月 20 日	第十四册	352
准赵士北呈免何蔚代理广东高等检察厅检察长并由林云陔接替令	1923 年 12 月 20 日	第十七册	396
准程潜呈请任命陈煊等为广东兵工厂总务处处长等职令	1923 年 12 月 20 日	第十七册	397
准黄昌谷呈请任命赵士养等为大本营会计司各课主任令	1923 年 12 月 20 日	第十七册	397
饬刘纪文交朱本富叁拾元	1923 年 12 月中旬	第十四册	337
批《北江商运局暂行简章》及护运方法	1923 年 12 月 21 日	第六册	157
致英国工党领袖麦当路抗议争夺广东关余电	1923 年 12 月 21 日	第九册	583
致麦克唐纳尔请将英国驻华代表引发的广州时局昭示英人电	1923 年 12 月 21 日	第九册	584
学生要立志做大事并合乎中国国情　在广州岭南大学学生欢迎大会的演说	1923 年 12 月 21 日	第十册	589
英国政府一贯地对中国怀有敌意　在岭南大学外籍教授和学生代表座谈会上的谈话	1923 年 12 月 21 日	第十二册	330

续表

篇名	著述时间	册数	页码
饬广东宪兵司令陈可钰将所部移交公安局接收改编令	1923 年 12 月 21 日	第十四册	353
饬吴铁城收编陈可钰所部为治安警察队令	1923 年 12 月 21 日	第十四册	353
饬转各军不得滥开专车并禁军人无票乘车令	1923 年 12 月 21 日	第十四册	354
着程潜筹发解散宪兵部队官兵一月全饷令	1923 年 12 月 21 日	第十四册	355
批程潜请核定官佐士兵治丧费数目呈	1923 年 12 月 21 日	第十四册	355
核复廖湘芸呈告已明令准免其大本营参军兼职令	1923 年 12 月 21 日	第十七册	398
委萧湘为咨议手谕	1923 年 12 月 22 日前	第十七册	398
批准试行《广东全省船民自治联防通则》暨《督办公署暂行章程》	1923 年 12 月 22 日	第六册	161
令《修正公司注册规则》	1923 年 12 月 22 日	第六册	165
致范石生望务要保全杨廷培函	1923 年 12 月 22 日	第八册	500
就关余问题饬粤海关税务司三项训令	1923 年 12 月 22 日	第十四册	356
批萧湘名片	1923 年 12 月 22 日	第十四册	356
准任命赵士养罗磊生分为大本营会计司统计课支出课主任令	1923 年 12 月 22 日刊载	第十七册	398
准任命崔炽黄为大本营参军处三等军医正令	1923 年 12 月 22 日刊载	第十七册	399
任命萧湘为大本营咨议令	1923 年 12 月 22 日	第十七册	399
任命徐方济为大本营参军令	1923 年 12 月 22 日	第十七册	399
任命陈可钰为大本营参军令	1923 年 12 月 22 日	第十七册	400
着陈策将香山部队增援前线令	1923 年 12 月 22 至 23 日	第十四册	356
派张苇村为山东军事委员令	1923 年 12 月 23 日	第十七册	400
关于海关问题之宣言	1923 年 12 月 24 日	第四册	531
致蒋介石催速来粤报告苏俄之行并详筹中俄合作办法电	1923 年 12 月 24 日	第九册	584
饬李济深按月酌支海防部队饷项令	1923 年 12 月 24 日	第十四册	357

续表

篇名	著述时间	册数	页码
任命黄明堂为直辖第二军军长令	1923 年 12 月 24 日	第十七册	400
任命陈树人兼大本营内政部侨务局局长令	1923 年 12 月 24 日	第十七册	401
核复广东高等检察厅检察长林云陔呈报接印视事日期令	1923 年 12 月 24 日	第十七册	401
核复宋子文呈报启用两广盐务稽核所经理关防日期令	1923 年 12 月 24 日	第十七册	402
准鲁涤平辞湘军总指挥兼职令	1923 年 12 月 25 日	第十七册	402
任命宋鹤庚兼湘军总指挥令	1923 年 12 月 25 日	第十七册	402
核复鲁涤平呈准辞湘军总指挥兼职以宋鹤庚继任令	1923 年 12 月 25 日	第十七册	403
准《侨务局章程》备案	1923 年 12 月 26 日	第六册	166
给程潜准予优恤已故团长陈飞鹏令	1923 年 12 月 26 日	第十四册	357
饬查复直达大本营电线情形令	1923 年 12 月 26 日	第十四册	358
批罗翼群复该部架设之省河南北过海水线已由军政部接收呈	1923 年 12 月 26 日	第十四册	359
批谭延闿请优恤已故团长陈飞鹏呈	1923 年 12 月 26 日	第十四册	360
与日本驻广州领事谈话	1923 年 12 月 27 日刊载	第十二册	333
陈炯明如果有悔过之诚应即来省请罪 与李福林谈话	1923 年 12 月 27 日	第十二册	333
命拟通缉李鸿祥令	1923 年 12 月 27 日	第十四册	360
饬提前补足刘玉山所部给养费令	1923 年 12 月 27 日	第十四册	361
批罗翼群承领李务本堂码头款恳准抵解兵站部欠款呈	1923 年 12 月 27 日	第十四册	361
任命岳森卢师谌为大本营咨议令	1923 年 12 月 27 日刊载	第十七册	403
准韦增复辞广东兵工厂工务处长令	1923 年 12 月 27 日	第十七册	404
准任命汤熙为广东兵工厂工务处长令	1923 年 12 月 27 日	第十七册	404

续表

篇名	著述时间	册数	页码
免伍汝康两广盐运使令	1923 年 12 月 27 日	第十七册	404
核复赵杰呈报就任豫鲁招抚使及启用关防日期令	1923 年 12 月 27 日	第十七册	405
核复程潜呈告已明令准韦增复辞广东兵工厂工务处长职以汤熙补充令	1923 年 12 月 27 日	第十七册	405
致许崇智廖仲恺盼速回粤筹商北伐及建设大计电	1923 年 12 月 28 日	第九册	585
给杨希闵等的训令	1923 年 12 月 28 日	第十四册	361
饬徐绍桢按照计画切实拓展广州市区令	1923 年 12 月 28 日	第十四册	362
批廖仲恺呈广州市长所拟展拓市区计画文	1923 年 12 月 28 日	第十四册	363
和局不成当然续战　在大本营会议的讲话	1923 年 12 月 29 日	第十册	600
为争关余税收致美国国民书	1923 年 12 月 30 日	第四册	533
注重宣传以造成群力　在广州大本营对国民党员的演说	1923 年 12 月 30 日	第十册	600
命追赠并优恤梁国一令	1923 年 12 月 31 日	第十四册	363
派叶恭绰等九人为财政委员会委员令	1923 年 12 月 31 日	第十七册	406
准伍学熀呈荐伍炎陈润棠等分别为广东全省船民自治联防坐办科长令	1923 年 12 月 31 日	第十七册	406
着廖仲恺通令各县预征新粮并拟清丈田亩章程令	1923 年 12 月下旬	第十四册	364
批姚观顺呈着参军长预备待颁发奖牌及阵伤奖章	1923 年 12 月下旬	第十四册	364
中国国民党改造宣言	1923 年 11 至 12 月间	第四册	527
致美国国务卿请将军舰撤退电	1923 年 12 月	第九册	585
俄国和中国是天然的同盟者　与克拉克谈话	1923 年 12 月	第十二册	334
准张开儒呈请任命葛昆山席楚霖为参军处少校副官令	1923 年 12 月	第十七册	407
为王羲之手迹题词	1923 年 12 月	第十八册	380
在广州与黄季陆谈话	1923 年冬	第十二册	324

续表

篇名	著述时间	册数	页码
训斥滇桂军将领糟蹋广东百姓　在广州军事会议上谈话	1923 年冬	第十二册	325
批福州天皇岭各团体电	1922 至 1923 年间	第十三册	579
批马光晔请电责北京当局干涉国会函	1922 至 1923 年间	第十三册	580
批张恶石来函	1922 至 1923 年间	第十三册	580
题词	1922 年至 1923 年间	第十八册	337
发扬民治说帖	1923 年	第三册	435
此书方便读外国名著并有益于改造社会　张鹏云编译《英汉习语文学大辞典》叙	1923 年	第四册	156
致林焕廷嘱给飞机人员来粤旅费电	1923 年	第九册	585
致周之贞等不准封用常行省乡渡船以免阻交通电	1923 年	第九册	586
与某记者谈话	1923 年	第十二册	334
饬转各善堂认借军饷由各总司令直接收取令	1923 年	第十四册	366
着杨希闵等各向商户善堂收取借饷令	1923 年	第十四册	366
饬转商会各商户将认借军饷余款由滇军总部直接收取令	1923 年	第十四册	366
着发布海军舰队往北海收回广金广玉等舰并予奖赏令	1923 年	第十四册	367
着拟派黄隆生至海防办药料令	1923 年	第十四册	367
饬虎门长洲要塞司令放行永翔楚豫二舰令	1923 年	第十四册	368
着蒋光亮交回缉私船平南与招桂章令	1923 年	第十四册	368
着分兵攻取赣南手谕	1923 年	第十四册	368
批东路讨贼军第三军司令部函	1923 年	第十四册	368
批某某司令部来函	1923 年	第十四册	369
着调周之贞所部驻广三路沿线令	1923 年	第十四册	369
批答联陈一事决无商量余地	1923 年	第十四册	369

续表

篇名	著述时间	册数	页码
批兵站总监罗翼群请示李明杨在乐昌招抚之谢部应否接济案	1923 年	第十四册	370
批李寿乾来函	1923 年	第十四册	370
批安庆史推恩等反对管鹏电	1923 年	第十四册	370
通电声明未派王鸿勋为代表谕	1923 年	第十四册	371
批第七军第二师第四旅强占医院布告	1923 年	第十四册	371
批田桓呈请接济张国威等八人	1923 年	第十四册	372
批程璧金名片	1923 年	第十四册	372
批大本营兵站总监函	1923 年	第十四册	372
命电促蒋介石伍朝枢速来粤令	1923 年	第十四册	373
批张冈函	1923 年	第十四册	373
批宋鹤庚函	1923 年	第十四册	373
批林支宇函	1923 年	第十四册	374
命吴铁城即日开赴增城令	1923 年	第十四册	374
给程潜的命令	1923 年	第十四册	374
命吴铁城寸性奇派员驻守广九车站令	1923 年	第十四册	375
给马伯麟的命令	1923 年	第十四册	375
给冯伟的命令	1923 年	第十四册	375
关于高雷讨贼军归属的命令	1923 年	第十四册	376
给徐树荣的命令	1923 年	第十四册	376
着财厅加委程璧金为航政局长手谕	1923 年	第十七册	407
任命卢焘为大本营高等顾问手令	1923 年	第十七册	407
任命格德林为公路建筑兼公路运输顾问手令	1923 年	第十七册	408
委陈群李文滇为大本营党务筹备委员手令	1923 年	第十七册	408
派陈中孚为广东造币监督手令	1923 年	第十七册	408
任命李朗如为参军及邓慕韩为广东宣传局长手谕	1923 年	第十七册	409

续表

篇名	著述时间	册数	页码
为华侨青年会创立题词	1923 年	第十八册	381
为浦在廷食品罐头公司题词	1923 年	第十八册	382
为刘殿生寿诞题词	1923 年	第十八册	383
为佐佐木到一题词	1923 年	第十八册	384
为双轮牙刷公司题词	1923 年	第十八册	385
为彭泽民题词	1923 年	第十八册	386
为金诵盘题词	1923 年	第十八册	387
为陈永惠故里题签	1923 年前后	第十八册	388
为庾恩荣题颁	1923 年前后	第十八册	389
革命军应以一当百的精神扫除军阀 在广州为观音山之役卫士颁奖的训词	1924 年 1 月 1 日	第十册	611
颁给陈龙韬讨贼奖章执照	1924 年 1 月 1 日	第十四册	376
为《广州市市政公报》题词	1924 年 1 月 1 日刊载	第十八册	390
准《船民自治联防总分局暂行章程》暨《董事选举暂行章程》	1924 年 1 月 2 日	第六册	168
着军政部筹拨杨希闵架桥垫款一千元令	1924 年 1 月 2 日	第十四册	377
批林翔请将大本营宣传委员会开办费暨十二年七月至十二月上旬计算书发还更造呈	1924 年 1 月 2 日	第十四册	377
批东路讨贼军总司令许崇智请追赠优恤阵亡指挥梁国一呈	1924 年 1 月 2 日	第十四册	378
饬陈独秀更造开办费计算书及单据粘存簿令	1924 年 1 月 2 日	第十四册	378
令军政部程潜筹拨杨希闵款项	1924 年 1 月 2 日	第十四册	379
派林国英为潮州善后委员会委员状	1924 年 1 月 2 日	第十七册	409
着查拿刘凯招摇敛钱令	1924 年 1 月 3 日	第十四册	379
发给李安邦养费令	1924 年 1 月 3 日	第十四册	380
拨给杨希闵架桥费令	1924 年 1 月 3 日	第十四册	380

续表

篇名	著述时间	册数	页码
任命林凤游为大本营参谋处军事参议令	1924 年 1 月 3 日	第十七册	409
任命高家祺胡盈川为大本营参谋处军事咨议令	1924 年 1 月 3 日	第十七册	410
准免郑文轩财政部秘书令	1924 年 1 月 3 日	第十七册	410
任命钟明阶为桂军第四军军长令	1924 年 1 月 3 日	第十七册	411
免直辖滇军第四师师长王秉钧本兼各职听候查办令	1924 年 1 月 3 日	第十七册	411
免直辖滇军第三军总参谋长禄国藩第四师参谋长吴震东本兼各职听候查办令	1924 年 1 月 3 日	第十七册	412
任命王汝为为直辖滇军第四师师长令	1924 年 1 月 3 日	第十七册	412
核复高凤桂呈准委任直辖第一师各旅团长令	1924 年 1 月 3 日	第十七册	412
准叶恭绰呈免郑文轩财政部秘书令	1924 年 1 月 3 日	第十七册	413
今日应以革命精神创造国家 在大本营军政会议的讲话	1924 年 1 月 4 日	第十册	613
决议三事前途大有希望 在帅府宴请各军政长官的演说	1924 年 1 月 4 日	第十册	615
令刘震寰转饬韦冠英停办东宝两属经界事务令	1924 年 1 月 4 日	第十四册	380
饬程潜廖仲恺通饬各军长官无论何项机关不得任意提借田土保证照费令	1924 年 1 月 4 日	第十四册	382
批梅光培请令行刘震寰转饬韦冠英停止派员开办东宝两属经界事务呈	1924 年 1 月 4 日	第十四册	383
批邹鲁奉令指拨经费恳请通令不得提借并请协助呈	1924 年 1 月 4 日	第十四册	383
批程潜据广九铁路洋总工程司函复非将军事运输费拨交该路不能将车辆修理完好呈	1924 年 1 月 4 日	第十四册	384
批伍学煨拟支配船民自治联防经费办法呈	1924 年 1 月 4 日	第十四册	384
任命田桓为大本营咨议令	1924 年 1 月 4 日刊载	第十七册	413
任命张士仁陶礼燊为大本营咨议令	1924 年 1 月 4 日刊载	第十七册	414

续表

篇名	著述时间	册数	页码
任命赵士觐为两广盐运使令	1924 年 1 月 4 日刊载	第十七册	414
核复直辖第一师师长高凤桂呈报就职启用印章日期令	1924 年 1 月 4 日	第十七册	414
核复刘震寰呈告已明令简任钟明阶为桂军第四军军长令	1924 年 1 月 4 日	第十七册	415
准《禁烟督办署章程》	1924 年 1 月 5 日	第六册	169
致汪精卫廖仲恺着即返粤商议建国政府大纲及北伐事宜电	1924 年 1 月 5 日	第九册	587
解决关余和中国时局的方法　在广州与舒尔曼谈话	1924 年 1 月 5 日	第十二册	335
饬杨希闵蒋光亮严饬所部以王秉钧为戒力矢忠诚令	1924 年 1 月 5 日	第十四册	385
饬杨希闵发还石滩元洲联团自卫枪枝令	1924 年 1 月 5 日	第十四册	386
批廖仲恺请令行杨希闵转饬所部交还石滩元洲联团枪枝呈	1924 年 1 月 5 日	第十四册	387
免汤廷光广东治河督办令	1924 年 1 月 5 日	第十七册	415
派姚雨平为广东治河督办令	1924 年 1 月 5 日	第十七册	415
派陈其瑗为财政委员会委员令	1924 年 1 月 5 日	第十七册	416
形成反帝国主义联合战线之宣言	1924 年 1 月 6 日	第四册	534
着杨希闵酌量分配奖金手令	1924 年 1 月 6 日	第十四册	387
就时局问题发表谈话	1924 年 1 月 7 日	第十二册	337
任命高培臣廖刚为直辖第一师第一第二旅旅长令	1924 年 1 月 7 日	第十七册	416
任命薛履新等四人为直辖第一师第一第二旅各团团长令	1924 年 1 月 7 日	第十七册	417
着省长委李蟠为香山县长令	1924 年 1 月 7 日	第十七册	417
准《财政委员会章程》	1924 年 1 月 8 日	第六册	169
饬议奖南雄筹措军米出力绅商令	1924 年 1 月 8 日	第十四册	388

续表

篇名	著述时间	册数	页码
饬严缉劫车匪徒以安行旅令	1924 年 1 月 8 日	第十四册	389
批陈兴汉报告客货车在永利石场被匪劫掠情形乞通令各军长官认真缉拿呈	1924 年 1 月 8 日	第十四册	390
批谭延闿关于南雄绅商曾攀荣等急公仗义乞特颁奖章呈	1924 年 1 月 8 日	第十四册	390
特任曲同丰为北洋招讨使令	1924 年 1 月 8 日	第十七册	417
任命柏文蔚为北伐讨贼军第二军军长令	1924 年 1 月 8 日	第十七册	418
派范石生等四人为禁烟会办令	1924 年 1 月 8 日	第十七册	418
派廖行超等五人为禁烟帮办令	1924 年 1 月 8 日	第十七册	418
准《修正公司注册规则》	1924 年 1 月 9 日	第六册	171
北伐战争与三角联盟　与日本东方新闻社记者谈话	1924 年 1 月 9 日刊载	第十二册	338
饬筹发廖韶光垫借款项令	1924 年 1 月 9 日	第十四册	391
饬转驻防军队军人应按搭车办法乘车令	1924 年 1 月 9 日	第十四册	392
批叶恭绰拟筹付各部局经费变通办法乞示遵呈	1924 年 1 月 9 日	第十四册	392
批陈宜禧请重申前令责成驻防军队务须切实奉行军人搭车办法呈	1924 年 1 月 9 日	第十四册	393
饬撤去北江商运局分局及停止收费令	1924 年 1 月 9 日	第十四册	393
准免宾镇远等四人大本营参军处副官令	1924 年 1 月 9 日	第十七册	419
准免吴靖等十一人大本营参军处副官令	1924 年 1 月 9 日	第十七册	419
不准何克夫呈辞连阳绥靖处长令	1924 年 1 月 9 日	第十七册	420
核复前两广盐运使伍汝康呈报卸事日期令	1924 年 1 月 9 日	第十七册	420
饬切实整顿北江电政令	1924 年 1 月 10 日	第十四册	394
饬惩治妄报官产令	1924 年 1 月 10 日	第十四册	394
批谭延闿报告南雄至广州电报迟滞贻误军情关系极大请严饬电政监督极力整顿北江一带电线呈	1924 年 1 月 10 日	第十四册	395

续表

篇名	著述时间	册数	页码
批赵士觐议复伍学煜办理盐商预缴现饷及补恤各程船损失一案	1924 年 1 月 10 日	第十四册	396
着财政委员会筹给何雪竹出发费	1924 年 1 月 10 日	第十四册	397
着财政委员会筹给邓家彦旅费	1924 年 1 月 10 日	第十四册	397
着财政委员会提议筹赔谭细船价	1924 年 1 月 10 日	第十四册	397
准派廖朗如为财政委员会秘书长令	1924 年 1 月 10 日	第十七册	421
核复张开儒呈告已令将副官宾镇远等免去本职令	1924 年 1 月 10 日	第十七册	421
核复张开儒呈告已明令免吴靖等参军处副官本职令	1924 年 1 月 10 日	第十七册	422
致国民党北京支部请派代表六人赴广州接洽党务电	1924 年 1 月初	第九册	586
共产党人是救活国民党的新血液　与宋庆龄谈话	1924 年 1 月上旬	第十二册	339
批《民业审查会办事规则》	1924 年 1 月 11 日	第六册	173
批《民业审查规则》	1924 年 1 月 11 日	第六册	173
准《确定民业执照条例》	1924 年 1 月 11 日	第六册	175
饬韦荣熙停收铁路运商费并撤除各车站分局令	1924 年 1 月 11 日	第十四册	398
饬查封变卖中国银行地址物业令	1924 年 1 月 11 日	第十四册	398
命叶恭绰通缉挟款潜逃之中国银行行长凌骥令	1924 年 1 月 11 日	第十四册	399
批经理宋子文请津贴中央银行代收盐税手续费乞备案呈	1924 年 1 月 11 日	第十四册	400
批宋子文请通缉中国银行行长凌骥归案究办并饬陈其瑗将该行地址物业查封变卖以偿公款呈	1924 年 1 月 11 日	第十四册	400
批伍学煜拟先行开办分局权委分局局长呈	1924 年 1 月 11 日	第十四册	401
核复两广盐运使赵士觐呈报到任日期令	1924 年 1 月 11 日	第十七册	422
核准《确定民业执照条例》	1924 年 1 月 12 日	第六册	175
批准《有利支付券条例》	1924 年 1 月 12 日	第六册	177
批廖仲恺复邓宏顺请设立全省联保治安会一案窒碍难行呈	1924 年 1 月 12 日	第十四册	401

续表

篇名	著述时间	册数	页码
批叶恭绰廖仲恺报告委员会成立并启用关防日期请察核备案呈	1924 年 1 月 12 日	第十四册	402
批赵士觐遵令饬知各商及盐务征收机关解款交由中央银行代收请备案呈	1924 年 1 月 12 日	第十四册	402
批孙科呈送十二年四月十六日起至十二月份筹付大本营军费收支日计表请备案令	1924 年 1 月 12 日	第十四册	403
着范石生开回原防努力图功令	1924 年 1 月 12 日	第十四册	403
批饶宝书等呈	1924 年 1 月 12 日刊载	第十四册	404
核复叶恭绰廖仲恺呈告另有明令派廖朗如为财政委员会秘书长令	1924 年 1 月 12 日	第十七册	423
核复杨西岩呈委任陈鸾谞为戒烟总所所长郑文华为制药总所所长令	1924 年 1 月 12 日	第十七册	423
命蒋光亮将某部截留交回主管机关接收	1924 年 1 月 13 日	第十四册	404
派黄仕强等三人为禁烟督办署厅处长令	1924 年 1 月 13 日	第十七册	424
准派杨宜生等十五人分为禁烟督办署科长及秘书令	1924 年 1 月 13 日	第十七册	424
要信仰革命不可再守中立　在广州商团及警察联欢大会的演说	1924 年 1 月 14 日	第十册	615
准湖南省推选代表列席中国国民党第一次全国代表大会	1924 年 1 月 14 日	第十二册	339
准湖南省推选代表列席国民党第一次大会	1924 年 1 月 14 日	第十四册	405
饬杨希闵严办师长王汝为自由移动部曲令	1924 年 1 月 14 日刊载	第十四册	405
增加朱培德部每日给养费令	1924 年 1 月 14 日	第十四册	406
核复杨西岩呈告已明令准任杨宜生等为科长秘书令	1924 年 1 月 14 日	第十七册	425
令修改船民输纳经费等三章程	1924 年 1 月 15 日	第六册	180
批准《军人乘车章程》	1924 年 1 月 15 日	第六册	180

续表

篇名	著述时间	册数	页码
令军政部转咨各军实施《军人乘车章程》	1924 年 1 月 15 日	第六册	181
被压迫国家民族革命运动结成统一战线 与鲍罗庭谈话	1924 年 1 月 15 日	第十二册	340
着赠恤潘宝寿令	1924 年 1 月 15 日	第十四册	406
批张开儒报十二年十一月份办公各费并附列清册请备案呈	1924 年 1 月 15 日	第十四册	407
批张开儒报十二年十二月份各员出差旅费及弁兵服装等费并附清册呈	1924 年 1 月 15 日	第十四册	407
批赵士觐为中央银行代收盐税拟照原案倍支手续费案前后办理情形候核定令遵呈	1924 年 1 月 15 日	第十四册	408
准任命郑德铭为内政部科长令	1924 年 1 月 15 日	第十七册	425
令修改《水陆运施行细则》及简章	1924 年 1 月 16 日	第六册	182
准《保澳团暂行章程》	1924 年 1 月 16 日	第六册	183
批准《清查船民户口暂行章程》	1924 年 1 月 16 日	第六册	185
核准《管理医生暂行规则》及施行细则	1924 年 1 月 16 日	第六册	188
核准《禁烟条例》	1924 年 1 月 16 日	第六册	195
饬北江各军将领严禁部下勒索商人阻留货物令	1924 年 1 月 16 日	第十四册	408
饬知李济深赣军李明扬部第一梯团长覃寿乔率部来省应准其通过令	1924 年 1 月 16 日刊载	第十四册	409
饬大本营参谋处转达前敌将领整军备战令	1924 年 1 月 16 日	第十四册	409
批杨鹤龄求职函	1924 年 1 月 16 日	第十四册	410
着赠恤陈飞鹏令	1924 年 1 月 16 日	第十四册	410
暂缓筹备建国政府令	1924 年 1 月 16 日	第十四册	411
准程潜所呈追赠陈飞鹏陆军少将并给恤令	1924 年 1 月 16 日	第十五册	272
免陈策广东海防司令令	1924 年 1 月 16 日	第十七册	425

续表

篇名	著述时间	册数	页码
任命冯肇铭代理广东海防司令令	1924 年 1 月 16 日	第十七册	426
任命洪慈为大本营咨议令	1924 年 1 月 16 日	第十七册	426
派许崇灝为财政委员会委员令	1924 年 1 月 16 日	第十七册	427
派张福堂为禁烟帮办令	1924 年 1 月 16 日	第十七册	427
核复徐绍桢呈告已明令准任郑德铭为内政部科长令	1924 年 1 月 16 日	第十七册	427
准黄隆生呈再给假一月令	1924 年 1 月 16 日	第十七册	428
令东江商运局与湘军会商《保护米商酌抽给养费简章》	1924 年 1 月 17 日	第六册	197
令湘军总司令与商运局会商《酌抽给养费简章》	1924 年 1 月 17 日	第六册	198
为优恤潘宝寿给伍朝枢的训令	1924 年 1 月 17 日	第十四册	411
为优恤潘宝寿给程潜的训令	1924 年 1 月 17 日	第十四册	412
饬知谭延闿追赠陈飞鹏陆军少将并依例给恤令	1924 年 1 月 17 日	第十四册	413
批程潜议复已故湘军团长陈飞鹏拟请追赠陆军少将并照少将例给恤呈	1924 年 1 月 17 日	第十四册	414
批杨希闵请例恤伤亡团长潘宝寿并饬发护照运柩回乡呈	1924 年 1 月 17 日	第十四册	414
批廖仲恺呈香山县长朱卓文请撤销香山田土业佃保证局碍难照准乞示遵令	1924 年 1 月 17 日	第十四册	415
准何克夫呈给假一月令	1924 年 1 月 17 日	第十七册	428
核复前广东治河督办汤廷光呈报交卸日期令	1924 年 1 月 17 日	第十七册	429
国民政府建国大纲	1924 年 1 月 18 日书赠孙科	第二册	215
饬杨希闵将娱乐捐火柴捐横水渡捐仍归主管机关办理令	1924 年 1 月 18 日	第十四册	415
饬刘震寰转饬所部严兆丰撤销东莞沙捐员以统一财政令	1924 年 1 月 18 日	第十四册	416

续表

篇名	著述时间	册数	页码
批财政委员会请饬广州卫戍总司令将经收杂捐撤销仍归主管机关办理呈	1924 年 1 月 18 日	第十四册	417
批叶恭绰廖仲恺请训令刘震寰转饬严兆丰将东莞沙捐兼清佃局员撤销呈	1924 年 1 月 18 日	第十四册	417
批东三省王秉谦等请划哈尔滨为特别区呈	1924 年 1 月 18 日	第十四册	418
任命朱世贵为直辖滇军第四师师长令	1924 年 1 月 18 日	第十七册	429
任命覃超曾彦为咨议手谕	1924 年 1 月 18 日	第十七册	429
任命覃超曾彦为大本营咨议令	1924 年 1 月 18 日	第十七册	430
准任命徐经训为大本营参军处上校副官令	1924 年 1 月 18 日	第十七册	430
准颁《两广盐政会议简章》	1924 年 1 月 19 日	第六册	198
致宋庆龄电	1924 年 1 月 19 日	第九册	587
饬彻究军人封用车辆令	1924 年 1 月 19 日	第十四册	418
严禁驻军勒索商人阻留货物令	1924 年 1 月 19 日	第十四册	419
批徐绍桢请褒扬寿妇黄赵氏呈	1924 年 1 月 19 日	第十四册	419
批叶恭绰遴员暂署本部局长科长等职呈	1924 年 1 月 19 日	第十四册	420
批廖仲恺预借新粮办法妨碍滋多乞鉴核呈	1924 年 1 月 19 日	第十四册	420
批陈兴汉为中央直辖讨贼第三军游击第二梯团部勒封车卡运柴请转令查究以维路务呈	1924 年 1 月 19 日	第十四册	421
任命陈兴汉兼理广三铁路管理局局长令	1924 年 1 月 19 日	第十七册	431
核复广东全省治河督办姚雨平呈报就职日期令	1924 年 1 月 19 日	第十七册	431
为寿妇黄赵氏题颁	1924 年 1 月 19 日	第十八册	391
中国国民党第一次全国代表大会会议规则	1924 年 1 月 20 日	第六册	199
代表大会的宗旨是改组国民党与改造国家　中国国民党第一次全国代表大会的开会词	1924 年 1 月 20 日	第十册	622
中国现状及国民党改组问题　在中国国民党第一次全国代表大会的讲话	1924 年 1 月 20 日	第十册	628

续表

篇名	著述时间	册数	页码
关于组织国民政府案之说明　在中国国民党第一次全国代表大会的讲话	1924 年 1 月 20 日	第十册	631
主义胜过武力　欢宴中国国民党第一次全国代表大会与会代表的演说	1924 年 1 月 20 日	第十册	633
在指定国民党代表大会主席团五名成员会议上的发言	1924 年 1 月 20 日	第十二册	341
在组织国民党宣言审查委员案时的发言	1924 年 1 月 20 日	第十二册	342
在广州与张国焘谈话	1924 年 1 月 20 日	第十二册	343
饬许崇智将派赴各县收粮委员撤销令	1924 年 1 月 20 日	第十四册	421
批廖仲恺拟将香山一县收入全数拨解东路军部其余广属各县仍照派定数目解交省署呈	1924 年 1 月 20 日	第十四册	422
组织国民政府之必要决议案	1924 年 1 月 20 日	第十四册	423
关于民生主义之说明　在广州中国国民党第一次全国代表大会的讲话	1924 年 1 月 21 日	第十册	636
在主持国民党宣言审查报告时的发言	1924 年 1 月 21 日	第十二册	344
着财政委员会筹发朱培德经费令	1924 年 1 月 21 日	第十四册	423
饬严办吉昌庄等私贩盐斤令	1924 年 1 月 21 日	第十四册	424
准任命杨述凝为大本营参谋处秘书令	1924 年 1 月 21 日	第十七册	431
纪律问题决议案	1924 年 1 月 22 日	第十四册	424
海关问题决议案	1924 年 1 月 22 日	第十四册	426
饬陈策克日移交海防司令任内手续电	1924 年 1 月 22 日刊载	第十七册	432
复叶恭绰告目前并未组织政府电	1924 年 1 月 23 日	第九册	587
关于中国国民党宣言旨趣之说明　在中国国民党第一次全国代表大会的讲话	1924 年 1 月 23 日	第十册	639
建国宣言不日发表关余必须收回　在广州与北京《东方时报》记者谈话	1924 年 1 月 23 日	第十二册	344

续表

篇名	著述时间	册数	页码
在指定宣传问题审查委员时的发言	1924 年 1 月 23 日	第十二册	345
着财政委员会筹给许卓然办事费令	1924 年 1 月 23 日	第十四册	427
着财政委员会筹发陆军军官学校开办费令	1924 年 1 月 23 日	第十四册	427
复加拉罕感谢致贺代表大会电	1924 年 1 月 24 日	第九册	588
对《中国国民党第一次全国代表大会宣言》中"收回租界"等纲领性语言被删的愤言	1924 年 1 月 24 日	第十二册	346
饬杨希闵撤销联和公司承办省河横水渡捐令	1924 年 1 月 24 日	第十四册	428
派汪精卫向第一次全国代表大会提出宣言补遗手谕	1924 年 1 月 24 日	第十四册	429
批孙科请令饬卫成总司令部撤销联和公司承案呈	1924 年 1 月 24 日	第十四册	430
批赵士觐为盐斤每包增抽军饷一元一案碍难遵行恳请准予取销呈	1924 年 1 月 24 日	第十四册	430
派陈兴汉为财政委员会委员令	1924 年 1 月 24 日	第十七册	432
派卢师谛为禁烟会办令	1924 年 1 月 24 日	第十七册	433
派黄范一等三人为禁烟帮办令	1924 年 1 月 24 日	第十七册	433
准任命陈伯任为禁烟督办署秘书令	1924 年 1 月 24 日	第十七册	433
派刘毅为粤闽湘军招抚使令	1924 年 1 月 24 日	第十七册	434
派潘鸿图李维珩为禁烟帮办令	1924 年 1 月 24 日	第十七册	434
国民党代表大会哀悼列宁之提案	1924 年 1 月 25 日	第四册	157
致加拉罕哀悼列宁逝世电	1924 年 1 月 25 日	第四册	157
批《新订税章条例》须经财政委员会通过令	1924 年 1 月 25 日	第六册	204
饬举办《新税章程条例》须由财政委员会通过令	1924 年 1 月 25 日	第六册	205
致加拉罕哀悼列宁逝世电	1924 年 1 月 25 日	第九册	589
致加拉罕哀悼列宁逝世电	1924 年 1 月 25 日	第九册	589
哀悼列宁逝世 在中国国民党第一次全国代表大会的演说	1924 年 1 月 25 日	第十册	641
哀悼列宁提案	1924 年 1 月 25 日	第十四册	431

续表

篇名	著述时间	册数	页码
着财政委员会筹给马伯麟要件费令	1924 年 1 月 25 日	第十四册	431
饬五邑驻军不得径向征收机关提款令	1924 年 1 月 25 日	第十四册	431
饬军费须由军政部核定再行交议支配令	1924 年 1 月 25 日	第十四册	432
批梅光培请令军政部转饬西江五邑各属驻防军队不得任意提拨税款呈	1924 年 1 月 25 日	第十四册	433
批叶恭绰廖仲恺请将该会议决财政部提出凡一切军费须由军政部核定再行交议支配以昭划一一案核准施行呈	1924 年 1 月 25 日	第十四册	434
准程潜所呈追赠梁寿恺陆军炮兵中校并给恤令	1924 年 1 月 25 日	第十四册	434
饬市政厅长即汇旅费贰千元令	1924 年 1 月 25 日	第十四册	435
核复禁烟督办杨西岩呈报就职及启用关防日期令	1924 年 1 月 25 日	第十七册	435
核复直辖第二军军长黄明堂呈报就职及启用印信日期令	1924 年 1 月 25 日	第十七册	435
批准船民输纳经费发给旗灯及查验枪炮照暂行章程	1924 年 1 月 26 日	第六册	205
致朱培德望即日赶赴前线指挥函	1924 年 1 月 26 日	第八册	500
饬严禁扶溪地方团防阻抗驻军令	1924 年 1 月 26 日	第十四册	435
严缉杨少甫朱泽民季树萱归案究办令	1924 年 1 月 26 日	第十四册	436
批谭延闿请令饬仁化县转令扶溪团防不得拒绝防军驻扎及通过呈	1924 年 1 月 26 日	第十四册	437
批范石生为该军第三师军需处长杨少甫等挟款潜逃请通缉归案究办呈	1924 年 1 月 26 日	第十四册	438
悼杭辛斋挽词	1924 年 1 月 26 日	第十八册	392
中国人民具有民主观念并易于接受共和政体 在广州与柯乐文谈话	1924 年 1 月 27 日刊载	第十二册	346
中国国民党总章	1924 年 1 月 28 日重订	第六册	216

续表

篇名	著述时间	册数	页码
批准《民业审查修正规则》	1924 年 1 月 28 日	第六册	225
令财政部遵行《民业审查修正规则》	1924 年 1 月 28 日	第六册	225
致麦克唐纳贺英国劳工党成功电	1924 年 1 月 28 日	第九册	590
着盐运使来商各军擅自设局收税盐商罢市对策令	1924 年 1 月 28 日	第十四册	438
着筹发黄明堂军费谕	1924 年 1 月 28 日	第十四册	439
命发航空局经费令	1924 年 1 月 28 日	第十四册	439
命发庶务司经费令	1924 年 1 月 28 日	第十四册	439
缉拿卸任香安局长梅放洲归案究办令	1924 年 1 月 28 日	第十四册	440
批赵士觐为卸任香安局长梅放洲抗不交代私发渔票恳请令饬许总司令拿办呈	1924 年 1 月 28 日	第十四册	441
令财政部取消《确定民业执照条例》	1924 年 1 月 29 日	第六册	226
着谭延闿代职令	1924 年 1 月 29 日	第十四册	441
饬赖天球严行淘汰并约束邓跳山部令	1924 年 1 月 29 日	第十四册	442
批杨希闵查办南雄匪首邓跳山历次劫掳一案该匪现受赖天球收编请示办法呈	1924 年 1 月 29 日	第十四册	443
饬滇军担任卫戍湘粤边境令	1924 年 1 月 29 日	第十四册	443
批赵士北拟请将琼山罗定等十七厅庭已决人犯减刑列册请指令遵行呈	1924 年 1 月 29 日	第十四册	444
批张开儒为副官黎工忟于伪造行使印花税票案确无嫌疑请免予处分呈	1924 年 1 月 29 日	第十四册	444
批赖天球为所部伙食困迫请即给发并指拨长期的款呈	1924 年 1 月 29 日	第十四册	445
关于感化游民土匪及殊遇革命军人之决议案	1924 年 1 月 29 日	第十四册	445
免杨庶堪大本营秘书长令	1924 年 1 月 29 日	第十七册	436
免廖仲恺广东省长令	1924 年 1 月 29 日	第十七册	436

续表

篇名	著述时间	册数	页码
特任杨庶堪为广东省长令	1924 年 1 月 29 日	第十七册	436
特任廖仲恺为大本营秘书长令	1924 年 1 月 29 日	第十七册	437
着谭延闿兼代大本营秘书长令	1924 年 1 月 29 日	第十七册	437
核复张开儒呈准续给副官朱全德长假令	1924 年 1 月 29 日	第十七册	437
中国国民党第一次全国代表大会宣言	1924 年 1 月 30 日	第二册	221
增改宣言政纲及选举国民党中央各委员等事宜之说明　在中国国民党第一次全国代表大会的讲话	1924 年 1 月 30 日	第十册	643
全党要为实行本党主义与政纲而一致奋斗　中国国民党第一次全国代表大会的闭会词	1924 年 1 月 30 日	第十册	649
候补中央监察委员的提名	1924 年 1 月 30 日	第十二册	349
增补代表大会宣言对外政策条款之临时动议	1924 年 1 月 30 日	第十四册	446
手书邓泽如等十人为中国国民党第一届中央监察委员候补委员名单	1924 年 1 月 30 日	第十七册	438
中国国民党第一届中央执行委员名单	1924 年 1 月 30 日	第十七册	438
指定邵元冲等十七人为中国国民党中央执行候补委员手谕	1924 年 1 月 30 日	第十七册	439
批准《修正禁烟督办署章程》	1924 年 1 月 31 日	第六册	227
要把帝国主义赶出中国并效法苏联组织革命军队　与鲍罗庭等谈话	1924 年 1 月 31 日	第十二册	350
着财政委员会筹汇上海事务所经费令	1924 年 1 月 31 日	第十四册	447
着财政委员会筹给李福林所部军毡费令	1924 年 1 月 31 日	第十四册	448
任命周潜为潮梅守备司令状	1924 年 1 月 31 日	第十七册	439
为《帝王春秋》题签	1921 年 5 月至 1924 年 1 月间	第十八册	279
批准《水陆运施行细则》	1924 年 1 月	第六册	227

续表

篇名	著述时间	册数	页码
谈《建国大纲》　与孔祥熙谈话	1924 年 1 月	第十二册	351
关于取消总理制成立委员制的说明	1924 年 1 月	第十二册	352
在广州与某君谈话	1924 年 1 月	第十二册	352
在广州与林伯岐等谈话	1924 年 1 月	第十二册	353
与黄昌谷谈话	1924 年 1 月	第十二册	353
批广东地方善后委员会议决惩治安报官产及李文恩等禀陈利弊各案呈	1924 年 1 月	第十四册	448
批俄大使加拉罕道谢国民党哀悼列宁函	1924 年 1 月	第十四册	449
任李守常等七人为预算委员会批	1924 年 1 月	第十七册	439
复彭世洛分部勖继续努力党务与筹饷函	1924 年 2 月 1 日	第八册	501
致黄仲初嘱继续努力党务与筹饷函	1924 年 2 月 1 日	第八册	502
任命刘光烈等七人为大本营咨议令	1924 年 2 月 1 日	第十七册	440
着财政委员会筹给宋品三旅费令	1924 年 2 月 2 日	第十四册	449
着财政委员会筹给吴稚觉公费令	1924 年 2 月 2 日	第十四册	449
着财政委员会每日发给北伐讨贼军第一、二军办公费令	1924 年 2 月 2 日	第十四册	450
任命周亚南刘伯英为咨议手谕	1924 年 2 月 2 日	第十七册	440
统一财政的通令	1924 年 2 月 3 日	第四册	535
批准《短期手票办法》	1924 年 2 月 3 日	第六册	228
批叶恭绰广东省长廖仲恺为发行短期手票五十万元请予照准并分令各军队一体遵照毋得借此骚扰呈	1924 年 2 月 3 日	第十四册	450
饬发行短期手票并停办官产市产举报令	1924 年 2 月 3 日	第十四册	451
饬各军不得骚扰发行短期手票令	1924 年 2 月 3 日	第十四册	451
批统一财政委员会接管财政办法呈	1924 年 2 月 3 日	第十四册	452
准梅光培辞广东财政厅长兼大本营筹饷总局会办本兼各职令	1924 年 2 月 3 日	第十七册	441

续表

篇名	著述时间	册数	页码
派郑洪年兼大本营筹饷总局会办令	1924 年 2 月 3 日	第十七册	441
派张启荣为钦廉高雷招抚使令	1924 年 2 月 3 日	第十七册	442
派雷洪基朱公彦为大本营出勤委员令	1924 年 2 月 3 日	第十七册	442
核复梅光培呈告已明令准免其本兼各职令	1924 年 2 月 3 日	第十七册	442
着将高师法大农专合并为国立广东大学令	1924 年 2 月 4 日	第十四册	452
派邹鲁为广东大学筹备主任令	1924 年 2 月 4 日	第十七册	443
准公布船民输纳经费发给旗灯及查验枪炮照章程	1924 年 2 月 6 日	第六册	229
复赵世炎等说明国民党改组要义并望党员身体力行函	1924 年 2 月 6 日	第八册	503
饬严缉附逆中央直辖滇军师长王汝为令	1924 年 2 月 6 日	第十四册	453
准赠恤潘宝寿令	1924 年 2 月 6 日	第十四册	453
批蒋光亮通缉王汝为呈	1924 年 2 月 6 日	第十四册	454
批程潜为西路讨贼军第二师严兆丰拟备价购领兵工厂新制步枪一千杆水机关枪四尊呈乞核示文	1924 年 2 月 6 日	第十四册	454
任命周亚南刘伯英为大本营咨议令	1924 年 2 月 6 日	第十七册	443
免温德章广九铁路局长并着听候查办令	1924 年 2 月 6 日	第十七册	444
着陈兴汉兼代广九铁路局长令	1924 年 2 月 6 日	第十七册	444
不准陈兴汉呈请收回兼理广三铁路管理局局长成命令	1924 年 2 月 6 日	第十七册	444
核复张开儒呈准大本营参军处中校副官谷青芳请假一月令	1924 年 2 月 6 日	第十七册	445
核复兼理湘军总指挥第一军军长宋鹤庚呈报就职并启用关防日期令	1924 年 2 月 6 日	第十七册	445
核复代理广东海防司令冯肇铭呈报就职日期令	1924 年 2 月 6 日	第十七册	446
批毋庸设立临时附加协饷总局并合组大纲	1924 年 2 月 7 日	第六册	229

续表

篇名	著述时间	册数	页码
批陈融呈解该厅十二年十一二月各职员提俸充饷文	1924 年 2 月 7 日	第十四册	455
着将上海分部改为上海第一分部手令	1924 年 2 月 8 日	第十四册	455
着发湘军五军长旅费令	1924 年 2 月 8 日	第十四册	456
着发陆军军官学校开办经费令	1924 年 2 月 8 日	第十四册	456
着发上海议员旅费令	1924 年 2 月 8 日	第十四册	457
饬查究商团枪杀持用短期手票之滇军排长班长令	1924 年 2 月 8 日	第十四册	457
饬速修广韶电线令	1924 年 2 月 8 日	第十四册	459
饬将司法收入平均摊发厅院职员令	1924 年 2 月 8 日	第十四册	460
饬各军不得派员至桂境收编匪类令	1924 年 2 月 8 日	第十四册	460
批杨希闵为广州市商团因行使手票击毙所部排长蔡海清等情形乞令有司严密防范呈	1924 年 2 月 8 日	第十四册	461
批樊钟秀请设法维持票币呈	1924 年 2 月 8 日	第十四册	462
批谭延闿请严令广东电政监督从速修理广韶电线以利戎机呈	1924 年 2 月 8 日	第十四册	462
批罗翼群请发给兵站第一支部员兵欠饷及商款呈	1924 年 2 月 8 日	第十四册	463
批伍学煜呈报十二年十二月下半月及十三年一月上半月预垫经费数目情形文	1924 年 2 月 8 日	第十四册	463
批梅光培为原办江门东口会河厘厂商人冯耀南呈请收回成命应如何办理呈乞示遵呈	1924 年 2 月 8 日	第十四册	464
批梅光培为湘军总司令谭延闿等于黄沙地方设立盐务局等情一案应否分饬各税厂遵照办理呈	1924 年 2 月 8 日	第十四册	464
批叶恭绰点交宁波会馆契件情形乞备案并附清折呈	1924 年 2 月 8 日	第十四册	465
复程潜呈告已赠恤潘宝寿令	1924 年 2 月 8 日	第十四册	465
命筹给上海烈士家属每月特别费和每年学费谕	1924 年 2 月 8 日	第十四册	466
核复大本营参军长张开儒呈准副官葛昆山充任原职令	1924 年 2 月 8 日	第十七册	446

续表

篇名	著述时间	册数	页码
要取法俄国注重党的纪律 在广州与施滉等谈话	1924 年 2 月 9 日	第十二册	354
饬国立高师等校所有用人行政悉由广东大学筹备处办理令	1924 年 2 月 9 日	第十四册	466
饬邹鲁从速筹备成立广东大学令	1924 年 2 月 9 日	第十四册	467
饬妥筹应付商团干涉行使手票办法令	1924 年 2 月 9 日	第十四册	467
饬滇军勿擅提粤汉路附加军费令	1924 年 2 月 9 日	第十四册	468
批赵士觐请令饬取消黄沙设立临时附加协饷总局以维艰政呈	1924 年 2 月 9 日	第十四册	469
批中央财政委员会筹备员郑德铭等请结束中央财政委员会请示指遵呈	1924 年 2 月 9 日	第十四册	469
批杨西岩拟定本署与各机关来往公文程式乞令遵呈	1924 年 2 月 9 日	第十四册	470
批陈兴汉为滇军第一师在韶逼缴粤汉路附加军费请示办法呈	1924 年 2 月 9 日	第十四册	470
关于组织政府问题 与王恒等谈话	1924 年 2 月 10 日	第十二册	358
任命黄玉田为大本营参议手令	1924 年 2 月 10 日	第十七册	447
在广州与黄季陆谈话	1924 年 2 月初	第十二册	359
命每日暂发海防舰队伙食公费令	1924 年 2 月 11 日	第十四册	471
饬各军毋得借词截留禁烟收入款项令	1924 年 2 月 11 日	第十四册	471
批程潜遵令议复南雄筹措军米出力绅商曾攀荣等应得奖章乞予核准施行呈	1924 年 2 月 11 日	第十四册	472
批林森为广三铁路因滇军第四师风潮被毁派员调查暨滇军蒋军长具报各情形恳鉴核呈	1924 年 2 月 11 日	第十四册	473
批杨西岩请通令各军毋得藉词截留收入款项呈	1924 年 2 月 11 日	第十四册	473
批樊钟秀为该部兵士董福昌因行使手票失踪情形暨布告该军暂不行用手票以维秩序呈	1924 年 2 月 11 日	第十四册	474

续表

篇名	著述时间	册数	页码
批交焦易堂印刷费函	1924 年 2 月 11 日	第十四册	474
任命黄玉田为大本营参议令	1924 年 2 月 11 日	第十七册	447
任命蒋群为大本营参军令	1924 年 2 月 11 日	第十七册	448
派陈应麟为禁烟帮办令	1924 年 2 月 11 日	第十七册	448
准任命钟震岳楼守光为大本营参谋处秘书令	1924 年 2 月 11 日	第十七册	448
任命何应钦为大本营参谋处军事参议令	1924 年 2 月 11 日	第十七册	449
革命奋斗当革去私心 在南北统一纪念日庆典的演说	1924 年 2 月 12 日	第十册	652
批赵士觐遵令组织两广盐政会议成立日期及讨论宗旨呈	1924 年 2 月 12 日	第十四册	475
设筹饷总局之通令	1924 年 2 月 13 日	第十四册	475
饬军人不得干涉司法令	1924 年 2 月 13 日	第十四册	476
准水陆侦缉联合队队长人选并章程	1924 年 2 月 12 至 14 日间	第六册	230
批准《权度法》等在广州施行日期令	1924 年 2 月 14 日	第六册	231
批《商标法》及施行细则	1924 年 2 月 14 日	第六册	232
准任命黄建勋为财政部秘书令	1924 年 2 月 14 日	第十七册	449
百事之举端赖财政 在大本营统一财政会议上的演说	1924 年 2 月 15 日	第十册	653
批程潜遵令议复已故滇军中校参谋白正洗应得恤典呈	1924 年 2 月 15 日	第十四册	477
着秘书处函约谢英伯等辩护手谕	1924 年 2 月 15 日	第十四册	478
核复兼代大本营秘书长谭延闿呈报就职日期令	1924 年 2 月 15 日	第十七册	450
饬程潜通缉叛降敌军之余立奎令	1924 年 2 月 13 至 16 日间	第十四册	477

续表

篇名	著述时间	册数	页码
复契切林申谢来信指点并望继续保持接触函	1924 年 2 月 16 日	第八册	504
致许崇智促速回粤电	1924 年 2 月 16 日	第九册	590
对冯自由的声言	1924 年 2 月 16 日	第十二册	359
赠恤夏重民王贯忱令	1924 年 2 月 16 日	第十四册	479
饬知统一财政委员会虎门要塞向未经管民财两政令	1924 年 2 月 16 日	第十四册	479
批廖湘芸为虎门区内民财两政向未经管情形呈	1924 年 2 月 16 日	第十四册	480
批李济深为所辖西江财政已于一月十五日完全交还广东财政厅派员接管呈	1924 年 2 月 16 日	第十四册	480
批徐绍桢为广州市公安局侦缉课长吴国英缉匪有功请晋给一等五星奖章呈	1924 年 2 月 16 日	第十四册	481
特任蒋尊簋为中央军需总监令	1924 年 2 月 16 日	第十七册	450
准李雄伟辞直辖广东讨贼军第三师第五旅旅长令	1924 年 2 月 16 日	第十七册	450
任命巫琦为直辖广东讨贼军第三师第五旅旅长令	1924 年 2 月 16 日	第十七册	451
批评滇军擅离防地　在大本营军事会议的训话	1924 年 2 月 17 日	第十册	654
谈时局等问题　在广州与国闻通讯社记者谈话	1924 年 2 月 18 日	第十二册	360
着统一财政委员会据大本营财政部呈报遵批办理广三路附近财政统一情形令	1924 年 2 月 18 日	第十四册	481
饬朱培德筵席捐仍由市政厅办理令	1924 年 2 月 18 日	第十四册	482
批叶恭绰遵批办理广三路附近财政统一情形呈	1924 年 2 月 18 日	第十四册	483
批叶恭绰廖仲恺请令饬朱军长培德将筵席捐一案完全由市政厅办理以充省市教育经费呈	1924 年 2 月 18 日	第十四册	483
核准《有利支付券发行细则》	1924 年 2 月 19 日	第六册	233
批陆军官兵暂行薪饷等级暨公费马干表	1924 年 2 月 19 日	第六册	240
拟派员访欧　与某外国人谈话	1924 年 2 月 19 日刊载	第十二册	361
给郑洪年等命令	1924 年 2 月 19 日	第十四册	484
谕饬广州商团枪枝弹药受广州市公安局检查令	1924 年 2 月 19 日	第十四册	484

续表

篇名	著述时间	册数	页码
饬知杨希闵商团枪枝弹药应呈由广州市公安局存案给证令	1924 年 2 月 19 日	第十四册	485
饬知吴铁城随时检查商团枪枝弹药以防流弊令	1924 年 2 月 19 日	第十四册	485
批陈其瑗等请准予委托广州市财政局代办测绘及发照事宜呈	1924 年 2 月 19 日	第十四册	486
批杨西岩拟违犯烟禁人犯所科罚金以六成充公二成赏给线人以二成奖励出力人员乞予核示遵办呈	1924 年 2 月 19 日	第十四册	487
为特任蒋尊簋为军需总监整理海陆各军会计经理事宜给各军通令	1924 年 2 月 19 日刊载	第十七册	451
任命杨言昌为中央军需处参事令	1924 年 2 月 19 日	第十七册	452
准任命平宝善等三人为中央军需处科长令	1924 年 2 月 19 日	第十七册	452
核复湖北讨贼军总司令孔庚呈报就职日期并勉厚望令	1924 年 2 月 19 日	第十七册	452
核复兼代广东财政厅长郑洪年呈报接任视事日期令	1924 年 2 月 19 日	第十七册	453
裁撤大本营筹饷总局令	1924 年 2 月 20 日	第十四册	487
饬划黄花冈一带为坟园并禁附葬令	1924 年 2 月 20 日	第十四册	488
饬范石生克日设局办理抽收防务经费令	1924 年 2 月 20 日	第十四册	489
批林森等拟将黄花冈一带地方划为七十二烈士坟园并请谕令军民长官会同出示禁止附葬以崇先烈呈	1924 年 2 月 20 日	第十四册	489
批廖仲恺为改组国立广东大学一案业经分行各该校遵照呈	1924 年 2 月 20 日	第十四册	490
批廖仲恺为各属盗匪滋炽拟请准援用军令办理呈	1924 年 2 月 20 日	第十四册	490
批杨希闵为美国教会在石龙车站附近设学校被匪掳去数人奉令查缉遵办情形呈	1924 年 2 月 20 日	第十四册	491
饬杨希闵拿办石龙土匪令	1924 年 2 月 20 日	第十四册	491

续表

篇名	著述时间	册数	页码
批马伯麟请添筑炮垒并投变鱼雷排废铁轨以作修理建筑经费呈	1924 年 2 月 20 日	第十四册	492
批梁鸿楷为遵办统一财政情形呈	1924 年 2 月 20 日	第十四册	492
特派范石生为广东筹饷总局督办令	1924 年 2 月 20 日	第十七册	453
任命胡谦为北伐讨贼军第三军军长令	1924 年 2 月 20 日	第十七册	454
任命李文炳为大本营咨议令	1924 年 2 月 20 日	第十七册	454
派李纪堂为财政委员会委员令	1924 年 2 月 20 日	第十七册	455
核复前大清银行清理处委员陈其瑗宋子文呈报刊用关防及视事日期令	1924 年 2 月 20 日	第十七册	455
准虎门太平要塞派员协助征收令	1924 年 2 月 21 日	第十四册	493
设立筹饷总局抽收全省防务经费令	1924 年 2 月 21 日	第十四册	494
各军未奉核准名目之部队一并裁汰不得扩充军队令	1924 年 2 月 21 日	第十四册	494
勉励孔庚的指令	1924 年 2 月 21 日刊载	第十四册	495
免廖仲恺郑洪年大本营筹饷总局总办会办兼职令	1924 年 2 月 21 日	第十七册	456
准任命曾省三为大本营秘书处科员令	1924 年 2 月 21 日	第十七册	456
任命乌勒吉为大本营咨议兼蒙文翻译官令	1924 年 2 月 21 日	第十七册	456
饬转烟酒公卖局停抽火酒取缔费令	1924 年 2 月 22 日	第十四册	495
饬分段梭巡莲花山狮子洋河面令	1924 年 2 月 22 日	第十四册	496
批郑洪年请迅予烟酒公卖局遵照停抽火酒取缔费呈	1924 年 2 月 22 日	第十四册	496
任命谢远涵为大本营参议令	1924 年 2 月 22 日	第十七册	457
任命林镜台为大本营咨议手令	1924 年 2 月 22 日	第十七册	457
任命林镜台为大本营咨议令	1924 年 2 月 22 日	第十七册	458
希望湘军都能变成革命军　在广州江村视察湘军的演说	1924 年 2 月 23 日	第十册	655
核赵士觐为租轮巡缉暨支拨该轮经费及租项等情乞察核备案呈	1924 年 2 月 23 日	第十四册	497

续表

篇名	著述时间	册数	页码
批赵士觐为误报余存巨款确非事实据实呈明呈	1924 年 2 月 23 日	第十四册	497
准任命陈似为大本营秘书处科员令	1924 年 2 月 23 日	第十七册	458
核复中央军需总监蒋尊簋呈报就职及启用印信日期令	1924 年 2 月 23 日	第十七册	458
不准蒋中正函辞陆军军官学校校长批	1924 年 2 月 23 日	第十七册	459
追悼列宁祭文	1924 年 2 月 24 日	第四册	158
批童理璋请愿北伐请赐训海函	1924 年 2 月 24 日	第十四册	498
制止滇军撤退令	1924 年 2 月 24 日	第十四册	499
悼列宁祭幛	1924 年 2 月 24 日	第十八册	393
指令修正《禁烟总分局章程》	1924 年 2 月 25 日	第六册	242
饬勿在市内马路交通地点处决人犯令	1924 年 2 月 25 日	第十四册	499
批孙科请通令各军嗣后处决人犯勿得在市内马路交通地点执行以重市政呈	1924 年 2 月 25 日	第十四册	500
派李福林为广东筹饷总局会办令	1924 年 2 月 25 日	第十七册	459
关于整饬大本营所属各军军额之通令	1924 年 2 月 16 日至 26 日间	第四册	536
令毋须扩大高雷招抚使署机关并发还组织办事简章	1924 年 2 月 26 日	第六册	243
谈肃清东江北伐等问题 与上海《民国日报》记者谈话	1924 年 2 月 26 日	第十二册	361
饬将香山酒税交还有兴公司办理令	1924 年 2 月 26 日	第十四册	500
批郑洪年请饬东路讨贼军将香山全属酒税交还有兴公司办理呈	1924 年 2 月 26 日	第十四册	501
批叶恭绰拟将市桥口白蔗税减为每百把征银六钱呈	1924 年 2 月 26 日	第十四册	502
饬伍朝枢保护照料美国人由沪来粤参观手令	1924 年 2 月 26 日	第十四册	502
准免罗桂芳禁烟帮办兼职令	1924 年 2 月 26 日	第十七册	460

续表

篇名	著述时间	册数	页码
派刘觉任为禁烟帮办令	1924 年 2 月 26 日	第十七册	460
核复广东大学筹备主任邹鲁呈报就职及启用关防日期令	1924 年 2 月 26 日	第十七册	461
批准《商标条例》及施行细则	1924 年 2 月 27 日	第六册	243
致赵士觐嘱拨给沈鸿英退兵款一万交朱培德派人带去函	1924 年 2 月 27 日	第八册	505
民生主义与共产主义有区别本党与苏联精神合一处　与上海《民国日报》记者谈话	1924 年 2 月 27 日	第十二册	362
追赠杜龄昌令	1924 年 2 月 27 日	第十四册	502
饬转撤销合济公司试办火酒取缔费案令	1924 年 2 月 27 日	第十四册	503
严禁各军私运烟土令	1924 年 2 月 27 日	第十四册	504
饬各军迅赴前敌令	1924 年 2 月 27 日	第十四册	505
饬湘军迅速出发东江令	1924 年 2 月 27 日	第十四册	505
为查验各军实数事致军政部令	1924 年 2 月 27 日刊载	第十四册	505
批郑洪年请迅饬烟酒公卖局将批准合济公司试办火酒取缔费案撤销呈	1924 年 2 月 27 日	第十四册	506
批程潜为议复杜龄昌李文彩拟请分别追赠给恤呈	1924 年 2 月 27 日	第十四册	506
批何成濬函	1924 年 2 月 27 日收到来稿	第十四册	507
致廖湘芸着即来省电	1924 年 2 月 28 日	第九册	591
着筹给简让之恤费令	1924 年 2 月 28 日	第十四册	508
着发朱培德部饷糈令	1924 年 2 月 28 日	第十四册	508
着发张兆基旅费令	1924 年 2 月 28 日	第十四册	508
批林森拟将权度法及一切附属法令内农商部三字一律改为建设部禀字一律改为呈字乞明令核准呈	1924 年 2 月 28 日	第十四册	509

续表

篇名	著述时间	册数	页码
批陈兴汉请将临时附加军费续办三月呈	1924 年 2 月 28 日	第十四册	509
给驻粤滇湘军的训令	1924 年 2 月 28 日刊载	第十四册	510
任命张继等七人为大本营参议令	1924 年 2 月 28 日	第十七册	461
不准张启荣呈请加委王鸿鉴等为钦廉高雷招抚署处长令	1924 年 2 月 28 日	第十七册	462
致蒋介石不允辞军官学校校长并希即返粤电	1924 年 2 月 29 日	第九册	591
追赠简让之陆军少将令	1924 年 2 月 29 日	第十四册	510
饬彻查兵站总监所属报销有无浮冒令	1924 年 2 月 29 日	第十四册	511
批罗翼群缴交通局十二年九月份报销暨单据粘存簿呈	1924 年 2 月 29 日	第十四册	512
批罗翼群缴所属第三支部第三分站第一运输站十二年十月份支出计算书暨单据等件呈	1924 年 2 月 29 日	第十四册	512
批罗翼群为缴所属第三支部第三分站第一派出所十二年九十两月份计算书暨收发粮食表单据呈	1924 年 2 月 29 日	第十四册	513
批罗翼群为缴第三支部第三分站十二年九月二十二日至十一月五日支出计算书暨单据等件呈	1924 年 2 月 29 日	第十四册	514
批徐绍桢请褒扬节妇杨朱氏呈	1924 年 2 月 29 日	第十四册	514
为节妇杨朱氏题颁	1924 年 2 月 29 日	第十八册	394
批评滇军置统一财政命令于不顾　在大本营军事会议的训话	1924 年 2 月中下旬	第十册	654
纵谈与苏联中共关系及评论时局人物　在广州与松岛宗卫谈话	1924 年 2 月	第十二册	363
饬知廖仲恺西江善后督办已将财权交还财厅接管令	1924 年 2 月	第十四册	515
批杨西岩请组织水陆侦缉队荐任队长呈	1924 年 2 月	第十四册	516
批续西峰述先取山西为宜函	1924 年 2 月	第十四册	516

续表

篇名	著述时间	册数	页码
复范石生望裁撤江防函	1924 年 3 月 1 日	第八册	505
复张作霖诫勿为伪和平所感电	1924 年 3 月 1 日	第九册	591
批程潜呈	1924 年 3 月 1 日	第十四册	517
批徐绍桢请褒扬寿民彭才德及妻韦氏呈	1924 年 3 月 1 日	第十四册	517
任命张翼鹏为大本营高级参谋令	1924 年 3 月 1 日	第十七册	462
派杨庶堪为财政委员会委员令	1924 年 3 月 1 日	第十七册	463
核复广东筹饷总局督办范石生呈报就职视事设局开办日期令	1924 年 3 月 1 日	第十七册	463
为寿民彭才德夫妇题颁	1924 年 3 月 1 日	第十八册	395
就中国国民党改组原因致海内外同志书	1924 年 3 月 2 日刊载	第四册	536
在广州与刘成禺等谈话	1924 年 3 月 2 日	第十二册	369
着湘军准备出发迅行攻击令	1924 年 3 月 3 日	第十四册	518
批廖仲恺为遵令办理林森等请禁止黄花冈附葬一案情形呈	1924 年 3 月 3 日	第十四册	518
核复财政委员会呈准简派杨庶堪为该会主席委员令	1924 年 3 月 3 日	第十七册	464
批准《筹饷总局组织大纲》	1924 年 3 月 4 日	第六册	255
批毋庸修正《禁烟条例》并删削《督办署章程》	1924 年 3 月 4 日	第六册	257
准行《禁烟总分局章程》	1924 年 3 月 4 日	第六册	257
批程潜请仍由各该部派员续办邮电报纸检查事宜并拨款清垫呈	1924 年 3 月 4 日	第十四册	519
饬军政部将后方勤务各交通机关交参谋处管辖令	1924 年 3 月 4 日	第十四册	519
批赵士觐为拿获包庇走私人犯陈兆兰罚款除照章一半充赏外余数拟悉拨充盐政会议经费呈	1924 年 3 月 4 日	第十四册	520
批《统一财政委员会办事细则》	1924 年 3 月 5 日	第六册	260
着秘书处等议订办法即行撤销西江督办处另设广西善后处令	1924 年 3 月 5 日	第十四册	520

续表

篇名	著述时间	册数	页码
饬各军不得擅征捐税令	1924 年 3 月 5 日	第十四册	521
裁撤西江善后督办令	1924 年 3 月 5 日	第十四册	521
饬秉公查算兵站总监经理局收支款项令	1924 年 3 月 5 日	第十四册	522
批罗翼群为缴经理局十二年四月至十月收支款项及负欠债项数目总册暨第二支部缴煤单请予发还欠项呈	1924 年 3 月 5 日	第十四册	523
饬广州市公安局拘传温雄飞到案令	1924 年 3 月 5 日刊载	第十四册	523
饬广州市公安局宽赦温雄飞令	1924 年 3 月 5 日刊载	第十四册	524
着后方卫生勤务仍由军政部管理军车管理处及运输处改隶中央军需处管理令	1924 年 3 月 5 日	第十四册	524
着调刘玉山部先赴三罗协同肃清南路令	1924 年 3 月 5 日	第十四册	525
着筹解湘军开拔费令	1924 年 3 月 5 日	第十四册	525
不准东路讨贼军第三军军长李福林呈请收回广东筹饷总局会办成命令	1924 年 3 月 5 日	第十七册	464
核复广东省长杨庶堪呈报就职日期令	1924 年 3 月 5 日	第十七册	465
核复兼理广三铁路管理局局长陈兴汉呈报就职日期令	1924 年 3 月 5 日	第十七册	465
着发广西总司令临时费令	1924 年 3 月 6 日	第十四册	525
饬确定筵席捐为中上七校及市教育经费令	1924 年 3 月 6 日	第十四册	526
批范石生请特派专员莅局稽查以示大公并通令各军不得直接到局索款呈	1924 年 3 月 6 日	第十四册	526
批叶恭绰请令饬北江商运局暨小北江护商事务所停抽柴艇费用呈	1924 年 3 月 6 日	第十四册	527
饬北江商运局及财政部转令小北江护商事务所停抽柴艇费用令	1924 年 3 月 6 日	第十四册	527

续表

篇名	著述时间	册数	页码
批罗翼群请发给兵站第二支部欠款呈	1924 年 3 月 6 日	第十四册	528
批程潜为中央直辖广东讨贼第四军团长蔡炳南积劳病故请准予给恤呈	1924 年 3 月 6 日	第十四册	528
批王棠为前在大本营会计司任内支付命令已送审计局呈	1924 年 3 月 6 日	第十四册	529
咨参议院请议决统一政府办法文	1924 年 3 月 6 日	第十四册	529
不准委政府宣传员批	1924 年 3 月 6 日	第十七册	466
饬程潜核明前兵站总监罗翼群转呈收发弹械报销表册等件呈复核夺令	1924 年 3 月 7 日	第十四册	530
饬知程潜转知各军由大元帅派员随时莅临筹饷总局稽核收支以示大公各军不得直接向该局索取饷需令	1924 年 3 月 7 日	第十四册	531
批罗翼群为缴经理局十二年十月份收发械弹月报表暨对照表单据请予核销呈	1924 年 3 月 7 日	第十四册	532
批克兴额履历函	1924 年 3 月 7 日	第十四册	532
任命陈树人为广东政务厅长令	1924 年 3 月 7 日	第十七册	466
批复《禁烟制药总所章程》	1924 年 3 月 8 日	第六册	261
饬东路讨贼军听候出发令	1924 年 3 月 8 日	第十四册	533
饬花地地方税捐应由广州市公安局经办令	1924 年 3 月 8 日	第十四册	533
饬樊钟秀等准备入赣令	1924 年 3 月 8 日刊载	第十四册	533
饬许崇智查算前兵站总监罗翼群呈缴所属交通局等报销单据等令	1924 年 3 月 8 日	第十四册	534
批罗翼群缴交通部经理局龙冈办事处电信大队部报销表册暨单据又交通局收发煤炭表暨单据储藏所收发物品日报表暨单据呈	1924 年 3 月 8 日	第十四册	535
特许试办台山自治批	1924 年 3 月 8 日	第十四册	536

续表

篇名	著述时间	册数	页码
饬各军长官毋得借词截留禁烟收入款项令	1924 年 3 月 8 日刊载	第十四册	536
与洪兆麟代表谈话	1924 年 3 月 9 日刊载	第十二册	370
饬粤军总司令部驻防肇庆令	1924 年 3 月 9 日	第十四册	537
致安剑平望广为宣传吾党之主张电	1924 年 3 月 10 日	第九册	592
革命军要为三民主义变成敢死队　在广州燕塘慰劳东路讨贼军的演说	1924 年 3 月 10 日	第十册	662
派朱晋经胡威临赶速筹办民国学校令	1924 年 3 月 10 日	第十四册	537
饬知赵士北嗣后所有发行状纸状面准由总检察厅办理令	1924 年 3 月 10 日	第十四册	537
饬叶恭绰派员审查清理并公布军政部经手各机关伙食给养收支事项令	1924 年 3 月 10 日	第十四册	538
批程潜请指派财政部专员审查清理军需局以前收支事项呈	1924 年 3 月 10 日	第十四册	539
批卢兴原请将发行状纸状面权划归该厅办理并将该款拨充厅费呈	1924 年 3 月 10 日	第十四册	539
任命萧萱为广东省长公署秘书长令	1924 年 3 月 10 日	第十七册	466
任命杨虎为北伐讨贼军第二军第一师师长令	1924 年 3 月 10 日	第十七册	467
准派陈鸾谔郑文华分为戒烟制药二总所所长令	1924 年 3 月 10 日	第十七册	467
批林森为查明广东电政监督何家猷被控各节乞鉴核示遵呈	1924 年 3 月 10、11 日	第十四册	540
准《商标注册所暂行章程》	1924 年 3 月 11 日	第六册	263
核北江商运局《修正护运暂行章程》	1924 年 3 月 11 日	第六册	264
着冯肇铭即率江固等舰来省候命令	1924 年 3 月 11 日	第十四册	541
优恤林震令	1924 年 3 月 11 日	第十四册	541
饬王棠禁止勒收程船保护费令	1924 年 3 月 11 日	第十四册	541

续表

篇名	著述时间	册数	页码
批赵士觐请令行东江商运局禁止勒收程船保护费呈	1924 年 3 月 11 日	第十四册	542
着筹设禁烟人犯裁判所并拟具条例令	1924 年 3 月 12 日	第十四册	543
裁撤东江北江商运局令	1924 年 3 月 12 日	第十四册	543
饬杨希闵撤销交商抽收广州粪溺出口捐令	1924 年 3 月 12 日	第十四册	543
饬开办省外筵席捐拨充国立广东大学经费令	1924 年 3 月 12 日	第十四册	544
批财政委员会请令行滇军总司令转饬赵师长撤销批准鸿源公司承收粪溺出口捐案呈	1924 年 3 月 12 日	第十四册	545
批财政委员会请令行中央军需处照拨警卫团应领军费呈	1924 年 3 月 12 日	第十四册	546
饬知蒋尊簋拨付警卫团军费令	1924 年 3 月 12 日	第十四册	546
批邹鲁请将省外各县筵席捐永远作为教育经费并请通令军民各机关不准截留呈	1924 年 3 月 12 日	第十四册	547
任命宋鹤庚兼讨贼军第二路联军军政执法长令	1924 年 3 月 12 日	第十七册	468
任命覃振为参议手谕	1924 年 3 月 12 日	第十七册	468
任命覃振为大本营参议令	1924 年 3 月 12 日	第十七册	468
关于中苏关系答问　在广州与日本东方通讯社记者谈话	1924 年 3 月 13 日	第十二册	371
着发姚雨平部队解散费令	1924 年 3 月 13 日	第十四册	547
着发何雪竹伙食费令	1924 年 3 月 13 日	第十四册	548
饬杨希闵转知师长赵成梁克日撤销鸿源公司抽收粪溺捐以维市政令	1924 年 3 月 13 日	第十四册	548
饬知蒋光亮佛山房捐应由南海县公署征收报解令	1924 年 3 月 13 日	第十四册	550
批孙科请令行滇军总司令饬赵师长撤销鸿源公司承捐案呈	1924 年 3 月 13 日	第十四册	551
饬杨庶堪严办滥承捐务之奸商查明滥批捐务之军队令	1924 年 3 月 13 日	第十四册	552

续表

篇名	著述时间	册数	页码
批程潜为大本营高级参谋陆军中将林震拟照中将积劳病故例给恤呈	1924 年 3 月 13 日	第十四册	552
批郑洪年为滇军第三军军需筹备处在佛山征收房捐请示办法呈	1924 年 3 月 13 日	第十四册	553
给东江左右两翼各军手令	1924 年 3 月 13 日	第十四册	553
任命林若时为广东海防司令令	1924 年 3 月 13 日	第十七册	469
致段祺瑞告特派郭泰祺到天津贺其寿辰电	1924 年 3 月 14 日	第九册	592
追赠洪锡龄令	1924 年 3 月 14 日	第十四册	553
饬各军严禁征收船只各种捐费令	1924 年 3 月 14 日	第十四册	554
饬一律撤销有奖义会令	1924 年 3 月 14 日	第十四册	555
批赵士觐称香安督缉局专为查缉私盐屏蔽省配而设并非征收机关应由运署直接派员经管除咨复许总司令外乞察核备案呈	1924 年 3 月 14 日	第十四册	556
饬招抚使不得设署令	1924 年 3 月 14 日	第十四册	556
批广东财政厅加二征缴粤省厘税并着无论何项军政要需概不得截留拨用令	1924 年 3 月 14 日	第十四册	557
批准《修正财政部官制草案》	1924 年 3 月 15 日	第六册	265
致胡汉民促偕蒋介石同来电	1924 年 3 月 15 日	第九册	593
致东江前线各军长勉同心一德破城杀贼电	1924 年 3 月 15 日刊载	第九册	593
饬吴铁城严办黄大汉等令	1924 年 3 月 15 日刊载	第十四册	557
派舰扫清河道不准再有巧立名目擅收保护费令	1924 年 3 月 15 日	第十四册	557
批杨希闵请撤销北江商运局呈	1924 年 3 月 15 日	第十四册	558
批王棠请展限一月暂缓撤局呈	1924 年 3 月 15 日	第十四册	558
批程潜议复已故广州卫戍总司令部副官长洪锡龄应得恤典呈	1924 年 3 月 15 日	第十四册	559
中国国民党奉总理谕各地组织须遵守党章之通告	1924 年 3 月 16 日前	第四册	538

续表

篇名	著述时间	册数	页码
国民党员须服从党义严守党纪之通告	1924 年 3 月 16 日	第四册	539
复叶恭绰嘱如病稍痊迅回粤办理财政统一电	1924 年 3 月 17 日	第九册	593
饬详查船民自治联防事宜成效令	1924 年 3 月 17 日	第十四册	559
饬新任禁烟督办邓泽如剔除弊端切实办理令	1924 年 3 月 17 日	第十四册	560
饬知韶关与民冲突之弁兵已分别惩处令	1924 年 3 月 17 日	第十四册	560
饬核议警监学校校长应否由高等检察厅任免令	1924 年 3 月 17 日	第十四册	561
批樊钟秀为驻韶兵士肇事已将肇事马弁李书纪依法枪决副兵王文彬押办暨各该管长官免职留任呈	1924 年 3 月 17 日	第十四册	562
批韦荣熙遵令撤局日期呈	1924 年 3 月 17 日	第十四册	563
饬各军长官派员会同公安局长等立即解散各军在河面所设勒收机关令	1924 年 3 月 17 日刊载	第十四册	563
批林云陔请广东公立警监专门学校校长归该厅任免呈	1924 年 3 月 17 日	第十四册	564
特派邓泽如为禁烟督办令	1924 年 3 月 17 日	第十七册	469
任命谢晋等三人为大本营咨议令	1924 年 3 月 17 日	第十七册	469
免杨西岩禁烟督办并着听候查办令	1924 年 3 月 17 日	第十七册	470
核复张开儒呈准给大本营参军处中校副官谷春芳长假令	1924 年 3 月 17 日	第十七册	470
核准《坟山特别登记章程》	1924 年 3 月 18 日	第六册	268
致许崇智蒋介石告军队需人主持望速回粤维持大局电	1924 年 3 月 18 日	第九册	594
着财政部长制印统一收条分发使用以便稽查令	1924 年 3 月 18 日	第十四册	564
着发湘军给养费令二件	1924 年 3 月 18 日	第十四册	565
着发许崇智紧急费令	1924 年 3 月 18 日	第十四册	565
着速拨何雪竹伙食费令	1924 年 3 月 18 日	第十四册	566

续表

篇名	著述时间	册数	页码
饬程潜分令各军不得封用盐船令	1924 年 3 月 18 日	第十四册	566
着李福林克期扑灭东莞番禺一带匪患令	1924 年 3 月 18 日	第十四册	567
批卢振柳缴卫士姓名清册呈	1924 年 3 月 18 日	第十四册	568
批李福林为该军所驻防地向无在河面到处设立机关征收各种捐费情事呈	1924 年 3 月 18 日	第十四册	568
批赵士觐请通令各军禁封盐船以维盐业而顾饷源呈	1924 年 3 月 18 日	第十四册	569
批石托勒敦来函	1924 年 3 月 18 日	第十四册	569
批黄焕记煤炭费收据	1924 年 3 月 18 日	第十四册	570
任命欧阳豪为咨议手谕	1924 年 3 月 18 日	第十七册	471
任命欧阳豪为大本营咨议令	1924 年 3 月 18 日	第十七册	471
准任命张沛为广东银行监理官令	1924 年 3 月 18 日	第十七册	471
准任命文任儒为大本营会计司收入科主任令	1924 年 3 月 18 日	第十七册	472
派张翼鹏为湘边宣慰使令	1924 年 3 月 18 日	第十七册	472
派韦冠英为广东筹饷总局会办令	1924 年 3 月 18 日	第十七册	473
准杨虎辞办理海军事务令	1924 年 3 月 18 日	第十七册	473
准免杨子毅等三人大本营财政部厅长局长署职令	1924 年 3 月 18 日	第十七册	473
准免李炳垣李载德财政部科长署职令	1924 年 3 月 18 日	第十七册	474
准免黄建勋等十三人财政部秘书及科长令	1924 年 3 月 18 日	第十七册	474
准免陈其瑗等四人财政部厅长局长本职令	1924 年 3 月 18 日	第十七册	475
核复杨庶堪转呈广东省政务厅长陈树人呈报就职令	1924 年 3 月 18 日	第十七册	475
核复杨庶堪转呈广东省长公署秘书长萧萱呈报就职令	1924 年 3 月 18 日	第十七册	476
任命王用宾为大本营参议状	1924 年 3 月 18 日	第十七册	476
饬查拿假冒各军名义滥事收费不肖之徒令	1924 年 3 月 19 日	第十四册	570
饬解散私立机关勒收保护费令	1924 年 3 月 19 日	第十四册	571

续表

篇名	著述时间	册数	页码
批赵士北奉令停止发行状纸碍难遵办并拟变更办法呈	1924 年 3 月 19 日	第十四册	571
下达东江总攻击令	1924 年 3 月 19 日	第十四册	572
批徐绍桢请褒扬寿民王开清呈	1924 年 3 月 19 日	第十四册	572
任命王用宾谭惟洋为大本营参议令	1924 年 3 月 19 日	第十七册	477
核复杨虎呈准辞办理海军事务并缴还关防令	1924 年 3 月 19 日	第十七册	477
派李国恺为大本营出勤委员令	1924 年 3 月 19 日	第十七册	477
着成立广东省警卫军以吴铁城为司令所呈编制薪饷表册指令照准令	1924 年 3 月 20 日	第十四册	573
饬规画商民呈拟附加军费以济饷需办法令	1924 年 3 月 20 日	第十四册	573
在广州市征收租捐一月及拨交国立广东大学充开办费令	1924 年 3 月 20 日	第十四册	574
批叶恭绰整理纸币奖券结束情形及由部派员兼管委员会事务呈	1924 年 3 月 20 日	第十四册	574
严禁各军擅抽柴捐令	1924 年 3 月 20 日刊载	第十四册	575
任命李景纲李承翼分为财政部赋税局泉币局局长令	1924 年 3 月 20 日	第十七册	478
准任命沈欣吾等十一人分为财政部秘书金事令	1924 年 3 月 20 日	第十七册	478
派蒋中正为陆军军官学校入校试验委员长令	1924 年 3 月 20 日	第十七册	479
派王柏龄等八人为陆军军官学校入学试验委员令	1924 年 3 月 20 日	第十七册	479
任命杨子毅黄建勋为大本营财政部参事令	1924 年 3 月 20 日	第十七册	479
任命周自得为直辖滇军总司令部中将参谋长令	1924 年 3 月 20 日	第十七册	480
核复叶恭绰呈告已明令免陈其瑗等职令	1924 年 3 月 20 日	第十七册	480
核复大本营财政部长叶恭绰呈告已明令任命杨子毅等为参事等令	1924 年 3 月 20 日	第十七册	481
核复叶恭绰呈准造币厂总会办辞职及停止履行联商公司合约令	1924 年 3 月 20 日	第十七册	481

续表

篇名	著述时间	册数	页码
饬广州市政厅续征租捐一月令	1924 年 3 月 21 日	第十四册	576
着财政厅拨款接济闽南讨贼军令	1924 年 3 月 21 日	第十四册	576
饬严办私卖枪械图利令	1924 年 3 月 21 日	第十四册	576
着取消一切抽剥商船名目令	1924 年 3 月 21 日	第十四册	577
饬杨庶堪并案核议警监学校归属及改办令	1924 年 3 月 21 日	第十四册	577
批许崇智复已遵谕转饬各部队对于税厘加二之款不得截留呈	1924 年 3 月 21 日	第十四册	578
批陈兴汉办理广东地方善后委员会等暨柴行代表赖星池等呈请救济柴荒一案情形呈	1924 年 3 月 21 日	第十四册	579
批吴铁城请将警监学校拨归该处管辖改办高等警察学校呈	1924 年 3 月 21 日	第十四册	579
派范石生为财政委员会委员令	1924 年 3 月 21 日	第十七册	482
诸同志应各负责共图大业 与邓演达等谈话	1924 年 3 月 22 日	第十二册	373
饬详查广州市内驻军地点人数兵房筑好即移驻郊外他处部队禁止来省令	1924 年 3 月 22 日	第十四册	580
批叶恭绰杨庶堪请迅令刘总司令转饬严师长取消征收东莞护沙费并将沙捐清佃局收入划拨五成为严部军费余五成实行解交沙田清理处呈	1924 年 3 月 22 日	第十四册	580
免张启荣钦廉高雷招抚使令	1924 年 3 月 22 日	第十七册	482
准郑里铎辞琼崖招抚使令	1924 年 3 月 22 日	第十七册	482
核复杨希闵呈准晋升周自得为中将参谋长并告已颁布令	1924 年 3 月 22 日	第十七册	483
为西江防务事致粤军总司令部令	1924 年 3 月 23 日	第十四册	581
悼邓铿遇害两周年挽词	1924 年 3 月 23 日	第十八册	396
饬邓泽如克日就任禁烟督办令	1924 年 3 月 21 至 24 日间	第十七册	483

续表

篇名	著述时间	册数	页码
滇军为革命作出很大牺牲今后要立志为国奋斗　在广州黄沙视察滇军的演说	1924 年 3 月 24 日	第十册	688
着补给林树巍部伙食费令	1924 年 3 月 24 日	第十四册	581
命发潘正道公费令	1924 年 3 月 24 日	第十四册	581
着财政委员会迅拨款湘军令	1924 年 3 月 24 日	第十四册	582
批李福林遵令剿匪谨将获犯起掳情形报请察核呈	1924 年 3 月 24 日	第十四册	582
任命吴铁城为广东省警卫军司令令	1924 年 3 月 24 日	第十七册	484
核复杨西岩呈告已令催新任禁烟督办克日就职令	1924 年 3 月 24 日	第十七册	484
国民党共产赤化皆逆党造谣　与杨大实谈话	1924 年 3 月 25 日	第十二册	373
特派鲁涤平为禁烟督办并重新改组禁烟机关手令	1924 年 3 月 25 日	第十七册	485
为《孤星》杂志题签	1924 年 3 月 25 日	第十八册	397
饬刘震寰转饬严师长兆丰取消征收东莞各属护沙费令	1924 年 3 月 21—26 日	第十四册	583
整饬军纪　对联军将领的讲话	1924 年 3 月 26 日	第十册	699
饬知东路第一路司令所部改编为省警卫兵军令	1924 年 3 月 26 日	第十四册	583
饬裁撤禁烟会办帮办令	1924 年 3 月 26 日	第十四册	584
着赶制军服拨给张贞所部令	1924 年 3 月 26 日	第十四册	584
批程潜为湘军少校参谋梁达道拟请追赠陆军步兵中校呈	1924 年 3 月 26 日	第十四册	585
批程潜为遵令议复夏重民等应得恤典乞予示遵呈	1924 年 3 月 26 日	第十四册	585
派鲁涤平为禁烟督办令	1924 年 3 月 26 日	第十七册	485
准邓泽如辞禁烟督办令	1924 年 3 月 26 日	第十七册	486
派潘文治整理海军飞鹰等三舰事宜令	1924 年 3 月 26 日	第十七册	486
准《银毫出口护照条例》	1924 年 3 月 27 日	第六册	272
致谢国光着详复军情并即率队协助攻克正果电	1924 年 3 月 27 日刊载	第九册	594
寄汇北京支部经费电	1924 年 3 月 27 日	第九册	595

续表

篇名	著述时间	册数	页码
致汪精卫命赴奉天酌商一切并为张作霖祝寿电	1924 年 3 月 27 日刊载	第九册	595
着筹拨军乐队服装费令	1924 年 3 月 27 日	第十四册	586
饬并案确查省河船民应否免收自治联防经费令	1924 年 3 月 27 日	第十四册	586
饬广州市政厅拨款湘军手令	1924 年 3 月 27 日	第十四册	587
批国民党华侨联合办事处等呈	1924 年 3 月 27 日	第十四册	588
饬海防司令迅即撤销甘竹容奇拦河收费令	1924 年 3 月 27 日刊载	第十四册	588
批吴铁城为省河船艇应否免收自治联防经费呈	1924 年 3 月 27 日	第十四册	589
准周鳌山辞禁烟帮办令	1924 年 3 月 27 日	第十七册	486
准《权度检定所暂行章程》	1924 年 3 月 28 日	第六册	273
饬解散禁烟督办署原设之水陆侦缉联合队令	1924 年 3 月 28 日	第十四册	589
批蒋尊簋请示恤金葬埋费办法呈	1924 年 3 月 28 日	第十四册	590
饬石龙各驻军认真保护无线电站令	1924 年 3 月 28 日	第十四册	590
着无线电局在大南洋轮装置无线电令	1924 年 3 月 28 日	第十四册	591
驻新塘湘军克日开赴前线令	1924 年 3 月 28 日	第十四册	591
大本营秘书处将全省民团条例呈候察核施行令	1924 年 3 月 28 日	第十四册	591
任命杜起云为闽南讨贼军第一师师长令	1924 年 3 月 28 日	第十七册	487
批陈兴汉请转饬各军勿拉该路工役充伕免碍运输呈	1924 年 3 月 29 日	第十四册	592
批程潜遵令饬海防司令撤销甘竹容奇等处抽费机关呈	1924 年 3 月 29 日	第十四册	592
批卢兴原遵令发行状纸日期并附呈改用民刑状面样式乞备案呈	1924 年 3 月 29 日	第十四册	593
支配各军饷费办法令	1924 年 3 月 29 日刊载	第十四册	593
核复程潜着追赠杜龄昌陆军少将并发恤金令	1924 年 3 月 29 日刊载	第十四册	594
核复湘边宣慰使张翼鹏呈报设处就职及启用关防日期令	1924 年 3 月 29 日	第十七册	487

续表

篇名	著述时间	册数	页码
致何成濬告留闽讨贼军及各种民军应由臧致平直接指挥电	1924 年 3 月 30 日	第九册	595
饬各军勿将铁路员工拉充伕役令	1924 年 3 月 28 至 31 日	第十四册	594
共产政府为工人设想但未敢采用　在广州与香港某通讯社记者谈话	1924 年 3 月 31 日刊载	第十二册	374
批广东地方善后委员会请严令各军不得强行保释暴徒呈	1924 年 3 月 31 日	第十四册	595
饬指定切实机关按日拨付滇军兵站经费令	1924 年 3 月 31 日	第十四册	595
饬财政委员会解散原有水陆侦缉联合队令	1924 年 3 月 31 日	第十四册	596
撤销查办杨西岩案令	1924 年 3 月 31 日	第十四册	596
裁撤禁烟署会办帮办各职令	1924 年 3 月 31 日	第十四册	596
饬各军不得强行保释暴徒令	1924 年 3 月 31 日	第十四册	597
令军政部财政委员会为卫饷源事通行各军一体保护	1924 年 3 月 31 日	第十四册	598
批杨庶堪遵令转饬所属解散征收来往船只捐费各机关情形呈	1924 年 3 月 31 日	第十四册	598
准黄仕强辞禁烟督办署总务厅长兼职令	1924 年 3 月 31 日	第十七册	487
准马武颂等五人辞禁烟督办署秘书及科长令	1924 年 3 月 31 日	第十七册	488
撤销对前禁烟督办杨西岩的查办令	1924 年 3 月 31 日	第十七册	488
核复广东海防司令林若时呈报就职及启用关防日期令	1924 年 3 月 31 日	第十七册	489
致戴季陶邀南来勷理党务电	1924 年 3 月下旬	第九册	596
致许崇智告收束海军不可再设舰务处函	1924 年 2 至 3 月间	第八册	506
在广州与黄季陆谈话	1924 年 3 月	第十二册	375
致阿卜里刚反对旅行隔绝华侨于一定区域之法律电	1924 年 4 月 1 日	第九册	596
复鲍罗廷申明北庭不能代表中国电	1924 年 4 月 1 日	第九册	597

续表

篇名	著述时间	册数	页码
严禁奸商瞒承各项税捐令	1924 年 4 月 1 日	第十五册	3
批广东地方善后委员会请严禁奸商瞒承税捐呈	1924 年 4 月 1 日	第十五册	4
免赵土北大理院长兼管司法行政事务令	1924 年 4 月 1 日	第十七册	489
特任吕志伊为大理院长令	1924 年 4 月 1 日	第十七册	489
特派吕志伊兼管司法行政事务令	1924 年 4 月 1 日	第十七册	490
准郑述龄辞禁烟督办署查验处处长令	1924 年 4 月 1 日	第十七册	490
准余浩廷等八人辞禁烟督办署科长及所长令	1924 年 4 月 1 日	第十七册	491
派鲁涤平宋子文为财政委员会委员令	1924 年 4 月 1 日	第十七册	491
核复杨西岩呈告已明令准免黄仕强兼职令	1924 年 4 月 1 日	第十七册	491
核复杨西岩呈告已明令准马武颂等辞职令	1924 年 4 月 1 日	第十七册	492
批程潜拟议赔偿法商麻奢轮船船价呈	1924 年 4 月 2 日	第十五册	4
批卢师谛为中央直辖第三军与桂军冲突呈候饬刘总司令妥为办理令	1924 年 4 月 2 日	第十五册	5
着财政部派员审核军政部经手军需数目令	1924 年 4 月 2 日刊载	第十五册	5
制止宝安县各军冲突的指令	1924 年 4 月 2 日	第十五册	6
着严拿赖世璜令	1924 年 4 月 2 日	第十五册	6
任命吴铁城为广东省警卫军司令状	1924 年 4 月 2 日刊载	第十七册	492
令遵行《民团备价请领枪弹暂行细则》及章程	1924 年 4 月 3 日	第六册	274
批准《民团备价请领枪弹暂行细则》及章程	1924 年 4 月 3 日	第六册	275
致李济深等着即各守原防听候解决电	1924 年 4 月 3 日	第九册	597
饬李济深等发还收缴奉命移驻都城之刘玉山部枪枝人员具报令	1924 年 4 月 3 日刊载	第十五册	7
饬郑洪年务望严责江门交足负担经费令	1924 年 4 月 3 日	第十五册	7
着财政委员会筹发朱培德所部开拔费令	1924 年 4 月 3 日	第十五册	8
饬财政委员会拨给董福开新编军队饷项谕	1924 年 4 月 3 日	第十五册	8
着财政委员会发刘觉民公费令	1924 年 4 月 3 日	第十五册	8

续表

篇名	著述时间	册数	页码
命财政委员会筹拨豫鲁招抚使署伙食公费令	1924 年 4 月 3 日	第十五册	9
着财政部筹给会计司经费令	1924 年 4 月 3 日	第十五册	9
着财政委员会通饬各财政机关解交备款令	1924 年 4 月 3 日	第十五册	9
饬各军禁止在电报线挂搭电话线令	1924 年 4 月 3 日	第十五册	10
饬程潜向外交团交涉制止设省港水线及兵舰无线电传递省港电报令	1924 年 4 月 3 日	第十五册	11
饬赵士觐依式另造开办费等簿册报备令	1924 年 4 月 3 日	第十五册	13
批张启荣用款未经核准所请报销拨还呈	1924 年 4 月 3 日	第十五册	13
批林森呈请制止外人议设省港通电水线并通令各军勿在电报线上挂搭电话线令	1924 年 4 月 3 日	第十五册	14
批林翔审核粮食管理处经费核销呈	1924 年 4 月 3 日	第十五册	14
准任命黄家齐为大本营参军处中校副官令	1924 年 4 月 3 日	第十七册	493
核复杨西岩呈告已明令准郑述龄辞职令	1924 年 4 月 3 日	第十七册	493
准杨西岩呈告已明令准余浩廷等辞职令	1924 年 4 月 3 日	第十七册	493
女子要明白三民主义 在广东第一女子师范学校校庆纪念会的演说	1924 年 4 月 4 日	第三册	437
批《广东酒精类印花税暂行章程》	1924 年 4 月 4 日	第六册	278
致国民党中央执行委员会请安置董方城鲍慧僧函	1924 年 4 月 4 日	第八册	507
组织党军贯彻革命 在广州石围塘检阅滇军的演说	1924 年 4 月 4 日	第十册	700
与宋君谈话	1924 年 4 月 4 日	第十二册	377
裁撤广东全省船民自治联防督办令	1924 年 4 月 4 日	第十五册	15
着朱培德派队进驻连阳令	1924 年 4 月 4 日	第十五册	15
饬知大本营建设部财政部邓泽如呈建设部开办及经常费用表簿准予核销令	1924 年 4 月 4 日	第十五册	15
饬各军一律禁止设卡抽费令	1924 年 4 月 4 日	第十五册	16
批林翔为邓泽如呈建设部经费报销案应照准呈	1924 年 4 月 4 日	第十五册	17

续表

篇名	著述时间	册数	页码
批叶恭绰杨庶堪已录令通知鲁涤平解散水陆侦缉联合队呈	1924 年 4 月 4 日	第十五册	17
派雷飚缪笠仁分为禁烟督办署总务厅长督察处长令	1924 年 4 月 4 日	第十七册	494
准伍学煜辞广东全省船民自治联防督办兼职令	1924 年 4 月 4 日	第十七册	494
核复禁烟督办鲁涤平呈报就职日期令	1924 年 4 月 4 日	第十七册	495
核复广东省警卫军司令吴铁城呈报就职及启用印信日期令	1924 年 4 月 4 日	第十七册	495
特任方声涛为福建省长兼闽省民军总司令令	1924 年 4 月 4 日	第十七册	496
任命方鼎英等六人分为湘军师长令	1924 年 4 月 5 日	第十七册	496
着樊钟秀从速酌派所部增防南雄始兴一带令	1924 年 4 月 6 日	第十五册	18
关于发国民党党证之规定	1924 年 4 月 7 日	第六册	280
致泰戈尔邀请访问广州函	1924 年 4 月 7 日	第八册	507
闽南部队一律向粤边进发令	1924 年 4 月 7 日	第十五册	18
着暂行停付湘军给养费令	1924 年 4 月 7 日	第十五册	18
着财政委员会发还冯肇铭垫款令	1924 年 4 月 7 日	第十五册	19
着财政委员会筹给何雪竹部队军费令	1924 年 4 月 7 日	第十五册	19
着财政委员会筹给李明扬给养费并出发费令	1924 年 4 月 7 日	第十五册	19
着财政委员会筹给航空局飞机运费及飞机师旅费令	1924 年 4 月 7 日	第十五册	20
饬财政委员会筹拨定购电机费令	1924 年 4 月 7 日	第十五册	20
追赠萧学智令	1924 年 4 月 7 日	第十五册	20
饬收回缉私巡舰发还盐运使令	1924 年 4 月 7 日	第十五册	21
批赵士觐为西江巡舰舰队主任函请备款接收平南定海江平福海等缉私舰呈	1924 年 4 月 7 日	第十五册	22
准方孝纯辞大本营参军处少校副官令	1924 年 4 月 7 日	第十七册	496
追赠萧学智陆军中将令	1924 年 4 月 7 日	第十七册	497
饬缉获烟犯应送由法院依法审判令	1924 年 4 月 8 日	第十五册	23

续表

篇名	著述时间	册数	页码
批林云陔请饬禁烟督办以后鸦片烟犯应由法庭依法科断呈	1924 年 4 月 8 日	第十五册	24
批李福林为解散新塘至大览尾一带私立勒收保护费机关情形呈	1924 年 4 月 8 日	第十五册	24
着沈荣光将收缴钟明阶部枪械发送令	1924 年 4 月 8 日	第十五册	25
着李明扬率部进扎新丰等方面兜剿败匪兼卫地方令	1924 年 4 月 8 日	第十五册	25
准任命陈荣贵为广东兵工厂审验处长令	1924 年 4 月 8 日	第十七册	497
任命朱和中为秘书手谕	1924 年 4 月 8 日	第十七册	497
任命朱和中为大本营秘书令	1924 年 4 月 8 日	第十七册	498
饬将飞鲸轮扣留以便发还令	1924 年 4 月 9 日	第十五册	26
批伍朝枢请电饬新会县古兜善后事务所长将截获之沙碧近轮船解省交原主德商呈	1924 年 4 月 9 日	第十五册	27
批程潜请饬令梧州关监督等将扣留之罗封轮船发还法商智利洋行具领呈	1924 年 4 月 9 日	第十五册	27
给军政府各税收机关的命令	1924 年 4 月 9 日	第十五册	28
核复伍学煜呈告已明令准其辞广东全省船民自治督办兼职并已将此督办裁撤令	1924 年 4 月 9 日	第十七册	498
核复鲁涤平呈告已分别令派雷飚缪笠仁职务令	1924 年 4 月 9 日	第十七册	499
批刘培寿等快邮代电	1924 年 4 月 10 日	第十五册	28
饬广州市政厅等筹款解交俾速复河源令	1924 年 4 月 10 日	第十五册	28
着发永丰广北两舰陆战官兵饷项令	1924 年 4 月 10 日	第十五册	29
着财政厅等先行筹垫各病院费用令	1924 年 4 月 10 日	第十五册	29
着吴铁城发给定货费令	1924 年 4 月 10 日	第十五册	29
批鲁涤平请取销前督办任内已拨未发之款呈	1924 年 4 月 10 日	第十五册	30
批广东地方善后委员会请撤销广东全省船民自治联防督办呈	1924 年 4 月 10 日	第十五册	30

续表

篇名	著述时间	册数	页码
着杨庶堪呈复调查广东全省船民自治联防情形令	1924 年 4 月 10 日	第十五册	31
批范石生请严令撤销护商机关呈	1924 年 4 月 10 日	第十五册	31
核复张开儒呈准方孝纯辞大本营参军处少校副官令	1924 年 4 月 10 日	第十七册	499
核复鲁涤平呈暂委雷飚代行禁烟督办准予备案令	1924 年 4 月 10 日	第十七册	500
在广州与谭延闿等谈话	1924 年 4 月上旬	第十二册	377
追赠韩恢伏龙令	1924 年 4 月 11 日	第十五册	32
饬吴铁城解散各招抚使在省城所招之兵令	1924 年 4 月 11 日	第十五册	32
饬各招抚使遵即解散在省城所招之兵嗣后并不得在省城招兵令	1924 年 4 月 11 日	第十五册	33
饬撤销中央直辖滇军独立第一旅小北江出入口货抽捐令	1924 年 4 月 11 日	第十五册	33
批程潜为舒用之等请追赠陆军步兵上校并按级给恤呈	1924 年 4 月 11 日	第十五册	35
批叶恭绰严禁奸商瞒承税捐情形呈	1924 年 4 月 11 日	第十五册	35
批广东地方善后委员会请严令撤销小北江出入口货捐呈	1924 年 4 月 11 日	第十五册	36
派古应芬等七人为法制委员会委员令	1924 年 4 月 11 日	第十七册	500
准《广州市权度检查执行规则》	1924 年 4 月 12 日	第六册	281
令豫军总司令樊钟秀迅率主力加入作战令	1924 年 4 月 12 日	第十五册	36
为李福林擒获劫匪依法枪决饬大本营军政部长程潜查照备案令	1924 年 4 月 12 日	第十五册	37
着程潜转知广东兵工厂所报预算书等准予备案令	1924 年 4 月 12 日	第十五册	38
饬杨希闵等禁止在省城招兵令	1924 年 4 月 12 日	第十五册	39
饬财政委员会酌予停提粤汉路款令	1924 年 4 月 12 日	第十五册	39
批李福林枪决匪犯彭彦等日期乞察核备案呈	1924 年 4 月 12 日	第十五册	40

续表

篇名	著述时间	册数	页码
批林翔审核广东兵工厂预算书乞核备呈	1924 年 4 月 12 日	第十五册	41
批何家猷请饬财政委员会筹拨的款清偿债务呈	1924 年 4 月 12 日	第十五册	41
批程潜请准予追赠韩恢以陆军上将伏龙以陆军中将均照阵亡例给恤呈	1924 年 4 月 12 日	第十五册	42
批陈兴汉不得再向粤汉铁路派担款项呈	1924 年 4 月 12 日	第十五册	42
批叶恭绰杨庶堪解散禁烟督办署水陆侦缉联合队情形呈	1924 年 4 月 12 日	第十五册	43
特任叶恭绰兼盐务督办令	1924 年 4 月 12 日	第十七册	501
任命郑洪年兼盐务署署长令	1924 年 4 月 12 日	第十七册	501
派张汉为大本营海军委员令	1924 年 4 月 12 日	第十七册	501
准伍学熀辞财政委员会委员令	1924 年 4 月 12 日	第十七册	502
核复伍学熀呈准其辞财政委员会委员令	1924 年 4 月 12 日	第十七册	502
复范石生望率先领军迁出广州城函	1924 年 4 月 13 日	第八册	508
复杨希闵等嘉奖东江前敌滇军各将士电	1924 年 4 月 13 日	第九册	598
致谭延闿等嘉勉叠克要隘并望先竟肃清东部之功电	1924 年 4 月 13 日	第九册	598
饬财政委员会对于西路讨贼军给养费务与各军同一看待令	1924 年 4 月 13 日	第十五册	43
撤销沿河护商机关令	1924 年 4 月 14 日	第十五册	44
饬李明扬率部开往新丰和平一带堵截陈军令	1924 年 4 月 14 日	第十五册	46
饬赖天球率部开赴和平担任警戒令	1924 年 4 月 14 日	第十五册	46
作战时期前方将领不得擅自旋省令	1924 年 4 月 14 日	第十五册	46
批广东地方善后委员会为柴杉竹行商请严禁军队在西江设立护商机关呈	1924 年 4 月 14 日	第十五册	47
批伍学熀报告撤署日期呈	1924 年 4 月 14 日	第十五册	47
核复大理院长兼管司法行政事务吕志伊呈报就职日期令	1924 年 4 月 14 日	第十七册	503

续表

篇名	著述时间	册数	页码
致李根沄嘉勉克复要隘并望先攻下惠州城电	1924 年 4 月 15 日	第九册	599
命速筹飞机出发费令	1924 年 4 月 15 日	第十五册	48
着财政委员会发给会计司特别费令	1924 年 4 月 15 日	第十五册	48
着财政委员会迅筹樊钟秀伙食费令	1924 年 4 月 15 日	第十五册	48
着发福安广北两舰煤炭费令	1924 年 4 月 15 日	第十五册	49
着财政委员会统筹兼顾设法接济西路各军给养费令	1924 年 4 月 15 日	第十五册	49
饬将粤省一切司法收入留作维持司法及改良监狱令	1924 年 4 月 15 日	第十五册	49
批陈融请援旧案会同高检厅将粤省一切司法收入概作维持司法及改良监狱之需不准提作别用呈	1924 年 4 月 15 日	第十五册	51
饬制战斗奖惩旗令	1924 年 4 月 15 日	第十五册	51
准任命曾镛为中央军需处运输处长令	1924 年 4 月 15 日	第十七册	503
批《修正大本营军政部官制草案》《海陆军审计条例》及经常临时费用等表	1924 年 4 月 16 日	第六册	282
批沈鸿英报捷来电	1924 年 4 月 16 日	第十五册	52
饬各军不得再有包揽货船抗纳厘税令	1924 年 4 月 16 日	第十五册	52
着不得擅押民事犯令	1924 年 4 月 16 日	第十五册	53
批徐绍桢请褒扬寿妇邓苏氏呈	1924 年 4 月 16 日	第十五册	53
重申严禁收编土匪令	1924 年 4 月 17 日	第十五册	54
着财政委员会每日筹给各军医药费令	1924 年 4 月 17 日	第十五册	54
着财政委员会速筹汇孙本戎张贞军费令	1924 年 4 月 17 日	第十五册	54
饬知大本营会计司呈报十二年九月份杂役工饷册据准予核销令	1924 年 4 月 17 日	第十五册	55
饬军政部通行各军保护承办老新城东南北关等处杂赌令	1924 年 4 月 17 日	第十五册	55
饬知大本营会计司呈送十二年九月二十日至十二月七日止计算书等件据核尚属相符准予核销令	1924 年 4 月 17 日	第十五册	56

续表

篇名	著述时间	册数	页码
批连县商会会长莫灿庭请再严令各机关军队撤销在小北江抽收货费呈	1924 年 4 月 17 日	第十五册	56
批林翔审核大本营会计司呈缴十二年九月份杂役工饷册据呈	1924 年 4 月 17 日	第十五册	57
批林翔审核大本营会计司庶务科十二年十月份经办各项数目册据情形呈	1924 年 4 月 17 日	第十五册	57
批卢兴原请增加诉讼状纸费并改收银币呈	1924 年 4 月 17 日	第十五册	58
攻击惠州的命令	1924 年 4 月 17 日	第十五册	58
批复《修正禁烟条例》	1924 年 4 月 18 日	第六册	283
致杨希闵刘震寰着饬所部准英商电船广西号通过出境电	1924 年 4 月 18 日	第九册	599
组织大本营法制委员会的目的　与大本营法制委员谈话	1924 年 4 月 18 日	第十二册	378
准大本营会计司所报十二年十月份经办各项数目册据情形令	1924 年 4 月 18 日	第十五册	58
着广东省长杨庶堪查办小北江一带自连县以达连江口擅行设卡苛捐扰民情形令	1924 年 4 月 18 日	第十五册	59
饬惩办省河骑劫轮船匪徒令	1924 年 4 月 18 日	第十五册	61
批林翔审核会计司呈报十二年九十各月份计算书等件呈	1924 年 4 月 18 日	第十五册	62
批财政委员会为军队提取沙捐款项嗣后不准抵解呈	1924 年 4 月 18 日	第十五册	62
批广东地方善后委员会请严令各军限日撤销小北江各重收机关呈	1924 年 4 月 18 日	第十五册	63
批伍朝枢请令前方军官予英商符鲁士特放行呈	1924 年 4 月 18 日	第十五册	63

续表

篇名	著述时间	册数	页码
批财政委员会请更正第二十七次议决报告案第十二项记录呈	1924 年 4 月 18 日	第十五册	64
批李福林请令行军政部立将著匪何瑶等尽法惩办呈	1924 年 4 月 18 日	第十五册	64
不准陈天太辞师长令	1924 年 4 月 18 日刊载	第十七册	503
免赵士觐两广盐运使令	1924 年 4 月 18 日	第十七册	504
任命邓泽如为两广盐运使令	1924 年 4 月 18 日	第十七册	504
任李翊东郑校之为大本营技师手令	1924 年 4 月 18 日	第十七册	505
复宋鹤庚等嘉勉克复河源并告已饬接济饷弹及移拨无线电信电	1924 年 4 月 19 日	第九册	600
致守惠州城陈炯明部告诫悔罪输诚猛省自新电	1924 年 4 月 19 日	第九册	600
着黄明堂进攻南路令	1924 年 4 月 19 日	第十五册	65
着黄绍竑参加南路作战令	1924 年 4 月 19 日	第十五册	65
着何家猷迅予设法维持石龙电报局经费开支令	1924 年 4 月 19 日	第十五册	65
批程潜拟添设党务科管理党务函	1924 年 4 月 19 日	第十五册	66
核复鲁涤平呈告已明令准任吴家麟等为禁烟督办署科长等职令	1924 年 4 月 19 日	第十七册	505
核复张开儒呈告已明令任命郑继周为大本营参军处少校副官令	1924 年 4 月 19 日	第十七册	506
公布《陆海军审计条例》	1924 年 4 月 20 日	第六册	283
饬各招抚使不得在省设署办事令	1924 年 4 月 20 日	第十五册	68
命东江联军务于短期之内收束东江军事令	1924 年 4 月 20 日	第十五册	68
致张静江介绍医生李其芳诊视函	1924 年 4 月中旬	第八册	509
通令各军在广九沿路部队须与李福林所派护路军联络令	1924 年 4 月 21 日	第十五册	68
着财政委员会提前垫给无线电总局经费令	1924 年 4 月 21 日	第十五册	69

续表

篇名	著述时间	册数	页码
着财政委员会迅筹枪弹发给沈鸿英令	1924 年 4 月 21 日	第十五册	69
着财政委员会发给会计司特别费令	1924 年 4 月 21 日	第十五册	69
着财政委员会发交孙科特别费令	1924 年 4 月 21 日	第十五册	70
着财政委员会筹给佟君旅费令	1924 年 4 月 21 日	第十五册	70
着财政委员会每日酌量发给各机关经费令	1924 年 4 月 21 日	第十五册	70
着财政委员会迅速筹商拨付杨希闵公费令	1924 年 4 月 21 日	第十五册	71
着财政委员会发给黄骚特别费令	1924 年 4 月 21 日	第十五册	71
批徐绍桢请褒扬节妇陈钱氏呈	1924 年 4 月 21 日	第十五册	71
任命郑洪年兼广东财政厅长令	1924 年 4 月 21 日	第十七册	506
任命李翊东郑校之为大本营技师令	1924 年 4 月 21 日	第十七册	507
派邓泽如为财政委员会委员令	1924 年 4 月 21 日	第十七册	507
派廖仲恺等四人为法制委员会委员令	1924 年 4 月 21 日	第十七册	507
核复兼盐务督办叶恭绰呈报就职日期令	1924 年 4 月 21 日	第十七册	508
核复兼盐务署长郑洪年呈报就职日期令	1924 年 4 月 21 日	第十七册	508
为节妇陈钱氏题颁	1924 年 4 月 21 日	第十八册	398
饬查办卸任两广盐运使伍汝康补偿程船损失有无情弊令	1924 年 4 月 22 日	第十五册	72
着吴铁城派员严催租捐令	1924 年 4 月 22 日	第十五册	73
通行各军一体保护承办什赌商人以裕饷源令	1924 年 4 月 22 日	第十五册	73
核复杨庶堪呈告已明令任命郑洪年兼广东财政厅长令	1924 年 4 月 22 日	第十七册	509
面谕邓泽如赶行接任两广盐运使	1924 年 4 月 22 日刊载	第十七册	509
复刘震寰嘉勉西路讨贼军各将士电	1924 年 4 月 23 日	第九册	601
致樊钟秀令克日调所部回省城电	1924 年 4 月 23 日	第九册	601
通令除广东省警卫军及经大元帅特许者外其他所有军队不得驻扎广州市内令	1924 年 4 月 23 日	第十五册	74

续表

篇名	著述时间	册数	页码
准任命陈敬汉杨志章兼盐务署秘书令	1924 年 4 月 23 日	第十七册	509
准任命郑继周为大本营参军处少校副官令	1924 年 4 月 23 日	第十七册	510
准派吴家麟等十二人分为禁烟督办署科长及秘书令	1924 年 4 月 23 日	第十七册	510
准赵士觐呈辞财政委员会委员令	1924 年 4 月 23 日	第十七册	511
复梁鸿楷等令勿干涉广东筹饷总局统一防务费电	1924 年 4 月 24 日	第九册	602
着中央直辖第二师师长周之贞即将拘留乡民解省讯释令	1924 年 4 月 24 日	第十五册	75
批叶恭绰杨庶堪呈	1924 年 4 月 24 日	第十五册	75
命迅筹方声涛经费令	1924 年 4 月 24 日	第十五册	75
着财政委员会即筹给许卓然急用费令	1924 年 4 月 24 日	第十五册	76
着财政委员会筹给东路军衣费令	1924 年 4 月 24 日	第十五册	76
饬将土丝台炮经费拨交讲武学校令	1924 年 4 月 24 日	第十五册	76
命廖湘芸撤销虎门护沙局长杨王超令	1924 年 4 月 24 日	第十五册	78
批程潜请指定台炮经费为陆军讲武学校常费令呈	1924 年 4 月 24 日	第十五册	78
批叶恭绰杨庶堪请撤销虎门护沙局呈	1924 年 4 月 24 日	第十五册	79
批叶恭绰等呈报该会第三十一次会议函	1924 年 4 月 24 日	第十五册	79
准赵士觐辞财政委员会委员令	1924 年 4 月 24 日	第十七册	511
为饬迅即撤销前委护沙局长杨王超给廖湘芸的训令	1924 年 4 月 24 日	第十七册	511
核复广东全省船民自治联防督办伍学煜呈缴关防等件令	1924 年 4 月 24 日	第十七册	512
饬不得越权滥委护沙清佃局长令	1924 年 4 月 25 日	第十五册	80
批财政委员会请令蒋军长停止抽收芳村花地等处筵席捐呈	1924 年 4 月 25 日	第十五册	81
通令各军将沿路官兵一律撤退令	1924 年 4 月 25 日	第十五册	81
饬知杨希闵所有何克夫选拔之部队着即调赴东江受其指挥令	1924 年 4 月 25 日	第十五册	82

续表

篇名	著述时间	册数	页码
任命李铎等三人分为军政部参事及审计局长令	1924 年 4 月 25 日	第十七册	513
派张民达兼理盐务缉私主任令	1924 年 4 月 25 日	第十七册	513
核复法制委员会委员长戴传贤呈报就职及启用关防日期令	1924 年 4 月 25 日	第十七册	514
核复两广盐运使邓泽如呈报到任视事日期令	1924 年 4 月 25 日	第十七册	514
核复叶恭绰呈准设立广东航运保卫处及任命黄石等为监督等职令	1924 年 4 月 25 日	第十七册	515
派周自得为广东铁路护路司令手令	1924 年 4 月 25 日	第十七册	515
批于右任函慰留不准辞职文	1924 年 4 月 25 日	第十七册	516
致彭寿山并转刘震寰着饬所部准英商电船广西号通过出境电	1924 年 4 月 26 日刊载	第九册	602
饬各军不得加抽盐斤附捐令	1924 年 4 月 26 日	第十五册	82
准予核销王棠呈送十二年二至九月份计算书等件令	1924 年 4 月 26 日	第十五册	83
饬撤销坟山登记案令	1924 年 4 月 26 日	第十五册	84
批财政委员会为赵士觐提议维持盐税办法呈	1924 年 4 月 26 日	第十五册	85
批林翔审核王棠更正十二年四至七月份临时支出计算书等件呈	1924 年 4 月 26 日	第十五册	85
批叶恭绰杨庶堪请令饬大理院撤销坟山登记案呈	1924 年 4 月 26 日	第十五册	86
饬知海防司令林若时非由帅令不准借舰令	1924 年 4 月 26 日	第十五册	86
通令驻防恩开新台赤五邑各军切实保护德和公司以卫饷源令	1924 年 4 月 26 日	第十五册	86
批李福林报拿获匪徒讯供拟办情形呈	1924 年 4 月 26 日	第十五册	87
派周自得为广九铁路护路司令令	1924 年 4 月 26 日	第十七册	516
致胡汉民促速来粤电	1924 年 4 月 27 日	第九册	603
关于台山县自治办法的谈话	1924 年 4 月 27 日	第十二册	379

续表

篇名	著述时间	册数	页码
饬大本营参谋处催促航空局长陈友仁率全队飞机移防博罗令	1924 年 4 月 27 日	第十五册	88
着广东无线电总局组织前敌无线电队令	1924 年 4 月 27 日	第十五册	88
着兵工厂厂长马超俊航空局局长陈友仁运输轰炸弹药赴东江令	1924 年 4 月 27 日	第十五册	88
致广东石龙东征联军行营告已派员收回电泰轮电	1924 年 4 月 28 日	第九册	603
不主张联省自治　与柏文蔚谈话	1924 年 4 月 28 日	第十二册	379
饬滇军廖行超部退离广州市区转赴西郊令	1924 年 4 月 28 日	第十五册	89
批广东省财政厅为商人张志澄条陈军队擅办厘捐请再申禁令呈	1924 年 4 月 28 日	第十五册	89
任命廖朗如为财政部佥事令	1924 年 4 月 28 日	第十七册	516
准任命陆仲履为财政部佥事令	1924 年 4 月 28 日	第十七册	517
任命戴季陶为参议邹若衡为咨议手谕	1924 年 4 月 28 日	第十七册	517
任命戴季陶为大本营参议令	1924 年 4 月 28 日	第十七册	517
任命邹若衡为大本营咨议令	1924 年 4 月 28 日	第十七册	518
着财政委员会每月拨陆军军官学校经费令	1924 年 4 月 29 日	第十五册	90
着首先维持海防司令部经费令	1924 年 4 月 29 日	第十五册	90
着财政委员会提前发给路孝忱所部给养费令	1924 年 4 月 29 日	第十五册	90
着财政委员会发给杨希闵电话费令	1924 年 4 月 29 日	第十五册	91
命广东财政厅拨发陆军讲武学校补助经费令	1924 年 4 月 29 日	第十五册	91
准援用《国籍法》并修改施行细则	1924 年 4 月 30 日	第六册	285
日本应努力于亚细亚民族之团结　在广州与日本广东通讯社记者谈话	1924 年 4 月 30 日刊载	第十二册	380
着豫军总司令樊钟秀率部前往受其指导作战令	1924 年 4 月 30 日	第十五册	91
着李烈钧出发前方协同策画一切令	1924 年 4 月 30 日	第十五册	92
饬知广州市政厅请沙博士勷办市政令	1924 年 4 月 30 日	第十五册	92

续表

篇名	著述时间	册数	页码
致广州市公安局谦辞各团体举行总统就职庆祝活动令	1924 年 4 月 30 日	第十五册	92
原驻广九铁路各处军队一律撤退所属不得干涉行车事宜令	1924 年 4 月 30 日	第十五册	93
追赠王守愚令	1924 年 4 月 30 日	第十五册	93
追赠蔡锐霆令	1924 年 4 月 30 日	第十五册	94
批程潜拟请追赠王守愚陆军中将并照中将积劳病故例给恤呈	1924 年 4 月 30 日	第十五册	94
批程潜因该部警卫团团附刘振寰积劳病故请以少将赠恤呈	1924 年 4 月 30 日	第十五册	95
批鲁涤平请成立水陆巡缉队呈	1924 年 4 月 30 日	第十五册	95
准任命梁海秋为盐务署秘书令	1924 年 4 月 30 日	第十七册	518
准邓泽如辞大本营参议令	1924 年 4 月 30 日	第十七册	519
核复马伯麟呈报委任李思汉为长洲要塞总台长准予备案令	1924 年 4 月 30 日	第十七册	519
核复叶恭绰呈告已明令准任命陈敬汉等兼盐务秘书令	1924 年 4 月 30 日	第十七册	520
核复大本营参议邓泽如呈准其辞职令	1924 年 4 月 30 日	第十七册	520
对邹鲁的面谕	1924 年 4 月下旬	第十二册	381
派赵西山赴西北传谕各军令	1924 年 4 月	第十五册	96
批孔绍尧荐蔡君请接见函	1924 年 4 月	第十五册	96
为《民族主义》题签	1924 年 4 月	第十八册	399
为张学良题词	1924 年 4 月	第十八册	400
复沈鸿英告需用子弹已饬如数造发电	1924 年 5 月 1 日	第九册	603
中国工人要结成大团体打破外国经济压迫　在广州工人代表会暨庆祝国际劳动节大会的演说	1924 年 5 月 1 日	第十册	700

续表

篇名	著述时间	册数	页码
学习七十二烈士舍身救国的志气　在广州岭南大学纪念黄花岗起义宴会的演说	1924 年 5 月 1 日	第十册	706
改审计局为审计处令	1924 年 5 月 1 日	第十五册	97
着广东省立银行暂拨场所一部为建设部设立商标注册所暨权度检定所之用令	1924 年 5 月 1 日	第十五册	97
批程潜拟定追赠萧学智等中将等等级并给恤办法呈	1924 年 5 月 1 日	第十五册	98
批程潜复追赠湘军故团长黄钟珩上校并给恤呈	1924 年 5 月 1 日	第十五册	98
批朱世贵为严禁所部重征小北江货物情形呈	1924 年 5 月 1 日	第十五册	99
批程潜遵令议复已故滇军营长王春霖等应得恤典呈	1924 年 5 月 1 日	第十五册	99
批林森请暂拨广东省立银行场所一部设立商标注册所权度检定所呈	1924 年 5 月 1 日	第十五册	100
令周之贞限期肃清顺属海陆盗匪	1924 年 5 月 1 日刊载	第十五册	100
任命王家琦为大本营参军令	1924 年 5 月 1 日	第十七册	521
黄花岗七十二烈士殉国十三周年祭文	1924 年 5 月 2 日	第四册	159
复棉兰同志勖继续努力党务与筹饷函	1924 年 5 月 2 日	第八册	509
令程潜通行各军转饬所属以重饷源	1924 年 5 月 2 日	第十五册	101
批组办北柜官运及《北江银行草案》	1924 年 5 月 3 日	第六册	286
申斥西江联军代表冯某抗命	1924 年 5 月 3 日刊载	第十二册	381
批伍学煃垫支署局经费呈	1924 年 5 月 3 日	第十五册	101
批程潜查核蔡锐霆等矢死殉国请明令追赠为陆军中将并给恤呈	1924 年 5 月 3 日	第十五册	102
批叶恭绰奉令查明彭贞元债权蟉纇未清一案呈	1924 年 5 月 3 日	第十五册	102
特任蒋中正为陆军军官学校校长令	1924 年 5 月 3 日	第十七册	521
任命蒋中正兼粤军总司令部参谋长令	1924 年 5 月 3 日	第十七册	521
任命张乃燕为大本营参议令	1924 年 5 月 3 日	第十七册	522
核复叶恭绰呈告已明令任命廖朗如陆仲履令	1924 年 5 月 3 日	第十七册	522

续表

篇名	著述时间	册数	页码
交秘书长办理张静江不必辞委员并其侄任为参议手谕	1924 年 5 月 3 日	第十七册	523
一律停发广东财政厅及广州市财政局筹拨之护路经费令	1924 年 5 月 5 日	第十五册	103
批杨庶堪惠济义仓绅董已缴足报效军饷请明令准予永远营业呈	1924 年 5 月 5 日	第十五册	103
饬准惠济义仓番香两属沙田永远营业令	1924 年 5 月 5 日	第十五册	104
饬广东公立警监专门学校仍归广东高等检察厅管辖令	1924 年 5 月 5 日	第十五册	105
批李福林格毙著匪何声令呈	1924 年 5 月 5 日	第十五册	106
批程潜请红花冈永济库上盖变卖价款拨充讲武学校及海珠修缮费呈	1924 年 5 月 5 日	第十五册	107
批李福林为枪决匪犯冯标黎咸日期呈	1924 年 5 月 5 日	第十五册	107
批杨庶堪为广东公立警监专门学校仍应归高等检察厅管辖办理呈	1924 年 5 月 5 日	第十五册	108
批杨庶堪为香山各界代表请收回广东沙田清理处派委东海十六沙局长成命呈	1924 年 5 月 5 日	第十五册	108
着大本营财政委员会筹拨沈鸿英军用款项令	1924 年 5 月 5 日	第十五册	109
任命林翔为大本营审计处处长令	1924 年 5 月 5 日	第十七册	523
准任命温挺修为大本营参谋处上校参谋令	1924 年 5 月 5 日	第十七册	524
着蒋尊篞查照筹给赵连城等恤金令	1924 年 5 月 6 日	第十五册	109
批程潜请令饬中央军需处筹给滇军营长赵连城等恤金呈	1924 年 5 月 6 日	第十五册	110
批朱世贵撤销护商机关呈	1924 年 5 月 6 日	第十五册	110
准任命陶勉斋为内政部科长令	1924 年 5 月 6 日	第十七册	524

续表

篇名	著述时间	册数	页码
饬严拿陆领归案以肃军纪令	1924 年 5 月 7 日	第十五册	111
批许崇智销假到部视事日期呈	1924 年 5 月 7 日	第十五册	111
批李福林剿办马宁河面劫匪暨截获西盛东意两轮情形呈	1924 年 5 月 7 日	第十五册	112
核复兼理盐务缉私主任张民达呈报就职及启用关防日期令	1924 年 5 月 7 日	第十七册	524
批准《法制委员会处务规则》及《法制委员会会议规则》	1924 年 5 月 8 日	第六册	286
准修正《财政部官制》第八条第二项	1924 年 5 月 8 日	第六册	289
批准《管理药品营业规则》及《检查药品规则》	1924 年 5 月 8 日	第六册	290
致胡汉民请即返粤并电告船期电	1924 年 5 月 8 日	第九册	604
着财政委员会筹济闽军经费令	1924 年 5 月 8 日	第十五册	112
着财政委员会再发款给方声涛令	1924 年 5 月 8 日	第十五册	113
着财政委员会筹措措沈鸿英子弹费十万元令	1924 年 5 月 8 日	第十五册	113
着财政委员会筹拨沈鸿英子弹费一万五千元令	1924 年 5 月 8 日	第十五册	113
着财政委员会筹发杨希闵电话费令	1924 年 5 月 8 日	第十五册	114
着发法制委员会开办费令	1924 年 5 月 8 日	第十五册	114
追赠周朝宗令	1924 年 5 月 8 日	第十五册	114
着叶恭绰照例每月拨给大理院经费七千元令	1924 年 5 月 8 日	第十五册	115
饬各军不得包庇开设杂赌令	1924 年 5 月 8 日	第十五册	116
批程潜请追赠东军讨贼军第一旅参谋长周朝宗陆军少将并从优抚恤呈	1924 年 5 月 8 日	第十五册	116
批许崇智撤销东江前敌总指挥呈	1924 年 5 月 8 日	第十五册	117
批吕志伊请司法收入及登记费均以五成解交该院呈	1924 年 5 月 8 日	第十五册	117
批吕志伊为接收前任交代实情并请饬财政部每月拨给经费呈	1924 年 5 月 8 日	第十五册	118

续表

篇名	著述时间	册数	页码
批范石生会办韦冠英请通令各军约束所部不得包庇开赌呈	1924 年 5 月 8 日	第十五册	118
批程潜遵核前兵站部经理局收发子弹数目相符请予核销呈	1924 年 5 月 8 日	第十五册	119
核复大理院长兼管司法行政事务吕志伊呈报接收情形令	1924 年 5 月 8 日	第十七册	525
核复广东省长杨庶堪呈报办理张伯荃等请收回派委顺绅充东海十六沙局长成命一案情形令	1924 年 5 月 8 日	第十七册	525
核复大本营审计处长林翔呈报接收前任移交情形令	1924 年 5 月 8 日	第十七册	526
饬程潜查明威远沙角两炮台擅收往来船货费用饬将款项退还令	1924 年 5 月 9 日	第十五册	119
批杨庶堪请令威远沙角两炮台长官将收过款项交还呈	1924 年 5 月 9 日	第十五册	120
任命何克夫为直辖第一混成旅旅长令	1924 年 5 月 9 日	第十七册	526
核复大本营审计处长林翔呈报遵令改处暨启用印信日期令	1924 年 5 月 10 日	第十七册	527
对冯启民的面谕	1924 年 5 月上旬	第十二册	382
面谕冯启民护路司令专司保护往来车辆令	1924 年 5 月上旬	第十五册	121
令广东省长杨庶堪遴派妥员接收粤军驻各防地财政	1924 年 5 月 11 日	第十五册	121
饬妥为保护接待法国飞行家令	1924 年 5 月 12 日	第十五册	122
饬严缉潜逃投敌团长欧阳洪烈令	1924 年 5 月 12 日	第十五册	122
批蒋光亮请通缉已撤第七师第二十七团团长欧阳洪烈呈	1924 年 5 月 12 日	第十五册	123
免黄骚广东造币厂监督令	1924 年 5 月 12 日	第十七册	527
派梅光培为广东造币厂监督令	1924 年 5 月 12 日	第十七册	527

续表

篇名	著述时间	册数	页码
准任命陈宏毅伍自立分为福安舞凤舰长令	1924 年 5 月 12 日	第十七册	528
核复广九铁路护路司令周自得呈报就职及启用关防日期令	1924 年 5 月 12 日	第十七册	528
核复两广盐运使邓泽如呈报设处视事及启用关防令	1924 年 5 月 12 日	第十七册	529
谕知公安局长禁止何侠发起广东军官同志联盟社	1924 年 5 月 13 日刊载	第十五册	123
核复郑洪年着严查奸商串军擅截税款令	1924 年 5 月 13 日刊载	第十五册	124
着财政委员会由五月起每月拨给陆军军官学校经费三万元令	1924 年 5 月 13 日刊载	第十五册	124
派邹炳煌等分赴东江永湖等处办理安抚事宜令	1924 年 5 月 13 日	第十五册	125
促许崇智迅速就职克日遴员接收粤军现驻各防地财政令	1924 年 5 月 13 日刊载	第十七册	529
批大本营内政部长徐绍桢请褒扬节妇李吴氏呈	1924 年 5 月 14 日	第十五册	125
批徐绍桢请褒扬节妇伍梁氏呈	1924 年 5 月 14 日	第十五册	126
批李福林捕获著匪莫鬼王忠令呈	1924 年 5 月 14 日	第十五册	126
批叶恭绰撤销航运附加军费呈	1924 年 5 月 14 日	第十五册	127
着广东省长转饬所属遵照协助禁烟令	1924 年 5 月 14 日刊载	第十五册	127
征收海关港口附加税拨充市政经费令	1924 年 5 月 14 日刊载	第十五册	128
各军将领克日遣返前敌令	1924 年 5 月 14 日	第十五册	128
派邵元冲等三人为法制委员会委员令	1924 年 5 月 14 日	第十七册	530
准刘毅辞粤闽湘军招抚使令	1924 年 5 月 14 日	第十七册	530
核复潘文治呈告已明令任命陈宏毅伍自立令	1924 年 5 月 14 日	第十七册	530
核复陆军军官学校校长蒋中正呈报就职及启用关防日期令	1924 年 5 月 14 日	第十七册	531
核复陆军军官学校中国国民党代表廖仲恺呈报就职及启用印章日期令	1924 年 5 月 14 日	第十七册	531

续表

篇名	著述时间	册数	页码
批李福林捕获要匪莫苏等三名请示处置办法呈	1924 年 5 月 14 至 15 日	第十五册	129
批李福林枪决著匪莫朗洲莫苏二名乞备案呈	1924 年 5 月 15 日	第十五册	129
批李福林枪决著匪莫鬼王忠乞备案呈	1924 年 5 月 15 日	第十五册	130
批吕志伊请将坟山登记仍准赓续办理呈	1924 年 5 月 15 日	第十五册	130
着李济深将原西江善后督办舰务所辖各巡舰交张民达接管令	1924 年 5 月 15 日	第十五册	131
饬刘震寰严禁所部擅行加收铁路运费及干涉一切事宜令	1924 年 5 月 15 日刊载	第十五册	131
任命李济深兼梧州善后处处长令	1924 年 5 月 15 日	第十七册	532
核复粤闽湘军招抚使刘毅呈准其辞职令	1924 年 5 月 15 日	第十七册	532
准《航空局暂行军律草案》	1924 年 5 月 16 日	第六册	295
批赵成梁遵令提释田曦呈	1924 年 5 月 16 日	第十五册	132
批财政委员会为台山县民产保证事宜呈	1924 年 5 月 16 日	第十五册	132
批财政委员会请核示台山田土业佃保卫事宜应否移交县署接管呈	1924 年 5 月 16 日	第十五册	133
令广东电政监督何家猷维持石龙电报局	1924 年 5 月 16 日刊载	第十五册	133
与邵元冲等谈话	1924 年 5 月 17 日	第十二册	382
令樊钟秀为东路作战右翼总指挥即日督率所部遵行前授各任务	1924 年 5 月 18 日	第十五册	134
粤军整理财政交由广东财政厅接收管理令	1924 年 5 月 18 日	第十五册	134
着通令各炮台遇有缉私巡舰免予检查或从速验放庶利缉私令	1924 年 5 月 19 日	第十五册	134
批邓泽如请通令各炮台免予检查缉私巡舰呈	1924 年 5 月 19 日	第十五册	135
派程潜林翔为财政委员会委员令	1924 年 5 月 19 日	第十七册	532
任命谢无量为特务秘书手令	1924 年 5 月 19 日	第十七册	533

续表

篇名	著述时间	册数	页码
任命谢无量为大本营特务秘书令	1924 年 5 月 19 日	第十七册	533
对北京政府及列强之态度绝未稍形软化　在广州与诺尔氏谈话	1924 年 5 月 20 日	第十二册	382
饬各军申诫所部不得包庇私盐令	1924 年 5 月 20 日	第十五册	136
批邓泽如请嗣后遇有军人包庇运私案件拟将人犯径送军政部军法处讯办呈	1924 年 5 月 20 日	第十五册	137
批邓泽如为时局艰难拟将署内外经费分别暂行核减呈	1924 年 5 月 20 日	第十五册	137
着李烈钧电催黄绍竑率所部往攻南宁令	1924 年 5 月 20 日	第十五册	138
批蒋介石呈令兵工厂如数配足各枪发军校领用	1924 年 5 月 20 日	第十五册	138
派罗镇湘为大本营军事委员令	1924 年 5 月 20 日	第十七册	534
准蒋尊簋辞中央军需总监令	1924 年 5 月 20 日	第十七册	534
核复叶恭绰呈报委任劳勉蔡炳分为广东造币分厂总办会办准予备案令	1924 年 5 月 20 日	第十七册	534
核复中央军需总监蒋尊簋呈准其辞职令	1924 年 5 月 20 日	第十七册	535
着中央直辖第一混成旅旅长何克夫协拿陆领令	1924 年 5 月中上旬	第十五册	128
复沈鸿英告已接济饷械勉毅力持久奠定桂局电	1924 年 5 月 21 日	第九册	604
着广东省长转饬江防司令借拨兵舰供禁烟督办署检查烟土入口令	1924 年 5 月 21 日刊载	第十五册	138
批叶恭绰请将广州市市政厅历次拨过军费列入临时军费统由国库负担呈	1924 年 5 月 21 日	第十五册	139
着郑润琦进剿叛兵令	1924 年 5 月 21 日	第十五册	139
着财政委员会发给东路第七第八两旅出发费令	1924 年 5 月 21 日	第十五册	140
着财政委员会筹给许卓然经费令	1924 年 5 月 21 日	第十五册	140
命迅拨杨子嘉制利器弹药研究费令	1924 年 5 月 21 日	第十五册	140

续表

篇名	著述时间	册数	页码
着将台山田土业佃保证事宜移交县署接管令	1924 年 5 月 21 日	第十五册	141
着财政委员会筹足会计司经费令	1924 年 5 月 21 日	第十五册	141
着财政委员会发给谢远涵旅费令	1924 年 5 月 21 日	第十五册	141
着财政委员会发给黄明堂出发费令	1924 年 5 月 21 日	第十五册	142
任命彭介石为大本营参议令	1924 年 5 月 21 日	第十七册	535
准杨泰辞大本营参军处少校副官令	1924 年 5 月 21 日	第十七册	536
为省长问题的谈话	1924 年 5 月 22 日刊载	第十二册	383
饬朱培德停收百货捐并查明抽收出口鸡鸭蛋捐情形令	1924 年 5 月 22 日	第十五册	142
饬黄昌谷所报十二年十二月八日至十三年二月底止收支表册单据准予核销令	1924 年 5 月 22 日	第十五册	143
批李福林枪决营长黄居正乞交军政部备案呈	1924 年 5 月 22 日	第十五册	143
批李福林省释陈保祥情形呈	1924 年 5 月 22 日	第十五册	144
批财政委员会请饬中央直辖第一军军长朱培德取销百货捐暨出口鸡鸭蛋捐呈	1924 年 5 月 22 日	第十五册	144
批林翔审核会计司十二年十二月八日起至十三年二月底止收支表册单据呈	1924 年 5 月 22 日	第十五册	145
关于华人入籍他国的命令	1924 年 5 月 22 日	第十五册	145
派黄昌谷为财政委员会委员令	1924 年 5 月 22 日	第十七册	536
核复张开儒呈告已明令准少校副官杨泰辞职令	1924 年 5 月 22 日	第十七册	536
核复大本营参军长张开儒呈告已明令准杨泰辞职存薪陆续补发令	1924 年 5 月 22 日	第十七册	537
饬廖湘芸协助虎门禁烟检查所查办鸦片令	1924 年 5 月 23 日	第十五册	146
饬知刘纪文呈送收支书表请核销并请拨欠发之数令	1924 年 5 月 23 日	第十五册	146
饬杨庶堪查照革命纪念会原案筹拨的款令	1924 年 5 月 23 日	第十五册	147

续表

篇名	著述时间	册数	页码
批鲁涤平设立虎门检查所恳请令行驻防军队查照协助呈	1924 年 5 月 23 日	第十五册	148
批林森拟加收电话用费以供修造七十二烈士坟园呈	1924 年 5 月 23 日	第十五册	148
批杨庶堪已饬江防司令酌拨禁烟督办兵舰呈	1924 年 5 月 23 日	第十五册	149
批林翔审查卸审计局长刘纪文呈送十二年四月份起至九月份止收支各书表呈	1924 年 5 月 23 日	第十五册	149
批林森继续办理革命纪念会乞备案并饬广东省长拨款以资进行呈	1924 年 5 月 23 日	第十五册	150
核复广东造币厂监督梅光培呈报就职日期令	1924 年 5 月 23 日	第十七册	537
孙逸仙致越飞电文	1924 年 5 月 24 日	第九册	604
考试制度问题　与邵元冲谈话	1924 年 5 月 24 日	第十二册	383
致留沪国会议员申谢慰问电	1924 年 5 月 25 日	第九册	605
批《禁烟督办署组织大纲》及办事细则	1924 年 5 月 26 日	第六册	297
复宫崎民藏告病愈并申谢慰问函	1924 年 5 月 26 日	第八册	510
命财政委员会迅筹恤金给洪锡龄家属令	1924 年 5 月 26 日	第十五册	150
饬罗翼群将有关各项流水簿据克日检呈凭转彻查核实弊案令	1924 年 5 月 26 日	第十五册	151
批杨希闵请迅颁洪锡龄恤金呈	1924 年 5 月 26 日	第十五册	152
批程潜请照少将积劳病故例给予韩贵庭恤金呈	1924 年 5 月 26 日	第十五册	153
批令许崇智查办兵站情形请饬缴流水簿彻底查算呈复	1924 年 5 月 26 日	第十五册	153
批程潜请照少校积劳病故例给予钟汉荣恤金呈	1924 年 5 月 26 日	第十五册	154
批大本营审计处处长林翔奉令查算前兵站总监罗翼群呈	1924 年 5 月 26 日	第十五册	154
核复粤军总司令许崇智呈报就职及启用印信日期令	1924 年 5 月 26 日	第十七册	538

续表

篇名	著述时间	册数	页码
着财政委员会拨黄绍竑军费令	1924 年 5 月 27 日	第十五册	155
着财政委员会发永丰等舰饷伙费令	1924 年 5 月 27 日	第十五册	155
饬大本营审计处彻查兵站卫生局舞弊情形令	1924 年 5 月 27 日	第十五册	155
着广东兵工厂知照大本营审计处审核该厂十二年七八九等月份支出预算书情形令	1924 年 5 月 27 日	第十五册	156
着财政委员会确切查明裕广银号发行兑换券令	1924 年 5 月 27 日	第十五册	157
着财政委员会迅予筹给樊钟秀军服费谕	1924 年 5 月 27 日	第十五册	157
批许崇智续查前兵站部卫生局舞弊情形呈	1924 年 5 月 27 日	第十五册	158
批鲁涤平赍十三年四月份预算书暨前任本任职员名额薪饷比较表呈	1924 年 5 月 27 日	第十五册	158
批程潜请照少校阵亡例给予已故湘军营长尹忠义恤金呈	1924 年 5 月 27 日	第十五册	159
批林翔审核兵工厂长马超俊呈缴十二年七八九等月份支出预算书并附兵工厂原呈预算书等件呈	1924 年 5 月 27 日	第十五册	159
饬各军对禁烟督办署所委局长及承商认真维护协助进行令	1924 年 5 月 27 日	第十五册	160
批徐效师请领公费以济涸鲋函	1924 年 5 月 27 日	第十五册	161
批程潜请给予已故西路讨贼军统领潘国熙等恤金呈	1924 年 5 月 27 日	第十五册	162
批程潜请照少校因公殒命例给予郑传瀛恤金呈	1924 年 5 月 27 日	第十五册	162
任命黄昌谷为大本营会计司司长令	1924 年 5 月 27 日	第十七册	538
任命顾忠琛为北伐讨贼军第四军军长令	1924 年 5 月 27 日	第十七册	538
任命萧养晦为大本营咨议令	1924 年 5 月 27 日	第十七册	539
任命和炉时为政府商业顾问令	1924 年 5 月 27 日	第十七册	539
任命黄仕强张沛为中央税捐整理处正副处长令	1924 年 5 月 27 日	第十七册	540
准黄隆生辞大本营会计司长令	1924 年 5 月 27 日	第十七册	540

续表

篇名	著述时间	册数	页码
准任命严宽为大本营参军处少校副官令	1924 年 5 月 27 日	第十七册	540
核复直辖第一混成旅旅长何克夫呈报就职启用关防日期令	1924 年 5 月 27 日	第十七册	541
核复广东省长杨庶堪呈给假一月并准陈树人代行省署公务令	1924 年 5 月 27 日	第十七册	541
核复黄隆生呈告已明令准免其本职令	1924 年 5 月 27 日	第十七册	542
核复叶恭绰呈准设处整理税捐并告已明令简任正副处长令	1924 年 5 月 27 日	第十七册	542
批修改《广东筹饷总局组织大纲》及《总务处办事细则》	1924 年 5 月 28 日	第六册	312
饬顾忠琛组织军队以植党军之基础令	1924 年 5 月 28 日	第十五册	163
批蒋光亮停收三五眼桥花地芳村等处筵席捐情形呈	1924 年 5 月 28 日	第十五册	163
批程潜请追赠故中央直辖广东讨贼军中校团附尹正撲陆军上校并照例给恤呈	1924 年 5 月 28 日	第十五册	164
批李安邦遵令结束及取消名义呈	1924 年 5 月 28 日	第十五册	164
批崇智遵令遴员接办西江各属财政情形呈	1924 年 5 月 28 日	第十五册	165
任命杨泰峰为大本营咨议令	1924 年 5 月 28 日	第十七册	543
核复张开儒呈告已明令准任命严宽为参军处少校副官令	1924 年 5 月 28 日	第十七册	543
令樊钟秀为东路作战军右翼总指挥及作战指导隶属由参谋处定令	1924 年 5 月 28 日刊载	第十七册	543
批准《短期军需库券条例》	1924 年 5 月 29 日	第六册	312
饬伍朝枢侨赠台山横湖乡电射灯准予免税放行令	1924 年 5 月 29 日	第十五册	165
批准《承办广东造币厂合同》	1924 年 5 月 30 日	第六册	314

续表

篇名	著述时间	册数	页码
复驻京某粤籍议员告日内出师讨伐陈炯明及粤局事电	1924 年 5 月 30 日	第九册	605
致杨希闵着妥为招待过境藏致平部并将该部官长姓名详报电	1924 年 5 月 30 日	第九册	606
拿三民主义来救中国　为上海《中国晚报》制作的留声演说	1924 年 5 月 30 日	第十册	708
各军造枪需暂时停止　谕示胡汉民	1924 年 5 月 30 日	第十二册	384
批叶恭绰请准予该部免筹大理院每月经费以轻负担呈	1924 年 5 月 30 日	第十五册	166
谕饬李烈钧即令各军长官亟宜返赴前敌	1924 年 5 月 30 日	第十五册	167
谕饬胡汉民不便更发造枪新令	1924 年 5 月 30 日	第十五册	167
饬将福安飞鹰广海等三舰编为海军训练舰队归许崇智节制调遣令	1924 年 5 月 31 日	第十五册	167
着舞凤舰归大本营差遣令	1924 年 5 月 31 日	第十五册	168
着各路军官克日分途进取东江令	1924 年 5 月 31 日	第十五册	168
着徐德派舰严查敌军利用外轮偷运接济令	1924 年 5 月 31 日	第十五册	169
批滇军赵成梁呈扣留田曦应免议释放	1924 年 5 月 31 日刊载	第十五册	169
任命潘文治为海军练习舰队司令令	1924 年 5 月 31 日	第十七册	544
派杨瑞亭李子英为大本营出勤委员令	1924 年 5 月 31 日	第十七册	544
派胡谦为财政委员会委员令	1924 年 5 月 31 日	第十七册	545
着军政部加意保护铁路保卫人民令	1924 年 5 月下旬	第十五册	169
致安南同志告派刘侯武接洽党务函	1924 年 6 月 3 日	第八册	511
着各机关核实员额节省杂费训令	1924 年 6 月 3 日	第十五册	170
致何成濬着在翁源暂事休息待命电	1924 年 6 月 3 日	第十五册	170
致杨希闵赵成梁何成濬在翁源暂事休息待命电	1924 年 6 月 3 日	第十五册	171

续表

篇名	著述时间	册数	页码
饬广东省长杨庶堪克日裁减各机关预算限期呈核令	1924 年 6 月 1 至 4 日	第十五册	171
饬转广九铁路护路司令协助禁烟缉私令	1924 年 6 月 4 日	第十五册	172
着许崇智节制由潘文治统率之舞凤舰令	1924 年 6 月 4 日	第十五册	172
着各收入机关赶筹军费令	1924 年 6 月 4 日	第十五册	173
重申严禁收编土匪令	1924 年 6 月 4 日	第十五册	173
批许崇智遵令派员覆核前福莆仙平善后处报销一案情形呈	1924 年 6 月 4 日	第十五册	174
批鲁涤平请令饬广九铁路护路司令维护协助共策进行呈	1924 年 6 月 4 日	第十五册	174
任命孙统纲为广东讨贼军别动队司令令	1924 年 6 月 4 日	第十七册	545
饬令潘文治仍兼管福安飞鹰舞凤三舰整理事宜令	1924 年 6 月 4 日	第十七册	545
准《高师法大农专三校归并广东大学办法》	1924 年 6 月 5 日	第六册	315
饬桂军总司令刘震寰等不得在广九路华段各站擅行加收各费令	1924 年 6 月 5 日	第十五册	175
饬准核销兵工厂购买无烟药价款令	1924 年 6 月 5 日	第十五册	175
饬各军不准在南雄各属招募新兵令	1924 年 6 月 5 日	第十五册	176
批林翔请示核销广东兵工厂十二年五月份支出之无烟药费呈	1924 年 6 月 5 日	第十五册	177
撤销军车管理处令	1924 年 6 月 5 日	第十五册	177
着许崇智接收西江督办在广东境内一切军政财政事宜并将财政转交财政厅管理令	1924 年 6 月 6 日	第十五册	178
准《国立广东大学劝捐章程》	1924 年 6 月 7 日	第六册	316
饬令解缴创办广东大学经费并颁行劝捐章程	1924 年 6 月 7 日	第六册	316
饬审核兵工厂追加岁出概算令	1924 年 6 月 7 日	第十五册	178
任命林直勉为大本营秘书令	1924 年 6 月 7 日	第十七册	546

续表

篇名	著述时间	册数	页码
任命王懋功为大本营参军令	1924 年 6 月 7 日	第十七册	546
谈美国排日案　与某访员谈话	1924 年 6 月 8 日	第十二册	384
饬将永济药库废址拨为天葬场所令	1924 年 6 月 9 日	第十五册	179
批林森请将永济药库废址拨为天葬场所呈	1924 年 6 月 9 日	第十五册	180
着刘震寰等将留落石龙部队限期悉数调离令	1924 年 6 月 9 日	第十五册	180
任命邹鲁为广东大学校长令	1924 年 6 月 9 日	第十七册	547
为派邹鲁任处理俄国部分庚款委员会成员及先由易培基代行其职致加拉罕函	1924 年 6 月 9 日	第十七册	547
核准《广东筹饷总局组织大纲》及《总务处办事细则》	1924 年 6 月 10 日	第六册	319
着财政委员会迅速发给何成濬所部经费二万元	1924 年 6 月 10 日	第十五册	181
着财政委员会先付何成濬所部经费五千元令	1924 年 6 月 10 日	第十五册	181
饬筹军政部经费令	1924 年 6 月 10 日	第十五册	181
命发陈庆森恤金四百元令	1924 年 6 月 10 日	第十五册	182
饬田土业佃保证局及各县县长认真催收款项以维成立国立广东大学经费令	1924 年 6 月 10 日	第十五册	182
批邹鲁请令行广东省长转饬催收田土业佃保证费呈	1924 年 6 月 10 日	第十五册	183
批徐绍桢为科长陈庆森积劳病故请给予恤金四百元呈	1924 年 6 月 10 日	第十五册	184
着孙统纲部归湘军谭总司令节制调遣令	1924 年 6 月 10 日	第十五册	184
批杨庶堪遵办令行财政厅照案筹拨革命纪念会款项情形呈	1924 年 6 月 10 日	第十五册	185
批上海大学需款五千元请速汇接济电呈	1924 年 6 月 10 日	第十五册	185
追赠蒋国斌令	1924 年 6 月 11 日	第十五册	185
追赠郑咏琛令	1924 年 6 月 11 日	第十五册	186

续表

篇名	著述时间	册数	页码
批程潜请照积劳病故例给予李奎仙少校恤金呈	1924 年 6 月 11 日	第十五册	186
准黄隆生辞大元帅行营军用票监督令	1924 年 6 月 11 日	第十七册	547
核复大元帅行营军用票监督黄隆生呈告已明令准免其职令	1924 年 6 月 11 日	第十七册	548
核准《修正财政委员会章程》及干事处组织规程	1924 年 6 月 12 日	第六册	323
致福特邀请到华南访问函	1924 年 6 月 12 日	第八册	512
批程潜称粤军总司令请将黄明堂等部伙饷改由该部请领转发呈	1924 年 6 月 12 日	第十五册	187
批程潜议恤杨子明拟请援照陆军少将例给予一次恤金呈	1924 年 6 月 12 日	第十五册	187
黄明堂等部应领伙饷概由粤军总司令许崇智请领转发令	1924 年 6 月 12 日	第十五册	188
饬知林翔禁烟督办署经费每月减少办公费一千四百余元余准照表开支令	1924 年 6 月 12 日	第十五册	188
批叶恭绰为赵前运使租赁澄清轮缉私系据实开支并无浮滥应准免予置议呈	1924 年 6 月 12 日	第十五册	190
批叶恭绰为造币厂开铸双毫银币日期等情乞鉴核备案呈	1924 年 6 月 12 日	第十五册	190
批宋子文送东汇关程船配盐比较表乞鉴核备案呈	1924 年 6 月 12 日	第十五册	191
批程潜拟请追赠郑咏琛以陆军中将并照例给恤呈	1924 年 6 月 12 日	第十五册	191
批程潜复拟请追赠蒋国斌以陆军中将仍照积劳病故例给恤呈	1924 年 6 月 12 日	第十五册	192
批程潜为廖有权因公殒命请照例给恤呈	1924 年 6 月 12 日	第十五册	192
批鲁涤平遵令切实节减开支缮具四月份预算及另造全年预算并陈明困难情形呈	1924 年 6 月 12 日	第十五册	193

续表

篇名	著述时间	册数	页码
准杨庶堪辞广东省长令	1924 年 6 月 12 日	第十七册	548
特任廖仲恺为广东省长令	1924 年 6 月 12 日	第十七册	549
核复海军练习舰队司令潘文治呈报就职及启用关防日期令	1924 年 6 月 12 日	第十七册	549
核复北伐讨贼军第四军军长顾忠琛呈报接收任状印章及就职日期令	1924 年 6 月 12 日	第十七册	550
核准《短期军需库券基金委员会章程》及办事细则	1924 年 6 月 13 日	第六册	327
通令各军总司令重申各军限文到十日内一律迁出广州市区令	1924 年 6 月 13 日	第十五册	193
饬张民达遣队查缉私盐手令	1924 年 6 月 13 日	第十五册	194
饬裁撤交通局令	1924 年 6 月 13 日	第十五册	194
饬各军总司令诰诫所属切勿包庇贩私令	1924 年 6 月 13 日	第十五册	194
批叶恭绰拟办糖类销场税等情呈	1924 年 6 月 13 日	第十五册	195
准姚雨平辞广东治河督办令	1924 年 6 月 13 日	第十七册	550
派林森兼理广东治河督办事宜令	1924 年 6 月 13 日	第十七册	551
任命高杞为大本营咨议令	1924 年 6 月 13 日	第十七册	551
任命陈贞瑞为大本营咨议令	1924 年 6 月 13 日	第十七册	551
任命李济深等四人为陆军军官学校职员令	1924 年 6 月 13 日	第十七册	552
给何应钦任命状	1924 年 6 月 13 日	第十七册	552
任命何应钦为陆军军官学校总教官状	1924 年 6 月 13 日	第十七册	553
追赠李天霖令	1924 年 6 月 14 日	第十五册	195
批邹鲁请举行高师第十一届各部学生毕业试验呈	1924 年 6 月 14 日	第十五册	196
批徐绍桢请襃扬琼山县寿妇陈黄氏呈	1924 年 6 月 14 日	第十五册	196
批刘震寰遵令取消抽收广九路附加军费等情呈	1924 年 6 月 14 日	第十五册	197
批蒋介石请颁校训呈	1924 年 6 月 14 日	第十五册	197
批训词底稿	1924 年 6 月 14 日	第十五册	198

续表

篇名	著述时间	册数	页码
核复蒋中正廖仲恺呈告已明令任命李济深等为陆军军官学校各部主任令	1924 年 6 月 14 日	第十七册	553
准任命冯轶裴等八人为粤军总司令部职员令	1924 年 6 月 14 日	第十七册	554
任命梁鸿楷李福林为粤军第一第三军军长及另五人分为师旅长令	1924 年 6 月 14 日	第十七册	554
准陈兴汉辞管理粤汉铁路事务令	1924 年 6 月 14 日	第十七册	555
派许崇灏管理粤汉铁路事务令	1924 年 6 月 14 日	第十七册	555
准任命卢善矩为江固舰舰长令	1924 年 6 月 14 日	第十七册	555
着财政委员会酌发何成濬部给养费令	1924 年 6 月 15 日	第十五册	198
陆军军官学校成立训词	1924 年 6 月 16 日	第四册	160
夏重民殉难二周年祭文	1924 年 6 月 16 日	第四册	160
开办军校的惟一希望是创造革命军 在黄埔陆军军官学校开学礼的演说	1924 年 6 月 16 日	第十册	715
在广州蒙难二周年纪念日对卫士的讲话	1924 年 6 月 16 日	第十册	723
饬知宋子文无论何项军队机关一概不准迁驻妨害银行业务令	1924 年 6 月 16 日	第十五册	198
仰粤军总司令广东省长分饬广东沙田清理处及该管各县征收沙田特别军费令	1924 年 6 月 16 日	第十五册	199
批程潜复请准予追赠李天霖陆军少将呈	1924 年 6 月 16 日	第十五册	199
核复管理粤汉铁路事务陈兴汉呈告已明令准其辞职令	1924 年 6 月 16 日	第十七册	556
核复江海警委员长许崇智呈报启用关防日期令	1924 年 6 月 16 日	第十七册	556
着周自得兼任管理军车事宜令	1924 年 6 月 16 日刊载	第十七册	556
核复林若时呈告已明令准任命卢善矩为江固舰舰长令	1924 年 6 月 16 日	第十七册	557

续表

篇名	著述时间	册数	页码
饬知沙田清理事宜归并经界局办理令	1924 年 6 月 17 日	第十五册	200
批邓泽如请示拨还缉私主任张民达垫款呈	1924 年 6 月 17 日	第十五册	200
任命古应芬为经界局督办令	1924 年 6 月 17 日	第十七册	557
派古应芬兼办广东沙田清理事宜令	1924 年 6 月 17 日	第十七册	558
准任命林振雄等十七人分为陆军军官学校正副主任教官等职务令	1924 年 6 月 17 日	第十七册	558
准任命吕梦熊等四人为陆军军官学校各队队长令	1924 年 6 月 17 日	第十七册	559
免刘成禺大本营宣传委员令	1924 年 6 月 17 日	第十七册	559
任命刘成禺为大本营参议令	1924 年 6 月 17 日	第十七册	559
任命姚雨平为参议手令	1924 年 6 月 17 日	第十七册	560
任命姚雨平为大本营参议令	1924 年 6 月 17 日	第十七册	560
核复粤军总司令许崇智呈告已明令任命各军长师长旅长令	1924 年 6 月 17 日	第十七册	561
核复许崇智呈告已明令准任冯轶裴等为粤军总司令部参谋处长等职令	1924 年 6 月 17 日	第十七册	561
任命刘成禺为大本营参议状	1924 年 6 月 17 日	第十七册	562
批收到停付支票一张收据	1924 年 6 月 18 日	第十五册	201
所有北江方面及乐昌坪石等处新设水陆各卡着即一律撤销令	1924 年 6 月 18 日	第十五册	201
谕知大本营各参议每周会议一次令	1924 年 6 月 18 日	第十五册	202
饬转各军发还封借轮渡以恤商艰令	1924 年 6 月 19 日	第十五册	202
着撤销乐昌等处新设水陆征收厂卡令	1924 年 6 月 19 日	第十五册	203
着许崇智查办罗翼群有无舞弊令	1924 年 6 月 19 日	第十五册	203
派胡谦郑洪年经理大本营军需处事宜令	1924 年 6 月 19 日	第十七册	562
核复谭延闿呈报湘军总司令部一切事宜由岳森代拆代行准予备案令	1924 年 6 月 19 日	第十七册	562

续表

篇名	著述时间	册数	页码
禁止私铸银币令	1924 年 6 月 20 日	第十五册	203
着林翔根据流水账簿彻查前兵站总监部有无舞弊令	1924 年 6 月 20 日	第十五册	203
饬胡谦等随时秉承军政财政部长之命妥为经理军需令	1924 年 6 月 20 日	第十五册	205
拟派员调查炮击新洲案	1924 年 6 月 20 日	第十五册	206
批罗翼群辩明并未舞弊并遵令呈缴流水账簿乞发审计处查算呈	1924 年 6 月 20 日	第十五册	206
批程潜为滇军营长林鼎甲拟请照中校积劳病故例给予恤金呈	1924 年 6 月 20 日	第十五册	207
核复卸管理粤汉铁路事务陈兴汉呈报移交日期准予备案令	1924 年 6 月 20 日	第十七册	563
为伍廷芳纪念会劝捐引	1924 年 6 月中旬	第四册	161
在广州与魏金斯基等谈话	1924 年 6 月中旬	第十二册	385
着各机关裁减冗员令	1924 年 6 月 21 日前	第十五册	211
批准《梧州善后处暂行条例》	1924 年 6 月 21 日	第六册	331
有志竟成努力自强　胡汉民代表孙文在广东大学毕业典礼的训词	1924 年 6 月 21 日	第十册	723
谕顾忠琛应从编练入手以植党军基础令	1924 年 6 月 21 日	第十五册	207
饬驻军腾让番禺学宫堂屋作广东大学宿舍令	1924 年 6 月 21 日	第十五册	208
饬黄昌谷核发参军处录事熊阳钰积薪俾得奔丧营葬令	1924 年 6 月 21 日	第十五册	209
批邹鲁请指拨番禺学宫堂屋为大学学生宿舍并令行驻在军队迁出呈	1924 年 6 月 21 日	第十五册	210
批张开儒称该处录事熊阳钰猝遭父丧乞令饬会计司清发积薪俾得奔丧营葬呈	1924 年 6 月 21 日	第十五册	210

续表

篇名	著述时间	册数	页码
致李济深黄绍竑着速将扣留接济沈鸿英之子弹验放以利围攻桂林电	1924 年 6 月 22 日	第九册	606
批萧萱请假养病函	1924 年 6 月 22 日收到	第十五册	211
纪念伍廷芳逝世二周年祭文	1924 年 6 月 23 日	第四册	162
国家独立必须经过自身实力奋斗　在广州与菲律宾劳动界代表谈话	1924 年 6 月 23 日	第十二册	388
抚恤刘景双令	1924 年 6 月 23 日	第十五册	212
批赵士觐遵令依式编造支出计算书乞备案呈	1924 年 6 月 23 日	第十五册	212
严令各军禁编民军	1924 年 6 月 23 日	第十五册	213
任命蒋中正兼粤军总司令部参谋长状	1924 年 6 月 23 日刊载	第十七册	563
核复广东省长廖仲恺呈报就职日期令	1924 年 6 月 23 日	第十七册	564
核复广东治河督办林森呈报就职日期令	1924 年 6 月 23 日	第十七册	564
悼伍廷芳逝世二周年挽联	1924 年 6 月 23 日	第十八册	401
照准《农民协会章程》	1924 年 6 月 24 日	第六册	333
准《广东海防司令部暂行组织条例》	1924 年 6 月 24 日	第六册	343
饬拿获之平南舰交缉私主任供缉私之用案内在逃人犯严缉究办令	1924 年 6 月 24 日	第十五册	213
县长考成应注意各县发生盗案令	1924 年 6 月 24 日	第十五册	215
着财政部依例月拨大理院经费七千元令	1924 年 6 月 24 日刊载	第十五册	216
着财政委员会迅速筹款交由广东兵工厂赶造子弹令	1924 年 6 月 24 日	第十五册	217
着财政委员会迅拨十万元给第六军援桂令	1924 年 6 月 24 日	第十五册	217
着财政委员会迅将湘军所需修枪费如数筹付兵工令	1924 年 6 月 24 日	第十五册	217
着财政委员会拨发积欠该军兵站部给养费令	1924 年 6 月 24 日	第十五册	218
着财政委员会按期如数支给滇军兵站部积欠运输费令	1924 年 6 月 24 日	第十五册	218
批法国驻粤领事来函	1924 年 6 月 24 日	第十五册	219

续表

篇名	著述时间	册数	页码
批程潜请追赠孙之虑陆军上校并给予上校恤金呈	1924 年 6 月 24 日	第十五册	219
批程潜复请援照陆军少将因公殒命例第三表给恤刘景双呈	1924 年 6 月 24 日	第十五册	220
任命萧炳章为大本营参议令	1924 年 6 月 24 日	第十七册	564
任命林赤民等三人为大本营咨议令	1924 年 6 月 24 日	第十七册	565
任命陈其瑗为广东财政厅厅长令	1924 年 6 月 24 日	第十七册	565
准郑洪年辞广东财政厅长兼职令	1924 年 6 月 24 日	第十七册	566
准免廖朗如财政委员会秘书长令	1924 年 6 月 24 日	第十七册	566
准派姜和椿等四人为财政委员会秘书令	1924 年 6 月 24 日	第十七册	566
派廖朗如李承翼分为财政委员会总副干事令	1924 年 6 月 24 日	第十七册	567
核复郑洪年呈告已明令发表准其辞广东财政厅长兼职令	1924 年 6 月 24 日	第十七册	567
追赠夏尔玙令	1924 年 6 月 25 日	第十五册	214
饬转各军遵照兵工厂暂行停发枪枝令	1924 年 6 月 25 日	第十五册	214
批徐树荣请枪决犯官陈翕文呈	1924 年 6 月 25 日	第十五册	220
批马超俊停发各军枪枝日期呈	1924 年 6 月 25 日	第十五册	221
准免陆仲履财政部金事本职令	1924 年 6 月 25 日	第十七册	568
准邵元冲辞法制委员会委员令	1924 年 6 月 25 日	第十七册	568
准林云陔辞法制委员会委员令	1924 年 6 月 25 日	第十七册	568
准陈兴汉辞财政委员会委员令	1924 年 6 月 25 日	第十七册	569
核复叶恭绰呈廖仲恺呈告廖朗如等已分别任免令	1924 年 6 月 25 日	第十七册	569
核复叶恭绰呈告已明令准免陆仲履本职令	1924 年 6 月 25 日	第十七册	570
饬财政委员会筹定的款兵工厂如数出弹令	1924 年 6 月 26 日	第十五册	221
着财政委员会兵工厂筹款造解核准发给各军子弹令	1924 年 6 月 26 日	第十五册	222
核复何成濬呈不准辞直辖福建各军总指挥令	1924 年 6 月 26 日	第十七册	570
核复许崇智转呈粤军参谋长蒋中正就职日期令	1924 年 6 月 26 日	第十七册	571

续表

篇名	著述时间	册数	页码
核复陈兴汉呈告已明令准其辞财政委员会委员令	1924 年 6 月 26 日	第十七册	571
着将应发海军练习舰队所属福安等舰及军乐队伙食饷项概行拨交粤军总司令部转发令	1924 年 6 月 27 日	第十五册	222
批许崇智请分令财政部及财政厅将应发海军舰队及军乐队伙食饷项概交该部转发呈	1924 年 6 月 27 日	第十五册	223
批邓泽如呈规复第四号扒船乞鉴核备案令	1924 年 6 月 27 日	第十五册	223
任命古应芬为经界局督办状	1924 年 6 月 27 日刊载	第十七册	571
核复广东大学校长邹鲁呈报就职启用关防日期令	1924 年 6 月 27 日	第十七册	572
派古应芬兼办广东沙田清理事宜状	1924 年 6 月 27 日刊载	第十七册	572
核准《广州华商银行监督清理委员会章程》及监理章程	1924 年 6 月 28 日	第六册	344
核准《军人宣誓词》暨条例	1924 年 6 月 28 日	第六册	349
批刘震寰谭延闿杨希闵请组织战时军需筹备处呈	1924 年 6 月 28 日	第十五册	224
叶恭绰查复盐运署与稽核所争执权限一案情形呈	1924 年 6 月 28 日	第十五册	224
批程潜核议抚恤欧阳鏓等情形呈	1924 年 6 月 28 日	第十五册	225
派廖仲恺等三人为财政委员会委员令	1924 年 6 月 28 日	第十七册	572
准任命王南微郑炳烜各为陆军军官学校国文及技术教官令	1924 年 6 月 28 日	第十七册	573
充实民力与军警卫民　在广州检阅军警及商团军会操的训词	1924 年 6 月 29 日	第十册	724
以至诚立志做革命宣传工夫　在国民党宣传讲习所开学典礼的演说	1924 年 6 月 29 日	第十册	725
着财政委员会提前筹款手令	1924 年 6 月 29 日	第十五册	225
准任命程滨等四人分为大本营参谋处少校参谋等职务令	1924 年 6 月 29 日	第十七册	573

续表

篇名	著述时间	册数	页码
广东沙面工人罢工问题　与英领事谈话	1924 年 6 月 30 日	第十二册	390
令杨希闵着滇军兵站部长张鉴藻向米行赊借军米	1924 年 6 月 30 日	第十五册	226
核复蒋中正呈谕俄顾问四员应由陆军军官学校函聘并已准任命王南微等令	1924 年 6 月 30 日	第十七册	574
只有组织和武装农民才能解决土地问题　在广州与苏联顾问的谈话	1924 年 6 月中下旬	第十二册	386
与蒋中正等谈话	1924 年 6 月	第十二册	390
题黄埔陆军军官学校校训	1924 年 6 月	第十八册	402
题邓铿墓碣	1924 年 6 月	第十八册	403
裁撤广九铁路护路司令令	1924 年 7 月 1 日	第十五册	226
着财政委员会火速筹给豫军出发费令	1924 年 7 月 1 日	第十五册	227
着财政委员会火速筹何雪竹出发费令	1924 年 7 月 1 日	第十五册	227
命筹还滇军兵站部赊借军米费令	1924 年 7 月 1 日	第十五册	227
批伍朝枢奉命裁减经费并请免裁交涉署员薪呈	1924 年 7 月 1 日	第十五册	228
批程潜裁减经费呈	1924 年 7 月 1 日	第十五册	228
批林森裁减经费呈	1924 年 7 月 1 日	第十五册	229
饬大本营军政部速拟草案呈候颁行以禁私铸而涤弊风令	1924 年 7 月 1 日	第十五册	229
批林翔裁减经费呈	1924 年 7 月 1 日	第十五册	230
批范石生士敏土厂交还政府函	1924 年 7 月 1 日	第十五册	230
准陈兴汉辞兼代广九铁路局长令	1924 年 7 月 1 日	第十七册	574
任命周自得兼广九铁路局长令	1924 年 7 月 1 日	第十七册	575
就弹劾共产派案的谈话	1924 年 7 月 2 日刊载	第十二册	391
着财政委员会即日派员接收士敏土厂令	1924 年 7 月 2 日	第十五册	231
批程潜请恢复粤汉铁路警备司令一职呈	1924 年 7 月 2 日	第十五册	231

续表

篇名	著述时间	册数	页码
批古应芬请令行广东省长转饬财政厅裁撤所属经界局及经界分局呈	1924 年 7 月 2 日	第十五册	231
给林若时的指令	1924 年 7 月 2 日	第十五册	232
准任命徐坚等四人为陆军军官学校特别官佐令	1924 年 7 月 2 日	第十七册	575
准任命金汉生为财政部佥事令	1924 年 7 月 2 日	第十七册	575
任命李景纲杨子毅为财政部参事及赋税局长令	1924 年 7 月 2 日	第十七册	576
准免杨子毅李景纲本职令	1924 年 7 月 2 日	第十七册	576
任赵超为参军手令	1924 年 7 月 2 日	第十七册	577
任命赵超为大本营参军令	1924 年 7 月 2 日	第十七册	577
核复冯伟呈准给假并委司徒莹代行广东无线电报局局务令	1924 年 7 月 2 日	第十七册	577
饬朱培德勿截收省河筵席捐以维教育令	1924 年 7 月 3 日	第十五册	232
着卢师谛担任东江中右两路后方警戒令	1924 年 7 月 3 日	第十五册	234
着朱培德部开赴湘边令	1924 年 7 月 3 日	第十五册	234
命廖仲恺等通饬军政各机关不准录用吕梦熊令	1924 年 7 月 3 日	第十五册	234
批孙科请令行朱军长勿再截收筵席捐呈	1924 年 7 月 3 日	第十五册	235
准任命林君复为盐务署秘书令	1924 年 7 月 3 日	第十七册	578
准任命黄元彬等三人为盐务署秘书令	1924 年 7 月 3 日	第十七册	578
核复蒋中正廖仲恺呈准通饬军政各机关不准录用吕梦雄令	1924 年 7 月 3 日	第十七册	579
准《广东各县包征钱粮处办事简章》	1924 年 7 月 4 日	第六册	350
着李福林负责清剿顺德等属内之海盗令	1924 年 7 月 4 日	第十五册	236
着卢师谛率部进驻鸭仔埗一带令	1924 年 7 月 4 日	第十五册	236
饬朱培德停抽乐昌等地各种苛捐并将停抽日期报备令	1924 年 7 月 4 日	第十五册	236
命发滇军第三军雇伕经费令	1924 年 7 月 4 日	第十五册	237

续表

篇名	著述时间	册数	页码
着财政委员会按日拨付湘军军医院经费令	1924 年 7 月 4 日	第十五册	237
着财政委员会先行筹拨湘军第六军之援桂经费令	1924 年 7 月 4 日	第十五册	237
批林翔核销庶务科十二年十月份经办各项数目册单据簿等件呈	1924 年 7 月 4 日	第十五册	238
批邹鲁请举行广东农业专门农学科四年级生毕业试验呈	1924 年 7 月 4 日	第十五册	238
任命谢英伯等三人为大本营参议令	1924 年 7 月 4 日	第十七册	579
任命丁超五等四人为大本营咨议令	1924 年 7 月 4 日	第十七册	580
核复叶恭绰呈告已明令分别任命杨子毅等令	1924 年 7 月 4 日	第十七册	580
核复大本营经界局督办兼办广东沙田清理事宜古应芬呈报就职及接收日期令	1924 年 7 月 4 日	第十七册	580
照准《法官学校规程》、课程及预算	1924 年 7 月 5 日	第六册	353
在广州与杨大实谈话	1924 年 7 月 5 日	第十二册	391
饬各机关各军队不得向粤汉铁路摊派款项令	1924 年 7 月 5 日	第十五册	239
饬各机关直接支付之款解交军需处支给令	1924 年 7 月 5 日	第十五册	240
批许崇灏沥陈财力枯竭情形请免再派各机关各军队款项呈	1924 年 7 月 5 日	第十五册	240
批张开儒拟发给特别出入证手折办法呈	1924 年 7 月 5 日	第十五册	241
着杨希闵协助禁烟令	1924 年 7 月 5 日刊载	第十五册	241
中国国民党为解免共产党人加入本党引起误会之宣言	1924 年 7 月 7 日	第四册	551
批准《广东各县契税分局办事简章》	1924 年 7 月 7 日	第六册	358
批准《广东地方短期抵纳券章程》	1924 年 7 月 7 日	第六册	359
饬财政厅筹拨广东高等检察厅广州地检厅及两监一所经费令	1924 年 7 月 7 日	第十五册	242

续表

篇名	著述时间	册数	页码
批林云陔请饬令广东财政厅提前拨支该厅经费呈	1924 年 7 月 7 日	第十五册	243
饬各军不得驻兵九江令	1924 年 7 月 7 日	第十五册	243
批财政委员会分配军费呈	1924 年 7 月 7 日	第十五册	243
准马伯麟辞长洲要塞司令令	1924 年 7 月 7 日	第十七册	581
任命蒋中正兼长洲要塞司令令	1924 年 7 月 7 日	第十七册	581
派林森为太平洋粮食保存会委员令	1924 年 7 月 7 日	第十七册	582
核复陈兴汉呈告已明令准其辞兼代广九铁路局局长令	1924 年 7 月 7 日	第十七册	582
致李福林着所部在周之贞部未奉令离防前勿进驻大良及陈村电	1924 年 7 月 8 日	第九册	607
命按日发给兵工厂子弹费令	1924 年 7 月 8 日刊载	第十五册	244
着会计司向财政委员会领给蒋作宾等人旅费令	1924 年 7 月 8 日	第十五册	244
由广东盐运使署照额支付给广东高等地方检察厅等经费令	1924 年 7 月 8 日	第十五册	245
饬准民团商团请领枪弹暂由省长填发护照令	1924 年 7 月 8 日	第十五册	245
饬朱培德积欠军费仍按月赴厅领取不得截留省河筵席捐令	1924 年 7 月 8 日	第十五册	246
给陈其瑗的训令	1924 年 7 月 8 日	第十五册	247
饬知财政部令内政部设法裁减力求撙节令	1924 年 7 月 8 日	第十五册	248
批马超俊为民团商团备价请领枪弹拟暂由该厂长请省长填发护照呈	1924 年 7 月 8 日	第十五册	249
批孙科拟委总办一员经理征收省河水陆酒菜筵席捐乞令朱军长勿再截留捐款呈	1924 年 7 月 8 日	第十五册	249
批程潜请准予查照《陆军战时恤赏章程》给予阵伤排长陈荣光恤金四百元并令行广东财政厅提前发给呈	1924 年 7 月 8 日	第十五册	250

续表

篇名	著述时间	册数	页码
批徐绍桢裁减经费呈	1924 年 7 月 8 日	第十五册	250
批财政委员分配军费呈	1924 年 7 月 8 日	第十五册	251
批张开儒请发给特别出入证手折办法呈	1924 年 7 月 8 日刊载	第十五册	251
准何家猷辞广东电政监督兼广州电报局局长令	1924 年 7 月 8 日	第十七册	582
任命黄桓为广东电政监督兼广州电报局局长令	1924 年 7 月 8 日	第十七册	583
免黄桓广东电话总局局长令	1924 年 7 月 8 日	第十七册	583
委任陆云志为广东电话总局局长令	1924 年 7 月 8 日	第十七册	584
派谢瀛洲为法制委员会委员令	1924 年 7 月 8 日	第十七册	584
复蒋光亮嘉奖纳还财政权电	1924 年 7 月 9 日	第九册	608
饬将谢愤生及有关人员解交军法审判令	1924 年 7 月 9 日	第十五册	252
赠恤冯肇宪令	1924 年 7 月 9 日	第十五册	252
将官市产审查委员会第七次第二十八号决议案撤销仍照广州市政厅财政局原案办理令	1924 年 7 月 9 日	第十五册	253
批程潜为军械收发停止请暂免造日报表呈	1924 年 7 月 9 日	第十五册	255
核复叶恭绰呈告已有明令任命林君复为盐务署秘书令	1924 年 7 月 9 日	第十七册	584
核复叶恭绰呈告已有明令任命黄元彬等为盐务署秘书令	1924 年 7 月 9 日	第十七册	585
核准《军队点验令》	1924 年 7 月 10 日	第六册	360
批徐绍桢会同军政部查明测量局局长吴宗民请予保留局校一案情形拟议办法呈	1924 年 7 月 10 日	第十五册	255
批林森称秘书俸给系据成案办理拟请仍准照给呈	1924 年 7 月 10 日	第十五册	256
批廖仲恺为台山田土业佃保证局不能交县接管情形呈	1924 年 7 月 10 日	第十五册	256
任命蒋作宾等三人为大本营参议令	1924 年 7 月 10 日	第十七册	585

续表

篇名	著述时间	册数	页码
任命张拱辰陈保群为大本营咨议令	1924 年 7 月 10 日	第十七册	586
派朱道南为大本营出勤委员令	1924 年 7 月 10 日	第十七册	586
任命张鉴藻等三人为直辖滇军军需正副监令	1924 年 7 月 10 日	第十七册	586
核复马伯麟呈告已明令准免其长洲要塞司令令	1924 年 7 月 10 日	第十七册	587
饬北伐讨贼军第四军军长顾忠琛速办教导团大队以养下级干部基础令	1924 年 7 月 11 日	第十五册	257
着财政委员会提前发给永丰舰饷伙费令	1924 年 7 月 11 日	第十五册	257
着财政委员会照旧发给海防司令部经费令	1924 年 7 月 11 日	第十五册	258
着财政委员会送蒋雨岩旅费令	1924 年 7 月 11 日	第十五册	258
饬查明各该部处署局司会兼职人员兼职薪水应以二成发给令	1924 年 7 月 11 日	第十五册	258
禁止兼职兼薪令	1924 年 7 月 11 日	第十五册	259
据范石生案查承办五邑事给财政委员会的训令	1924 年 7 月 11 日	第十五册	260
批程潜请照海军上校积劳病故例给恤已故永丰军舰副舰长梁文松呈	1924 年 7 月 11 日	第十五册	260
准免陈敬汉盐务署秘书兼职令	1924 年 7 月 11 日	第十七册	587
面谕吴铁城聘定德国教官穆赖尔等月薪	1924 年 7 月 12 日刊载	第十二册	392
批程潜为湘军于河源新丰两役夺获敌人械弹拟请犒赏呈	1924 年 7 月 12 日	第十五册	261
批程潜请追赠故永丰舰长冯肇宪海军少将并照少将积劳病故例给恤呈	1924 年 7 月 12 日	第十五册	261
批鲁涤平为侦缉员被匪枪击毙命及被匪枪伤乞分别照章给以恤金及医药费呈	1924 年 7 月 12 日	第十五册	262
批财政委员会请饬朱军长撤销乐昌坪石重抽百货捐等款令	1924 年 7 月 12 日	第十五册	262

续表

篇名	著述时间	册数	页码
批叶恭绰称裕广银号已免其代理金库呈	1924 年 7 月 12 日	第十五册	263
批杨希闵为该军第二师惩办滋事官兵及赔偿中国国民党中央执行委员会屏门等物呈	1924 年 7 月 12 日	第十五册	263
批徐绍桢请褒扬贤妇徐李氏呈	1924 年 7 月 12 日	第十五册	264
准任命李之腴为盐务署秘书令	1924 年 7 月 12 日	第十七册	588
准派曾镛为大本营军需处参事令	1924 年 7 月 12 日	第十七册	588
聘穆赖尔为教官范望为翻译暂以六个月为限口谕	1924 年 7 月 12 日刊载	第十七册	588
准派黄启元等五人为大本营军需处副官及科长令	1924 年 7 月 12 日	第十七册	589
准任命郭敏卿为大本营参军处少校副官令	1924 年 7 月 12 日	第十七册	589
任李其芳为大本营医官手令	1924 年 7 月 12 日	第十七册	590
任命李其芳为大本营医官令	1924 年 7 月 12 日	第十七册	590
准任命陆福廷甘乃光为陆军军官学校军事学教官及英文秘书令	1924 年 7 月 12 日	第十七册	590
核复杨希闵呈告已任命直辖滇军军需正副监令	1924 年 7 月 12 日	第十七册	591
批叶恭绰查明广东储蓄银行停业情形先行调查该行所负债务及查封其财产以凭照章清理乞备案呈	1924 年 7 月 14 日	第十五册	264
令财政厅将十三年以前之式毫银币一律改铸	1924 年 7 月 14 日	第十五册	265
谕令陈友仁为俄国各军官预拨飞机	1924 年 7 月 14 日	第十五册	265
委任麦仲勤为秘书处电报室主任令	1924 年 7 月 14 日	第十七册	591
委任姚荣森等七人为秘书处电报室电报员令	1924 年 7 月 14 日	第十七册	592
委任陈大典等四人为秘书处电报室翻译员令	1924 年 7 月 14 日	第十七册	592
陆海军大元帅大本营关于农民运动宣言	1924 年 7 月 15 日刊载	第四册	555
令修改《大本营军需处章程》	1924 年 7 月 15 日	第六册	362
令汇集资料制订各级官制官规	1924 年 7 月 15 日	第六册	363
饬知广东地方善后委员会候拨经费令	1924 年 7 月 15 日	第十五册	265
着财政委员会提前筹还樊钟秀伙食费令	1924 年 7 月 15 日	第十五册	266

续表

篇名	著述时间	册数	页码
着财政委员会筹拨何成濬部伙食费令	1924 年 7 月 15 日	第十五册	266
着财政委员会筹拨许卓然公费令	1924 年 7 月 15 日	第十五册	266
着湘军总指挥部取消在增城县发行之二十万元抵借证并将取消情形具报令	1924 年 7 月 15 日	第十五册	267
饬谭延闿撤销拟在从化发行之抵借证令	1924 年 7 月 15 日	第十五册	267
着财政委员会拨款补助程璧光铸像	1924 年 7 月 15 日	第十五册	268
着财政委员会速定并指拨的款给海军练习舰队司令部暨所属各舰令	1924 年 7 月 15 日	第十五册	269
批广东省长廖仲恺为所属教育厅等机关核减经费呈	1924 年 7 月 15 日	第十五册	269
批财政委员会请令行湘军总指挥部将拟在增城县发行抵借证二十万一案即行撤销呈	1924 年 7 月 15 日	第十五册	270
批陈其瑗将军乐队火食由粤军总司令部核给呈	1924 年 7 月 15 日	第十五册	270
任命庄庶管为大本营咨议令	1924 年 7 月 15 日	第十七册	592
派陈玉麟为大本营出勤委员令	1924 年 7 月 15 日	第十七册	593
核复胡谦郑洪年呈告已另有明令准派曾镛为参事令	1924 年 7 月 15 日	第十七册	593
核复胡谦郑洪年呈告已有明令发表黄启元等为军需处副官及科长令	1924 年 7 月 15 日	第十七册	594
核复张开儒呈告另有明令任命郭敏卿为少校副官令	1924 年 7 月 15 日	第十七册	594
核复蒋中正呈告另有明令任命陆福廷甘乃光为军事学教官及英文秘书令	1924 年 7 月 15 日	第十七册	595
派蒋中正汪兆铭许崇智分为各军军事政治训练及筹画广州防卫委员长并由各军选派委员谕	1924 年 7 月 15 日	第十七册	595
批《大本营军需处职员分掌职务规则》	1924 年 7 月 16 日	第六册	364
着罗俊邹炳煌出发东江安抚民众令	1924 年 7 月 16 日	第十五册	271
饬程潜转行西江一带驻军勿碍赈灾令	1924 年 7 月 16 日	第十五册	271

续表

篇名	著述时间	册数	页码
饬将士敏土厂归省署管理令	1924 年 7 月 16 日	第十五册	272
批顾忠琛拟请将教导大队更名为讲武学校呈	1924 年 7 月 16 日	第十五册	273
批徐绍桢请将广东治河事宜处收归该部管辖等情乞察核呈	1924 年 7 月 16 日	第十五册	273
批徐绍桢办理陈耀垣等函称有人到李玉渠家勒索屋税及黄滋等控告黄友笙两案情形呈	1924 年 7 月 16 日	第十五册	274
批邹鲁请令行财政部广东省长将士敏土厂收归省署管理呈	1924 年 7 月 16 日	第十五册	274
湘军总司令部筹办战时军需筹备处呈	1924 年 7 月 16 日	第十五册	275
为转饬知照潘文治准给其假二十日给许崇智的训令	1924 年 7 月 16 日	第十七册	596
核复卸广东电政监督兼广州电报局长何家猷呈报卸事日期令	1924 年 7 月 16 日	第十七册	596
准麦仲勤呈请加委秘书处电报室职员令	1924 年 7 月 16 日	第十七册	597
着大本营军政部检查原报金竹坝战役阵亡官兵人数表更正备案令	1924 年 7 月 17 日	第十五册	275
批谭延闿为前呈报阵亡官兵人员表内有误请准予更正呈	1924 年 7 月 17 日	第十五册	276
批范石生拟偿清承办五邑防务经费呈	1924 年 7 月 18 日	第十五册	277
批谭延闿办理增城县公会会长刘巨良等电呈一案呈	1924 年 7 月 18 日	第十五册	277
批廖仲恺遵将官市产审查委员会七次会议二十八号决案撤销呈	1924 年 7 月 18 日	第十五册	278
通饬各军长官转知所属发还封借商人轮渡令	1924 年 7 月 18 日刊载	第十五册	278
批董福开所请补给六月份公费伙食洋及维持现在伙食函	1924 年 7 月 18 日	第十五册	279
革命政府决不能取缔沙面工人罢工　与霍比南谈话	1924 年 7 月 19 日	第十二册	392

续表

篇名	著述时间	册数	页码
着广东省长廖仲恺转饬拨给输送团饷项令	1924 年 7 月 19 日	第十五册	279
着广东省长廖仲恺转饬广东财政厅将所设经界局及分局一律裁撤令	1924 年 7 月 19 日	第十五册	280
着黄桓迅予设法接济石龙电报局各项供应令	1924 年 7 月 19 日	第十五册	280
饬知廖仲恺广东电政监督兼广州电报局局长何家猷呈请辞职并请发经费令	1924 年 7 月 19 日	第十五册	281
批张开儒遵令派员点查江固官兵公物情形呈	1924 年 7 月 19 日	第十五册	285
批谭延闿请迅令电政监督设法接济石龙电报局经费材料呈	1924 年 7 月 19 日	第十五册	285
批林森请照案拨助电政经费并请任命陈润棠为广东电政监督兼广州电报局长呈	1924 年 7 月 19 日	第十五册	286
批谭延闿称已令增城知事暨筹饷分处释放林朗臣呈	1924 年 7 月 19 日	第十五册	286
准廖湘芸辞虎门要塞司令令	1924 年 7 月 19 日	第十七册	597
派宋子文等六人为税制整理委员会委员另一人为秘书令	1924 年 7 月 19 日刊载	第十七册	597
任命陈肇英为虎门要塞司令令	1924 年 7 月 19 日	第十七册	598
中国国民党中央执行委员会对上海党员之训令	1924 年 7 月 21 日	第四册	557
中国国民党中央执行委员会对于党员之训令	1924 年 7 月 21 日	第十五册	287
转饬商团及九江绅民不得受人煽惑抵抗防军令	1924 年 7 月 21 日	第十五册	289
批杨希闵请饬九江商团撤退并派员查办令	1924 年 7 月 21 日	第十五册	290
饬取销九江抽收出口丝捐茧捐令	1924 年 7 月 21 日	第十五册	291
饬公安局为高和罗夫	1924 年 7 月 21 日	第十五册	292
任命黄实为直辖第一军参谋长令	1924 年 7 月 21 日	第十七册	598
批财政委员会呈请迅令滇军保旅长撤销抽收九江出口土丝捐茧捐令	1924 年 7 月 22 日	第十五册	290

续表

篇名	著述时间	册数	页码
着伍朝枢转饬梧州关监督兼外交部特派交涉员戴恩赛克日回署令	1924 年 7 月 22 日	第十五册	292
批古应芬办理陈金人等呈称五邑业佃公会有带征沙田费存放港号请提充军用一案呈	1924 年 7 月 22 日	第十五册	293
通缉王得庆令	1924 年 7 月 22 日	第十五册	294
着财政委员会提前筹备特别军费令	1924 年 7 月 22 日	第十五册	294
批李福林枪决匪犯吴锐日期乞备案呈	1924 年 7 月 22 日	第十五册	294
核复许崇智呈告已明令任命陈肇英为虎门要塞司令令	1924 年 7 月 22 日	第十七册	599
核复朱培德呈告已明令任命黄实为直辖第一军参谋长令	1924 年 7 月 22 日	第十七册	599
祭巴富罗夫文	1924 年 7 月 23 日	第四册	163
准《法制委员会处务规则》及《法制委员会会议规则》	1924 年 7 月 23 日	第六册	365
致续桐溪勉协力讨贼函	1924 年 7 月 23 日	第八册	513
致苏联政府悼念巴甫洛夫电	1924 年 7 月 23 日	第九册	608
批邹鲁为该校法科学院学生修业期满请准举行毕业试验并造具学生一览表呈	1924 年 7 月 23 日	第十五册	295
批黄桓奉令办理接济石龙电局情形呈	1924 年 7 月 23 日	第十五册	295
批廖仲恺遵令饬行广东财政厅再行减定经费呈	1924 年 7 月 23 日	第十五册	296
批叶恭绰办理平南舰一案情形呈	1924 年 7 月 23 日	第十五册	296
批朱培德转请取消连县县议会议长叶其森等通缉原案呈	1924 年 7 月 23 日	第十五册	297
核复许崇智呈报兼长洲要塞司令蒋中正视事及启用印信日期令	1924 年 7 月 23 日	第十七册	600

续表

篇名	著述时间	册数	页码
追赠夏尔玛令	1924 年 7 月 24 日	第十五册	297
追赠吴斌令	1924 年 7 月 24 日	第十五册	298
给廖仲恺的训令	1924 年 7 月 24 日	第十五册	298
批叶恭绰请酌增员司指拨经费呈	1924 年 7 月 24 日	第十五册	300
批徐绍桢请褒扬节妇李沈氏呈	1924 年 7 月 24 日	第十五册	300
为节妇李沈氏题颁	1924 年 7 月 24 日	第十八册	404
追赠张荣光令	1924 年 7 月 25 日	第十五册	301
追赠缪培堃令	1924 年 7 月 25 日	第十五册	301
着财政委员会筹拨焦易堂特别费令	1924 年 7 月 25 日	第十五册	302
饬照规定减发各机关职员俸薪令	1924 年 7 月 25 日	第十五册	302
通饬各机关自八月份起减成给俸令	1924 年 7 月 25 日	第十五册	303
发下审计处预算书并饬大本营财政部长叶恭绰汇编十三年度总预算令	1924 年 7 月 25 日	第十五册	304
饬转何总指挥准支上将薪并点验该部核实发饷令	1924 年 7 月 25 日	第十五册	304
令财政委员会迅予筹拨江固舰官兵薪饷	1924 年 7 月 25 日	第十五册	305
令财政委员会迅即核实照数筹交江固舰应用器物经费	1924 年 7 月 25 日	第十五册	306
令财政委员会从速筹拨湘军给养费	1924 年 7 月 25 日	第十五册	306
着保留安徽义地令	1924 年 7 月 25 日	第十五册	307
批廖仲恺为所属广东图书馆等机关核减经费情形呈	1924 年 7 月 25 日	第十五册	307
批程潜复拟请赠恤故中华革命军浙江司令长官夏尔玛呈	1924 年 7 月 25 日	第十五册	307
李济深为广西抚河招抚使署取销日期呈	1924 年 7 月 25 日	第十五册	308
批程潜请追赠吴斌呈	1924 年 7 月 25 日	第十五册	308
批林翔缴该处十三年度岁出经常费预算书呈	1924 年 7 月 25 日	第十五册	309

续表

篇名	著述时间	册数	页码
批程潜遵批核议中央直辖福建总指挥处暨所辖部队官兵薪饷公费马干预算呈	1924 年 7 月 25 日	第十五册	309
准《大本营军需处章程》	1924 年 7 月 26 日	第六册	368
批准《经界局组织条例》	1924 年 7 月 26 日	第六册	370
批程潜复湘军正兵陈楚俊一名遵令更正呈	1924 年 7 月 26 日	第十五册	310
批程潜复拟请追加粤军积劳病故团长缪培堃陆军少将衔呈	1924 年 7 月 26 日	第十五册	311
复程潜呈告已追赠给恤张荣光令	1924 年 7 月 26 日	第十五册	311
饬许崇灏赶筑小坪至兵工厂铁路令	1924 年 7 月 27 日	第十五册	312
农民要结成团体实行民生主义　在广州农民党员联欢大会的演说	1924 年 7 月 28 日	第十册	731
革命成功的起点　与宋庆龄谈话	1924 年 7 月 28 日	第十二册	393
着黄昌谷转知审计处审核行营庶务科报请核销十二年九月至十二月份支出情形令	1924 年 7 月 28 日	第十五册	312
批程潜拟请优恤粤军故营长李时钦呈	1924 年 7 月 28 日	第十五册	313
批林翔审核会计司转呈行营庶务科十二年九月份至十二月份支出计算书等请准核销呈	1924 年 7 月 28 日	第十五册	313
任命余和鸿为大本营咨议令	1924 年 7 月 28 日	第十七册	600
派汪啸涯为大本营出勤委员令	1924 年 7 月 28 日	第十七册	601
核复北江商运局局长韦荣熙呈缴关防小章核销令	1924 年 7 月 28 日	第十七册	601
准《大本营收解新币章程》备案	1924 年 7 月 29 日	第六册	372
着总参议等会同审查李根生死因令	1924 年 7 月 29 日	第十五册	314
饬各该机关呈报职员职务性质及俸给令	1924 年 7 月 29 日	第十五册	314
准许崇智发行短期军需债券令	1924 年 7 月 29 日刊载	第十五册	315
饬遴员兼管军车调用事宜令	1924 年 7 月 30 日	第十五册	315

续表

篇名	著述时间	册数	页码
批林森遵办兼职人员减薪情形呈	1924 年 7 月 30 日	第十五册	316
批鲁涤平遵办兼差人员减薪情形呈	1924 年 7 月 30 日	第十五册	316
批程潜办理兼职人员减薪情形呈	1924 年 7 月 30 日	第十五册	317
批林翔遵办兼职人员减薪情形呈	1924 年 7 月 30 日	第十五册	317
批财政委员会称该会兼职人员向不支领兼薪呈	1924 年 7 月 30 日	第十五册	318
批胡谦郑洪年遵办兼职人员减薪情形并造送职员名额俸薪表呈	1924 年 7 月 30 日	第十五册	318
批叶恭绰遵办兼差人员减薪情形呈	1924 年 7 月 30 日	第十五册	319
准《广东维持纸币联合会章程》及办法	1924 年 7 月 31 日	第六册	373
为黄桓请免支大本营技师薪水饬大本营会计司司长黄昌谷令	1924 年 7 月 31 日	第十五册	319
批黄桓称该署所属职员并无兼职呈	1924 年 7 月 31 日	第十五册	320
批叶恭绰指拨印花税充军需库券本息基金情形乞备案呈	1924 年 7 月 31 日	第十五册	320
批林森遵办兼差人员减薪情形呈	1924 年 7 月 31 日	第十五册	321
批法制委员会遵办兼差职员减薪情形呈	1924 年 7 月 31 日	第十五册	321
批廖仲恺遵办兼差人员减薪情形呈	1924 年 7 月 31 日	第十五册	322
批古应芬遵办职员减成发薪情形乞备案呈	1924 年 7 月 31 日	第十五册	322
批张静江称病请辞职函	1924 年 7 月	第十七册	601
为广州《路政丛报》题词	1924 年 7 月刊载	第十八册	405
题词	1924 年 7 月	第十八册	406
赠广州石牌乡团匾额	1924 年 7 月	第十八册	407
批当日《广州民国日报》版面并送国民党中执委	1924 年 8 月 1 日	第十五册	323
批廖仲恺遵办职员减成发薪情形呈	1924 年 8 月 1 日	第十五册	323
批程潜复拟请将湘军阵亡副官漆兆追赠陆军少校并照例给恤呈	1924 年 8 月 1 日	第十五册	324

续表

篇名	著述时间	册数	页码
任命陶澄孝余鹤松为大本营咨议令	1924 年 8 月 1 日	第十七册	602
准任李思辕为经界局总务处处长令	1924 年 8 月 1 日	第十七册	602
准免宋荣昌陆军军官学校军医部主任令	1924 年 8 月 1 日	第十七册	602
准任李其芳为陆军军官学校军医部主任令	1924 年 8 月 1 日	第十七册	603
给程潜等的训令	1924 年 8 月 2 日	第十五册	324
批许崇智请取销徐汉臣通缉一案呈	1924 年 8 月 2 日	第十五册	326
给李其芳的训令	1924 年 8 月 2 日	第十五册	326
任命宋子文黄隆生为中央银行正副行长令	1924 年 8 月 2 日	第十七册	603
核复蒋中正呈告已明令准免宋荣昌陆军军官学校军医部主任由李其芳充补令	1924 年 8 月 2 日	第十七册	604
着李其芳往驻黄埔军校训练救护队令	1924 年 8 月 2 日	第十七册	604
为古应芬呈报兼职减薪事饬大本营会计司长黄昌谷令	1924 年 8 月 4 日	第十五册	326
批陈友仁就该局办理减成支薪情形呈	1924 年 8 月 4 日	第十五册	327
批程潜就该部减薪情形呈	1924 年 8 月 4 日	第十五册	328
批古应芬遵办兼职减薪情形呈	1924 年 8 月 4 日	第十五册	328
批邓泽如遵令减薪情形呈	1924 年 8 月 4 日	第十五册	329
批财政委员会遵令减薪情形呈	1924 年 8 月 4 日	第十五册	329
批马超俊遵令减薪情形呈	1924 年 8 月 4 日	第十五册	330
批林翔遵办减薪情形呈	1924 年 8 月 4 日	第十五册	330
批林森办理邮信减资经过情形呈	1924 年 8 月 4 日	第十五册	331
批林森遵办广州市新范围内及省佛间等地来往邮件减费情形呈	1924 年 8 月 4 至 6 日	第十五册	331
核复古应芬呈告已明令照准任命李思辕为经界局总务处长令	1924 年 8 月 4 日	第十七册	605
悼巴富罗夫挽额	1924 年 8 月 4 日	第十八册	408

续表

篇名	著述时间	册数	页码
题吴秉礼毛宜挽额	1924 年 8 月 4 日	第十八册	409
派陆嗣曾为法制委员会委员令	1924 年 8 月 5 日	第十七册	605
政府未便干涉沙面华人离工风潮　与广州领事团谈话	1924 年 8 月 6 日	第十二册	393
饬各军不得截留新增商捐加二专款令	1924 年 8 月 6 日	第十五册	332
批许崇智转蒋中正详陈长洲应兴革时宜呈	1924 年 8 月 6 日	第十五册	333
批马超俊就恩开台长塘垌联团总局局长司徒槩照章请领七九步枪三百杆呈	1924 年 8 月 6 日	第十五册	333
批林森遵办减成发薪情形呈	1924 年 8 月 6 日	第十五册	334
批法制委员会遵办职员减薪情形呈	1924 年 8 月 6 日	第十五册	334
批廖仲恺呈请通令各军严饬所部不得截收财厅新增商捐加二专款呈	1924 年 8 月 6 日	第十五册	335
批邓泽如林直勉请颁发筹饷得力人员嘉禾章暨金银各等奖章呈	1924 年 8 月 6 日	第十五册	335
批古应芬就李蟠等呈请饬令经界局撤销加抽护沙费一案呈	1924 年 8 月 6 日	第十五册	336
批林翔就该处职员兼差人数呈	1924 年 8 月 6 日	第十五册	336
题赠广州龙眼洞乡局匾额	1924 年 8 月 6 日	第十八册	410
公布《中央银行条例》	1924 年 8 月 7 日	第六册	376
准韦荣熙所呈任内开办费及收支计算书核销令	1924 年 8 月 7 日	第十五册	337
批林翔审核前北江商运局长韦荣熙呈送该局开办费及支付各计算书等尚属相符请准予核销呈	1924 年 8 月 7 日	第十五册	337
批林森送兼职人员减薪表乞鉴核呈	1924 年 8 月 7 日	第十五册	338
准任命招桂章为粤军总司令部舰务处处长令	1924 年 8 月 7 日	第十七册	605
准林若时辞广东海防司令令	1924 年 8 月 7 日	第十七册	606

续表

篇名	著述时间	册数	页码
核复林若时呈告已明令准免其本职令	1924 年 8 月 7 日	第十七册	606
核复粤军总司令许崇智呈告准裁撤广东海防司令部已明令任命招桂章令	1924 年 8 月 7 日	第十七册	607
准任命张子丹为大本营会计司统计科主任令	1924 年 8 月 7 日	第十七册	607
准赵士养辞大本营会计司统计科主任令	1924 年 8 月 7 日	第十七册	608
准调任邓士章等三人分为广东兵工厂处长及工程师令	1924 年 8 月 7 日	第十七册	608
委任军政部副部长胡谦暂行兼理广九军车处事宜	1924 年 8 月 7 日	第十七册	609
为广东陆军测量局准由粤军总司令部统属管理该局经费亦由该部领取转发饬大本营参谋长李烈钧令	1924 年 8 月 8 日	第十五册	338
请拨款给虎门要塞伙食费令	1924 年 8 月 8 日	第十五册	339
关于中央银行资本额的指令	1924 年 8 月 8 日	第十五册	340
批许崇智请将广东陆军测量局准由该部统属管理该局经费亦由该部领取转发呈	1924 年 8 月 8 日	第十五册	340
任命陈光祖陈威廉为大本营咨议令	1924 年 8 月 8 日刊载	第十七册	609
任命林丽生为中央银行副行长令	1924 年 8 月 8 日刊载	第十七册	609
准任命陆耀文林凤生各为经界局调查及测丈处处长令	1924 年 8 月 8 日	第十七册	610
派胡汉民等七人为中央银行董事令	1924 年 8 月 8 日	第十七册	610
核复黄昌谷呈告已明令任免会计司统计科主任令	1924 年 8 月 8 日	第十七册	611
核复程潜呈告已明令准调任邓士章等为广东兵工厂工务处处长等职令	1924 年 8 月 8 日	第十七册	611
准颁《中央银行基金公债条例》	1924 年 8 月 9 日	第六册	380
令财政部照制筹拨中央银行资本并印发公债票	1924 年 8 月 9 日	第六册	381
分致蒋中正汪精卫胡汉民廖仲恺告可协商一致处置那威商船私运军械事函	1924 年 8 月 9 日	第八册	513

续表

篇名	著述时间	册数	页码
饬伍学熀严饬所属认真清理并编造开办经常费支出计算书及表册具报再核令	1924 年 8 月 9 日	第十五册	340
饬派员接办邮电报纸检查令	1924 年 8 月 9 日	第十五册	342
批程潜复拟请给予湘军制弹厂积劳病故之会计主任周道恤金呈	1924 年 8 月 9 日	第十五册	342
批程潜复拟请赠恤湘军已故上尉连长刘慎呈	1924 年 8 月 9 日	第十五册	343
批程潜因经费困难拟裁撤邮电报纸检查委员呈	1924 年 8 月 9 日	第十五册	343
批林翔审核广东船民自治联防督办公署暨所属省河分局开办经常费支出计算书等件一案呈	1924 年 8 月 9 日	第十五册	344
批兼盐务督办叶恭绰为盐运署暨稽核所裁减经费情形呈	1924 年 8 月 9 日	第十五册	344
批许崇灏称粤汉路侠力工人经已批准和济公司续办呈	1924 年 8 月 9 日	第十五册	345
谕九江不准驻兵	1924 年 8 月 9 日	第十五册	345
核复古应芬呈告已明令准任命陆耀文林凤生为经界局调查及测丈处处长令	1924 年 8 月 9 日	第十七册	612
着取消商团买枪护照手令	1924 年 8 月 10 日	第十五册	346
令程潜取消前发军火入口护照	1924 年 8 月 10 日	第十五册	346
着蒋介石即饬江固舰将哈佛号商船监押来省	1924 年 8 月 10 日	第十五册	346
谕大本营秘书处将广东水灾灾情邮电交广东省署令	1924 年 8 月上旬	第十五册	347
令财政部具表呈报以凭制定官制官规	1924 年 8 月 11 日	第六册	382
撤职查办蒋光亮令	1924 年 8 月 11 日	第十五册	347
追赠毛维汉令	1924 年 8 月 11 日	第十五册	347
饬各军严禁私造枪枝令	1924 年 8 月 11 日	第十五册	348
批程潜复拟请准给故少校飞行员陆露斯恤金呈	1924 年 8 月 11 日	第十五册	348

续表

篇名	著述时间	册数	页码
批许崇清报告该厅职员遵令减薪情形呈	1924 年 8 月 11 日	第十五册	349
批叶恭绰遵办减成发薪情形呈	1924 年 8 月 11 日	第十五册	349
批法制委员会送兼职人员遵令减成支薪表呈	1924 年 8 月 11 日	第十五册	350
批张开儒送参军处参军副官曾否兼职表呈	1924 年 8 月 11 日	第十五册	350
批黄昌谷称会计司职员并无兼差呈	1924 年 8 月 11 日	第十五册	351
派杜墨林为大本营出勤委员令	1924 年 8 月 11 日	第十七册	612
致蒋介石着永丰江固舰押送商团械船电	1924 年 8 月 12 日	第九册	608
致蒋介石嘱检查商团械船电	1924 年 8 月 12 日	第九册	609
为甚么政府要扣留商团枪枝 对广州商团请愿代表的演说	1924 年 8 月 12 日	第十册	737
非奉帅令任何军队不得驻扎九江令	1924 年 8 月 12 日	第十五册	351
批马超俊就该厂兼职人员减薪情形呈	1924 年 8 月 12 日	第十五册	352
批林森遵办该部兼职人员减薪情形呈	1924 年 8 月 12 日	第十五册	352
批林森陈明该处特种情形乞准予照旧支薪呈	1924 年 8 月 12 日	第十五册	353
批伍朝枢送外交部兼职人员减薪表乞鉴核呈	1924 年 8 月 12 日	第十五册	353
公布《中央督察军组织条例》	1924 年 8 月 13 日	第六册	382
公布《大学条例》	1924 年 8 月 13 日	第六册	383
令广东大学遵行《大学条例》	1924 年 8 月 13 日	第六册	384
饬中央银行发行之货币一律通用令	1924 年 8 月 13 日	第十五册	354
撤销政治委员会决议设立统一训练处案谕	1924 年 8 月 13 日	第十五册	354
批李烈钧饬查职员兼差以各员多奉派出勤应俟声复到齐汇案呈	1924 年 8 月 13 日	第十五册	355
批廖仲恺为该署人员兼职情形呈	1924 年 8 月 13 日	第十五册	355
批程潜请赠恤豫军阵亡将官兵士呈	1924 年 8 月 13 日	第十五册	356
批马超俊报香山黄梁镇田心沙田新村三乡保卫团局长林善承等照章请领七九步枪三十枝呈	1924 年 8 月 13 日	第十五册	356

续表

篇名	著述时间	册数	页码
批徐绍桢请褒扬贤母刘王氏呈	1924 年 8 月 13 日	第十五册	357
批程潜复拟请将湘军遇害团长刘志等照因公殒命例分别抚恤呈	1924 年 8 月 13 日	第十五册	357
批吕志伊报大理院职员减成发薪情形呈	1924 年 8 月 13 日	第十五册	358
批宋子文为该行定期发行货币乞令行财政部广东省长通饬各征收机关并布告商民一律通用呈	1924 年 8 月 13 日	第十五册	358
批财政委员会报该会兼职人员向未支领兼薪呈	1924 年 8 月 13 日	第十五册	359
批吕志伊报大理院职员原兼各职薪额及实支数目简表呈	1924 年 8 月 13 日	第十五册	359
饬褒扬彭素民谕	1924 年 8 月 14 日	第十五册	360
任命梁龙为大理院庭长令	1924 年 8 月 14 日	第十七册	613
核《中央银行章程》并组织大纲	1924 年 8 月 15 日	第六册	385
准《赈灾慈善奖券章程》及办事细则	1924 年 8 月 15 日	第六册	385
开办银行是政府要经营商业　在广州中央银行开幕礼的演说	1924 年 8 月 15 日	第十册	741
饬广东省署转饬所属并布告商民一体通用中央银行发行纸币令	1924 年 8 月 15 日	第十五册	360
饬广东省署所属各机关应纯用中央银行纸币收支存款应转存该行令	1924 年 8 月 15 日	第十五册	360
批邓泽如林直勉请所给奖章应否按章分别更正查核名册中有与筹奖章程之规定相差过远者四十二员应否免奖呈	1924 年 8 月 15 日	第十五册	361
批宋子文报暂行启用自刊木质印章日期附缴印章模型呈	1924 年 8 月 15 日	第十五册	361
核复宋子文呈报就任中央银行行长及该行开幕日期令	1924 年 8 月 15 日	第十七册	613

续表

篇名	著述时间	册数	页码
不准鲁涤平呈辞禁烟督办令	1924 年 8 月 15 日	第十七册	613
中央银行呈拟借款利息办法准立案令	1924 年 8 月 16 日	第十五册	362
批宋子文拟请明令指拨造币厂余利为该行借款还本付息基金呈	1924 年 8 月 16 日	第十五册	363
批吕志伊报潮汕非法设立高等审检分厅及经布告无效呈	1924 年 8 月 16 日	第十五册	363
着军政长官转饬所属及人民陈炯明擅设非法法院之判决无效令	1924 年 8 月 16 日刊载	第十五册	364
派胡汉民等五人审查哪威运载军火船案令	1924 年 8 月 16 日	第十七册	614
华工华捕返工可与工会磋商　与驻粤英法领事谈话	1924 年 8 月 17 日	第十二册	394
请领护照购运枪械应审慎核发　与程潜谈话	1924 年 8 月 17 日	第十二册	394
通谕广州商团勿附和陈廉伯谋叛并助政府淘汰内奸书	1924 年 8 月 19 日	第四册	562
私铸银币治罪条例草案	1924 年 8 月 19 日刊载	第六册	386
致广州商团望勿附和陈廉伯谋叛函	1924 年 8 月 19 日	第八册	514
着叶恭绰核发内政部总务厅病故科员谢摺恤金三百元令	1924 年 8 月 19 日	第十五册	364
批徐绍桢为该部总务厅科员谢摺积劳身故请准给予一次恤金三百元呈	1924 年 8 月 19 日	第十五册	365
饬财政机关收入应解由中央银行存储提用令	1924 年 8 月 20 日	第十五册	366
批叶恭绰遵办前两广盐运使伍汝康办理补恤各程船损失一案情形呈	1924 年 8 月 20 日	第十五册	366
批刘震寰请严令禁烟督办仍照拨给养费呈	1924 年 8 月 20 日	第十五册	367
中国国民党中央执行委员会第二次全体会议关于国民党内之共产派问题决议	1924 年 8 月 21 日	第四册	563

续表

篇名	著述时间	册数	页码
中国国民党中央执行委员会关于党内共产派问题之训令	1924 年 8 月 21 日	第四册	564
耕者有其田才算是彻底革命　在广州中国国民党农民运动讲习所第一届学生毕业礼暨第二届新生开学礼的演说	1924 年 8 月 21 日	第十册	746
在广州与张继谈话	1924 年 8 月 21 日	第十二册	394
饬遵行中央地方税收划分办法令	1924 年 8 月 21 日	第十五册	367
饬谭延闿等查照并饬属迅行依式编造十三年度预算书送财政部汇呈候核令	1924 年 8 月 21 日	第十五册	368
批程潜遵办该部兼职人员减薪情形呈	1924 年 8 月 21 日	第十五册	369
批叶恭绰遵办职员减薪情形呈	1924 年 8 月 21 日	第十五册	369
批廖仲恺遵令补列各员兼职情形呈	1924 年 8 月 21 日	第十五册	370
批林森为广东电政电话各机关遵令减薪情形呈	1924 年 8 月 21 日	第十五册	370
批林森遵令补叙兼职人员减薪情形呈	1924 年 8 月 21 日	第十五册	371
批林翔请令行各机关依式编造十三年度预算书送部汇呈候核呈	1924 年 8 月 21 日	第十五册	371
中国国民党中央执行委员会有关容纳共产分子问题之训令	1924 年 8 月 21 日	第十五册	372
中国国民党中央执行委员会第二次全体会议决议	1924 年 8 月 21 日	第十五册	375
准免沈欣吾徐承煜财政部秘书及佥事令	1924 年 8 月 21 日	第十七册	614
准任命胡奂为财政部秘书令	1924 年 8 月 21 日	第十七册	615
准任周骏声为财政部佥事令	1924 年 8 月 21 日	第十七册	615
批准公布《中央银行章程》及《中央银行组织规程》	1924 年 8 月 22 日	第六册	387
复廖百芳告将采用所拟办法酌量施行函	1924 年 8 月 22 日	第八册	515

续表

篇名	著述时间	册数	页码
饬蒋中正招募模范军令	1924 年 8 月 22 日	第十五册	376
批财政部盐务署请酌增员司指拨经费着无庸议呈	1924 年 8 月 22 日刊载	第十五册	376
核复叶恭绰呈告已明令任免财政部秘书金事令	1924 年 8 月 22 日	第十七册	615
着蒋校长于扣留械内照指定械弹数拨交李麋将军使用令	1924 年 8 月 23 日	第十五册	376
追赠杨朝元令	1924 年 8 月 23 日	第十五册	377
饬广九铁路沿路防军保护直达客货车令	1924 年 8 月 23 日	第十五册	377
饬所有收入机关限收央行纸币令	1924 年 8 月 23 日	第十五册	378
批叶恭绰报库券付息事宜改归中央银行办理呈	1924 年 8 月 23 日	第十五册	379
批蒋中正报办理减薪情形呈	1924 年 8 月 23 日	第十五册	379
批蒋中正报该校人员兼职情形呈	1924 年 8 月 23 日	第十五册	380
免卢振柳大本营卫士队长兼职令	1924 年 8 月 23 日	第十七册	616
特派胡汉民等三人为军事委员会委员令	1924 年 8 月 23 日刊载	第十七册	616
特派杨希闵等五人为大本营军事委员会委员令	1924 年 8 月 23 日刊载	第十七册	616
任命邓彦华为大本营卫士队长令	1924 年 8 月 23 日	第十七册	617
委任陈廷诗为大本营秘书处书记官令	1924 年 8 月 23 日	第十七册	617
饬知黄昌谷呈送十三年一月暨二月份收支情形经审核准予核销令	1924 年 8 月 25 日	第十五册	380
饬发西路讨贼军由沪购运枪枝护照令	1924 年 8 月 25 日	第十五册	381
批李福林枪毙著匪黎乃钧及交保省释黎桥伯等嫌疑犯请发交军政部备案呈	1924 年 8 月 25 日	第十五册	382
批鲁涤平派兵驻所协助禁烟乞令李福林知照随时协助呈	1924 年 8 月 25 日	第十五册	382
批林翔审查会计司长黄昌谷庶务科十三年一二两月份收支各项数目清册等件一案情形呈	1924 年 8 月 25 日	第十五册	383

续表

篇名	著述时间	册数	页码
批刘震寰购办枪枝分期运省请饬部照给护照呈	1924 年 8 月 25 日	第十五册	383
批卢善矩呈将该舰薪饷煤炭归粤军总司令部拨交呈	1924 年 8 月 25 日	第十五册	384
饬许崇智江固舰所有薪饷煤炭归该部拨交令	1924 年 8 月 25 日	第十五册	384
批廖仲恺就□坑堡叶族乡长叶鸣君等请价购密底五排枪五十枝等情呈	1924 年 8 月 25 日	第十五册	385
批程潜覆请准将已故滇军参军杨朝元追赠陆军少将呈	1924 年 8 月 25 日	第十五册	385
着管理粤汉铁路事务许崇灏即停职听候查办令	1924 年 8 月 25 日	第十七册	617
派陈兴汉管理粤汉铁路事务令	1924 年 8 月 25 日	第十七册	618
照准法制委员会考试院三条例	1924 年 8 月 26 日	第六册	393
公布《考试院组织条例》	1924 年 8 月 26 日	第六册	394
公布《考试条例》及《考试条例施行细则》	1924 年 8 月 26 日	第六册	398
广州罢市必须停止否则强制开市　与广州各社团代表谈话	1924 年 8 月 26 日	第十二册	395
批徐绍桢报该部人员原兼各职并呈现支薪俸实数详表呈	1924 年 8 月 26 日	第十五册	386
转饬南海县长代收九江烟酒两税解缴滇军第三军作为饷糈令	1924 年 8 月 25 至 27 日	第十五册	386
饬晓谕商民照常复业令	1924 年 8 月 27 日	第十五册	387
着吴铁城饬令警察侦缉散发诋毁政府传单奸人从严究办令	1924 年 8 月 27 日	第十五册	387
转饬广九铁路军车处所拟维持广九铁路办法尚属可行仰即遵照办理令	1924 年 8 月 27 日	第十五册	388
批叶恭绰遵办各征收机关收入解存中央银行呈	1924 年 8 月 27 日	第十五册	388
批叶恭绰裁撤中央税捐整理处呈	1924 年 8 月 27 日	第十五册	389

续表

篇名	著述时间	册数	页码
准郑洪年辞盐务署署长兼职令	1924 年 8 月 27 日	第十七册	618
准免黄建勋参事及黄仕强中央税捐整理处处长令	1924 年 8 月 27 日	第十七册	619
任命黄仕强为大本营财政部参事令	1924 年 8 月 27 日	第十七册	619
任命黄建勋为盐务署署长令	1924 年 8 月 27 日	第十七册	619
核复叶恭绰呈告已明令分别任免准辞盐务署长及参事令	1924 年 8 月 27 日	第十七册	620
派蒋介石等七人为平枭局委员手令	1924 年 8 月 27 日	第十七册	620
复沈鸿英等嘉奖克复桂林将领电	1924 年 8 月 28 日	第九册	609
复许崇智等告已令廖行超范石山分任广州西关和城内治安电	1924 年 8 月 28 日	第九册	610
与许崇智等谈话	1924 年 8 月 28 日	第十二册	395
着军民长官严谕商人照常复业否则勒缴商团枪枝拿办首要令	1924 年 8 月 28 日	第十五册	389
任命邓彦华为大本营参军令	1924 年 8 月 28 日	第十七册	621
致范石生廖行超告速下决心坚决对付商团函	1924 年 8 月 29 日	第八册	516
复范石生廖行超嘱约商团签字人面谈函	1924 年 8 月 29 日	第八册	517
致范石生廖行超告速与政府一致收缴商团枪枝勒令商户开市函	1924 年 8 月 29 日	第八册	517
着中央银行所发纸币每百元加税一元令	1924 年 8 月 29 日	第十五册	390
饬知财政委员会财政部将糖捐等交广东省财政厅后无力再拨付各机关经费及其他军费令	1924 年 8 月 29 日	第十五册	390
批程潜复请追赠已故湘军所部队长岳云宾陆军少校并照例给予少校恤金呈	1924 年 8 月 29 日	第十五册	392
批刘文锦请省释任鹤年交该部效力呈	1924 年 8 月 29 日	第十五册	392

续表

篇名	著述时间	册数	页码
批徐绍桢征收中西医生照费数目分别列表请予备案并声明该款拨充部费情形呈	1924 年 8 月 29 日	第十五册	393
批叶恭绰遵令将地方税捐分期移归广东财政厅直接管理暨声明部管财政情形呈	1924 年 8 月 29 日	第十五册	393
批许崇智将大本营制弹厂改为粤军第一制弹厂以符名实呈	1924 年 8 月 29 日	第十五册	394
民生主义与共产主义原则一致才决定接纳共产党员加入我党　在广州中国国民党中央执行委员会第二次全体会议闭会词	1924 年 8 月 30 日	第十册	750
政府对发还商团枪械的条件　在大元帅府接见范石生廖行超及商团代表的讲话	1924 年 8 月 30 日	第十册	753
与商团代表谈话	1924 年 8 月 30 日	第十二册	396
准鲁涤平辞禁烟督办令	1924 年 8 月 30 日	第十七册	621
特派谢国光为禁烟督办令	1924 年 8 月 30 日	第十七册	621
三民主义	1924 年 1 月至 8 月间演讲	第二册	3
裁撤大本营医官令	1924 年 8 月	第十五册	394
为《民权主义》题签	1924 年 8 月	第十八册	411
为广州商团事件反对帝国主义干涉之宣言	1924 年 9 月 1 日	第四册	571
照准《国立广东大学规程》及预科本科课程	1924 年 9 月 1 日	第六册	411
致麦克唐纳严重抗议干涉中国内政电	1924 年 9 月 1 日	第九册	610
批徐绍桢请褒扬新会县耆绅李曜蓉呈	1924 年 9 月 1 日	第十五册	394
批徐绍桢请褒扬文昌县节妇陈符氏呈	1924 年 9 月 1 日	第十五册	395
派李卓峰等八人为铜鼓开埠筹备委员令	1924 年 9 月 1 日	第十七册	622
核复鲁涤平呈准其辞禁烟督办并另派谢国光接任令	1924 年 9 月 1 日	第十七册	622

续表

篇名	著述时间	册数	页码
为李曜蓉题颁	1924 年 9 月 1 日	第十八册	412
与范石生廖行超等谈话	1924 年 9 月 2 日	第十二册	397
着许崇智查核清查虎门要塞所属产业令	1924 年 9 月 2 日	第十五册	395
批程潜复拟请准予追赠参谋蒋楚卿陆军上校呈	1924 年 9 月 2 日	第十五册	396
准林森等会呈派铜鼓开埠筹备委员令	1924 年 9 月 2 日	第十七册	623
批农品展览会筹备委员会秘书长函呈准派任廖仲恺为该会委员长谕	1924 年 9 月 2 日刊载	第十七册	623
致麦克唐纳抗议干涉中国内政电	1924 年 9 月 3 日	第九册	611
着郑洪年将议决各事分告张作霖等手示	1924 年 9 月 3 日	第十五册	397
给程潜的训令	1924 年 9 月 3 日	第十五册	398
批谭延闿请优恤黄辉祖呈	1924 年 9 月 3 日	第十五册	399
致蒋中正命发足李縻将军枪械函	1924 年 9 月 4 日	第八册	518
北伐计划与后方留守问题　在大本营主持北伐第五次军事会议的讲话	1924 年 9 月 4 日	第十册	756
批古应芬请将登录局改为沙田登记局呈	1924 年 9 月 4 日	第十五册	399
准雷飚缪笠仁辞禁烟督办署总务厅长及督察处长令	1924 年 9 月 4 日	第十七册	623
准龙廷杰等三人辞禁烟督办署科长及秘书令	1924 年 9 月 4 日	第十七册	624
核复鲁涤平呈告已明令准雷飚等人辞禁烟督办署总务厅长等职令	1924 年 9 月 4 日	第十七册	624
核复禁烟督办谢国光呈报就职日期令	1924 年 9 月 4 日	第十七册	625
讨伐曹锟吴佩孚通令	1924 年 9 月 5 日	第四册	574
勉广东人民为征讨曹吴出力通令	1924 年 9 月 5 日	第四册	575
复卢永祥告可派飞机师往助电	1924 年 9 月 5 日	第九册	612
致叶恭绰嘱即行返粤共策北伐电	1924 年 9 月 5 日	第九册	612
宣告减轻监犯朱道孙等六十七名刑期令	1924 年 9 月 5 日	第十五册	400
饬黄昌谷北伐在即所有薪俸一律停支令	1924 年 9 月 5 日	第十五册	401

续表

篇名	著述时间	册数	页码
着陈融转饬广州地方审判厅十二年先后借与高雷绥靖处毫银一千元准予报销令	1924 年 9 月 5 日	第十五册	401
批程潜复请抚恤湘军已故军医正邓宇清呈	1924 年 9 月 5 日	第十五册	402
批林树巍请准令广州地方审判厅将借给该处款项报销呈	1924 年 9 月 5 日	第十五册	402
派吴煦泉为大本营出勤委员令	1924 年 9 月 5 日	第十七册	625
特派谢国光为禁烟督办状	1924 年 9 月 5 日刊载	第十七册	625
任命马素为秘书专理对外宣传事宜手令	1924 年 9 月 5 日	第十七册	626
批核《各团各界请领枪枝枪弹暂行简章》修正稿	1924 年 9 月 5 日或 6 日	第六册	445
分致蒋中正胡汉民廖仲恺告汪精卫正与商团洽愿筹北伐费讨回枪械事函	1924 年 9 月 6 日	第八册	519
裁撤广东无线电报总局令	1924 年 9 月 6 日	第十五册	403
核议蠲免苛细捐税令	1924 年 9 月 6 日	第十五册	403
批程潜请赠恤西路阵亡连长余湘兰呈	1924 年 9 月 6 日	第十五册	404
批林云陔为监犯朱道孙等六十七名拟请分别减刑附呈减刑名表呈	1924 年 9 月 6 日	第十五册	404
批廖仲恺报粤路伕力应准集贤总工会承办请撤销前发许前总理备案指令呈	1924 年 9 月 6 日	第十五册	405
任命马素为大本营秘书令	1924 年 9 月 6 日	第十七册	626
免冯伟广东无线电报总局局长令	1924 年 9 月 6 日	第十七册	626
派陈宜禧为筹办铜鼓商埠委员手令	1924 年 9 月 6 日	第十七册	627
命北伐各军不得擅移懈弛防守令	1924 年 9 月 7 日	第十五册	405
致蒋中正望先发朱培德部枪弹函	1924 年 9 月 8 日	第八册	519
致蒋中正望将枪械交卢振柳带给李縻将军函	1924 年 9 月 8 日	第八册	520
与孙科谈话	1924 年 9 月 8 日	第十二册	397

续表

篇名	著述时间	册数	页码
庚子议定书的目的是要奴役中国　在广州与外国记者谈话	1924 年 9 月 8 日	第十二册	398
裁撤法制委员会及经界局令	1924 年 9 月 8 日	第十五册	406
裁撤盐务署令	1924 年 9 月 8 日	第十五册	406
着蒋介石发朱培德部步枪千枝令	1924 年 9 月 8 日	第十五册	406
批陈兴汉请赓续办理该路临时附加军费呈	1924 年 9 月 8 日	第十五册	407
批古应芬请撤销沙田自卫另组织党军改编团勇以扶助劳农呈	1924 年 9 月 8 日	第十五册	407
任命江天柱为北伐讨贼军第四军参谋长令	1924 年 9 月 8 日	第十七册	627
免李伯恺大本营秘书令	1924 年 9 月 8 日	第十七册	627
派李伯恺为大本营宣传委员令	1924 年 9 月 8 日	第十七册	628
核复管理粤汉铁路事务陈兴汉呈报就职视事日期令	1924 年 9 月 8 日	第十七册	628
率师北伐宣言	1924 年 9 月 9 日	第四册	580
复蒋中正告在粤三死因生路以北伐为最善函	1924 年 9 月 9 日	第八册	520
饬限期裁员减俸令	1924 年 9 月 9 日	第十五册	408
饬各部裁员减薪并规定各部经费限额令	1924 年 9 月 9 日	第十五册	408
饬禁烟督办裁员减俸令	1924 年 9 月 9 日	第十五册	409
着逐案核议从前所有征收各项税捐及附加军费令	1924 年 9 月 9 日	第十五册	409
派谢国光陈兴汉为财政委员会委员令	1924 年 9 月 9 日	第十七册	629
复卢永祥勉努力进行共维国是电	1924 年 9 月 10 日	第九册	613
复卢永祥告可合力讨伐曹锟吴佩孚电	1924 年 9 月 10 日	第九册	613
着减张遵甫徒刑并回复公权令	1924 年 9 月 10 日	第十五册	410
批叶恭绰报盐运使署暨稽核所遵令减薪情形呈	1924 年 9 月 10 日	第十五册	410
批徐绍桢呈复遵令编造十三年度预算情形令	1924 年 9 月 10 日	第十五册	411
批吕志伊请准予酌减前充卫士张遵甫徒刑并回复其公权呈	1924 年 9 月 10 日	第十五册	411

续表

篇名	著述时间	册数	页码
任命高冠吾为大本营咨议令	1924 年 9 月 10 日	第十七册	629
核复卸禁烟督办鲁涤平呈报交卸日期令	1924 年 9 月 10 日	第十七册	629
指定叶恭绰为驻浙代表令	1924 年 9 月 10 日	第十七册	630
面谕吴铁城调警卫军随师北伐	1924 年 9 月上旬	第十二册	399
批吴稚晖等电	1924 年 9 月上旬	第十五册	412
准修正《各团各界请领枪弹暂行简章》第三条文	1924 年 9 月 11 日	第六册	448
致唐继尧望即就职电	1924 年 9 月 11 日	第九册	613
致唐继尧告拟委任川滇黔联军总司令电	1924 年 9 月 11 日	第九册	614
联络西南出师北伐的好时机　在广州欢宴四川将领但懋辛石青阳等的演说	1924 年 9 月 11 日	第十册	757
批古应芬遵办兼职人员减成支薪呈	1924 年 9 月 11 日	第十五册	412
批胡汉民等审查哈付轮船运载军火来粤一案情形请准将该轮放行呈	1924 年 9 月 11 日	第十五册	413
为讨伐曹吴将大本营移驻韶关之布告	1924 年 9 月 12 日	第四册	582
致蒋中正嘱与许崇智酌处交回商团枪械事函	1924 年 9 月 12 日	第八册	521
致加拉罕告同意对中国局势估计并请支持中国革命函	1924 年 9 月 12 日	第八册	521
致唐继尧促早就元帅职并往川黔主持军队电	1924 年 9 月 12 日	第九册	614
着蒋中正取消前将长枪交范军长收管之令令	1924 年 9 月 12 日	第十五册	413
着蒋中正分配各学校军队枪枝令	1924 年 9 月 12 日	第十五册	414
饬知谢国光鲁涤平所呈十三年四月份收支计算书等件准予核销令	1924 年 9 月 12 日	第十五册	414
审核兵工厂十二年四至六月份收支情形令	1924 年 9 月 12 日	第十五册	414
饬转保护铜鼓商埠测量及筑路令	1924 年 9 月 12 日	第十五册	415
饬知林森铜鼓开埠筹备会无庸刊发关防令	1924 年 9 月 12 日	第十五册	416

续表

篇名	著述时间	册数	页码
饬廖仲恺大本营财政部长叶恭绰规画统一财政机关令	1924 年 9 月 12 日	第十五册	417
批林翔审查禁烟督办署十三年四月份收支计算书表等尚属相符请准核销呈	1924 年 9 月 12 日	第十五册	417
批林翔审查前兵工厂厂长朱和中十二年四月至六月份收支计算书表等件分别核销核减情形呈	1924 年 9 月 12 日	第十五册	418
批铜鼓埠筹备委员会呈报成立日期并请发给关防令	1924 年 9 月 12 日	第十五册	418
免廖仲恺广东省长令	1924 年 9 月 12 日	第十七册	630
特任胡汉民兼广东省长令	1924 年 9 月 12 日	第十七册	630
免叶恭绰财政部长令	1924 年 9 月 12 日	第十七册	631
特任廖仲恺为大本营财政部长令	1924 年 9 月 12 日	第十七册	631
特任廖仲恺兼军需总监令	1924 年 9 月 12 日	第十七册	632
准任黄裳等五人为禁烟督办署各科科长令	1924 年 9 月 12 日	第十七册	632
免谢无量大本营特务秘书令	1924 年 9 月 12 日	第十七册	632
任命谢无量为大本营参议令	1924 年 9 月 12 日	第十七册	633
准陈其瑗辞广东财政厅长令	1924 年 9 月 12 日	第十七册	633
着廖仲恺兼领广东财政厅长令	1924 年 9 月 12 日	第十七册	634
着吴铁城兼理大本营参军处事宜令	1924 年 9 月 12 日	第十七册	634
今举国反直为解决国是之最好机会　与日本记者谈话	1924 年 9 月 12 日或 13 日	第十二册	399
宣布广东实行民治并勉人民热诚扶助革命政府通令	1924 年 9 月 13 日	第四册	583
致卢永祥等告已抵韶关一俟各军集中完竣即分路出发电	1924 年 9 月 13 日	第九册	615
着东江叛军悔悟自新通令	1924 年 9 月 13 日	第十五册	419
饬东江叛军悔悟自新并命征讨诸军撤惠州之围通令	1924 年 9 月 13 日	第十五册	419

续表

篇名	著述时间	册数	页码
饬程潜廖仲恺撤销火柴捐以维国货令	1924 年 9 月 13 日	第十五册	420
饬江固舰划归粤军总司令部节制调遣令	1924 年 9 月 13 日	第十五册	420
批陈其瑗请明令撤销火柴捐呈	1924 年 9 月 13 日	第十五册	421
谕吴铁城调警卫军随同北伐	1924 年 9 月 13 日	第十五册	421
批叶恭绰为在容奇择地增设分口以防偷漏请鉴核备案呈	1924 年 9 月 13 日	第十五册	422
批江固舰舰长卢善矩请仍归粤军总司令节制调遣呈	1924 年 9 月 13 日	第十五册	422
批叶恭绰报告广东造币厂停铸日期呈	1924 年 9 月 13 日	第十五册	423
批马超俊称各部军官拟依照民团商团领枪价格缴价领枪以充军实呈	1924 年 9 月 13 日	第十五册	423
批程潜请追赠何才杰陆军上将并照中将阵亡例给恤呈	1924 年 9 月 13 日	第十五册	424
特派胡汉民留守广东代行大元帅职权令	1924 年 9 月 13 日	第十七册	634
为令知特派胡汉民留守广东代行大元帅职权并启用大元帅印给程潜等人的训令	1924 年 9 月 13 日	第十七册	635
核复谢国光呈告已明令准予任命所荐科长令	1924 年 9 月 13 日	第十七册	636
核复陈其瑗呈告已明令准其辞职并简员接替令	1924 年 9 月 13 日	第十七册	636
陈炯明须写一悔过书便可赦其罪　在韶关与吴稚晖邹鲁谈话	1924 年 9 月 13 日或 14 日	第十二册	400
复卢永祥贺克复宜兴电	1924 年 9 月 14 日	第九册	615
北伐与江浙战事　在韶关答日文《广东日报》记者问	1924 年 9 月 14 日	第十二册	401
北伐部署与反直同盟诸问题　在韶关与《大阪每日新闻》通讯员谈话	1924 年 9 月 14 日	第十二册	402
挽彭素民联	1924 年 9 月 14 日	第十八册	413

续表

篇名	著述时间	册数	页码
追赠何才杰令	1924 年 9 月 15 日	第十五册	424
准陈树人辞广东政务厅长令	1924 年 9 月 15 日	第十七册	636
任命李文范为广东政务厅长令	1924 年 9 月 15 日	第十七册	637
任命林云陔为大本营秘书令	1924 年 9 月 15 日	第十七册	637
致李济深电着来粤助前方军事之进行	1924 年 9 月 16 日刊载	第九册	615
许陈炯明悔过自新或出兵福建以功自赎　在韶关与吴稚晖邹鲁谈话	1924 年 9 月 16 日	第十二册	403
批叶恭绰裁员减薪自应遵照办理俟裁减定后另行列表呈报呈	1924 年 9 月 16 日	第十五册	425
批叶恭绰遵令将盐务署裁撤归并财政部办理日期呈报呈	1924 年 9 月 16 日	第十五册	425
批林森遵令裁员减俸情形请备案呈	1924 年 9 月 16 日	第十五册	426
着陈友仁扩充航空局令	1924 年 9 月 16 日	第十五册	426
任命祁耿寰陈民钟为大本营参军令	1924 年 9 月 16 日	第十七册	638
任命余维谦为大本营参谋处军事参议令	1924 年 9 月 16 日	第十七册	638
准免戴恩赛梧州关监督兼外交部特派广西交涉员令	1924 年 9 月 16 日	第十七册	638
任命林子峰为梧州关监督兼外交部特派广西交涉员令	1924 年 9 月 16 日	第十七册	639
着余维谦暂行兼代大本营参谋处主任令	1924 年 9 月 16 日	第十七册	639
核复邓泽如呈谕以北江盐务督运专员毋庸大元帅加委令	1924 年 9 月 16 日	第十七册	640
与宋庆龄联名复普光孤儿院院长山德士感佩救济中国孤儿函	1924 年 9 月 17 日	第八册	522
饬准盐运使所拟督运办法令	1924 年 9 月 17 日	第十五册	426
饬各军信守军运时间勿任意延搁令	1924 年 9 月 17 日	第十五册	427

续表

篇名	著述时间	册数	页码
批陈兴汉请迅令调防及开拔各军务须信守军运时间勿再任意延搁俾利交通而维路政呈	1924 年 9 月 17 日	第十五册	428
批邓泽如拟具北江盐务督运办法并令北路各军遵守及饬军政部颁给布告呈	1924 年 9 月 17 日	第十五册	428
批吕志伊遵令裁员减俸情形列表呈	1924 年 9 月 17 日	第十五册	429
批叶恭绰为准财政委员会议决征收税款凡收大洋以毫银缴纳者应加二五补水征收已咨令各机关照办呈	1924 年 9 月 17 日	第十五册	429
准任徐天深为参军处上校副官及另四人为少校副官令	1924 年 9 月 17 日	第十七册	640
中国国民党北伐宣言	1924 年 9 月 18 日	第四册	585
分致粕谷义三涩泽荣一告派李烈钧赴日拜候函	1924 年 9 月 18 日	第八册	523
饬航空局调拨飞机赴韶令	1924 年 9 月 18 日	第十五册	430
批叶恭绰遵令饬查伍汝康补恤程船一案呈	1924 年 9 月 18 日	第十五册	430
核复兼理大本营参军处事宜吴铁城呈报视事日期令	1924 年 9 月 18 日	第十七册	641
核复吴铁城呈告已明令分别任命徐天源等为大本营参军处副官令	1924 年 9 月 18 日	第十七册	641
咨唐继尧请宣布就副元帅职以慰众望文	1924 年 9 月 18 日	第十七册	642
复段祺瑞告已出师入赣期与浙奉义军一致讨贼电	1924 年 9 月 19 日	第九册	616
令胡汉民取消通缉陈廉伯陈恭受并发还财产令	1924 年 9 月 19 日	第十五册	431
准任蔡汉升为大本营运输委员令	1924 年 9 月 19 日	第十七册	642
致陈青云令迅将所部强拉妇女放还函	1924 年 9 月 20 日	第八册	524
咨请唐继尧即就副元帅职文	1924 年 9 月 20 日刊载	第十五册	431
颁给陈安仁一等银质奖章证明	1924 年 9 月 20 日	第十五册	431
颁给李庆标一等银质奖章证明	1924 年 9 月 20 日	第十五册	432
颁给高云山二等银质奖章证明	1924 年 9 月 20 日	第十五册	432

续表

篇名	著述时间	册数	页码
颁给谭进二等银质奖章证明	1924 年 9 月 20 日	第十五册	433
颁给郑受炳二等银质奖章证明	1924 年 9 月 20 日	第十五册	433
颁给怡昌隆二等银质奖章证明	1924 年 9 月 20 日	第十五册	434
颁给骆连焕二等银质奖章证明	1924 年 9 月 20 日	第十五册	434
颁给刘宗汉三等银质奖章证明	1924 年 9 月 20 日	第十五册	435
颁给曾纪孔三等银质奖章证明	1924 年 9 月 20 日	第十五册	435
颁给何石安三等银质奖章证明	1924 年 9 月 20 日	第十五册	436
颁给何荫三三等银质奖章证明	1924 年 9 月 20 日	第十五册	436
颁给陈再喜三等银质奖章证明	1924 年 9 月 20 日	第十五册	437
颁给许大经三等银质奖章证明	1924 年 9 月 20 日	第十五册	437
颁给朱伟民三等银质奖章证明	1924 年 9 月 20 日	第十五册	438
颁给朱普元三等银质奖章证明	1924 年 9 月 20 日	第十五册	438
颁给许寿民三等银质奖章证明	1924 年 9 月 20 日	第十五册	439
颁给陈德熹三等银质奖章证明	1924 年 9 月 20 日	第十五册	439
颁给李源水三等银质奖章证明	1924 年 9 月 20 日	第十五册	440
颁给朱定和三等银质奖章证明	1924 年 9 月 20 日	第十五册	440
发给郑永三等银质奖章奖凭	1924 年 9 月 20 日	第十五册	441
饬粤军总司令许崇智迅调黄明堂部克日出发参加北伐令	1924 年 9 月 20 日	第十五册	441
饬谭延闿节制调遣循军严德明部令	1924 年 9 月 20 日	第十五册	442
谕范石生等商团须依法改组再按手续发还军械令	1924 年 9 月 20 日	第十五册	442
给范石生等的手令	1924 年 9 月 20 日	第十五册	443
限工团军及农人自卫军两部三日内赴韶训练令	1924 年 9 月 20 日	第十五册	443
批谢国光遵令裁员减薪先行呈	1924 年 9 月 20 日	第十五册	443
批吕志伊送十三年度预算书请察核呈	1924 年 9 月 20 日	第十五册	444

续表

篇名	著述时间	册数	页码
批严德明报随同联军已抵石龙此后应调往何处及担负何种任务乞令遵呈	1924 年 9 月 20 日	第十五册	444
批徐绍桢遵令裁员减薪情形呈	1924 年 9 月 20 日	第十五册	445
着撤销查办许崇灏令	1924 年 9 月 20 日	第十七册	643
核复叶恭绰伍朝枢会呈告已明令准戴恩赛辞职并简任林子峰令	1924 年 9 月 20 日	第十七册	643
核复吴铁城呈告已明令照准任命蔡汉升为大本营运输委员令	1924 年 9 月 20 日	第十七册	644
昭告国人关于创立建国政府四项任务之宣言	1924 年 9 月上中旬	第四册	580
革命战争最要紧的乃是心战　在韶关巡视农工团军的演说	1924 年 9 月 21 日	第十册	759
着廖仲恺取消对陈廉伯陈恭受之通缉令	1924 年 9 月 21 日	第十五册	445
着各军需工厂速解械弹用品赴韶应用令	1924 年 9 月 21 日	第十五册	446
致黄明堂着率部克日赴韶候命电	1924 年 9 月 22 日	第九册	616
北伐事宜及江浙战事　在韶关与日本东方通讯社及日文《广东日报》记者谈话	1924 年 9 月 22 日	第十二册	404
饬审议仍由省库摊还市产变价借出军费办法令	1924 年 9 月 22 日	第十五册	446
批孙科请再令行广东省长转饬财厅将市产变价项下借出之军费仍由省库设法分期摊还并准由财政局在代办税验契项下扣抵呈	1924 年 9 月 22 日	第十五册	447
批叶恭绰报编造总预算书情形并请通令各军民机关务须依限造送不得仍前玩视呈	1924 年 9 月 22 日	第十五册	448
给杨希闵等撤销面粉捐的命令	1924 年 9 月 22 日	第十五册	448
特任古应芬为财政部长兼广东财政厅长手令	1924 年 9 月 22 日	第十七册	644
特任古应芬为中央军需总监手令	1924 年 9 月 22 日	第十七册	644

续表

篇名	著述时间	册数	页码
复刘显潜勖共讨曹吴函	1924 年 9 月 23 日刊载	第八册	524
致胡汉民廖仲恺嘱与许崇智商量要事电	1924 年 9 月 23 日	第九册	616
致许崇智着查办叛变商团及通陈炯明之人电	1924 年 9 月 23 日	第九册	617
关于西方列强与时局问题 与迪克逊谈话	1924 年 9 月 23 日刊载	第十二册	405
给姚雨平扩充部队的命令	1924 年 9 月 23 日	第十五册	449
转饬各军将十三年度收支预算分别依式造送以便汇编总预算令	1924 年 9 月 23 日	第十五册	449
准廖仲恺辞大本营财政部长兼领广东财政厅长令	1924 年 9 月 23 日	第十七册	645
特任古应芬为大本营财政部长兼广东财政厅长令	1924 年 9 月 23 日	第十七册	645
准廖仲恺辞军需总监令	1924 年 9 月 23 日	第十七册	646
特任古应芬为军需总监令	1924 年 9 月 23 日	第十七册	646
准杨志章辞大本营财政部秘书令	1924 年 9 月 23 日	第十七册	646
准任黄乃镛为大本营财政部秘书令	1924 年 9 月 23 日	第十七册	647
核复叶恭绰呈告已明令准予任免大本营财政部秘书令	1924 年 9 月 23 日	第十七册	647
制定《国民政府建国大纲》宣言	1924 年 9 月 24 日	第四册	587
准《修正财政部官制》	1924 年 9 月 24 日	第六册	449
复林德轩嘱与熊克武联成一气力图进取西南函	1924 年 9 月 24 日	第八册	525
复卢永祥告北伐先遣队已出发电	1924 年 9 月 24 日	第九册	617
致国际联盟主席莫塔电	1924 年 9 月 24 日	第九册	618
饬在省河盐税项下带征广东大学经费令	1924 年 9 月 24 日	第十五册	451
核复郑润琦呈缴注销直辖广东讨贼军第三师师长旧印令	1924 年 9 月 24 日	第十七册	648
着谭延闿等会同保管商团私运之军械令	1924 年 9 月 25 日	第十五册	452
饬杨希闵将火柴捐停收具报令	1924 年 9 月 25 日	第十五册	452

续表

篇名	著述时间	册数	页码
批邹鲁拟援案在省河盐税项下每盐一包带收大洋四角拨充该校经费并拟具章程请饬盐运使通令所属及分谕盐商照办呈	1924 年 9 月 25 日	第十五册	453
批林森据广三铁路管理局局长陈兴汉呈报遵令减成发薪情形呈	1924 年 9 月 25 日	第十五册	453
准曾西盛呈辞安抚委员令	1924 年 9 月 25 日	第十七册	648
题贺杨亚然寿诞	1924 年 9 月 25 日	第十八册	414
在韶关授旗工农团军的训词	1924 年 9 月 26 日	第十册	759
饬周伯甘迅将任内经手收支各款列册移交令	1924 年 9 月 26 日	第十五册	454
批胡思舜称周伯甘在广三铁路局坐办任内经手收支各款一俟交代清楚再送请发交军事裁判所审结呈	1924 年 9 月 26 日	第十五册	455
大本营政治训练部组织大纲	1924 年 9 月 27 日刊载	第六册	449
任命赖天球为大本营参谋处谍报局长令	1924 年 9 月 27 日	第十七册	649
复胡汉民嘱着谭延闿饬令湘军集中南雄始兴出发北伐电	1924 年 9 月 28 日	第九册	619
致沈鸿英等嘉慰收复全州并望迅歼余孽共定中原电	1924 年 9 月 28 日	第九册	619
饬留守胡汉民精简大本营机构令	1924 年 9 月 28 日	第十五册	456
着李福林向商团提条件令	1924 年 9 月 28 日	第十五册	456
准任张惠臣毛如璋为大本营参军处三等军医正令	1924 年 9 月 28 日	第十七册	649
聘任张开儒为大本营高等顾问手谕	1924 年 9 月 29 日前	第十七册	649
致陈军各将领告已明令诸将出师北伐望悔悟来归电	1924 年 9 月 29 日刊载	第九册	620
致许崇智等指示滇粤桂军任务并望乘胜收复潮梅电	1924 年 9 月 29 日	第九册	620
致许崇智蒋介石嘱发还范石生弹械电	1924 年 9 月 29 日	第九册	621
复许世英欢迎来韶关会谈电	1924 年 9 月 29 日	第九册	621
致范石生告已发令照发械弹电	1924 年 9 月 29 日	第九册	621

续表

篇名	著述时间	册数	页码
北伐是要扫除军阀官僚以建设新国家 在韶关各界赞助北伐大会的演说	1924 年 9 月 29 日	第十册	760
裁撤后方参谋处参军处令	1924 年 9 月 29 日	第十五册	456
饬知谢国光鲁涤平呈送十三年五月份收支表件准予核销令	1924 年 9 月 29 日	第十五册	457
给广东省长的命令	1924 年 9 月 29 日	第十五册	457
给邓彦华的谕令	1924 年 9 月 29 日	第十五册	458
饬知林翔财政部长叶恭绰卸西江财政整理处处长冯祝万呈报收支情形及单据表册准予备案令	1924 年 9 月 29 日	第十五册	458
批孙科缴自十二年四月份起至十三年九月十五日止收支军费总表呈	1924 年 9 月 29 日	第十五册	460
批林翔审查禁烟督办鲁涤平呈送十三年五月份收支计算书据等呈	1924 年 9 月 29 日	第十五册	460
特任张开儒为大本营高等顾问令	1924 年 9 月 29 日	第十七册	650
核复兼理大本营参军处事宜吴铁城呈告已明令准任命张惠臣等为该处三等军医正令	1924 年 9 月 29 日	第十七册	650
致杨希闵等饬必固守虎门电	1924 年 9 月 30 日	第九册	622
复沈鸿英嘉奖肃清桂境并望陈师湘边以俟后命电	1924 年 9 月 30 日	第九册	622
任命冯宝森练炳章各为粤军第一第三军军司令部参谋长令	1924 年 9 月 30 日	第十七册	651
简任方声涛代理大本营参谋部长令	1924 年 9 月 30 日刊载	第十七册	651
核复许崇智呈告已明令任命粤军第一军第三军军部参谋长令	1924 年 9 月 30 日	第十七册	652
戡乱讨贼计划	1924 年 9 月下旬	第十五册	461
发还商团扣械令	1924 年 9 月底	第十五册	461

续表

篇名	著述时间	册数	页码
浙事变化与日本政府之态度 在韶关与日本东方通讯社记者谈话	1924 年 9 月	第十二册	408
与李烈钧谈话	1924 年 9 月	第十二册	409
饬蒋光亮将所部集中淡水会攻潮汕令	1924 年 9 月	第十五册	462
着代答谭总司令延闿报告湘军拟分三路经河源向老隆前进案	1924 年 9 月	第十五册	463
公布《工会条例》	1924 年 10 月 1 日	第六册	451
《工会条例》理由书	1924 年 10 月 1 日	第六册	454
复叶恭绰告樊钟秀部已入赣不日可总攻电	1924 年 10 月 1 日	第九册	622
在韶关与许世英谈话	1924 年 10 月 1 日	第十二册	409
在韶关与刘成禺谭延闿等谈话	1924 年 10 月 1 日	第十二册	410
颁给黄馥生一等金质奖章及奖凭令	1924 年 10 月 1 日	第十五册	463
颁给黄德源一等金质奖章及奖凭令	1924 年 10 月 1 日	第十五册	464
颁给郑螺生一等金质奖章及奖凭令	1924 年 10 月 1 日	第十五册	464
颁给苏法聿二等金质奖章及奖凭令	1924 年 10 月 1 日	第十五册	465
颁给陈东平三等金质奖章及奖凭令	1924 年 10 月 1 日	第十五册	465
致樊钟秀嘉慰北伐连捷电	1924 年 10 月 2 日	第九册	623
批许崇智于十月四日审理逆探罗检成届期乞派员会审呈	1924 年 10 月 2 日	第十五册	466
着广东省署以礼炮欢迎俄国巡舰令	1924 年 10 月 2 日	第十五册	466
命谭延闿等商办商人罢市问题	1924 年 10 月 2 日报载	第十五册	467
致蒋中正告械船直来黄埔公开起卸函	1924 年 10 月 3 日	第八册	525
复范石生嘉慰交还财政机关电	1924 年 10 月 3 日	第九册	623
致胡汉民希饬各机关须尽先筹发北伐各军伙食电	1924 年 10 月 3 日	第九册	624
给请缨北伐之北江农团的指示	1924 年 10 月 3 日刊载	第十二册	411
追赠黄辉祖令	1924 年 10 月 3 日	第十五册	468

续表

篇名	著述时间	册数	页码
批程潜拟请追赠已故少将黄辉祖陆军中将及给予少将恤金呈	1924 年 10 月 3 日	第十五册	468
核复广东全省民团督办李福林呈报就职日期令	1924 年 10 月 3 日	第十七册	652
不准马超俊辞广东兵工厂厂长批	1924 年 10 月 3 日刊载	第十七册	652
慎重民团私人领枪自卫手续令	1924 年 10 月 4 日刊载	第十五册	467
特任方声涛代理大本营参谋长令	1924 年 10 月 4 日	第十七册	653
特任谭延闿兼建国军北伐总司令令	1924 年 10 月 4 日	第十七册	653
复陈兴汉告北伐作战计划并嘱准备车辆运输电	1924 年 10 月 5 日	第九册	624
着邓泽如购办毛毡令	1924 年 10 月 5 日	第十五册	469
饬各军政机关不得挪移国立广东大学田赋附加经费令	1924 年 10 月 6 日	第十五册	469
批邹鲁请将各田赋附加拨为国立广东大学经费并通令军民机关不得挪移截收及抵解呈	1924 年 10 月 6 日	第十五册	470
批廖仲恺取消通缉黄伯耀案呈	1924 年 10 月 6 日	第十五册	471
特任程潜为建国军攻鄂总司令令	1924 年 10 月 6 日	第十七册	654
任命孙绍尧为赣南善后委员会委员长令	1924 年 10 月 6 日	第十七册	654
慰留马超俊广东兵工厂厂长谕	1924 年 10 月 6 日刊载	第十七册	654
致蒋中正询军械使用计划函	1924 年 10 月 7 日	第八册	526
批滇湘桂三军总司令裁撤战时军需筹备处呈	1924 年 10 月 7 日	第十五册	471
欢迎苏联军舰访粤祝词	1924 年 10 月 8 日	第四册	164
致蒋中正论按新制练兵函	1924 年 10 月 8 日	第八册	527
复焦易堂告北伐各军名称改为建国联军函	1924 年 10 月 8 日	第八册	528
复胡汉民嘱向津奉各方表明主义上决不敷衍电	1924 年 10 月 8 日	第九册	625
饬公安局查禁商团传单令	1924 年 10 月 8 日	第十五册	472
批徐绍桢遵令将本部预算再加裁减并陈明经费困难呈	1924 年 10 月 8 日	第十五册	472

续表

篇名	著述时间	册数	页码
批杨希闵遵令取销土造火柴捐并陈明其间复杂情形呈	1924 年 10 月 8 日	第十五册	473
批古应芬变通减收沙田登录费办法请察核备案呈	1924 年 10 月 8 日	第十五册	473
任命林支宇为赣鄂宣抚使令	1924 年 10 月 8 日	第十七册	655
准任谭璟等六人为禁烟督办署秘书令	1924 年 10 月 8 日	第十七册	655
核复谢国光呈告已明令准任谭璟曹惠等六员为禁烟督办署秘书令	1924 年 10 月 8 日	第十七册	655
准《大本营特设北江盐务督运处办法》并派湘军督运令	1924 年 10 月 9 日	第六册	455
复蒋中正告速成立革命委员会并将黄埔械弹运韶关函	1924 年 10 月 9 日	第八册	529
致蒋中正告派陈兴汉帮手将黄埔械弹速运韶关函	1924 年 10 月 9 日	第八册	530
复蒋介石令放弃黄埔孤岛赴韶关参与北伐电	1924 年 10 月 9 日	第九册	625
饬蒋中正将所存团械交李福林发还商用令	1924 年 10 月 9 日	第十五册	474
批古应芬遵令切实裁员减薪重新改组该部情形附清折乙扣请鉴核施行呈	1924 年 10 月 9 日	第十五册	474
特任古应芬兼盐务督办令	1924 年 10 月 9 日	第十七册	656
特任许崇智兼军政部长令	1924 年 10 月 9 日	第十七册	656
准任叶次周等三人分为财政部秘书及科长令	1924 年 10 月 9 日	第十七册	657
准任岑念慈为财政部秘书令	1924 年 10 月 9 日	第十七册	657
免郑洪年财政部次长兼盐务署长令	1924 年 10 月 9 日	第十七册	657
任命林云陔兼代财政部次长兼盐务署长令	1924 年 10 月 9 日	第十七册	658
免胡谦军政部军务局长及代理军政部次长令	1924 年 10 月 9 日	第十七册	658
着免程潜军政部长令	1924 年 10 月 9 日	第十七册	659
准胡鲁等四人辞财政部秘书或佥事令	1924 年 10 月 9 日	第十七册	659

续表

篇名	著述时间	册数	页码
免叶恭绰本职令	1924 年 10 月 9 日	第十七册	659
准李承翼辞财政部泉币局长令	1924 年 10 月 9 日	第十七册	660
准徐绍桢呈续病假三星期暂由陈树人代行内政部部务令	1924 年 10 月 9 日	第十七册	660
核复叶恭绰呈告李承翼等已有明令准予免职令	1924 年 10 月 9 日	第十七册	661
核复古应芬呈告已明令准任叶次周等分为财政部秘书及科长令	1924 年 10 月 9 日	第十七册	661
核复古应芬呈告已明令准任岑念慈为财政部秘书令	1924 年 10 月 9 日	第十七册	662
公布《赣南善后条例》并暂行细则	1924 年 10 月 10 日	第六册	456
致蒋中正告将商团枪弹等运韶关函	1924 年 10 月 10 日	第八册	530
致胡汉民等令严厉处置叛变商团电	1924 年 10 月 10 日	第九册	625
致范石生廖行超指示处置叛变商团办法电	1924 年 10 月 10 日	第九册	626
铭记革命历史再开新纪元　在韶关北伐军将校国庆纪念会的演说	1924 年 10 月 10 日	第十册	762
饬胡汉民等如商团罢市应出示使西关佛山居民避开令	1924 年 10 月 10 日	第十五册	475
批邓鼎封函	1924 年 10 月 10 日	第十五册	475
批蒋介石责成胡许李严办商团电	1924 年 10 月 10 日	第十五册	475
为《大陆报双十节纪念》题词	1924 年 10 月 10 日刊载	第十八册	416
为苏联支持中国告国民书	1924 年 10 月 11 日	第四册	589
复蒋中正指示枪弹运韶关并告舍长洲来韶关北伐函	1924 年 10 月 11 日	第八册	531
致蒋中正望速运武器来韶关练革命军函	1924 年 10 月 11 日	第八册	532
致广州各公团告已令胡汉民等严行查办商团电	1924 年 10 月 11 日	第九册	627
着蒋介石悉运没收之商团子弹至韶关令	1924 年 10 月 11 日	第十五册	476
着革命委员会以会长名义便宜行事令	1924 年 10 月 11 日	第十五册	476
核复广东省长胡汉民呈报就职日期令	1924 年 10 月 11 日	第十七册	662

续表

篇名	著述时间	册数	页码
核复胡汉民转呈李文范就政务厅长职令	1924 年 10 月 11 日	第十七册	663
核复财政部长古应芬呈报就职日期令	1924 年 10 月 11 日	第十七册	663
核复兼广东财政厅长古应芬呈报就职日期令	1924 年 10 月 11 日	第十七册	663
免傅秉常海关监督兼职并任命罗桂芳为海关监督手令	1924 年 10 月 11 日	第十七册	664
派陈友仁等三人为收取关余全权委员手令	1924 年 10 月 11 日	第十七册	664
特派许崇智等六人为革命委员会全权委员令	1924 年 10 月 11 日	第十七册	665
聘任鲍罗庭为革命委员会顾问状	1924 年 10 月 11 日	第十七册	665
制定《江西地方暂行官吏任用条例》	1924 年 10 月 12 日	第六册	466
致蒋中正嘱与许崇智组织部队起义杀贼函	1924 年 10 月 12 日	第八册	532
致胡汉民着即宣布戒严并将政府全权付托革命委员会电	1924 年 10 月 12 日	第九册	627
饬谭延闿将陈纯侯等提案省释令	1924 年 10 月 12 日	第十五册	477
批林警魂报告香山治安如常电	1924 年 10 月 12 日	第十五册	478
准免黄梦熊大本营参军处上校副官令	1924 年 10 月 12 日	第十七册	665
准黄松俦升任大本营参军处少校副官令	1924 年 10 月 12 日	第十七册	666
核复吴铁城呈告已明令准免黄梦熊本职令	1924 年 10 月 12 日	第十七册	666
致李烈钧嘱续留日本为发起亚洲大同盟宣传电	1924 年 10 月 13 日	第九册	628
复许崇智着仍兼大本营军政部长并告不允兵工厂归粤军电	1924 年 10 月 13 日	第九册	628
复李福林着即由民团统率长宣布商团罪状并令各地民团协力防乱电	1924 年 10 月 13 日	第九册	629
复胡汉民孙科告联合宣言宜慎不得由沪代表用名义电	1924 年 10 月 13 日	第九册	629
复范石生望一德一心拥护革命电	1924 年 10 月 13 日	第九册	629

续表

篇名	著述时间	册数	页码
给各军的训令	1924 年 10 月 13 日	第十五册	478
复电胡汉民着即宣布戒严并全权付托革命委员会令	1924 年 10 月 13 日	第十五册	479
准王焕龙辞大本营参军处少校副官令	1924 年 10 月 13 日	第十七册	667
任命宋鹤庚等四人分为建国军北伐中央总指挥及左右翼与先遣队指挥令	1924 年 10 月 13 日	第十七册	667
任命何成濬等五人分为建国军北伐总司令部参谋长及各指挥部参谋长令	1924 年 10 月 13 日	第十七册	668
核复吴铁城呈告已明令分别任免王焕龙黄松俦令	1924 年 10 月 13 日	第十七册	668
核复福建建国军总司令方声涛呈报就职及启用印信日期令	1924 年 10 月 13 日	第十七册	669
准黎泽闿呈辞广东地方善后委员令	1924 年 10 月 13 日	第十七册	669
复廖行超望竭力拥护革命委员会函	1924 年 10 月 11 至 14 日间	第八册	533
准施行《民人滞纳钱粮章程》	1924 年 10 月 14 日	第六册	467
致胡汉民并译转杨希闵等令速行收缴商团枪枝电	1924 年 10 月 14 日	第九册	630
复叶恭绰郑洪年询卢永详去职原因并转张作霖望接济军需款电	1924 年 10 月 14 日	第九册	630
致杨希闵望勿包庇商团电	1924 年 10 月 14 日	第九册	631
致廖仲恺请设法接济杨虎部电	1924 年 10 月 14 日	第九册	631
饬通缉卷款潜逃之周东屏令	1924 年 10 月 14 日	第十五册	480
饬知邹鲁省河盐税附加大学经费暂缓实行令	1924 年 10 月 14 日	第十五册	481
批邹鲁请明定校长薪额及筹办时交际费呈	1924 年 10 月 14 日	第十五册	482
批余维谦为该处军事参议周东屏卷款潜逃请予通缉呈	1924 年 10 月 14 日	第十五册	482
批邓泽如称省河盐税附加大学经费目前办理颇多窒碍请示暂缓实行呈	1924 年 10 月 14 日	第十五册	483

续表

篇名	著述时间	册数	页码
为平定商团叛乱着各军事武装统归蒋中正指挥令	1924 年 10 月 14 日	第十五册	483
任命曾杰为赣边先遣队司令令	1924 年 10 月 14 日	第十七册	670
任命井岳秀为直辖陕西讨贼军临时总指挥状	1924 年 10 月 14 日	第十七册	670
广州事变未平定期内所有军队统归蒋中正指挥及廖仲恺谭平山各为正副监察令	1924 年 10 月 14 日	第十七册	670
致范石生廖行超望速筹款接济北伐部队函	1924 年 10 月 15 日	第八册	534
复胡汉民着严惩商团电	1924 年 10 月 15 日	第九册	632
致胡汉民着迅速办理商团事件善后电	1924 年 10 月 15 日	第九册	632
致胡汉民等嘉慰平定商团叛乱电	1924 年 10 月 15 日	第九册	632
致叶恭绰请促徐树铮来韶关襄助电	1924 年 10 月 15 日	第九册	633
批古应芬请通令将各项税款因大洋补水改加二五增收之一成专款解缴以充北伐军费呈	1924 年 10 月 15 日	第十五册	484
批谭延闿遵令派军督运情形呈	1924 年 10 月 15 日	第十五册	484
准傅秉常辞粤海关监督令	1924 年 10 月 15 日	第十七册	671
任命罗桂芳为粤海关监督令	1924 年 10 月 15 日	第十七册	671
派吴枬为广东西江十九县禁烟总局局长令	1924 年 10 月 15 日	第十七册	672
核复谢国光呈告另有明令简派西江十九县禁烟总局局长令	1924 年 10 月 15 日	第十七册	672
致蒋中正论北伐必行函	1924 年 10 月 16 日	第八册	534
致杨虎告军队伙食可向吴铁城借用及事妥即同解邓介石杜琯英两犯回韶电	1924 年 10 月 16 日	第九册	633
致胡汉民等告已着杨虎解杜琯英邓介石来韶电	1924 年 10 月 16 日	第九册	634
致吴铁城着设法接济杨虎所部伙食电	1924 年 10 月 16 日	第九册	634
致刘震寰望与诸军戮力共集大勋电	1924 年 10 月 16 日	第九册	634
批杨虎电着寄回胡汉民审查	1924 年 10 月 16 日	第十五册	485
批示杨虎来电着拿办杜邓二人	1924 年 10 月 16 日	第十五册	485

续表

篇名	著述时间	册数	页码
改讨贼靖国军为建国军令	1924 年 10 月 16 日	第十五册	486
批邓泽如送北江盐务督运处经费预算表呈	1924 年 10 月 16 日	第十五册	486
复胡汉民望速筹款北伐电	1924 年 10 月 17 日	第九册	635
饬详报诬陷归侨胡梓和案令	1924 年 10 月 17 日	第十五册	487
批张继来电	1924 年 10 月 17 日	第十五册	488
批程潜称鲁广厚刘德昌因公殒命拟请给少校恤金呈	1924 年 10 月 17 日	第十五册	488
致刘守中望团结同志迅赴事机函	1924 年 10 月 18 日	第八册	535
致胡汉民许崇智着古应芬到电力公司收取红利以应北伐费用函	1924 年 10 月 18 日	第八册	536
任命何成濬为湖北招讨使令	1924 年 10 月 18 日	第十七册	672
准李朗如呈辞财政委员会委员并涂销派状令	1924 年 10 月 18 日	第十七册	673
复蒋中正告枪枝分配及练兵等事函	1924 年 10 月 19 日	第八册	536
致蒋介石嘱再运子弹来韶电	1924 年 10 月 19 日	第九册	635
复胡汉民等告路孝忱部已调韶关整顿并嘱惩乱经过宜有宣言电	1924 年 10 月 19 日	第九册	635
复胡汉民着勒令某部来韶关否则在省缴械电	1924 年 10 月 19 日	第九册	636
着胡汉民令兵工厂查办员限期查报案情令	1924 年 10 月 19 日	第十五册	489
批邓泽如送运盐护照乞盖印呈	1924 年 10 月 19 日	第十五册	489
任张继等五人为军事委员令	1924 年 10 月 19 日	第十七册	673
特派徐谦等三人分为冯玉祥等三军慰问使令	1924 年 10 月 19 日	第十七册	674
致谢持任命张继等五人为军事委员电	1924 年 10 月 19 日	第十七册	674
为着马超俊交代后赴韶并任黄骚代理兵工厂厂长致胡汉民电	1924 年 10 月 19 日	第十七册	674
转颁《南雄县临时筹办兵差办事处章程》	1924 年 10 月 20 日	第六册	468
令遵《赣南善后条例》	1924 年 10 月 20 日	第六册	473

续表

篇名	著述时间	册数	页码
中国革命虽遭列强阻挠但必能成功　与广州岭南大学美籍教授布里格姆女士的谈话	1924 年 10 月 20 日刊载	第十二册	411
着林翔将禁烟督办署本署额活支及各检查所十月份支付预算书查收备案令	1924 年 10 月 20 日	第十五册	490
批谢国光送该署九月份及所属各检查所十月份支付预算书暨比较表呈	1924 年 10 月 20 日	第十五册	491
派章烈为大本营出勤委员令	1924 年 10 月 20 日	第十七册	675
免马超俊广东兵工厂厂长职并听候查办令	1924 年 10 月 20 日	第十七册	675
任命黄骚代理广东兵工厂厂长令	1924 年 10 月 20 日	第十七册	675
准派李藩国为北江盐务督运处专员令	1924 年 10 月 20 日	第十七册	676
核复伍学煜呈建设部务暂派李卓峰代行准予备案令	1924 年 10 月 20 日	第十七册	676
核复古应芬呈告已明令准派李藩国为北江盐务督运处专员令	1924 年 10 月 20 日	第十七册	677
核复古应芬呈告已明令准免其军需总监兼职令	1924 年 10 月 20 日	第十七册	677
核复朱培德呈告已明令晋授黄实为陆军中将令	1924 年 10 月 20 日	第十七册	678
复蒋介石促速将子弹运韶并询新旧枪枝如何处分电	1924 年 10 月 21 日	第九册	636
致蒋介石促速将子弹运韶电	1924 年 10 月 21 日	第九册	636
致胡汉民告朱卓文为查办员并着马超俊来韶及厂事由黄骚代理电	1924 年 10 月 21 日	第九册	637
准邹鲁呈将各县田赋附加拨为国立广东大学经费令	1924 年 10 月 21 日	第十五册	492
关于收缴商团枪械令二则	1924 年 10 月 21 日	第十五册	492
着财政委员会速筹款办冬衣令	1924 年 10 月 21 日	第十五册	493
饬约束士兵毋得滋扰市场令	1924 年 10 月 21 日	第十五册	493
命财政委员会按月照拨内政部经费令	1924 年 10 月 21 日	第十五册	494
着财政委员会迅于筹拨兵工厂制弹费	1924 年 10 月 21 日	第十五册	494

续表

篇名	著述时间	册数	页码
着财政委员会刻日拨付湘军六七八九等月应拨子弹费令	1924 年 10 月 21 日	第十五册	494
着财政委员会迅予筹拨裁员减薪费令	1924 年 10 月 21 日	第十五册	495
批胡汉民为南海县长李宝祥钱粮加二搭收纸币情形请缓办呈	1924 年 10 月 21 日	第十五册	495
晋授黄实为陆军中将令	1924 年 10 月 21 日	第十七册	678
准古应芬辞军需总监兼职令	1924 年 10 月 21 日	第十七册	678
准免林志华大本营参军处少校副官令	1924 年 10 月 21 日	第十七册	679
准任命陈言为参军处少校副官令	1924 年 10 月 21 日	第十七册	679
准任命陈翊忠等七人为赣南善后委员会委员令	1924 年 10 月 21 日	第十七册	680
派王棠暂代粤汉铁路事务状	1924 年 10 月 21 日	第十七册	680
核准《韶城联合巡查处办事条例》	1924 年 10 月 22 日	第六册	473
致蒋介石促速将子弹运韶并询存枪用法电	1924 年 10 月 22 日	第九册	637
着徐天深前赴大桥令	1924 年 10 月 22 日	第十五册	496
饬转林树巍即来大本营效力令	1924 年 10 月 22 日	第十五册	496
饬各军协缉蔡荣初令	1924 年 10 月 22 日	第十五册	496
批何成濬请令饬各军协缉在逃官兵呈	1924 年 10 月 22 日	第十五册	497
批国民党中执委转呈沈定一报告浙江军事变动情形函	1924 年 10 月 22 日	第十五册	498
核复吴铁城呈告已明令分别任免大本营参军处副官令	1924 年 10 月 22 日	第十七册	681
核复孔绍尧呈告已明令准任陈翊忠等七人为赣南善后委员会委员令	1924 年 10 月 22 日	第十七册	681
派王用宾为直军慰问使状	1924 年 10 月 22 日	第十七册	682
复许世英告赣粤近况并询能否践诺函	1924 年 10 月 23 日	第八册	537

续表

篇名	著述时间	册数	页码
复蒋中正指示枪械运韶北伐及练兵调韶事	1924 年 10 月 23 日	第八册	538
致国民党中央执行委员会指示处置商团各机关房屋办法函	1924 年 10 月 23 日	第八册	539
复上海粤侨商业联合会等详述商团谋叛经过电	1924 年 10 月 23 日	第九册	638
优恤伍学煜令	1924 年 10 月 23 日	第十五册	499
饬省河筵席捐由中上七校经费委员会直接办理令	1924 年 10 月 23 日	第十五册	500
饬撤销沙田自卫局另组农民协会令	1924 年 10 月 23 日	第十五册	501
批柏文蔚遵令改编情形乞鉴核呈	1924 年 10 月 23 日	第十五册	502
批邹鲁请省河筵席捐由中上七校经费委员会直接办理呈	1924 年 10 月 23 日	第十五册	503
批古应芬拟具撤销沙田自卫办法呈	1924 年 10 月 23 日	第十五册	503
任命李卓峰代理建设部次长仍兼工商局局长令	1924 年 10 月 23 日	第十七册	682
致蒋中正请拨给朱培德机关枪函	1924 年 10 月 24 日	第八册	539
致吴铁城嘱改良警察巩固后方电	1924 年 10 月 24 日	第九册	638
饬军电官电酌收电费令	1924 年 10 月 24 日	第十五册	506
饬免予处罚各属商团令	1924 年 10 月 24 日	第十五册	507
饬保护未曾附乱各县商团令	1924 年 10 月 24 日	第十五册	507
批黄桓拟所有收费请通令各军政机关遵照办理呈	1924 年 10 月 24 日	第十五册	508
核复林森呈告已任命李卓峰代理建设部次长仍兼工商局局长令	1924 年 10 月 24 日	第十七册	682
致胡汉民译转汪精卫嘱黄恒事当待第二号信到方可决断电	1924 年 10 月 25 日	第九册	639
致许崇智望速调张民达全部来韶电	1924 年 10 月 25 日	第九册	639
致冯玉祥告此后筹维须谋根本之计电	1924 年 10 月 25 日	第九册	640
饬保护各处乡团令	1924 年 10 月 25 日	第十五册	508

续表

篇名	著述时间	册数	页码
批刘震寰已令饬滇桂湘战时军需处第五分处将抽收面粉捐一案迅即撤销呈	1924 年 10 月 25 日	第十五册	509
批胡汉民遵令转饬广州市公安局办理商团罚款情形呈	1924 年 10 月 25 日	第十五册	510
批徐绍桢褒扬烈妇庚常氏呈	1924 年 10 月 25 日	第十五册	510
核复兼代财政部次长林云陔呈报就职日期令	1924 年 10 月 25 日	第十七册	683
为烈妇庚常氏题颂	1924 年 10 月 25 日	第十八册	417
致蒋中正指示抽出枪械支持北伐函	1924 年 10 月 26 日	第八册	540
致胡汉民嘱为北京事变发布一宣言电	1924 年 10 月 26 日	第九册	640
派徐天深协同宋总指挥专员前往曲江提取开拔费等令	1924 年 10 月 26 日	第十五册	511
饬胡汉民转饬财政厅呈复何部防军截收新增税捐令	1924 年 10 月 26 日	第十五册	511
任命李铎等六人分为建国军攻鄂总司令部参谋处长等职令	1924 年 10 月 26 日	第十七册	683
致段祺瑞告即北上电	1924 年 10 月 27 日	第九册	640
致冯玉祥等告即日北上电	1924 年 10 月 27 日	第九册	641
复黄绍竑嘉勉全桂底平并望协力肃清余孽电	1924 年 10 月 27 日	第九册	641
与党员同志谈话	1924 年 10 月 27 日	第十二册	413
饬赵师长成梁不得截留加二捐款令	1924 年 10 月 27 日	第十五册	512
批胡汉民古应芬称滇军杨总司令转据赵师长呈请暂准截留财厅新增商捐加二专款经议决碍难准予截留呈	1924 年 10 月 27 日	第十五册	513
将旧模范监狱废址拨作展拓茔地之用令	1924 年 10 月 27 日刊载	第十五册	513
特任胡谦为中央军需总监令	1924 年 10 月 27 日	第十七册	684
致孙科告即日北上并请叶恭绰郑洪年到天津等候电	1924 年 10 月 28 日	第九册	642
复胡汉民着即日返省筹商出席和平统一会议电	1924 年 10 月 28 日	第九册	642

续表

篇名	著述时间	册数	页码
给大本营财政部的命令	1924 年 10 月 28 日	第十五册	514
饬北伐军饷需统由军需总监核发令	1924 年 10 月 28 日	第十五册	514
饬一切款项由会计司收管军需总监支发令	1924 年 10 月 28 日	第十五册	514
饬发给方参谋长杂费手令	1924 年 10 月 28 日	第十五册	515
核复建国军攻鄂总司令程潜呈报就职及启用印信日期令	1924 年 10 月 28 日	第十七册	684
核复谢国光转据西江十九县禁烟总局局长吴枬呈报视事及启用关防日期令	1924 年 10 月 28 日	第十七册	685
致胡汉民令省佛商团罚款务于电到三日内收清专解来韶电	1924 年 10 月 29 日	第九册	642
专解省佛商团罚款令	1924 年 10 月 29 日	第十五册	515
饬遵照公开路款议决案令	1924 年 10 月 29 日	第十五册	515
批陈兴汉救济养路办法公开路款议决案呈	1924 年 10 月 29 日	第十五册	517
批刘景新请回绥主持讨贼并发给欠薪函	1924 年 10 月 23、30 日	第十五册	504
批丘汉宗请派专员办理中国国民党江西支部函	1924 年 10 月 30 日	第十五册	517
致冯玉祥告以曹锟须退位电	1924 年 10 月 31 日	第九册	643
致旅沪某西南要人电	1924 年 10 月 31 日刊载	第九册	643
在广州与加伦谈话	1924 年 10 月下旬	第十二册	413
广州商团事件后给各地乡团布告	1924 年 10 月下旬	第十五册	519
命胡汉民将缴枪罚款之事克日办妥以安善良令	1924 年 10 月下旬	第十五册	519
致胡汉民嘱任用张佑丞函	1924 年 9 至 10 月间	第八册	541
着中央银行定期取消贵币百元加一之税令	1924 年 10 月	第十五册	518
着各收入机关将北伐军伙食给养费等悉交大本营会计司令	1924 年 10 月	第十五册	518
致沈鸿英勉为粤桂民众悉偿所愿电	1924 年夏秋间	第九册	607
在广州与李侠公周逸群谈话	1924 年秋	第十二册	414

续表

篇名	著述时间	册数	页码
为修改《演说集》题注	1924 年秋	第十八册	415
饬南番顺剿匪司令协同剿匪并即撤销护商机关令	1924 年 11 月 1 日	第十五册	519
批胡汉民请严剿各江股匪严禁各军抽收货捐呈	1924 年 11 月 1 日	第十五册	521
批许崇智枪决逆探罗检成日期呈	1924 年 11 月 1 日	第十五册	521
各财政机关一元以上概收中央货币令	1924 年 11 月 1 日	第十五册	522
批巴达维亚同志来电	1924 年 11 月 1 日收到电文	第十五册	522
免罗桂芳粤海关监督令	1924 年 11 月 1 日	第十七册	685
任命范其务为粤海关监督令	1924 年 11 月 1 日	第十七册	686
任命谢心准为大本营秘书专管电报事务手令	1924 年 11 月 2 日	第十七册	686
着郑校之交留守府任用令	1924 年 11 月 2 日	第十七册	686
黄昌谷谢心准为秘书林直勉为会计司长手谕	1924 年 11 月 3 日前	第十七册	687
准《铜鼓开埠筹备委员组织条例》	1924 年 11 月 3 日	第六册	475
要革命成功须先牺牲个人的平等自由　在黄埔陆军军官学校的告别演说	1924 年 11 月 3 日	第十册	768
谕黄昌谷随同北上	1924 年 11 月 3 日	第十二册	415
饬厘定各种厘税底价开投令	1924 年 11 月 3 日	第十五册	523
饬由军需总监发给北伐各军饷项令	1924 年 11 月 3 日	第十五册	523
批李卓峰等送组织条例乞核准呈	1924 年 11 月 3 日	第十五册	524
谕黄昌谷随同北上	1924 年 11 月 3 日	第十五册	524
给大本营副官处的命令	1924 年 11 月 3 日	第十五册	525
免黄昌谷大本营会计司司长令	1924 年 11 月 3 日	第十七册	687
任命黄昌谷为大本营秘书令	1924 年 11 月 3 日	第十七册	687
任命林直勉兼大本营会计司司长令	1924 年 11 月 3 日	第十七册	688
准徐绍桢辞大本营内政部长令	1924 年 11 月 3 日	第十七册	688
派内政部次长杨西岩代理部务令	1924 年 11 月 3 日	第十七册	688

续表

篇名	著述时间	册数	页码
着吴铁城兼代理卫队长手令	1924 年 11 月 3 日	第十七册	689
准《修正各征收机关收解国币章程》	1924 年 11 月 4 日	第六册	475
复冯玉祥等告即北上电	1924 年 11 月 4 日	第九册	643
复张作霖告即北上电	1924 年 11 月 4 日	第九册	644
复段祺瑞告以即行北上电	1924 年 11 月 4 日	第九册	644
国事转机端在于此　关于北上的讲话	1924 年 11 月 4 日	第十册	777
北上实行中央革命　在大本营饯行宴会的答词	1924 年 11 月 4 日	第十册	777
着留守府秘书处将海图一箱交蒋校长令	1924 年 11 月 4 日	第十五册	525
着范克将所部与北伐部队会合令	1924 年 11 月 4 日	第十五册	525
北上前责成广东军民长官肃清余孽绥靖地方通令	1924 年 11 月 4 日	第十五册	526
饬谭延闿全权办理北伐事宜令	1924 年 11 月 4 日	第十五册	526
命古应芬重申限收中央银行纸币令	1924 年 11 月 4 日	第十五册	527
批徐绍桢请褒扬寿妇董姚氏呈	1924 年 11 月 4 日	第十五册	527
批沈鸿英着手遵编广西建国军情形呈	1924 年 11 月 4 日	第十五册	528
除逆迹昭著商团予以缴枪罚款外其他不事深究令	1924 年 11 月 4 日刊载	第十五册	528
着谭延闿全权办理所有大本营北伐事宜北伐各军概归节制调遣令	1924 年 11 月 4 日	第十七册	689
派张民达兼广东兵工厂监督令	1924 年 11 月 4 日	第十七册	690
复加拉罕告即北上电	1924 年 11 月 5 日刊载	第九册	645
今后的政治主张须由国民会议依民意去决定　与清水谈话	1924 年 11 月 5 日	第十二册	416
与天羽英二谈话	1924 年 11 月 5 日	第十二册	417
特任刘震寰为广西省长令	1924 年 11 月 5 日	第十七册	690
致谭延闿允方本仁输诚并令合力破蔡成勋部电	1924 年 11 月 6 日	第九册	645
致旅沪西南某要人告已电促段祺瑞入京及本人克日赴津电	1924 年 11 月 6 日	第九册	646

续表

篇名	著述时间	册数	页码
饬谭延闿秘书处呈送十二年十一月份至十三年九月份暨电报室收支表册单据经核准予核销令	1924 年 11 月 6 日	第十五册	529
批林翔审核大本营秘书处暨电报室收支表册单据相符请准予核销呈	1924 年 11 月 6 日	第十五册	530
准李缙国辞北江盐务督运处专员令	1924 年 11 月 6 日	第十七册	690
准派廖燮为北江盐务督运处专员令	1924 年 11 月 6 日	第十七册	691
派马耿光为大本营出勤委员令	1924 年 11 月 6 日	第十七册	691
核复胡汉民呈李福林辞广东警务处处长以吴铁城接充令	1924 年 11 月 6 日	第十七册	692
核复古应芬呈告已分别准予任免北江盐务督运处专员令	1924 年 11 月 6 日	第十七册	692
核复林森转呈代理建设部次长李卓峰呈报就职日期令	1924 年 11 月 6 日	第十七册	693
中国国民党庆祝俄国十月革命七周年纪念宣言	1924 年 11 月 7 日	第四册	590
复冯玉祥等嘉慰努力建设贯彻主义并告日内北上电	1924 年 11 月 7 日	第九册	646
致段祺瑞告十三日启行经沪北上电	1924 年 11 月 7 日	第九册	647
俄国革命成功与中国之关系 在广州庆祝十月革命节的演说	1924 年 11 月 7 日	第十册	780
批徐绍桢呈送征收医生照费数目表请予备案并声明该款拨充部费令	1924 年 11 月 7 日	第十五册	530
北伐各军不得在省设立后方办事处令	1924 年 11 月 7 日	第十五册	531
着北伐各军前进令	1924 年 11 月 7 日	第十五册	531
核复古应芬呈报派烟酒公卖局长航政局正副局长令	1924 年 11 月 7 日	第十七册	693
致徐谦就当前政局提出处置方针电	1924 年 11 月 8 日	第九册	647
复冯玉祥等告准于十三日北上电	1924 年 11 月 8 日	第九册	648

续表

篇名	著述时间	册数	页码
应付时局之主张和意见　在广州与《大阪每日新闻》记者谈话	1924 年 11 月 8 日刊载	第十二册	417
派李翊东前往赣州令	1924 年 11 月 8 日	第十五册	531
裁撤前方参军处令	1924 年 11 月 8 日	第十五册	532
着大本营会计司发给杂费手令	1924 年 11 月 8 日	第十五册	532
准任命叶子琼为大本营会计司文牍科主任余焯礼为驻韶收支主任令	1924 年 11 月 8 日	第十七册	694
派李翊东前往赣州办理要事令	1924 年 11 月 8 日	第十七册	694
致段祺瑞冯玉祥赞共维政局彻底改造电	1924 年 11 月 9 日	第九册	648
致齐燮元望着所部将吴佩孚及其新乘海圻舰一并扣留电	1924 年 11 月 9 日	第九册	648
准任命钟华廷等七人为赣南善后委员会委员令	1924 年 11 月 9 日	第十七册	694
准任命胡芳辉等五人分为虔南等五县知事令	1924 年 11 月 9 日	第十七册	695
核复孔绍尧呈告已明令准任命钟华廷等为赣南善后委员会委员令	1924 年 11 月 9 日	第十七册	695
核复孔绍尧呈告已明令准任命胡芳辉等为虔南等县知事令	1924 年 11 月 9 日	第十七册	696
任命蔡舒为上犹县知事状	1924 年 11 月 9 日	第十七册	696
北上前对时局之宣言	1924 年 11 月 10 日	第四册	591
复冯玉祥感谢派马伯援迎接并告到沪当可会晤电	1924 年 11 月 10 日	第九册	649
民生主义系欲劳资互助与农工合作　接受广东省总工会呈赠纪念银鼎的演说	1924 年 11 月 10 日	第十册	781
饬发伍学熿恤金及治丧费令	1924 年 11 月 10 日	第十五册	533
批徐绍桢遵拟故建设部次长伍学熿恤典请令施行呈	1924 年 11 月 10 日	第十五册	534
批朱和中函着中央执行委员会严颁纪律约束党报	1924 年 11 月 10 日	第十五册	534

续表

篇名	著述时间	册数	页码
准吴衍慈郑德铭辞内政部科长令	1924 年 11 月 10 日	第十七册	697
准陈树人辞内政部总务厅长兼侨务局长令	1924 年 11 月 10 日	第十七册	697
准徐希元辞内政部第二局局长令	1924 年 11 月 10 日	第十七册	697
准杨西岩辞内政部次长令	1924 年 11 月 10 日	第十七册	698
任命陈翰誉为参军手令	1924 年 11 月 10 日	第十七册	698
在广州与部属谈尽早北上之理由	1924 年 11 月初	第十二册	414
在广州与黄季陆谈话	1924 年 11 月上旬	第十二册	418
致冯玉祥嘉奖铲除复辟祸根电	1924 年 11 月 11 日	第九册	649
裁撤豫鲁招抚使令	1924 年 11 月 11 日	第十五册	535
饬北伐各军不得在后方设立机关令	1924 年 11 月 11 日	第十五册	535
谕中执委开会不足法定人数时应以常委会代行令	1924 年 11 月 11 日	第十五册	535
批陈铣曹浩森来电请求汇款接济谕	1924 年 11 月 11 日	第十五册	536
命按月酌量支给豫军后方维持费谕	1924 年 11 月 11 日	第十五册	536
批黄桓呈报电报费提价令	1924 年 11 月 11 日	第十五册	537
批胡汉民中央执行委员会函	1924 年 11 月 11 日	第十五册	537
任命谢适群代理内政部次长仍兼第一局局长令	1924 年 11 月 11 日	第十七册	699
派代理内政部次长谢适群代理部务令	1924 年 11 月 11 日	第十七册	699
核复杨西岩呈告已明令准免其职并任命谢适群代理内政部次长令	1924 年 11 月 11 日	第十七册	699
核复徐绍桢呈告已明令准免陈树人本兼各职令	1924 年 11 月 11 日	第十七册	700
核复徐绍桢呈告徐希元等三人均已明令准予免职令	1924 年 11 月 11 日	第十七册	700
任命廖仲恺为大本营参议手令	1924 年 11 月 11 日	第十七册	701
着廖仲恺等四人任部长及其他职务令	1924 年 11 月 11 日	第十七册	701
题广东大学成立训词	1924 年 11 月 11 日	第十八册	419
任免吴铁城卢振柳卫士队长手令	1924 年 11 月 4 日至 12 日间	第十七册	701

续表

篇名	著述时间	册数	页码
致泽村幸夫告北上将顺道访问日本盼中日两国提携合作电	1924 年 11 月 12 日	第九册	650
批古应芬设立检查出口谷米总分局请鉴核施行呈	1924 年 11 月 12 日	第十五册	537
着胡汉民转饬广州公安局核办各军在省垣设办事处者令	1924 年 11 月 12 日	第十五册	538
免吴铁城大本营卫士队队长兼职令	1924 年 11 月 12 日	第十七册	702
任命卢振柳兼大本营卫士队队长令	1924 年 11 月 12 日	第十七册	702
任命廖仲恺为大本营参议令	1924 年 11 月 12 日	第十七册	703
鲍罗庭的主张就是我的主张　对蒋中正面谕	1924 年 11 月 3 日或 13 日	第十二册	415
复宋鹤庚等盼急起直追廓清长江余孽电	1924 年 11 月 13 日	第九册	650
黄埔军校学生可完成未竟之志　与蒋中正谈话	1924 年 11 月 13 日	第十二册	419
此次北上只有贯彻革命主义方可解救中国　"永丰"舰过黄埔时与随员谈话	1924 年 11 月 13 日	第十二册	420
与蒋中正等谈话	1924 年 11 月 13 日	第十二册	420
饬黄骚广东兵工厂十二年七至九月份收支簿据经核相符准予核销令	1924 年 11 月 13 日	第十五册	538
批林翔为兵工厂长马超俊呈送十二年七月份至九月份收支等簿据数目相符请准予核销呈	1924 年 11 月 13 日	第十五册	539
澄清北方政治与积极北伐同时进行　在香港"春洋丸"上与《中国新闻报》记者谈话	1924 年 11 月 14 日	第十二册	421
批胡汉民转呈选举事务委员黄子聪等为市长选举依照暂行条例非一月不能蒇事经公同会议决以最速期间举办呈	1924 年 11 月 14 日	第十五册	539

续表

篇名	著述时间	册数	页码
饬令徐绍桢知照大本营财政部无法筹拨内政部欠薪一万元令	1924 年 11 月 14 日	第十五册	540
批古应芬称内政部欠薪实无款可拨呈	1924 年 11 月 14 日	第十五册	541
裁撤内地侦探队令	1924 年 11 月 15 日	第十五册	541
裁撤中央军需总监令	1924 年 11 月 15 日	第十五册	542
批徐绍桢请褒扬广东番禺县捕属节妇张俞淑华呈	1924 年 11 月 15 日	第十五册	542
任命冯朝宗为大本营高级参谋令	1924 年 11 月 15 日	第十七册	703
任命吉名瀛为大本营咨议令	1924 年 11 月 15 日	第十七册	703
准葛昆山升为大本营参军处中校副官令	1924 年 11 月 15 日	第十七册	704
免胡谦中央军需总监本职令	1924 年 11 月 15 日	第十七册	704
核复吴铁城呈告已有明令准升葛昆山为中校副官令	1924 年 11 月 15 日	第十七册	705
核复卸大本营会计司司长黄昌谷呈报交代清楚情形请鉴核令	1924 年 11 月 15 日	第十七册	705
为节妇张俞淑华题颁	1924 年 11 月 15 日	第十八册	420
准任命杨允恭为大本营参谋处少校副官令	1924 年 11 月 16 日	第十七册	706
尽力撤销一切外国在华租界 在吴淞口"春洋丸"上与欢迎者及日本记者的谈话	1924 年 11 月 17 日	第十二册	422
对于大局之意见 与上海《申报》记者谈话	1924 年 11 月 17 日	第十二册	423
与上海新闻记者谈话	1924 年 11 月 17 日	第十二册	424
国民宜一致反对帝国主义 与康通一谈话	1924 年 11 月 17 日	第十二册	424
在上海与马伯援谈话	1924 年 11 月 17 日	第十二册	425
就居住租界或受阻发表声明 在上海与日本东方新闻社记者谈话	1924 年 11 月 17 日	第十二册	426
批革命纪念会请拨给公地建设烈士孤儿院乞令广东省长转饬市政厅照章迅速妥办呈	1924 年 11 月 17 日	第十五册	543

续表

篇名	著述时间	册数	页码
饬速妥办烈士孤儿院地址及永远基金令	1924 年 11 月 17 日	第十五册	543
批程潜为该部印信被火焚毁暂行摹刊应用请饬另铸颁发呈	1924 年 11 月 17 日	第十五册	544
批中央执行委员会廖仲恺邹鲁函	1924 年 11 月 17 日	第十五册	544
任命梁弼群为赣中善后委员会委员长令	1924 年 11 月 17 日	第十七册	706
派林直勉为财政委员会委员令	1924 年 11 月 17 日	第十七册	706
核复伍朝枢呈准傅秉常给假一月令	1924 年 11 月 17 日	第十七册	707
核复程潜呈军政部长未到任前暂派云瀛桥代行令	1924 年 11 月 17 日	第十七册	707
为马伯援题词	1924 年 11 月 17 日	第十八册	421
抵沪鸣谢启事	1924 年 11 月 18 日	第四册	165
复冯玉祥等告已抵沪稍迟数日即来津晤教电	1924 年 11 月 18 日	第九册	651
在上海与李烈钧谈话	1924 年 11 月 18 日	第十二册	428
饬各军毋得藉词截收各税捐厘费加二专款令	1924 年 11 月 18 日	第十五册	545
批古应芬请重颁禁令通饬各军总司令分行所属不得擅将轮渡封用呈令	1924 年 11 月 18 日	第十五册	546
饬各军不得擅封各江轮渡令	1924 年 11 月 18 日	第十五册	546
饬将每日收支数目分款列表报告留守府备核令	1924 年 11 月 18 日	第十五册	547
批胡谦报该部副官余云卿办理残废官兵报销册及支销单据清册请予备案并饬发登《大本营公报》及《广东公报》呈	1924 年 11 月 18 日	第十五册	548
批谢国光准予题颁匾额	1924 年 11 月 18 日刊载	第十五册	548
准任命谭炳鉴为禁烟督办署第一科科长令	1924 年 11 月 18 日	第十七册	708
任命罗翼群为大本营军需总局局长令	1924 年 11 月 18 日	第十七册	708
为万益公司题颁	1924 年 11 月 18 日	第十八册	422
国民会议为解决中国乱事之法　在上海招待新闻界茶话会的演说	1924 年 11 月 19 日	第十册	782

续表

篇名	著述时间	册数	页码
对武昌"护宪军政府"之意见　在上海与某君谈话	1924 年 11 月 19 日	第十二册	429
绕道日本赴天津　与随员谈话	1924 年 11 月 19 日	第十二册	429
裁撤建安督办令	1924 年 11 月 19 日	第十五册	549
饬各认饷机关按数筹缴令	1924 年 11 月 19 日	第十五册	549
饬北伐部队军饷统由军需总局支付令	1924 年 11 月 19 日	第十五册	550
饬拨款建立倪烈士映典纪念碑令	1924 年 11 月 19 日	第十五册	550
饬胡汉民查复广州市长选举工界选举地点择定情形令	1924 年 11 月 19 日	第十五册	551
批谢国光为万益公司自愿将抵余按饷悉数报效军饷请予嘉奖呈	1924 年 11 月 19 日	第十五册	552
批革命纪念会请拨款六百元就倪烈士映典殉难地点建立纪念碑呈	1924 年 11 月 19 日	第十五册	553
批广州工人代表会执行委员会称市长选举总工会不能代表全体请改正条文呈	1924 年 11 月 19 日	第十五册	553
任命任应岐兼建国豫军总指挥令	1924 年 11 月 19 日	第十七册	709
任命任应岐为建国军豫军第一师师长兼第二旅旅长令	1924 年 11 月 19 日	第十七册	709
任命陈青云为建国军豫军第二师师长兼第三旅旅长令	1924 年 11 月 19 日	第十七册	709
任命卢兴邦为福建上游指挥官令	1924 年 11 月 19 日	第十七册	710
为派出国民会议宣传员致各省公署公团学校通电	1924 年 11 月 20 日	第四册	594
致涩泽荣一问候电	1924 年 11 月 20 日	第九册	651
国民党员宜研究三民主义与遵守纪律　与何世桢等谈话	1924 年 11 月 20 日	第十二册	429
国民党员要尽力介绍同志入党　与某君谈话	1924 年 11 月 20 日	第十二册	431

续表

篇名	著述时间	册数	页码
饬古应芬姑准两广盐运使邓泽如所拟俟合约期满另再续约时当遵以大洋加二五水缴纳税款令	1924 年 11 月 20 日	第十五册	554
饬制止滇军第二师截收加二专款令	1924 年 11 月 20 日	第十五册	555
批刘震寰为遵令改称建国桂军日期请备案呈	1924 年 11 月 20 日	第十五册	556
批邓泽如请于现届商人包缴盐税满约后即遵令以大洋加二五水饬缴税款呈	1924 年 11 月 20 日	第十五册	556
批古应芬请令行滇军总司令制止第二师不得截收省河各捐税加二专款呈	1924 年 11 月 20 日	第十五册	557
裁撤海军陆战队司令潮梅守备司令等职缺令	1924 年 11 月 20 日刊载	第十五册	557
免张毅等十一人军职令	1924 年 11 月 20 日刊载	第十七册	710
任命陈新爕为内政部第二局局长令	1924 年 11 月 20 日	第十七册	711
核复内政部次长谢适群呈报就职日期令	1924 年 11 月 20 日	第十七册	711
核复卸内政部长徐招桢呈报交卸清楚令	1924 年 11 月 20 日	第十七册	711
核复大本营卫士队队长卢振柳呈报就职日期并接管各件令	1924 年 11 月 20 日	第十七册	712
要把重大责任交给你们去做　在上海与党内同志叶楚伧等谈话	1924 年 11 月 17 日至 21 日间	第十二册	427
赴天津前拟先往日本一行　在上海与《大阪每日新闻》记者谈话	1924 年 11 月 17 日至 21 日间	第十二册	427
赴日前致日本国民声明书	1924 年 11 月 21 日	第四册	595
复许世英等告二十二日由沪启程绕道日本赴京电	1924 年 11 月 21 日	第九册	651
训诫国民党上海各区分部委员	1924 年 11 月 21 日	第十二册	431
饬广东省长迅令广州市政厅督饬公安局再在该市续征租捐一月令	1924 年 11 月 21 日刊载	第十五册	558
任命杨愿公为大本营参议令	1924 年 11 月 21 日	第十七册	712

续表

篇名	著述时间	册数	页码
核复陈兴汉呈准给假一月并告已令派王棠暂代粤汉铁路事务令	1924 年 11 月 21 日	第十七册	713
在上海与吕光先谈话	1924 年 11 月 17 日至 22 日间	第十二册	428
致犬养毅头山满告今天离开上海赴日本电	1924 年 11 月 22 日	第九册	652
军阀专制与帝国主义均不可不除 与驻沪外国新闻记者谈话	1924 年 11 月 22 日	第十二册	432
非完全排除列国共管瓜分行为决不立于民国之当道 与日本记者谈话	1924 年 11 月 22 日	第十二册	433
绕道日本实因上海无开行天津之便船 与上海《时报》记者谈话	1924 年 11 月 22 日	第十二册	435
与身边工作人员谈话	1924 年 11 月 22 日	第十二册	435
在"上海丸"上与村田谈话	1924 年 11 月 22 日	第十二册	436
饬知林直勉该司及庶务科十三年三月份收支计算书及附属表等准予核销令	1924 年 11 月 22 日	第十五册	558
批林翔审核会计司司长黄昌谷十三年三月份收支计算书暨附属表及证据粘存簿等件数目相符请准予核销呈	1924 年 11 月 22 日	第十五册	559
着广东财政厅粤汉铁路等如数将北伐军费解缴会计司令	1924 年 11 月 22 日刊载	第十五册	560
派王棠暂行代理粤汉铁路事务令	1924 年 11 月 22 日刊载	第十七册	713
致涩泽荣一请广布赴日消息愿与诸贤在神户恳谈电	1924 年 11 月 23 日对方收到	第九册	652
望日本朝野真心支援中国 在长崎舟中对欢迎者的讲话	1924 年 11 月 23 日	第十册	793

续表

篇名	著述时间	册数	页码
组织国民会议是要解决民生问题和打破列强侵略　在长崎舟中对中国留日学生代表的演说	1924 年 11 月 23 日	第十册	796
以国民会议解决国事中苏革命是一家　在"上海丸"上与长崎新闻记者谈话	1924 年 11 月 23 日	第十二册	438
中国将以国民实力收拾时局　在长崎与欢迎者谈话	1924 年 11 月 23 日	第十二册	440
为中岛荣一郎题词	1924 年 11 月 23 日	第十八册	423
日本要帮助中国废除不平等条约　在"上海丸"上与日本新闻记者谈话	1924 年 11 月 24 日	第十二册	441
谴责外国列强对华压迫　抵神户后接受日本记者访问	1924 年 11 月 24 日	第十二册	444
与山田纯三郎谈话	1924 年 11 月 24 日	第十二册	445
关于北伐战争反对外国援助和保持中日友好　与日本记者谈话	1924 年 11 月 24 日	第十二册	446
特任李宗仁为广西全省绥靖处督办令	1924 年 11 月 24 日	第十七册	713
特任黄绍竑为广西全省绥靖处会办令	1924 年 11 月 24 日	第十七册	714
任命钟华廷为定南县知事状	1924 年 11 月 24 日	第十七册	714
委任刘培寿为宣言宣传员证书	1924 年 11 月 24 日	第十七册	714
要消灭在中国捣乱的帝国主义　在神户等国民党支部欢迎宴会的演说	1924 年 11 月 25 日	第十册	800
欲谋中国统一非改善外交关系不可　在神户与望月小太郎谈话	1924 年 11 月 25 日	第十二册	450
东亚民族必须团结一致　在神户与东亚被压迫民族代表谈话	1924 年 11 月 25 日	第十二册	451
饬水陆各军保护食米运输令	1924 年 11 月 25 日	第十五册	560
当今收拾时局的方策和个人任务　在神户与高木谈话	1924 年 11 月 24 日至 26 日间	第十二册	447

续表

篇名	著述时间	册数	页码
废除治外法权和实现中国关税独立　在神户与头山满谈话	1924 年 11 月 25、26 日	第十二册	451
饬军政机关不得免缴筵席捐令	1924 年 11 月 26 日	第十五册	561
批邹鲁请通令军政各机关一律维持筵席捐附加教育经费不得发用免捐字据呈	1924 年 11 月 26 日	第十五册	562
革陈天太建国第七军第三师师长令	1924 年 11 月 26 日	第十七册	715
核复林森转呈陈兴汉请假一月广三铁路管理局局务由潘鸿图代行令	1924 年 11 月 26 日	第十七册	715
核复大本营军需总局局长罗翼群呈报就职及启用印信日期令	1924 年 11 月 26 日	第十七册	716
核复管理粤汉铁路事务陈兴汉呈报移交情形令	1924 年 11 月 26 日	第十七册	716
核复暂代理粤汉铁路事务王棠呈报就职日期令	1924 年 11 月 26 日	第十七册	717
致奉天国民党总部告二十八日将经朝鲜抵沈阳电	1924 年 11 月 27 日	第九册	653
关于中日关系的意见　与福原俊丸等谈话	1924 年 11 月 27 日	第十二册	452
饬余辉照遵照改编具报令	1924 年 11 月 27 日	第十五册	562
给刘玉山的训令	1924 年 11 月 27 日	第十五册	563
特任赵杰为大本营高等顾问令	1924 年 11 月 27 日	第十七册	717
核复谢适群呈准内政部侨务局长由该部次长暂行兼理令	1924 年 11 月 27 日	第十七册	717
派王棠为财政委员会委员状	1924 年 11 月 27 日	第十七册	718
在神户与大阪《英字新闻》记者谈话	1924 年 11 月 28 日	第三册	449
准《修正法官学校规程》	1924 年 11 月 28 日	第六册	476
日本应帮助中国废除不平等条约　在神户各团体欢迎宴会的演说	1924 年 11 月 28 日	第十册	811
大亚洲主义　在神户专题讲演会的演说	1924 年 11 月 28 日	第十二册	453

续表

篇名	著述时间	册数	页码
追赠沈寅宾令	1924 年 11 月 28 日	第十五册	564
批革命纪念会请准予投变旧模范监狱上盖充七十二烈士坟园建筑费呈	1924 年 11 月 28 日	第十五册	565
批胡汉民遵令饬财政厅拨款建立倪烈士映典纪念碑呈	1924 年 11 月 28 日	第十五册	565
批程潜请追加中央直辖赣军上校副官长沈寅宾以陆军少将衔仍照上校阵亡例给恤呈	1924 年 11 月 28 日	第十五册	566
批古应芬请令行粤军总司令制止截留新增专款呈	1924 年 11 月 28 日	第十五册	566
核复建国滇军总司令杨希闵呈报收到大小印章及启用日期令	1924 年 11 月 28 日	第十七册	718
为神户女子高等学校题词	1924 年 11 月 28 日	第十八册	424
致北京有关方面告赴津京行期电	1924 年 11 月 29 日	第九册	653
对日本的态度及与张作霖段祺瑞的关系 在神户与大阪《英字新闻》记者代表谈话	1924 年 11 月 29 日	第十二册	455
批任应岐王之屏盗用关防捏造改隶豫鲁招抚使节制呈文请予注销呈	1924 年 11 月 29 日	第十五册	567
谈未来行动计划 与山田纯三郎谈话	1924 年 11 月 24 日至 30 日间	第十二册	449
颁给黄埔军校一期学生潘学吟毕业证书	1924 年 11 月 30 日	第四册	165
致汪精卫告十二月四日可到津电	1924 年 11 月 30 日	第九册	653
黄埔军官学校第一期学生潘学吟毕业证书	1924 年 11 月 30 日	第十五册	567
核复建国豫军第二师师长陈青云呈报就职日期令	1924 年 11 月 30 日	第十七册	719
为亚细亚复兴会题签	1924 年 11 月 30 日	第十八册	425
批程潜辞职及恳拨偿还欠债呈	1924 年 11 月	第十五册	568

续表

篇名	著述时间	册数	页码
指定汪精卫等十四人为文武随员手谕	1924 年 11 月	第十七册	719
准解释《广州市市长选举条例》第十条文	1924 年 12 月 1 日	第六册	476
致涩泽荣一谢日本朝野之盛意并祝其早日康复电	1924 年 12 月 1 日对方收到	第九册	654
致梅屋庄吉谢盛情关照电	1924 年 12 月 1 日对方收到	第九册	654
致宫崎龙介祝珍重电	1924 年 12 月 1 日	第九册	655
致宫崎龙介望保重电	1924 年 12 月 1 日	第九册	655
关于民主政治与人民知识程度关系的谈话	1924 年 12 月 1 日刊载	第十二册	463
只有北方政府赞成南方废除不平等条约的主张南北才可以调和　在"北岭丸"上与门司新闻记者谈话	1924 年 12 月 1 日	第十二册	464
大体方针决定之日即往欧美漫游　在门司与来访者谈话	1924 年 12 月 1 日	第十二册	467
裁撤赣军总指挥令	1924 年 12 月 1 日	第十五册	569
取消通缉李耀汉令	1924 年 12 月 1 日	第十五册	569
饬知柏文蔚遵令停止拆变令	1924 年 12 月 1 日	第十五册	570
批柏文蔚遵令饬属停止拆变民业并分别查究呈	1924 年 12 月 1 日	第十五册	570
批许崇智遵令整理西江财政造送十三年九月份收支报告表请鉴核呈	1924 年 12 月 1 日	第十五册	571
批宋子文送收支各款数目清册请察核备案呈	1924 年 12 月 1 日	第十五册	571
准林直勉辞大本营会计司司长兼职令	1924 年 12 月 1 日	第十七册	719
任命余和鸿为大本营会计司司长令	1924 年 12 月 1 日	第十七册	720
准董福开辞直辖赣军总指挥令	1924 年 12 月 1 日	第十七册	720
任命董福开为大本营参议令	1924 年 12 月 1 日	第十七册	721
任命周雍能为赣军警备司令令	1924 年 12 月 1 日	第十七册	721

续表

篇名	著述时间	册数	页码
任命周雍能为赣军警备司令状	1924 年 12 月 1 日	第十七册	721
准伍大光辞建设部秘书令	1924 年 12 月 1 日	第十七册	722
核复林森呈告已明令准伍大光辞职令	1924 年 12 月 1 日	第十七册	722
核复董福开呈告已明令准免其本职并裁撤直辖赣军总指挥一职令	1924 年 12 月 1 日	第十七册	723
致天津国民党机关告四日晨定可抵天津电	1924 年 12 月 1 至 3 日间	第九册	655
准《修正大本营军需总局暂行条例》	1924 年 12 月 3 日	第六册	482
致各省等告派同志分赴各地宣传国民会议之真意望到时接洽电	1924 年 12 月 3 日刊载	第九册	656
伍廷芳应予国葬令	1924 年 12 月 3 日	第十五册	572
追赠柳大训令	1924 年 12 月 3 日	第十五册	572
饬知谭延闿秘书处呈报十三年十月份收支表册单据审核相符准予核销令	1924 年 12 月 3 日	第十五册	573
批程潜请追赠湘军第一军第一师军需处长成汉以陆军上校并给予上校恤金呈	1924 年 12 月 3 日	第十五册	574
批程潜请追赠故湘军团长柳大训以陆军少将仍给予上校恤金呈	1924 年 12 月 3 日	第十五册	574
批林翔审核大本营秘书处十三年十月份收支表册单据均属相符请准予核销呈	1924 年 12 月 3 日	第十五册	575
准卫鼐辞建设部科长令	1924 年 12 月 3 日	第十七册	723
任命赵端为大本营咨议令	1924 年 12 月 3 日	第十七册	723
核复建国桂军第一师师长韦冠英呈报启用新印及销毁旧印令	1924 年 12 月 3 日	第十七册	724

续表

篇名	著述时间	册数	页码
核复建国桂军第二师师长严兆丰呈报启用印信日期令	1924 年 12 月 3 日	第十七册	724
为森广题词	1924 年 11 月 30 日至 12 月 4 日间	第十八册	427
公布《赣中善后条例》及三种细则	1924 年 12 月 4 日	第六册	483
在天津与张作霖谈话	1924 年 12 月 4 日	第十二册	468
段祺瑞可当收拾时局之任　在天津与张作霖谈话	1924 年 12 月 4 日	第十二册	469
赴日感想与个人方针　在天津与西村等谈话	1924 年 12 月 4 日	第十二册	469
饬知林直勉该司呈送十三年四月份收入表簿经核相符准予核销令	1924 年 12 月 4 日	第十五册	575
批黄骚报告接收情形呈	1924 年 12 月 4 日	第十五册	576
批林翔请准予核销会计司十三年四月份收支计算书等件呈	1924 年 12 月 4 日	第十五册	576
核复林森呈告已明令准卫萧辞职令	1924 年 12 月 4 日	第十七册	725
不准粤军第三军军长李福林呈辞本兼各职令	1924 年 12 月 4 日	第十七册	725
准《大本营军需总局官员出差暂行规则》	1924 年 12 月 5 日	第六册	484
复北京中央公园各团体欢迎联合大会等谢欢迎盛意并告因胃病需在津休养数日电	1924 年 12 月 5 日	第九册	656
致段祺瑞谢派许世英前来欢迎并告因病须静养三两日电	1924 年 12 月 5 日	第九册	656
对记者的谈话	1924 年 12 月 5 日	第十二册	470
对天津各界代表的书面谈话	1924 年 12 月 5 日	第十二册	471
主张五权宪法　在天津与张作霖谈话	1924 年 12 月 5 日	第十二册	471
提倡废督裁兵　在天津与张作霖谈话	1924 年 12 月 5 日	第十二册	472
亚细亚民族之结合与不平等条约之排除　在天津与某访员谈话	1924 年 12 月 5 日	第十二册	472

续表

篇名	著述时间	册数	页码
裁撤禁烟督办令	1924 年 12 月 5 日	第十五册	577
裁撤筹饷总局督办会办令	1924 年 12 月 5 日	第十五册	577
着合并筹饷总局禁烟督办署为广东全省筹饷总局令	1924 年 12 月 5 日	第十五册	578
特派胡汉民致祭伍廷芳之葬礼令	1924 年 12 月 5 日	第十五册	578
饬知刘栽甫准予酌留国税拨充该县自治经费令	1924 年 12 月 5 日	第十五册	578
批谢适群报故伍总长举行国葬期请特派大员前往致祭呈	1924 年 12 月 5 日	第十五册	579
批程潜请各照原级给予湘军中校营长孙谋等恤金呈	1924 年 12 月 5 日	第十五册	580
批古应芬核议台山县长刘栽甫呈请将台山收入国家税酌留半数充自治经费情形呈	1924 年 12 月 5 日	第十五册	580
特派范石生为广东全省筹饷总局监督令	1924 年 12 月 5 日	第十七册	726
准任命杨允恭为龙南县知事令	1924 年 12 月 5 日	第十七册	726
准任命王紫剑等三人为赣南三县知事及另六人为各县局长令	1924 年 12 月 5 日	第十七册	726
派罗翼群梅光培分为广东全省筹饷总局总办会办令	1924 年 12 月 5 日	第十七册	727
派谢国光韦冠英为广东全省筹饷总局副监督令	1924 年 12 月 5 日	第十七册	727
核复建国桂军第四师师长伍毓瑞呈报领到新颁印信及启用日期令	1924 年 12 月 5 日	第十七册	728
核复林直勉呈告已明令准免其大本营会计司司长兼职令	1924 年 12 月 5 日	第十七册	728
核复孔绍尧呈告另有明令准任命杨允恭为龙南县知事令	1924 年 12 月 5 日	第十七册	729
核复孔绍尧呈告王紫剑等另有明令分别任命令	1924 年 12 月 5 日	第十七册	729
抵津鸣谢启事	1924 年 12 月 6 日	第四册	167
伍廷芳国葬礼祭文	1924 年 12 月 6 日	第四册	167

续表

篇名	著述时间	册数	页码
对日本记者的谈话	1924 年 12 月 6 日	第十二册	474
追赠盛延祺令	1924 年 12 月 6 日	第十五册	581
批程潜请追加盛延祺海军中将衔仍照海军少将例给恤呈	1924 年 12 月 6 日	第十五册	581
批李福林送民产保证局收支数目表乞鉴核呈	1924 年 12 月 6 日	第十五册	582
任命蒋群为建国军宪兵司令令	1924 年 12 月 6 日	第十七册	730
中国国民党最小纲领之宣言	1924 年 12 月 7 日	第四册	596
北上的目的 与某君谈话	1924 年 12 月 7 日	第十二册	475
对溥仪应保护 在天津与某君谈话	1924 年 12 月 8 日	第十二册	475
饬各军事机关装设电话均应照章缴费令	1924 年 12 月 8 日	第十五册	582
批陆志云请通令各军嗣后装设电话必须照章缴纳装费及按月照交月费以维局务呈	1924 年 12 月 8 日	第十五册	583
任命陈翰誉为大本营咨议令	1924 年 12 月 8 日	第十七册	730
派余和鸿为财政委员会委员令	1924 年 12 月 9 日	第十七册	730
批程潜请追赠西路讨贼军警卫团代团长刘策以陆军上校仍给予中校恤金呈	1924 年 12 月 8 至 10 日之间	第十五册	583
准《特设北江盐务督运处护运军队暂行章程》	1924 年 12 月 10 日	第六册	484
北上旨在图中国之解放独立 在天津与来访者谈话	1924 年 12 月 10 日	第十二册	476
批邓泽如送《广东北江盐务督运处护运军队暂行章程》请备案呈	1924 年 12 月 10 日	第十五册	584
核复建国豫军第二师师长陈青云呈报就职及启用印信日期令	1924 年 12 月 10 日	第十七册	731
核复大本营会计司司长余和鸿呈报就职日期令	1924 年 12 月 10 日	第十七册	731
仍不准粤军第三军军长李福林呈辞本兼各职令	1924 年 12 月 10 日	第十七册	732
饬驻防各军协助台山县自治令	1924 年 12 月 11 日	第十五册	584

续表

篇名	著述时间	册数	页码
批程潜为郭兆龙等议恤呈	1924 年 12 月 11 日	第十五册	585
任命祁耿寰为建国豫军总指挥部参谋长令	1924 年 12 月 11 日	第十七册	732
准任命张贞为大本营参谋处主任参谋及另十四人为各级参谋令	1924 年 12 月 11 日	第十七册	733
核复方声涛呈告另有明令准任命张贞等令	1924 年 12 月 11 日	第十七册	733
通饬各军政机关不得提用洋布疋头厘费并着桂军总司令部派兵保护以重学款令	1924 年 12 月 12 日	第十五册	586
批邹鲁请派队保护全省进口洋布匹头厘局并通令各军政机关不得索借提用此项厘费以重校款呈	1924 年 12 月 12 日	第十五册	587
任命林支宇为建国军湘西援鄂第一路总司令令	1924 年 12 月 12 日	第十七册	734
特派谢国光为粤赣边防善后督办令	1924 年 12 月 12 日	第十七册	734
着陈青云代理建国豫军总指挥令	1924 年 12 月 12 日	第十七册	734
核复建国豫军第二师师长陈青云呈报启用印信日期令	1924 年 12 月 12 日	第十七册	735
核复卸兼大本营会计司司长林直勉呈报交卸日期暨交代情形令	1924 年 12 月 12 日	第十七册	735
核复建国军北伐第三军军长胡谦呈报启用新印日期令	1924 年 12 月 12 日	第十七册	736
褒扬节妇张俞淑华文	1924 年 12 月 13 日	第四册	167
极望入京　与吉田谈话	1924 年 12 月 13 日	第十二册	476
批代理部务谢适群拟就节妇张俞淑华褒词请核定加给由	1924 年 12 月 13 日	第十五册	587
批古应芬为广东印花分处长宋子文拟请改定凭折账簿税额应自十四年一月二十五日起实行呈	1924 年 12 月 13 日	第十五册	588
复北京各团体联合会告病体稍痊当即晋京电	1924 年 12 月 14 日	第九册	657

续表

篇名	著述时间	册数	页码
主张禁绝鸦片 在天津答拒毒会某教士问	1924 年 12 月 14 日	第十二册	477
着中国国民党北京执行部及市党部通令党员共济时艰在宣传上不得措词失检令	1924 年 12 月 14 日	第十五册	588
广州政府尚未到取消时机 在天津与随从谈话	1924 年 12 月 15 日	第十二册	478
饬知余和鸿该司呈送十三年五月份收支计算书等经核相符准予核销令	1924 年 12 月 15 日	第十五册	589
批胡汉民称准粤军总司令咨请将广东无线电报局拨归粤军总司令部管辖请核示呈	1924 年 12 月 15 日	第十五册	590
批吴铁城拟具残废官兵纪念章样式请鉴核示遵呈	1924 年 12 月 15 日	第十五册	590
批胡汉民转据公安局局长所送办理资遣残废官兵表册乞鉴核令遵呈	1924 年 12 月 15 日	第十五册	591
批林翔称大本营会计司及庶务科十三年五月份收支册列各数相符拟请准予核销呈	1924 年 12 月 15 日	第十五册	591
准黄桓呈辞无线电局兼差令	1924 年 12 月 15 日	第十七册	736
批准《修正烟酒印花税条例》及施行细则	1924 年 12 月 16 日	第六册	486
批余和鸿为接收会计司卷宗款项情形请备案呈	1924 年 12 月 16 日	第十五册	592
着郑润琦等办理广宁绥辑善后事宜令	1924 年 12 月 16 日	第十五册	592
任命韦冠英为建国桂军第一军军长令	1924 年 12 月 16 日	第十七册	737
任命伍毓瑞为建国桂军第二军军长令	1924 年 12 月 16 日	第十七册	737
任命刘震寰兼建国桂军第三军军长令	1924 年 12 月 16 日	第十七册	737
批李福林起获被掳之岭南大学学生并饬属踩缉逃匪情形呈	1924 年 12 月 17 日	第十五册	593
批谢国光遵令裁并定期移交请察核备案呈	1924 年 12 月 17 日	第十五册	593
任命潘文治为大本营咨议令	1924 年 12 月 17 日	第十七册	738
派范石生等四人为财政委员会委员令	1924 年 12 月 17 日	第十七册	738

续表

篇名	著述时间	册数	页码
核复刘震寰呈告已明令任命建国桂军拟编三军军长令	1924 年 12 月 17 日	第十七册	739
对国民党北京执行部及市党部之训令	1924 年 12 月 18 日	第四册	599
复段祺瑞告拟派李烈钧回江西斡旋赣局电	1924 年 12 月 18 日	第九册	657
坚决主张废除不平等条约　在天津与许世英叶恭绰谈话	1924 年 12 月 18 日	第十二册	479
裁撤海军练习舰队司令及海军三舰整理事宜令	1924 年 12 月 18 日	第十五册	594
饬伤废官兵应由各军自行体察办理令	1924 年 12 月 18 日	第十五册	594
批伍朝枢为谢国葬故外交部总长伍廷芳典礼呈	1924 年 12 月 18 日	第十五册	595
批吴铁城据残废官兵杨桂秋等呈请补验呈	1924 年 12 月 18 日	第十五册	595
批程潜因滇军兵站部广九运输站上校站长赵国泰积劳病故请照《陆军战时恤赏章程》例给予上校恤金呈	1924 年 12 月 18 日	第十五册	596
准潘文治辞海军练习舰队司令兼管海军三舰整理事宜本兼各职令	1924 年 12 月 18 日	第十七册	739
饬知鲁涤平呈送十三年六七八月份收支清册及计算书表单据簿等经核相符准予核销令	1924 年 12 月 19 日	第十五册	596
饬限期呈报粤汉铁路经费人事详表令	1924 年 12 月 19 日	第十五册	597
批林翔审核卸禁烟督办鲁涤平十三年六七八等月收支清册及计算书表单据簿暨各检查所计算书簿据数目相符请准予核销呈	1924 年 12 月 19 日	第十五册	598
批程潜请照积劳病故例给予湘军第五军军部三等军需正陈洪蔚少校恤金呈	1924 年 12 月 19 日	第十五册	598
批古应芬奉令办理谷米出口接济华侨被税务司强牵条约擅行制止请饬交涉员向税务司解释呈	1924 年 12 月 19 日	第十五册	599

续表

篇名	著述时间	册数	页码
批王棠请加收客货车费二成清理员司欠薪呈	1924 年 12 月 19 日	第十五册	599
准任命冯兆霖等三人分为大本营军需总局秘书或科长令	1924 年 12 月 19 日	第十七册	740
在天津与马伯援谈话	1924 年 12 月 20 日	第十二册	481
饬准恩平县田赋附加免缴大学经费令	1924 年 12 月 20 日	第十五册	600
批许崇智为恩平县田赋加三已拨充团费有案不能拨解大学经费呈	1924 年 12 月 20 日	第十五册	601
复北京学生联合会告赴京行期并申明取消不平等条约之主张乃爱国国民当有之运动电	1924 年 12 月 20 日刊载	第九册	658
与杨毓洵谈话	1924 年 12 月 20 日刊载	第十二册	481
任命刘一道为江西筹饷总局总办令	1924 年 12 月 20 日	第十七册	740
任命魏会英巢寒青为江西筹饷总局会办令	1924 年 12 月 20 日	第十七册	740
在天津与刘成禺郭泰祺谈话	1924 年 12 月中旬	第十二册	482
由粤来京人员不得任官职令	1924 年 12 月中旬	第十五册	601
为派出国民会议宣传员致北方各省区通电	1924 年 12 月 21 日	第四册	599
致直隶等省区军民长官告派同志分赴各省区宣传召开国民会议电	1924 年 12 月 21 日	第九册	658
致郑士琦告派同志赴各省区宣传国民会议电	1924 年 12 月 21 日	第九册	659
派李世军为临时宣传委员证书	1924 年 12 月 21 日	第十七册	741
复樊钟秀嘉慰孤军转战所向无前并望与胡景翼合力歼灭吴佩孚残部电	1924 年 12 月 23 日	第九册	659
在天津与李世军谈话	1924 年 12 月 23 日	第十二册	482
与卢师谛等谈话	1924 年 12 月 23 日	第十二册	483
着许总司令派员接理飞鹰舰舰务令	1924 年 12 月 23 日	第十五册	602
饬准加收车费二成令	1924 年 12 月 23 日	第十五册	602

续表

篇名	著述时间	册数	页码
批程潜请照积劳病故例给予湘军军务处少校处员邹光烈少校恤金呈	1924 年 12 月 23 日	第十五册	603
批程潜请给予滇军干部学校同中校编修官陈见龙中校恤金呈	1924 年 12 月 23 日	第十五册	603
批王棠送该路每月支出经费情形暨职员名额薪水折表呈	1924 年 12 月 23 日	第十五册	604
准田炳章辞飞鹰舰舰长令	1924 年 12 月 23 日	第十七册	741
核复建国滇军第二军军长范石生呈报启用印信日期令	1924 年 12 月 23 日	第十七册	742
核复建国军第一师师长沈健飞呈报就职及启用印信日期令	1924 年 12 月 23 日	第十七册	742
复旅京广东同乡会告静养数日再行入京函	1924 年 12 月 24 日	第八册	541
因病未即入京晤段　在天津与某君谈话	1924 年 12 月 24 日	第十二册	483
核复卸海军练习舰队司令兼管海军三舰整理事宜潘文治呈缴关防牙章令	1924 年 12 月 24 日	第十七册	743
对善后会议的意见	1924 年 12 月 25 日	第十二册	484
批古应芬请注销政府与电力公司一切权利案呈	1924 年 12 月 25 日	第十五册	605
任何家瑞为鄂军总指挥及另四人任职令	1924 年 12 月 26 日刊载	第十七册	743
核准《大本营运输处暂行简章》	1924 年 12 月 27 日	第六册	486
对黄昌谷的面谕	1924 年 12 月 27 日	第十二册	484
饬知谭延闿秘书处呈送十三年十一月份印铸支出表册单据经核相符准予核销令	1924 年 12 月 27 日	第十五册	605
饬转各军协助保护禁烟署运输令	1924 年 12 月 27 日	第十五册	606
批林翔审核大本营秘书处十三年十一月份支出单据表册数目相符请准予核销呈	1924 年 12 月 27 日	第十五册	607

续表

篇名	著述时间	册数	页码
核复伍朝枢呈报广东特派交涉员傅秉常病愈销假令	1924 年 12 月 27 日	第十七册	743
核复谢国光呈暂行办理禁烟情形并准委任钟忠为禁烟督办署第三科科长令	1924 年 12 月 27 日	第十七册	744
复段祺瑞告肝病偶发容俟告痊再入京承教电	1924 年 12 月 28 日	第九册	660
致段祺瑞告定于三十一日入京电	1924 年 12 月 29 日	第九册	660
执政为中华民国之临时执政何须外交团承认　在天津与许世英谈话	1924 年 12 月 29 日刊载	第十二册	485
免陈兴汉管理粤汉铁路事务令	1924 年 12 月 29 日	第十七册	744
免王棠暂代粤汉铁路事务令	1924 年 12 月 29 日	第十七册	745
派林直勉管理粤汉铁路事务令	1924 年 12 月 29 日	第十七册	745
离津赴京启事	1924 年 12 月 30 日	第四册	168
准采用《北京司法官官制条例》以进叙等级令	1924 年 12 月 30 日	第六册	489
批林翔审查兵工厂十二年十月份至十二月份书表册簿单据稍有不符请令饬将核减之数列入新收项下余准核销呈	1924 年 12 月 30 日	第十五册	608
任命潘震亚为赣东善后委员会委员长令	1924 年 12 月 30 日	第十七册	745
准任命钟忠为禁烟督办署第三科科长令	1924 年 12 月 30 日	第十七册	746
自津赴京致各省通电	1924 年 12 月 31 日	第四册	600
入京宣言	1924 年 12 月 31 日	第四册	600
致谭延闿望与李烈钧部合作电	1924 年 12 月 31 日	第九册	661
在北京与鹿钟麟谈话	1924 年 12 月 31 日	第十二册	485
入京后之书面谈话	1924 年 12 月 31 日	第十二册	485
饬交涉谷米出口接济华侨令	1924 年 12 月	第十五册	608
为《民生主义》题签	1924 年 12 月	第十八册	426
为加拿大温尼辟分部题词	1924 年秋冬间	第十八册	418
各部加设次长令	1924 年	第十五册	609

续表

篇名	著述时间	册数	页码
饬裁减机关撙节政费令	1924 年	第十五册	609
批廖仲恺书	1924 年	第十五册	610
题赠陈荆诗	1924 年	第十八册	428
为《三民主义》《五权宪法》题签	1924 年	第十八册	429
题杨仙逸墓碣	1924 年	第十八册	430
为马厚庶题墓碣	1924 年	第十八册	431
为朱卓文母寿庆题贺	1924 年	第十八册	432
题梁国一墓碑	1924 年	第十八册	433
题陈式垣墓碑	1924 年	第十八册	434
为黄玉田书《礼运·大同篇》	1924 年	第十八册	435
为丁甘仁题词	1924 年	第十八册	436
为廖行超题词	1924 年	第十八册	437
入京启事	1925 年 1 月 1 日	第四册	168
深知病症难治　在北京与宋庆龄谈话	1925 年 1 月 3 日	第十二册	486
准任刘国祥为广州市联军军警督察处督察长及另五人为督察官令	1925 年 1 月 5 日	第十七册	746
核复卸大本营经界局督办古应芬呈缴印信小章令	1925 年 1 月 5 日	第十七册	747
核复卸兼办广东沙田清理事宜古应芬呈缴广东沙田清理事宜关防官章令	1925 年 1 月 5 日	第十七册	747
核复杨希闵呈告已明令准任刘国祥等六人令	1925 年 1 月 5 日	第十七册	748
核复管理粤汉铁路事务林直勉呈报就职日期令	1925 年 1 月 5 日	第十七册	748
核复广州市联军军警督察处督办杨希闵呈报就职日期准予备案令	1925 年 1 月 5 日	第十七册	749
准廖燮辞北江盐务督运处专员令	1925 年 1 月 7 日	第十七册	749
准派祝膏如为北江盐务督运处专员令	1925 年 1 月 7 日	第十七册	750

续表

篇名	著述时间	册数	页码
核复卸禁烟督办谢国光呈报移交清楚缴销关防小章令	1925 年 1 月 7 日	第十七册	750
核复古应芬呈告已明令准任命祝膏如令	1925 年 1 月 7 日	第十七册	750
饬各种厘税仍归财政厅厘定底价开投令	1925 年 1 月 9 日	第十五册	610
批卢虚振柳请准予该队少尉排长张宏远附葬陆军忠烈祠坟地呈	1925 年 1 月 9 日	第十五册	612
批林直勉请将此次加收二成车利悉数支发截留员司欠薪以恤下情呈	1925 年 1 月 9 日	第十五册	612
准林直勉呈照旧设置车务处副总管一职免于裁撤令	1925 年 1 月 9 日	第十七册	751
着胡汉民严饬所委专员会同驻军迅收佛山商团罚款报解令	1925 年 1 月 10 日	第十五册	613
批程潜为湘军第三军军部书记谢其新应照积劳病故例给予少校恤金呈	1925 年 1 月 10 日	第十五册	613
批程潜为已故湖南衡州金库出纳课主任廖达岳拟请照少校阶级给予恤金呈	1925 年 1 月 10 日	第十五册	614
批古应芬拟将不动产典卖契据一律贴用印花呈	1925 年 1 月 10 日	第十五册	614
公布《广东筹饷总局条例》及办事规程	1925 年 1 月 13 日	第六册	490
饬准湘军在曲江借款抵完田赋令	1925 年 1 月 13 日	第十五册	615
批胡汉民称小北郊外公地建设烈士孤儿院一案已令财政局会同沈委员复勘明确妥为办理具报呈	1925 年 1 月 13 日	第十五册	615
批谢国光十三年九月一日接办起至十二月三十一日止收支四柱总册请鉴核备案呈	1925 年 1 月 13 日	第十五册	616
批黄桓一月七日将无线电局事务及公件移交杨少河接收清楚请察核备案呈	1925 年 1 月 13 日	第十五册	616

续表

篇名	著述时间	册数	页码
批邹鲁送该校前高师第十一届各科学生毕业成绩表报告表请察核准予毕业并准由校印发毕业证书呈	1925 年 1 月 13 日	第十五册	617
核复广东全省筹饷总局监督范石生呈报该局监督副监督总办会办各员就职日期令	1925 年 1 月 13 日	第十七册	751
饬程潜等转饬所属限由十四年元月二十六日起一律实行军用手折令	1925 年 1 月 16 日	第十五册	617
饬知程潜残废官兵予以资遣如仍在医院逗留不得重复发给令	1925 年 1 月 16 日	第十五册	618
批吴铁城为中央陆军第一医院院长李济汶函请资遣残废兵回籍呈	1925 年 1 月 16 日	第十五册	619
批杨希闵请通令各军限期一律实行军用手折呈	1925 年 1 月 16 日	第十五册	620
准任命陈鼎芬等九人为广东全省筹饷总局职员令	1925 年 1 月 16 日	第十七册	752
核复广东全省筹饷总局总办罗翼群呈告已明令任命该局主任秘书科长各员令	1925 年 1 月 16 日	第十七册	752
复段祺瑞告对善后会议之主张电	1925 年 1 月 17 日	第九册	661
饬知胡汉民铜鼓开埠筹备委员会主席李卓峰等核议赤溪县绅商等对于开埠争执情形令	1925 年 1 月 17 日	第十五册	621
饬广九铁路限期造报进支公款清册令	1925 年 1 月 17 日	第十五册	622
批李卓峰伍大光奉令核议赤溪县绅商等对于铜鼓开埠之争执情形呈	1925 年 1 月 17 日	第十五册	623
给卫士队长及甲车队长的命令	1925 年 1 月 19 日	第十五册	623
委派谢星继职务令	1925 年 1 月 19 日	第十五册	623
着谢星继等三人组织军事委员会决定广宁绥缉上一切军事动作令	1925 年 1 月 19 日	第十七册	753

续表

篇名	著述时间	册数	页码
为着卢振柳即回省并任命谢星继代理前方卫士队长对卢振柳令	1925 年 1 月 19 日	第十七册	753
饬知林直勉转知前任补送欠缴表册嗣后造来并按清单签出各节更正以昭核实令	1925 年 1 月 20 日	第十五册	624
饬北伐经费机关应统解军需总局令	1925 年 1 月 20 日	第十五册	624
批余和鸿查核粤汉铁路收支表情形请鉴核呈	1925 年 1 月 20 日	第十五册	625
批代理部务谢适群请褒扬寿民李能昭呈	1925 年 1 月 20 日	第十五册	625
任命王鸣亚为建国军琼崖军第二路司令状	1925 年 1 月 20 日	第十七册	754
批《广州军警督察处组织大纲》及暂行简章	1925 年 1 月 22 日	第六册	491
复田中义一告北上与段祺瑞接触近况函	1925 年 1 月 22 日	第八册	544
饬各军在市内逮捕人犯应有正式命令方得会警执行令	1925 年 1 月 22 日	第十五册	626
饬知范其务宏远堂商人陈其明呈称委实并无漏税尚属实情应撤销处罚原案从宽免究令	1925 年 1 月 23 日	第十五册	627
中医诊断　与葛廉夫谈话	1925 年 1 月 24 日	第十二册	487
对病症坦然处之　与某君谈话	1925 年 1 月 26 日	第十二册	488
对汪精卫的口谕	1925 年 1 月 26 日	第十二册	488
将广州中国国民党中央执行委员会内之政治委员会移至北京之口谕	1925 年 1 月 26 日	第十五册	628
令中央执行委员会政治委员会移北京以吴敬恒等七人为委员鲍乐廷为顾问谕	1925 年 1 月 26 日	第十七册	754
核准《广东筹饷总局侦查队组织条例》	1925 年 1 月 27 日	第六册	491
与汪精卫谈割治经过	1925 年 1 月 27 日	第十二册	489
批胡汉民为南海九江镇各界呈保请予撤销通缉吴三镜案呈	1925 年 1 月 27 日	第十五册	628

续表

篇名	著述时间	册数	页码
任命林俊廷为粤桂边防督办令	1925 年 1 月 27 日	第十七册	754
批居正拟请冯玉祥拨给款额函	1925 年 1 月 28 日来函	第十五册	629
勇气终必战胜疾病　与宋庆龄谈话	1925 年 1 月 30 日	第十二册	490
核复建国赣军警卫军司令欧阳琳呈报启用印信日期令	1925 年 1 月 31 日	第十七册	755
核复广东筹饷总局督办范石生会办韦冠英呈报移交接管各情令	1925 年 1 月 31 日	第十七册	755
与宋庆龄等谈张静江来京侍疾事	1925 年 1 月底	第十二册	490
伍廷芳墓表	1925 年 1 月	第四册	170
关于共产党人加入国民党问题　与北京《顺天时报》记者谈话	1925 年 1 月	第十二册	491
为日本《改造》杂志题词	1925 年 1 月刊载	第十八册	438
中国国民党不赞同善后会议宣言	1925 年 2 月 2 日	第四册	601
对宋庆龄的口谕	1925 年 2 月 2 日	第十二册	493
与张静江等谈话	1925 年 2 月 2 日	第十二册	494
饬将周少棠赖铭光解送高检厅执行刑期令	1925 年 2 月 2 日	第十五册	630
批黄子聪会审周少棠赖铭光互控舞弊案情形请鉴核并令粤军总司令部遵照执行呈	1925 年 2 月 2 日	第十五册	631
对宋庆龄口谕	1925 年 2 月 2 日	第十五册	631
准《管理药品营业规则》暂缓强制执行令	1925 年 2 月 4 日	第六册	492
愿用镭锭放射治疗　与泰尔谈话	1925 年 2 月 4 日	第十二册	494
不准罗翼群呈辞大本营军需总局局长令	1925 年 2 月 4 日	第十七册	756
核复邹鲁呈报广东大学校务委托褚民谊代行准予备案令	1925 年 2 月 4 日	第十七册	756
致复胡汉民等勉努力破敌电	1925 年 2 月 5 日	第九册	663

续表

篇名	著述时间	册数	页码
饬知里昂中法大学海外部定为国立广东大学海外部令	1925 年 2 月 6 日	第十五册	631
批邹鲁请明令将里昂中法大学海外部定为国立广东大学海外部之一及确定管理权责呈	1925 年 2 月 6 日	第十五册	633
与张静江等谈服中药事	1925 年 2 月 7 日	第十二册	495
中国国民党反对由善后会议制定国民会议组织法之宣言	1925 年 2 月 10 日	第四册	602
致犬养毅头山满谢派萱野问疾电	1925 年 2 月 10 日	第九册	663
在病榻与戴季陶谈话	1925 年 2 月 10 日	第十二册	495
在北京与戴季陶谈话	1925 年 2 月 11 日	第十二册	495
致李福林命即电令驻顺德军队停出围攻理教乡并查报何故围攻该乡及仇现农会人员电	1925 年 2 月 12 日	第九册	664
致涩泽荣一谢慰问患病电	1925 年 2 月 12 日对方收到	第九册	664
饬东征讨逆各军严申纪律令	1925 年 2 月 12 日	第十五册	634
任命余际唐为建国川军第一军军长令	1925 年 2 月 12 日	第十七册	757
任命汤子模为建国川军第二军军长令	1925 年 2 月 12 日	第十七册	757
任命林支宇为建国联军湘军第一军总司令令	1925 年 2 月 12 日	第十七册	757
核复建国川军总司令熊克武呈报遵令改编为建国川军并暂刊印信及就职日期令	1925 年 2 月 12 日	第十七册	758
核复熊克武呈告已明令任命余际唐汤子模令	1925 年 2 月 12 日	第十七册	758
核复熊克武呈告已明令任命林支宇令	1925 年 2 月 12 日	第十七册	759
与叶楚伧谈服中药事	1925 年 2 月 13 日刊载	第十二册	496
饬知罗翼群朱培德着各机关迅解应行负担北伐军费已饬连阳乐昌四县遵办令	1925 年 2 月 13 日	第十五册	634

续表

篇名	著述时间	册数	页码
批朱培德遵令转饬连阳乐昌四县将应行负担之解款统解大本营军需总局呈	1925 年 2 月 13 日	第十五册	635
批许崇智送十三年十二月份收支报告表呈	1925 年 2 月 16 日	第十五册	636
批林云陔称奉省长令将五等以下有期徒刑及轻罪犯人编册送公安局拨充伏役惟事关释放人犯呈	1925 年 2 月 16 日	第十五册	636
批程潜将陆军第二医院归并第一医院办理及核减经费情形呈	1925 年 2 月 16 日	第十五册	637
核复林森呈督办广东治河事宜派江屏藩代行并准予备案令	1925 年 2 月 16 日	第十七册	759
核复朱培德呈报启用奉颁新印日期并缴销旧印令	1925 年 2 月 16 日	第十七册	760
核复林森呈建设部部务派李卓峰代行并准予备案令	1925 年 2 月 16 日	第十七册	760
致谢各团体慰问电	1925 年 2 月 17 日	第九册	665
传谕前方将士齐心努力　对汪精卫口谕	1925 年 2 月 17 日	第十二册	496
饬查复粤汉路被控舞弊案情形令	1925 年 2 月 17 日	第十五册	637
批李福林围缴理教乡劫匪始末情形请饬该乡农会将劫匪霍九等解案并令滇军保旅长查明罗布等匪曾否准予投效并将该匪所部缴械遣散呈	1925 年 2 月 17 日	第十五册	638
对行辕同志的面谕	1925 年 2 月 18 日	第十二册	497
与胡适谈话	1925 年 2 月 18 日	第十二册	497
饬知廖仲恺建国滇军总司令杨希闵分别饬令顺德理教乡农民协会将劫匪霍九等解案究办滇军旅长保荣光查明罗布等匪曾否准予投效令	1925 年 2 月 18 日	第十五册	638
在北京与萱野长知谈话	1925 年 1 月 26 日至 2 月 18 日间	第十二册	489
批各军一体遵照《军人乘车办法》	1925 年 2 月 19 日	第六册	492

续表

篇名	著述时间	册数	页码
令一体遵照《军人乘车办法》	1925 年 2 月 19 日	第六册	493
着黄子聪审计处处长林翔清查财政部收支数目令	1925 年 2 月 19 日	第十五册	641
饬余和鸿从二月十一日起所有暂留前方参谋参军两处人员每月薪津暨军需总局经费统由该司分别照案发给令	1925 年 2 月 19 日	第十五册	642
批罗翼群请将前方参军参谋两处薪津及该局经费饬会计司分别发给呈	1925 年 2 月 19 日	第十五册	643
批胡汉民古应芬议决派员清查各机关收支数目请鉴核施行呈	1925 年 2 月 19 日	第十五册	643
着杨希闵完全取消该军独立旅勒令商民黄奕楠所签字据并出示发贴黄祥华店内以安商业令	1925 年 2 月 20 日	第十五册	644
改延中医治疗的意见	1925 年 2 月中旬	第十二册	497
担心同志不能坚持革命立场　与随侍诸人谈话	1925 年 2 月中旬	第十二册	498
着古应芬如数拨交建国桂军总司令部故代团长刘策应得恤金四百元转给该故员亲属具领令	1925 年 2 月 21 日	第十五册	645
饬妥为办理维瑞商船枪击滇军士兵事件令	1925 年 2 月 21 日	第十五册	646
批总司令刘震寰请发给已故代团长刘策恤金呈	1925 年 2 月 21 日	第十五册	647
批古应芬奉令查核大理院长吕志伊呈请划拨大市街旗产抵充院费一案情形呈	1925 年 2 月 21 日	第十五册	647
批杨希闵枪决掳犯高秩可白云鹏请备案呈	1925 年 2 月 21 日	第十五册	648
批杨希闵请通缉维瑞船主并饬外交部向领事团交涉呈	1925 年 2 月 21 日	第十五册	648
核复建国军粤军第三军军长李福林呈报启用新颁印章日期令	1925 年 2 月 21 日	第十七册	761
预立遗嘱　与汪精卫等谈话	1925 年 2 月 24 日	第十二册	498

续表

篇名	著述时间	册数	页码
命程潜将黄文高追赠给恤并崇祀湖南烈士祠令	1925 年 2 月 24 日	第十五册	649
批程潜请追赠黄文高以陆军中校并给予中校恤金呈	1925 年 2 月 24 日	第十五册	651
批杨希闵请褒扬黄文高并崇奉湖南烈士祠呈	1925 年 2 月 24 日	第十五册	651
核复程潜呈军政部审计局归并军衡局由邹建廷兼充局长令	1925 年 2 月 24 日	第十七册	761
核复杨希闵呈广州市联军军警督察处督察官李寅调离改派傅翼接充令	1925 年 2 月 24 日	第十七册	762
饬迁让番禺学宫以备广东大学修整宿舍令	1925 年 2 月 25 日	第十五册	652
饬开用专车应遵照《军人乘车办法》规定办理令	1925 年 2 月 25 日	第十五册	653
批邹鲁请迅令湘军总司令转饬湘军讲武堂遵照先将番禺学宫西边乡贤祠等处让还该校修整以维教育呈	1925 年 2 月 25 日	第十五册	654
批林直勉请切实规定开用专车办法呈	1925 年 2 月 25 日	第十五册	655
致胡汉民告粤事重要勿来京电	1925 年 2 月 26 日	第九册	665
批林直勉修理该路枕木等项需款甚巨请继续办理前准董事局议决加收二成车利之期以此款拨作购料修路之用呈	1925 年 2 月 26 日	第十五册	655
准免岑念慈财政部秘书令	1925 年 2 月 26 日	第十七册	762
准任命陆幼刚为财政部秘书令	1925 年 2 月 26 日	第十七册	763
核复古应芬呈告已明令任免财政部秘书令	1925 年 2 月 26 日	第十七册	763
核复李福林呈缴粤军第三军军长印章令	1925 年 2 月 26 日	第十七册	763
饬将占用电线归还嗣后务须遵照制定线路办理令	1925 年 2 月 27 日	第十五册	656
饬撤销砖瓦炉泥运输保护处停止抽费以恤商艰令	1925 年 2 月 27 日	第十五册	657
饬裁撤联军总指挥部及军政部所辖医院令	1925 年 2 月 27 日	第十五册	658
命程潜等将联军所辖医院一律裁撤令	1925 年 2 月 27 日	第十五册	659
饬所有机关人员因公乘车往来须先购票方准上车令	1925 年 2 月 28 日	第十五册	660
批林直勉请通令各行政机关人员乘车务须购票呈	1925 年 2 月 28 日	第十五册	661

续表

篇名	著述时间	册数	页码
在北京与某君谈话	1925 年 1 至 2 月间	第十二册	493
为长沙湘雅医科大学毕业同学题词	1925 年 1 至 2 月间	第十八册	439
颁给黄埔军校一期学生贾伯涛卒业证书	1925 年 3 月 1 日	第四册	173
颁给陆军军官学校第一期学生贾伯涛卒业证书	1925 年 3 月 1 日	第十五册	662
嘉奖前敌将士务尽速清除残寇奠定粤疆令	1925 年 3 月 2 日	第十五册	662
批林森派员测勘东江河道情形呈	1925 年 3 月 2 日	第十五册	663
核复杨希闵呈委派刘骅廖鼎铭充任粤路验票委员令	1925 年 3 月 2 日	第十七册	764
致杨希闵望着中左两路军进击林虎部电	1925 年 3 月 3 日	第九册	665
批杨希闵枪决杀人犯罗灿云日期呈	1925 年 3 月 3 日	第十五册	663
饬汪精卫劝阻胡汉民北上令	1925 年 3 月 3 日	第十五册	664
特派廖仲恺驰往东江慰劳前敌将士令	1925 年 3 月 5 日	第十五册	664
批范其务请将该署流交玉器移送慰劳会竞卖以为慰劳军人之用呈	1925 年 3 月 5 日	第十五册	665
派苏世杰为财政委员会委员令	1925 年 3 月 5 日	第十七册	764
核复胡汉民古应芬呈告已明令派任苏世杰令	1925 年 3 月 5 日	第十七册	765
核复建国粤军第三师师长郑润琦呈报启用新印日期令	1925 年 3 月 5 日	第十七册	765
饬潮汕所有案件应归广东高等审检两厅办理令	1925 年 3 月 7 日	第十五册	665
批程潜请恤赠副官谷超群等呈	1925 年 3 月 9 日	第十五册	666
准梁桂山辞内政部科长令	1925 年 3 月 9 日	第十七册	766
核复谢适群呈告已明令准梁桂山辞职令	1925 年 3 月 9 日	第十七册	766
谕汪精卫等电告胡汉民勿扰百姓	1925 年 3 月 10 日	第十二册	501
与孔祥熙谈话	1925 年 3 月 10 日	第十二册	501
饬各军将旧存废枪拨交广东大学备用令	1925 年 3 月 10 日	第十五册	666
饬取消水上区巡查费免滋扰累令	1925 年 3 月 10 日	第十五册	667
在北京与何香凝等谈话	1925 年 3 月上旬	第十二册	501

续表

篇名	著述时间	册数	页码
国事遗嘱	1925 年 3 月 11 日	第四册	259
家事遗嘱	1925 年 3 月 11 日	第四册	259
致苏联遗书	1925 年 3 月 11 日	第四册	260
临终前叮嘱诸同志努力奋斗	1925 年 3 月 11 日	第十二册	502
嘱何香凝善视宋庆龄	1925 年 3 月 11 日	第十二册	503
嘱廖仲恺不可离粤来京 与何香凝谈话	1925 年 3 月 11 日	第十二册	503
对孙科的遗言	1925 年 3 月 11 日	第十二册	503
临终前与宋庆龄谈话	1925 年 3 月 11 日	第十二册	504
临终前的呼唤之一	1925 年 3 月 11 日	第十二册	504
临终前的呼唤之二	1925 年 3 月 11 日	第十二册	504